世界史

现代史编

下卷

● 主编 吴于廑 齐世荣

● 本卷主编 彭树智

● 高等教育出版社·北京

U0652250

内容简介

　　本书系吴于廑、齐世荣主编的"八五"国家重点书六卷本《世界史》的第六卷。本卷通过宏观与微观的结合来阐述第二次世界大战后至20世纪90年代初的世界历史。本书是世界现代史（战后部分）专门著作，可供高校历史专业师生和专业工作者学习参考。

　　本书应与我社已出版的《世界史·古代史编》（上、下卷）、《世界史·近代史编》（上、下卷）和《世界史·现代史编》（上卷）配套使用。

图书在版编目（CIP）数据

世界史.现代史编.下卷/吴于廑，齐世荣主编.—北京：高等教育出版社，2011.1（2025.5重印）
ISBN 978-7-04-031546-2

I.①世…　Ⅱ.①吴…②齐…Ⅲ.①世界史：现代史-高等学校-教材　Ⅳ.①K10

中国版本图书馆 CIP 数据核字（2010）第 251327 号

策划编辑	王方宪　张　林	责任编辑	王方宪	封面设计	刘晓翔	版式设计	余　杨
责任校对	姜国萍	责任印制	赵义民				

出版发行	高等教育出版社	咨询电话	400-810-0598
社　　址	北京市西城区德外大街 4 号	网　　址	http://www.hep.edu.cn
邮政编码	100120		http://www.hep.com.cn
印　　刷	山东润声印务有限公司	网上订购	http://www.landraco.com
开　　本	787×960　1/16		http://www.landraco.com.cn
印　　张	24.5	版　　次	2011 年 1 月第 1 版
字　　数	460 000	印　　次	2025 年 5 月第 24 次印刷
购书热线	010-58581118	定　　价	48.60 元

出 版 前 言

本套教材含《世界史·古代史编》上下卷、《世界史·近代史编》上下卷和《世界史·现代史编》上下卷,通称《世界史》六卷本,是由原国家教委规划组织编写的"八五"国家级重点教材,由我国世界史著名学者吴于廑和齐世荣教授担任总主编,各分卷主编也由相关领域知名学者担任。该套教材自1992年陆续出版以来,受到广大用书单位一致好评,并获国家教委优秀教材一等奖。该套教材因其基础知识扎实,全面体现总主编关于世界史纵向—横向发展的全局史观,展现世界各地区从相互隔绝走向交往、逐渐融为一体的历史发展总格局,在学术上具有严谨的科学性和前瞻性,其教学理念的先进性已得到广泛认可,受到历史学界和广大高校历史教学者的肯定,至今仍是世界史方面的优秀教材。为了满足读者的需要,经与各书主编协商沟通,我们决定对现有教材已显陈旧的封面、版式和开本进行调整。这套教材是一定历史阶段的作品,作者们大都年事已高,有的已去世,不可能再作修改,故此次重印在内容上基本保持原貌,仅在某些地方做了核正。相应地,按有关规定对改版后教材的书号和出版时间予以调整。我们希望这样的调整能给用书单位和读者带来一定的便利。

高等教育出版社

2011 年 1 月

目　　录

1

第一章　第二次世界大战与当代世界的历史性巨变

反法西斯的第二次世界大战的胜利,是20世纪人类历史发展的转折点。

在这场规模空前的全面战争中,战火遍及四大洲、四大洋,席卷全世界80%的人口和84个国家,几乎地球每个角落都感受到战争的影响。战争中发展起来的智能和资源利用,为战后的高科技革命发展准备了条件,而这次革命给人类带来了宇宙飞行、核能、电子计算机等新技术,导致了社会的大变革。

战争的深远影响还在于它加速了世界一体化进程,世界逐渐形成一个大社会,凡自外于国际社会而闭关自守的国家便会落后;战争又使世界多样化的趋势和统一性趋势相伴随而发展,其大者如两大阵营、三种国家及国际格局的多极化,等等。世界统一性和多样性随着战后科学技术革命的发展,将逐渐打破地区、国家的界限,在历史进程中把世界经济、政治、社会和文化等方面更加紧密地联系为一个整体。历史真正形成世界历史。

第一节　世界经济的变化

一、世界经济统一性的加强

第二次世界大战与世界经济的统一性趋势的增长　　统一性和多样性是世界现代史的基本特征。第二次世界大战后,这一特征更为突出并有许多新的表现。世界经济是世界各国的经济由于相互联系和相互依存而形成的世界范围的经济整体,世界经济的发展就是世界统一性的主要表现。世界经济并不是自古以来一直存在的。它是随着近代资本主义及其工业革命的发展而产生,到了20世纪初期,由于垄断资本主义和资本主义生产力的高度发展,统一的、无所不包的资本主义世界市场才随之出现;更由于国际分工、国际投资、国际交换的扩大,遂形成了资本主义经济体系的世界经济。不久,第一个社会主义国家的诞生打破了资本主义经济的一统天下,出现了社会主义和资本主义两种经济体制同时并存的世界经济。在1929—1933年世界经济大危机的影响下,资本主义各国盛行贸易保护主义,纷纷高筑贸易壁垒,签订双边协定,放弃统一的金块本位制和金汇兑本位制,普遍实行纸币流通制度,出现了英镑区、法郎区、美元区等货币集团。各集团内部规定货币比价、波动界限、货币兑换与支付原则,集团内部的黄金外汇储备集中保管,对外国际支付严格管制。法西斯集团兴起后更加大了这种国际贸易和金融的分割局面。

反法西斯国际统一战线的扩大和法西斯集团的崩溃，为重建世界经济的统一性创造了条件。苏联加入反法西斯阵线，使得社会主义经济与资本主义经济关系空前地密切起来。从理论上讲，社会主义经济是开放的经济，社会主义国家是从资本主义世界中产生出来的，在国际分工、世界市场等方面与资本主义经济体系的历史联系是不能完全割断的。社会主义国家的经济建设也需要在独立自主、平等互利的基础上与资本主义国家发展国际贸易，引进先进技术，利用外资。所以，两者是相互对立又相互联系、相互斗争又相互依存的关系。但是，由于西方国家长期奉行反苏政策，阻碍着两种经济在统一性方面的发展，直到反法西斯战争开始后，才有了突破性的进展。美国是在苏维埃政权诞生16年之后，才承认苏联的。1941年6月22日苏德战争爆发后，罗斯福宣布"美国决心在可能范围之内，全力援助苏联。"同年9月29日至10月1日，苏美英三国代表团在莫斯科签订了在短期内向苏联提供援助的议定书。1942年1月1日，包括苏联在内的26个联合国家发表共同宣言，强调了经济合作问题。接着，在5月和6月又签订了苏英条约和苏美协定，其中不仅规定了双方战时的相互援助，而且还谈到了战后的合作互助问题。1939年苏联从美国的进口贸易额为5 150万卢布，1946年增至21 300万卢布。美国通过租借法案向战时盟国提供了约506亿美元的援助，其中供应苏联约110亿美元，约占22%。虽然美、英、加拿大向苏联提供的军事工业产品只占苏联战时工业总产量的4%，但这对世界经济的发展是有促进作用的。

布雷顿森林体系　　为了恢复受战争破坏的各国经济，稳定各国汇率，平衡国际收支，促进非歧视性贸易的发展，在战争后期美国和各盟国都希望能在战后建立一个统一的国际货币金融组织，利用其自身资金和组织来的私人资本为各国生产项目提供贷款，也希望缔结统一的关税贸易协定，以消除国际贸易的障碍。1943年10月在莫斯科三外长会议上，美国代表赫尔提出了一份关于国际基本经济政策的备忘录，建议盟国组成一个专家委员会研究国际经济合作问题，得到苏联的赞同。1944年7月1日至22日，来自美、苏、中、法等44个国家的730名代表在美国新罕布什尔州布雷顿森林的华盛顿大旅社举行联合国家货币金融会议。经过三周的协商讨论，尽管大国之间矛盾重重，中小国家对漠视不发达国家的经济发展问题表示不满，但会议最终还是通过了三个重要文件:《联合国家货币金融会议的最后决议书》及其附件:《国际货币基金组织协定》和《国际复兴开发银行协定》，决定成立两个国际金融组织，总称"布雷顿森林体系"。

1945年12月27日参加布雷顿森林会议的，包括中国在内的29个国家的代表(不包括苏联)，在美国国务院举行了布雷顿森林协定签字仪式，宣告国际货币基金组织和国际复兴开发银行，即世界银行正式成立。这是两个在业务上保持密切联系的姊妹机构,总部均设在华盛顿,成员国陆续增加。1946 年 6 月 25 日世界银行正式开业,1947 年 11 月成为联合国的专门机构之一。它的宗旨是:为成员国的经济恢复与发展提供和组织长期贷款;为私人银行向各成员国的长期贷款提供担保,以促进资金流动。资金来源包括成员国认缴份额、借款、发行债券、利息收入、将银行贷出的债权转售给私人投资者等。最初的核定资本为 100 亿美元,此后一再增资。每个会员国都有 250 票的基本投票权,此外,每认缴 10 万美元资本可增加一股,同时也增加一票。认股后实付股款 10%,其中 1% 付外汇,9% 付本国货币,其余 90% 为待交股本。美国认缴资本最多,一开始就掌握 1/3 的表决权。战后初期银行的主要借款人是西欧各国,后来逐渐转向亚非拉国家。银行组织也随之调整。①

　　1947 年 3 月 1 日国际货币基金组织开业。同年 11 月 15 日成为联合国专门机构之一。其宗旨是:商讨和促进国际货币合作,通过提供中、短期资金解决会员国国际收支中出现的暂时不平衡,消除各国的外汇管制,促进国际汇兑的稳定,以便利国际贸易的发展。基金来源于各会员国认缴的份额,其大小由基金组织根据该国的黄金外汇储备,进出口贸易额、国民收入等几项指标提出,经与会员国磋商而定。交纳份额的 25% 为黄金或特别提款权,75% 为本国货币。会员国所占的份额越大,在该组织内享有的权利也越大。每个会员国的基本表决权为 250 票,此外,每投入 10 万美元增加一票。最初,基金总额为 88 亿美元,后多次增加,②会员国也不断扩大。它们的权利是:在国际收支出现逆差时,可按照所缴份额的一定比例向基金组织借用外汇,期限为 3 至 5 年;它们的义务是承担实行固定的汇率制,外汇交易不得超过黄金官价(35 美元等于 1 盎司黄金)的 1%;在外汇政策和管理方面接受该组织的监督。

　　关税与贸易总协定　　从 1943 年起,美、英等国还举行了一系列会议,酝酿成立国际贸易组织。在联合国经社理事会的支持下,1946 年 10 月在伦敦举行了第一次筹备委员会会议。1947 年 4 月筹委会在日内瓦举行了第二次会议,就美国提出的"国际贸易组织宪章草案"进行讨论,但未被通过。后来筹委会根据其中部分条文拟定了关税与贸易总协定,同时草拟了关税减让最后议定书作为总协定的一个组成部分。同年 10 月 30 日美、英、中、法等 23 个国家在协定上签

---

　　①　世界银行于 1956 年 7 月 24 日增设了国际金融公司,1960 年 9 月又设国际开发协会作为附属机构,主要经营对发展中国家的业务。50 年代有 60 多个成员国,70 年代以来增至 140 多个。

　　②　到 1958 年有 67 个会员国,基金总额为 91.93 亿美元,1982 年有 142 个会员国。

了字①,1948年1月1日生效。由于"组织宪章"未能通过,所以,关税与贸易总协定不是正式的国际组织,而只是国际性的多边协定,它与联合国有关系,但不是其专门机构。总协定的宗旨是:减少关税和贸易障碍,取消歧视待遇,充分利用世界资源,促进各国生产;扩大国际交换,创造就业机会,保证实际收入,增加有效需求。每年缔约国召开一次大会,就国际贸易中的重大问题进行谈判,特别是对主要商品的税率进行协商达成减让协议,以贯彻最惠国待遇原则。所以,总协定既是一个调整各国贸易关系的法律框架,又是一个进行多边贸易谈判、争夺市场的场所,同时还是一个调解和解决争议的机构。

总协定缔结后,多次进行减税谈判②,这对国际贸易的发展起了促进的作用。世界银行和国际货币基金组织在相当程度上减轻了战后初期的汇率波动和经济动荡,增加了投资,扩大了世界购买力,也促进了世界贸易。它们对世界经济、特别是对西方国家的经济复兴和发展起了积极作用,因而被公认为调整当代世界经济贸易和金融的三大支柱。但它们存在的共同问题是美国在其中有特殊地位,国际贸易和国际金汇兑本位货币制度对美国的依赖,势必产生许多矛盾,严重地限制和削弱了它们的作用。然而,尽管如此,这三大支柱的出现标志着战后世界经济全球化趋势的开始,反映了世界经济朝着体系化、制度化的方向发展。

二、世界经济多样性的新局面

战后世界经济在走向统一的过程中,仍然存在着多样性,它的具体表现就是"两种体系、三种国家"的出现。"两种体系"是指社会主义经济体系和资本主义经济体系,"三种国家"是指社会主义国家、发展中国家和资本主义发达国家。每一种国家中又可分为各种类型。

社会主义国家经济　　战后世界发生的最大变化是在欧亚大陆诞生了一系列社会主义国家,从而使社会主义越出了苏联一国的范围,形成了一个社会主义国家经济体系。由于历史背景、社会基础、革命道路、过渡政策的不同,这些社会主义国家的经济又可分为三种类型:

---

① 关税与贸易总协定的缔约国1958年时增至37个,1979年为84个,临时成员国3个。1990年增至96个,另有30多个国家参加活动。它调整着85%以上的世界贸易。我国为总协定发起国,但有相当长一段时期未与之发生联系,1986年恢复了合法席位。现我国85%以上的外贸是与总协定缔约国进行的。该协定曾经过多次修改,1955年修改后为35条,现为38条。
② 1947—1993年共开过8次关税会议,每次都议定了各会员国同意彼此免税的具体项目。8次会议的召开日期与地点是:(1)1947年4—10月在日内瓦召开;(2)1949年4—10月在法国安纳西召开;(3)1950年9月—1951年4月在英国托奎召开;(4)1956年1—5月在日内瓦召开;(5)1960—1962年在日内瓦召开;(6)1964—1967年在日内瓦召开;(7)1973年在东京召开,1979年在日内瓦结束;(8)1986—1993年在乌拉圭召开。

1. 苏联型:战前苏联通过三个五年计划和大规模的社会主义改造已奠定了社会主义的经济基础,工业生产达到欧洲发达国家的水平,与德国的经济实力大体相当,但整体经济技术水平仍较落后。战争给苏联经济造成了严重的损失:约2 700万人丧生,莫斯科和伏尔加河以西的1 710座城镇、31 850个工业企业、65 000公里铁路被毁坏、30%左右的国家财富化为灰烬。但是,苏联依靠社会主义制度的优越性和广大人民的爱国主义精神,战时能够迅速集中全国一切人力物力适应战争需要,有计划、有效地把国民经济全面转入战争轨道,顺利实现了工业生产基地的东迁。1944年的工业产值已达到战前1940年的103%,集中统一的计划管理体制和优先发展重工业的方针在战时进一步强化,并发挥了重要作用。在战后的经济恢复中仍继续发挥积极作用。但这种体制的弱点是农业和日用消费品工业的发展受到限制,再加上战争的影响,1944年苏联的农业生产指标只及1940年的54%,1949年时才接近战前水平。此外,市场经济不发达也是战后苏联经济面临的一大问题。

2. 东欧型:1944—1945年随着希特勒在东线的溃退和苏军的挺进,东欧和中南欧各国掀起了民族民主革命高潮,以无产阶级政党为核心的各国爱国阵线或民族民主阵线通过武装抵抗运动推翻了法西斯附庸政权,或被占领下的法西斯傀儡政权,建立起了人民民主政权。它们是:波兰人民共和国(1944年7月22日)、罗马尼亚人民共和国(1944年8月23日)、保加利亚人民共和国(1944年9月9日)、阿尔巴尼亚人民共和国(1944年11月29日)、匈牙利人民共和国(1945年4月4日)、捷克斯洛伐克共和国(1945年5月9日)、南斯拉夫联邦人民共和国(1945年11月29日)、德意志民主共和国(1949年10月7日)。这些国家除民德和捷克斯洛伐克外,战前都是落后的农工业国家,外国垄断资本和国内的封建地主经济占统治地位,历史上与西方国家有较密切的经济联系。除波兰、捷克斯洛伐克外,普遍实行君主专制制度。战争给这些国家造成的损失是严重的。波兰有600万人丧生,40%的国家财富,相当于两代人的劳动成果荡然无存。南斯拉夫死亡170万人,40%的工业企业被毁,近30万农户破产。战后东欧各国面临的首要任务是恢复国民经济,同时通过没收法西斯占领者、追随者及外国垄断集团的财产,为社会主义国有经济奠定基础;而且还通过土地改革、民主化改革及经济计划措施改造封建的、大资产所有制,探索向社会主义过渡的道路。这是东欧地区划时代的历史性变革。

3. 亚洲人民民主国家型:反法西斯战争也为亚洲的中国、朝鲜、越南、蒙古的新型民主主义革命的胜利创造了有利条件。1924年蒙古人民共和国宣告成立,但直到1946年其独立地位才得到国际承认。1945年越南爆发了八月革命,在胡志明领导下9月2日越南民主共和国宣告成立。在北部朝鲜,随着日军的投降,建立起以金日成为首的人民民主政权实体,直到1948年9月9日朝鲜民主主义人民共和国才宣告成立。在中国,八年抗日战争使共产党领导下的解放区发展壮大,正是在此基础上又经过三年解放战争,推翻了帝国主义、封建主义、官僚资本主义三座大山,于1949年10月1日宣告了中华人民共和国的建立。这几个国家都选择了社会主义方向,共同的特点是在殖民地半殖民地的经济基础上探索符合本国实际的社会主义道路。首先,都进行了各种民主主义改革,实现工业化,发展现代化的生产力。但是,由于外部势力的武装干涉,在它们建国后的相当时期内,为了巩固政权、争取国家统一的政治任务要大于经济建设的任务,这是与东欧人民民主国家有所不同的。

发展中国家及殖民地经济 发展中国家多数是从殖民地半殖民地演变而来的民族主义国家,最初被称为不发达国家。就其经济性质而言,应属于资本主义经济体系,但是在战后,由于发展中国家日益增多,它们反对帝国主义、殖民主义,积极创建独立自主的民族经济,并与社会主义国家发展经济联系,从而形成介于资本主义和社会主义体系之间的一种新型经济体系。它的特点是:(1)发展中国家和地区主要分布在亚洲、非洲、拉丁美洲和南太平洋,即地球的南部,土地面积约占全世界的2/3,人口约占全世界的3/4,农矿资源丰富,在世界经济中占有重要地位。(2)由于长期遭受殖民主义、帝国主义的压迫和剥削,经济命脉受外国资本控制,所以,取得政治独立后,这些国家的首要任务是肃清殖民主义势力,谋求独立的经济发展。(3)殖民统治阻碍生产力的发展,造成这些国家的经济十分落后,且畸形发展,普遍存在单一经济,农村中普遍存在前资本主义生产关系,文盲众多,科技水平较低,发展现代化民族经济将会面临很大的困难。由于地区特点和社会经济发展水平的差异,就大战结束时的情况而论,又可分为以下几种类型:

1. 拉美型:战争结束时,拉美的民族独立国家最多,它们多数在19世纪取得独立,但经济上始终没有摆脱殖民主义的羁绊。战前只有墨西哥等少数国家实行了国有化措施,发展民族经济。大战期间,趁欧洲帝国主义忙于战争之机,许多拉美国家没收轴心国企业,赎买英法垄断资本控制的工矿、石油企业和公共事业。特别是拉美各国都参加了反法西斯联盟(唯阿根廷参加较晚),为盟国提供战略物资和粮食,这又大大促进了民族工业和出口贸易的增长。1937—1945年巴西的钢产量增加了两倍,墨西哥增长了一倍,在化学、纺织、冶金、机器制造等工业中都建起了新型企业。各国的黄金、外汇储备从1939年的7亿多美元增加到1946年的30多亿美元。拉美国家从此由农业国变为农工业国家。战争给拉美带来的另一变化是美国在"泛美合作"的幌子下排挤了欧洲帝国主义在拉美的势力,进一步控制了拉美。1945年3月在墨西哥的查普特佩克城堡举行的泛美会议上通过了《美洲国家经济宪章》,即美国提出的《克莱顿计划》,拉美各国接受了所谓"自由贸易"、"自由投资"、"自由企业"三原则,从而为美国资本大量涌入拉美铺平了道路,使拉美成为美国的"后院"。

2. 中东型:战前,中东的独立国家有阿富汗、伊朗、土耳其、埃及、伊拉克、沙特、也门。黎巴嫩在战争中赢得独立(1943),叙利亚、约旦也相继宣布独立(1946)。所以,到战争结束时中东的独立国家之多仅次于拉美。除埃及、土耳其、伊朗有少量现代工业外,都是以农业或农牧业为主,经济发展水平低于拉美国家。但中东是联结欧亚非三大洲的交通枢纽,经济和战略地位十分重要,成为战时盟国与轴心国激烈角逐的战场。尽管土耳其、伊朗、阿富汗宣布中立,也未能摆脱战争的威胁,战争同样给它们造成经济困难。中东是"世界石油宝库",战前,国际石油公司主要在两伊采油,战时,又在沙特和其他海湾国家大量开发石油资源。石油成为战后中东经济的重要支柱,也是大国争夺的主要对象。为了维护阿拉伯国家的共同利益,为了维护主权和独立,经埃及倡议,1945 年 3 月在开罗成立了阿拉伯国家联盟,通过了联盟宪章,以协调彼此间的政策,加强经济、文化和社会福利等方面的合作。

3. 东南亚、南亚型:战前,这里除泰国外,全都是殖民地,分属英、法、美、荷等国。战时,印度以东地区处于日本法西斯的蹂躏之下,而印度和南亚各国则在人力、物力方面给盟国很大的支援。战争给这些国家的经济造成严重的破坏,加剧了人民的苦难。当战争结束时,这些国家的社会矛盾、民族矛盾异常尖锐,加之,民族资本在战争期间有所发展(如印度),这就为战后民族解放运动的高涨准备了社会基础。战后初期,正是从这些地区诞生了第一批新兴的发展中国家。

4. 非洲型:400 年的奴隶贸易和最残酷的殖民统治使黑非洲成为世界上经济发展水平最低、最贫穷落后的地区。除埃塞俄比亚、利比里亚保持着形式上的独立以外,其他地区都是英、法、葡、比等老牌帝国主义的殖民地,南非一直处于白人种族主义统治之下。非洲被卷入战争并成为战场,宗主国对非洲战略资源和农业原料的掠夺客观上却提高了非洲在世界经济中的地位。据统计,二战期间,非洲供给世界所需铀的 100%,工业用钻石的 98%,钴的 90%,黄金的 50%,铬的 39%,钒的 24%,锡的 22%,锰的 19%,铜的 16%,铂的 13%。随着现代化工矿业的发展,产生了新的社会经济成分和新的阶层,成为民族主义成长壮大的社会基础,使战后非洲成为继东南亚、南亚之后民族独立运动高涨的又一地区。

资本主义国家经济　　经济政治发展不平衡是资本主义的绝对规律。经过战争的较量,资本主义各国的经济发展又出现了新的不平衡,它们的情况大体可分为以下四种:

1. 德意日战败国。这场战争以法西斯集团的彻底失败而告终。它们的人员和物质损失是十分惨重的。日本在战争中耗尽了它 1945 年前十年的全部财富积累;德、日的所有大城市几乎成为一片瓦砾;人民流离失所,仅柏林一地的难民数就达 800 万。这些国家早从 30 年代起就建立起了反动垄断资本集团与法西斯国家机器结合在一起的、高度集中的军事经济体制,后又将被占领国的经济也纳入这一体制。为了利用那里的劳力、设备和原料,许多产品的初加工过程在被占领国进行,就连德国的粮食都要由被占领国供应,因而,战争的失败使这些国家的经济全面崩溃。企业停产、交通阻断、外贸停止、通货膨胀,食品危机都十分严重。1945年9至11月仅东京就有300人饿死。德国的报纸刊出了妇女儿童在美军营地的垃圾堆里寻找食品的图片。但应该指出的是,由于美英与德国垄断资本间的历史联系,德国一些重要的工业设备有意识地得到了保护,损失不大。如机床受损仅6.5%,炼钢能力的损失不到10%,约3/4的厂房尚可使用,大部分乡村、小镇未受到破坏。就经济受损程度来说,远不如苏联、东欧国家严重;战时日本的工业军事化也为其战后的重、化工业的发展奠定了基础,就其受损程度而言,远不如中国等国严重。

2. 英法等战胜国。这些国家虽是战胜国,但受到严重削弱,大量的军事开支和战争的破坏使他们失去了以往的富有和在世界经济中的显赫地位。这正如丘吉尔所形容的那样,战争带给他们的是"胜利与悲剧"。英国的国民财富减少了1/4,对外贸易削减了2/3,外债由1939年的4.76亿英镑增至1945年的33.55亿英镑。法国的铁路运输大部遭到破坏,约50万座建筑物被毁。战争结束时,这些国家普遍存在财政危机、外汇短缺、货币贬值、黑市猖獗、物资贫乏等问题,国民经济呈现出一片衰微破败的景象。应该指出,战争给西欧国家造成的损失是巨大的,但并不是毁灭性的。英国的工业中心基本上没有遭到破坏,相反,战争期间还发展起了航空、化工等新型工业;法国的生产设备只有10%被毁,1944年的农业收成仍达到战前水平的80%。正因为如此,二战后西欧国家用于恢复经济的时间比一战后缩短了一半。

3. 经济有所发展的中立国和战胜国。英属自治领国家加拿大、澳大利亚、新西兰等,战时随英国加入反法西斯阵线,但其国土没有受到战争的破坏,而且成为向盟国提供武器装备、战略原料和粮食的生产基地。战时澳大利亚的矿产品增长1倍,羊毛出口增长3倍,小麦出口增加50%,重工业、机器制造和造船业迅速发展,从农业—原料国一跃而为工业—农业国。1944年加拿大的工业产量在资本主义世界中排第三位,仅次于美英。战时的欧洲中立国,主要是瑞典、瑞士,由于它们与战争双方都进行贸易,接受双方的订货而使黄金储备迅速增加,并发展起许多新型企业。1937年,瑞典的出口额为5 110万美元,瑞士为2 960万美元。但到1946年分别增长到7 080万美元和6 250万美元。

4. 呈现"战争景气"的美国。在参战的资本主义国家中,只有美国,不仅因本土远离战场而没有遭到破坏,而且还大发了一笔战争横财。战时经济急速膨胀,仅1943年的军火生产产值就等于苏联、德国、英国三国的总和。美国是这场战争中唯一的"暴发户"。

三、以美国为中心的世界资本主义经济体系的确立

19 世纪曾形成以英国为中心的资本主义世界经济体系,第一次世界大战后这一体系瓦解,但新的世界经济中心尚未形成。到第二次世界大战时,由于资本主义经济发展的不平衡,美国完全取代了英国的地位而形成了以美国为中心的资本主义世界经济体系。

工业方面　　美国拥有了强大的工业力量。过去英国是"世界工厂",现在美国取代英国也是从建立工业优势开始的。第二次世界大战全面爆发后,罗斯福总统发表了"我们必须成为民主制度的伟大兵工厂"的"炉边谈话"。1941 年 3 月 11 日又签署了租借法案。大量的军事订货和向世界各地出售军火,使美国各大工厂的装配线日以继夜地转动,生产规模日益扩大,固定资本不断更新。1938—1943 年,工业生产年平均递增率为 12.7%,工业产值翻了一番。据统计,1939—1945 年间美国钢的总产量为 5.11 亿吨,英国为 0.99 亿吨,苏联为 0.93 亿吨,德国为 1.87 亿吨,日本为 0.48 亿吨。同期,美国的石油总产量为 14.6 亿吨,英国为 0.93 亿吨,苏联为 1.72 亿吨,德国为 0.46 亿吨,日本为 0.2 亿吨。由此可见,美国的工业产量远远高于其他国家。1937 年美国在资本主义世界工业生产总额中所占的比重为 42%,1945 年增长到 60%,这种优势远远超过了当年的英国。在战后的经济恢复中,无论原反法西斯民主国家,还是法西斯战败国及其仆从国,都必须依赖美国的工业品和设备。

货币金融方面　　以美元为中心的资本主义货币体系形成。英镑曾是资本主义世界最主要的储备货币,直至二战前,40%左右的国际贸易仍是用英镑结算的,伦敦仍然是国际金融中心之一。英帝国特惠制和英镑区的存在,维护了英国在世界货币金融领域内的实力地位,这些都阻碍了美国的对外经济扩张。美国统治集团极力想改变这种状况。战争开始后,英国由于大批订购武器装备,黄金外汇大量外流。正如丘吉尔所说的:"即使我们卖掉了我们的全部黄金和国外资产,也不能付清订货的一半贷款。"而与此同时,美国的黄金储备却迅速增加,1938 年为 145.1 亿美元,1945 年增加到 200.8 亿美元,约占资本主义世界黄金储备总量的 59%,1948 年进而占 74.5%。这也就是说,绝大部分的世界黄金储备流入了美国的国库。

为了安排战后世界的货币体系,1941 年 9 月英国提出了"凯恩斯计划",贬低黄金的作用;美国于 1943 年 4 月公布"怀特计划",主张建立国际货币稳定基金机构,取消外汇管制和对国际资金转移的限制。在 1943 年 9—10 月举行的华盛顿会议上,英国被迫接受了"怀特计划",并同意以此为依据建立国际货币基金组织。1944 年 7 月建立的布雷顿森林体系,实际上确认了"两个挂钩"原则,即美元与黄金挂钩以及资本主义各国货币与美元挂钩的原则。所谓美元与黄金

挂钩,即各国协助美国政府维持 35 美元等于 1 盎司黄金的官价水平,美国政府承担各国政府或中央银行按黄金官价用美元向美国兑换黄金的义务;所谓资本主义各国货币与美元挂钩,即各国货币与美元保持固定的汇率。美国政府根据 35 美元等于 1 盎司黄金的官价规定 1 美元的含金量为 0.888 671 克,其他各国政府也规定本国货币的含金量,然后按照各国货币含金量之比,确定各国货币对美元的法定汇率,这一汇率不得随意变动。这样一来,美元就成为黄金的等价物。各国货币只有通过美元才能同黄金挂钩,美元成为资本主义国家进行国际清算的支付手段和主要储备货币。这就形成以美元为中心的世界货币体系,美元的霸权地位便确立了。

在国际货币基金组织中,美国从一开始就拥有总投票权的 27%,在世界银行中,由于它认缴的资本最多,掌握了总投票权的 23.81%。如果没有美国的同意,许多重大问题是无法通过的。美国因此而掌握了国际金融的控制权。英国曾拖延批准布雷顿森林协定,但美国利用战后英国的困难对其施加压力,1945年 12 月 6 日签订了英美财政协定,美国答应向英国提供 37.5 亿美元的长期贷款,以使英国议会同意执行布雷顿森林协定。

国际贸易与投资方面　　美国在 1941 年 3 月 11 日至 1946 年 9 月 30 日期间执行的租借法案实际上是一种国家的贷款投资。由美国政府拨款,向美国各大公司订货,再用美国商船运到各受援国,记入一种特别账目。租借法案的执行大大刺激了美国经济的发展,并使美国垄断资本打开了各受援国的大门。共有35 个国家接受了租借法案,美国总共提供了 506 亿美元,其中提供给英国及其自治领约 313 亿美元,占总数的 2/3,提供给法国 14 亿美元,中国 8.4 亿美元。

战后,美国成为资本主义世界最大的债权国。美国在国外的投资,1939 年为 114 亿美元,1945 年增至 168 亿美元,1949 年又增至 307 亿美元。通过对外投资,美国资本掌握了一些国家的经济。例如,在加拿大,由于战时美国垄断资本的大量渗入,加拿大加工业的 39%,采矿、石油业的 37%,社会公用事业的24% 都处于美国的控制之下。又如在中东,1937 年美国石油公司仅控制了13.1% 的石油开采量,1946 年增加到 31.7%,威胁着英法在中东的利益。租借法案还帮助美国进一步争夺国际市场。首先迫使英国放弃了大英帝国的特惠制,取消贸易壁垒,降低关税,使美国商品打入各国市场。例如,印度是英国的传统市场,但 1938—1944 年美国在印度出口中所占的比重由 8.4% 增加到 21.2%,在进口中所占的比重由 6.4% 增加到 25.1%,威胁着英国在印度的利益。美国在资本主义世界出口总额中所占的比重由 1937 年的 14.2% 上升到 1947 年的 32.5%,同期英国由 11.2% 下降至 9.3%,战败国日本由 5.1% 下降至 0.4%。

1947 年签订的"关税与贸易总协定"标志着国际贸易体系的建立。它是由美国首先发起和筹建的,协定确立了资本主义发达国家之间资本、人员、劳力、货物自由流通的新格局。美国打着相互减让关税的幌子,降低别国的关税,以扩大自己的商品输出。实际上形成了以美国为中心的国际贸易体系。

科学技术方面　　　战时美国经济的繁荣推动了科学技术的发展,使它成为世界科技的中心。战时有许多新技术应用于生产。例如,美国在1942—1943年应用战前高分子化学方面的研究成果建立了以石油为原料的合成橡胶工业,使美国从最大的橡胶进口国变成最大的合成橡胶出口国。美国农业在战时基本上实现了机械化,拖拉机、载重汽车、联合收割机等各种机械数量成倍增长,农业生产渡过了长期的危机走向繁荣,农业生产指数(以1935—1939年为100)1940年为109.7,1945年增长到126.9。

战争期间,欧亚各国许多著名的科学家、科技人才不堪忍受法西斯的迫害而流入美国。从1933年起,爱因斯坦就因希特勒的排犹而逃亡美国,意大利核物理学家费米因妻子有犹太血统而携全家赴美;著名数学家冯·诺伊曼也从匈牙利迁往美国定居。1942年美英就联合研制原子武器问题达成秘密协议。在1943年8月的魁北克会议上美英与加拿大政府通过决议,要在北美建立原子能工业,当时就有75名专家到华盛顿工作,有许多英国科技专家因军事技术合作而赴美。这种人才流动加速了世界科学技术中心从欧洲向美国的转移。这些科学家来到美国后,为了反法西斯的崇高目的都争分夺秒地工作。1939年1月26日丹麦物理学家尼尔斯·玻尔向聚集在华盛顿的美国物理学家宣布了柏林威廉皇帝研究所的两位科学家完成了铀核裂变的消息,引起普遍的震惊。8月2日爱因斯坦向罗斯福总统建议制造原子弹。1941年12月开始实施制造原子弹的"曼哈顿计划"。1942年12月2日在费米领导下建成第一个原子能反应堆,为人工利用原子能开辟了道路。1943年春,在新墨西哥州圣菲城外洛斯·阿拉莫斯一座荒山上的实验室里,在罗伯特·奥本海默领导下,建立了一个由美、英和其他欧洲国家的科学家组成的小组。经日夜奋战,1945年7月16日第一颗原子弹爆炸成功。

与此同时,宾夕法尼亚大学莫尔电工学院与军械部合作,按照工程师莫希莱的方案,于1945年底研制成世界上第一台电子计算机,取名"电子数值积分机和自动计算机"。同时,冯·诺伊曼又设计出命名为程序内存计算机的方案,这种效率更高的计算机于1949年在英国剑桥大学制造成功。1942年美国研制成功"火箭筒",但这方面技术领先的是德国。1945年希特勒德国崩溃后,美国俘获了以冯·布劳恩为首的130名优秀的火箭专家及技术装备,这为发展美国的空间技术奠定了基础。

核能的利用、电子计算机的问世及空间技术的发展是第三次技术革命开始的三大标志。显然,美国在这次新技术革命中是处于领先地位的。战后,美国继续其"汲取才智运动",用高薪和优越的工作条件吸引国外学者移居美国,使美国的科技队伍不断壮大。1921—1930年美国只有5人获诺贝尔自然科学奖。同期,德国26人,英国16人,法国14人。自从大批外籍科学家移居美国后,从1931—1966年,美国获奖者猛增至68人,英国为31人,法国6人,德国19人。这说明了美国在战后世界科学技术领域中的优势。正是这种优势更加强了它在世界经济中的主导地位。

第二节　世界政治形势的变化

一、战争结束时国际政治舞台上的五大国

国际政治舞台大国力量的消长　　战前在国际政治舞台上扮演主要角色的是英、法、美、德、日、意和苏联七国。战后初期,德、意、日不再是国际舞台上的主角,由反法西斯盟国左右国际局势。而盟国从一开始就有大国、小国之分,1942年签署《联合国家宣言》时,小国均按国名英文第一字母顺序签名,而美、英、苏、中四大国则例外,其签名排在最前列。战争结束时,法国恢复了大国地位。这样,在国际事务中便形成了五大国起主导作用的局面。但是由于它们之间实力对比的悬殊,其实际的国际地位及其对战后世界秩序的安排和打算又有很大的不同。

美国独占鳌头　　战争结束时,美国的实力在大国中是首屈一指的。这不仅表现在经济方面,也表现在军事、政治方面。美国武装力量总数在1939年只有33.5万人,1941年参战前增至200万人,1945年时已达到1217.5万人。战前的美国军事力量在世界上仅居第16位,排在南斯拉夫与波兰之后,但战后却一跃而为头号军事强国。美国已拥有世界上最强大的海军和空军力量。1941年12月至1945年8月,美国生产作战飞机192 000架,同期英国仅为93 300架。战前,美国空军中没有超重型轰炸机,但战争结束时,已拥有2865架。重型轰炸机由战前的22架猛增至11 065架,还建立了5个空降兵师的新兵种。二战中航空母舰取代了战列舰成为海战的主要突击力量。战前,美国现役航空母舰只有7艘,战争结束时已增至30艘,而英国只有12艘。1945年,美国几乎每天都有一艘舰船下水。英国的"海上霸主"地位已完全被美国取代。随着反法西斯战争的胜利,美国将其军事力量部署到了非洲、欧洲、亚洲、大洋洲等地,建立了近500个军事基地。此外,它还拥有原子弹,在核武器方面拥有绝对优势。这些都是战后美国准备称霸世界的资本。

美国统治集团早在参战前就已考虑了战后的世界安排问题。1939年12月罗斯福下令成立"和平与改造问题委员会",负责研究战后美国"为建立一个理想的世界秩序"需要什么"基本原理"。1941年初美国《幸福》、《生活》和《时

代》杂志的主编亨利·卢斯发表《美国世纪》一文,对此作出了回答。他说:"20世纪是美国世纪……这是美国作为世界统治力量出现的第一个世纪。"于是,"世界主义"的外交理论取代了"孤立主义"。1941 年 12 月美国国务院又设立了一个由国务卿赫尔任主席的"战后对外政策咨询委员会",负责拟订解决战后问题的各种方案。1943 年 4 月,罗斯福授意福雷斯特·戴维斯在《星期六晚邮报》上发表《罗斯福的世界蓝图》一文,透露了罗斯福对战后世界安排的设想。他的"蓝图"是从世界主义出发的。他要求建立一个由美国领导的、符合美国利益的世界政治与经济秩序。具体措施有二:一是组建一个美国在其中起主导作用的普遍性的国际组织——联合国;二是建立以美国为核心的世界经济体系。罗斯福相信,由于战争中英、苏、中等国都仰仗美国的经济、军事援助,凭着美国的实力,他可以利用战时的"大国合作"来实现其"蓝图"。1945 年 4 月 12 日罗斯福逝世,副总统杜鲁门继任总统,他继续实现罗斯福的"世界蓝图"。12 月 29日他在致国会的咨文中郑重宣布:"胜利已使美国人民有经常而迫切的必要来领导世界了。"

苏联成为世界一流强国　　五大国中能与美国相抗衡的只有苏联。它被西方政治家称为战后的另一"超级大国"。苏联是战胜希特勒德国的主要力量,德军在苏德战场上损失了 1 000 万人,占它在二战期间总伤亡人数的 73%。苏联在反侵略战争中锻炼出了一支数量最多、战斗力最强、技术装备精良的军队。1941 年,苏军约有 540 万人,到 1945 年 5 月,增到近 1 140 万人。战时,苏联在东部地区建起了重工业和军火生产基地。1943—1945 年每年平均生产 12 万门炮、19 390 万发炮弹、3 万辆坦克、4 万架飞机,这些数字仅次于美国,但远远超过了其他国家。战时,苏军的技术装备全部更新。苏制重型 ИС-2 坦克超过德国"虎式"坦克的威力。火箭炮("喀秋莎")、强击机等新型武器都有极大的发展。

战争使苏联领土扩大了 60 万平方公里,从建立"东方战线"起,西部邻国的一些地区先后划入苏联版图。它们是:芬兰的雷巴契半岛、斯莱特尼半岛的一部分、贝柴摩、萨拉地区和卡累利阿地峡(租借汉科半岛 30 年);波罗的海沿岸国家爱沙尼亚、拉脱维亚、立陶宛;波兰东部的西乌克兰和西白俄罗斯;罗马尼亚的比萨拉比亚和北布科维纳;捷克斯洛伐克的外喀尔巴阡乌克兰;德国的东普鲁士的 1/3。上述领土总面积为 50 万平方公里,人口约有 2 450 万人。领土的扩大在战略上加强了苏联的地位。苏军的反攻使它又进驻欧洲更广阔的地区,最终从卢卑克到的里雅斯特形成了一条与美英军对峙的军事分界线,该线还穿过亚得里亚海延伸到希腊北部边界和土耳其海峡。在亚洲,苏军进驻中国东北和北朝鲜,并将日本部分北方领土齿舞、色丹、国后、择捉四岛划归苏联,从而形成了从南库页岛、千岛群岛到朝鲜"三八线",再到旅大港的另一条与美军对峙的军事分界线。苏联幅员辽阔,能将两条军事分界线连成一片,其间包括 10 多个社会主义国家。显然,这是一支十分强大的国际政治力量。

对于战后世界的安排,苏联希望在长时期内保持国际和平,以便医治战争给苏联带来的严重创伤,恢复并振兴经济。为此,斯大林主张建立一个由爱好和平的国家的代表组成的"新的特别全权国际组织。"斯大林还希望战时划归苏联的领土能得到国际承认,在东欧建立"安全圈",使西部邻国"实行对苏联友好的政策,而不是实行反对苏联的'防疫线'政策"。此外,他还希望推进世界革命,使更多国家走社会主义道路。

值得注意的是,在卫国战争年代,苏联在强调爱国主义和国际主义的同时,并没有把二者与民族利己主义和大国沙文主义严格区别开来,无论是在对待邻国的领土问题上还是在处理其他外交问题上,都有背离马列主义原则的地方。例如,1945 年 9 月 2 日斯大林对日本投降发表的《告人民书》中,就将 1904 年的日俄战争说成是日本对俄国的侵略,说:"那次失败是我国的一个污点",俄国等待着"污点会被清洗"。这种说法与列宁当年揭露日俄战争双方都是为了"争夺满洲和朝鲜","而进行的一场非正义的帝国主义战争"的结论是相违背的。这反映了在苏联领导人的指导思想中仍然存在着老沙皇大俄罗斯主义的思想残余,这对苏联处理战后国际事务有着消极的影响。

英国开始依附美国   长期以来,英国一直是国际关系中的制衡国。在整个 19 世纪,它是世界霸主。第一次世界大战后,它在国际联盟和国际事务中仍处于领导地位。但第二次世界大战改变了它的国际地位,也改变了英国统治者的心态。英国与德国法西斯作战时间最长,实力消耗极大。尽管战时英军从 130 万人增加到 510 万人,但是与美苏相比则大为逊色。还在 1943 年的德黑兰会议期间,丘吉尔就已意识到"英国是一个多么小的国家"。他曾这样描绘:"我的一边坐着把一条腿搭在另一条腿上的巨大的俄国熊,另一边是巨大的北美野牛,中间坐着的是一头可怜的英国小毛驴"。1944 年盟军在诺曼底的登陆,其主力是美国而不是英国。战争虽然使英国获得了战胜国的桂冠,但其实力地位却大大降低了。

英国的决策者在战争后期就已预见到战后的国际舞台上将会出现"两个巨人",一个是美国,另一个是苏联,而英国将"夹在两块大磨石之间,被置于最不舒适的处境"。丘吉尔对战后世界结构的第一个设想是实现在英国领导下的欧洲统一,建立欧洲地区联邦。丘吉尔主张成立一个世界性组织,下面分设欧洲、美洲、太平洋地区三个委员会。英国可以通过组织经济、政治和军事联合体在欧洲委员会中起主导作用,同时还可通过英属殖民地、附属国在太平洋地区委员会中发挥作用,以此来保证其国际地位。但这一想法在 1944 年 8 月的魁北克会议上被美国否定,丘吉尔不得不接受罗斯福所设计的"世界蓝图"。他认识到战后能与苏联抗衡的唯有美国,而不是一个改组了的衰弱的欧洲。所以,他的第二个设想是建立战后英美特殊联盟。当然他必须承认,美国是盟主,他还直截了当地告诉美国总统特使说:"我是总统的忠实副手"。他甚至还曾提议战后美英公民不受国籍限制,可以自由交往,公民证可以通用。他的目的是想借助于美国的力量来维持英国在欧洲第一把交椅的位置,以此来挽救大英帝国的没落。

法国大国地位的恢复 法国亡国后,国防部副部长戴高乐将军只身出走英伦,1940 年 6 月 18 日在英国广播电台发表演说,高举起"自由法国"的旗帜,随后组建军队,在法属殖民地活动。10 月 27 日在非洲布拉柴维尔成立了由他任主席的"保卫帝国委员会",代表法国利益。他与国内抵抗运动联合,1942 年 7 月将"自由法国"改名为"战斗法国"。1943 年 6 月 3 日在阿尔及利亚成立了法兰西民族解放委员会作为法国的中央政权,并得到美、苏、英的承认。该政权拥有一支 23 万人的战斗部队,32 万吨位和 5 万人的海军舰队,一支有 500 架战斗机和 3 万人的空军。显然,这点力量是不被盟国重视的。所以,在战时盟国的许多会议中从没有法国临时政府的席位。戴高乐对此感到愤愤不平,反复向盟国表示:"1500 年来,法国就已习惯于一个大国的地位,要求所有的人,首先是他的朋友们,不要忘记这一点"。

戴高乐领导下的法军积极参加了在意大利、法国和德国领土上的军事行动。以法共为核心的内地军在解放法国本土的战斗中也作出了重要的贡献。到 1945 年初,法国正规军已达 97.6 万人。塔西尼将军率领下的第一军深入德、奥境内进行战斗,最终由他代表法国政府在德国投降书上签了字。在战争期间,戴高乐还积极争取苏联的支持,1944 年 12 月 10 日签订了法苏同盟互助条约。在这种情况下,美英不得不将法国作为大国对待。

1945 年 4 月,法国代表重新以大国身份出席旧金山会议。但是,这时的法国就其实力而言,已沦为三等国了。

中国加入大国行列 从 1840 年起,中国一直是个受列强欺辱的半殖民地弱国,在国际政治舞台上从来没有中国的地位。但是,中国人民在反法西斯战争中作出的杰出贡献大大提高了中国的国际地位。中国人民最先举起了反法西斯战争的义旗,而且坚持抗战的时间最长,付出的民族牺牲最大。中国是亚洲战场上抗击日本法西斯的主力军。中国的抗日战争阻遏了德日意法西斯的进一步勾结和战争规模的扩大。中国的抗战粉碎了远东慕尼黑阴谋,鼓舞了世界反法西斯力量,促进了国际反法西斯统一战线的形成。中国的抗战支援了苏联和美国的"先欧后亚"战略,使他们有可能集中力量在欧洲战场先战胜希特勒。在最后打败日本法西斯的战争中,中国人民更是起了不容抹杀的巨大作用。在这种情况下,盟国在最后战胜法西斯及对战后世界秩序的安排等重大国际事务上,没有中国参加,是难以真正解决的。中国大国地位的取得是中国人民长期斗争的结果。

但是,美国承认并支持中国的大国地位,是为了在战后能有一个依附美国、追随美国的中国出现,这样的中国将成为美国抗衡苏联、英国的忠实助手。英国则竭力反对中国的大国地位,它深恐一个强大的中国将对争取民族独立的英国殖民地,特别是印度,起到巨大的鼓舞作用。苏联当然不愿意看到蒋介石政府强大,但对中国共产党能够战胜国民党,也不抱信心。因此,中国在战争中虽然取得了大国地位,但这种地位在相当程度上是虚有其表的。只有在中华人民共和国成立,中国人民真正站起来以后,中国才真正作为一个有影响的大国在国际政治舞台上发挥自己的作用。

二、雅尔塔体系的确立

雅尔塔体系的内容 在近现代史上,每次大的国际战争之后,战胜国都要根据自身的利益和实力对比状况召开国际会议,缔结国际协议,重新划分边界与势力范围,安排战后世界秩序,从而确定一种新的国际关系格局。例如 19 世纪初对拿破仑的战争之后的维也纳会议与“神圣同盟”,第一次世界大战之后的凡尔赛—华盛顿会议和国际联盟等。第二次世界大战也不例外。所不同的是,国际会议的召开和协约的缔结不是在战争结束之后,而是在战争后期开始进行的。1943 年 9 月意大利投降后,盟国将战后世界的安排问题提上了议事日程。与以往不同,盟国不是只举行一次会议,而是举行了一系列会议,达成了一系列协议,有公开的,也有秘密的;有书面的,也有口头的。其中,以 1945 年 2 月 4 日—11日苏美英三国首脑在苏联克里米亚的雅尔塔举行的会议及其通过的公报、协定和密约最为重要。此前的莫斯科三外长会议(1943 年 10 月)、开罗会议(1943年 11 月)、德黑兰会议(1943 年 11 月 28—12 月 1 日)、丘吉尔与斯大林关于巴尔干问题的会谈(1944 年 10 月 9 日—26 日),都可看作是雅尔塔会议的准备。雅尔塔会议继承和发展了上述会议的成果,对某些协议进行了修改和调整,并使之法律化。此后举行的旧金山会议(1945 年 4 月 25 日—6 月 26 日)、波茨坦会议(1945 年 7 月 17 日—8 月 2 日)等则是对雅尔塔会议所确定原则的补充和具体化。雅尔塔体系(或体制)指的就是上述所有协定的总和。

雅尔塔体系的内容,概括起来主要有四个方面:(1) 如何最后打败德、日法西斯,如何处置战败国,以防止法西斯主义东山再起;(2) 重新绘制战后欧亚的政治地图,特别是重新划定德、日、意法西斯国家的疆界及其被占领地区的归属和边界;(3) 建立联合国组织,作为协调国际争端、维持战后世界和平的机构;(4) 对德、日、意的殖民地以及国联的委任统治地实行托管计划,原则上承认被压迫民族的独立权利。

雅尔塔体系的性质 第二次世界大战的性质与第一次世界大战不同,它具有反法西斯的正义性,因此,作为这场战争的产物的雅尔塔体系要比凡尔赛—

华盛顿体系有其历史进步性。虽然凡尔赛—华盛顿体系也把维护战后世界和平问题摆在首位，并建立了普遍性的国际组织——国际联盟，但事实上，国际联盟就其普遍性、广泛性和有效性来说，远不能与联合国相比。凡尔赛会议举起了反苏、反共的"白旗"，直接导致了对苏俄的武装干涉；而雅尔塔会议则将苏联与美英两种不同社会制度国家间的和平共处纳入了国际关系体系。这对战后苏联东欧各国的社会主义革命与建设事业是十分有利的。雅尔塔体系提倡和平、民主的原则，《关于被解放的欧洲宣言》中明确指出"致力于全人类的和平、安全、自由与普遍幸福"，要"用民主方式解决他们迫切的政治问题和经济问题"。这些并非只是空洞的口号，在对战败国的处置、使之完成民主化的任务以及给予被压迫民族、特别是被托管地区的独立和自治等方面都体现了这一精神。如果说凡尔赛体系是孕育了另一次世界大战的体系，而对于雅尔塔体系则不能作出这样的结论。

在分析雅尔塔体系的内容和实质时，还必须看到它消极的一面。该体系是建立在美苏战时军事实力均势的基础之上的。它是美英苏三大国经过长期讨价还价、相互妥协的产物。它承认了苏联与英美各自的实际军事控制线。斯大林出于各种考虑多次向英美让步，大体上接受了丘吉尔提出的划分巴尔干势力范围的百分比协定①，还接受了美国提出的对德国分四区占领的计划。而罗斯福为了争取苏联尽快对日宣战，以使美国免于付出100万人伤亡的代价，同时为了把战时的同盟关系延续到战后，以实现其"世界蓝图"，他在东欧问题和远东问题上对苏联也作了让步。所以，雅尔塔会议充满了美苏相互妥协、共同主宰世界的气氛，几乎每项雅尔塔协议都包含着美苏争夺势力范围的因素。他们既合作，又争夺，使雅尔塔体系深深打上了大国强权政治的烙印。例如讨论波兰的重建问题是在没有波兰代表参加的情况下进行的。对于蒙古独立和中国东北问题的处置也都是背着中国进行的，其结果是确保了苏联在中国东北地区、特别是在旅大港的特权。显然，这些都是大国强权政治的表现。就这一点而论，雅尔塔体系与凡尔赛—华盛顿体系又有共同之处。

正因为雅尔塔体系事实上划分了美苏的势力范围，加之，美苏的社会制度不同，对外方针有很大差异，故雅尔塔各项协议实施的结果是导致了德国的被分裂，欧洲也被分裂为东欧和西欧，进而导致以美苏为首的两大阵营的形成。因此，雅尔塔体系的确立就意味着近300年来以维持欧洲大国均势为中心的传统的国际关系格局已被美苏两极格局所取代。这的确是现代国际关系史上一个重

---

① 1944年10月9日丘吉尔飞抵莫斯科，当晚与斯大林密商巴尔干势力范围问题，以后又经艾登和莫洛托夫会谈，约定苏在罗马尼亚可占90%的优势，而英美在希腊可占90%的优势。在南斯拉夫各占50%；在匈牙利和保加利亚，苏占80%，美英占20%。

大的历史性的变化。

三、联合国活动的开始

联合国的成立　　联合国不是战前国际联盟的继续。它孕育于反法西斯战争年代,是在反法西斯联盟基础上建立起来的崭新的、普遍性的国际组织。美国对于组建联合国颇为积极,其他反法西斯国家为了把战时的友好合作关系延续到战后,以维护世界和平,也都同意组建联合国。联合国的建立反映了世界人民爱好和平的共同心愿。

1943 年 10 月 30 日莫斯科三外长会议结束时,中、苏、美、英四国共同发表声明,首次正式提出建立联合国的问题。

1944 年 7 月 18 日,美国政府将它的《普遍国际组织暂定草案》交给中苏英三国政府,并邀请三国代表在华盛顿近郊的敦巴顿橡树园举行会议,讨论美国的建议,草拟联合国宪章。1944 年 8 月 21 日至 9 月 28 日,苏美英举行了第一阶段会议,接着至 10 月 7 日美、英、中举行第二阶段会议,通过了《关于建立普遍性国际组织的建议案》,基本勾画出了联合国的蓝图。会议的分歧点主要是创始会员国的资格问题和未来的核心机构—安理会的表决程序、即否决权的问题。关于后者,苏联主张使否决权绝对化,即大国在任何情况下都享有否决权,大国间的一致应成为采取任何行动的一项绝对必要条件。而英、美则主张大国否决权应有一定限度,如果大国是争端当事国,则不应享有否决权。在 1945 年 2 月的雅尔塔会议上美英向苏联让步,在否决权问题上通过了"雅尔塔公式",即安理会理事国关于程序问题的决议只需简单多数票通过即可;关于实质性问题的决议,理事会的多数票中必须包括五个常任理事国的同意票方为有效。当常任理事国是争端当事国时,如果决议是采取和平手段解决争端,或是安理会为审议争端而进行调查时,不得行使否决权;如作出决定,考虑采取出兵、断交等手段时,可以行使否决权。这就是所谓的"大国一致原则"。英美还对苏联提出的让乌克兰、白俄罗斯也作为创始会员国的建议表示谅解和支持。会议决定,凡在 1942 年《联合国家宣言》上签字的国家或 1945 年 3 月 1 日前向法西斯宣战的国家均为创始会员国。会议还同意法国也作为联合国成立大会的邀请国。

1945 年 3 月 5 日美、苏、英、中四国发出了《召开联合国家国际组织会议邀请书》。4 月 25 日联合国成立大会在旧金山市歌剧院隆重开幕。出席会议的有 50 个国家的 282 名代表、1 726 名顾问、专家及其他人员。四发起国的首席代表分别为美国国务卿斯退丁纽斯、苏联外交人民委员莫洛托夫、英国外交大臣艾登、中国政府代理行政院长宋子文。中国共产党代表董必武是中国代表团中的一员。会议进行了两个多月,6 月 25 日通过《联合国宪章》和作为宪章组成部分的《国际法院规约》。26 日,50 个国家的代表在退伍军人纪念堂举行签字仪式,中国代表团第一个在宪章上签了字。由于波兰新政府 6 月 28 日才改组成功,故没有参加会议,而在会后补签。这样,一共 51 个国家成为创始会员国。10 月 24 日,联合国宪章正式生效的这一天被定为联合国日。

按照联合国宪章序言和第一条的规定,联合国的宗旨是:维持国际和平及安全;发展国际以尊重人民平等权利及自决原则为根据的友好关系;促成国际合作,以解决国际经济、社会、文化及人类福利性质的国际问题,增进并激励对于全体人类的人权和基本自由的尊重;构成一协调各国行动的中心,以达到上述共同目的。为了实现上述宗旨,宪章第二条规定了联合国本身及其会员国在一切行动中应作为法律义务而遵守的原则是:(1)会员国主权平等;(2)各会员国应该忠实履行宪章规定的义务;(3)各会员国应该用和平的方法解决国际争端,俾免危及国际和平、安全和正义。(4)各会员国在国际关系中不得对其他国家进行武力威胁或使用武力。(5)各会员国对联合国依照宪章采取的任何行动应给予一切协助,联合国对任何国家正在采取防止或执行行动时,各会员国对该国不得给予协助。(6)联合国在维护国际和平与安全的必要范围内,应保证非会员国遵行上述原则。(7)不干涉内政。宪章所载的任何规定均未授权联合国干涉在本质上属于任何国家国内管辖的事项。

联合国的主要机构有 6 个:(1)大会。由全体会员国组成,是主要审议机构,重要议案需 2/3 多数通过。每年举行一届常会,于 9 月份第三个星期二开幕,持续到 12 月中旬,如半数以上会员国或安理会提出请求,可举行特别会议或紧急特别会议。(2)安理会。是对维护和平与安全负有主要责任的机构,在联合国内处于首要的政治地位。由享有否决权的 5 个常任理事国和任期两年的非常任理事国组成。起初有 6 个非常任理事国,后不断增加。(3)经济及社会理事会。在大会权力下,负责协调经济和社会活动,就发展、世界贸易、工业化、自然资源、人权、妇女地位、人口、社会福利、科学技术、防止犯罪以及许多其他经济和社会问题提出建议和开展活动。(4)托管理事会。负责监督对 11 处托管领土的行政管理,促进它们向自治或独立的方向发展。(5)国际法院。设于海牙,由 15 名"独立法官"组成,不代表任何国家,依《国际法院规约》而工作。唯该机构与国联的国际法院有些继承关系。(6)秘书处。任务是为联合国其他机构服务,并执行它们的计划和政策。联合国秘书长是联合国的行政首脑,由安理会推荐,大会委派,任期 5 年,可以连任。

联合国的早期活动　在酝酿和组建联合国的过程中,联合国家还对一些具体的全球性问题进行了讨论,并组建了专门机构。1943 年 11 月,44 个盟国代表在华盛顿创建了联合国善后救济总署。其目标是向战争受害者提供援助。这是第一个正式成立的联合国机构。直到 1949 年才终止了活动。1943 年春在弗吉尼亚温泉城举行联合国家粮食及农业会议,起草了《粮农组织章程》,于 1945

年 10 月正式成立。1942 年秋在伦敦举行各盟国教育部长会议,起草了成立教育、科学及文化组织(教科文组织)的计划。1946 年 11 月 4 日该组织正式成立,其目的是增进各国在教育、科学、文化和交流方面的合作。类似的机构还有世界银行、国际货币基金组织、世界气象组织、国际民用航空组织、世界卫生组织、关税及贸易总协定等。国际劳工组织、万国邮政联盟等是战前就存在的组织,后与联合国发生联系。上述专门机构都是单独的独立组织。它们有自己的成员国、活动计划及预算,通过经社理事会与联合国合作,每年向经社理事会提交报告。由此可见,联合国虽非世界政府,但却要对世界各个方面的问题作出反应。因此,它成为国际社会的集中体现。

1946 年 1 月 10 日至 2 月 14 日联合国第一届大会在英国伦敦教堂大厦举行。大会以秘密投票方式决定任命挪威外长吕格耳·赖伊为第一任秘书长。大会通过的联合国会徽是一幅从北极看去的世界地图,周围是橄榄枝环。大会接受了美国国会的邀请,将联合国总部设于纽约,同时接受小约翰·D.洛克菲勒的赠款,在曼哈顿东区的东河之滨购买土地,建造联合国大厦。于是,联合国的工作正式开始了。

第三节　思想文化的新潮流

一、和平、民主的思想文化潮流

人权问题国际化　　法西斯主义对民主的践踏、对自由的扼杀、对人权的侵犯已达到无以复加的地步,是历史上绝无仅有的。充分享有人权是长期以来人类追求的理想。面对法西斯的野蛮暴行,人们更加渴望和平与民主。所以,战争结束后无论在世界的任何地方,和平与民主的思潮是最具有普遍性的。法西斯主义集帝国主义时代一切反动思潮之大成。它不仅敌视社会主义、共产主义,不允许马克思主义的人权观、民主观存在;而且也敌视资产阶级的人权观,否定资产阶级的民主思想和多党制,妄图以独裁暴政取而代之。罗斯福、丘吉尔等资产阶级代表人物为了维护本民族、本阶级的利益,也重新打起了"自由、平等、博爱"的旗帜。在《大西洋宪章》中,他们提出消灭纳粹后"重建和平","并使全世界所有人类享有自由生活,无所恐惧,亦不虞匮乏的保证"。这种言论对战后和平民主思潮的发展有一定影响,同时,也与社会主义国家和其他反法西斯国家的人权观取得了某种共识,从而形成了人权活动的国际化。

战后,人权问题受到国际社会的普遍关注,是世界民主化思潮中的一项重要内容。人权问题国际化的标志是《联合国宪章》第一次将"人权"这个伟大的名词写入国际文件,并纳入国际法的范畴。它庄严宣布:"欲免后世再遭今代人类两度身历惨不堪言之战祸,重申基本人权,人格尊严与价值,以及男女与大小各国平等权利之信念。"这反映了世界人民的愿望。

1946年联合国成立人权委员会。1948年12月10日联合国大会通过了该委员会起草的《世界人权宣言》,共30条。第一条宣布:"人人生而自由,在尊严和权利上一律平等",它在重申近代思想家的"天赋人权"论之后,强调"人人有权享有生命、自由和人身安全。"这就是说,人权首先是人民的生存权。对于一个国家和民族来说,没有生存权,其他一切权利均无从谈起。宣言确认这一点有积极意义。宣言在确认私有财产权的基础上还规定了各种个人权利和自由,同时,还规定了社会保障、免于失业、同工同酬、给薪休假、受教育和适度生活水平等经济、社会、文化权利。这说明宣言是各种意识形态在战时特殊历史条件下妥协的产物,它是有历史的局限性的。各国对宣言的解释各取所需。某些西方大国从一开始就想利用人权问题干涉别国内政。但该宣言毕竟是第一个关于人权问题的专门性的国际文件。它首次在世界范围内系统地提出了有关保护基本人权的具体内容和共同奋斗的目标,从而为国际人权领域的实践奠定了基础,产生了深远的影响。20年后各国将12月10日宣言发表的日期定为"人权日"。

世界和平运动　　人权的实现需要和平的保障,所以世界人民在关注人权的同时,更加注重世界和平问题。

战后群众性的世界和平运动首先由文化界人士和各国知识分子发起。1947年11月在巴黎和各西方国家首次举行群众性的保卫和平和自由全国代表大会。1948年8月在波兰的弗罗茨瓦夫,来自45个国家的500多位科学家、作家和艺术家举行了世界文化界人士保卫和平大会,并成立了国际联络委员会。其中有法国著名核物理学家约里奥·居里及夫人、作家阿拉贡、苏联作家法捷耶夫、西班牙艺术家毕加索、美国黑人歌唱家保罗·罗伯逊、智利诗人聂鲁达、英国科学家贝尔纳等。1949年2月25日该联络委员会和国际民主妇女联合会及75位文化界和政界人士联合发表宣言,致全世界各民主团体和全世界和平保卫者,建议召开世界保卫和平大会。

1949年4月20日至25日,第一届世界保卫和平大会在巴黎—布拉格举行①。有2 287名代表参加,代表72个国家、12个国际组织和1/4的世界人口。大会宣言说:"我们,属于一切文化、一切思想和一切肤色的男女",由于"人民正被卷入军备竞赛的危险中",因此呼吁"要求原子能使用只限于为和平目的与人类福利……为争取民族独立与各国间的和平合作、各民族对其将来的自决权——自由与和平的重要条件——而斗争"。

---

① 会议原定在巴黎举行,由于法国政府拒给一些国家的代表签证,结果在布拉格也同时举行会议,作为巴黎会议的组成部分。

以约里奥·居里为主席的"和大"常委执行委员会倡议在 1949 年 10 月 2 日举行"保卫和平国际斗争日"的群众运动,有 60 多个国家响应。1950 年 3 月 19 日该委员会又发表了以要求"无条件禁止原子武器"为主要内容的斯德哥尔摩宣言,形成了有 5 亿多人在宣言上签字的和平运动,反映了世界人民要求和平的强烈愿望。为了使和平运动经常化,1950 年 11 月第二届世界和平大会决定成立世界和平理事会,417 位理事均由各国著名的文学艺术家、科学家、社会活动家、宗教界人士等担任。理事会尊奉的原则是:"世界上不同的制度可以和平共处;解决各国间的争端应该通过协商和大家都可能接受的协议来实现;遵照民族自决的权利,一个国家的内部分歧只涉及这个国家的公民。"这是对战后世界人民和平观念的概括。正是在这一思潮的影响下,无论是社会主义国家还是资本主义国家都涌现出大量的反对侵略战争、渴望世界和平的文学艺术作品。

二、亚非拉民族主义思潮的新发展

在反法西斯战争年代,无论是亚非拉国家还是欧洲国家;无论是被占领区人民还是非占领区人民都高举着爱国主义、民族主义的旗帜,因此,从这个意义上讲,反法西斯战争也是一场世界规模的民族解放战争。

反法西斯战争的胜利鼓舞了被压迫民族与帝国主义斗争的勇气,促使原来已经存在的亚非拉民族主义思潮,有了新的发展。它们主要是:

尼赫鲁主义　贾瓦哈拉尔·尼赫鲁(1889—1964),印度国大党主席。他自称是甘地主义的继承人,但实际上尼赫鲁主义与甘地主义已有许多不同之处。它不像甘地主义那样包含着许多宗教伦理内容,也没有把非暴力放在高于一切的地位。它认为印度政治运动的最后目标不是自治而是完全的独立。1944 年尼赫鲁在监狱中写了《印度的发现》一书,指出:"在印度民族主义和外国帝国主义之间不可能有最后的和平,虽然暂时的妥协和调整有时是不可避免的。"他还强调:"在任何被奴役的国家中民族自由是最首要最基本的要求。"但他又说:"印度以它现在所处的地位,是不能在世界上扮演二等角色的。要么就作一个有声有色的大国,要么就销声匿迹。"他认为独立后的印度在领域上应继承英国在次大陆的殖民统治,所以在他的民族主义中还包含着一种大国扩张主义的危险因素。他主张发展民族经济和文化,主张各种反帝力量的联合和合作。在对待社会主义的问题上,他曾表示:"我不喜欢共产主义者,"但又承认:"马克思主义的理论和哲学替我解决了不少疑难问题。"他提出,"解决世界和印度问题的唯一钥匙在于社会主义。"还提出了"如何使民主制度与社会主义结合起来"的任务。这就使他的民族主义又加上了民主社会主义的色彩。

苏加诺主义　苏加诺(1901—1970),印度尼西亚国民党创始人之一。1930 年 12 月因在万隆荷印殖民法庭上发表题为《印度尼西亚控诉》的辩护词而成名。1941 年他写了《苏加诺谈苏加诺》一文,称自己是民族主义者、伊斯兰教徒和马克思主义者的"混合体",提出"纳、沙、贡"思想。(纳沙贡是印尼文民族主义、宗教和共产主义的缩略语)主张三种力量的团结与合作。1945 年 6 月 1日他在印尼独立准备调查会上提出了"建国五原则"或"五基":"第一是印度尼西亚的民族主义,第二是国际主义或人道;第三是协商制或民主;第四是社会繁荣。第五个原则应该是:在信仰神道的基础上来建立独立的印度尼西亚。"他认为民族主义与国际主义是互相制约的,国际主义可以抑制狭隘的爱国主义,民主主义如果与社会主义相结合,就可以避免西方社会的许多弊端。于是,他又将"五基"改变为"社会民族主义、社会民主主义和信仰神道",最后又将其归并为一个"互助合作"。这一思想一直是印度尼西亚独立和建国中的指导思想。

阿拉伯复兴社会主义　　第二次世界大战前中东已兴起了泛阿拉伯民族主义,二战期间在叙利亚又兴起了阿拉伯复兴社会主义。1940 年由曾留学巴黎的大马士革中学教师米歇尔·阿弗拉克(1901—)和律师萨拉赫丁·比塔尔(1912—1980)筹建阿拉伯复兴党。他们从泛阿拉伯主义和伊斯兰教义出发,又从资产阶级自由主义、日耳曼民族主义、马克思主义中吸取某些思想,发表了《阿拉伯的统一高于社会主义》等小册子,提出"复兴阿拉伯"、"阿拉伯社会主义"等口号。1946 年在大马士革创办《复兴报》,1947 年 4 月 7 日举行第一次党代表大会。通过了党章,系统阐述了该党的基本理论和政治原则:(1)在阿拉伯本土范围内实现阿拉伯民族的统一和自由;(2)相信阿拉伯民族具有有觉悟、有创造力和有活力的特殊品质;(3)相信阿拉伯民族负有促进人道主义的特殊使命,即要有反对殖民主义的思想。他们反对资本主义,主张"公正的、理智的社会主义"。这是一种建立在私有制基础上、以伊斯兰教教义为灵魂的社会主义。这些主张后来被概括为"统一、自由和社会主义"。1950 年阿拉伯复兴党与阿拉伯社会党合并为阿拉伯复兴社会党。该党是泛阿拉伯政党,除叙利亚外,在伊拉克、约旦、黎巴嫩、科威特等国都建立了支部,所以,阿拉伯复兴社会主义在阿拉伯世界有广泛的影响。

泛非主义　　战前已有泛非运动。它是由美洲黑人知识分子发起的黑色人种思想启蒙运动。1919 至 1927 年在美国黑人学者杜波依斯(1868—1963)的领导下曾举行过四次泛非大会,其纲领口号是:"非洲是非洲人的非洲。"经过第二次世界大战中的分散活动后又有了新的发展和变化,主要是该运动与非洲大陆的反帝、反殖斗争更紧密地结合在一起,提出了更明确的斗争纲领。1945 年 10月在英国的曼彻斯特举行第五次泛非大会,杜波依斯任主席,来自西非的恩克鲁玛、东非的肯雅塔、南非的亚伯拉罕斯和西印度群岛的黑人学者乔治·帕特莫尔负责各种会务工作。共有 200 余位代表,大部来自非洲,这反映了泛非运动开始以非洲人为主体,并具有了相当的群众性。会议通过《告殖民地列强书》和《告殖民地工人、农民、知识分子书》，提出了积极的政治行动纲领。过去，泛非主义主要强调恢复黑人的尊严和平等权利等问题，强调请愿和呼吁的斗争方式，现在则强调"必须摆脱外来帝国主义的控制、取得政治和经济自由"，并主张采取罢工和抵制等积极的斗争方式。会议首次提出了非洲统一问题，呼吁全非洲的团结。泛非主义对非洲独立运动的影响是不容低估的，泛非运动像是一座学校，培养了一代非洲独立运动领导人。

拉丁美洲的民族主义　　地区性强、派别林立，历来是拉美民族主义的特点。第二次世界大战中，由于拉美民族资本的发展，代表中、小资产阶级利益的稳健派或激进派的民族民主主义都有了新的发展。战争结束时，尤以危地马拉的阿雷瓦洛的民族改良主义令人瞩目。1944 年 10 月 20 日起义后，阿雷瓦洛当选为总统，他效法墨西哥卡德纳斯的改革方针，提出了反对美国垄断资本和封建大庄园制的改革措施。与此同时，秘鲁的德拉托雷和哥伦比亚的盖坦的民众主义也颇有影响。早在战前他们就提出了自己的政治主张，1945—1948 年德拉托雷领导的人民党在秘鲁国会两院中拥有多数；1946 年哥伦比亚掀起盖坦运动，并拥戴盖坦为总统候选人。1948 年盖坦在第 9 届泛美会议上谴责美国干涉拉美内政，使其政治影响进一步扩大。他们坚持民族独立和拉美团结的思想，主张发展民族经济，实行土地改革和工业国有化。德拉托雷还提出了"拉丁美洲是属于印第安人的"的口号。在政治上，他们主张实行议会民主和多阶级合作。还提出过共产主义不适合拉美国情的论点，但是为了争取选票，并不反对与共产党合作。随着战后民族民主运动的发展，拉美民族主义派别也越来越多。

三、马克思列宁主义的传播与社会主义潮流

毛泽东思想　　第二次世界大战的爆发证实了马克思列宁主义有关资本主义和帝国主义理论的正确性。在反法西斯战争中，社会主义苏联作出的重大贡献大大提高了社会主义国家的世界威望。各国共产党人身先士卒、壮烈牺牲的爱国事迹，树立了共产主义者的光辉形象。所有这一切都有力地驳斥了反动派对共产主义的诋毁，使马克思列宁主义赢得了更多人的信仰。

十月革命一声炮响，给中国人民送来了马克思列宁主义。经过反法西斯战争的锻炼和考验，中国共产党在运用马列主义解决中国革命的实际问题方面走向成熟。越来越多的爱国者接受了马克思列宁主义，抗日战争胜利时，中国共产党已从 1930 年的 10 万党员发展到 120 万党员，共产党领导下的人民军队从 1936 年的 3 万人发展到 120 余万人，民兵发展到 220 万人，解放区的面积达到近 100 万平方公里，人口近 1 亿人。

毛泽东思想是马克思列宁主义同中国革命实际相结合的产物，是中国共产党集体智慧的结晶。抗战期间毛泽东发表的《实践论》、《矛盾论》、《新民主主义

论》、《论持久战》等都是在总结中国革命实践的基础上写出的马克思主义理论名著。毛泽东认为中国革命是世界革命的一部分。中国革命要做好上下两篇文章。上篇是领导民主革命,下篇是领导社会主义革命。他说:"我们是为着社会主义而斗争,这是和任何革命的三民主义者不相同的。"①所以,这时期中国共产党推行的新民主主义是社会主义理论的组成部分,是对马克思列宁主义的发展。

应该指出的是,不少东方国家又从中国革命中进一步学习马克思主义。例如,越南革命领袖胡志明回忆说:"由于地理、历史、经济、文化等条件的关系,中国革命对越南革命有着巨大的影响。……依靠中国革命的经验,依靠毛泽东思想,我们进一步懂得了马克思、恩格斯、列宁、斯大林主义,从而使我们取得了许多胜利。"

东欧社会主义的发展　　欧洲是马克思主义的发祥地。马克思主义在欧洲的发展曾经历过多次高潮和低潮。战胜法西斯之后,出现了空前的高潮。1944年东欧各国共产党有 25 万党员,1948 年超过了 700 万党员,涌现出季米特洛夫、铁托等一大批杰出的马克思主义者。南斯拉夫共产党总书记铁托曾指出,马克思列宁主义在南斯拉夫的发展是与全党和每一个党员在反法西斯民族解放战争中所进行的艰巨的思想工作和政治工作分不开的。战争初期,南共有 12 000名党员,尽管他们中有 9 000 人牺牲,但由于南共得到广大人民群众的拥护,战争末期党员人数猛增至 141 066 名。正像铁托指出的那样:"对党在解放战争过程中日益增长和加深的这种信任,是建立在党在反对法西斯占领者的艰苦斗争中作出的重大牺牲之上的。"

东欧各国共产党在战争年代都与社会党、社会民主党及其他工人阶级组织建立起工人阶级统一阵线,进而又建立了更广泛的民族统一阵线。在共同的斗争中,许多社会党、社会民主党党员放弃了社会民主主义,接受了马克思列宁主义。在此前提下,1946 年 4 月 21 日德国苏占区的社会民主党与共产党共同声明,在马克思列宁主义原则基础上联合成立德国统一社会党。1948 年在罗马尼亚、保加利亚、匈牙利、捷克斯洛伐克、波兰,社会党、社会民主党与共产党也进行了合并。合并前这些国家的社会党、社会民主党的左派纷纷宣布与极右派彻底决裂,并把他们驱逐出党,声明以马克思列宁主义为指导思想。这种合并对于共产党的组织建设来说,尽管有历史教训值得记取,但它毕竟从另一个侧面反映了科学社会主义在东欧的深入人心。

西欧和美国的共产主义运动　　在西欧,战后初期的反共逆流也遭到各国社会党左翼力量的抵制。战前设在布鲁塞尔的社会民主党、工党的国际组织——社会主义工人国际因受希特勒的迫害而于 1940 年初停止了活动。为了

---

① 《毛泽东选集》第 1 卷,人民出版社 1991 年版,第 276 页。

在战后抵制马克思列宁主义的影响和各国共产党力量的增长,英国工党和流亡伦敦、瑞典的各国社会民主党领袖从1944年起在英国举行过多次社会党会议委员会,以恢复社会主义工人国际,但都没有成功。其主要原因是战时许多社会党、社会民主党人与共产党人并肩战斗,对共产党所坚持的马克思列宁主义有所了解,认识到他们都有共同的崇高目标,不愿与共产党人断绝联系。例如,意大利社会党领袖南尼等人就持这种立场,他们要求加强国际工人阶级的团结,这使得社会党国际的重建拖延了六年之久,直到1951年7月才宣告建立。

在西欧各发达资本主义国家,战争期间,共产党得到了空前的发展,党员人数猛增,普遍增加一二倍,有的甚至增加五至七倍。意大利共产党在被法西斯取缔前仅有4.2万党员,法国共产党1937年约有34万党员,1945年分别增加到178万和90.6万党员。荷兰共产党30年代约有1 520名党员,1947年猛增至5.3万名。丹麦共产党战前有3 000名党员,战后发展到50 000名。芬兰共产党仅在1944—1945年,党员人数就从2 000人猛增了10倍;英国共产党的党员人数在战争末期为5万人,比战前增加了6倍。此外,战后初期各国共产党在议会选举中获得选票的比例也有很大增长,例如法共1936年获得了12.6%的选票,1946年这一数字上升到28.6%。各国共产党威望和影响的增长,反映了马克思列宁主义在这些国家中的进一步发展。

国际共产主义运动的发展始终是不平衡的。二战期间,美国共产党曾有很大的发展,但同时也受到白劳德右倾机会主义的危害。1934—1944年白劳德任美共总书记和共产国际执行委员会委员,1944年4月出版《德黑兰:我们在战争与和平中的道路》一书,否认马克思主义的阶级斗争理论和列宁的帝国主义论,鼓吹阶级合作和阶级和平政策以及"美国例外论"。1944年5月,他在美共"十二大"上宣布解散美国共产党,另组一个非党组织——美国共产主义政治协会。但是,以福斯特为首的多数美共党员高举马克思列宁主义的旗帜,于1945年7月26—28日召开特别全国代表大会,批判了白劳德主义,重建美共,1946年将白劳德开除出党。美共的重建得到各国共产党的支持,白劳德主义也在国际共运中受到批判。

第二章　战后国际关系与两大阵营对峙格局的形成

第二次世界大战以后国际关系最大的变化是两大阵营对峙格局的形成。世界分为两极世界。

两极世界是以美国为首的帝国主义阵营和以苏联为首的社会主义阵营所组成的世界格局。其特点主要是：（1）在两极世界里，美、苏及其盟国互相对抗和争夺，阵线比较分明和稳定。虽然每一方的内部也有分歧和矛盾，但最终仍要服从于美、苏战略利益的大局；（2）在两极世界中，美、苏两个超级大国作为对立双方的盟主，在国际事务中起主要作用；（3）美、苏"冷战"是斗争的主要方式，由此而表现为政治上的对抗，军事上的对峙，意识形态上的对立和经济上的割据。

两极世界是战后特有的历史现象，它给当时和以后的世界历史带来了深刻的影响。

第一节　对战败国的处置

一、五国和约的缔结

五国问题的提出　反法西斯的第二次世界大战胜利结束之后，盟国对战争遗留下来的问题，特别是对战败国的处置问题成了当务之急。这首先涉及对德、日两大侵略元凶的处置，也涉及对其帮凶和仆从意大利、罗马尼亚、匈牙利、保加利亚和芬兰的处理。德国和日本的处置问题事关全局，不易谈妥。意、罗、匈、保、芬5个次要的前敌国问题则比较容易解决。这5国在1943年和1944年间相继被迫退出战争，与反法西斯盟国缔结了停战协定，并不同程度参加过反法西斯斗争，对战争的最后胜利作出了一定贡献。这些情况与无条件投降的德国和日本不同。但是对这些国家的缔约过程也是矛盾与争端迭起。美国认为，"意大利和约涉及地中海力量的均衡，巴尔干和约则提出了控制东欧的问题。"曾任巴黎和会美国代表团秘书的坎贝尔谈到美国和英国的意图时说："在和约谈判中获得停战时期所没有得到的东西，即在政治上和经济上在东欧大门口取得一个立足点。"苏联的意图是在东欧和巴尔干确认停战协定条款，巩固反法西斯战果，同时向地中海扩大影响。法国尚未具备三大国那样的地位，主要精力仍被国内所牵连，这决定了法国在这出戏中只能饰演配角。

伦敦外长会议　伦敦第一届外长会议于1945年9月11日开幕。苏、美、英、法、中5国外长出席。主要争执是意大利殖民地的归属、的里雅斯特的处理和对罗马尼亚政府的承认等问题。英国想独占意属北非殖民地。美国主张由联合国集体托管,从而排挤英国。法国主张由意继续统治,以免影响毗邻的法属北非殖民地。苏联认为在南方应有自己的出海口,提出对的黎波里塔尼亚单独托管的要求。关于意、南边界和的里雅斯特问题,美国主张的里雅斯特港主权属意而由国际共管;苏联主张归南斯拉夫。关于巴尔干,美国代表团宣称,在罗马尼亚和保加利亚未建立符合"西方民主"标准的政府并"得到美国承认"之前,其代表团将不讨论对这两个国家的和约。英国代表团附和美国这一要求。英国还要求恢复其在罗、保的多瑙河流域的经济利益。苏联则揭露英国对希腊的干涉。

巴黎和会 自1945年9月伦敦外长会议正式开始和约的讨论,经过持续一年多的争论,先后召开了三次外长会议,到1946年7月29日才召开了有21个国家参加的巴黎和会,①和会长达79天,经过旷日持久的激烈争论,最后各方作了一定的妥协,于10月15日和会闭幕时,通过了五国和约草案,作为起草和约最后文本的参考。1946年11月4日至12月12日,纽约四国外长会议根据大国一致的原则审议了巴黎和会的和约草案,最后制定了五国和约的正式文本。1947年2月10日,各有关国家分别在5个和约上签字。这种由激烈争论到僵持,到最终妥协的过程,一方面说明,解决大战遗留下来的对五国和约问题虽然较之解决对德、日和约要容易一些,但是在当时苏美英三大同盟国赖以结成反法西斯联盟的基础开始瓦解,苏联与美英的矛盾日益公开化,和会中的斗争实际上成了业已开始的美苏冷战的最初征兆的一部分;另一方面也说明,在当时大国实力对比的基础上,实行妥协势在必行。特别是美国当局越来越意识到,推迟对东欧各国缔结和约,只会进一步削弱他们在这一地区的影响。

五国和约的基本内容 五国和约的结构大体相同。基本内容是:

(1)政治:所有和约均责成战败国保障本国公民的基本人权和自由;禁止一切法西斯组织;审判战争罪犯,使五国非法西斯化和民主化。

(2)赔款:五国分别向苏联、南斯拉夫、希腊、埃塞俄比亚等有关国家支付赔偿。

(3)领土:的里雅斯特港东面较大部分归南斯拉夫,西面较小部分("的港自由区")由联合国管理。"意大利对于它在非洲的利比亚、厄立特里亚和意大利索马里兰各属地放弃一切权利",但这些地区的归属未定,仍由英国管理。意

---

① 除起草和约的苏、美、英、法4大国和中国外,与会的还有对轴心国作战的澳大利亚、比利时、巴西、荷兰、希腊、印度、加拿大、新西兰、挪威、埃塞俄比亚、南非联邦、南斯拉夫、波兰、捷克斯洛伐克、乌克兰和白俄罗斯等16国。此外还邀请了曾以各种方式对德作战的一些国家以协商资格参加会议。5个前敌国也派代表参加。

放弃《辛丑条约》规定的在华的"一切利益与特权",并取消意在天津的租界权,放弃在上海和厦门公共租界的"所有权利"。

关于罗马尼亚边界:确定为 1941 年 1 月 1 日原有边界。匈罗边界应恢复到 1938 年 1 月 1 日的状况。罗苏边界依照 1940 年 6 月 28 日罗苏关于比萨拉比亚和北布科维纳的协定和 1945 年 6 月 29 日苏捷关于下喀尔巴阡乌克兰的协定划定。① 苏联获得比萨拉比亚后,成为多瑙河沿岸国。

芬兰疆界仍维持 1941 年 1 月 1 日原状。苏联确认放弃 1940 年 3 月 12 日苏芬和约所给予的汉科半岛租借权;芬兰确认将贝柴摩省划给苏联,苏联从而与挪威接壤。

匈牙利疆界恢复 1938 年 1 月 1 日原状。匈承认 1945 年 6 月苏捷协定,从此苏匈有了共同边界。

保加利亚保持 1941 年 1 月 1 日原有疆界。确认罗把多布鲁加南部割让给保。

(4)军事:五国武装力量限于防务所需的最低人数。清除某些永久工事和军事设施。五国不得制造任何原子武器等。

五国和约是战争结束时欧洲军事政治形势在法律上的反映。在大国妥协下,和约的缔结使欧洲大部分地区宣告结束了战争状态,巩固了反法西斯战争的胜利成果,使得欧洲人民得以在民主和民族独立的基础上重建生活,在战争废墟上恢复家园。和约还挫败了西方国家孤立苏联,控制罗、匈、保等东欧国家的企图。这些国家在苏联帮助下,走上了社会主义道路。但是,和约中也包含有大国侵犯这些战败国领土主权的条款。

总起来说,五国和约是战后东西方大国之间既斗争又妥协的产物,其积极意义是主要的。它的缔结是战时盟国在战后初期解决战争遗留问题所取得的一项重要成果。此后,国际形势急转直下,美苏冷战完全取代了合作。

二、对德国的分区占领与纽伦堡审判

盟国管制委员会   如何处理战败国德国的问题,是二次大战结束后国际关系中一个十分重要的问题。这个问题越来越成为美苏斗争的焦点。

在 1945 年 2 月的雅尔塔会议上正式决定了苏美英对德分区占领,即英国占领西北部,美国占领西南部,苏联占领东部,首都柏林由三国共同占领。同时达成协议邀请法国作为第四国参与占领,其占领地区从美、英占领地区中划出。德国投降后,苏、美、英、法四国即分区占领了德国(包括柏林)。四国总司令组成盟国管制委员会,任务是保证各占领区协调行动,并就涉及德国整体的主要问题

---

① 根据协定,捷克斯洛伐克将外喀尔巴阡乌克兰割让给苏联,并入苏维埃乌克兰共和国。

作出决定。但是,由于各占领国都想把德国问题的处理纳入本国战略方针的轨道,参加盟国管制委员会的四国代表又都拥有否决权,结果是盟国管制委员会形同虚设。在一系列重大问题上美英和苏联都是各行其是。唯一的例外是战后初期对德国战犯的公开的纽伦堡审判。这是因为,在世界人民经历了二次大战空前浩劫之后,任何国家都不敢冒天下之大不韪,去为纳粹罪行辩护。

纽伦堡审判　　1945 年 11 月 20 日欧洲国际军事法庭在德国纽伦堡城开庭,开始了对 21 名纳粹德国首要战犯的审讯和判决。

在这批被告的法西斯战犯中,有纳粹政权第二号人物"帝国元帅"戈林,有希特勒自杀前在遗嘱中指定为国家元首的邓尼茨,有"天字第一号犹太迫害狂"的施特莱歇尔,有参与杀害大批波兰人的弗兰克,还有希特勒的外交部长里宾特洛甫,以及协助炮制《我的奋斗》一书、1941 年突然只身驾机神秘地飞往英国的赫斯,等等。在经过长达 10 个多月的审讯之后,1946 年 9 月 30 日,军事法庭依据大量确凿的证据,宣读了长达 250 页的判决书。判处戈林、里宾特洛甫等 12 名首要战犯绞刑,赫斯等 3 人无期徒刑,4 人被判处 10—20 年有期徒刑,3 人得到赦免。判处德国政治领袖集团(即以希特勒为首组成的纳粹党组织机构)、秘密警察和保安勤务处、党卫队等为犯罪组织。1946 年 10 月 1 日,纽伦堡法庭正式闭庭。

纽伦堡审判基本上是一次公正的审判,是人类历史上第一次公开给予侵略战争的密谋者、组织者、执行者以应得的惩罚。这次审判也是同盟国在战后一次重要的国际行动。

战后德国的去向　　但是,大国在纽伦堡审判上的基本一致并不能保证他们在其他问题上的协调行动。一旦问题涉及战后德国向何处去时,美英与苏联的固有的不同利益就明显暴露出来。

当时在苏占区,苏联对德政策主要着眼于安全和经济两方面。从安全方面讲,苏联认为必须对德国社会来一个根本性改造,以防止德国军国主义和法西斯主义死灰复燃。自 1945 年 6 月 9 日成立了负责占领管制和监督事项的军政府后,苏联采取了一系列消除法西斯势力,铲除军国主义,实行民主化和非军国主义化的措施。政治上惩办重要的纳粹分子,到 1947 年,共清洗纳粹分子 39 万余人;大力支持当地革命民主力量,准许建立反法西斯政党,各地陆续建立了德国行政管理机构及各级地方自治机构。经济上,没收战犯、纳粹分子的财产;解散垄断组织;对大企业实行国有化;进行土地改革,消灭了容克地主阶级的经济基础,使苏占区经济逐渐沿着社会主义方向发展。苏联以受德国侵略而遭到严重破坏和损失为根据,坚持对德国采取严厉的赔偿政策。在当时苏占区民生凋敝的情况下,大批拆迁德国的工厂设备。到 1950 年底,苏联公布得到的补偿为76.58 亿美元(西方估算为 120 亿美元)。这对苏占区德国经济的恢复和人民生活改善产生了不良影响。

当时西方有三个占领区。美英法三国虽然也是矛盾重重,但在对付苏联时又比较一致。美国战后对外政策的一个重要方面是遏制苏联,不再对德国疾恶如仇,而是想扶植德国,借助其物力、人力和战略地位推行自己的霸权政策。于是,美国驻德军政府在本占区尽可能对纳粹战犯从轻发落。它拒绝对工业家战争罪犯进行国际审判,同时,对确定犯有战争罪的75%的人仅判处罚款,对20%的人仅限制其选择职业或禁止担任公职。它还设法重建资产阶级政党。在经济上,没有对任何一个大垄断联合企业进行非卡特尔化,军事工业设施没有拆除。美国力图保持德国原有工业结构,复兴德国经济。同时,美国看到,要把德国扶植起来遏制苏联,单靠自己的占领显得力量不足,于是便积极策划美占区与英法占领区的合并。

美国合并占领区的想法最早见之于1946年5月26日美占区军事长官克莱给美国政府的一封电报中。克莱当时就估计到,合并占领区之议将遭到苏联以及一直想削弱德国的法国的反对,因此他在电报中提出,要是不能和苏、法取得一致,就敦请英国将其占领区和美占区合并。

英国在本占领区的对德政策,仍然是其传统的欧洲大陆均势政策的延续,即阻止欧洲大陆上任何一个强国独霸欧洲。它不愿彻底肃清法西斯分子。同时企图占领德国西北部大工业地区,以制服它在欧洲最大的工商业竞争者,组织在英国控制下的西欧联盟。但又苦于力不从心,同时认为强大的苏联比德国更加危险,何况德国强大也便于英国在欧洲实行平衡外交。基于以上考虑,英国基本上追随美国的政策。1946年12月2日,美英在华盛顿签订了将占领区合并为双占区的协定,1947年1月1日开始实施。这成为美国分裂德国过程中的一个严重步骤。当时有些德国报刊已把双占区称为"准国家"了。

当时法国之所以未与美英占区合并,是由于法国在70年中三次受德国之害,对德国的东山再起最为警惕。为了从政治、军事、经济上控制德国,保证自己在西欧的地位,法国力主分割德国,共管鲁尔,由法国占领萨尔,并管理莱茵河左岸。因此,它反对在德国西界确定前急于建立德国中央行政机构,拒绝西方3区合并。但是这种对德强硬政策缺少相应的实力作基础。当时的法国实际上已经沦为二流国家,战争的破坏和战后初期的困难使法国不得不接受美国"马歇尔计划"的援助。这不仅意味着法国在经济上开始依附美国,而且意味着在政治上开始纳入美国对德政策的轨道。1947年三四月间,美英两国同意法国对萨尔区实行经济合并的要求,从而换取了法国在对德问题上的逐步合作。这以后,法国对德政策发生了转折。

三、美国对日本的单独占领

盟国最高统帅　　日本投降后,如何依照盟国意图处置日本军国主义、铲除远东战争策源地,并在民主化基础上实现对日本的重建和改造,是世人关注的一件大事。《开罗宣言》和《波茨坦公告》规定,战后必须解除日本武装,严惩战犯,铲除日本的军国主义,清除战争工业,实现日本的民主化,使日本走上独立、民主、和平的发展道路。但美国战后的对日政策,则是要实现多年来使日本臣服于美国的梦想,进而带来整个东亚地区"在美国统治下的和平"。

美国政府决定要独占日本,其第一步是不容他人染指。杜鲁门说,"我决定,对日本的占领不能重蹈德国的覆辙。我不想分割地管制或划分占领区。我不想给俄国人以任何机会,再让他们像在德国和奥地利那样去行动"。他坚持把日本作为一个整体由美国自行处置。这就势必导致与苏联等国的矛盾。

日本投降后盟国曾就最高统帅人选问题进行磋商。莫洛托夫代表苏联政府建议最高统帅"由美苏将领各一人担任"。美驻苏大使哈里曼怒气冲冲地说,最高统帅不由美国人担任是"不可思议的。"事后苏方收回其建议,并同中、英政府一起,同意接受美国提出的以麦克阿瑟为盟国最高统帅的意见。

受降区域划分　　在对日军受降区域划分的问题上,美国也明显地表现了独占日本的意图。8月13日美国将它拟定的"总命令第一号"发给各盟国征求意见。该文件把接受日本投降分为三大地区:中国、中国台湾和印度支那北部地区(以北纬16度为界)由中国政府军受降;中国东北、朝鲜北半部(以北纬38度线为界)和库页岛由苏军受降;日本、菲律宾和朝鲜南半部由美国陆军受降。此外,东南亚和印度支那南部地区由英、澳军受降。8月15日日本天皇宣布投降。8月16日斯大林复电杜鲁门,就美国的受降方案提出两点修改意见:(1)千岛群岛应归苏军受降;(2)将北海道北半部划归苏联占领,当地日军应向苏军投降。美国同意整个千岛群岛包括在苏军受降地区之内,但是又宣布,"这些岛屿的处理必须在和约中决定。"对苏联的第二个要求,美国坚决拒绝,并声称,日本本土各岛已由麦克阿瑟作出了受降安排。8月18日,苏军开始在千岛群岛,以及千岛的国后岛和择捉岛登陆,同时还出兵占领了日本北海道的色丹岛和齿舞岛,从而导致了战后日苏之间关于北方领土问题的争端。

在日本投降后不久,美国军队以"盟军"的名义占领了日本全国。美国太平洋陆军总司令麦克阿瑟被任命为"盟军最高司令官"。盟军总司令部的官员全部都是美国人。1945年8月29日美国政府发给麦克阿瑟的《日本投降后初期美国对日政策》的文件声称,其首要目标是"确保日本今后不再成为美国的威胁"。还单方面规定,关于对日政策,"各盟国之间如有意见不一之处,应以美国的政策为准。""天皇和日本政府的权力应从属于最高统帅","美国的政策是要利用日本现存的政府形式","但以能圆满地推进美国的目标为尺度",以促进最终建立的日本政府能"支持《联合国宪章》的理想和原则中所显示的美国的目标"。这样,驻日美军司令不但成为日本的"太上皇",而且凌驾于同盟国对日机构之上。总之,美国这一文件的意图在于把日本置于美国独家控制之下,使战时盟国制订的对日政策美国化,使日本依附于美国。

远东委员会 美国独占日本的政策,引起苏联的强烈反对。经过争论,在1945 年 12 月莫斯科外长会议上,美、英、苏达成协议,成立两个机构:在华盛顿设立远东委员会,由苏、美、中、英、法、荷、加、澳、新、印、菲 11 国组成;在东京设立盟国管制日本委员会,由苏、美、中各派一代表,英、澳、新、印合派一代表组成。由盟军最高统帅任主席。远东委员会的职责是"制定日本于完全履行投降条件所规定的义务时应恪遵之政策原则及标准。"在形式上,远东委员会位于盟军最高统帅之上,但是由于其决定必须通过美国政府和占领军总部去执行,最后决定权仍掌握在美国手中。而盟国管制日本委员会只不过是最高统帅的咨询机构,并没有什么实权。因此,该两委员会的建立实际上并未改变美国在日本的支配地位。

第二节 美苏"冷战"的兴起

一、美苏从盟国到对手的演变

美国的全球霸权战略 第二次世界大战结束时,美国雄厚的经济和军事实力为其全球扩张创造了条件。美国的政治野心与它的实力同步膨胀起来。杜鲁门上台后曾一再声称,"我们赢得的胜利把领导世界的持续重担放到了美国人民的肩头","全世界应该采取美国制度","不管我们喜欢与否,未来的(国际)经济格局将取决于我们!"美国还因为独家垄断着原子弹而骄横不可一世。曾任美国陆军参谋长的马克斯韦尔·泰勒将军后来在形容这一时期美国对外政策的特征时写道:"原子弹的惊人的破坏力产生了这样的看法,即我们的空军现在拥有决定性的武器,这种武器可以使美国从此以后建立对世界的警察统治,并迫使世界接受美国统治下的和平。"

与此同时,美国在经济上也有向外扩张的需要。《走向全球主义》一书作者安布鲁斯指出,"尽管国家在全世界保持着优势地位,但美国领导人在 1945 年夏对未来有三怕。"一是政治上的,怕斯大林,也就是怕社会主义。二是技术上的,怕原子秘密保持不住。"第三怕是经济上的,随着和平的来临,经济会重新转向衰退。避免经济萧条的途径就是增加对外贸易,但如果世界其他地区对基本工业实行国有化或者关闭其市场,美国就无法在海外竞争。"这第三怕带有根本的性质。当时随着美国国力的增强，美国在外国经济形势面前反而变得脆弱。二次世界大战之前，美国是自给自足的，特别是在能源和钢的生产方面。但是由于日益增长的综合经济与战后年代廉价能源的发展，美国就得日益依赖外国资源。一位美国官员说，"资本主义主要是一个国际体系，一旦在国际上活动不开，就要彻底完蛋的。"总之，由于种种原因，战后美国需要开放世界市场。

就战后初期而言，美国面临的一个严重问题是从战时经济转向和平经济可能出现的经济危机。大量军事订货的消失和大批军人复员立即造成大规模失业的威胁。五角大楼原计划两年内仅让200万人退伍，但结果，由于一场争取士兵立即返回家园的运动，使得退伍人数一下子达1 200万人之多。美国当权人物惊恐地看到如果不能维持充分就业，就可能再来一次20年代末30年代初的大危机，那将威胁整个制度的安全。

这样，向全世界扩张，就成为美国维持其经济并从而维持资本主义制度的根本需要。这就构成了一种强大的推动力，促使美国走上全球扩张的道路。美国统治阶级中一部分人，特别是大财团和军人认为，凭着一手美元，一手原子弹，他们是可以做到这点的。一个"美国治下的和平"取代19世纪"英国治下的和平"，似乎是一定可以实现的。

美苏关系的变化　但是，美国要实现霸权主义野心却遇到了严重的障碍。正当美国的实力与扩张野心在战后达到空前高度时，苏联和世界各国的人民革命力量也在全世界范围内达到一个新的高度。

在美国看来，第一个也是主要的障碍来自苏联。苏联经济虽在第二次世界大战期间遭到严重破坏，但它的军事力量却大大增强，军队人数近1 140万。战后仍保留三四百万人，并拥有精良的装备。东欧一系列国家，在苏联的直接间接援助下，从德、意法西斯的桎梏下获得解放，并先后建立了人民民主政权，这是美国实现其称霸计划的一大障碍。东欧的解放成了美国公开反苏的直接动因。第二个障碍来自发展中的国际共产主义运动和资本主义国家的进步民主力量。在反法西斯战争中，欧洲许多国家如法国、意大利、希腊等国的共产党和民族主义政党积极领导人民进行反法西斯斗争，赢得各国人民的普遍尊敬和赞扬。战后初期，这些力量成为反对侵略，坚持民主进步的主力军。显然，不把这股势力压下去，美国的全球霸权便会落空。第三个障碍来自觉醒了的亚非人民。大战期间被侵略的中国和亚非人民在共产党和民族主义政党领导下纷纷拿起武器英勇抗敌，在战时同盟国武装部队中，有很大一部分人员由亚非国家人民组成，他们经受了锻炼，提高了觉悟，成为战后反对新老殖民主义的生力军，也是抵制美国霸权主义的新生力量。

美国把以上障碍最终归罪于共产主义和苏联。美国当局认为，共产主义"成为世界上一切邪恶的根源。在任何地方发生的每一变动中，我们总能看到有'莫斯科共产主义'在插手。最初对共产主义的概念认为是一种国际阴谋,象章鱼那样身在莫斯科,触角则伸到世界最远的各个角落"。正是由于苏联和各国人民的革命力量妨碍了美国的称霸计划,导致二战期间美苏同盟的破裂和美国对苏"冷战"遏制的开始。

二、美国对苏联的"遏制"政策

东欧、伊朗和土耳其问题　　早在第二次世界大战期间,美国已在考虑对付苏联的问题。"遏制"这一词汇和概念,事实上从 1941 年起就充斥于华盛顿官员的头脑。1945 年 4 月上任的哈里·杜鲁门,在追求世界霸权的战略目标上与罗斯福完全一致,所不同的是,他加紧把罗斯福纸上的"蓝图"转变为全面展开的称霸活动;把罗斯福同苏联战时的"合作"转变为战后以苏联为主要敌手;把罗斯福主要通过国际组织建立世界霸权转变为主要运用直接的经济、政治和军事手段向外扩张。他为制定一条以苏联为敌手的"冷战"和"遏制"政策进行了紧张的准备。

杜鲁门政府首先抓住东欧问题大做文章。早在 1944 年 7 月 22 日,在苏联的支持下,在卢布林成立了波兰人民代表会议(即卢布林政府),美国对此采取拒不承认的态度,继续支持波兰资产阶级在伦敦的流亡政府,对于波兰在 1945 年 6 月 23 日成立以波兰工人党领导的华沙临时政府为基础的全国统一政府极为不满,大造反苏舆论。1946 年 1 月初,杜鲁门在一份备忘录里攻击苏联在波兰采取了"高压和专断的手段"。他还攻击罗马尼亚和保加利亚成了"警察国家",扬言除非这两个国家有根本的转变,美国就不予以承认。同年初,美国还利用苏联和伊朗、土耳其的争端以扩大事态。

苏伊争端源于撤军问题。二战期间伊朗宣布中立,但德国人却在伊朗国土活动。1941 年 8 月苏英两国军队分别占领伊朗北部和中部、南部。1942 年 10 月美军经英军同意后也开进伊朗。三国在不同场合都一致同意在战争胜利后半年内撤出驻伊朗的军队。届时,美英军队陆续撤出,苏军未动,并在苏军占领区成立了"阿塞拜疆民族政府"和"库尔德人民政府"。伊朗政府派军前去镇压,被苏军挡回。美英两次照会苏联,要求苏联撤军,被苏军拒绝。苏联反问美国,美国在许多国家都有驻军,为什么对苏联军队暂缓撤出伊朗一事大惊小怪。1946 年 1 月,伊朗政府在美国默许下在联合国控诉苏联干涉伊朗事务,使苏伊争端成了联合国成立后首次大会审议的第一个问题。英美立即支持伊朗。苏联代表则予以反驳并激烈指责英国在希腊和印度尼西亚的暴行。后来,苏伊通过会议达成协议。5 月 6 日苏军撤出伊朗,这次历时半年的国际危机得以解决。但美国立即乘虚而入,大举渗入伊朗。1947 年,美国向伊朗提供了 2 500 万美元的武器,并派遣美国军事代表团帮助改组伊朗军队。美国还以军援的方式,帮助伊朗在接近苏联边境的北部地区修建了军事设施和机场。结果,伊朗成了美国对苏军事威慑力量的一个组成部分。

苏、土纠纷开始于大战末期。1945 年 6 月,苏联向土耳其提出缔结苏土新条约的要求①。包括把 1921 年割让给土耳其的土耳其东部的卡尔斯和阿尔汉达两地归还苏联,苏联在达达尼尔海峡建立陆海空军基地等。土耳其政府拒绝了苏联的要求,两国关系顿时紧张起来。美国貌似公允地支持土耳其政府,甚至于 1946 年 2 月派遣战舰"密苏里"号访问土耳其的伊斯坦布尔,耀武于黑海海峡。接着向土耳其提供贷款,抛售船舶,企图通过土耳其去控制海峡。所有这些行动都是在"遏制"苏联的旗号下进行的。正是在这样的背景下,"铁幕"演说出现了。

丘吉尔的"铁幕"演说   1946 年 3 月 5 日,英国前首相,保守党领袖丘吉尔在美国密苏里州的富尔敦发表名为《和平砥柱》的演说。他说,"从波罗的海的什切青到亚得里亚海边的里雅斯特,一条横贯欧洲大陆的铁幕已经降落下来②。在这条线后面,坐落着中欧和东欧古国的都城——华沙、柏林、布拉格、维也纳、布达佩斯、贝尔格莱德、布加勒斯特和索菲亚——所有这些名城及其居民无一不处于苏联的势力范围之内,不仅以这种或那种形式屈服于苏联的势力影响,而且还受到莫斯科日益增强的高压控制"。一般认为丘吉尔的讲话是"冷战"的第一枪。这篇讲话无异于发出公开号召,要所有西方国家联合起来,依靠美国的实力,反对苏联和东欧各国。

其实,丘吉尔在杜鲁门家乡密苏里州放出这一枪并非偶然。在丘吉尔发表"铁幕"演说前夕,美国当政者已纷纷为这第一枪而进行舆论准备。1 月间,杜鲁门在一份备忘录里明确表示,"我已厌倦于笼络苏联人",美国对苏联"不应该再作任何妥协"。2 月间美国驻苏联代办凯南发回长达 8 000 字的电报,为当时杜鲁门政府正在实行的对苏强硬的"遏制"政策提供了详尽的理论依据。电报认为苏联是"在一切认为适时和有希望的地方,努力扩大苏联的势力范围。目前,这种努力限于某些邻近地区,如伊朗北部、土耳其"等地。凯南认为,苏联"对武力的逻辑十分敏感",如果美国拥有足够的武力,并清楚地表明它准备使用武力,这就几乎用不着真的动武,就可以迫使苏联退却。凯南的"长电报"深深博得杜鲁门的赞赏,他立即被召回华盛顿。海军部长福莱斯特下令复印电文,作为高级军官的必读文件。当月,他就要求国务院允许派一支特遣舰队前往地中海,

---

① 苏联宣称,1925 年 12 月 17 日签订的,后来在 1935 年 11 月 7 日延长 10 年的苏土中立条约业已过时,应大加修改。

② "铁幕"一词源于戈培尔诋毁雅尔塔协定的一篇演说。1945 年 2 月 23 日他说,由于这个协定允许俄国占领东欧和东南欧,势将使这些地区为"铁幕"所隔离。"在这个铁幕背后,将开始对各民族进行大屠杀,而这种屠杀还可能会得到纽约犹太人报纸的欢呼。"

"支持土耳其抵抗苏联势力的渗透"。

由上可见,美国已决心彻底结束战时对苏合作政策,决定以武力为后盾,对苏采取强硬的方针,用武力以外的各种措施来"遏制"苏联,对苏进行"冷战"。丘吉尔的富尔敦演说不过是美国统治当局借别人之口发出的第一个明白无误的"冷战"信号。而苏联造成的苏土、苏伊争端则不仅给苏联与这两个南邻的关系留下了严重的后遗症,而且被美国所利用,掀起反苏浪潮和乘机扩张自己的势力。

三、杜鲁门主义和"冷战"的全面展开

希腊和土耳其问题　　1947年2月21日,英国政府照会美国国务院,表示由于军事和战略上的原因,不应该允许希腊和土耳其落入苏联的"控制"之下,但由于英国国内经济困难,3月21日之后,英国无法再给希腊和土耳其以经济和军事的援助,希望美国挑起这副担子。杜鲁门立刻意识到,英国此刻已将左右世界局势这一任务移交给了美国。这真是美国政府期待已久的天赐良机。

早在1945年9月召开伦敦外长会议时,杜鲁门就决定要宣布存在着一个分裂的世界,并表示美国决心要对其中的一个阵营进行圣战。当时杜鲁门之所以没有宣布一个什么新的主义,主要是由于那时美国国内外人民钦佩苏联人民在反法西斯战争中作出的重大贡献,怀念和苏联人民并肩作战而结成的友谊,他们希望美国政府与苏联继续友好。1945年11月4日,当艾奇逊在讲话中含沙射影攻击苏联时,被人们嘘下了台。1946年3月5日,丘吉尔在富尔敦发表演说后,美国纽约市区百老汇大街贴满了反对丘吉尔的标语。群众还举行了抗议示威。这说明反苏在当时得不到人民的支持。何况,美国要部署全球战略尚需时间,不能不推迟杜鲁门主义出台的进程。

即使到了宣布杜鲁门主义的前几个月,美国仍然难以制造出正当理由掀起反苏浪潮。甚至连凯南也认为,那时,"苏联根本没有任何方法来构成对我国的军事威胁……单战后重建就明显需要几年的时间,俄国人渴望和平的心情是巨大的"。艾奇逊私下里也说过:"俄国人不可能和美国打仗,'除非他们真的疯了'"。但美国却面临一个越来越难以驾驭的中间地带。欧洲共产党势力正在扶摇直上,法国共产党人在战后首届内阁中担任部长。希腊民主军愈战愈强。英国王冠上的两颗明珠——印度和埃及的独立运动规模空前。印度支那三国开展抗法战争。其他一系列亚洲国家也在积极争取独立。尤其是中国人民的解放战争已经处在全面反攻的历史转折点。美国越来越惊恐地看到,这是对它自身的巨大威胁。美国国务院认为美国经济的发展有赖于对上述地区的控制。长期担任美国政府经济顾问的阿道夫·伯利在1946年底说,美国的剩余物资,只有用在新兴国家,"对它们的物质建设起主导作用"时,才能消除"过去曾经毁坏了

美国战前经济的'繁荣和衰退相互交替'的周期病"。

在"繁荣和衰退相互交替"的威胁之下，1946和1947年美国的失业人数大大超过了1945年。虽然当时靠重建欧洲维持出口，但欧洲人很快就缺少美元，付不起货款。美国重新失去欧洲这一最重要的市场并面临欧洲动乱的前景。特别是当时美国经济中的新因素是它正处在第三次科学技术革命的开端。这场以原子能、电子计算机和空间技术为主要标志的新科技革命使世界在时空上大为"缩小"。这就为美国向外扩张提供了条件，同时也对市场提出了新的要求。1946—1948年，用于实现生产现代化方面的基本投资，从148亿美元增加到220亿美元。科学技术革命导致了一系列新的科学部门和产品的出现，这些部门要求有最高的出口定额，这些科学产品的大批生产只有在世界市场有保证的条件下才有可能。

但是美国从来都宣传其"外交政策的道德性和法律性是完美无缺的"。它总要千方百计论证其全球扩张行为的正当性，而绝不肯承认这是为着美国垄断资产阶级的一己私利。它在苦苦搜寻着这样的借口。1947年2月21日英国政府的照会终于给美国政府带来了插手希腊、土耳其事务并论证其世界霸权主义的大好时机。

希腊和土耳其扼东地中海，地处国际交通要道的汇合点，具有重要的战略地位。二次大战前，希腊和土耳其一直是英帝国的势力范围。二次大战期间，希腊共产党领导的人民武装力量，在反法西斯占领者的战火中发展壮大。1944年底到1945年初英国和它所支持的希腊政权，对人民力量进行了军事镇压和政治欺骗，使希腊人民武装斗争一度陷于停顿。1946年，人民武装斗争再度兴起，使英国和希腊政权穷于应付。希腊君主政体实行独裁统治并制造白色恐怖，在人民中间非常孤立，而希腊共产党则得到人民广泛的支持。1947年2月18日，美国驻希腊调查团的马克·埃思里季惊慌不安地打电报给杜鲁门说："一切迹象都说明了一个迫在眉睫的动向，共产党人要攫取（希腊）这个国家"。在这种形势下，杜鲁门于接到英国政府照会之后，在2月27日邀请国会两党领袖商讨对策。副国务卿艾奇逊作了长篇发言。他回顾了大战结束一年半以来美国"遏制"苏联的经历，指出，现在"共产党人的压力"集中到希腊。几个星期内希腊就可能出现全面崩溃的局面；一旦"希腊和东地中海被苏联所控制，"必将对其他国家产生"破坏性的，或许还是决定性的"影响。艾奇逊还把西欧和中欧共产党力量的发展统统说成是苏联的"渗透和颠覆手段"。他危言耸听地说："假如苏联成功地扩大它的控制到包括世界2/3的土地和世界3/4的人口，那么，美国就没有安全可言，世界上任何地方的自由也都要保不住了"。因此，美国必须采取措施去"加强那些受到苏联侵略或共产党颠覆威胁的国家"，说这不是为英国人火中取栗，而是"保卫美国的安全，是保卫自由本身"。

这样,美国外交政策决策者们就以反苏反共意识形态掩盖其强权政治而得到两党支持。正像一个美国官员所承认的,唯一的试图让公众接受的办法是坚定不移地抓住这个主题:共产主义和民主政治的对抗。

杜鲁门主义　　1947年3月12日,杜鲁门在国会参众两院发表咨文并同时对全国广播。说希腊遭到由共产党人领导的"恐怖主义活动的威胁",一旦它作为独立国家"陷落",不但将危及土耳其和整个中东地区,而且将给欧洲一些"力争维持其自由和独立地位"的国家带来"灾难性"的影响。他把希、土危机比喻为希特勒和二次世界大战的再现。宣称世界已分为两个敌对营垒,美国负有领导"自由世界"的使命。他诬指"极权主义"和任何国家的民族民主革命都"危害着美国的安全"。声称美国的政策必须是支持各国"自由人民"抵抗少数武装分子或外来压力所试行的征服活动;必须帮助各国人民以他们自己的方式去解决有关他们各自命运的问题。他要求"立即采取果断的行动……在至1948年6月30日截止的期间向希腊和土耳其提供4亿美元的援助",同时要求选派文职和军事人员前往增援。

杜鲁门自己解释这篇咨文时说:"这就是美国对共产主义暴君扩张浪潮的回答",是"向全世界说明,美国在这个新的极权主义的挑战面前所持的立场";"这项政策声明很快地便开始被称之为'杜鲁门主义'。我相信,这是美国外交政策的转折点,它现在宣布,不论什么地方,不论直接或间接侵略威胁了和平,都与美国的安全有关"。可见,杜鲁门主义远不止是援助希、土的一项具体的政策声明,而是一个在全世界范围扩张美国势力的宣言,是对苏联发动全面"冷战"的宣战书。杜鲁门主义是美国对外政策转变的完成。它标志着美国对外政策已彻底摆脱了孤立主义的影响,开始由局部扩张转变为全球扩张的时代。

"柏林危机"　　随着美苏冷战的开始和加深,美国及追随其后的英国,和苏联在德国问题上的矛盾日益发展。作为冷战的产物,德国被一分为二已在所难免。

为了使法国在分裂德国问题上和英美一致,美国继续推行压拉相济的策略。一方面利用"马歇尔计划"使法国在外交上就范;另方面于1947年底宣布通过萨尔宪法,从法律上保证萨尔并入法国,促使法国进一步改变在德国问题上的立场,同意法占区与美、英占区合并。

1948年2月至6月召开了美、英、法、比、荷、卢6国伦敦外长会议,提出了一个分裂德国的"伦敦建议",主要内容是:双占区与法占区协调经济政策,共同管制对外贸易,召开西占区制宪会议,制定宪法。伦敦会议的中心是成立西德国家,分裂德国,并以西德为中心复兴西欧,达到把包括西德在内的西欧全面纳入美国战略轨道的目的。"伦敦建议"公布后不久,6月18日,美英法宣布从6月21日起在西占区实行单方的货币改革。规定西方占区将发行一种新马克即

"B"记马克。这是正式分裂德国的第一个重大实际的步骤。

对于西方背着苏联搞币制改革，苏联军管当局于 6 月 19 日提出抗议，军事长官索洛科夫斯基发表《告德国民众书》，谴责美英法三国"推行肢解德国的政策"。6 月 22 日，苏占区也实行币制改革，发行新的"D"记马克，并于 6 月 24 日封锁柏林，全面切断了西占区与柏林的水陆交通和货运。这就出现了所谓第一次"柏林危机"。国际局势顿时紧张起来，形成了战后第一次美苏冷战高潮。不过，苏联在具体做法上留有余地，仍然保持了从西德通往柏林的三条走廊的畅通。

美国当局认为苏联实行封锁柏林，是为了阻止西德国家的建立，但他们却企图用冲破封锁来显示分裂德国的决心。6 月 29 日，美国开始实行空运，派出大批飞机向柏林 250 万居民大规模空运粮食、煤和各种日用品。在柏林被封锁的一年中，据统计，总计飞行 277 728 架次，空运货物 211 万吨。在西方占区和西柏林之间架起一座"空中桥梁"。同时，美英法对苏占区所缺的钢、焦煤、电力等实行反封锁。

尽管美国已摸透苏联不会轻启战端，却仍然渲染大战将临，利用"柏林危机"所造成的紧张局势，加快分裂德国的步伐。自 1948 年下半年起，美英法三国占领当局负责起草占领法。同年 9 月，西方占区组成由阿登纳为首的 65 名州代表参加的议会委员会，主管临时宪法即《基本法》的拟订工作。1949 年 5 月 8 日，德国议会委员会通过《基本法》。5 月 12 日，西方三国军事长官在法兰克福批准《基本法》，同时公布了《占领法》。

《占领法》与《基本法》的问世，标志着西德政府结构基本确立。苏联知道，封锁柏林已不能阻止建立西德国家的进程，便于 5 月 12 日宣布撤销封锁。延续11 个月的柏林危机结束了。5 月 23 日，在美、英、法 3 国代表参加下，西德通过了《德意志联邦共和国基本法》。9 月 20 日这天，德意志联邦共和国宣告成立，定都波恩。阿登纳总理组成了第一届联邦政府。9 月 21 日《占领法》生效，它使西德享有自治权，美英法三国根据占领法规，保留管制联邦德国外交、外贸、国防等权力。至此，美国完成了分裂德国的步骤。

在西占区准备成立德意志联邦共和国的过程中，德国东部也抓紧成立东部的德意志国家的工作。苏占区于 1949 年 5 月 30 日通过了宪法。西德政府成立后，10 月 7 日，德意志民主共和国宪法生效，成立了德意志民主共和国。皮克为总统，格罗提渥为总理。取代苏联军政府的苏联管制委员会对民主德国的外交、外贸等方面进行监督。

从此，在德国的土地上出现了两个德国。这对战后欧洲和整个国际局势都产生了深刻的影响。

第三节　两大阵营的形成

一、美国的全球性进攻态势

杜鲁门主义的特点及其运用　　杜鲁门主义的一个重要特点就是以意识形态的辞藻来掩盖其全球扩张。其中有两句话是要害所在。一是，"在目前世界历史中，几乎所有国家都必须在两种生活方式中选择一种"。二是，"美国的政策必须支持那些自由人民，他们正在抵抗少数武装分子或外来压力所企图的征服"。正是在这种借口下，美国把美国的"民主生活方式"和"苏联的极权主义生活方式"对立起来，吓唬美国人民和全世界人民，发动对苏"冷战"和对社会主义的包围，以及对革命运动的镇压。杜鲁门主义发表后，美国就加紧了在全球的扩张和进攻。

对苏联，美国公开宣布苏联为敌手和对苏实行"遏制"和"冷战"政策。其实质是将苏联势力"遏制"在其本土和东欧的范围内，不准苏联染指其他地区的事务和干预美国的扩张行动，即所谓对苏"钙化"政策。同时，以反苏反共为名镇压各地革命运动，而将盟国的对外政策纳入美国的战略轨道，服务于美国的战略利益。

对西欧，美国在以欧洲为战略重点的思想指导下，推行杜鲁门主义、马歇尔计划和建立北大西洋公约组织的"三部曲"。1947 年 5 月 22 日，美国援助希、土法案经参众两院通过并由杜鲁门签署成为法律。以后半个月，美国提出了援助西欧的"马歇尔计划"。接着又加紧筹划建立联邦德国政府。1949 年 4 月建立北大西洋公约组织。从而加强了对欧洲在政治、经济和军事上的全面控制并把欧洲国家推向抗苏第一线。

对亚非拉，美国推行新殖民主义。首先巩固对"后院"拉丁美洲的控制，解除向更遥远地区扩张的后顾之忧，并将该地区作为向外扩张措施的试验场。在亚洲，支持援助法国和荷兰、英国，分别在越南、印尼和马来亚发动血腥的殖民战争，美国则亲自镇压菲律宾人民武装。美国特别把中国看做是"确保亚洲安全"的"中心"和遏制苏联的重要基地，推行扶蒋反共政策，大力资助蒋介石发动和扩大内战。遭到惨败之后，又发动侵朝战争，同时逐步放宽对日占领政策，竭力把日本变成在远东遏制"极权主义"的重要阵地。美国还于 1949 年初抛出"第四点计划"即"技术援助和开发落后地区的计划"，试图利用其经济、技术优势，拉拢亚非拉国家和人民，扑灭该地区的革命运动和排斥老牌帝国主义的势力，为美国的资本输出铺平道路。

但是，美国这种按照杜鲁门主义为指导原则的全球进攻态势，从一开始就预伏了侵蚀自身的因素。这种以意识形态为借口所进行的全面出击,包打天下,必然使美国把手越伸越长,摊子越铺越大,直到四面碰壁,才会发现自己的"力量限度"。这是美国由杜鲁门主义开始所走过的一条外交轨迹。

马歇尔计划的推行 既然欧洲是美国全球战略中的重点,因此在杜鲁门主义的招牌下,美国首先向欧洲扩张。马歇尔计划可以说是杜鲁门主义的第一次大规模运用。

战后欧洲的形势相当严峻。饱受战争浩劫的西欧,满目疮痍,生产凋敝,黄金外汇储备枯竭,原料、燃料和生活必需品奇缺。在1946年底又突然遇上了百年罕见的严寒,人民饥寒交迫。西欧的唯一大国——英国的政府,在1947年1月20日发表白皮书公开承认:"不列颠处于极危险的境地"。它缺煤,缺粮缺电,开春以后又遇洪水为患,全国工厂有一半停工。美国国务院官员约瑟夫·琼斯惊喜参半地说:"大不列颠作为一个世界强国,已经完蛋了"。西欧其他国家也出现了经济崩溃的迹象。法国居民每日口粮只有6盎司,德国的英美双占区的工厂有3/4关闭,物价飞涨。

严重的经济状况引起社会动乱。法国、英国、意大利等国工人运动蓬勃发展。当时西欧左派和共产党的力量比较强大,特别是法国,第四共和国的首届内阁中有4名共产党部长,包括国防部长。当时法共拥有法国选票的1/4,几乎全部是工人阶级的选票。在意大利,意共拥有1/3的选票。这些不仅使西欧统治阶级惶惶不安,也使美国统治阶级忧心忡忡,认为欧洲正处在苏军接管和共产党造反的边缘。他们更加认定,复兴欧洲乃是关系美国称霸世界的全局问题。因此,为了稳住西欧各国资本主义制度,从经济上政治上进一步控制西欧,并由此对苏进行"遏制",同时也为了摆脱美国统治集团已预感到的即将到来的经济危机,在杜鲁门的授意下,国务卿马歇尔研究炮制了一个所谓"解决欧洲问题的建议",即后来的"马歇尔计划"。

1947年6月5日,马歇尔在哈佛大学毕业典礼上发表演说,提出了"欧洲复兴计划"。他一开始就强调欧洲的经济困难,说欧洲是一片废墟,补救办法在于美国的援助。他指出,"美国应该尽其所能,帮助世界恢复正常的经济状态"。美国"政策的目的是恢复世界上的行之有效的经济制度,从而使自由制度赖以存在的政治和社会条件能够出现"。"由于各种危机的发展,我们决不能把这种援助放在零星付给的基础上。美国政府将来给予的任何援助应该是根治疾病的药品,而不应该是暂时止痛的镇痛剂。任何愿意协助完成恢复工作的政府都将得到美国政府的充分合作。任何图谋阻挠别国复兴的政府,都不能指望得到我们的援助"。最后他讲到这是欧洲人的事,欧洲必须首先倡议,将欧洲作为一个整体,提出通盘复兴方案,然后美国尽力支持这个计划。

马歇尔计划是杜鲁门主义的延续和扩大。如果说杜鲁门主义是个政治纲领,那么,马歇尔计划则是通过经济手段来达到政治目的。杜鲁门后来也解释说:"杜鲁门主义的意识形态——军事承诺与马歇尔计划的经济义务是一个胡桃的两半"。如果说两者有什么区别,那就是与杜鲁门主义相比,马歇尔计划"删掉"了"关于共产主义的明确提法",强调"计划"的目标是"战胜饥饿、贫困和混乱"。因此,"各国共产党如果反对这个计划,就无异站到赞同饥饿、贫困、自暴自弃和混乱的地位上去了"。"从宣传的观点看来",这样做"对于那些内部有强大共产党的国家来说是很有分量的"。可以说,马歇尔计划是一种更隐蔽更精巧的杜鲁门主义。

"马歇尔计划"提出后,立刻得到西欧各国特别是英法的响应。在马歇尔发表演说后,英法随即接触,商定召开欧洲会议的计划。根据马歇尔计划设计者的授意,英法决定联合邀请苏联外长莫洛托夫参加 6 月在巴黎召开的欧洲国家准备接受马歇尔计划的预备会议。这是一个有意的安排。这样既可以避免招致像杜鲁门主义那样的公开号召意识形态战争的批评,又可以将参加与否的责任抛给苏联。如果苏联参加,就经济上讲,对西欧也有好处。西欧需要东欧的粮食、煤炭和石油,何况把苏联经济纳入整个欧洲复兴计划,更可以控制苏联经济。美国和英法估计苏联将不会参加,那样他们就可推卸排苏的责任。

6 月 27 日,苏联派遣由莫洛托夫率领的 89 人的庞大代表团参加会议。英法在美国的指使下,建议欧洲各国就各自的经济资源提出报告,在此基础上,由一个以英、法、苏 3 国为主的指导委员会拟出欧洲国家统一的经济复兴计划大纲,再由美国提出援助的方式和条件。这使得苏联无法接受。苏联代表认为,这将会要求各国泄露其本国的经济情报,导致"由某些国家实行干涉另一些国家内部事务"。其"结果将不是欧洲的统一和重建,而是把欧洲分裂成两个集团"。7 月 2 日,苏联退出巴黎会议,这正中美国的下怀。这样,欧洲复兴计划就成了"西欧复兴计划",并成为美国联合西欧公开反苏的一项重要政策。

1948 年 2 月,马歇尔计划开始执行。4 月 2 日,杜鲁门签署了美国国会通过的"1948 年援外法案",作为马歇尔援欧计划的法律形式。共有 16 个国家(奥、比、丹、英、法、希、冰岛、爱尔兰、意、卢、荷、挪、葡、瑞典、瑞士、土耳其)和德国的英法美占领区,接受了援助,总额为 131.5 亿美元。

马歇尔计划对恢复战后西欧经济起了相当重要的作用。它解救了西欧各国的燃眉之急,巩固了西欧的资本主义秩序,防止了革命的爆发。到 1950 年,西欧各国生产已达到战前水平,年增长率达到 5%~6%,有的国家高达 8%~10%。到1952 年,英、法、意的工业生产分别比战前增长 13%、29% 和 48%。德国的西方占领区的工业生产,到 1952 年增长到战前的 115%。马歇尔计划原定期限为 5年,由于西欧经济恢复较快,到 1951 年底就提前结束了。美国得到的好处是在政治上控制了西欧,在经济上向西欧输出了大量商品。而且美国通过马歇尔计划,迫使欧洲国家及其殖民地都要以对待本国居民的同等条件,向美国投资者开放。这样,美国统治当局似乎找到了一种途径,把"遏制"共产主义的计谋与制造商、出口商的热情融为一体。一箭双雕,成了真正的受益者。

在马歇尔计划的执行过程中,美国始终把争取欧洲统一作为其对欧政策的核心,以使美国有一个"更具内聚力的势力范围"。掌管美援的分配和使用的经济合作署先后与一系列受援国签订多边和双边协定,逐步削减了西欧国家之间的关税壁垒,取消了一些贸易限额,并成立了西欧支付同盟,以促进西欧贸易和支付自由化。这些都有利于西欧经济的一体化。

布鲁塞尔条约组织 随着经济渗透而来的,是美国在政治上和军事上对西欧各国的干预。北大西洋公约组织的建立,是"马歇尔计划"追求的一个政治目的。杜鲁门在敦促国会尽早通过马歇尔计划的特别咨文中,就曾表示美国准备把西欧纳入"共同防卫"的体系中。他说:"要使经济复兴获得成功,必须采取某种对付内部和外部侵略的保卫性措施。……随着经济合作运动又出现了一个共同自卫的运动"。特别是 1947 年 9 月欧洲九国共产党和工人党情报局成立后,美国认为欧洲显然存在着"相当程度的西欧'无组织'状态与东欧的'有组织'状态",西欧国家仅仅在经济上进行合作,远远不足以对抗共产主义的"攻势",还必须在政治军事上联合起来。因此,在推行马歇尔计划的同时,美国便着手策动西方资本主义国家组织遏制苏联的军事政治集团。

就西欧国家特别是英、法而言,也有组织军事政治集团的愿望。它们刚刚挣脱德国法西斯灾难,既怕德国东山再起,又担心美苏在欧洲心脏地区的严重对抗会危及它们的安全,更怕各国共产党得到驻在东欧的苏军的鼓动和支持,会通过竞选和暴动夺取政权。"恐苏"、"恐共"症成了西欧统治阶级的心病。但是它们都各有各的打算。英国希望结成以英国为首的军事政治集团,成为美苏之间的第三势力。法国也想在西欧组织新的军事政治集团以防止德国再起,确保其在欧洲的大国地位。美国对西欧国家结盟的活动采取赞助的态度。美国深知西欧各国经济困难,军力虚弱,国内政局动荡,势必寻求美国的支持,打算待英、法把西欧组织起来后,再把它们纳入美国的全球战略体系。

1948 年 3 月 17 日,英国、法国、比利时、荷兰、卢森堡 5 国代表在比利时首都布鲁塞尔缔结了 5 国《合作和集体防御条约》,即布鲁塞尔和约,有效期 50年。这是一项以军事同盟为核心的包括政治、经济、文化的合作条约。条约规定,当任何缔约国在欧洲遭到侵略的时候,其他缔约国应给以"它们能力所及的一切军事的或者其他的援助"。英国皇家国际关系学会的一篇报告坦率承认,"布鲁塞尔条约"虽然公开点德国的名,但英国和某些成员国的真正想法是"苏联总有一天要进攻西欧",条约的主要目标是针对苏联的。

二、世界性的军事条约网

北大西洋公约的缔结　　正如西欧在经济上的复兴和联合离不开美国的援助一样,西欧在军事上的合作也得依赖美国的支持。在布鲁塞尔缔约谈判的那一天,法国外长皮杜尔就致函马歇尔说,"只有美国的帮助才能有效地解决欧洲国家抵御侵略的问题",英国外交大臣贝文则说,"除非有一个包括美国在内的、明确制定的集体抵抗侵略的协定,英国或其他国家就很难挺身而出,抵抗新的侵略"。比利时、荷兰、卢森堡3国在缔约谈判中也主张美国参加。这正是美国所需要的。在布鲁塞尔条约签字的当天,杜鲁门明确表示:"美国将以适当的方式,根据形势的需要,给予这些国家以支持"。

布鲁塞尔条约签字后第5天,美国、英国、加拿大代表就在五角大楼开会,商议建立大西洋军事体系问题。1948年6月,美国参议院以压倒多数通过了关于美国对外政策"新方向"的"范登堡决议"。它规定,在持续有效的自助和互援的基础上,以及在涉及美国国家安全的情况下,美国可以"通过宪法程序,参加这些区域性和其他集体协定"。在美国历史上,这是美国国会破天荒第一次在和平时期同意美国政府同美洲大陆以外的国家缔结军事同盟条约,从而改变了其对外政策的传统原则,为美国政府出面组织北大西洋公约集团开了绿灯。

1948年7月6日,美国、加拿大和布鲁塞尔条约组织的成员国在华盛顿举行正式会谈,讨论缔结安全条约问题。1949年3月,《北大西洋公约》条文拟就并予以公布。4月4日,美国、比利时、加拿大、丹麦、法国、冰岛、意大利、卢森堡、荷兰、挪威、葡萄牙和英国等12国外长云集华盛顿,在美国国务院会议大厅举行北约签字仪式。

北大西洋公约的内容包括一个简短的序言和14项条款。它宣布,任一缔约国的领土完整、政治独立或安全遭受威胁时,各缔约国应共同协商:最重要的是公约第5条:"各缔约国同意对于欧洲或北美之一个或数个缔约国之武装攻击,应视为对缔约国全体之攻击"。各缔约国承担"采取视为必要之行动,包括武力之使用"在内。8月24日,各缔约国均按照本国的宪法程序完成批准手续,至此,公约正式生效,北大西洋公约组织正式建立。这是美国所组织的最大一个军事同盟,是它的冷战政策的主要支柱。

北约成立后,美国控制了北约的"一体化"军事机构,为北约制定了军事战略,实际上就是把美国的军事战略作为各成员国军事活动的基本原则。北约的建立,加强了美国对西欧国家的控制,并在欧洲大陆组成了一个遏制苏联和东欧的弧形包围圈。"欧洲已成为美国防御的最前线"。

50年代初,北约组织又进一步扩大,希腊、土耳其于1952年2月加入进来。它们并不是北大西洋国家,只是美国出于在欧洲南翼包围苏联的需要而竭力把它们吸收进来的。

但是,北约的中心目标之一是扶植起一个重新武装的德国,使之在该组织中发挥作用。这关系到美国对欧战略的全局。杜鲁门说:"没有德国,欧洲的防御不过是大西洋岸边的一场后卫战。有了德国,就能够有一个纵深的防御,有足够的力量来对付东方"。正因为这样,美国一直在加紧分裂德国的步骤,为把联邦德国拉进侵略集团创造条件。而一些联邦德国政界人士如 1949 年担任联邦德国总理的阿登纳就"有一个明确的看法:一个复兴的独立的德国,只有通过同美国的密切合作,才能得到发展"。

1949 年底苏联拥有原子弹的消息和 1950 年中爆发的朝鲜战争更给了美国重新武装西德的借口。朝鲜战争被美国宣传为沿着易北河(欧洲的三八线)进行"侵略"的先声,或者是企图转移美国对欧洲的关注;或者至少是要考验一下新的大西洋联盟的力量和决心,也要考验一下美国为它所承担的义务。在这种情况下,美国就更加卖力地重新武装联邦德国,并于 1950 年 9 月向英、法建议让联邦德国参加西欧防务。由于法国对德国心存余悸而强烈反对美国以任何方式武装联邦德国。美国则想方设法向法国施加压力,使法国就范,特别是在法国最感困难的经济方面。经过美英的积极斡旋,终于在 1954 年 10 月 23 日,美、英、法等西方国家签订了巴黎协定。根据协定,西德开始具有主权独立国家地位;正式参加北约组织,并开始重新武装。1955 年 5 月 5 日起,联邦德国正式成为北约成员国。这无疑对东西方关系的发展产生了深远影响。苏联和东欧成员国对此作出强烈反应,并终于成立了华沙条约组织。

美日安全保障条约 从 1948 年起,中国局势发生了重大变化,国民党反动统治的崩溃已成定局。鉴于亚洲形势的巨变,美国重新研究了日本在其远东战略中的地位,决定改变对日政策,加紧策划缔结对日和约,以便扶植日本,并使美国占领日本得以合法化。1949 年 10 月,印度尼赫鲁总理断然拒绝了华盛顿关于进行印美长久合作的建议,日本成了亚洲唯一可能执行美国遏制中国和苏联的冷战政策,并具有重要战略地位和影响的国家。美国便进一步考虑以日本为中心的远东政策。

美国对日本政策的调整,集中表现在以下两方面:首先,以日本代替即将垮台的蒋介石政府,把日本作为美国在亚洲推行侵略政策的前哨基地和反共堡垒。为此,美国极力修改盟国在《波茨坦公告》中为改造日本所明确规定的非军事化和民主化的主要目标。1948 年 3 月,国务院政策规划研究室主任凯南向麦克阿瑟正式传达了对日政策新方针:"目前的占领政策是建立在波茨坦公告基础之上的,它只适用于日本投降后的初期,今后美国的政策应促使日本在占领军撤退之后能够自主"。凯南回国后在给国务卿的报告中提出:整肃军国主义分子和排除经济的集中,会阻碍日本经济的复兴,因此应予修改。凯南还批评美国现行对日政策没有充分考虑到对苏联和共产主义的"遏制"。凯南的意见受到美国外交决策者集团的高度重视。美国为扶植和支持日本的经济,大力加强援助。1949 年美国政府还任命银行家约瑟夫·道奇为盟军总司令部财政顾问。道奇赴任后提出了以紧缩财政金融,抑制通货膨胀为中心内容的所谓"道奇路线"。在美国的控制下,日本无法与邻国特别是与新生的中国自由地开展贸易。日本经济的困难到 1950 年朝鲜战争爆发后才得到缓解。

其次,美国通过战后改革实现了对日本的控制后,就积极着手把统治大权交给日本保守政权。从 1947 年起,美国开始单独媾和活动,以便把美日特殊关系尽快用条约肯定下来。当年 7 月,美国政府照会由远东委员会 11 个成员国于 8 月中旬举行对日和约预备会。为了操纵会议,美国主张对日和约由参加对日作战的 11 国起草,由出席会议的 2/3 多数表决通过。苏联坚决反对,主张由中、苏、美、英 4 国准备对日和约草案,并实行 4 大国一致原则。由于美苏意见尖锐对立,缔结对日和约的问题拖了下来。新中国的建立和朝鲜战争的爆发,大大加剧了美苏两大阵营之间的对立和冲突。美国再次提出缔结对日和约问题。负责对日媾和的国务院顾问约翰·杜勒斯说,对日和约要"确保日本附属世界自由国家,确保它在抵御共产党帝国主义进一步扩张中充分发挥作用"。经过美国代表的奔走游说,1951 年 9 月上旬在旧金山召开对日媾和会议,签订了《对日和约》。52 个国家参加。中国和印度支那 3 国被排斥在外,印度和缅甸拒绝参加。苏联、捷克斯洛伐克、波兰未在"和约"上签字。和约剥夺日本的海外领地,但事实上取消赔偿,还规定盟国可以与日本缔结协定,驻军日本。这完全是美国战略利益的体现。就在签订非法和约的当天,日美又签订《日美安全保障条约》,不久又签订了关于实施安保条约的《日美行政协定》。1952 年 4 月 28 日,《和约》、《日美安全保障条约》及《日美行政协定)同时生效。在条约和协定中,规定美军可无限制地驻留日本,并允许设置军事基地,还允许美军可以镇压日本国内的"大规模暴动和骚乱",并且让日本分担驻日美军的军费。日本名义上获得独立,实际上是半独立、半被占领的国家。

美国在亚太地区军事体系的建立　　早在中国革命胜利和朝鲜战争爆发之后,美国为挽回其在中国和亚洲侵略政策的失败,就加紧在亚太地区建立军事体系。1950 年 10 月,美国同泰国签订了军事援助协定。1951 年 8 月,同菲律宾签订了《共同防御条约》。紧接着,9 月同澳大利亚、新西兰签订了《美澳新安全条约》(即《太平洋安全保障条约》),成立美澳新理事会。同月,又同日本签订《日美安全保障条约》。在艾森豪威尔执政时期,被称之为"条约迷"的美国国务卿杜勒斯四出活动,于 1953 年 10 月和 1954 年 12 月先后同李承晚和蒋介石集团签署《共同防御条约》,最终成为"东北亚防御联盟"。此外,美国还积极策划在东南亚和中东地区组成军事集团。

1954 年 9 月 8 日,在美国策划下,美国、英国、法国、澳大利亚、新西兰、菲律宾、泰国和巴基斯坦 8 国在菲律宾首都马尼拉签订了《东南亚集体防御条约》,即《马尼拉条约》,并于次年 9 月正式生效,成立了"东南亚集体防御条约组织"。参加条约的 8 个国家中有 5 个不是亚洲国家,印度尼西亚等东南亚国家则拒绝参加。条约规定,缔约国有责任以"自助和互助"的办法,"抵抗武装进攻","防止和反对受外界指挥"的"颠覆活动"。条约虽然删去了美国草案中的反对"共产主义侵略"的字样,但美国代表团在条约文本所附的"谅解"中,特意强调"武装进攻"的含义仅适用于"共产党侵略"。条约议定书还公然违反日内瓦协议,把柬埔寨、老挝和南越划入该条约的"保护范围之内"。显然,东南亚条约组织是美国控制的以西方国家为主的军事同盟。

一年以后,在美国的策划和支持下,英国、伊朗、伊拉克、土耳其和巴基斯坦于 1955 年 11 月组成了巴格达条约组织。伊朗、伊拉克、土耳其、巴基斯坦之所以较易于被美国拉入反苏集团,主要是担心苏联南下威胁本国安全;害怕人民革命危及自己的统治;同时也由于过分依赖美国为首的西方大国而不能自拔。当然,各国情况又不尽相同。美国主要利用了土耳其、伊朗对苏联的不信任感和恐惧感。伊拉克的首相努里·赛义德则几次被本国人民赶下台,以后又依仗英美支持而再上台,成为美国的傀儡,他对国内革命运动怀有深深的恐惧,这就决定了他要依附于该条约。巴基斯坦情况与上述 3 国略有不同。与印度日益增长的对抗,使它终于屈服于美国的压力而加入条约,以获取军援。美国没有正式加入巴格达条约组织,而只是以"观察员"身份列席该组织的会议。据分析,美国这样做的目的主要是:避免冒犯反对这一条约组织的以色列;维持与阿拉伯国家(特别是埃及)之间的脆弱关系;在条约之外起缔约国不能起的作用。

美国统治集团煞费苦心,终于建立起一个从大西洋经中东到西太平洋的军事条约网,以实现"遏制"共产主义的目标。美国学者指出,"1955 年是标志着用军事同盟包围共产党国家的一年",是不无道理的。

三、苏联的"安全带"政策

苏联对外政策的两重性　　战后初期即斯大林执政时期苏联的对外政策可概括为"安全带"政策。这种政策具有双重性。就其积极方面也是主要的方面而言,苏联首要的国家战略目标是巩固第二次世界大战的胜利成果,争取一个较为和平、宽松的国际环境,为医治战争创伤,恢复和发展国民经济,增强国力,确保国家安全创造条件。到 1953 年 3 月斯大林逝世时,苏联恢复和发展国民经济的方针和主要目标基本得到实施。1949 年 8 月苏联成功地爆炸了第一颗原子弹,打破了美国对原子弹的垄断地位。

其次,是不断巩固和加强东欧这块社会主义前哨阵地,严防帝国主义的插手干预。由于东欧国家都是第二次世界大战时由苏军解放或在苏军帮助下解放的,所以在这些国家初期大都是联合政府执政,共产党、工人党尚未占绝对优势地位,各种反动势力残余还同西方资本主义有着千丝万缕的联系。东欧各人民民主国家建立后,在苏联支持下进行了肃清反革命、清除法西斯分子和卖国贼的工作,1945年至1946年各国还实行了土地改革。为了防止美帝国主义的侵略和威胁,苏联同东欧国家在1947年至1949年间签订了一系列双边条约。其内容基本相同:防止美国扶植德国侵略势力再起,缔约国参加旨在保卫和平和各国人民安全的国际活动;互不干涉内政;发展经济文化等。

第三,苏联竭力防止德日重新武装,东山再起,再度成为新战争的策源地。苏联曾向美英提出一系列限制、防止德国、日本发展独立军事力量的条件,坚决主张打击、清除德日军国主义和法西斯势力,消灭德、日垄断组织及其军事潜力,严厉惩办战犯,并坚决反对美国重新武装德国、日本,特别不允许它们以任何形式拥有核武器。这些具体体现在苏联对于西德的政策和对于战后日本民主化的主张中。

正是苏联的上述政策,保证了战后初期苏联国民经济的迅速恢复和发展;保住了东欧这块社会主义阵地,使美帝国主义妄图促使东欧"演变",把苏联势力"推回"的各种颠覆、干涉阴谋未能得逞;使世界反动势力中心美帝国主义受到了有力的揭露和坚决斗争,并有力地打击了德国、日本法西斯势力,维护了世界和平。

但是,当时苏联对外政策上也存在消极的一面。苏联过分地考虑了自己的安全和民族利益,犯有严重的大国沙文主义和民族利己主义错误。这表现在,违背马克思主义关于各社会主义国家和各国共产党关系平等的原则,粗暴干涉别国党和别国的内政,对苏联稍有不从,即予以惩罚。1948年把南斯拉夫开除出"情报局",就是典型例证。此外,苏联以保证"西界安全"为由,通过签订边界条约,割占了东欧国家大片领土。如1945年6月将捷克斯洛伐克的外喀尔巴阡乌克兰,1945年8月将波兰的西白俄罗斯、西乌克兰划入苏联。此外,还在1944年9月罗马尼亚就把比萨拉比亚和北布哥维纳"让"给了苏联。苏联的这些做法严重损害了社会主义制度和苏联本身的威信,造成了严重的后果。

对外政策两重性的原因　　苏联对外政策的两重性有其深刻的历史背景,是由当时内外环境及各种主客观原因所决定的。

首先,苏联在二战中损失惨重,国民经济遭到空前破坏。在这种形势下,苏联战后的最重要和紧迫的任务就是大力恢复和发展国民经济。美国著名作家埃德加·斯诺当时指出,在第二次世界大战中,"苏联与美国的伤亡是24∶1,与全部联军(包括不列颠、加拿大、澳大利亚、新西兰、印度、希腊、南非、法国、荷兰、丹麦、比利时的军队)的伤亡差不多是10∶1。……物质的损失估计约有2 000

亿美元,但是化为灰烬的还不止金钱而已"。他认为,"不知道这个背景,就没有桥梁可以跟俄国人沟通"。正是在这种背景下,苏联对保持自身安全与东欧各国安全抱有高度警惕。也正因此,苏联坚持在东欧各国成立对苏联友好的政府。斯大林在 1946 年说:"不要忘记以下情况,德国人侵入苏联,是经过芬兰、波兰、罗马尼亚、保加利亚和匈牙利的。德国人所以能够经过这些国家侵入苏联,是因为在这些国家中,当时存在着敌视苏联的政府。……苏联为了保证自己将来的安全,力求在这些国家内能有对于苏联抱善意态度的政府"。苏联从当时东欧各国的现实情况和维持同英美的关系考虑,一开始并未要求东欧国家建立苏联式的无产阶级专政,只是主张在这些国家多党制联合政府中,应由对苏联友好的共产党人和民主人士占据主要地位,同时又得以干预这些国家的外交政策和军事计划。

其次,美国推行称霸全球的好战政策,使苏联面临严酷的"冷战"环境。战后以来,美国对外战略和政策在总体上以苏联为对象,苏联也以美国为对象。面对着掌握全世界大约一半财富的头号超级军事大国的美国,以及美国在经济上对苏联等社会主义国家实行的全面"封锁",苏联只有采取坚决维护国家主权的对抗政策。但是由于对抗美国为首的侵略阵营的紧张斗争的需要,又使得苏联大国沙文主义日益泛滥,它粗暴干涉东欧国家内政,对中国采取控制压制办法,在遭到回击后,就走向分裂道路。

第三,斯大林对战后初期的战争形势估计得过于严重。这是他制定战后初期苏联内外战略的重要依据和前提。他认为一场新的世界战争已经"不可避免"。早在 1945 年斯大林在同南斯拉夫一位记者谈话时就说:"德国人很快恢复元气,只消 12 年到 15 年工夫,他们又会强大起来。因此,南斯拉夫民族的团结至为重要"。1946 年 2 月他在一次谈话中又说:"资本主义国家发展不平衡将使资本主义世界分裂成两个敌对的阵营,进而打起仗来。只要资本主义制度还存在,战争就不可避免。苏联人民必须对 30 年代往事重演有所准备,必须发展基础工业,削减消费品生产。总之,我看今后少说也得在 3 个五年计划期间作出重大牺牲。和平是不会有了,国内和国外的和平都不会有了"。

第四,斯大林混淆了无产阶级国际主义、爱国主义和大国沙文主义、民族利己主义的界限,并在理论和实践上出现严重脱节的错误。

从十月革命胜利,经过成功地建设社会主义和反法西斯第二次世界大战的胜利,苏联社会主义事业有了很大发展。但是,毕竟苏联社会主义只经历了近 30 年的历史。马克思所指出的在这一社会中不可避免地"在经济、道德和精神方面都还带有它脱胎出来的那个旧社会的痕迹"的论断,完全适用于苏联。这种社会的"过渡性"产生了苏联对外政策的二重性。这也集中反映在斯大林身上。他一方面要求教育苏共党员坚决反对大俄罗斯沙文主义;另方面又认为俄罗斯民族是"最杰出的民族",甚至为沙俄对外侵略、扩张作辩护。在雅尔塔会议上,一方面他要求把反法西斯战争进行到底,解放被奴役国家的人民;另方面又要求以恢复 1904 年前沙俄在中国东北的权益作为参加对日战争的先决条件,并认为苏军对日作战及日本投降,是对 40 年前沙皇俄国战败的雪耻,而无视列宁早就指出的关于日俄战争对双方来说都是帝国主义性质的战争的论断。在这种情况下,加上苏联自认为对别国人民,特别是一些周边国家人民的解放有功,便有意无意地把对别国事务的干预视为正当,把自己当作东欧国家的"监护人",甚至造成把南斯拉夫开除出共产党情报局的严重事件。

四、从"共产党情报局"到"华沙条约组织"

"共产党情报局"　　为了对付"杜鲁门主义"和"马歇尔计划",加强同美国的帝国主义政策作斗争,使东欧诸国进一步团结在苏联周围,苏联政府在政治上、军事上、经济上采取了一系列措施。"共产党情报局"和"经互会"的成立就是其中重要的两项。

1947 年夏,斯大林在同波兰工人党第一书记哥穆尔卡的一次谈话中,建议创办一个共产党和工人党的情报杂志,以阐明各国党面临的任务,交流经验、交换情况。哥穆尔卡表示同意,但主张刊载的本国的资料文章应经本国党的领导批准,而不应由一个总编辑负全责。斯大林建议由波兰工人党出面发起召开欧洲一些党的会议,讨论加强相互联系问题。这样,9 月下旬,苏联、波兰、南斯拉夫、保加利亚、罗马尼亚、匈牙利、捷克斯洛伐克、法国、意大利 9 国共产党和工人党的代表在波兰举行会议。会上,苏联共产党(布)代表日丹诺夫作了主题报告。会议根据他的报告,通过了《关于国际形势的宣言》。报告指出世界已分裂为两大对立的阵营,一个是"帝国主义反民主阵营",另一个是"反帝国主义的民主阵营"。美国是帝国主义阵营的主导力量,是世界反民主的反动势力的堡垒。指出"杜鲁门主义"和"马歇尔计划"是美国全球扩张总计划的一个组成部分。报告强调苏联在实现一切爱好自由国家的基本任务中的"领导作用",并强调各国共产党互相磋商和自愿协同行动的必要。

会议听取了哥穆尔卡关于各国共产党必须彼此交换经验和协同行动的报告。经过讨论,通过了关于出席会议的各国党之间交流经验和协同行动的决议,决定成立情报局。情报局由与会的 9 个党各派 2 名代表组成。情报局的任务是,"组织经验的交换,并在必要时,在互相协议的基础上,配合各党的活动"。情报局总部设于贝尔格莱德①。

会上关于情报局的性质和作用问题曾发生过争论。哥穆尔卡鉴于过去共产

---

① 1948 年 6 月情报局开除南共后,总部移至捷克斯洛伐克首都布拉格。

国际干涉它党,特别是波兰党 1938 年被迫解散的沉痛教训,反对建立任何形式的共产党国际中心的设想,认为"这样的中心弊多利少"。南共代表卡德尔积极支持哥穆尔卡的意见,指出,"任何这样的中心都会限制各国共产党的独立行动"。捷克斯洛伐克代表斯兰斯基也激烈反对建立国际中心,甚至采取中断参加会议的作法。法共和意共的代表也反对建立国际领导中心。苏共代表不得不作出一些让步,提出可以"根据需要不定期地召开联席会议。这些会议上各国党应就共同关心的问题交换意见"。于是获得了表面的统一。

情报局从成立到 1956 年 4 月结束,共存在 8 年多时间,召开过 4 次会议。它在反击美国冷战政策方面起了一定作用,但苏联通过情报局加强对东欧的控制和影响,甚至一度把内部斗争放了首位,成为苏联推行大国沙文主义,压制各国党的"异端"的工具,发生了 1948 年 6 月开除南共的严重事件,为战后国际共产主义运动的分裂开创了恶劣先例。总的讲,情报局是过大于功。

"经济互助委员会"　　为了加速苏联和东欧各人民民主国家经济的恢复和发展,粉碎帝国主义国家在经济上的禁运、封锁政策和扼杀东欧各国人民民主政权的阴谋,从 1947 年 7 月起,苏联先后与东欧各国签订了一系列双边贸易、经济协定。与此同时,东欧各国之间也签订了长期贸易协定。1949 年 1 月 5 日至8 日,苏联、保加利亚、匈牙利、波兰、罗马尼亚、捷克斯洛伐克 6 国代表在莫斯科举行经济会议,讨论全面解决苏联和东欧各国之间的经济合作问题,决定成立经济互助委员会(简称"经互会")。经互会的最初宗旨是:协调各成员国的经济发展计划;交流经济管理工作的经验;制定有关科技合作和技术援助方面的措施;实行在原料、食品、机器、设备等方面的相互协作等。经互会成立后不久,阿尔巴尼亚(1949 年 2 月)和德意志民主共和国(1950 年 9 月)相继参加。

经互会的成立对于促进成员国的经济发展起了积极的作用。从东欧国家来说,经互会成立初期,对打破西方经济封锁,解决当时各国的经济困难起了积极的作用。以后通过经济合作,促进了各国的经济发展。长期以来,苏联向它们提供燃料和原料,吸收其难以打进西方市场的产品,用以货易货方式解决外汇短缺等问题。基本上解决了这些国家单干所不能解决的困难。所以,东欧国家普遍认为,如果没有经互会的合作,它们的经济不可能得到迅速发展。同样,苏联通过经互会的合作,获得某些东欧成员国的先进工业技术和科技成果;可以得到所需产品和推销产品的市场,并"通过共同建设联合项目",加速东部地区自然资源的开发。此外苏联还可以得到政治上的利益,使东欧国家对苏联有较大的依赖性,政治上不得不向苏联作出某些让步。

经互会在以后的实践中,也存在不少问题。苏联有时进行不平等交易,损害了其他成员国的经济利益。成员国间的经贸关系严重忽视了商品经济和价值规律的作用。同时,长期局限于经互会成员国内部的经贸往来,脱离世界经济、技术发展的竞争,导致了经济的落后。

中苏友好同盟互助条约　　新中国成立第二天,苏联政府就宣布与国民党残余的"广州政府"断绝外交关系,承认了中华人民共和国。10月3日,中苏两国正式建交,这表明了苏联对中国革命胜利的热情态度。但是,苏联政府对新中国特别是新中国的某些方针又是持怀疑态度的。伍修权回忆说:"过去我们不听共产国际和斯大林的错误主意,斯大林就怀疑我国走'南斯拉夫的道路'。我国的一些民主党派和无党派民主人士参加了政府,苏联就怀疑我们会不会执行亲英美的路线等等。因此,苏联在另一方面对我们的态度又是冷漠和怀疑的"。针对苏联的疑虑,为了争取苏联的支持,摆脱帝国主义的孤立和封锁,毛泽东在建国前夕就明确提出了"向苏联一边倒"的国策。这无疑是正确的。美帝国主义无论如何不甘心"失去中国"。无论从社会经济制度、思想意识形态或历史背景来看,中美两国当时都不可避免地处在尖锐的对立状态。从这一角度看,"一边倒"是美国逼着中国走这一步的。

建国后不久,毛泽东应斯大林邀请访问苏联,1949年12月16日,以毛泽东为首的中国代表团抵达莫斯科。苏联给以高规格的接待。访问期间,毛泽东与斯大林就中苏之间重大的政治经济问题进行了会谈。会谈中,毛泽东提出缔结中苏同盟条约的问题。斯大林开始表现犹豫,害怕触犯雅尔塔协定,但后来还是同意签订这个条约。1950年1月20日,周恩来抵达莫斯科,参加了双边会谈。会谈于2月14日比较圆满地结束,双方缔结了《中苏友好同盟互助条约》、《关于中国长春铁路、旅顺口及大连的协定》和《中苏关于贷款给中华人民共和国的协定》。同盟互助条约规定:为反对侵略和保卫和平,双方保证共同采取措施,包括其中一方受到侵袭,因而处于战争状态时,另一方立即给予军事及其他援助;双方保证以友好合作的精神,并遵照平等、互利、互相尊重国家主权及领土完整及不干涉对方内政的原则,发展巩固两国间经济与文化关系,彼此给予经济援助。条约有效期为30年。

中苏友好同盟互助条约在当时的缔结,标志着社会主义阵营的形成,对反击美国的"冷战"攻势起了积极作用,它有利于促进两国人民的友好团结,有利于两国人民和世界人民维护和平的共同事业,因而受到了中苏两国人民和世界人民的热烈欢迎。

华沙条约组织　　还在1954年10月23日,美国、英国、法国等国签订巴黎协定,决定吸收联邦德国加入北约之后,苏联政府便向美国等国发出照会,要求它们不批准巴黎协定,并提议召开全欧安全会议,讨论防止德国军国主义再起问题,但遭到拒绝。1955年5月5日,巴黎协定被正式批准,联邦德国参加了北约组织。在这种情况下,1955年5月14日,苏联、波兰、捷克斯洛伐克、匈牙利、保加利亚、罗马尼亚、阿尔巴尼亚和德意志民主共和国等8国在华沙缔结了《友好合作互助条约》(通称《华沙条约》)。条约规定:缔约国准备"参加所有旨在保障国际和平和安全的国际行动",保证在"国际关系中不以武力相威胁或使用武力,并以和平方法解决它们的国际争端"。"如果在欧洲发生了任何国家或国家集团对一个或几个缔约国的武装进攻,每一缔约国应根据联合国宪章第51条行使单独或集体自卫的权利,个别地或通过同其他缔约国的协议,以一切它认为必要的方式,包括使用武装部队,立即对遭受这种进攻的某一个国家或几个国家给予援助"。

根据条约,成立了华沙条约组织,总部设在莫斯科。

华约组织是与北约组织相抗衡的欧洲两大军事集团之一。它的成立,是苏联对联邦德国加入北约组织公开作出的反应。华约的建立使东西方之间最终形成了两个对立的军事集团。

华约组织在其成立初期在保障世界和平和社会主义国家的安全,反对帝国主义侵略扩张方面起了积极作用。

但是,华沙条约也是苏联控制东欧的工具。华约的重要领导机构均由苏军将领担任。苏联以保卫盟国安全为名向一些缔约国派驻大量军队,干涉这些国家的内部事务和对外政策,违反了社会主义国家对外关系的基本准则。

第三章　战后初期社会主义国家的巩固和经济建设

第二次世界大战以后,世界政治和经济格局的最重大变化,是社会主义越出苏联一国的范围,在亚洲和欧洲,以后又在拉丁美洲建立了以苏联为中心的世界社会主义国家体系。这是人类历史上的伟大转折。这个新的国家体系在战后初期经历了政权巩固和经济恢复时期,国民经济得到迅速发展,具有同资本主义世界抗衡的能力,人民生活也得到相应的提高。由于社会主义国家体系是一个新生事物,无论是在经济建设、政权建设中,还是在社会主义国家之间的关系上,在实践上和理论上都出现许多有待解决和需要探索的问题。这些问题由于社会主义和资本主义两种社会制度的并存、两种截然不同的意识形态的较量而更加复杂化了。

第一节　苏联的恢复和发展

一、国民经济的恢复与国力的增强

战后初期苏联面临的任务　　苏联在第二次世界大战中是打败法西斯的主力之一,它经历这场战争的严酷考验,变得更为强大。战争结束时,其军事实力和国际威望空前提高,被公认是世界第一流强国。这时,它拥有近 1 140 万人的军队,有上万架飞机和上万辆坦克,而且这些技术装备主要是自行设计、自行制造的。苏军驻扎在西起德国易北河、东至朝鲜三八线的广大地区,形成一支举足轻重的威慑力量。苏联对国际事务的态度还影响着各项重大国际问题的发展变化和解决。

但是,苏联的胜利来之不易。它是第二次世界大战的主要战场之一,四年多的战争消耗以及较发达的西部地区一度被德国法西斯占领蹂躏,使其人力、物力的损失远远超过了西方国家和历史上任何一次战争。据 1992 年苏联国防部公布,战争期间,苏联损失的军民总数达 2 700 多万人。全国很难找到一个没有亲人伤亡的家庭。在物质方面,损失也极其惨重。1 700 多座城市、7 万多个村镇、3 万多个工矿企业、6 万多公里铁路、4 000 多个火车站遭到破坏;9 万多个集体农庄、1 800 多个国营农场、2 000 多个农业拖拉机站遭到洗劫。直接物资损失总计为 6 790 亿卢布(按 1941 年的价格计算),等于当时整个国民财富的1/3。战争结束时,几千万居民无家可归,粮食产量下降到战前的 41%,食品和工业日用品实行严格的配给制,人们的生活相当困苦。迅速医治战争创伤,恢复国民经济,成为战后初期苏联面临的一项严峻任务。

恢复国民经济　　在新形势下,联共(布)中央和苏联政府采取了一系列措施,及时把工作重点从战争转向和平建设。几百万人从武装部门陆续复员到国民经济各部门,许多军工生产开始转为民用生产。但是,随着战争的结束,战时同盟国之间的合作日益变成为"冷战",这使斯大林等苏联领导人又强调新的战争威胁,继续采用高度集中的办法来恢复和发展国民经济,并仍把发展重工业和国防工业放在首位。1946年3月,苏联最高苏维埃通过了恢复和发展国民经济的第四个五年计划(1946—1950)。计划规定的基本任务是,重建国家受害地区,使工业和农业恢复到战前水平,然后大大超过这个水平。为此,计划要求:首先恢复、发展重工业和铁路运输业,其次大量生产主要消费品,并使国民经济各部门的技术不断取得进步;到1950年,工业总产值、农业总产值、国民收入应分别比战前一年增加48%、27%和38%;住宅建筑面积要达到7 240万平方米,约等于1913年全国住宅总面积的一半。

苏联党和政府号召全国人民继续发扬艰苦奋斗的精神,争取提前完成"四·五计划"。苏联人民在取得反法西斯战争胜利的鼓舞下,在没有外援的情况下,为实现并提前完成"四·五计划",重建家园,付出了巨大的劳动。

在工业战线,广泛开展了社会主义劳动竞赛。如1946年,在莫斯科车工巴·贝科夫和列宁格勒车工根·波尔特凯维奇的倡议下,开展了快速操作运动——金属切削速度由每分钟70—80米提高到1 000—1 500米。顿巴斯的矿工们在短期内,从被淹的矿井中排除了6.5亿立方米的积水,这等于排干了一个面积70平方公里、深10米的大湖;同时还修复了2 500多公里倒塌的坑道,这相当于从莫斯科到巴黎之间修筑一条离地面200米以上的长隧道,使顿巴斯重新成为苏联最大的产煤区。到1950年,苏联共恢复和新建成6 200个大企业,工业增长速度达23%,工业总产值比1940年增加73%。国防工业获得重大突破。1946年建成第一座原子能反应堆,1949年成功地试验了第一颗原子弹,打破了美国的核垄断。但轻工业的生产只增加了22%,其中棉纺织业和食品加工业还没有达到战前水平。

在农村,联共(布)中央和苏联政府为巩固集体农庄制度、恢复和振兴农业也采取了多项办法。1946年9月和1947年2月,联共(布)中央先后通过《关于消除集体农庄中违反农业劳动组合章程的现象的措施》和《关于战后时期大力发展农业的措施》的决议,决定纠正和解决侵占集体农庄公有土地、盗窃集体农庄财产、非生产人员过多、劳动日报酬贬值、农村党政干部滥用职权等问题。到1947年,归还集体农庄的土地达470万公顷,牲畜14万余头,有45万多非生产人员转入生产第一线。为了巩固集体农庄制度,1950年联共(布)中央还批判了乌克兰一些地区试行的包产到组和包产到户的做法,并提出在全国合并小集体农庄的任务。"四·五计划"期间,国家向农业提供了拖拉机 53.6 万台(每台按 15 匹马力计算),谷物联合收割机 9.3 万台,恢复并增强了农庄的物质技术基础。1950 年,农业总产值恢复到 1940 年的 99%,其中,籽棉、甜菜、肉、蛋、奶的产量超过了战前,但粮食产量仅为 8 120 万吨,比 1940 年少 1 440 万吨,比计划指标少 4 580 万吨。

成就和问题　　"四·五计划"期间,苏联人民的物质文化生活得到一定改善。1947 年取消了粮食和日用工业品的配给制,并进行币制改革,稳定了通货。5 年中,国家 3 次降低日用工业品零售价格。在城市和工人区修建住宅 1 亿多平方米,在农村建房 270 万所。文教科技事业也有较大发展。

但是,在僵化的政治经济体制影响下,1950 年后工业增长速度下降,1952 年已降为 11.6%。工业消费品供应不足,而且质量较差。农业发展缓慢,到 1953 年全苏人均粮食 432 公斤,仍低于 1913 年 540 公斤的水平。集体农户饲养的牲畜头数减少,1952 年比 1950 年,牛减少 8%,奶牛减少 10%,猪减少 6%。如与战前 1940 年相比,则各减少 27%、31% 和 50%。农民负担很重。1950—1953 年期间,集体农庄向国家义务交售了粮食总产量的 60% 和全部甜菜与皮棉,以及 60% 的肉和奶,而所得的钱还不够用来支付把产品运往收购站的运输费。农庄庄员的劳动日报酬很低,平均不到一个卢布。

二、社会政治生活和意识形态领域的斗争

民主与法制被破坏　　战争结束后,苏联宣布取消紧急状态,恢复正常的社会政治生活。1946 年 2 月举行了全苏最高苏维埃选举,什维尔尼克当选为最高苏维埃主席团主席。3 月,人民委员会改组为部长会议,斯大林担任部长会议主席。1945—1949 年间,举行了从区到加盟共和国各级党代表会议或党代表大会,并举行了各级地方苏维埃选举。

但是,战后对斯大林的个人崇拜盛行,社会主义民主和法制继续遭到破坏,党和国家的政治生活并不正常。按党章规定,党的最高权力机构——全国党代表大会应每三年一次,而从 1939 年以来一直没有举行。中央全会应四个月一次,从 1947 年 2 月后也没有召开。政治局也极少召开正式会议,许多重大问题都是在斯大林别墅的晚宴上决定的。苏联报刊和一些领导人对斯大林的颂扬越来越无止境。1949—1950 年发生了"列宁格勒案件",党中央政治局委员、部长会议第一副主席、国家计委主席沃兹涅先斯基和列宁格勒党政领导人、党中央书记库兹涅佐夫等人被秘密逮捕和处决。战时成立的犹太人反法西斯委员会被诬指通敌,其成员几乎全被逮捕,党中央委员、外交部副部长洛佐夫斯基等人被处死。1953 年 1 月,克里姆林宫的一些著名医生被捕,他们无端被指控用医疗手

段谋害党和国家领导人。许多知识分子和干部受牵连。

意识形态领域的措施和问题　　转入和平建设时期,联共(布)加强了党的政治思想工作。1945 年 8 月,设立党中央直属高级党校,专门负责培训加盟共和国、边疆区及州一级的党政领导干部。1946 年广泛建立党的教育网,安排地方各级党政干部进修。同时,设立社会科学院,培养大量理论工作人员。这期间,恢复出版 1941 年开始出版的 39 卷本《列宁全集》第四版,并开始出版 30 卷本的《马克思恩格斯全集》第二版和 13 卷本的《斯大林全集》,在全国掀起了学习马列著作的热潮。

1946—1948 年,联共(布)中央通过了关于文学和艺术问题的一系列决议,召开了全苏作家、戏剧家、音乐家和美术家会议,宣布反对在文学、艺术方面放弃马列主义,反对无批判地宣扬资产阶级文化,号召宣传社会主义制度的优越性,增强爱国主义的自豪感。同时,在文艺界开展了批判运动。在运动中,列宁格勒出版的两本文学杂志《列宁格勒》和《星》首当其冲。1947—1951 年,在联共(布)中央倡议下,在全苏学术界又组织了关于哲学、生物学、生理学、语言学和政治经济学等学科的学术讨论和批判。要求科学研究应以马列主义为指导,加强布尔什维克的党性原则,反对理论脱离实际生活的现象。但是,在当时美苏冷战开始和个人崇拜盛行的背景下,在这次对文艺界以及其他学术界的广泛批判运动中,对一些作品作了不公正的评论,把许多学术问题当成政治问题进行批判,错误地禁演一批电影戏剧剧目,封闭了一批刊物,解除了不少人的职务,逮捕处死了一些无辜的人。

三、联共(布)第十九次代表大会与斯大林逝世

联共(布)十九大　　1952 年 10 月 5—14 日,联共(布)召开了第十九次代表大会。马林科夫在会上作了党中央工作总结报告,萨布罗夫作了关于 1951—1955 年第五个五年计划的指示报告,赫鲁晓夫作了修改党章的报告,卡冈诺维奇作了关于修改党纲的建议的报告,斯大林在闭幕式上发表了简短的演说。

斯大林在大会前夕(1952 年 2—9 月)撰写的《苏联社会主义经济问题》一书,是这次大会的指导文献。他在书中提出了一整套社会主义经济的理论模式:在社会主义条件下,计划经济是最基本的经济规律;只有个人消费品才是商品;价值规律的作用受到严格的限制,它不能起生产调节者的作用,在个人消费品的交换领域,也只能是在一定范围内保持着调节者的作用;生产关系和生产力之间存在的矛盾,必须通过逐步地把集体农庄所有制提高到全民所有制水平,并用产品交换制来代替商品流通的办法才能解决;社会主义阵营的形成,使统一的世界市场瓦解,两个平行的相互对立的世界市场形成。

这次大会对该书给予极高的评价,强调它"对于马列主义理论和我们的一

切实际活动,都有极其伟大的意义"。但实际上,它使苏联的经济理论和经济体制更陷于僵化,并在这方面影响了所有社会主义国家。

大会批准了党中央工作总结报告。它充分肯定了党在卫国战争和国民经济恢复时期的工作,揭露批评了当时党和国家政治、经济生活中存在的某些问题,诸如有的计划指标没有完成,党组织和国家机关工作中纪律松弛,并存在官僚主义和任人唯亲等。

大会批准了发展国民经济的"五·五计划"。计划规定工业总产值5年应增长70%,其中重工业为80%,轻工业为65%,国家投资比"四·五计划"增一倍。农业方面,要求提高单位面积产量,实现主要农活机械化,谷物总产量提高40%～50%,国民收入增加60%。

大会通过了新的党章和更改党名称的决议。鉴于孟什维克早已退出历史舞台,已没有必要再保留党的双重名称,大会决定把苏联共产党(布尔什维克)改称为苏联共产党(简称苏共)。大会还规定用中央主席团取代中央政治局,取消总书记一职,并选出了斯大林等人组成的新中央委员会及中央主席团。

斯大林逝世　1953年3月5日,斯大林突患脑溢血逝世,终年74岁。斯大林逝世,在苏联和社会主义各国人民中引起了深切的悲痛,世界各国的共产党、工人党和劳动群众都以不同形式悼念斯大林。

四、赫鲁晓夫上台与苏共第二十次代表大会

贝利亚事件　1953年3月6日,苏共中央、苏联部长会议、苏联最高苏维埃主席团举行联席全体会议,改组了苏共中央和苏联部长会议。任命马林科夫为部长会议主席,贝利亚、莫洛托夫、布尔加宁、卡冈诺维奇为部长会议第一副主席。并任命贝利亚兼内务部长,莫洛托夫兼外交部长,布尔加宁兼军事部长。由伏罗希洛夫出任最高苏维埃主席团主席。同时,作为苏共中央书记之一的赫鲁晓夫被委以"集中精力于苏共中央委员会的工作"。

7月10日,塔斯社报道,在几天以前苏共中央召开全会,听取并讨论了马林科夫代表中央委员会主席团所作关于贝利亚罪行的报告,说"贝利亚为了外国资本的利益而破坏苏维埃国家、背信弃义地企图把苏联内务部放在苏联政府和共产党之上",犯了"反党反国家罪",决定把贝利亚开除出党。全会还决定,加强党中央的集体领导和党对国家机关包括对保安机关,进行有效的监督。12月23日,最高法院特别法庭发布关于贝利亚案件判决的通告:贝利亚等7人犯叛国罪,判处枪决并已执行。

赫鲁晓夫最初的改革调整　9月3—7日,苏共中央全会着重讨论了农业问题。赫鲁晓夫在会上作了《关于进一步发展苏联农业的措施》的报告,认为农业长期落后的原因,主要是违反了"物质利益原则",提出应改革现行的农产品

收购制度,提高农民的福利等。全会就此报告通过决议,并选举赫鲁晓夫为苏共中央第一书记。

此后到苏共二十大前,赫鲁晓夫开始对苏联对外政策进行调整。经济方面,在坚持高速优先发展重工业方针的同时,着手对经济管理体制特别是农业管理体制进行改革。其主要措施是:(1)精减管理机构,裁减冗员,下放企业。两年间,撤销了一半以上中央各部的管理司和总管理局,精减了90多万名行政干部,把1.5万多个中央直属企业下放给地方管理。(2)扩大加盟共和国的部分经济管理权和企业厂长的经营权,并对信贷、银行体制和劳动、工资制度进行相应的调整。(3)改革农、畜产品义务交售制。提高农畜产品收购价格,降低交售定额。同时,勾销集体农庄和庄员在谷物交售和支付机器拖拉机站实物报酬方面对国家的积欠。(4)改革农业计划制度。扩大农业企业制订计划的自主权,并以农产品商品量为出发点制订计划。此外,为了提高谷物和饲料粮的产量,还采取两项重要措施:一是由国家投资并动员人力在哈萨克斯坦、西伯利亚、乌拉尔、伏尔加河流域以及北高加索等地区进行大面积垦荒;一是仿照美国农业大力推广高产作物玉米的种植。

在政治方面:(1)在报刊上开始批判个人崇拜,并批判斯大林的某些理论观点,如阶级斗争越来越尖锐的论点等。但这时尚未公开点名批评斯大林。(2)开始平反一些冤假错案,如"医生间谍案件"和"列宁格勒案件"等。(3)改组内务部,并成立了国家安全委员会(简称克格勃),把保安工作置于党和政府各级组织的领导和监督之下。同时成立了以波斯别洛夫为首的特别委员会,负责调查斯大林滥用职权问题。(4)1954年5月《旗帜》杂志发表名作家爱伦堡的小说《解冻》第一部,出现以揭露斯大林时期苏联社会阴暗面为特征的"解冻文学"。

在对外关系方面,苏联提出缓和国际紧张局势,赫鲁晓夫为此频繁出访和会谈。1955年5月,他率团对南斯拉夫进行正式访问,主动承认苏联在两国关系问题上"犯了严重错误",恢复了两国关系的正常化。7月,他参加日内瓦四国首脑会议,开始了战后大国首脑之间的直接接触和对话。9月,苏联和联邦德国建交,苏联同意提前释放9 626名德国战俘。是年底,赫鲁晓夫又出访印度、缅甸和阿富汗等国。

赫鲁晓夫上台后进行的这一系列改革调整,为即将召开的苏共第二十次代表大会作了重要准备。马林科夫和莫洛托夫等人对某些政策变动持不同意见。1955年2月马林科夫被迫辞去部长会议主席的职务,由布尔加宁继任。1956年6月莫洛托夫被解除了部长会议第一副主席及外交部长的职务。

苏共二十大 1956年2月14—24日,苏共召开第二十次代表大会。应邀列席大会的还有中国等55个国家的共产党和工人党代表团。赫鲁晓夫主持大会并作苏共中央工作总结报告。布尔加宁作了关于"六·五"计划的报告。

赫鲁晓夫在总结报告中谈到国际形势时,提出了"和平共处"、"和平竞赛"和"和平过渡"三个理论问题。这部分论述很引人注目,后被人们称为"三和路线"。总结报告正式宣布,"坚决反对和马克思列宁主义精神不相容的个人崇拜"。大会最后一天深夜,赫鲁晓夫又突然召集内部会议,作了题为《关于个人崇拜及其后果》的"秘密报告"。该报告于6月4日被美国《纽约时报》全文发表,它由于通篇直接激烈谴责斯大林而震惊世界。

大会选举了新的中央委员会,在十九大上选出的中央委员和候补中央委员被更换了47%。赫鲁晓夫当选中央第一书记。

苏共二十大对苏联和国际共产主义运动产生了巨大而深远的影响。

第二节　东欧人民民主国家的政权巩固与经济建设

一、东欧各国人民政权的巩固

东欧各国共产党的建设　　东欧各国在反法西斯战争胜利形势下建立起来的人民民主政权,除南斯拉夫和阿尔巴尼亚在战争结束后不久就实施共产党一党制外,其他则是以反法西斯民族统一阵线为基础的多党联合政府。随着各国民主改革的开展和战后国际冷战的加剧,各国内部各党派在内外政策上的分歧日益加深,斗争日趋激化。苏联利用苏军驻扎在东欧一些国家的有利条件,对各国局势继续施加影响,帮助各国共产党加强自身力量,打击反动势力,巩固人民政权,确立共产党的绝对领导地位,或由多党制过渡到共产党一党制。

东欧各国除南斯拉夫和阿尔巴尼亚外,原来都有社会民主党或社会党,它们在反法西斯战争中曾同共产党并肩战斗,后来又参加了人民政权。各国在巩固人民政权的斗争中,在共产党和社会民主党或社会党左翼领袖们的共同努力下,普遍进行了工人政党的合并。1946年4月,德国苏占区的共产党和社会民主党合并,组成了德国统一社会党。1948年2月,罗马尼亚共产党同社会民主党合并,组成了罗马尼亚工人党(1965年7月改称共产党)。同年6月,捷克斯洛伐克共产党同社会民主党合并,组成捷克斯洛伐克共产党。与此同时,匈牙利共产党同社会民主党合并,组成匈牙利劳动人民党(1956年11月改组后称社会主义工人党)。1948年8月,保加利亚共产党同社会党合并,组成保加利亚共产党。1950年12月,波兰工人党同社会党合并,组成波兰统一工人党。东欧各国共产党和社会民主党或社会党的合并,对实现这些国家工人阶级队伍的团结和统一,对巩固各国人民民主政权起了积极作用,但也给这些国家尔后共产党的建设和国家的发展带来某些消极的影响。

东欧各国的政权建设　　在东欧各国巩固人民政权的斗争过程中,斗争最为激烈的是匈牙利和捷克斯洛伐克,其次是波兰、保加利亚和罗马尼亚等国。民主德国则属另一种情况,它是在经过苏德关系的调整以后,在50年代中期才开始成为一个主权国家。

在匈牙利,资产阶级政党小农党在人民政权建立之初势力较大。1945年11月举行议会大选,小农党获得约57%的选票,社会民主党得17.41%的选票,共产党16.95%的选票。1946年2月,议会选举小农党的迪尔蒂·佐尔丹为共和国主席。该党的纳吉·费伦茨被任命为总理,组织以小农党占优势的新政府。他们破坏土地改革,阻挠民主改革的进行。1946年3月,共产党、社会民主党、全国农民党和工会委员会等组成"左翼联盟",要求彻底进行民主改革,清洗政府中的反动分子。3月7日,首都40万居民集会游行,支持左翼联盟。小农党左翼领袖伊斯特万·道比也声明站在左翼联盟方面。12月,共产党掌握的保安机关揭露一起"反共和国阴谋案",涉及小农党一些领导人。1947年2月,苏军当局逮捕了小农党总书记科瓦奇·贝拉。纳吉·费伦茨等逃亡国外。8月,议会进行新的大选,共产党获票率为22.3%,小农党为15.4%,社会民主党为14.9%。在大选后组成的政府中,左派联盟占绝对优势。1948年底,国家保安机关又揭露一起在西方帝国主义者支持下的新的反革命阴谋,策划这一阴谋的天主教红衣主教明曾蒂及其同伙被捕。1949年8月,匈牙利通过宪法,正式宣布为人民共和国。

在捷克斯洛伐克,1946年5月选举,捷共获得总票数的38%,为第一大党。6月,共产党人萨波托茨基当选为制宪议会主席,前流亡政府首脑、民族社会党人贝奈斯当选为总统,捷共中央主席哥特瓦尔德出任民族联合政府总理。在新政府26名阁员中,共产党9名,社会民主党3名,民族社会党等三个资产阶级政党各4名,无党派人士2名。1947年下半年,国内发生罕见的旱灾,经济出现严重困难。资产阶级力图利用这一困难和国际冷战形势,把共产党排除出政府。为此,资产阶级政党的头目们匆匆奔走于美、英、法和梵蒂冈驻捷使馆,并得到支持。1948年2月20日,12名资产阶级部长集体向贝奈斯总统辞职,制造政府危机。捷共立即反击,哥特瓦尔德拜访贝奈斯,向他转达了捷共中央的立场,要求总统接受12名部长的辞呈。捷共中央主席团发表告全体人民书,揭露反动派颠覆民族阵线政府的阴谋。为了防范反动派诉诸武力,捷共中央要求加强工厂纠察队,并把它变成战斗队。21日,布拉格10万群众在老城广场集会,支持捷共立场。全国各大城市和工矿企业起而响应。22日,国家安全局破获了民族社会党军官企图破坏国家电台的阴谋,进行了广泛的搜捕。24日,全国250万工人总罢工1小时,支持哥特瓦尔德政府。在群众强大压力下,贝奈斯总统于25日接受 12 名部长的辞职,并同意哥特瓦尔德提出的新政府名单。6 月,贝奈斯辞职,哥特瓦尔德当选为总统,萨波托茨基出任总理。二月事件以无产阶级的胜利告终。

在波兰,1945 年 6 月,临时民族团结政府建立。出任副总理的前伦敦流亡政府首领米科拉契克纠集农民党右翼分子,反对民主改革和战后波兰的新边界。1946 年 6 月,政府就设置参议院、土地改革和西部边界这三大问题举行全民投票。经 85.3% 有投票权的公民投票结果,68% 的选民反对设置参议院,77% 的选民支持土地改革,91% 的选民赞同新划分的西部边界。1947 年 1 月,举行议会选举,波兰工人党为首的民主阵线候选人得到全国 80% 以上的选票,工人党领导人贝鲁特当选为共和国总统。米科拉契克为首的农民党在选举中惨败,该党一些重要成员宣布退出该党转到民主阵线方面。10 月,米科拉契克逃离波兰。

在保加利亚,1946 年下半年宣布废除君主政体,建立人民共和国,并组成以共产党领导人季米特洛夫为首的祖国阵线政府。1947 年审判了多起“叛国案件”。秋天,农民党首领彼得科夫被处死。12 月,颁布了保加利亚新宪法。

在罗马尼亚,1946 年 11 月举行议会大选,以共产党为首的民主政党联盟获胜,得 347 个议席,占总议席的 83.81%。竞选失败的国家农民党要求英美政府不承认这次选举,其首领马尼乌等还决定逃往国外组织流亡政府。1947 年 7 月,他们在越境外逃时被捕。9 月,议会决定取缔国家农民党,受牵连的国家自由党宣布自行解散,这些集团的代表被逐出政府。12 月 30 日,国王米哈伊被迫签署退位书,议会宣布废除君主制,成立罗马尼亚人民共和国。

民主德国建立后,也完全按照苏联模式建立了政治经济体制。民德本是德国东部农业区,土地较贫瘠,资源较匮乏,工农业生产率较低,加上二次大战的破坏和战后对苏赔偿,以及实行优先发展重工业等,国民经济陷于艰难拮据的境地,并与在“马歇尔计划”援助下的联邦德国日益拉大了距离。对此,群众日益不满。为了摆脱困境,政府于 1953 年 5 月 28 日宣布,在不增加工资的情况下增加工作定额 10%。这种做法更遭到工人们反对,并引起了全国性的罢工示威浪潮。6 月 17 日,东柏林的群众示威游行活动,由于西方间谍特务的混入和美占区广播电台的煽动作用等,酿成流血事件。人们放火烧毁书报亭、工会大厦、德苏友好大厦和警察局等建筑物,冲击监狱释放大部分政治犯,甚至还将部长会议副主席奥托·努施克绑架到西柏林。苏联驻军出动坦克干预,与示威者发生冲突,造成数十人死亡,数百人受伤。

东柏林“6·17 事件”是东欧国家中群众第一次显示出反对推行苏联模式的迹象。事件发生后,德国统一社会党和政府承认了错误,并提出改进措施,改善了人民生活,稳定了社会秩序。同时,苏联也不得不重新考虑对德政策,宣布免除民德尚未还清的 25 亿美元的赔偿费,并把 33 个大企业移交民德。1955 年 9 月,双方正式缔结两国关系条约,苏联政府正式决定取消苏驻民德高级专员的职位,并取消管制委员会为实行对德占领而颁布的法律、命令和决定。至此,民主德国才开始成为一个主权国家。

二、东欧各国的民主改革与经济建设

土地改革和经济恢复　　东欧各国除民主德国和捷克斯洛伐克原来的工业较为发达,其他都是农业经济为主的国家,农村中还存在严重的封建残余。民主德国和捷克斯洛伐克也存在大地主所有制。1944—1948 年间,在各国人民政府领导下,普遍进行了土地改革。其做法大体相同,首先无偿地没收了国内外法西斯分子的全部土地,然后规定了拥有土地的最高限额。超过限额的土地,在南斯拉夫是由国家无偿没收,在其他国家是由国家低价赎买。各国土地限额不一。如阿尔巴尼亚的限额是 20—40 公顷,保加利亚是 20—30 公顷,南斯拉夫是 25—35 公顷,捷克斯洛伐克和罗马尼亚是 50 公顷,波兰是 50—100 公顷,匈牙利是 100—200 霍尔特①。国家把没收或赎买来的土地大部分分给无地或少地的农民,少部分用来建立国营农场或公用林牧场。农民分到的土地大都不超过 5 公顷。分地的农民除南斯拉夫外,一般规定要付少量地金。土地改革得到广大农民的衷心拥护,对发展农业生产和巩固人民政权起了积极作用。

战后几年,东欧各国还广泛地有步骤地实行了银行和工业的国有化。首先把外国人和卖国贼的银行和企业没收,接着又颁布一系列法令将本国银行和大企业收归国有,并宣布对外贸易由国家垄断,对物价实行国家统一管理。

与此同时,各国开展了经济恢复工作。战争期间,各国损失十分严重。波兰丧失了 600 万人口,占全国人口的约 1/6,70% 的工厂和 1/3 的耕地被破坏,华沙成为一片瓦砾。南斯拉夫有 170 万军民献出了生命,占全国人口的 10.8%,工农业损失过半。各国人民在共产党和人民政府领导下,在苏联帮助下,经过几年辛勤劳动,到 40 年代末 50 年代初,经济基本恢复到战前水平。

发展国民经济　　在经济恢复的基础上,各国按苏联的经济模式,在中央集中领导下制定了统一的经济发展计划,开展高速优先发展重工业的社会主义工业化和农业集体化运动,进行大规模经济建设。

南斯拉夫最先制定了发展国民经济的五年计划(1948—1952 年),规定五年后的工业生产比 1939 年增长 5 倍。但 1948 年苏南开始公开冲突,该计划在执行中的困难和问题很多。于是,从 1949 年起,南斯拉夫着手另寻一条以"自治体制"为特色的社会主义建设道路。

---

① 1 霍尔特 = 0.57 公顷

64

随着苏南关系的破裂和南斯拉夫走上一条不同于苏联的建设道路,共产党情报局发起了反对"铁托分子"、"叛徒"和"帝国主义间谍"的运动。为此,1948—1952年,在其他东欧国家共产党内都经历了一场严重的斗争,凡对情报局决议持怀疑和反对态度,或主张按自己国情进行经济建设的干部和党员,均遭打击和迫害。在这种严峻的政治形势下,各国相继加紧实施按苏联模式拟制的经济发展计划。

捷克斯洛伐克和保加利亚从1949年开始执行第一个五年计划。捷克斯洛伐克在"一·五"计划期间,新建125个大工业企业,扩建、改建109个企业,工业总产量增加1倍。其机器制造业增加5倍,按人均计算已占世界第四位。工农业比重从75∶25变成83.7∶16.3。保加利亚的"一·五"计划四年提前完成,到1952年,工业总产量已相当于1939年的4倍,工业在国民经济中的比重已上升到50%以上。

匈牙利和罗马尼亚从1950年开始五年计划建设。匈牙利在"一·五"计划期间,要求把匈建成一个"钢铁之国"。1954年计划完成时,工业产量增加1倍半,钢产量从86万吨增到160多万吨。在多瑙河边建立了一座规模宏大的钢铁厂——斯大林冶金联合企业,它既生产钢铁,又能制造联合收割机、工作母机、采矿机以及卡车、轮船等。其产品不仅满足国内需要,还供出口。工业在国民经济中的比重也超过了农业。罗马尼亚在"一·五"计划完成后,一大批新工业部门建立起来,工业产量超过1948年的2.9倍,也从一个落后的农业国变成一个工业—农业国。

波兰第一个建设计划是六年计划(1950—1955)。这期间,建成和正在建设的大工业项目共1250项。到1955年,工业总产值比1949年增长1.7倍,工业化也达相当水平。

民主德国和阿尔巴尼亚从1951年起实施五年计划。民德在完成"一·五"计划时,工业产量增加约90%。阿尔巴尼亚这期间工业产量增加2.8倍,工业在国民经济中的比重已由1938年的9.8%上升到43.5%。

在农村,各国都开展了农业集体化。保加利亚进展最快,到1952年,农业合作社的耕地面积已占全国耕地面积的52.37%,加上国营农场,社会主义农业已占全部耕地的75%。捷克斯洛伐克在"一·五"计划结束时,农业合作社和国营农场的耕地面积约占全国耕地的1/2。匈牙利农业合作社的耕地面积在1953年达到32.5%。罗马尼亚的社会主义农业耕地面积在1955年达26.4%。阿尔巴尼亚的农业生产合作社和国营农场在1956年共占全国耕地面积的39%。波兰的农业合作化进展较缓,到1955年,农业合作社的耕地面积只占全国耕地面积的9.2%。

到50年代中期,除南斯拉夫外,东欧各国通过有计划的大规模建设,都基本实现了社会主义工业化,并程度不等地开展了农业集体化,建立起社会主义经济基础。但各国教条式照搬苏联经验,片面高速优先发展重工业,农轻重比例严重失调,使国家遇到了很大困难。在农业合作化过程中,有的国家也实行强迫命令,粮食义务交售指标也过高,使农民的积极性受挫。这一切,导致市场供应紧张,人民生活并未得到应有的提高,在有的国家如波兰、匈牙利等甚至还有所下降。

三、1956年波兰、匈牙利事件

波兹南事件　　苏共二十大揭露斯大林的错误,在东欧各国引起强烈反响,并相继发生一系列风波。其中以1956年的波兹南事件和匈牙利事件最为突出。

1956年3月,波兰统一工人党中央总书记、共和国总统贝鲁特在莫斯科病逝,波党中央全会选举奥哈布为党中央第一书记。奥哈布就任后公开承认,党在过去犯了很多错误,宣布为1948年被批犯"右倾民族主义"错误而被撤职、后又被捕的前党中央总书记哥穆尔卡恢复名誉,并实行大赦。广大群众强烈要求改革。但领导层中意见不一,未能及时制订出一个明确的革新纲领。

6月中旬,波兰西部城市波兹南的斯大林机车车辆制造厂(现名策盖尔斯基厂)的工人,为要求增加工资和降低赋税等,派代表团去当地市政府和华沙的中央机械工业部请愿,未得满意答复。28日晨,该厂一万多名工人罢工游行,向斯大林广场(现名密茨凯维兹广场)进发。该市其他工厂的工人和沿途不少群众也自动加入队伍,一些正在参加波兹南国际博览会的外国人也来参加游行。队伍到达广场后,据估计已有20万人。示威群众高呼"面包、民主、自由"、"要哥穆尔卡"和"俄国佬滚出去"等口号。示威群众代表团要求当局接见解决问题,但遭拒绝。这时又谣传去华沙的代表被捕,于是群情激愤,一场和平示威顿时变成了骚乱。一部分人冲击市人委大楼、省委大楼和广播电台。一部分人打开监狱释放了全部犯人,并占领了检察院和法院,抢走了一些枪支,向省公安局发动攻击。政府出动保安部队和坦克,当晚骚乱被平息。在这一事件中,有数十人死亡,数百人受伤,物资损失严重。

7月中下旬,波党举行七中全会。关于波兹南事件,全会决议认为:这一事件是工人因提高生活水平的愿望没有实现而失望的结果;但同时又是暗藏的反革命组织在与波兰为敌的外国势力的唆使下,利用工人的不满情绪,进行罪恶的挑衅和武装骚动,来反对人民政权。全会决定采取措施,改善人民生活,扩大社会主义民主。会后,波党中央又决定推举哥穆尔卡重新担任党的领导职务。

1956年10月19—21日,波党举行八中全会。哥穆尔卡在会上作报告,提出了关于波兰目前政治和经济任务的纲领性意见。他认为,波兹南事件的根本原因应"在党的领导中间去寻找"。他批评了苏联模式的弊端,如官僚主义、个人崇拜、破坏法制等。主张在经济上调整工业结构,改善工业管理,实行中央计划经济与企业工人自治相结合的体制。在政治上,认为党的生活要民主化,对党政机关要加强监督。在谈到社会主义各国党和国家的关系时,他说实现社会主义这个目标存在不同的道路,"每个国家应当有完全的独立"。全会根据这一报告通过了相应的决议,并一致选举哥穆尔卡为党中央第一书记。

匈牙利事件　　在匈牙利,斯大林逝世后局势逐渐变化。1953 年 6 月,匈牙利劳动人民党召开中央全会,开始揭露领导工作中一些错误,同意党中央第一书记拉科西辞去所兼政府总理的职务。7 月,纳吉·伊姆雷接任总理。他提出降低重工业发展速度,加快发展轻工业和农业,提高工资,放宽农村政策,平反错误案件等。1955 年 3 月召开中央全会,纳吉被指责"推行右倾机会主义",随后被解除所有职务,并被开除党籍。

苏共二十大以后,匈广大党员和群众强烈要求改革。由首都一些知识分子组成的"裴多菲俱乐部"特别活跃。人们公开批评党的领导和现行政策,有的人还提出"民主社会主义"等口号。一些报刊登载了不少各种思想倾向的文章。

1956 年 7 月,匈党中央全会解除了拉科西的党中央第一书记职务,由其副手格罗继任。但形势未得缓和。10 月 6 日,匈政府为 1949 年以"铁托分子"和"叛国"罪名而被处决的前外交部长拉伊克等举行葬礼,布达佩斯有 20 多万人自动送葬。10 月 21 日,各大报刊登出波兰哥穆尔卡复出的消息。次日,"裴多菲俱乐部"和"首都大专院校团体联席会议",相继向党中央提出"十点要求"和"十六点要求"。要求将拉科西开除出党,纳吉出任总理,提高工资,工厂实行工人自治,按平等自主原则调整匈苏关系和匈南关系,确认言论自由和新闻自由等。

10 月 23 日下午,首都高校学生开始示威游行。到晚上,示威群众增至数十万人。一些人和保安部队发生了冲突。一些人从军火库和军工厂抢来武器,并袭击占领了电台大厦、电话总局和部分警察哨所。

当天深夜,党中央和政府举行紧急会议,决定纳吉复任总理,同时通过戒严令,请求驻匈苏军进入首都协助维持秩序。25 日党中央又举行会议,解除格罗职务,改选卡达尔为中央第一书记。但这时拥有 90 万成员的劳动人民党已陷于瓦解。

从 24 日起,坐落在慕尼黑的"自由欧洲电台"加强了对匈的煽动性广播;西方帝国主义者从维也纳方面加紧派进特务并送来武器;逃亡在外的匈牙利地主资产阶级分子也纷纷回国;国内监狱被打开,上万名刑事犯和政治犯被释放;全国一下出现了几十个形形色色的政党和政团;首都的武装冲突日益加剧,并蔓延到外省各地。

10 月 26 日,纳吉在讲话中将这一事件称作是"民族民主运动"。28 日,应纳吉政府要求苏军撤出首都。11月1日,纳吉宣布匈牙利中立,退出华沙条约组织并向联合国求援。3日,他改组政府,宣布实行多党制。

11月1日晚,卡达尔等人和纳吉政府决裂,重组劳动人民党,改名为社会主义工人党。11月4日,以卡达尔为首的匈牙利工农革命政府宣告成立。应工农革命政府的请求,苏军于当天第二次开进布达佩斯。经过四五天战斗,武装冲突基本平息。纳吉及其政府要员避入南斯拉夫大使馆。

匈牙利十月事件造成了巨大损失。有2 500多人死亡,近2万人受伤。经济损失达200多亿福林,相当于匈一年国民收入的1/4。

1956年12月,匈牙利社会主义工人党临时中央全会对十月事件进行了分析,认为这是一次"反革命事件",也是一场"全国性的悲剧"。并认为,"事件是由四个主要原因引起的。这些原因还在事件爆发以前很久就同时地、平行地、互相联系、互相影响地发生作用"。这些原因是:(1)拉科西—格罗集团的严重错误和罪行;(2)纳吉集团没有和反动势力划清界限,并赞同反革命势力;(3)国内反革命势力的破坏和进攻;(4)国际帝国主义的挑动和参与。

这一悲剧性事件给匈牙利人民和国际共产主义运动留下了深刻的教训。

第三节 亚洲社会主义国家的政权巩固与经济建设

一、新中国巩固政权的斗争和社会主义制度的建立

巩固政权和恢复经济　　新中国成立初期,国内外矛盾错综复杂,困难很多。在军事上,人民解放战争尚未结束,国民党还有上百万军队在西南、华南和沿海岛屿负隅顽抗。在新解放区,国民党在溃逃时遗留下大批残余力量。在经济上,新中国继承的是一个十分落后而又千疮百孔的烂摊子。在国际上,美国继续与中国人民为敌,力图对新中国实行政治孤立、经济封锁和军事包围,伺机进行侵略和颠覆。中国共产党和中国人民面临着巩固人民政权和恢复、发展国民经济的艰巨任务。

建国后头三年,中国共产党领导人民解放军和各族人民,肃清了国民党在大陆的残余武装力量和土匪,实现了西藏的和平解放,建立起各地各级人民政府,没收了官僚资本企业并把它们改造成为社会主义国营企业,统一了全国财经工作,稳定了物价,完成了新解放区的土地改革,镇压了反革命。在党政机关和国营经济部门的工作人员中,开展了反贪污、反浪费、反官僚主义的"三反"运动。在私营工商业者中,开展了反行贿、反偷税漏税、反盗骗国家财产、反偷工减料、反盗窃国家经济情报的"五反"运动。对旧中国的教育科学文化事业,也进行了

很有成效的改造。在胜利完成各种繁重的社会改革任务的同时,迅速恢复了在旧中国遭到严重破坏的国民经济,全国工农业生产到 1952 年底已达历史最高水平。从 1950 年 10 月—1953 年 7 月,中国人民还胜利地进行了伟大的抗美援朝战争,为社会改造和国民经济建设赢得了一个相对稳定的和平环境。

过渡时期的经济建设　　1953 年 6 月,中共中央首次正式提出过渡时期的总路线:要在一个相当长的时期内,逐步实现国家的社会主义工业化,并逐步实现国家对农业、对手工业和资本主义工商业的社会主义改造。同时,党和政府又宣布开始执行发展国民经济的第一个五年计划(1953—1957 年)。

在过渡时期中,中国共产党创造性地开辟了一条适合中国特点的社会主义改造的道路。对资本主义工商业,创造了委托加工、计划订货、统购包销、委托经销代销、公私合营、全行业公私合营等一系列从低级到高级的国家资本主义的过渡形式,第一次实现了马克思和列宁曾经设想过的对资产阶级的和平赎买。对个体农业,遵循自愿互利、典型示范和国家帮助的原则,创造了从临时互助组和常年互助组,发展到半社会主义性质的初级农业合作社,再发展到社会主义性质的高级农业合作社的过渡形式。对于个体手工业的改造,也采取了类似的方法。在改造过程中,国家资本主义经济和合作经济表现了明显的优越性。到 1956 年,全国绝大部分地区基本上完成了对生产资料私有制的社会主义改造。这项工作中也有缺点和偏差。在 1955 年夏季以后,农业合作化以及对手工业和个体商业的改造要求过急,工作过粗,改变过快,形式也过于简单划一,以致在长时期遗留了一些问题。1956 年资本主义工商业改造基本完成后,对一部分原工商业者的使用和处理也不很适当。但整个来说,在一个几亿人口的大国比较顺利地实现了如此复杂、困难和深刻的社会变革,促进了工农业和整个国民经济的发展,这确是一个伟大的历史性胜利。

在经济建设开始的时候,中国共产党号召过学习苏联,但它坚持执行自力更生为主、争取外援为辅的方针。"一·五计划"的建设,依靠中国人民自己的努力,加上苏联和其他友好国家的援助,同样取得了重大的成就。一批为国家工业化所必需而过去又非常薄弱的基础工业建立了起来。从 1953 年到 1956 年,全国工业总产值平均每年递增 19.6%,农业总产值平均每年递增 4.8%。经济发展较快,经济效果较好,重要经济部门之间的比例也较协调。市场繁荣,物价稳定,人民生活显著改善。1956 年 4 月,毛泽东发表《论十大关系》的讲话,初步总结了中国社会主义建设的经验,提出了探索适合中国国情的社会主义建设道路的任务。

政权建设和中共八大的召开　　随着国家大规模社会主义改造和建设的开始,在政权建设方面,1954 年 9 月召开了第一次全国人民代表大会,制定了中华人民共和国宪法;选举毛泽东为共和国主席,刘少奇为人大常务委员会委员长,决定周恩来出任国务院总理。从此,全国人大是新中国的最高权力机构。同时,在建国前夕成立的人民政协,仍作为团结全国各民族、各民主党派、各人民团体、国外华侨和其他爱国民主人士的人民民主统一战线组织,继续发挥作用。这体现了中国共产党领导的多党合作和政治协商制度。为了给国家的独立发展和经济建设创造有利的国际条件,这时期中国政府和人民进行了一系列卓有成效的外交活动,扩大了新中国在国际上的联系,促进了国际紧张局势的缓和,显示出新中国在国际事务中的重要作用。

1956 年 9 月,中国共产党召开历史上规模空前的第八次全国代表大会。大会认为:党已领导人民取得了对农业、手工业和资本主义工商业的社会主义改造的全面的决定性的胜利,这就表明,社会主义制度在我国已经基本上建立起来,国内的主要矛盾已不再是工人阶级和资产阶级的矛盾,而是人民对于经济文化迅速发展的需要同当前经济文化不能满足人民需要的状况之间的矛盾;全国人民的主要任务是集中力量发展社会生产力,实现国家工业化,逐步满足人民日益增长的物质和文化需要;虽然还有阶级斗争,还要加强人民民主专政,还必须为解放台湾而斗争,但其根本任务已经是在新的生产关系下面保护和发展生产力。大会坚持既反保守又反冒进,即在综合平衡中稳步前进的经济建设方针;并着重提出了执政党的建设问题,强调要坚持民主集中制和集体领导制度,反对个人崇拜,发展党内民主和人民民主,加强党和群众的联系。"八大"的路线是正确的,提出的许多新的方针和设想是富于创造性的,它为新时期社会主义事业的发展和党的建设指明了方向。但是,由于实践的时间很短、理论上和思想上还不可能很成熟,许多新的观念和方针还不可能牢固地确立并取得共识,"八大"的正确路线未能坚持下去,中国的社会主义道路面临着曲折和新的探索。

二、朝鲜人民抗美战争的胜利

美国扩大侵朝战争　　第二次世界大战结束后,南北朝鲜分裂成了两个制度不同的国家。1948 年 8 月 15 日,南朝鲜成立了大韩民国,以汉城为首都,李承晚为总统。同年 9 月 9 日,北朝鲜成立了朝鲜民主主义人民共和国,以平壤为首都,金日成为首相。南北朝鲜分裂,是第二次大战结束时,美军和苏军在朝鲜以北纬三十八度线为界分别接受日军投降的结果。

1950 年 6 月 25 日,朝鲜战争爆发。最初这只是南北朝鲜之间的内战,但当天美国利用苏联抵制安理会之机,操纵安理会通过决议,指责北朝鲜是"侵略者"。第三天,美国又宣布武装援助南朝鲜,直接干涉朝鲜内政。同时,令其海军第七舰队开入台湾海峡,插足中国的领土台湾。7 月 7 日,美国操纵联合国安理会通过决议,给美国及其所纠集的其他国家的侵朝军队披上"联合国军"的外衣,任命美国驻远东军队的总司令麦克阿瑟为"联合国军总司令",进一步扩大侵朝战争。

战争爆发第二天,金日成号召朝鲜军民"一致奋起投入打倒和粉碎李承晚卖国政权及其军队的救国斗争"。6月28日,朝鲜人民军解放汉城。7月18—20日,进行了大田战役,全歼美军第24师,俘师长迪安。到8月上旬,已把美、李军队压缩到洛东江左岸釜山周围约100公里的狭小地带,解放了朝鲜南部90%以上的人口和地区。

为了挽救败局,9月15日,美国调集了它在远东所能使用的兵力,共500多架飞机,300艘军舰和5万多人的军队,在朝鲜中部仁川登陆,截断朝鲜人民军南进部队的后路,并直逼朝鲜北方。9月28日,美军占领汉城,10月19日侵占平壤,继之把战火烧到中朝边境。

中国人民志愿军入朝参战 中国政府对美国侵略朝鲜和中国领土的罪行,多次表示了强烈的抗议和警告。10月初,应朝鲜劳动党和朝鲜人民民主共和国的请求,中国党和政府决定派遣志愿军入朝参战。10月19日,中国人民志愿军首批部队在司令员彭德怀的率领下,跨过鸭绿江。同时,全中国人民掀起了轰轰烈烈的抗美援朝、保家卫国的群众运动。

1950年10月25日,中国人民志愿军同长驱直入的敌人首次遭遇。志愿军利用敌人未料及中国迅速出兵及其分兵冒进的弱点,给敌人以出其不意的打击,把敌人从鸭绿江边赶到清川江以南。接着,中朝军队采取诱敌深入的方针,在敌人机群狂轰滥炸、我军供应不足而且气候寒冷的极端困难条件下,前赴后继,英勇作战,包围歼灭和重创大批敌军。再战告捷,迫使敌军从总攻击变成总退却,一直退到"三八线"以南,扭转了战局。以后又相继进行了互有进退攻守的三次大的战役。到1951年6月10日止,五战五捷,共歼敌23万人(其中美军11万余人),把战线稳定在"三八线"附近。美军战败,4月11日麦克阿瑟被免职,由李奇微接任。6月23日苏联提出和平解决朝鲜问题的建议,为交战双方所接受。

朝鲜停战谈判 1951年7月10日,朝鲜停战谈判在开城开始举行,10月8日谈判移至板门店,战争进入边谈边打,谈谈打打的新阶段。谈判断断续续进行了两年之久。在这期间,美国动员了它全部陆军的1/3、空军的1/5和海军的近半数投入朝鲜战场,作为侵朝战争的主力,并使用了除原子弹以外当时所有的现代化武器。它企图以其海、空军优势迫使朝中方面在谈判中屈服。对此,中朝军队则利用不同地形,构筑坑道,以阵地防御和运动反击相结合的作战方法,积多次小胜,大量消灭敌人的有生力量,两年中又歼敌72万人(其中美军近30万人)。在这个过程中,中国国内部队作为志愿军的后备力量轮番入朝,志愿军空军也得到苏联支援开始出战,后勤运输保障也得到加强。在这种情况下,美国才不得不于1953年7月27日在停战协定上签字。当时已接替李奇微担任"联合国军"总司令一年多的克拉克,后来在其回忆录中沮丧地写道:"我是美国历史上第一个在没有取得胜利的停战协定上签字的司令官"。

《朝鲜停战协定》确定:以北纬三十八度附近的双方实际接触线为军事分界线,双方各自由此线后退二公里,以建立一非军事区;协定生效后三个月内召开双方高一级的政治会议,协商从朝鲜撤退一切外国军队以及和平解决朝鲜问题。但是,美国长期不愿意就此问题和朝、中方面达成协议。尽管如此,从 1954 年 9 月起,中国人民志愿军开始分批从朝鲜撤回,并于 1958 年 10 月已全部回国,表现了中国政府和人民希望和平解决朝鲜问题的诚意和中国无意在外国驻军的立场。

历时三年的朝鲜战争,是第二次世界大战后第一次大规模的国际性局部战争,它最终以朝中军队和人民的胜利而告结束。这个胜利,打破了美帝国主义不可战胜的神话,极大地增强了朝中人民的民族自信心和自豪感,一部分对帝国主义原存恐惧和幻想的人们也由此深受教育而觉悟起来。全世界对中国刮目相看,新中国的国际威望空前提高。

三、越南人民抗法战争的胜利

越法协定　　1945 年 8 月 15 日,日本向同盟国投降。印度支那共产党和越南独立同盟利用这个时机,发动全国总起义,从日本占领者手中夺取政权,并迫使傀儡皇帝保大于 8 月 24 日退位,取得了越南八月革命的胜利。9 月 2 日,胡志明在河内巴亭广场 50 万人庆祝大会上宣读《独立宣言》,宣告越南民主共和国成立。

法国拒绝承认越南独立,企图依靠英美重建法属"印度支那联邦"。根据波茨坦会议的决定,英国军队和中国国民党政府军队以北纬十六度线为界,分别开进印支南部和北部接受日军投降。9 月 23 日,法军随英军开进占领了西贡。越南人民奋起反击,南方抗法战争开始。

1945 年 11 月 25 日,印支共产党中央发出"抗战建国"指示。1946 年 1 月,越南全国进行普选。3 月召开国民大会,正式成立了以胡志明为首的共和国政府。为了巩固人民政权,印支共产党中央提出"以和求进"的方针。1946 年 3 月 6 日和 9 月 14 日先后签订了《越法初步协定》和《越法临时协定》。协定规定:双方立即停止敌对行动;法国承认"越南共和国为一个自由的国家,有它的政府、国会、军队和财政";越南承认越南为"法兰西联邦的一分子",并同意 1.5 万名法军进驻北方,期限为 5 年;越法之间进行经济、文化合作等。

但是,在 1946 年三四月间英国军队和中国国民党军队撤离前后,法国在英美支持下向越南调进了大批部队替代换防。同时,法国重返老挝,占领了柬埔寨。它部署就绪后即公然撕毁协定,于 12 月 19 日对河内发起全面攻击。从此,越南人民抗法战争全面展开。

边界战役和奠边府战役　　战争初期,法国投入近 10 万名陆海空现代化兵力,采取速战速决战略,在越北各大城市和交通干线发动总攻。越南人民军新建之初,仅有 2 万人,武器落后,又无任何外援。它进行了河内等城市的保卫战后,转移至农村和山区建立根据地,开展游击战和运动战。抗战一年,人民军收复太原、宣光等地,队伍发展到 10 多万人,法军伤亡 2 万多人。

1948 年春,法国增派 15 万兵力到越南,改取"以越制越、以战养战"的战略,对南方占领区进行"绥靖",对北方解放区进行"蚕食"、"扫荡"和"封锁"。1949 年 6 月,它又扶植保大建立傀儡"君主立宪国"。随后,美国与法国签署了《军事财政援助协定》和《相互防卫协定》,极力支持法国扩大印支战争。

1948—1949 年,越人民军在东北、西北地区反蚕食、反扫荡的一系列战役中取得胜利,解放了大片国土。1949 年 10 月中华人民共和国成立,继之中、苏等社会主义国家与越建交,这为越南抗战创造了有利的国际条件。1950 年 1 月,应越南民主共和国的请求,中国政府决定全面援越。9 月,在中国顾问团的帮助下,越军发动北部"边界战役",歼敌近万名,打通了长近 1000 公里的中越边界线,取得了北方战场的军事主动权。这时,越人民军发展到 30 万人。1950 年,在老挝建立起以苏发努冯亲王为总理的寮国抗战政府,在柬埔寨也成立了"高棉自由战线"和民族解放委员会。1951 年 3 月,越、老、柬三国举行联盟会议,加强了印支三国人民的抗法统一战线。

1951 年 2 月,印支共产党召开"二大",确定党的基本任务是:争取民族的完全独立和统一,消灭封建和半封建残余,发展人民民主制度,并为社会主义奠定基础。大会决定将党的名称改为越南劳动党。此后,在解放区逐步实行了民主改革和土地改革,有力地推动了抗法斗争的开展。

1951—1953 年,越南军民经过艰苦斗争,歼灭了敌人大量有生力量,把越北的敌人压缩到奠边府一隅。1954 年 3 月 13 日,在中国顾问团的帮助下,越人民军发动了著名的奠边府战役,经 57 昼夜激战,歼敌 1.6 万余人,占领了法军司令部,活捉了法军司令官。奠边府大捷,改变了整个印支战争的形势,对正在召开的日内瓦国际会议产生了积极影响。

日内瓦协议　　1954 年 4 月 26 日,为谋求和平解决朝鲜问题和印支问题的日内瓦会议开幕。参加会议的有中、苏、美、英、法和朝鲜、越南、老挝、柬埔寨等 23 个国家。会议首先讨论朝鲜问题,未能达成协议。5 月 8 日,开始讨论印支问题。奠边府战役的结果,使法国主战派受到沉重打击。在法国人民一片反战声浪中,6 月,法国政府换马,国民议会通过了停止"肮脏战争"的决议。7 月 21 日,与会国终于达成协议,签订关于在印支三国停止敌对行动的协定,并通过了会议最后宣言。

日内瓦协议的主要内容是:在北纬十七度线以南、9 号公路稍北划定一条临时军事分界线,越军在线北集结,法军在线南集结;与会国保证尊重印支三国的独立、主权和内政不受干涉;印支三国将分别举行全国的自由选举。

美国没有在会议最后宣言上签字,仅发表了一个声明,表示它将不使用武力威胁来妨碍协议的实施。但 1955 年 10 月,在美国指使下,南越组织了"公民投票",成立起所谓"越南共和国",由自美国返越的吴庭艳任"总统"兼"总理"。从而此后一个时期,正式形成了两个越南并存的局面。

四、蒙古人民共和国的发展

外蒙古宣布独立　　蒙古人民共和国在历史上称"外蒙古",属中国的一部分。1911 年,蒙古的王公和大喇嘛在沙俄的策动下脱离清政府管辖,宣告自治,建立了政教合一的封建君主专制政权。在俄国十月革命影响下,1921 年 3 月,以苏赫巴托尔和乔巴山为首的蒙古人民党(1925 年改称蒙古人民革命党)成立,它领导蒙古人民革命迅速取得了胜利。同年 7 月 11 日,蒙古宣布独立,建立君主立宪政府。1924 年 11 月 26 日废除君主立宪制,成立人民共和国。同年召开蒙古人民党"三大",确定了"非资本主义发展道路"的总路线。1940 年 6 月颁布新宪法,它宣称,"蒙古人民共和国是已经消灭了帝国主义和封建制度压迫的劳动者(牧民、工人和知识分子)的独立国家,它保证向非资本主义道路发展,以便在将来过渡到社会主义"。

关于中蒙关系,1924 年 5 月 31 日签订的《中苏解决悬案大纲协定》规定,"苏联政府承认外蒙古为完全中华民国之一部分及尊重在该领土内中国之主权"。但在 1945 年 2 月雅尔塔会议期间苏、美、英三国首脑秘密签署的《关于日本的协定》中,苏联为参加对日作战而提出的第一个条件是,"外蒙古(蒙古人民共和国)的现状须予维持"。随后,美国将这一协定内容通知中国国民党政府,并要求予以同意。在苏美两大国的压力下,蒋介石派宋子文两次去莫斯科谈判,于 8 月 14 日签署了《中苏友好同盟条约》。双方并交换了关于蒙古问题的照会。国民党政府表示,在日本战败后,"如外蒙古之公民投票证实其独立的愿望,中国政府当承认外蒙古之独立,以其现在之边界为边界"。1945 年 10 月,外蒙古举行了全民投票。根据投票结果,1946 年 1 月 5 日,国民党政府承认了外蒙古独立。2 月 27 日,蒙古同苏联签订了《友好互助条约》。中华人民共和国成立后,1949 年 10 月 6 日中蒙两国正式建交。

经济发展　　在经济方面,蒙古革命前的整个国民经济是建立在游牧业基础上的。从 30 年代起,在苏联的帮助下才开始建立现代工业部门,如煤矿、电力等,公路、铁路也着手修建。1940 年工业产值占社会总产值的 15% 和国民收入的 10%,全国工人有 3 500 人。1948 年开始实施第一个五年计划(1948—

1952），接着又实施三年计划（1953—1956）。这些年在苏联和中国等社会主义国家的援助下，经济发展较快，又建立起一批轻工业、食品加工业、燃料工业和采矿业。到 1957 年，工业产值在整个国民经济的比重增加到 41%。其中，国营工业占 77%，合作社工业占 21%，私人手工业占 20%。工人人数已占全国人口的 14%。同时，为发展畜牧业，政府也采取了一系列措施。如废除义务劳役制，对超额养殖的牲畜免税，国家几次提高畜产品收购价格，国家建立马拉割草机站，扩充兽医网等。"一·五计划"期间，畜牧业增产 8.7%。到 1957 年又比 1952 年增产 11.6%。在农牧业合作化方面，到 1957 年底，全国 99.3% 的牧民参加了合作社，农牧业合作社拥有的牲畜占全国牲畜头数的 77.3%，社会主义公有制在国民经济中已占统治地位。但是，这时期农业生产发展十分缓慢，粮食主要依赖进口，总的经济发展水平仍然很低。

1962 年，蒙古参加经互会后，农业变化较大。到 80 年代中期，它已陆续垦荒 100 多万公顷，耕地增加 20 倍，国营农牧场生产的谷物占全国总产量的 80% 以上，农业基本实现机械化。由于大规模垦荒和兴建国营农场，使蒙古乡村和草原的面貌发生了变化，出现了许多小城镇和一支新型的农业工人队伍。这时期工业产值的年均增长率为 10% 左右。1983 年工业已占社会总产值的 65%，农牧业占 35%，社会总产值增加了 3 倍，人民的生活水平和文化水平都有提高。但是，大多数建设项目（相当于国民收入的 30%）仍依靠苏联援助，并长期存在投资效益不高和产品质量低劣的问题。从 1984 年起，蒙古在工业和农牧业部门也先后开始进行完善经济机制的试验和改革，并日益加强和扩大它与中国及其他非经互会国家之间的经济、文化联系。

政局变化　　在政局方面，1952 年乔巴山逝世后，长期由泽登巴尔担任党政最高领导。1984 年 8 月，改由巴特蒙赫担任党中央总书记。1991 年 2 月，又改选达希云登继任此职。随着苏联戈尔巴乔夫时期形势的变化，1990 年蒙古也开始实行多党制。蒙古人民革命党在议会和联合政府中占主要地位。从 1991 年 3 月起，蒙古开始全面转向私有化和市场经济，并日益大量接受发达资本主义国家的援助。8 月，新议会通过决议，禁止高级官员属于任何政党。据此，当时担任总统职务的奥其尔巴特和总理滨巴苏伦等相继宣布退出蒙古人民革命党。11 月，议会通过新宪法，改国名"蒙古人民共和国"为"蒙古"，明确放弃了社会主义制度。1992 年 2 月，蒙古人民革命党召开"二十一大"，宣布放弃阶级斗争、无产阶级专政和国际社会主义，并将把人放在中心地位。

但是，随着蒙古在政治、经济制度方面的根本转轨，随着苏联的解体及其从蒙古撤退，长期深深依赖苏联的蒙古薄弱的国民经济正陷入严重的危机之中。

第四节　社会主义阵营各国的关系

一、《中苏友好同盟互助条约》的签订

莫斯科会谈　　新中国诞生的第二天,就得到了苏联的承认,这对新中国是很重要的支持。但是,中国人民革命取得胜利的道路,是中国共产党把马列主义普遍真理同中国革命的具体实践相结合、独立自主找到的正确道路;中国革命迅速取得胜利也出乎苏联领导人意料之外,因而苏联在对中国革命胜利表示热情欢迎的同时,在政治上对新中国又持某些疑虑。在经济方面,按苏联当时的情况,对中国的援助也十分有限。

考虑到当时的国内外形势,为了保持国际共产主义运动的团结,争取苏联的积极支持,以利摆脱帝国主义的孤立和封锁,并加速恢复、发展国民经济,还在新中国宣告成立的前夕,毛泽东就明确地提出了,"我们在国际上是属于以苏联为首的反帝国主义战线一方面的",以及"倒向社会主义"的"一边倒"的对外关系方针。

1949年12月—1950年2月,毛泽东应斯大林的邀请访问了苏联,并就中苏之间的重大政治经济问题进行了会谈。1950年1月周恩来抵苏加入谈判。参加会谈的主要成员还有苏联外长维辛斯基。经过多次会谈,1950年2月14日在莫斯科签订了《中苏友好同盟互助条约》。同时,还签订了《关于中国长春铁路、旅顺口及大连的协定》和《关于贷款给中华人民共和国的协定》。

中苏条约和协定的内容与作用　　《中苏友好同盟互助条约》规定了双方在政治、军事、经济、文化等各个领域的全面合作,确立了中苏之间的同盟关系。条约的核心内容是,缔约国双方均不参加反对对方的任何同盟、集团、行动和措施,缔约一方如果受到第三国的侵略,另一方"即尽其全力给予军事及其他援助"。条约有效期为30年。

《关于中国长春铁路、旅顺口及大连的协定》规定,不迟于1952年末,苏联政府将共同管理中长路的一切权利以及属于该路的全部财产无偿地移交中国政府。在同一期限内,苏军从共同使用的旅顺口海军基地撤退,并将该地区的设备移交中国政府,由中国政府偿付苏联自1945年起对上述设备的恢复与建设的费用;在苏军撤退前的时期,该地区的民事行政,应由中国政府管辖。大连的行政,也完全由中国政府管辖,现时大连所有财产凡为苏联方面临时代管或租用者,应由中国政府接受。后考虑到朝鲜战争还在进行等新情况,1952年9月,双方又协商延长共同使用旅顺口海军基地的期限。1955年5月,驻旅顺口苏军全部撤退回国。

《关于贷款给中华人民共和国的协定》规定,苏联从 1950 年至 1954 年五年内,贷款给中国 3 亿美元,年利为 1%;这笔贷款作为中国偿付苏联卖给中国机器设备与器材之用;中国在 1963 年底以前,将以原料、茶叶、美元等分期还清这笔贷款及利息。

在上述条约和协定签订的同时,中苏外长还以互换照会的形式声明,1945 年 8 月 14 日苏联与中国国民党政府缔结的各项条约及协定均失去其效力;双方政府确认蒙古人民共和国的独立地位。同时宣布,苏联决定将其在东北自日本手中所获得的财产,及其过去在北京兵营的全部房产,无偿地移交中国政府。

《中苏友好同盟条约》的缔结和实施,对于中苏两国的发展和远东局势的稳定都有积极的作用。中苏两国友好关系以条约和协定的形式固定下来,推动了两国人民友好往来,中国人民掀起向苏学习的热潮。但是,即使在 50 年代前半期中苏友好交往期间,在条约执行中已发生一些使中国人民不甚愉快的事情。如在关于无偿移交日本投降后在东北留下的财产问题上,苏军在撤离东北时,实际上已将所有能拆卸运走的厂矿机器设备和器材物资等几乎全部搬走,只移交了一些空房子;在两国货币的比值问题上,苏联不顾中国政府的异议,将卢布比值定得很高,将人民币的比值压得很低。这些情况,暴露出苏联大国沙文主义和民族利己主义的倾向。这种错误倾向在以后的中苏交往中更有所发展,从而使同盟条约不可避免地蒙上阴影,并最终导致两国关系的破裂。同盟条约在 1980 年期满后未再延长。

二、苏联和南斯拉夫的冲突与和解

情报局关于南斯拉夫的决议　　苏联与南斯拉夫之间长期存在各种矛盾。早在第二次世界大战时期,苏联为了维护与美英的联盟,在南斯拉夫问题上,采取承认流亡政府、抑制南斯拉夫共产党游击队并促使两者达成协议的政策,苏南两党之间的矛盾已露端倪。

战后,苏联与南斯拉夫矛盾不断发展。首先反映在的里雅斯特的归属问题上。本来,南斯拉夫与意大利对此问题长期存在着争议。但在 1945 年 5 月,苏联事前未与南斯拉夫商量就接受了法国提出的方案:把该地区暂分为 A、B 两区,A 区由美英占领,B 区由南斯拉夫管辖。南斯拉夫对该方案及苏联这一做法很不满意。接着在两国经济关系中也出现矛盾。1946 年 8 月,两国就经济合作开始谈判,但谈判很不顺利,拖到 1947 年 2 月始签订一项关于成立空运公司和河运公司的协定,而南斯拉夫仍认为该协定中有些规定并不平等。

1947 年秋至 1948 年初,在关于筹建巴尔干联邦问题上,两国分歧开始公开化。当时,南斯拉夫、保加利亚、罗马尼亚等国领导人先后接触,酝酿建立巴尔干—多瑙河联邦或邦联的计划。但 1948 年 1 月 28 日苏联《真理报》编辑部发表声明,苏联政府不赞成这一计划。2月,南斯拉夫领导人之一卡德尔应邀赴莫斯科会谈,受到斯大林斥责,并被迫与苏签订了一项就南斯拉夫外交政策同苏联进行磋商的协定。

1948年3月18日,苏联突然宣布立即从南斯拉夫撤走所有军事顾问和教官。次日又通知撤走全部文职专家。从3月18日至5月22日,苏南之间就双方分歧交换了七封信件。苏共中央在信中指责南共领导人"骄傲自大",有"反苏情绪"和"反苏言论";南共"没有体现出阶级斗争的政策精神,资本主义成分正在城乡增长"等。南共中央对上述指责逐一作了辩驳,并建议苏共派代表来南实地调查讨论。苏共则认为必须把分歧提交情报局。同时,苏将分歧透露给东欧各国党。随后,匈牙利、保加利亚、罗马尼亚、捷克斯洛伐克、波兰等国作出支持苏共立场的决议,对南斯拉夫施加压力。

1948年6月,情报局第三次会议在布加勒斯特举行。南共处境不利,拒绝与会。会议通过了《关于南斯拉夫情况》的决议。决议"表示完全同意苏共中央对南共所犯错误的批评",并得出结论说,南共已"处于情报局的队伍之外"。决议号召南共的"健全分子"起来改变南共的领导及其路线。对此,南共中央发表声明,认为情报局这个决议对南是"不公正"的。7月,南共召开"五大",又通过了《关于南共对情报局的态度》的决议,驳斥了对南共的所有指责,并再次选举铁托为南共中央总书记。1949年11月,情报局又在匈牙利召开会议,通过了《南斯拉夫共产党是刽子手和特务当权》的决议,进一步指责南共领导"已完全蜕化为法西斯主义并投入了世界帝国主义阵营",是一个"间谍集团"。

苏南公开冲突和情报局决议给南斯拉夫造成了极大的困难,也造成了战后国际共运的第一次分裂,引起了社会主义阵营的混乱。

赫鲁晓夫时期的苏南关系　　斯大林逝世后,苏联开始调整对外政策。1953年6月,苏南外交关系恢复。1955年5月,赫鲁晓夫率苏政府代表团访问南斯拉夫。他在抵南时的讲话中,对过去苏南关系遭到破坏"衷心地表示遗憾",并把问题归咎于贝利亚等人的"挑拨"。经过谈判,6月2日双方发表了《贝尔格莱德宣言》。宣言强调,"在两国关系中互相尊重主权、独立、领土完整和互相平等";并保证互不以任何理由干涉内政。1955年8月,两国在莫斯科缔结了一个长期贸易协定,苏联贷款给南斯拉夫1.94亿美元。为了争取双方进一步接近,1956年2月赫鲁晓夫在苏共二十大所作的"秘密报告"中,指责斯大林"荒谬绝伦地夸大了南斯拉夫的错误",导致苏南断绝了关系。4月,共产党情报局宣布解散。1956年6月,铁托访苏,双方发表了两国政府的《联合公报》与两党关系的《莫斯科宣言》。公报宣称,"在国际局势方面,双方的观点有广泛的相同之处";两国并就扩大经贸合作达成了协议。在两党宣言中,强调了社会主义发展道路与形式的多样性;并指出,两党的合作"应当以完全的自愿和平等为基础,以友善的批评和就两党间有争议的问题同志式交换意见为基础"。从《贝尔格莱德宣言》到《莫斯科宣言》,表明苏南两国两党关系正常化的恢复。但双方在意识形态上和国内外政策上仍存在分歧。

1958 年 4 月,南共联盟"七大"通过了新的纲领。苏联又展开了对南共纲领的批判,从而又开始了苏南第二次大争论。1960 年,由于中苏分歧公开化,赫鲁晓夫在这年 9 月联合国大会期间恢复了与铁托的个人接触。1961 年两国再次签订长期贸易协定。苏南关系进入第二次和好。但南斯拉夫在解释与苏联恢复友好关系的含义时,强调这并不意味着放弃自己不结盟的政策。

1968 年 8 月苏联侵略捷克斯洛伐克事件又使苏南争执迭起。南斯拉夫在该事件发生的第二天即发表声明,对此表示强烈愤慨和抗议。苏联则回以照会,斥南斯拉夫是捷克斯洛伐克"修正主义"的教唆犯。但这次双方的尖锐指责并未影响两国在经济和文化方面的继续合作,也没有中断两国领导人的互访。在七八十年代,苏联已取代西方成为南斯拉夫最大的贸易伙伴,两国还共同进行了100 多个项目的合作研究。

三、苏联波兰关系与苏联匈牙利关系

苏波关系　　反法西斯战争末期,在苏军帮助下,波兰获得了解放。战后,在人民波兰的经济恢复和建设中,苏联也给予了巨大援助。如仅在波兰六年计划期间(1950—1955),苏联即向波兰提供了 22 亿卢布(相当于 5 亿多美元)的贷款,以及一大批建设项目的技术援助。波兰人民共和国也宣称,同苏联和其他社会主义国家结成友好同盟是其外交政策的基础。但是,在苏波友好关系中也存在一些刺激波兰人民的问题。

第一个问题是卡廷事件。这应追溯到第二次大战期间。1943 年 4 月 13日,纳粹德国宣布,在其占领的苏联斯摩棱斯克市附近的卡廷森林里,发现了大量被枪杀的波兰军官的尸骨,并称这是苏联人在 1940 年春天干的。15 日,苏联发表声明说,这是"无耻的捏造",实是德国占领者所为。但波兰人当时经初步调查认为是苏联人干的。战后,波兰官方长期不提这个问题。到 1980 年,一些报刊开始发表有关材料,认为罪责确在苏联。1987 年苏波双方建立联合调查委员会,1990 年 4 月苏联才发表声明承认:有近 1.5 万名波兰军官被屠杀,这是"斯大林主义的严重罪行之一"。但有关这一事件的赔偿和审判凶手等问题,至今尚未解决。

第二个问题是关于战后波兰疆界的变动。还在波兰东部开始解放时,1944年 7 月,新成立的波兰人民政权"波兰民族解放委员会"和苏联在莫斯科签订了一项关于战后波兰疆界的秘密议定书,确定波兰西部边界改以奥得河和西尼斯河为界,苏波边界以"寇松线"为基础。在 1945 年 2 月和 7 月的雅尔塔会议和波茨坦会议上,苏联、美国、英国就波兰疆界的这一变动也达成了协议。8月16日,按此正式签订了波苏边界条约。1950年7月6日,德意志民主共和国和波兰签订协议也承认了波兰西部新边界。波兰疆界变动的结果,其领土在东部减少179 460平方公里,这些土地划给了苏联;在西部增加了102 560平方公里,这些土地原属德国,划给了波兰。其领土总面积为312 700平方公里,比战前减少约70 000平方公里。其总人口为2 400多万,比战前减少约1 100万;而且,由此迫使大量波兰公民西迁。

第三个问题是波苏经济贸易中的不平等交换。如1945年8月16日的波苏协定规定,为补偿苏联放弃划给波兰的德国领土上的财产,将其移交给波兰,波兰应按特种价格供给苏联一定数量的煤。1953年11月,双方协议终止了这种煤的供应。由于这一段时间特价煤的供应,波兰损失约5亿美元。又如波兰当时卖给苏联的糖、火车头和车厢的价格,也远低于国际市场的价格。而苏联向波兰新建钢厂出售的铁矿石,却远远高于国际市场价格。

第四个问题是苏联对波兰内政的干涉。1948年,随着苏南公开冲突和南共被开除出共产党情报局,在苏共授意下,在波兰也掀起了所谓清洗"铁托分子"的运动。当时波党中央总书记哥穆尔卡主张波兰独立建设本国的社会主义,他在这一运动中被指责为"铁托分子"和犯"右倾民族主义"错误,并被解除职务,后又被捕下狱。同时有1/4党员受此运动牵连。1949年11月,苏联又派波裔苏联元帅罗科索夫斯基到波兰,任波政治局委员兼波国防部长。

1956年2月苏共二十大揭露斯大林错误,以及2月19日苏联、意大利、芬兰、保加利亚四国共产党和波兰统一工人党发表通告,宣布1938年共产国际执委会关于解散波共的决定是没有根据的,因而恢复波共名誉,这两件事在波兰都引起了强烈震动。这年波兹南事件后,10月19日波党召开二届八中全会,准备调整政治局成员并让哥穆尔卡复出。全会期间,以赫鲁晓夫为首的苏共代表团未经邀请突抵华沙,对此多方阻挠并以苏军向华沙调动相威胁,使波苏关系一度十分紧张。波党坚决抵制,最终两党达成协议,苏方表示尊重波党自己的人选,波方保证波苏友好。随后,哥穆尔卡在全会上当选波党中央第一书记,罗科索夫斯基离波返苏。10月30日,苏联政府发表《关于发展和进一步加强苏联同其他社会主义国家的友谊和合作基础的宣言》,承认过去在处理兄弟国家关系上犯有错误,表示要在完全平等基础上加强社会主义国家之间的友谊与合作。11月中旬,哥穆尔卡率波党政代表团访苏,双方就两国间一系列政治、经济问题达成协议。波苏关系日趋缓和。

苏匈关系　　关于苏匈关系,这时期在双方友好合作的过程中也存在一些问题和波折。匈牙利在第二次大战期间是德国的欧洲盟国之一。1945年春,苏军在向柏林进军的过程中帮助匈牙利获得了解放。在1946年7月开幕的巴黎和会上,苏联为维护匈牙利的独立和主权,与美、英等国进行了坚决的斗争。但在 1947 年 2 月签订的对匈和约中,对有些条款特别是领土条款却作了有利于苏联的规定。它规定:匈奥、匈南和匈罗边界,仍为原有的边界,关于匈捷边界,匈牙利则承认捷克斯洛伐克将战后从匈牙利收回的外喀尔巴阡乌克兰划归苏联。据此,苏匈、苏捷之间都成为接壤的国家。

1948 年 2 月,苏匈两国在莫斯科签订了友好合作互助条约。随后双方又签订了供货协定等一系列协定。这些条约和协定有利于匈牙利人民政权的巩固和国民经济的发展,但通过这些条约和协定,苏联加强了对匈牙利的控制和干涉。匈牙利解放后,在拉科西等人领导下,其政治经济体制几乎完全照抄苏联模式。到 1952 年,无论匈牙利的经济建设,还是政治生活,都已暴露出不少问题。但在斯大林逝世后,苏联赫鲁晓夫领导集团继续干涉匈牙利内政,使匈牙利的人事变动和经济改革反复无常。

在 1956 年匈牙利十月事件中,匈牙利人民强烈反对苏联的大党大国主义,要求调整苏匈关系。苏匈关系在纳吉政府后期陷于破裂。11 月 4 日,在苏联支持下,以卡达尔为首的匈牙利工农革命政府成立。应工农革命政府的请求,苏军坦克部队平息了匈牙利的武装冲突。

1957 年 1 月,以卡达尔为首的匈牙利党政代表团访苏。会谈公报宣称,双方"就进一步发展兄弟关系和事务合作的有关问题,以及当前国际形势的一些重要问题交换了意见",并"表现了充分的一致"。

四、1957 年莫斯科会议

《莫斯科宣言》　　苏共二十大后在国际共产主义运动中出现的一系列事件,使各国共产党和工人党感到有必要召开一次国际性会议,以求统一认识,消除分歧,协调共同的策略,促进国际共运的发展。为此,在 1957 年俄国十月革命 40 周年之际,全世界 64 个共产党和工人党派出代表团齐集莫斯科,于 11 月 14—16 日和 16—19 日,先后举行了 12 个社会主义国家共产党和工人党代表会议和 64 个共产党和工人党代表会议。两次会议就当前的国际形势、加强各国共产党、工人党之间的团结和国际共运一些重大问题交换了意见,并分别通过了《社会主义国家共产党和工人党代表会议宣言》(简称《莫斯科宣言》)及《和平宣言》。

《莫斯科宣言》实际上是各种观点妥协与调和的产物。在会议期间,中苏两党代表团在从资本主义向社会主义过渡等问题上发生了分歧。在苏共领导事先为这个宣言拟定的草案中,只提了和平过渡,未提非和平过渡,而且把和平过渡仅说成是"在议会中争取多数,并把议会从资本主义专政的工具变成为真正的人民政权的工具"。中共代表团反对这一观点,并提出了修正草案。在这个修正草案的基础上,中苏两党代表团经过多次讨论又提出两党共同起草的宣言草案,征求其他兄弟党代表团的意见。经过与会各代表团的共同努力,会议最后通过的宣言在从资本主义向社会主义过渡的问题上,同苏共领导最初提出的草案相比,有两点重大的修改:第一,在指出和平过渡的可能性的同时,也指出了非和平过渡的道路;第二,在谈到取得"议会中的稳定的多数"的同时,又强调开展议会外的广泛的群众斗争。中共代表团为了进一步陈述自己的观点,当时还向苏共中央提出了《关于和平过渡问题的意见提纲》。本来,关于从资本主义向社会主义的过渡采取什么道路的问题,这是应由各国党根据本国的具体情况来决定的,而不必由其他党来干涉,但是它却成了这次会议期间中苏两党争论的主要问题。

会议期间,中苏两党在一些原则问题上进行了内部争论,但为了维护国际共运和社会主义阵营的团结,不给帝国主义以可乘之机,中共代表团仍照顾到同苏共二十大观点的衔接,在某些问题上对苏共作了一定的妥协。

《莫斯科宣言》在论述当时国际共产主义运动面临的形势和任务时指出,美帝国主义侵略集团是全世界反动势力的中心,是全世界人民最凶恶的敌人。只要帝国主义还存在,就有发生侵略战争的土壤。因此,争取和平、争取和平共处,成了世界各国最广大群众的要求。社会主义国家和各国共产党的首要任务就是争取和平、防止战争。宣言在谈到社会主义国家之间以及兄弟党之间的关系时强调,它们相互关系的基础是无产阶级国际主义原则。社会主义各国的相互关系应建立在完全平等、尊重领土完整、尊重国家独立和主权、互不干涉内政的原则基础上,并在此基础上相互援助,加强团结。社会主义各国关系中存在的问题,完全可以通过同志式的讨论加以解决。宣言还提出了社会主义革命和社会主义建设的一些共同规律,以及这些共同规律与各国具体革命实践相结合的原则。但是,它强调,"在反对教条主义的同时,共产党认为,在目前条件下,主要危险是修正主义,或者说右倾机会主义"。

《和平宣言》   《和平宣言》向全世界人民指出,"和平的力量是巨大的,这种力量能够阻止战争,维护和平。但是我们共产党人认为自己有责任提醒全世界的一切人们:可怕的、杀人的战争危险并没有过去"。宣言呼吁:"只有一切珍视和平的人们一致努力提高对战争挑拨者的阴谋的警惕,并且彻底了解到要更加努力保卫还处在威胁之下的和平是自己的神圣职责,和平才能够保卫住"。

由于观点分歧,南共联盟代表团没有参加社会主义国家共产党和工人党代表会议,也未在《莫斯科宣言》上签字;它仅参加了 64 个共产党和工人党代表会议,签署了《和平宣言》。

第四章 资本主义国家战后的不平衡发展

经济政治发展的不平衡,是资本主义的绝对规律。这个规律也表现在第二次世界大战后的各个历史时期中。在战后初期,日本、西欧等资本主义国家,随着战争创伤的恢复,从50年代起,先后进入了生产迅速增长、市场持续扩大的经济高速发展时期。此后近20年间,被称为西方经济发展的"黄金时代"。在发展速度上,日本居发达国家之首,其次是美国和西欧。欧洲国家,特别是北欧国家,实行了福利制度,政府给予每个公民广泛的福利保证。但70年代以后,尤其在进入90年代后,欧洲国家面临严重的经济衰退,社会福利制度成了各国政府的沉重包袱,改革这种制度随之提上日程。应当指出的是,发展的不平衡状况,并未引起经济实力地位的排列顺序上的根本变化,美国在国民生产总值上仍居世界首位;同时,发展的不平衡状况,也并未改变国家垄断资本主义发展的一体化趋势。

第一节 原法西斯国家的经济困境与民主化改革

一、日本的民主化改革和经济恢复

战争经济的破产 日本战败投降时,战争经济已经破产,经济完全陷入了悲惨的境地。据日本经济安定本部1949年报告中统计,日本物质财富损失总额达1 057亿日元,损失率达36%。由于美军的轰炸,日本境内有119个城市被夷为废墟,236万户住房被烧毁。船舶总吨位从战前的630万吨锐减至战败时的153万吨。日本这个海上大国,连从海外运进所需基本物资的能力也不具备了。战争中,日本人口损失268万,另有600余万伤残人员。

战败时的日本经济,面临的困境是多方面的:粮食供应严重短缺、工农业生产极度萎缩、物价暴涨、大批人员失业等。当时,日本主要城市的粮食配给量,每人每天仅为310克,黑市稻米价比官价高130倍。东京地区零售物价指数以1938年为1的起点上升,1945年8月达431,12月达827,1946年5月高达1624。为了生存,居民被迫典卖衣物换取粮食,其状况犹如竹笋脱皮,被称为"笋式生活"。工矿业生产指数仅为战前水平的8.7%,几乎陷于停产状态。农业生产指数下降58%,当年大米严重歉收,加剧了粮食供应危机。1945年秋,日本直接被工厂解雇的失业者达413万人,海外撤回人员约600万,本土复员军人约300万,这使失业大军变得空前庞大。美国占领军最高司令官麦克阿瑟当时对记者说:"由于这次战争,日本已降为四等国"。

政治民主化改革　　日本战后民主化改革的原则目标是波茨坦公告中明确规定的。民主化改革的直接依据是美国占领军当局的一系列"备忘录"和"指令",改革的进程也是在占领当局的督促下逐步展开的。日本战后民主化改革,在政治方面,主要涉及三个重要方面。

一是非军事化改革。这是占领当局对日本改革的最基本的要求。根据《美国战后初期对日政策》,"日本必须解除武装,并实行非军事化"。1945年10月,日军710万人的武装完全被解除,军事机构如大本营、陆军省、海军省等也统统被解散。同时,还废除了《兵役法》、《国防保安法》、《军机保护法》、《国家总动员法》等法令及相关条例。为了惩处战犯、彻底清除军国主义残余势力,远东军事法庭重点审判了108名战犯,以东条英机为首的8名战犯被判处死刑。其后,在全国整肃(褫夺公民权)了军国主义分子约21万人,取缔了"在乡军人会"等147个法西斯主义团体。占领当局颁布了言论、新闻、治安、电影、通讯等13个法令,摧毁了法西斯军国主义对这些领域的专制控制。

二是"五大改革"。1945年10月11日,占领当局指令币原内阁进行确保人权的五项改革,即赋予妇女参政权;保障工人团结权;教育制度自由主义化;废除专制政治(撤销秘密审讯和压制民权的诸制度);促进经济民主化。在实行五项改革过程中,公布了日本历史上第一个承认工人有组建工会和团结战斗权利的《劳动组合法》,公布了取消封建劳动制度、规定8小时工作制的《劳动标准法》,以及解决劳资争议、保障工人地位和生活保险的《劳动关系调整法》、《职业安定法》、《失业保险法》等。在一系列有关教育改革的法规中,废除了教育普及军国主义和军训等法西斯化的内容,提倡教育的自由化,教育要培养具有独立人格、热爱科学、追求真理正义、尊重学术自由的精神。

三是制定新宪法。日本原宪法《大日本帝国宪法》是1889年制定的。1945年10月,占领当局指令修改宪法,日本保守势力竭力维护旧宪法精神和天皇体制,在修宪中回避重大实质问题,如天皇权威权力等问题。占领当局提出《日本国宪法草案》,明确表示了修宪的原则和具体主张,并要求日本政府积极配合。在占领当局和民众压力下,1946年3月6日,宪法草案公布,11月3日《日本国宪法》在国会获得通过,1947年5月3日正式生效。从立法形式看,这部新宪法是美国占领当局强加给日本民族的,但它的内容实质(如公民的民主权利、议会内阁制等),正反映了日本战后民主改革的基本成就,反映了反封建、反垄断、反军国主义和主权在民的思想,符合资产阶级利益、受到国民的拥护和欢迎,是一部民主主义宪法。

新宪法的颁布实施,标志着日本已成为资产阶级议会制国家。《日本国宪法》第1条仍规定"天皇是日本国的象征",但同时用内阁限制天皇的权利。过去只对天皇负责的内阁,现在发生了重大变化,依据宪法,只对国会负责。由国民选举产生的国会,即众议院和参议院,"是国家的最高权力机关,是国家唯一的立法机关"(宪法第41条)。这样,天皇对日本社会的实际事务的影响完全被排除了。从形式上看,日本的议会制度是英国式的,但吸收了美国资产阶级民主的精神,使日本议会制民主能保持较长期的稳定,这对战后日本社会改革、经济发展,起到了非常重要的作用。

经济民主化改革　　为了彻底铲除日本法西斯军国主义的经济基础,战后日本经济民主化改革主要围绕着解散财阀、禁止垄断和农地改革两大问题展开。

日本财阀是江户时代至明治时代的产物,它以血缘和家族的主从关系为轴心,是特权商人与明治政权相结合而形成的封建色彩极浓厚的垄断资本集团,是日本法西斯军国主义的主要经济基础。1945年10月,根据占领当局的指令,解散财阀、禁止垄断的改革开始实施。11月,首先冻结了三井、三菱等日本最大的15家财阀的资产。1946年4月,政府成立"控股公司整理委员会",指令日本各财阀交出证券和凭证,强制拍卖,割断了资本的内部联系,使股权分散,形成共同持股的竞争机制。这项改革打破了财阀家族垄断的半封建经济格局,为战后日本经济民主化发展铺平了道路,也为垄断资本主义创造了自由发展的条件。朝鲜战争爆发后,日本垄断资本势力又有所抬头,在美国默许下,势力渐渐壮大起来。但这与财阀家族垄断时代的情况已大不相同了。

日本明治维新以后确立的近代土地所有制,是寄生地主制。它是天皇制的阶级基础之一,也是法西斯军国主义的滋生土壤。占领当局在《农民解放令》中宣布:"日本的土地制度是封建性的,必须进行改革"。从1946年10月开始,到1950年底,根据农地改革法案,寄生地主的全部出租土地、在乡地主一町步(约合14.8市亩)以上的出租土地均被征购,卖给农民。到1950年,全国221万町步佃租土地中的194万町步,转卖到农民手中。土地转卖是按战前价格执行的,因此,战后的通货膨胀,实际上已使土地转卖几乎是无偿转移。虽然地主对农地改革不满,并有些反抗,但在占领当局监督下,广大农民群众热情支持,成立了各级"农地改革委员会",将地主的反抗强行压制下去,使农地改革得以顺利完成。

日本土地改革具有扫除封建地主土地所有制的重大意义,是一次不流血的资产阶级的和平土地革命。农地改革对日本军事封建资本主义的基础,即半封建的土地所有制。进行了根本改革,完成了自明治维新以来尚未完成的资产阶级土地革命。同时,农地改革为战后日本经济复兴奠定了坚实的基础,为资本主义的迅速发展创造了有利条件。在农业发展方面,农地改革使绝大多数佃户变成了自耕农,解放了农业劳动生产力,有助于提高农业生产收入,有助于土地改良、科学种植以及扩大市场，为农业生产商品化发展创造了有利条件。

战后初期日本的政治经济民主化改革，是一次从思想意识到政治、经济诸制度方面较为彻底的变革。从一定意义上说，它完成了资产阶级民主革命的任务，为战后日本经济高速发展铺平了道路。

政党与人民运动　在民主化改革过程中，日本社会政治生活中出现了前所未有的活跃局面。一方面，民主的政党政治氛围渐渐形成；另一方面，人民群众广泛而深入的民主运动蓬勃展开，成为日本社会进步的巨大推动力。

当法西斯军国主义势力被击垮后，经过民主化改革的日本，政党如雨后春笋纷纷而起，1946 年大选时，有 363 个政党报名竞选。在政治风云冲击下，政党分化组合，渐渐形成了几个比较稳定的大党，它们成为战后日本政坛上的主要政治力量。这几个大党是自由党、进步党（1947 年改名民主党）、社会党、公明党、共产党、民社党、新自由俱乐部、社会民主联盟（社民联）等。战后几十年中，除 1947 年至 1948 年有一届九个月的社会党内阁（片山内阁）外，基本是自由党、进步党内阁。1955 年，自由党与民主党（进步党）合并，称自由民主党（简称自民党），此后一直成为议会第一大党而掌握内阁。自民党的成员由上层官僚、资产阶级政客、地方实力派、资本家、律师和记者等组成，拥有 400 余万党员和党友，是代表资产阶级利益的保守政党。在内政方面，自民党主张自由经济，倡导建立"民主、自由、福利"的社会。自民党的政策直接影响到日本战后的历史进程，既为战后初期经济恢复也为五六十年代的经济高速发展，起到了积极的推动作用。社会党、公明党等其他在野党，虽然没有直接领导日本，但这些政党在客观上形成一股强大的力量，既是自民党的竞争对手，也是自民党的监督力量，它们使政党政治能比较民主、健康地发展，为日本社会进步，发挥了积极作用。

人民运动广泛深入、蓬勃持久发展，是战后日本历史的一个显著特征。日本战败投降时，社会动荡混乱，政治上，维护旧天皇体制的保守势力与民众的民主改革呼声相对立；经济一片惨淡破败景象，物价飞涨，黑市猖獗。人民民主运动的主要内容是反对政治上的倒行逆施和争取劳动者的合法权利。

战后，日本工会、农协会组织迅速广泛建立起来，到 1946 年，工会数已近 1.8 万，入会人数约 480 万人。1945 年 9 月至 1946 年初，全日本发生罢工 240 次，农村发生的农民反对地主夺佃的纠纷事件达 25 万余起。1946 年 5 月 1 日，东京 50 余万人举行了反饥饿的示威游行，并要求粉碎专制主义、封建主义、法西斯主义。虽然由于占领当局干预，1947 年"二·一大罢工"没有如期发动起来。但这一次罢工准备活动，有力地冲击了吉田茂政府，使吉田内阁在 4 月大选中垮台。社会党在人民群众的支持下大选获胜，组织了片山内阁。但片山内阁没有履行大选中的诺言，转而扶植垄断资本集团，对人民却采取勒紧裤带政策，因而导致人民运动再度高涨，使片山内阁仅维持了 9 个多月便于 1948 年 2 月垮台。1952

年 4 月 18 日,日本各界群众为反对《防止破坏活动法》,维护工人的罢工权和人民的言论、出版、结社权再次掀起声势浩大的罢工运动,参加者约 105 万人,各界群众积极支持,使罢工活动持续到 5 月 1 日。当天,东京 50 万群众在明治神宫外草坪集会,提出"反对重新武装"、"争取民族独立"、"打倒吉田内阁"等口号。这次集会遭到军警镇压,近 2 000 人受伤,成为有名的"流血的五·一事件"。此后,人民运动更加蓬勃展开,参加人数逐年上升。参加"春斗"①的人数 1956 年由 80 万增加到 280 万,1960 年增至 440 万人。日本战后人民运动成为推动社会进步的巨大动力。

朝鲜战争与日本经济的恢复　　日本摆脱战后初期经济困境、走上恢复发展的道路,是与朝鲜战争及美国对日"特需订货"分不开的。直到 1949 年,日本的经济仍处在极端困难之中。战败至 1948 年,日本的通货膨胀仅在 1947 年底至 1948 年初稍有抑制,但整个经济形势仍不景气。1948 年底,美国提出了紧缩财政、加强税收等"稳定日本经济九原则",并派底特律银行董事长约瑟夫·道奇于 1949 年 2 月赴日本具体实施。道奇整顿日本经济的方案称"道奇路线",是以紧缩通货、平衡预算为主的。经过整顿,1949 年度出现预算黑字达 1 567 亿日元,税收增长 40% 以上,黑市价格下降 30%,使广大群众从统制经济中解放出来。但道奇路线另一方面又造成工厂倒闭、失业增加、银根紧缩,出现了"稳定恐慌"。1950 年初,日本经济阴云密布、使人窒息,谁也看不出有什么光明前景。这时,朝鲜战争爆发了,走投无路的日本经济开始绝路逢生,走上恢复发展的道路。面对这个机会,日本资产阶级及政府都情不自禁地叫道:"这真是天佑神助、起死回生的妙药",是"一股神风啊"!

朝鲜战争给日本经济带来的好处是多方面的。首先,它给日本带来了大量"特需订货"。据统计,日本直接向战场美军提供的"特需订货"达 13 亿美元,向驻日美军及辅助人员提供的"间接特需"达 23 亿美元。这几十亿美元迅速使日本经济活跃起来。其次,朝鲜战争极大地刺激了日本的出口贸易,外汇储备迅速增加。1950 年 6 月至 1951 年底,日本外贸增长达 2.8 倍,有力地推动了岛国经济的恢复发展。再则,"特需订货"和出口增加,使日本商业迅速摆脱积压滞销的艰难局面,有约 1 500 亿日元的积压滞销商品顷刻抢购一空,工业生产指数在多年徘徊不前之后,于 1950 年第一次超过战前水平。1951 年的国民生产总值也达到战前的水平。最后,朝鲜战争使日本企业界获得巨额利润,不仅摆脱了经济危机,而且促进了垄断资本积累和扩大再生产。例如棉织业十大公司在其间增加利润达 9—19 倍之多,其中 90% 的利润都留在企业内部用作积累资金。

---

①　"春斗"是"日本工会总评议会"等团体自 1955 年成立"春季提高工资共斗会议"以来,发起的全国统一行动,即与资方就提高工资而进行的对等谈判,以后逐年进行,1962 年达到高潮。此后声势减弱。

经过朝鲜战争,日本战后步履维艰的经济终于走出了死胡同。虽然,三年战争带来的巨额利润是短暂的,还有使日本经济依赖特需订货等一些后患,但它帮助日本经济复苏的历史任务已经完成。到 1955 年美军占领结束后,日本自民党政府继续采取一系列有效政策,促进经济持续发展。除出口贸易外,各项经济指标均超过了战前水平,相继出现了"神武景气"、"价格繁荣",为日本经济起飞做了充分准备。1956 年,日本经济进入战后持续 18 年高速增长时期。

二、联邦德国的"经济奇迹"

德国的分裂与联邦德国的建立　　战败的德国,经济完全崩溃。国土四分五裂,国民精神一蹶不振。纳粹法西斯侵略战争给德国人民带来的痛苦和灾难,同样是极其深重的。

战争结束时,德国有 550 万人死亡,1 500 万人流离失所,仅西占区就有 200 万伤残人。柏林、法兰克福、汉堡、科隆等城市已成废墟。铁路毁坏殆尽,运输中断,内河航运瘫痪、远洋船队被战胜国全部没收。国家基础设施如桥梁、工矿企业、水电设施等,大部分都在战争中炸毁。钢和煤的产量,分别只有战前的 5% 和 10%。农田荒芜,农产品供应奇缺。通货膨胀极其严重,国家公债已达 4 150 亿马克。十多年的纳粹统治,使德国人民深受欺骗,战败如梦惊醒,面对破碎的家园和多国分割占领,幻灭消沉的心理使德国民众经受着炼狱般的考验。战后最初几年,德国的恢复与重建,是在占领当局的完全控制下进行的。

根据雅尔塔和波茨坦会议原则,战败的德国将被分割成四块占领区,由苏、美、英、法四国分别占领。1945 年 6 月 5 日,苏美英法发表关于管制德国的联合声明,宣布设立由四国派员参加的盟国管制委员会,负责共管事宜。该声明强调指出,占领期间应视德国为一个统一的整体。但事实上,由于苏联与美英等国的关系随战争临近结束而日渐恶化,遂使共管徒具其表。不仅如此,各占领国政府对战后德国的处置与发展的政策分歧甚深,最终导致了德国的分裂。

1946 年 7 月 20 日,美国首先提出合并占领区的建议,遭到苏联拒绝。法国也反应冷淡,但英国积极附议,美英便于 1947 年元旦合并占领区,建立了"双占区"。1948 年春,法国加入,组成了"三占区"即"西占区"。美国等在西占区内,按照自己复兴德国的计划,着手进行一系列的整顿与改革,其目标是要建立一个议会制的、经济自给自足的德国,政治上与西方保持一致。与此同时,苏联在苏占区也实施了政治经济改革,并于 1947 年 12 月 6 日召开德国人民代表大会,选出威廉·皮克为主席的常务委员会。德国分裂的趋势加强了。

1948 年,为了推行"马歇尔计划",西占区于夏季开始单独实行币制改革,发行新货币,使用"B"记马克代替旧马克。西占区的币制改革使苏占区与西占区的经济联系被切断了,苏联在提出抗议之后,也宣布进行币制改革,使用"D"记马克代替旧马克。德国分裂由于经济分裂迈出了决定性的一步。

此后,东西方两大对立集团,都加紧了筹备成立独立德国的立法与组织活动。1948 年 7 月 1 日,西占区占领当局召集区内 11 个州的政府首脑们在法兰克福开会,向他们递交了三份文件,其中最重要的文件就是授权各州政府于 1948 年 9 月 1 日前召开国民代表大会,制订一部联邦性质的民主宪法。1949 年 4 月,美、英、法在对德占领法规中声明允许德国人拥有民主的自主政府。其间,德国议会委员会就基本法进行了辩论,在盟国的压力下,宪法制订得比较顺利。1949 年 5 月 8 日,德国议会委员会通过新宪法草案,5 月 12 日,这个宪法草案得到占领当局批准,成为正式宪法。5 月 23 日,德意志联邦共和国宣布成立,首都设在波恩。在 8 月 14 日的联邦议院选举中,基督教民主联盟成为第一大党。9 月 7 日,联邦议会成立,选举自由人士特奥多尔·豪斯为联邦总统。9 月 15 日,议会选举基督教民主联盟领袖康纳德·阿登纳为联邦总理。

在苏占区,1949 年 5 月 15 日进行了第三次德国人民代表大会代表的选举,选举产生的德国人民委员会于 9 月改名为德意志民主共和国临时人民议院,10 月 7 日它宣布德意志民主共和国正式成立,并通过了新宪法。至此,德国战后的分裂终成定局,在欧洲出现了两个德国并存的局面。

联邦德国的政党与政治　　联邦德国正式建立之前,占领当局依据波茨坦公告精神原则,对德实行一系列非纳粹化改革。如审判战犯并判处戈林、里宾特洛甫等 12 名要犯绞刑,取缔法西斯政党和组织,肃清纳粹党徒残余势力,清除"民族社会主义"的社会基础等。与此同时,占领当局鼓励建立民主政党取代法西斯政党的活动和影响。在西占区最先获得批准成立的政党有四个,即社会民主党、基督教民主联盟、自由民主党和共产党。

在 1949 年第一届联邦议院选举时,曾有 12 个政党注册参加竞选,但在其后的政治发展过程中,一些政党被取缔禁止了,如新法西斯主义的国家民主党和德国共产党,一些政党分化瓦解或很少发挥政治影响。这样,在战后几十年中,基民盟、社民党和自由民主党成为左右政局的三大政党,直接影响着联邦德国的政治进程。①

基督教民主联盟在第一届联邦议院选举中,以不大的优势获胜,成为战后执政的第一个民主政党,并且不断连选连任,执政长达 15 年之久,发展成为联邦德国最有政治影响力的政党组织。该党是资产阶级政党,成员主要由大企业家、官僚、富农、手工业者和基督教徒等构成,在普通劳动群众中也拥有不少支持者,基本党员约 70 万人。该党政治领袖是康纳德·阿登纳。该党执政期间,联邦德国经济增长率每年递增 7.1%,到 60 年代初,国民经济总产值超过英法,成为西方

---

① 　1980 年,又成立一个"绿党",发展迅速,形成四大党并存局面。

仅次于美国的经济大国。

德国社会民主党是 1869 年建立的老党,战前曾被纳粹政府取缔,1946 年重新恢复活动。在战后第一届大选中仅以两个百分点之差落后于基民盟,成为最大和最有影响力的在野党。该党社会基础主要是中小资产阶级、知识分子和劳动群众。1959 年巴特格德斯贝格会议上,该党大幅度调整了政策纲领,60 年代中期进入"大政府联盟"参政,1969 年大选获胜,到 1982 年,执政达 13 年之久。

联邦德国的外交政策在阿登纳时代,坚持与西方国家联盟,对苏采取强硬的抗衡政策。反对联邦德国中立法,主张保持优势威慑力量遏止苏联的威胁,并于 1955 年加盟北大西洋公约组织,允许在联邦德国部署导弹和核武器。联邦德国虽然在 1959 年与苏联建立了外交关系,但拒不承认民主德国,长期推行著名的以外交国务秘书命名的"哈尔斯坦主义",即要求与联邦德国有关系的国家不得与民主德国建交。这个政策一直到 70 年代才有所改变。

艾哈德的经济改革　　西占区占领当局最初实行的是管制经济,在对德实施民主化改革过程中,一方面瓦解法西斯的中央统治经济,一方面支持德国自由主义经济学家实施的改革,促使联邦德国经济较快完成了模式转轨,走上战后高速发展道路。

德国经济改革的主要倡导者和决策人是路德维希·艾哈德博士。战前,艾哈德持新自由主义学派观点,战争期间,他参加过反对希特勒的斗争,战后,他被占领当局委派到故乡菲尔特主管经济工作,继而升任巴伐利亚经济部长,1948 年又被任命为双占区经济管理局局长。艾哈德结合德国实际,发展了新自由主义学派的理论,采用米勒-阿尔马克教授提出的"社会市场经济"理论来推动经济改革与发展。该理论认为,社会市场经济不是自由放任式的市场经济,而是有意识地从社会政策角度加以控制的市场经济。米勒-阿尔马克解释其"社会市场经济"是要按市场经济规律行事,并辅之以社会保障的经济制度。

艾哈德推行社会市场经济机制的政策目标是,实现最大限度的全面经济发展,建立正常运转的货币秩序,保证价格稳定,实现社会安全、社会公平与社会进步。改革首先从整顿货币体系入手,在以"捕当猎犬"为代号的行动中,从美国运进重 500 吨的总值为 57 亿马克的新钞,于 1948 年 6 月 19 日晚开始了全面换钞的货币改革,取得了预期效果。在此基础上,进而取消配给,放开价格,推动西占区经济体制向市场经济过渡。同时,在促进生产发展的前提下,进行以减税为内容的税收改革,刺激生产和投资的积极性。改革期间,德国经济充满了风险与危机,其间,新政府能顺利渡过难关,美援起到了相当重要的作用。根据马歇尔计划,1948—1952 年间,美国援德资金达 16 亿美元①,为联邦德国解决了一系列诸如外汇短缺、生产资金不足等紧迫问题。美援还为稳定过渡时期的社会心理发挥了重要影响。

1952 年,联邦德国经济的主要指标均已超过战前水平,顺利实现了经济复兴计划,开始进入经济高度增长时期。在 1952—1965 年的 13 年中,国内生产总值和国民收入年平均增长率和年平均增长速度均保持在 9.8% 左右,增长速度一直居西方国家前列。到 60 年代初,这两项指标的绝对数额均已超过英国和法国。至 1970 年,国民生产总值较 1952 年提高了 6 倍,经济实力居西方国家第二位。这 13 年中,联邦德国工业生产增长速度平均高达 7.9%,均高于美、英、法三国,工业产值增长率超过美、英、法三国,仅低于日本。高速发展的工业,促进外贸连年顺差,极大地改善了国际收支地位,黄金外汇储备迅速增加,使联邦德国的绝对国力空前增强。

在经济高速增长时期,消费物价的年上涨率却保持着 2.9% 的低水平,用它衡量的通货膨胀率长期呈“爬行式”状态。失业率也得到了有效控制,甚至由于社会经济部门对劳动力需求的日益增长,出现了劳动力不足,大量引进劳务的局面。由此,联邦德国的政治与社会呈长期比较安定的状态,也有利于经济的增长。

促成联邦德国出现经济“奇迹”的因素较为复杂,但一些基本因素是很明显的。从政治角度看,基督教民主联盟长期执政,形成了政策连续性、稳定性的政治气候,为社会经济发展提供了良好环境。纵观战后风云变幻的国际社会,这个因素具有特别重要的意义。从经济政策角度分析,一是德国原有的经济基础比较好,虽然固定资产遭到战争破坏,但企业布局、人员素质等方面仍有巨大的潜力,尤其是劳动力素质方面保持着较高水平,为经济发展提供了可靠保证。二是马歇尔计划援德资金的合理使用及其产生的社会影响,促使联邦德国能尽快完成经济模式转轨,对经济发展起了稳定和促进作用。三是长期保持较大规模的固定资本投资,1950 年至 1965 年的 16 年间,投资总额达 9 332 亿马克,仅次于美国而居世界第二位。四是对外贸易稳定、持续增长,促进了工业生产和整个国民经济的高速增长。五是非军事化立国的战后政策,使联邦德国可以集中有限的财力物力从事经济建设,不必为战后东西方对抗局势背上沉重的军备竞赛的包袱。

三、意大利的政治和经济发展

共和国的建立　　战争结束时,意大利约有 50 万人死亡或失踪,300 万人

---

① 若加上优惠贷款,美援总数约为 36 亿美元。

无家可归,北部地区主要铁路和桥梁均被炸毁,商船损失达75%,工业生产尚不及战前水平的一半,农业减产几近一半。战后粮食和商品供应极度匮乏,1945年夏,每人每天只能得到200克配给口粮。意大利面临着严重的社会政治经济危机。

在纷繁复杂的矛盾与危机中,意大利战后发展道路问题最为急迫和最为突出。战前,意大利一直是君主政体国家,近代以来,资产阶级仁人志士建立民主共和国的努力从未间断,但始终未获成功。战争期间,从抵抗运动中兴起并发展壮大的民主力量得到人民群众的广泛支持,它们渴望在战后建立共和国。但是,意大利教会势力和萨伏依王朝的旧势力却企图重建君主政体,和民主力量发生了尖锐对立。意大利面临着何去何从的严峻考验。

在这场斗争中,意大利共产党发挥了重要作用。意大利全境解放时,北方抵抗组织拥有50余万武装,其中多数是打着红领带的意共游击队员,他们在群众中有较好的社会基础。英美占领军战后宣布解散抵抗运动组织并要求游击队缴枪。意大利共产党从战后大局出发,解散了自己的武装,但在重大政治问题上,仍发挥着重要影响,并坚决主张建立意大利共和国。

1946年6月2日,意大利举行全民公决,投票结果,1 270万张票拥护建立共和国,1 070万张票主张恢复君主政体,意大利民主力量获得了战后第一个关键性胜利。在同时举行的制宪会议选举中,天主教民主党(简称天民党)获207席,共产党获120席,社会党获115席,成为制宪会议中的三大党。在天民党组织的内阁中,意共总书记帕尔米罗·陶里亚蒂出任副总理兼司法部长。

天民党是在意大利特殊宗教环境中依靠宗教影响维系的社会集团联盟。它的成员既有大中资产阶级、教会人物,也有信教的广大工农劳动群众。它是战后意大利改革最具影响力的资产阶级政党。1947年初,该党领袖即内阁总理加斯佩里赴美访问,寻求经济援助,此后便在美国支持下,采取排挤共产党的政策。1947年5月,共产党和社会党退出内阁,成为在野党。天民党在1948年4月的议会选举中获胜,再度组阁,并于1949年4月加盟北大西洋公约组织。

跃入富国行列　天民党内阁在马歇尔计划的6亿美元支持下,在政府所属企业和私人垄断企业合作下,使企业、产业合理化、集中化,从而逐步恢复了被战争严重破坏了的经济,并不断推动意大利经济发展,取得了较为显著的进步。从50年代初至60年代初的10年中,意大利钢产量增加300%,汽车增产500%,机械行业增产190%,电冰箱增产750%,洗衣机增产400%,住宅增加146%。10年中,由于经济发展,农业人口比例由40%下降到27%。正是由于经济发展的原因,天民党在战后较长时间内能不断取得选举胜利,控制着议会和政府权力。

第二节 西欧、北欧各国的经济恢复和社会改革措施

一、英国的国有化和福利国家政策

第三届工党政府　　英国工党始建于 1900 年,40 年代前,曾两次在选举中获胜组织工党内阁。1940 年,工党领袖艾德礼和格林伍德进入保守党领袖丘吉尔的战时内阁,工党领袖贝文等人还得到劳工与兵役、军需、海军、经济作战等四个大臣职务。战时,工党主要政策是配合丘吉尔内阁进行反法西斯战争。战争结束前夕,工党与保守党之间的矛盾表面化,战时内阁解体。工党希望在秋季举行大选,以利于宣传准备,但丘吉尔决定提前至 7 月举行大选,期待利用战时获得的威望在大选中取胜。然而,7 月大选的结果却是工党大获全胜。在总数为604 个议席中,工党 393 名议员当选,在议会议席中超过了其他政党议席的总和。英国历史上第三届工党政府建立,工党领袖艾德礼出任首相。

工党之所以能在丘吉尔内阁威望正高时击败保守党,其中有着深刻的社会历史根源。战前保守党内阁推行绥靖政策不得人心,英国公众对保守党失去信心。战争结束前夕,英国元气大伤,沦为二流国家,国内政治经济矛盾重重,但保守党内阁依然推行传统政策,人民群众深为不满。在这种历史背景中,工党提出了民主社会主义的政治纲领。提出了顺乎民心的社会改革措施,因此吸引了期待社会改革的大批选民。

工党的政治纲领包括四项主要内容,即以最低工资限额和最长工作时限等保障国民最低生活标准;实行工业民主监督,实行工业国有化;向高收入者和资本家征重税,用此办法维持公共服务业;利用国家财政发展文化教育事业等。艾德礼解释民主社会主义时说,这是一种把个人自由同计划经济、民主同社会公正结合起来的制度,社会主义将在民主和自由的道路上建立起来。

国有化的措施　　由于工党在议会中占据绝对多数,所以艾德礼政府在实行国有化改革方面比较顺利,有关国有化的立法在议会顺利通过。1945 年底,议会通过大英银行国有化法案,建立了英国史上第一个国家银行,并将银行股票换成了国家股票。1946 年开始实施煤炭工业国有化。政府用 1.6 亿英镑的补偿费,将全国 800 家公司收归国有,并建立煤炭工业管理局统筹经营。1947 年 8月以后,政府先后依据一系列国有化法令,在铁路运输、电力、煤气、航空、电讯、航运等企业部门推行国有化。在这些部门推行国有化政策时,工党政府并没有遭到资产阶级的反对,丘吉尔说:"依我看,它不牵涉原则性问题"。

但是,当在冶金工业推行国有化时,政府遇到了很大的阻力。当时冶金工业

的产权同机械工业及其他工业交叉重叠,经济状况较好,绝大多数企业主不希望实现冶金工业国有化。1948 年 10 月,政府在下院通过了冶金工业国有化法案,但却被上院行使的缓置权搁浅了。上院缓置权有效期限为两年,工党利用议会通过了一项新法案,将其年限改为一年,上院就必须在 1949 年 10 月答复下院议案。上院在被迫同意冶金工业国有化法案时,附加了许多条件,到 1951 年 2 月 15 日,这项法案才正式生效。这样,1945 年大选时工党的国有化纲领全部落实兑现了,这使工党政府威信增加,其民主社会主义的政治纲领能继续顺利实施。艾德礼说,在英国,资本主义同社会主义的优点已经综合在一起,而它们的缺点正在得到改正。

战后英国的国有化改革没有遭到资产阶级的强烈抵制,得以较为顺利进行的原因是多方面的。从理论上分析,民主社会主义纲领和凯恩斯经济学观点有许多相通之处。凯恩斯通过国家财政和货币手段调节经济、解决社会充分就业的理论,虽然没有明确提出国有化政策主张,但并不反对英国民主社会主义政治纲领,不反对用国有化的措施挽救社会经济危机。从英国经济发展历史看,进入 20 世纪,英国经济出现了严重问题,即"英国病"。资产阶级也深感有必要对社会经济结构实行某种改革,改变单一资本主义私人经济形式。在改革探索中,已经提出"混合经济"形式,提出运用国家财政预算来调节经济和实行国有化的问题。第二次世界大战前,英国政府就已经建立了个别国营性质的企业。从战后英国经济发展的实际需要看,衰退中的英国,如果单靠私人资本进行经济与技术改革,显然力不从心。资产阶级普遍认为应当由国家提供资本和技术。国家直接参与并进而实施国有化政策,资产阶级是欢迎的。从政策实施过程看,工党政府采用补偿办法,以高于市场价格的政府债券换取企业股票,企业主从中得到不少好处,尤其是那些长期亏损的铁路、煤矿等企业的企业主更是如释重负,当然也就没有抵制的理由了。此外,政府让大批企业董事、经理留在原企业内继续供职,并保持原企业内部工人就业的稳定,使长期亏损企业内的工人也能得到保障,因此,从人的角度来看,积极支持工党政府实施国有化的社会基础是比较广泛的。

实施国有化以后,英国经济逐渐摆脱了困境,出现了较长时期的低速稳定增长。同时,它促进了战后工业部门的技术改造和进步,降低了企业成本,增强了英国商品出口竞争力。但同时,国有化也使英国政府背上了沉重的财政负担,随着经济发展,又出现了许多新的问题,使英国民主社会主义政策遇到严重挑战。

社会改革与"福利国家"　　工党政府实施的社会改革首先从恢复和保障劳动者合法权益入手,废除了 1927 年保守党政府制定的"工会法"。1946—1948 年,政府改革了保健制度。规定给居民实行免费医疗,并建立统一的国家保健制度,使居民医疗服务条件得到显著改善。1945—1948 年,政府实施了社会保险制度改革、规定发给新生婴儿补助金和儿童教育补助金,对工伤事故和职业病者、孕妇、失业者发给补助金,对寡妇和老年人予以养老金和丧葬补助金。当时,按规定领取上述补助金的投保人数达2 300多万人。在社会服务方面,政府提高了中学毕业年龄,对满11岁的儿童实施免费中等教育,并享受补助或免费午餐;增加了大学奖学金;并营造公寓住宅,以期改善居民居住条件。工党政府的社会改革是英国历史上的一个进步,主要受益者是广大劳动群众,也是英国长期的劳工运动的必然结果。

在英国,虽然"福利国家"出现于战后,但其思想始发于19世纪后期。当时资产阶级经济学家、工会领袖等,在研究英国社会矛盾时,提出了采用温和、渐进方式进行收入再分配的设想。20世纪初,英国有关实行社会保障制度的思想广泛传播,甚至像威尔斯亲王、张伯伦一类人物也予以认同,呼吁通过国家主持收入再分配,满足低层社会需求,抑制国内阶级矛盾对立与激化。但当时,"英国病"尚未充分暴露出来,实施"福利国家"的客观条件不成熟。战后,英国经济与社会矛盾都演变到极其严重的地步,为了摆脱困境,寻求发展,工党政府采用"福利国家"政策,实施社会改革,可谓顺乎历史潮流的明智选择。

"福利国家"在消除社会不公、保障居民基本生存条件、促进社会民主与公正方面,确实发挥了重要影响与作用。同时,它也产生了缓和社会矛盾、促进政治安定、巩固资产阶级政治制度的重要影响和作用。另一方面,随着社会发展,"福利国家"越来越成为英国政府的沉重负担,它与经济发展的效率发生了矛盾,日子一久,又产生了新的社会问题,如人才外流、人口老龄化、中产阶级日渐削弱等。这个问题已发展成为"英国病"的新病因。

保守党重新执政及其政策   保守党在1945年大选中惨败之后,从两个方面进行了改组和调整。一是改善党的形象,吸收了一批新人进入核心圈子,这批新人包括有专家、经济学家等,以期给选民一个崭新的面孔。二是修改调整了党的纲领,采用了许多新口号,如"把财产分散给尽可能多的人"、"职员参加利润分配。"这些口号更多的是说给广大选民听的,目的在于适应战后形势发展。

与此同时,工党政府却因一系列的经济问题狼狈不堪,企图削减福利开支却得罪了广大选民,企图插手国际事务、维护大英帝国殖民体系,却背上了沉重的军备包袱,到1951年,工党政府财政赤字高达4.6亿英镑,受到保守党猛烈抨击和非难。工党决定于10月提前举行大选,结果在选举中败北。保守党以丘吉尔为首重组内阁,对工党政府的许多政策实施反攻倒算。

丘吉尔内阁针对财政经济状况恶化、福利支出负担过重等情况,提出"金融复兴特别纲领",决定削减粮食和原料等项的进口额,削减保健、社会保险、社会服务事业等开支。1954年,政府还降低了超额利润所得税,进一步扩大了收入不平衡的差距。但是,在国有化问题上,保守党仅仅取消了冶金工业国有化法案,对其他行业的国有化未作改变。在福利政策方面,也没有采取大倒退政策,基本继承和沿用了工党政府建立的福利制度框架。在这两个问题上,保守党与工党的基本一致,反映了英国战后社会改革和国有化政策的深刻社会背景,也反映了人民群众对社会改革的支持是难以逆转的。

二、法国的政权更替和经济发展

战后法国的政治经济局势 1944 年 6 月法国解放,8 月成立了以戴高乐为首的临时政府,国内外抵抗运动各派力量包括共产党,均被聚集在这个政府中。从各派力量对比看,戴高乐领导的自由法国运动曾是民族复兴的象征,战后当然领导法国和政府,共产党也予以积极支持。但是,在建立什么样的新国家问题上,戴高乐派与法国左派之间分歧甚深。戴高乐期待继续发挥他在战时确立的政治领导地位的影响,将法兰西建成一个总统制而不是议会制的国家。在总统制体制下,戴高乐将拥有更大的权力,用以推行他的政治纲领和各项政策。政府对总统而不是对议会负责。

但是,以共产党、社会党、人民共和党组成的左派联盟,主张建立一院制议会体制,实行村社和地方自治。在多党制议会中,左派可以更好的发挥自己的政治影响。此外,还有一些党派主张恢复战前第三共和国时代的体制。这个问题提交给全民投票公决。1945 年 10 月 21 日,全民投票结果,否定了第三条道路,同意组织立宪会议起草新宪法,决定国家新体制。在立宪会议选举中,法共获 152 席,社会党获 142 席,人民共和党获 141 席,余下 81 席为各类激进派、右派组织所得。这个局面,加强了左派对战后体制选择的力量,也加深了左派与戴高乐派之间的分歧。

1945 年 11 月,戴高乐组织新政府,3 个左派组织各有 5 名成员进入,法共获得 4 个部长和 1 个副总理职务。新政府中,戴高乐派只有 6 名成员。其后,戴高乐与新政府之间的矛盾不断升级。12 月间在讨论预算及军事贷款问题时,左派组织联合反对戴高乐,1946 年 1 月 20 日,戴高乐宣布辞职。社会党人弗里克斯·古安接任政府总理,形成左派三党执政的联合内阁局面。

战争给法国经济造成 1.4 万亿法郎的惨重损失。由于国土沦陷,横遭战火烧夷和掠夺,法国国民经济基础工业破坏严重,战争结束时,运输业已处于崩溃状态,工业产值仅为战前水平的 20%。农业经济被破坏程度亦很严重,产量降至战前水平的 50%。戴高乐政府采取一系列政策来稳定经济,并没收了战时与法西斯合作的北部资本家的一些厂矿企业。1944 年 12 月至 1945 年 12 月,政府宣布将北部煤矿、雷诺企业、诺姆洛讷飞机制造公司、民用航空、银行业和信用贷款收归国有。这些国有化政策,为战后政府稳定经济,加强国家调控经济能力起到了积极作用。古安政府时,进一步加强了国有化趋势,将煤矿、煤气、电力生产部门完全国有化了。

法兰西第四共和国　　左翼三党联合政府组成后,即着手制定民主新宪法。在立宪会议的宪法委员会中,社会党与共产党的代表居多数,他们较顺利地起草了一部单一议院体制、强调保障劳动者经济和社会权利的宪法草案,并获得立宪会议通过。但这部宪法遭到反对党及戴高乐的强烈抨击反对,并于1946年5月5日全民公决时被否定。在6月2日举行的第二届立宪会议选举中,左派三党仍居前列,获胜的人民共和党组阁,乔治·皮杜尔取代古安出任总理。在修改宪法过程中,左派采取现实态度,制定出一部保留资产阶级权利和传统秩序的新宪法,并于1946年10月13日全民投票通过,于12月24日正式生效。法兰西第四共和国宣告成立。

1946年11月的议会选举,社会党获胜,组织了一党政府,里昂·勃鲁姆出任总理,但仅维持几十天,于1947年1月被保罗·拉马第取代。拉马第组成左派三党联合政府,法共得到5个部长职务,其中弗朗索瓦·皮佑担任了国防部长一职。由于法共政治影响日渐增长,在政府中获得重要职位,引起右翼势力猜忌,左派政治联盟内部矛盾也日益激化,发生了进一步分化。1947年4月,法国发生罢工浪潮,法共予以支持,社会党借机排挤法共,法共宣布退出政府。左派三党政治联合即告破裂。此后,法国政坛更加风雨飘摇,政府危机层出不穷。从新宪法生效到1958年5月戴高乐重新上台,12年间政府更换19次,足以说明第四共和国迅速瓦解的原因。

第四共和国建立后,政府采取一系列经济改革措施,努力发展国民经济。总的政策仍然是坚持国有化的方向,继续实现重要经济部门的国有化。1947年初,政府制定出"莫内计划",对煤、电、钢铁、水泥、农机、运输六种主要工业部门规定了为期四年的生产指标;并计划大量进口原料和机械;同时由政府投资,在罗纳河流域兴建大型电力工程。这个计划对法国经济恢复产生了积极影响。1947—1948年,法国工业生产恢复到并部分超过战前水平,生产呈继续增长趋势。同时,法国得到马歇尔计划的数十亿美元,并无偿使用尚未释放的德国战俘劳动力,无疑也有助于法国经济的发展。到50年代,法国经济稳定增长,平均增长速度虽然落后于美国、西德、日本等国,但一直比英国要高些。但是,在第四共和国时期,经济发展的矛盾日渐突出,国有化政策产生的低效率和巨额亏损开始困扰法国经济。加之不断进行的保护殖民地利益的战争,使法国军费空前增长,消耗不断增加,给经济发展带来更为沉重的负担。这些因素导致第四共和国经济难以高速发展,并构成了政治上的危机。

法兰西第五共和国　　战后,在世界范围内兴起了如火如荼的民族独立运动。法属殖民地如印度支那、阿尔及利亚等地区,民族独立运动都发展成武装斗争的局面。第四共和国政府采取严厉镇压政策,不断向殖民地增派军队,军费也急剧增加。但是,镇压政策并没有奏效,反而使法国政府陷于政治经济困境,危机重重。1958 年 5 月 13 日,驻阿尔及利亚法军将领发动兵变,兵变迅速蔓延到法国境内,政府再度出现危机。当时,兵变策划者和国内一些政治集团都希望戴高乐能出山主政,戴高乐也发表谈话说他已准备好承担国家领导重任。现任政府总理皮埃尔·弗林姆兰和总统科蒂与戴高乐举行了谈判,决定按戴高乐提出的条件交权。5 月 28 日,政府辞职,总统于 29 日发表咨文,呼吁议会给予合作,否则总统也将辞职。6 月 1 日,戴高乐正式接管政府,出任总理。

戴高乐制定的政治纲领主要有两项内容,一是建立总统制的新政体,全面解决法国政治经济危机,二是结束殖民战争,政治解决殖民地民族独立问题。

1958 年 6 月 12 日,新宪法起草工作开始,9 月 4 日,新宪法草案由戴高乐正式提交给法国人民会议。新宪法加强了总统权力,削弱了议会作用,规定总统为国家元首,拥有广泛的行政任命权,包括任命总理,总统可以解散议会,有权在紧急状况下行使独裁(这期间不能解散议会)。总统由选举团选举产生,任期 7 年①。新宪法于 9 月 28 日举行的全民投票中获得通过。根据新宪法,法国在同年 11 月举行了国会选举,12 月 21 日举行了总统选举,戴高乐当选为法兰西共和国总统,标志着第四共和国的结束和第五共和国的正式建立。

戴高乐上台后,制定了一系列经济措施,努力发展国民经济,首先在短期内稳定了国内经济市场,缓解了通货膨胀、国库亏空、外贸逆差等矛盾。从 1958 年开始,政府实施了三个现代化和装备计划,到 60 年代末,使法国国民经济获得明显的进步与发展。60 年代,法国工业生产年增长率达到 6.9%,不仅高于英国和美国,而且超过了联邦德国。在农业方面,于 60 年代初完成了机械化,产值逐年上升,60 年代末,法国由农产品进口国转变为世界第二大农产品出口国。

法国实现经济高速增长的措施主要是:加强通过国有化手段实现国家对经济的干预,并辅之以资本主义的计划化,确定发展目标,努力促进经济增长;摆脱法国经济对美国及马歇尔计划援助的影响,面向欧洲市场,努力联合欧洲国家发展共同市场,扩大贸易出口,建立独立的民族经济;鼓励和积极推进科技进步和全民教育事业,不惜投入巨额资金发展高科技产业和支持科学研究活动,国家投资开办职工职业培训工作,有力促进了劳动生产率的提高;重视国民经济综合平衡发展,工业现代化与农业现代化并举,使农业稳定增长,为工业提供了必备的基础条件、劳动力后备军和良好的产品销售市场。

在殖民地问题上,新宪法规定成立新的法兰西共同体以取代法兰西联邦,各附属国在内政方面享有自治权并保留随时退出共同体的权利。多数殖民地当局

---

① 1962 年,宪法修正案规定总统直接选举,虽然国会反对,但却在公民投票中以 62.5%的多数获得批准。

批准了新宪法,只有几内亚宣布于 1958 年 10 月独立。1960 年,除法属索马里外,其他殖民地都宣布独立,阿尔及利亚问题也得到政治解决,法军撤回本国,法国自从 1939 年 9 月以来第一次获得了和平。

三、北欧国家社会民主党政府及其福利国家政策

社会民主党政府　　战后北欧五国,即瑞典、丹麦、挪威、芬兰和冰岛都相继建立了社会民主党政府。瑞典社会民主党早在 1932 年就取得选举胜利组阁,1944 年它再次在议会选举中获胜。丹麦社会民主党虽在 1945 年 10 月选举中失败,但很快于 1947 年 10 月的选举中获胜组阁。挪威和冰岛的社会民主党(工人党)都是 1945 年大选获胜组阁的。芬兰战后初期建立了民主合作政府,它是由在大选中获胜的社会民主党、农民联盟和芬兰人民民主联盟共同组成的。1948 年,社会民主党在国会选举中获胜,组织起一党政府。

北欧国家社会民主党政府均在战后大力推行社会改革政策,广泛实行民主社会主义的社会改良,利用国家调节手段监督发展经济,并建立起旨在保障劳动者社会政治经济合法权益的国家政策体系。其中"福利国家"政策被普遍推行,对稳定战后国内社会政治经济秩序,发展经济,起到了明显的促进作用。战后至 50 年代初期,北欧国家均摆脱了经济困境,相继出现了经济繁荣的景象。社会稳定,经济发展,是战后北欧国家的基本特点之一,也是社会民主党政府长期坚持社会改革政策的结果和社会民主党能长期执政的主要原因。

瑞典的福利政策　　以"福利国家"为特征的社会改革在北欧五国内各具特色,其中瑞典最具代表性。福利国家政策,早在 1932 年瑞典社会民主党第一次上台执政时就提出来了,它在"人民之家"旗号下推行。内容主要包括两个方面:一是建立各种保险制度,建立失业救济金、养老金、病休金和儿童津贴;二是提供各种免费或低费社会服务,如教育、医疗、托儿等。这种政策被称为"从摇篮到坟墓"的福利政策。二战后,社会民主党政府积极推行因战争中断了的社会福利政策,并有新的补充和发展。

1946 年,瑞典议会通过基本退休金法案,规定凡 67 岁(后改为 65 岁)以上公民均可按月领取退休金,数额为退休前 15 个最高收入年份平均数的 60%,来源为劳动者交纳的保障税。1975 年,由劳动者个人交纳改为企业负担。1959 年,议会通过补充规定,使领取退休金的情况和过去工资、技能、收入等级挂起钩来。全民医疗保险开始于 1955 年,内容主要有医药保证和病休津贴、婴孩、病孩家长津贴等。凡有正式收入的成年人按月缴纳收入的 12.8% 作为医疗保险税,即可免费就医。对因病、护婴、护理病孩的人实行 90% 的津贴,不满 12 岁的孩子的家庭,每年可领取两个月的特别家长津贴。高等学校实行免费教育,并提供奖学金和学生贷款(无息)。失业者可得到纳税后平均工资 92% 的救济金,在劳动

市场,失业者可得到现金救助。在住房方面,政府大规模兴建住宅,用津贴方式提供给居民。此外,国家还兴办养老院、提供家庭服务等各项社会服务。瑞典的福利国家政策比之其他资本主义国家,政策系统完备,福利水平高,受益面广,社会效果显著,被称之为"福利国家的橱窗"。

但是,随着福利国家政策的长期推行,瑞典国家经济出现了许多新问题,从70年代起不断困扰国家经济发展。首先是巨额公共开支加重了财政负担,引起巨额财政赤字,刺激了通货膨胀不断加剧。其次是劳动积极性下降,生产增长率降低,导致产品竞争能力下降,出现经济结构危机,失业率上升。再则是沉重的税务负担,企业、个人和社会都不堪担负,造成企业后劲不足,设备改造更新缓慢,经济效益下降等问题,影响到整个国家生产水平,也使国民收入增长滞缓。这些问题被称作"瑞典病",久治难愈。

职能社会主义与社会党国际　　北欧国家社会民主党政府的战后社会改革措施的理论基础是民主社会主义,也称"职能社会主义"。社会民主党认为,这是通过社会改良方式实现社会主义的政治目标。其实,从国家本质上看,包括瑞典在内的北欧国家仍是典型的国家资本主义社会,这是战后发达资本主义国家社会政治经济发展的新形式。所谓的"职能社会主义"仍然是国家资本主义意识形态的一种体现。由此可见,类似"瑞典病"这一矛盾,恰好是资本主义发展到国家资本主义阶段,社会政治经济矛盾和危机的制度特征。1951年6月30日,世界上34个国家的社会党、工党、社会民主党组织在联邦德国的法兰克福召开大会,决定正式成立社会党国际。经过战后数十年发展,社会党国际已发展成拥有69个组织成员、在十多个国家入阁主政的国际组织,尤其在欧美资本主义国家中发挥着愈来愈重要的影响。

社会党国际的历史可以追溯到19世纪社会主义运动和第二国际。一战后,第二国际破产派生出伯尔尼国际和维也纳国际即第二半国际,1923年,这两个国际联合组成社会主义工人国际,它在第二次世界大战中基本中止了活动。二战后期,西欧社会党人重又开始建立新国际的活动。经过1945年3月伦敦会议、5月克拉克顿会议,于1947年11月安特卫普会议上正式建立了社会党国际的常设机构,即国际社会党委员会。在其后几年中,数次召开代表会议,到法兰克福会议已是第八次代表大会。法兰克福会议讨论并通过了社会党国际组织的章程和纲领,选举了领导机构,确立了组织机构,总部设在英国伦敦。摩根·菲利普斯当选国际主席,尤利乌斯·布劳恩塔尔当选国际书记。

社会党国际的理论基础是"民主社会主义",它综合了近代以来社会主义运动中形形色色的政治思潮,如伯恩施坦主义、考茨基主义、饶勒斯主义、凯恩斯主义、存在主义等等。马克思主义也被视为其中的一个组成部分。这个庞杂的思想体系的出发点即是指导思想的多元化,《社会党国际成立宣言》中宣称,各成员党不必受某一思想约束,可独立持"中立的世界观"。社会党国际奉行的"民主社会主义",既是一种理论,也是一种政治实践。战后实践中出现了多种类型,如联邦德国的"参与社会主义",北欧和英国的"职能社会主义",法国的"结构改革社会主义"等。它们的共同点在于,都以社会主义为政治目标,具体讲就是指导思想多元化、政治民主化、经济民主化、社会民主化、文化进步和国际民主化,实现政治目标的途径是和平与民主。

社会党国际战后发展经历了两个阶段。战后至60年代,基本理论与政策受西欧大国政治环境影响,虽然提倡民主、自由、平等,提倡消灭阶级差别,保障劳动人民政治经济权益,但有鲜明的反共主义色彩,把推翻共产党执政的任务放在重要位置上,并在外交上坚持东西方对抗、维护殖民主义政策。70年代以后,社会党国际逐步缓和了与共产党的关系,奉行较为现实的社会改良政策,但仍然既批判资本主义又否定共产主义。

第三节　杜鲁门、艾森豪威尔政府的
对内政策与美国社会经济

一、反共、反民主浪潮和麦卡锡主义

对内政策反动性的加强　战后初期,当欧洲和其他一些地区由于法西斯主义被粉碎而在政治上出现某种程度的松动时,美国却在内政上大大强化了反动统治。战争期间及战后美国国家垄断资本主义的进一步发展,垄断组织对国家机器控制的加强,以及垄断资本推行独霸全球的侵略计划,是导致对内政策反动性加强的根本原因。统治集团力图把那些反对其对外政策方针的民主进步力量压制下去,以保证自己在夺取世界霸权的斗争中有巩固的后方,在反苏冷战中增加自己的筹码。

还在战争结束前夕,美国统治集团就开始以"叛国"、"间谍"为名向国内进步人士进攻。1945年6月,美国战略情报局指控享有盛誉的学术性刊物《亚美》杂志窃取并披露了它内部的"机密"报告,并扣上"叛国大罪"的骇人听闻的帽子。其实,那些材料不过是国务院前一时期对美国驻中国记者所作的无关紧要的简况介绍。1946年,加拿大发生了一起"苏联间谍案"并涉及美国原子弹研究部门,由此在美国掀起了苏联"极权主义"和国内共产主义威胁的喧嚣。1947年3月22日,即杜鲁门主义宣布后10天,杜鲁门签署了9835号行政命令,即所谓"忠诚调查令"。命令对所有250万机关职员、学校教员和研究人员等进行忠诚检验。在执行忠诚调查计划的五年期间,联邦调查局审查了400万左右的联邦政府雇员和申请政府职位的人。2 000多人被解雇或被迫辞职。他们大多数不

过是发表了不同政见,或仅仅与共产党的同情者有过一般交往。1950年,全国忠诚复审委员会主席塞思·理查森承认,在被解职的这些人当中,"一个间谍案件的证据也没有发现"。在忠诚调查期间,军队、地方政府、社会各界及私人企业也都开展了忠诚调查和忠诚宣誓。全国有1 350万人,约占全部劳动力的1/5,受到某种形式的忠诚或安全调查。当时,一个人一旦受到全面调查,就成了嫌疑分子,邻居不敢和他打招呼,其子女不能参加童子军等。

美国当局的反劳工活动也在反共歇斯底里的叫嚣中加紧进行。1947年6月,参众两院通过了《塔夫脱-哈特莱法》,即《1947年劳资关系法》。这项法案是由全国制造商协会和美国商会的法律顾问们草拟的。杜鲁门害怕失去工人选票,否决了这一法案。但国会两院以多数票再次通过。其主要内容是,禁止全国性同业工人的集体谈判,集体谈判的范围只限于50英里之内,禁止工会与资方订立只许雇用工会会员的合同;司法部有权制止罢工,法院有权发布命令,80天内不准罢工;禁止支援性抵制;禁止联邦政府工作人员举行罢工,参加罢工者立即予以开除并禁止在三年内担任国家职务;禁止共产党员担任工会领导职务;工会负责人必须呈交非共宣誓书,说明自己不是共产党员或同共产党有联系的组织的成员,说明自己不赞成共产党的观点,不鼓吹用武力或违犯宪法的手段推翻美国政府。美国当局不仅用这一条反对共产党的领导人,而且也用来反对任何可能被指控为共产党人的进步工会领导人。《塔夫脱-哈特莱法》的一个主要特点,就是从根本上修改了1935年的《华格纳法》,取消了工人阶级在第二次世界大战前夕通过顽强斗争获得的那些工会权利。

美国进步工会领袖们愤怒谴责《塔夫脱-哈特莱法》旨在重新建立对劳工的"禁令统治",他们抨击资方掀起"精心策划的、穷凶极恶的运动以摧毁或者摧残劳工运动"。广大工人谴责该法是"奴隶劳工法",并为废除该法坚持了多年的斗争。

1948年7月,政府依据1940年国会通过的《史密斯法》,以"阴谋活动"的罪名对以威廉·福斯特为首的12名美国共产党领袖提起公诉。审讯把共产党说成是"阴谋组织",而把全体共产党员说成是"阴谋"参加者。审判终了时,不仅被告被判罪,连辩护人也被判罪,其罪名是积极为被告辩护而"藐视法院"。联邦最高法院拒绝接受被告的上诉书,并判定《史密斯法》符合宪法。美国共产党全国委员会当时在声明中指出,这个判决"破坏了长达160年之久的人权法案。保障言论、出版和集会自由的第一条修正案已失去它原有的意义了"。联邦最高法院非法剥夺了美国一个政党应享有的宪法权利和自由。

在反共高潮中和在美国侵朝战争的背景下,美国国会于1950年9月通过了《国内安全法》,即《麦卡伦法》。该法由两章组成:第一章是1950年颠覆活动管制法,第二章是1950年紧急状态期间拘留法。其矛头对准一切进步组织,首先是美国共产党。这项法律把共产主义说成是在"一个外国政府"领导下的、要"在世界各国"建立"共产主义的极权独裁制度"的一种"阴谋"。并根据这种诬陷规定,所有"共产党组织"都要在司法部进行登记,还授权总统,在其认为国家处于"非常状态"时期,可通过司法部把"共产主义组织"的成员无限期地关押。《国内安全法》是对人权法案和美国宪法规定的公民权利的公然践踏。

1949年8月苏联第一颗原子弹爆炸成功,10月中国人民革命取得了胜利,这两件事使美国统治集团受到沉重的打击。他们大肆渲染"共产主义威胁"笼罩于美国大地。共和党则加紧了对执政的民主党的攻势。他们指责民主党政府是"丢失中国"的罪魁,并且"面对共产党的渗入丧失了辨别能力"。正是在这反共主义的一片喧嚣声中,麦卡锡主义出笼了。

麦卡锡主义　　1950年2月9日,共和党参议员约瑟夫·麦卡锡在西弗吉尼亚州惠林市发表演说,指责国务院中"充斥着共产党人"。他声称,"我手中有一分205人的清单,这些人是在国务院工作、却从事颠覆活动的真正共产党人"。不过后来减为57人,不久又增至81人。从此,麦卡锡就开始了法西斯式的迫害活动,以他的名字命名的"麦卡锡主义"此后在美国政治生活中统治多年。

麦卡锡煽动反共歇斯底里,到处捕风捉影,任意指控,制造白色恐怖。受麦卡锡攻击的人,从政府官员到好莱坞电影演员的广大社会阶层,当时几乎没有什么人是不能被怀疑的,而受到怀疑就等于有罪。对许多人来说,受麦卡锡委员会传讯就意味着被解雇工作、丧失社会地位和被列入"黑名单"。很多美国人天天担心忽然祸从天降。许多教师、工会会员和公务人员被"从他们的职位上赶走,全国各地成千上万人的生计被毁了"。在这种白色恐怖下,社会学教师如果不骂"共产主义奴役",就有被解雇的危险;辛辛那提棒球红队一度改了名字;连美国小姐候选人都必须陈述对卡尔·马克思的看法。1950年至1952年期间,麦卡锡周游全国,对罗斯福和杜鲁门民主党政府的对外政策,特别是对华政策横加攻击。与中国问题有关的外交人员如谢伟斯、戴维思、范宣德和欧文·拉铁摩尔等均遭审查和迫害。许多民主进步人士和科学家亦不得幸免。被称为原子弹之父的罗伯特·奥本海默先是被怀疑为苏联间谍受到指控,后被诬犯有叛国罪,最后被剥夺了参加绝密工作的权利。170个以上的进步团体遭到迫害。150个城镇通过并实施各自的"共产党登记法",并据此逮捕美国共产党人和进步人士。许多加入美国籍的外国侨民遭到严重迫害。

麦卡锡主义的出现,遭到了美国共产党、一些劳工组织和进步团体的有力揭露和坚决斗争。报刊上出现了强大的反麦卡锡主义的舆论力量,许多城市爆发了抗议示威。另一方面,麦卡锡主义也危及统治阶级的根本利益。杜鲁门政府的反动政策为麦卡锡主义的生长创造了条件,但反过来又自食其果,遭到麦卡锡的一连串攻击。共和党右翼利用麦卡锡主义对民主党政府的"揭露",为1952年大选获胜铺平了道路,但到了1953年底,麦卡锡达到了权势的顶峰,居然把矛头对准了艾森豪威尔政府。麦卡锡利用他担任参议院政府活动委员会和这个委员会的常设调查小组委员会主席的身份,把指控的范围扩大到美国陆军,终于为当局所不容。1954年12月,参议院通过了谴责麦卡锡的议案。麦卡锡丢掉他在参议院的所有主席职位。从此,麦卡锡主义作为美国政治生活中极端反共反民主的潮流而载入美国史册。但是,由于麦卡锡主义植根于美国垄断资产阶级反动的内外政策、特别是全球霸权主义,只要美国当局坚持这一逆潮流而动的政策,麦卡锡主义的阴影就不可能彻底消除。

二、杜鲁门的"公平施政"

杜鲁门政府面临的新问题　战后美国在推行反动的内外政策的同时,为着巩固统治和推行全球霸权主义的需要,也不能不实行社会经济改革。首先被提出的是杜鲁门的"公平施政"纲领。

杜鲁门在战争取得胜利的形势下,面临着一系列新的棘手问题。首当其冲的是军队的复员,1945—1946年美国经历了"武装力量瓦解"的过程。五角大楼原计划两年内只复员200万人,但由于士兵们纷纷要求尽快返回家园,复员人数骤然增加造成国内就业、住房和教育等方面的种种困难。美国工人阶级为争取提高工资和改善福利待遇,保持和扩大战时获得的经济利益,从1945年秋季起掀起了巨大的罢工浪潮。杜鲁门承认说,"劳工纠纷在大战行将结束的几个月内发展了起来,并在我任总统的初期突然激烈起来。这是我作为美国总统所面临的国内问题中最困难和旷日持久的问题之一"。此外,黑人反对种族歧视,争取民权的斗争也在加剧,加上通货膨胀、物价飞涨、房荒问题严重等等,都使阶级矛盾进一步激化,社会不稳,并有可能导致30年代大危机的再现,这一切又影响了美国全球扩张政策的推行。正是在这样的背景下,杜鲁门政府提出了它的"公平施政"纲领。

"公平施政"的内容和实质　1945年9月6日,杜鲁门向国会提出战后第一个关于内政问题的综合性咨文,内容21点,包含了"公平施政"纲领的基本内容。1949年1月5日,杜鲁门在提交国会的年度咨文中,正式提出"公平施政"的政策纲领。把过去各种建议合并起来,形成一个更广泛、更系统、更具体的计划。计划包括,制订就业法案;继续冻结物价和房租,控制通货膨胀,建造廉价公共住宅;实行国民健康保险;扩大社会保险范围,提高最低工资限额;保护和开发自然资源等。其中最关键的一项是就业问题。1946年2月20日杜鲁门签署了《1946年就业法》,规定由联邦政府协调并利用其计划、政策、职权和资源,来保持为寻找工作的人提供有益的机会,保证最大限度的生产和购买力,以避免再次出现 30 年代的大萧条。从而把政府的宏观调节提到了一个新的水平。杜鲁门大肆鼓吹所谓的"公平施政"并许愿说,"我国居民的每个阶层和每个人","都有机会从我国日益增长的繁荣中获得他们公平的一份"。他把"公平施政"夸耀为他第一次提出的"自由主义和进步主义的详细纲领。"

"公平施政"实质上是罗斯福"新政"式国家垄断资本主义的继续和扩大,只是此时的国家干预变得更加不可缺少而成为美国资本主义结构的有机组成部分;其目的在于用国家干预的手段,通过自由主义的改良措施,掩盖资本主义剥削,缓和阶级矛盾,防止社会革命,同时延缓经济衰退并最大限度地促进私营企业的生产。此外也是为了抵制社会主义国家消除剥削和实行广泛的社会福利制度对资本主义国家劳动人民的影响,为其"冷战"政策和全球霸权主义服务。

"公平施政"的提出使杜鲁门在 1948 年 11 月的大选中出人意料地击败了共和党人杜威,蝉联总统之职,恢复了民主党在参众两院的优势。但"公平施政"本身取得的成就是非常有限的。所谓"公平施政",所谓每个美国人都会获得"公平的一份",在美国这样一个垄断资产阶级统治的国家无异于对劳动者的欺骗。至于许多改良主义立法,除建筑廉价公共住房、清除贫民窟和将每小时最低工资提高为 75 美分等项获得通过外,其他许多重要立法由于受到主张维持现状,反对改良,反对政府干预经济的保守派的竭力反对而未获通过。实际上"公平施政"是雷声大雨点小。到 1950 年,杜鲁门政府忙于侵朝战争和应付国内的所谓"颠覆"活动,公平施政就偃旗息鼓,宣告了自己的失败。

三、艾森豪威尔的现代共和党主义

社会经济政策的二重性   1953 年 1 月艾森豪威尔宣誓就任美国总统。这是共和党人在民主党执政 20 年后第一次胜利。艾森豪威尔的内阁成员大多数是百万富翁,被称之为"大亨施政"。来自通用汽车公司的新任国防部长查尔斯·威尔逊说得明白:"多年来我一向认为对我们国家有利的,对通用汽车公司也必然有利,反过来说,也是这样"。内政部长道格拉斯·麦凯用一句话概括了内阁全体成员的看法:"我们是代表工商业来这里执政的"。

艾森豪威尔刚上台时,许多美国人都以为要有所变化。特别是共和党保守派,把艾森豪威尔的上台看做是民主党人 20 年来社会改良的结束,和传统共和党主义的复辟。但是,艾森豪威尔政府在内政上走的是一条被称为"现代共和党主义"或"能动的保守主义"的中间道路。它表现为主要社会经济政策上的二重性:自由放任与政府干预互相渗透。一方面承袭 20 年代在共和党内居于统治地位的联邦政府不干预经济问题的某些传统思想,主张坚决压缩公共开支、缩小联邦政府的活动规模;一方面又认可甚至扩大罗斯福新政以来民主党政府所实行的某些社会经济政策。例如,艾森豪威尔执政八年期间,曾试图平衡预算,取消战时对物价与工资的管制,以前所未有的规模将战时急剧增加的国家财产和国有企业廉价出售给私人垄断组织。还呼吁各州和地方更多地承担原来由联邦政府承担的职责。但是,这种把联邦政府的职责大量转移给州和地方政府以及私人企业的尝试是注定要失败的。在艾森豪威尔任职期满前一年的1960年,联邦政府的规模和结构基本上与1952年没有什么区别。

国家垄断资本主义的发展潮流　　上述情况说明了一个基本事实,即新政以来美国国家垄断资本主义的发展在50年代已成为不可逆转的潮流,共和党执政也不能反其道而行之。艾森豪威尔1954年说:"如果任何政党试图废除社会保障和取消劳工法律及农场计划,那么你将会在我们的政治史上不再听到这个党了"。因此,从总体上看,艾森豪威尔政府执政期间基本上沿袭了民主党的社会经济政策,在某些方面还有所扩大。

例如,1954和1956年,艾森豪威尔促使国会两次修改社会保障法,使过去未享受保险待遇的几百万人纳入保险计划,失业保障范围也有所扩大。到1960年,得到社会保障立法的人达到5 800万。1955年的新的最低工资法将最低工资额由每小时75美分增至1美元。1957年,苏联第一颗人造卫星上天后,美国国会于1958年9月通过了国防教育法。依照这项法律,对大学生提供长期低息贷款,改善中学的基础教育,特别是扩大自然科学和外语教学的范围和提高教学质量,从而使联邦政府在教育方面承担起更大的责任。

艾森豪威尔政府还承担那些风险大、利润低或是私人与地方无力包揽的事业,而这些事业又与私人垄断组织的利益休戚相关。例如,艾森豪威尔政府一方面支持私营爱达荷电力公司承包在斯内克河的赫尔斯峡谷的水坝工程,另方面却要求联邦政府承担耗资多、发电量相对要小的科罗拉多河上游的水电工程。被认为是最有成就的一项创举是1956年制订的州际《公路法》。根据这项法律,联邦政府将为建造州际公路承担90%的费用。在13年中耗资310亿美元,建设了41 000英里州际超级公路网,这是美国历史上最大的公共工程。公路建设推动了旅游业和郊区的发展,并且使私人汽车取代公共交通设施成为美国主要的交通工具。

可见,艾森豪威尔作为共和党总统,没有也不可能中断国家垄断资本主义发展的进程。他在某些方面甚至扩大了民主党人的社会经济改良。所不同的是,他主观上倾向于削减政府开支、实行自由企业制度等共和党传统的目标,在实践上却顺应国家垄断资本主义日益发展的趋势。他在任期终了时对"军事—工业复合体"的巨大影响感到不安并在告别演说中发出警告,正是他矛盾心理的写照。

四、20世纪40—50年代美国的工人斗争和民权运动

工人斗争及其艰苦处境　　第二次世界大战结束后,杜鲁门政府未能有效

地控制物价的上涨,黑市活动猖獗,工人实际工资下降,而资本家的利润却不断增加。1945年至1946年,净利润增长50%以上。工人挣脱了战时不罢工"保证"的束缚,起而抗争。从1945年秋季起,要求增加工资的罢工浪潮高涨起来。1946年参加罢工人数达460万,共损失1.16亿个工作日,相当于战争年代因罢工损失的工作日总数的3倍多。不论是从损失的工作日来看,还是从参加罢工的人数来看,1946年都是美国历史上创纪录的一年。杜鲁门态度鲜明地站在企业主的立场上,威胁说要将所有举行罢工、反对政府的工人征召入伍。国会于1947年6月通过的《塔夫脱-哈特莱法》公然破坏了工人的罢工权。使工人斗争遭受很大打击。1947年至1948年罢工有所减少。但1949年和1950年又出现大罢工浪潮。罢工限于经济斗争,基本上围绕如何分配因生产率提高而带来的收益问题。工人提出的主要是增加工资、缩短工时、改善劳动条件和福利待遇等经济要求,并未表现出政治上的新觉醒。

50年代艾森豪威尔执政时期,1959年曾爆发钢铁工人大罢工,历时116天,是美国历史上最长的罢工之一。这是一场反对任意解雇工人、保卫工人就业权利的斗争,同时也涉及劳动报酬问题。罢工在工人的要求获得某些满足后结束。但整个说来,50年代工人斗争相对沉寂。这一方面是由于政府当局和麦卡锡主义造成的高压恐怖气氛;另方面则由于垄断资产阶级及其政府利用科技革命的成就,主要通过提高劳动生产率和社会改良等比较隐蔽的手段进行剥削,一定程度上模糊了工人的视线,削弱了他们的战斗性。还有一点不可忽视的事实,那就是政府和大公司利用工会来约束和控制工人。无论是"劳联"还是"产联",其领导都控制在机会主义首领的手中。他们都宣称与共和党政府合作,支持反共"冷战"政策,支持侵朝战争。"劳联"和"产联"的职员于1950年底都按《塔夫脱-哈特莱法》,签署了宣誓书,声明他们不是共产党人。"产联"在1949年和1950年开除了11个所谓受共产党影响的进步工会。1955年12月,"劳联"、"产联"正式合并,名为"美国劳工联合会和产业组织联合会",简称"劳联-产联"。合并后的工会领袖继续推行其反共和阶级合作的政治路线。美国工会运动基本上被纳入美国政府和立法可以控制的范围。美国工人阶级的斗争情况更为艰苦和复杂了。

走向觉醒的黑人民权运动　　美国当局反动的高压政策和美国共产党及工人运动遭受的挫折,不能不影响到美国黑人运动,使其自二次大战结束至1955年底的十年间基本上处于低潮时期,斗争主要方式是争取通过有利于黑人的立法和在法院进行起诉一类的合法斗争。但是,黑人劳动群众决不会使自己长期局限于美国当局限定的合法范围,他们终于在50年代中期以后逐步掀起斗争的高潮,成为冲破美国社会相对稳定的巨大力量。

这一高潮的形成有着深刻的国内外根源。在美国,对黑人的种族歧视是根深蒂固的。二次大战期间,大批黑人走上反法西斯战争的前线,作出了巨大牺牲与贡献,但在战争胜利后仍然得不到平等权利。当时约占全国总人口11%的黑人生活在社会的最底层。1952年黑人的工资只有白人的一半,失业人数却是白人的两倍。许多地方黑人仍然被剥夺选举权。南部12个州在交通、公共场所、学校教育等方面实行种族隔离。三 K 党等种族主义组织的私刑及其他恐怖活动,使黑人连起码的人身安全都没有保障。但当美国黑人放眼世界时,亚非拉民族解放运动正在兴起,特别是非洲民族解放运动的成就给了他们很大的鼓舞。1955年4月亚非万隆会议,在美国各阶层黑人中引起了广泛反应。在一次民意调查中,纽约哈莱姆大多数黑人居民都对万隆会议对黑人争取权利斗争的影响作了肯定的回答。

正是在上述背景下,美国黑人日益觉醒并把运动推向高潮。1955年底蒙哥马利城黑人抵制公共汽车的运动,是高潮到来的标志。该年12月1日,亚拉巴马州蒙哥马利市一位黑人妇女因在公共汽车上拒绝把座位让给白人而被捕入狱。这件事激起了全城5万黑人的义愤,他们团结一致,对公共汽车进行抵制。成立了蒙哥马利协进会,并推举青年黑人牧师小马丁·路德·金为主席,以指导运动。运动坚持了近一年时间,有的人为上下班每天得走14英里,有的运动领导人和积极分子房屋被炸,有的失去了工作。广大黑人在危险与恐怖中生活。但他们坚持斗争,直到公共汽车公司撤销了隔离制度。1957年9月,阿肯色州9名黑人学生到小石城中心中学入学。州长奥瓦尔·福布斯调动阿肯色国民警卫队在学校布岗阻止黑人学生上学,1000多名暴徒在市内逞凶,逢黑人就打。制造了激起全世界人民公愤的小石城事件。艾森豪威尔总统为了避免发生暴力事件,派遣联邦军队"保护"学校。这年夏天,在著名黑人领袖罗伯特·威廉领导下,北卡罗来纳州门罗城的黑人进行了集体武装自卫,成功地击退了白人种族主义暴徒的攻击。50年代的黑人斗争为他们60年代规模更大、更有组织、更具战斗性的斗争拉开了序幕。

第四节 国家垄断资本主义的发展与帝国主义的一体化

一、垄断资本主义发展的新阶段

战后垄断资本的新特点 在二战的特殊环境中得到加强与发展的垄断资本,在战后经济复苏和发展过程中又得到进一步加强,使垄断资本发展进入新的阶段。

1948—1954年期间,美国每年平均有252家公司被大公司吞并,1955—

1957 年,这个平均数上升为 514 家。战后,资产过亿美元的公司在美国全部公司资产中的比重逐年增加,1950 年达到 50.8%,1955 年超过了 53.7%。50 年代英国加工业中,资产逾 2 500 万英镑的公司发展到 34 家,其在资产总额中的比重达 47%。到 60 年代,垄断集中趋势仍在加强,制造业 90% 的销售额控制在 5 家公司手中。从 50 年代至 60 年代,5 家公司控制 75% 的行业占整个制造业的比重由 26% 增至 48%。在联邦德国,资产逾亿马克的公司 1938 年只有 25 家,占全国股份资本 25%,1954 年增加到 39 家,1957 年发展至 47 家,占全国股份资本的 44.4%。1950—1970 年间,50 家大公司的利润占整个工业部门总利润的比重由 36% 增加到 50%。欧洲经济共同体内,50 家大公司在采掘业和制造业中的控股权由 60 年代的 35.1% 增加到 70 年代的 45.7%。到 70 年代末,销售额过百亿法郎的大公司,联邦德国 35 家,英国 58 家,法国 29 家,意大利 9 家,荷兰 6 家。这说明,战后垄断资本是在不断加强的趋势中发展的。

从根本上看,垄断资本发展的重要前提是垄断条件下的竞争。战后推动垄断资本发展的具体因素主要有,企业内部不断完善管理,扩大产品市场,增加竞争能力,使大企业垄断资本自身积累迅速增长;依靠经济危机、市场风险变化等时机加快对中小企业的并吞,完成生产进一步集中化;依赖科技进步,扩大企业规模和高技术产品含量,加强生产集中,系统分工,巩固垄断资本的企业基础;战后金融信用机构多样化发展,也为促进生产集中提供了有利条件。

战后垄断资本发展,从趋势分析,有如下几个新特点。一是生产向大公司集中的趋势不断加强,大垄断组织实力增长惊人,加强了对生产的控制和垄断。如联邦德国拜耳公司,60 年代初营业额为 32.6 亿马克,70 年代初为 103.8 亿马克,1983 年猛增至 408 亿马克。飞利浦公司年销售额为 162 亿美元,资产 156 亿美元,拥有 34.3 万雇员,成为超级垄断组织。二是巨型垄断公司数量不断增加,分布范围更加广泛。联邦德国、英、法等国销售额过百亿法郎的大公司数额一直在增加,这些公司组织拥有几十甚至数百家分支企业,在制造业、商业、农业、服务业等方面都占有优势。三是垄断公司在经济活动中的地位显著增强,对社会经济发展的影响空前增长。四是银行金融垄断资本实力空前增长,发展速度惊人。在 20 世纪初,拥有 1000 万美元资本就是大银行,但战后出现的大银行,资产均在千亿美元上下。

若从战后垄断资本发展形式分析,它有如下几个特征。一是生产水平集中即横向扩大,主要是同一部门内的集中,其结果是部门内出现大规模垄断企业。二是垂直集中亦称纵向扩大,是指相互联系的产业部门之间进行的联合或兼并,这是战后最具代表性的集中形式。三是混合集中即垄断组织的多样化发展。这是战后垄断资本发展过程中,针对集中的局限采用的新形式,它使垄断范围扩大到整个社会经济活动范围内。四是跨国集中即跨国公司的建立和发展。它标志着战后垄断资本发展的高峰。

国家垄断资本体系的形成　　国家垄断资本主义在资本主义发展早期就已出现物质基础,至 20 世纪初国家垄断资本初具形态,在一战后的欧洲,特别是德国,它得到较大的发展,逐渐向体系化过渡。国家垄断资本体系的最终形成确立是二战后完成的。

促使战后国家垄断资本体系形成的因素有三点,首先是资本主义私人垄断历史发展的必然结果。在自由资本主义过渡到垄断资本主义之后,垄断加剧了资本主义经济矛盾,造成一系列难以自排的危机,迫使私人垄断资本接受国家的干预和调节。这方面的理论准备如凯恩斯主义、芝加哥学派等已经比较充分,加之民主社会主义理论的实践化,国家垄断资本在战后欧洲迅速发展并不断走向成熟。从一定意义上说,战后欧洲出现的工党、社会党政府的经济结构改革措施,如国有化政策等,是国家垄断资本体系形成的政治催化剂和主要标志。其二是战争的特殊作用促进了国家垄断资本的形成。私人垄断资本成熟发展的欧洲也是两次世界大战的策源地,战争中需要通过国家利用非常手段来调动社会经济潜力为战争服务,就使大量基础工业部门集中到政府管理之下,列宁指出:战争异常地加速了垄断资本主义向国家垄断资本主义转变的过程。应该看到,通过战争中实行的管制性政策完成的国家垄断资本主义有很大的临时性和强制性,并不利于经济合理发展。但是,战时管制措施为国家垄断资本主义发展铺平了道路,清除了障碍,为战后国家垄断资本主义合乎规律的发展提供了必要的物质基础。最后是经济危机呼唤国家垄断资本主义发挥干预和调节作用,把国家垄断资本推向体系化和成熟。资本主义经济危机是其固有矛盾造成的,危机期间,单靠私人垄断和自发市场机制已无法缓解矛盾,无法通畅再生产循环过程,只有国家才能充当调和矛盾、挽救危机的"救世主"。虽然危机中发展起来的国家垄断资本具有某种临时性,但它是资本主义发展合乎规律的发展结果,是有内在必然性的。这一点与战争期间发展起来的国家垄断资本的性质是完全不同的。

总览战后国家垄断资本体系发展过程,它的主要内容基本由如下几方面构成。

一是国家垄断资本的企业体系。这个企业体系的核心是国有化企业,另外还有国有森林和矿山等。战后欧洲资本主义各国国有化企业数目增加迅速,在社会经济活动中地位突出,影响巨大。据统计,70 年代末,法国、英国、意大利三国国有化企业在许多部门都拥有绝对优势,而在采煤、电力、煤气、铁路、邮政和电讯业中,法、英、奥地利等国已是百分之百的国有化了。国有化企业在国内生产总值、全部就业和全部投资三项指标中所占比例,意大利分别为 24.7%、25.4% 和 47.1%,英国分别为 11.1%、8.1% 和 20%,联邦德国分别为 12%、

10.5%和 12.7%,法国分别为 13.5%、10.5%和 30%。欧洲国家垄断资本企业体系到 80 年代仍呈发展趋势,如法国社会党执政后进一步推动国有化,使国有化企业职工人数、营业额、投资额等的比重均较前有所增加。欧洲国有化企业拥有一批巨型公司,如英国石油公司、法国雷诺汽车公司、联邦德国大众汽车公司等都名列世界 50 家大公司榜内。国家垄断资本的企业体系最显著的特征是占据着国家基础经济部门,这些部门企业投资高,利润低,风险大,需要国有化企业的特殊性来维持。正因为如此,国家垄断资本企业的经济效益常常不如私人垄断企业。

二是国家垄断资本的财政体系。国家财政收支在国民经济中占的比重逐年升高,是国家垄断资本高度发展的结果。1965—1983 年间,法国财政开支占国民生产总值的比重从 37.5%增至 50%,英国从 35.3%增至 58.9%,意大利从32.9%增至 56.6%,而荷兰已增至 63.6%。这说明,欧洲国家垄断资本的财政体系空前庞大,已把半数以上的国民生产总值纳入国家直接支配体系内。在这个体系中,收入主要依靠税收机制,如欧洲经济共同体各国政府收入半数以上来源于直接税和间接税,丹麦政府收入对税收机制的依赖达到 82%,是西欧国家中最高的。政府开支体系包括国防、行政、投资、社会福利、补贴和救济等,主要发挥国家对经济活动的干预和调节作用。从收入和开支的政策出发点分析,国家通过垄断财政体系实现了部分社会再分配,缓和了社会分化的矛盾,增强了垄断资本的地位,促进了垄断资本的发展。

三是国家垄断货币体系。这个体系包括中央银行和国有化银行、国家信贷机构、国家货币金融政策三方面内容。战后欧洲国有化政策之一就是实施中央银行国有化,使其成为国家垄断资本用以干预和调节社会经济活动的中枢职能机构。国家信贷机构以政府为后盾,发挥着维持经济正常运行的重要作用,它们的业务活动通常都能体现国家金融政策。政府的货币金融政策通过中央银行执行,即由中央银行公开市场业务、控制贴现率和储备金率来发挥作用。从战后欧洲国家国有化政策实施过程和经济发展情况分析,国家垄断货币金融体系相当发达和完备,成为国家垄断资本发展的重要保证。

四是国家垄断社会管理和调节体系。这主要是指国家制定和执行社会经济发展计划,协调地区发展平衡,对经济部门结构进行调整,制定和执行社会收入和保障政策等方面所形成的社会管理和调节职能。国家垄断资本条件下的政府经济计划不是指令性的,但因为它拥有经济实力和政策影响,足以引导企业活动,从而保证经济计划实施。地区间平衡发展和综合规划的问题在 50 年代已经提出来了,它是推动国家社会进步的一项重要战略。经济部门结构调整的针对性很强,战后至 50 年代,主要是推动港口、铁路、公路、煤炭和钢铁部门发展,60年代,重点在加强专业化调整,扩大公司规模、提高产品竞争能力,70 年代中期以来,主要推动传统工业结构向新科技产业结构方面转移和发展。在制定和执行社会收入和保障政策方面,内容涉及面广泛,如最低工资限额、超额累进税制、低收入补贴、失业救济等,它和福利政策内容互为补充,构成战后"福利国家"体制的基本内容,对增加国民经济实惠、保障社会稳定、促进经济增长产生了较大影响。

国家垄断资本的本质特征是国家与垄断资本在经济领域内的结合,国家占有并支配垄断资本的核心部分,在社会再生产过程中发挥国家干预和调节功能,并通过福利政策手段调节社会收入,实现社会利润的再分配,从而使资本主义制度在新的资本形态下继续发展。

国家垄断资本主义的发展与问题　　战后西方资本主义世界普遍形成国家垄断资本体系,这是一个共同的发展趋势。但是,在发展过程中,欧洲国家与美国、加拿大和日本等国的模式不尽相同,走过的道路也有许多差异。如美国与欧洲就在"国有化"、垄断资本财力基础以及私人资本有限性与现代大生产、社会福利的矛盾等方面存在着显著区别。即使在欧洲,各国的情况依然千差万别,北欧国家与西欧国家不同,西欧国家间也存在差异。如联邦德国,国家垄断资本主义的具体体现是"社会市场经济"模式,它的特点是国有化程度不高,总体计划调节和对企业的生产性干预程度较低,基本遵循的是有限干预政策,即"少直接干预,多提供支持"。而在法国,国家垄断资本主义对社会经济活动的干预与参与却是极为广泛深入的。法国国有化程度高,宏观规划庞大详尽并且长期连续执行,制定规划的机构相当完备复杂,战后经济发展与国家计划化干预和调节是分不开的。在意大利,国家垄断资本采用国家持股集团参与私人企业活动的国家参与制形式发挥国家对经济的干预和调节的作用。它的特点是国家以较少的资本有效控制和支配为数众多的企业,并形成了中央政府国家参与部、国家控股集团、基层企业三级国家参与体系,发挥从制定参与政策、实施参与管理到具体业务经营的立体参与效能,从而使国家垄断资本发挥更积极的干预和调节的作用。

战后资本主义世界的国家垄断资本发展的总趋势是不断深入和加强,但走过的道路并不是一帆风顺的。它的全面发展时期是 50 年代,60 年代达到鼎盛阶段,而 70 年代渐渐为新的矛盾和危机交错缠绕,至 80 年代,普遍出现了抑制国家垄断资本发展甚至重新使国有企业私有化的浪潮。

国家垄断资本主义的危机来自它自身的问题,主要体现在如下几个方面。一是国家财政开支过度膨胀,财政赤字增长速度过快,国家债务负担沉重,使国家的干预和调节的能力下降,甚至出现危机。欧共体国家财政开支占国内生产总值的比例,从 1970 年的 37.9% 上升到 1983 年的 52%,政府净借款变化幅度大,各国财政赤字常年保持在高水平上,如英国和联邦德国从 1973 年到 1982

年,财政赤字分别由31.4亿英镑和28.5亿马克激增至101亿英镑和362亿马克。美国政府的财政赤字也达到了天文数字,战后至80年代初的35年时间里,赤字总数达4 479亿美元,1981年时,国债总额突破万亿大关。二是通货膨胀政策难以驾驭,通货膨胀恶性急速发展,持续时间长,使国家依靠通货膨胀刺激经济发展的反危机措施基本失去功效。五六十年代,欧洲各国普遍实施适度通货膨胀政策,使通货膨胀率基本控制在1%~3%左右,偶然超至4%~5%。70年代,通货膨胀开始失控,到80年代初,主要资本主义国家的通货膨胀率都超过了10%,意大利1980年达到21.2%。联邦德国较之其他国家,通货膨胀率一直偏低,但80年代比60年代仍上涨了三倍。三是国有企业生产的政策性亏损日趋严重,经济效益增长缓慢,加重了政府财政补贴的负担。造成国有化企业亏损的原因主要是内部管理机制运行不畅和多数国有化企业属于"夕阳工业",在科技革命和高技术产业飞速发展的时代,这个矛盾的解决并非易事。1978—1983年,联邦德国政府仅公司持股一项造成的亏损即由1.6亿马克增至5.3亿马克,其他国家也不堪负重。四是福利政策体系与计划参与政策系统日渐落后,远远满足不了战后几十年急速发展的形势需要,矛盾日益发展并难以解决。70年代末期以后,欧美许多国家政府试图采取否定计划与国有化的方式摆脱危机,但在国家垄断资本问题上陷于矛盾的两难境地。

从国家垄断资本主义发展趋势分析,虽然危机重重,但不可能倒退到彻底否定国家干预和调节作用的自由发展时代。问题只有一个,即在资本主义发展的新形势下,怎样调整国家垄断资本主义政策系统的适应性,促进国家垄断资本主义向前发展。从当代资本主义就是垄断资本主义或国家垄断资本主义这一点来分析,国家垄断资本主义与资本主义制度一样尚未行将灭亡,发展仍是个现实问题。

二、一体化——国家垄断资本主义的特殊趋势

现代国际垄断同盟　　一体化是指在国家垄断资本条件下,资本主义世界出现的国际联合的新形式,它体现了国家垄断资本主义的特殊趋势,也称现代国际垄断同盟。一体化的形成发展有三个基本因素,一是国家垄断资本在资本主义世界各国内普遍形成结构性体系,已拥有行使国家干预和调节职能的强大物质力量;二是现代资本主义国家生产社会化的深入发展和生产国际分工趋势的加强,促使国际范围内的国家垄断资本体系之间相互联系、相互依赖的程度空前增强;三是诸如美国渗透控制欧洲、苏联强大对西欧造成威胁、殖民地国家纷纷获得独立等一些综合因素使传统的欧洲资本垄断联盟解体或遇到严重挑战,为了共同的生存要求,形成一体化的政治前提。

一体化发展的具体体现是国家垄断资本的国际联合与国家和私人密切联系

的垄断资本的国际联合。前者按照联系紧密程度可分为低级形式和高级形式两类,后者主要指多国垄断组织。

国家垄断资本在国际联合中,主要参与流通领域内的联合,而在内外经济政策方面保持独立性,这是一体化的低级形式。地区性的自由贸易区就属这种形式。50年代中期,英国曾建议建立一个"大自由贸易区",即包括西欧北欧各国参加的松散工业品自由贸易区,这个建议因欧洲经济共同体的建立而流产。1960年,英国联合瑞士、瑞典、丹麦、挪威、奥地利和葡萄牙等国组成了"欧洲自由贸易联盟"即"小自由贸易区",它除了在关税方面采取一致对等减免政策外,其他领域内仍各行其是。

国家垄断资本不仅在流通领域实行联合,而且在生产领域内也实行一定程度的联合,逐步发展产生局部国际联合所有制,这是一体化发展的高级形式即典型形式。欧洲经济共同体就属于这种类型。自1958年欧共体正式创建以后,它已逐步建立起关税同盟、形成经济和货币联盟,实行共同的农业政策,并努力向政治一体化发展。欧共体设置的组织机构拥有较大的权力,能在一定程度上干预成员国经济部门的再生产过程,并拥有独立预算权和独立财政体系,1980年,欧共体预算收入达230亿美元,说明它拥有相当大的经济实力。在货币金融方面,欧共体已正式建立了欧洲货币体系和货币单位,实行成员国货币固定汇率制,在对外贸易方面原则上规定用欧洲货币单位结算。从这个角度看,欧共体内已形成国家垄断资本的国际联合所有制,标志着一体化发展的最高形式。

国际垄断组织有跨国公司和多国公司两种类型,前者属于一个国家所有的垄断组织,后者是指两个或两个以上国家所有的垄断组织。多国垄断组织是国家垄断资本与私人垄断资本密切联系的垄断资本的国际联合组织形式,它已经由流通领域发展到生产领域,并产生了国家和私人密切联系的垄断资本的国际联合所有制。它一般具有四种形式,一是多国垄断组织内的各国公司在资产上直接合并,实现法律上的实际联合;二是形式独立,实际联合的合办公司;三是各国公司入股参加的混合公司;四是各国公司通过取得外国公司的部分控股而联合的资本。

国家垄断资本主义国际联合趋势的加强,表明资本社会化越出了民族国家范围,达到更高的发展程度,从而为社会生产力的发展提供了新的基础,促进了资本主义世界经济的进一步发展。这从一个方面说明了为什么资本主义在战后不是衰亡而是获得了进一步发展的问题。但是,国际垄断同盟或一体化的发展,并没有从根本上消除资本主义的基本矛盾,它对资本主义经济发展的促进作用是阶段性的。随着资本主义基本矛盾的发展,由于资本主义世界内不平衡规律的作用,一体化发展会出现一些变化,甚至可能产生新的形式,从而显出继续发展的潜力。但这种潜力并不是无限的,归根到底,国家垄断资本国际联合与发展,并不改变资本主义生产关系的性质和垄断资本统治的实质,一体化的发展必然进一步加深资本主义基本矛盾和其他矛盾,走向更深刻的危机。

战后美欧经济合作与矛盾　　二战使欧洲传统强国如英、法、德、意等国的政治经济地位受到严重削弱,整个欧洲资本势力的衰退已使欧洲经济面临严峻的挑战,就工业生产而言,战后比战前下降了30%,其中德国下降69%,法国下降28%,英国下降4%,意大利下降50%以上。四国工业生产占世界工业生产的比重由30.5%下降到22.2%,外贸也是每况愈下。昔日西欧帝国雄踞世界的局面已被美国和苏联两个超级大国的崛起而取代。美国工业生产占世界工业生产比重由战前的41.4%上升至1948年的56.4%,出口量由14.2%上升到32.5%,综合国力远远超过西欧国家之和。

促成美欧战后经济密切合作的原因是多方面的,美国扶植西欧抗衡苏联、美国经济发展需要欧洲市场等因素都是当时面临的首要问题。因此,在杜鲁门政府"马歇尔计划"实施中,美欧经济合作进入"黄金时代"。

在实施"马歇尔计划"过程中,美国对西欧援助总数达131.5亿美元,其中85亿即66%给予英国、法国、联邦德国和意大利。此外美国还向西欧提供了157亿美元的优惠贷款,重点也是英、法、西德、意四国。从统计数字看,"马歇尔计划"和优惠贷款提供的援助数额占各国国民收入的百分比并不大,如"马歇尔计划"提供经援占英国国民收入3%,法国为4%,意大利为5%,联邦德国为2.5%,荷兰为8%,奥地利为9.5%,希腊为13%,比利时和卢森堡为4%,丹麦为3%,挪威为5%,土耳其为2%,爱尔兰为5%,瑞典为1%,冰岛为6%。但是,美国的经济援助对西欧战后经济发展产生的巨大影响是很难从这些数字中反映出来的。从资金方面看,西欧国家战后财政均已告罄,恢复经济所需的应急资金和启动资金极度匮乏,西欧范围内已无法筹集到恢复经济所需的起码资金。"马歇尔计划"无疑是雪中送炭,在关键时刻为西欧解决了战后发展的关键问题,为战后西欧经济重建起步产生了推力作用。在工业恢复方面,西欧国家面临的最大困难是缺乏重新装备的资金和工业原料购买力。"马歇尔计划"使西欧重要工矿企业在短期内完成了重新装备,并有能力购买足够的工业原料,到1949年,西欧工业产量已达到战前水平,西欧各国相继进入持续增长的繁荣时代。在对外贸易方面,美援使西欧国家逐渐恢复了活力,使西欧国家经济赖以生存的进出口贸易稳步发展。在马歇尔计划131.5亿美元中,有88亿美元用于进口货物,主要购买粮食、化肥、原料、半成品、机器、车辆、烟草等。虽然西欧向美国出口贸易额很低,但西欧各国间的进出口贸易迅速发展,相互依赖程度不断深入,为建立经济共同体或经济区域联合创造了有利条件。

西欧战后经济迅速恢复发展,加强了欧美经济联系与合作,同时,随着西欧经济实力的不断增长,欧美经济矛盾逐渐暴露出来,并形成愈演愈烈之势。首先,西欧国家比较一致地意识到欧美经济不平衡发展造成的问题,即美国全面进入欧洲,通过经济渗透实现政治控制欧洲,使欧洲屈为美国的小兄弟。欧洲应该是欧洲人的欧洲,这种强烈的心理意识召唤西欧国家发展自立的地区经济,用以抗衡美国的经济渗透和竞争。欧洲经济共同体、七国自由贸易区等组织形式的出现,均有摆脱美国经济控制的原因。自从欧共体建立后,欧美贸易战就不断升级、频繁发生,美国产品出口西欧受到严重挑战。欧共体内部虽已互相撤掉关税壁垒,但对美国产品和资本的进入常常采取保护主义政策,将其拒之门外。由此可见,欧美经济矛盾有很深的政治经济渊源,不会在短期内得到解决。其次,欧美争夺市场的斗争随着欧洲经济力量的恢复和发展而进入剧烈竞争时代。欧洲各国均是工业发达国家,自己的产品在本国市场大多呈过剩状态,需要依赖大量出口维持生产。美国是在战后欧洲虚弱时全面进入欧洲市场的,随着欧洲经济的恢复发展,围绕欧洲市场的争夺自然会剧烈异常。保护欧洲市场还是开放欧洲市场,成为欧美经济矛盾的一个焦点。从战后几十年发展过程看,欧美经济矛盾在不断发展演变,总趋势是欧洲经济实力不断加强,对美抵制获得了一些成功,但美国的优势仍是明显的。这恰好说明,欧美经济矛盾将是一个长期发展的矛盾。

第五章　亚非拉民族民主运动的新高潮与民族独立国家体系的形成

亚非拉民族民主运动是 20 世纪的历史潮流,它的兴起是同帝国主义殖民主义体系危机同时发生的。它发展的必然趋势是殖民体系的崩溃和民族独立国家体系的建立。

这一历史潮流虽然在东方自 20 世纪初就开始了,但是,只有到了第二次世界大战之后才形成势不可挡的洪流。它首先在亚洲出现高潮,接着转向非洲和拉丁美洲,一浪高过一浪,殖民主义体系的堤坝一块块塌落。从 40 年代后期到 70 年代中期,大约 30 年左右时间,在亚非拉形成了一个新的民族独立国家体系。

亚非拉民族独立国家体系的形成,是人类历史上的伟大事件。亚非拉民族独立国家体系和社会主义国家体系这两类新兴的国家体系,成为世界整体政治发展中的重要组成部分。

第一节　战后首批民族独立国家在亚洲诞生

一、印度与巴基斯坦的独立

国大党与穆斯林联盟　　在第二次世界大战后英属印度的各派政治力量中影响最大的还是国大党。甘地、尼赫鲁领导下的国大党战时支持英国的反法西斯战争,并以此为条件要求英国答应印度独立,还提出由印度人组织国民政府,但遭到当局拒绝。1940 年 10 月,国大党再次发动不合作运动,1942 年 8 月发动要求英国"退出印度"的运动,甘地、尼赫鲁等国大党领导人因此而被捕,甘地在狱中几次绝食,从 1944 年初到 1945 年初他们才陆续获释。国大党的反英立场赢得了人民的拥护,甘地在人民心目中仍然是"圣雄"。以苏巴斯·鲍斯为首的国大党"前进集团"战时在缅甸、新加坡组织印侨和英军战俘中的印度人成立印度国民军,企图借助日军帮助,赶走英国殖民者。国大党领袖认为他们借助日本法西斯的力量固然是错误的,但他们确是爱国志士,广大印度人民也都肯定他们为民族独立而奋斗的奉献精神。战后英国殖民当局对印度国民军进行惩罚,鲍斯虽因飞机失事身亡而得以逃脱,但其他军官均遭到军事法庭的审判。由此而触发了 1945 年 11 月的大规模的群众性抗议运动。国大党坚决支持这场运动,从而提高了它在群众中的威望。

第二次世界大战后印度社会的主要矛盾是英国殖民统治者与广大印度人民之间的矛盾。战时,英国将印度作为其在远东的军事基地,印度人民承受着沉重的战争负担,再加上连年的饥荒,据估计,仅孟加拉地区就饿死约 350 万人。由于国大党一直高举着争取民族独立的旗帜,对英国殖民当局采取"不合作"态度,从而得到群众的信任,在民族独立运动中一直处于领导地位。

仅次于国大党的另一民族主义政党是穆斯林联盟(简称"穆盟"),成立于 1906 年 12 月 30 日。该党主席、穆罕默德·阿里·真纳大律师早年参加国大党,力主穆斯林与印度教徒团结,穆盟与国大党联合,共同开展反英斗争,争取印度的独立。但他所主张的民族性是以伊斯兰性为前提的。这与甘地主义的宗教伦理有着不同的内容。由于殖民当局的挑拨离间,两者矛盾越来越严重。从 30 年代起,真纳感到与国大党团结无望,转而主张印度教徒和穆斯林应各自建立自己的国家。

1940 年 3 月穆盟拉合尔代表大会通过了《巴基斯坦决议》。"巴基"(Paki)是清真、神圣之意,"斯坦"(Stan)是国家之意。决议要求在穆斯林集居地区建立"清真国"、与印度斯坦并存。真纳认为这是解决两派教徒分歧和实现印度独立的唯一切实可行的办法。此后,穆盟迅速发展。英属印度 1/5 以上的居民是穆斯林,约 7 000 万人,这使穆盟能拥有广泛的群众基础。

印度共产党是印度工人阶级的政治组织,它一直遭受殖民当局的迫害,处于地下状态。战争初期,在共产国际影响下,因反对介入这场帝国主义战争而遭到当局的残酷镇压,党员只剩下 5 000 人左右。苏德战争爆发后,它转而支持英国对法西斯的战争,但又错误地放松了反英斗争。总之,由于无产阶级政治力量的薄弱,致使民族独立运动的领导权从一开始便落入国大党和穆斯林联盟的手中。

水兵起义与特仑甘纳起义　　在战后印度反英群众运动和工农运动的推动下,英印殖民军队中的印度士兵也行动起来,并把反英斗争推向高潮。驻扎在孟买、卡拉奇、马德拉斯等港口的英国皇家海军的印度水兵对英国军官的种族歧视态度十分不满,他们要求改善待遇,取消对印度士兵的歧视。1946 年 2 月 18 日孟买塔尔瓦海军训练营首先起义,得到停泊在孟买港的"宝剑号"护航舰上水兵的响应。次日,港内 20 艘军舰上的水兵和陆上勤务部门人员共两万多人全部起义。他们成立了罢工委员会,举起红旗,扯下英国国旗,在城市示威游行,高呼"打倒英帝国主义"、"印度胜利"、"印度教徒与伊斯兰教徒联合起来"等口号。起义迅速蔓延,其他港口的印度水兵也投入斗争。英国殖民当局迅速调军镇压,起义水兵进行了武装自卫还击。22 日,孟买 20 万工人罢工,学生罢课,支持水兵起义。示威群众与军警冲突,伤亡 2 000 人。国大党和穆盟领导人虽然支持起义者的要求,但认为起义违反了非暴力原则,故反对水兵的行动。罢工委员会的成员多数为国大党或穆盟党员,他们在上级领导的压力下,23 日发表《告民众书》,宣布放下武器,停止战斗。起义遭到失败,许多领导人被捕,大批水兵被复员。

水兵起义虽然失败了,但印度各地的工农运动继续高涨。1945 年有 848 次罢工,1946 年增至 1 600 次,1947 年又增至 1 811 次。与此同时,在孟加拉、马拉巴、克什米尔、特拉凡科、特仑甘纳爆发了五起规模较大的农民起义,其中以特仑甘纳的起义持续时间最长,影响最大。该地区位于海德拉巴土邦东部,殖民政府通过土邦的王公贵族和柴明达尔封建地主进行统治。当地人民遭受双重剥削和压迫。1946 年 6 月在该地区纳尔冈达县的卡达文迪村发生一起地主恶霸开枪打死当地民族主义组织安德拉大会成员的事件,激起人民的愤怒,遂爆发了农民起义。当地共产党和安德拉大会成员领导起义农民没收地主土地,建立农民武装,选举村民委员会,成立人民法庭,废除苛捐杂税。起义波及 3 000 个村庄和300 万人口的地区,人民军、游击队发展到约 1.2 万人。这是印共领导的第一次武装斗争,但由于印共中央时而主张武装斗争,时而主张合法斗争,使运动遭受挫折。在坚持了 5 年的斗争之后,1951 年 10 月由印共中央发表声明,该地区的武装斗争宣告停止。

英国对印政策与蒙巴顿方案　　面对印度殖民地的危机,英国政府从战时起就不得不调整其殖民统治政策。1942 年 3 月派遣内阁阁员克里浦斯率领的调查团来印度与各政党谈判,答应给予印度自治领地位。战后英国工党政府上台后进一步确定了从老殖民主义向新殖民主义转变的统治方针。1945 年 9 月19 日艾德礼发表了对印度政策声明,宣布进行宪制改革,在印度进行合法选举,1946 年 2 月 19 日即孟买水兵起义的第二天,艾德礼立即决定派遣由印度事务大臣劳伦斯、商务大臣克里浦斯和海军大臣亚历山大组成的使团到印度。临行前,艾德礼说:"把过去的公式应用到目前的形势是不行的。1946 年的局面不是1920 年、1930 年、或甚至 1942 年的局面……"他准备向印度的资产阶级民族主义者作更大的让步,以抑制群众革命运动的发展,继续维持英帝国的殖民利益。

内阁使团到印度后,与各政党领袖和土邦王公进行会谈。5 月 5 日至 12 日召集国大党与穆盟代表举行西姆拉圆桌会议,由于两党意见分歧,会议没有取得任何成果。5 月 16 日内阁使团公布了带有强制性的白皮书,提出未来印度将由各行省和土邦组成联邦,享有自治领的地位;通过制宪议会和总督领导下的临时政府,建立自治领的联邦政权。使团回英后,同年 7 月印度举行制宪议会选举,国大党获 209 席,穆盟获 75 席,其他党派获 14 席。8 月 25 日成立了由总督任总理、尼赫鲁任副总理的临时政府,10 月 26 日穆盟勉强加入政府。同年 12 月艾德礼在伦敦与尼赫鲁、真纳会晤。

特仑甘纳起义和工农运动的高涨使英国统治者感到恐惧。当时的印度好似一艘满载弹药在大洋中着了火的船。对英国来说,首要的问题是在大火烧到弹药之前把火扑灭。如果用军队镇压,据估计,至少需要50万占领军,这对战后被削弱了的英国来说,是难以办到的,因此,必须抛弃这种传统的殖民统治方式。出路只能是与印度资产阶级妥协,通过移交政权,在维护英联邦的前提下,借助英印条约尽可能多地保留其殖民利益。1947年2月20日,艾德礼在下院发表了新的政策宣言,宣布"英属印度的政权将于1948年6月前移交给印度"。1947年6月3日在德里和伦敦同时公布了以总督蒙巴顿的名字命名的移交政权方案。7月18日英国议会正式通过《印度独立法案》,宣布自1947年8月15日起在印度境内成立两个独立的自治领:印度和巴基斯坦。

蒙巴顿方案规定,印巴两个自治领的划分主要根据英属印度居民的宗教信仰。西旁遮普、信地、西北边省、俾路支组成西巴基斯坦,居民2 500万人,其中穆斯林占800万。东孟加拉、阿萨姆的西尔赫特县组成东巴基斯坦,人口4 400万人,其中穆斯林3 100万人,其余各省组成印度联邦,共22 500万人。原有的562个土邦在移交政权后享有独立地位,可以通过谈判分别加入巴基斯坦和印度,共有8 100万人口,面积占印度的2/5。"独立法案"规定,总督将以英王陛下名义批准自治领合法机构通过的任何法律。

印巴分治及其冲突　　1947年8月14日巴基斯坦宣告成立,真纳自任总督;同月15日印度宣告独立,尼赫鲁任总理。此后,印度在1950年1月26日宣布成立共和国,巴基斯坦在1956年3月23日颁布宪法,改自治领为巴基斯坦伊斯兰共和国。印巴独立结束了英国殖民主义者对印度次大陆长达190年之久的直接统治。这是印度次大陆人民长期斗争的结果。印度是"大英帝国的枢纽",印、巴独立对广大殖民地民族独立运动的发展有深远的影响。

蒙巴顿方案也给独立后的印、巴留下了严重的祸根。英国在准备移交政权的过程中,继续施展其传统的"分而治之"政策。它极力扩大国大党与穆盟之间的分歧,以及印度教徒与穆斯林之间的冲突。1946年8月临时政府建立时,穆盟就认为英方有意偏袒国大党,遂于8月16日发动了建立巴基斯坦的直接行动日,组织穆斯林示威抗议。国大党则实行"以剑还剑"的对策,于是,一场宗教大仇杀在加尔各答、孟买等地发生了。蒙巴顿方案公布后仇杀达到高潮。据估计,约有50万人在相互殴斗、残杀中死去。甘地为了平息宗教纠纷,1948年1月30日被印度教的极端分子杀害。

从蒙巴顿方案公布至1951年,约有720万伊斯兰教徒成群结队迁往巴基斯坦;在巴基斯坦的约890万印度教徒也携儿带女迁往印度。他们背井离乡,倾家荡产,衣食无着,流落街头,形成了长期得不到解决的印巴难民问题。加之蒙巴顿方案没有明确划定印巴边界,东西巴基斯坦相隔1 600公里,而恒河和印度河流经印巴两国,这又造成了印巴边界纠纷问题和河水争端问题。

特别是克什米尔土邦的归属问题,更造成了印巴的严重对立。该土邦包括查谟和克什米尔两部分,位于印、巴、中国和阿富汗之间,是战略要地。面积21万平方公里,人口500万,其中77%是穆斯林,20%是印度教徒。蒙巴顿方案规定穆斯林占多数的地区归巴基斯坦,但又规定克什米尔可以自由选择归属。印度利用印度教徒在该地上层所占的优势,控制其议会通过决议,宣布归属印度,遭到巴基斯坦坚决反对。1947年10月印、巴在克什米尔发生武装冲突,在联合国的干预下,1949年元旦停火。联合国印巴委员会于当年元月7日划了停火线,印度占3/5地区,人口3/4,巴基斯坦占2/5地区,人口1/4。克什米尔人民要求自决权。1953年,印、巴总理发表联合公报,主张通过公正无私的公民投票解决争端。但后来印方又反对公民投票,加之外部势力的插手,致使克什米尔争端长期不得解决,而且愈来愈复杂化。

二、印度尼西亚的独立

印度尼西亚八月革命 "千岛之国"的印度尼西亚是东南亚的大国。它的独立对于广大殖民地和附属国是很有影响的。1942年日本取代了荷兰的殖民统治地位后,一方面强化军事占领,另一方面也实行一些怀柔政策,释放了被荷兰殖民当局逮捕和流放的一些资产阶级民族主义代表人物,如苏加诺、哈达等。战争末期,日本为了挽救在东南亚的败局,声称要"恩赐"印度尼西亚独立。为此,1945年3月还成立了包括苏加诺、哈达在内的"筹备独立委员会"。

日本占领期间,印度尼西亚共产党和其他爱国政治组织在工人、农民、士兵和青年学生中进行抗日宣传,领导者多是青年人。1945年8月15日当他们得知日本投降的消息后,立即在雅加达北刚珊东街细菌学院的一个会堂举行会议,决定拒绝"恩赐独立",而由人民自己宣布独立,并派代表与苏加诺、哈达会谈。当日晚12点,他们又在芝敬宜街71号后院举行会议,决定把苏加诺、哈达转移到城外和人民群众在一起。次日,他们把苏加诺、哈达带到由爱国者控制的宁各洛兵营。17日凌晨两点,苏加诺、哈达在青年们的说服下签署了《独立宣言》。

8月17日上午10时在北刚珊东街苏加诺的住宅前举行独立仪式,苏加诺向欢乐的人群宣读了《独立宣言》,并宣告印度尼西亚共和国诞生。青年们夺取电台,向全国人民广播了这一消息,人们奔走相告,群情振奋,到处响起了"默迪卡"(印度尼西亚语:独立)的呼声,并纷纷行动起来夺取日军武器,解放大小城镇,在万隆、泗水、梭罗等地还发生激烈战斗,全国形成革命高潮。

8月18日政界领袖召开"独立筹备委员会",根据苏加诺的"建国五基",通过了共和国宪法。苏加诺和哈达被选为正副总统。成立国民委员会,协助总统处理国事。9月4日,右翼社会党人沙里尔组阁。尽管有共产党人沙利佛丁在内阁中任宣传部长,后又任国防部长,但当时共产党尚处于地下,力量较小,未能掌握实际领导权。10 月 5 日,苏加诺利用日伪和荷印时期的爱国军人组成了人民治安军,后又改名为共和国军。11 月 7 日哈达建立了代表极右势力的马斯友美党,全称"印度尼西亚穆斯林联合会"。1946 年 1 月 29 日苏加诺组建国民党,该党很快发展为印尼第一大党。

两次抗荷战争　印度尼西亚共和国成立后面临的最大威胁是老殖民主义者的卷土重来。1945 年 9—10 月,英国军队以受降、释放战俘的名义在爪哇、苏门答腊的一些城市和港口登陆。逃亡到澳大利亚的荷印殖民官员与从荷兰派来的荷军尾随其后,英国军队又释放了日军集中营中的荷印殖民军,迅速组成"荷印联军",企图恢复原殖民统治。英国军队的占领激起印尼各地人民的反抗。11 月 10 日爆发了著名的泗水保卫战。当地军民坚持战斗 21 天,重创英军,显示了印尼人民保卫独立的不屈意志。英、荷军队深感力不从心,不得不与印度尼西亚共和国政府谈判。11 月 15 日双方代表在井里汶市附近的林芽椰蒂签订了协议。荷兰承认印度尼西亚共和国在爪哇、苏门答腊和马都拉的主权,而印度尼西亚共和国必须与荷印联军占领下的婆罗洲等地组成联邦,尊荷兰女王为元首;在经济上,要恢复外国资本的特权等等。这一妥协性协定遭到印尼人民的反对,于是沙里尔内阁被沙利佛丁内阁所取代。

荷兰签订林芽椰蒂协定不过是为了争取时间,积聚力量,以镇压印度尼西亚革命。1947 年 7 月 20 日,当它认为时机已成熟时,便撕毁协定,调集 12 万侵略军,在飞机、军舰掩护下,从爪哇东部和中部登陆,向印度尼西亚共和国进攻,从而发动了第一次殖民战争,即所谓的"第一次警卫行动"。沙利佛丁政府组织自卫抗战,军民英勇抵抗,但因力量悬殊,内部不和,战略错误,抵抗失利。这时,美国以中立者身份出面调停,目的是插手印度尼西亚事务。是年 10 月联合国成立了由美、比、澳三国代表组成的斡旋委员会,来到印度尼西亚。沙里佛丁轻信美国,错误地作了原则让步。1948 年 1 月 17 日荷兰印度尼西亚双方在美舰"伦维尔"号上签订协定。《伦维尔协定》规定"就地停火",以荷兰提出的莫克线为军事分界线。结果使共和国领土只剩下中爪哇一小部分和苏门答腊的内陆地区。协定规定在印度尼西亚联邦成立之前荷兰仍可在印尼行使宗主权。

1 月 31 日,哈达及马斯友美党人利用沙里佛丁的错误,迫使他下台,并组成新内阁。哈达政府实行投降主义政策,无条件地执行《伦维尔协定》,而且积极策划反共活动。1948 年 8 月印尼共领导人慕梭从苏联回国。在他主持下,党中央政治局通过了《印度尼西亚共和国的新道路》的决议。决议坚决反对《林芽椰蒂协定》和《伦维尔协定》,支持"完全独立"的口号,要求改组哈达政府,争取建立各党派联合政府。共产党开始公开活动,引起了国内外反动势力的恐慌。哈达与美国的斡旋代表秘密会晤,得到了一笔"消灭红色分子"的经费。哈达遂下令清洗部队中的进步军官。9 月 18 日晨,驻在茉莉芬的倾向革命的第 29 旅同哈达政府派来的部队发生冲突。哈达政府歪曲事件真相，捏造"共产党在茉莉芬夺取政权"的谎言，并于 9 月 19 日下令派大军围攻茉莉芬，进而在全国发动了反共大搜捕。当时印尼共领导人正在各地宣讲新纲领，对此突然事件没有警惕。结果，茉莉芬的革命者坚持抵抗 12 天后，因寡不敌众而失败。

在全国，共产党人和爱国进步人士约有 1 万人被杀害，36 000 人被逮捕。慕梭、沙利佛丁等 11 位印度尼西亚共产党领导人壮烈牺牲。这是印度尼西亚现代史上第二次白色恐怖。

在印度尼西亚革命力量遭到严重损失的情况下，12 月 19 日荷兰殖民者不宣而战，向印度尼西亚共和国发动了第二次殖民战争。荷兰空降部队和海军陆战队迅速占领了共和国首都日惹，逮捕了苏加诺、哈达、沙里尔等政府官员，仅一个星期就占领了印度尼西亚共和国管辖下的主要城市，但退出城的印度尼西亚武装部队和越狱的印度尼西亚共产党员组织人民广泛地开展游击战争，使殖民军只能固守在大城市。他们的军费开支浩大，伤亡人数日增，加之亚洲和世界各国纷纷谴责荷兰的侵略行径，不准他们的飞机过境，从而使荷兰本土与印尼的联系十分困难。美国也对荷施加压力，使它不得不接受联合国印度尼西亚委员会的调停。1949 年 5 月 7 日荷兰、印度尼西亚双方在雅加达签订停战协定。苏加诺等人获释。

《圆桌会议协定》　　1949 年 8 月 27 日荷兰与以哈达为首的印度尼西亚共和国代表和印度尼西亚各傀儡邦代表以及联合国印尼委员会的代表在海牙举行圆桌会议。11 月 2 日荷印签订《圆桌会议协定》。主要内容是印度尼西亚共和国和 15 个傀儡邦组成印尼联邦共和国，荷兰向该联邦共和国"移交政权"。印尼联邦共和国与荷兰、荷属苏里南和库拉索共同组成"荷兰—印尼联盟"，承认荷兰女王为"最高元首"，印尼联邦共和国的外交、国防、财政、经济、文化等方面的事务要与荷兰"持久合作"；承认外国人在印度尼西亚原有的一切权益；偿还前殖民政府的 50 亿盾债务；荷兰继续占领西伊里安等。

12 月 19 日，印度尼西亚联邦成立，苏加诺任总统，哈达任总理。12 月 27 日在阿姆斯特丹和雅加达同时举行荷兰"移交主权"仪式。从此结束了荷兰对印度尼西亚长达 340 年之久的直接统治。但是，八月革命的任务并没有完成，印度尼西亚人民对此结局仍十分不满。1950 年 8 月 14 日联邦众议院在人民运动的压力下宣布解散联邦，8 月 15 日苏加诺宣布成立统一的印度尼西亚共和国。以艾地为首的印度尼西亚共产党和其他进步政党重又活跃起来，支持苏加诺，多次粉碎了右翼势力的政变。1954 年 8 月，印度尼西亚政府与荷兰达成了取消"荷兰—印度尼西亚联盟"的协议。1955 年 9 月 29 日举行第一次普选，印度尼西亚共产党等左派力量进入国会。1956 年 4 月 21 日国会一致通过了废除《圆桌会议协定》的法案，从此，荷兰在印度尼西亚不再享有任何特权。印度尼西亚完全以独立的主权国家的姿态出现在国际舞台。5月2日印度尼西亚政府又提出收回西伊里安问题,直到1963年5月1日,西伊里安才回到印度尼西亚的怀抱。

三、菲律宾、缅甸及马来亚的独立

在南亚、东南亚地区,与印度、巴基斯坦、印度尼西亚争取独立的同时,还有其他一些民族主义国家诞生,如老挝(1945年10月12日)、菲律宾(1946年7月4日)、缅甸(1948年1月4日)、斯里兰卡(原名锡兰,1948年2月4日)、柬埔寨(1953年11月9日)、马来亚(1957年8月31日),尼泊尔王国1951年开始宪制改革,从此也加入了民族主义国家行列。

菲律宾的独立　战前统治菲律宾的美国政府迫于民族独立运动的压力,于1934年颁布了《泰丁斯-麦克杜菲法》,同意建立自治政府,并在10年后完全独立。战时,菲律宾被日本占领,1944年10月美军在菲律宾共产党领导的人民抗日军配合下重新在菲律宾登陆,但美军恢复了在马尼拉的统治后便立刻调转枪口镇压抗日军,1945年9月23日马尼拉爆发了6万群众参加的反美大示威,要求独立、民主和土地。12月23日又举行群众大会,反对美国修改《泰丁斯-麦克杜菲法》,延缓独立。

在群众运动压力下,1946年4月菲律宾举行大选。曾在日伪政府任职、并标榜民族主义的自由党领袖罗哈斯当选为自治政府总统。实际上,罗哈斯奉行的是亲美政策。所以,美国便决定移交政权。7月4日在马尼拉鲁尼塔公园举行菲律宾独立仪式。罗哈斯就任共和国第一任总统,原美驻菲高级专员公署改为美驻菲大使馆。美菲先后签订了《美菲贸易协定》(1946年7月4日)、《美菲军事基地协定》(1947年3月14日)、《美菲军事援助协定》(1947年3月21日)、《美菲共同防御协定》(1951年8月)等,美国通过这些协定继续占有克拉克空军基地和苏比克海军基地,并享有许多方面的特权。尽管如此,菲律宾的独立还是为它的发展创造了新的条件。

缅甸的独立　缅甸遭受英国的殖民统治已有60余年,抗日战争胜利后,人民反对英国殖民者重返缅甸。以昂山为主席、德钦丹东(缅甸共产党主席)为副主席的"缅甸反法西斯自由同盟"领导着一支十分强大的民族独立运动力量。英国面对这种形势,不得不采取妥协政策。1945年5月英国公布了《缅甸白皮书》,答应逐步给缅甸以"独立"。昂山等民族主义领袖也希望通过和平途径解决独立问题,遂于9月10日与蒙巴顿将军签订了《抗日军问题协定》,同意交出武装,部分部队改编为缅甸国防军,接受英国总督的指挥。1946年9月,昂山参加了英国总督领导下的行政委员会,1947年1月27日又赴伦敦签订了《昂山—艾德礼协定》,双方都作了让步,规定缅甸可以"在英联邦内或英联邦外尽快取得独立"。

英国实际上极力拖延缅甸独立的日期。英国总督重返缅甸后积极扶植右派势力,迫害爱国民主力量、镇压工农运动。昂山对此十分不满,1947年4月制宪会议选举后成立了以昂山为总理的临时政府。昂山邀请以德钦丹东为首的缅甸共产党参加制宪会议。6月10日制宪会议通过"缅甸联邦宪法草案",宣告缅甸将成为独立的共和国,脱离英联邦,并派议长吴努赴英要求立即移交政权。昂山还发表了许多措辞激烈的讲话,强调如果通过和平途径不能取得独立,"就要付诸武力"。7月13日他在仰光群众大会上说:"除了完全独立外,缅甸不同意任何东西"。英国殖民者和缅甸反动势力对此感到恐惧。7月19日,一群手持自动武器的暴徒刺杀了正在开会的昂山和其他六位部长,后查明主犯是受英国指使的反动政客吴素。这一事件激起缅甸人民的极大愤怒,全国掀起了更加强烈的反英运动。

在群众运动的强大压力下,1947年10月17日艾德礼与缅甸临时政府总理吴努在伦敦签订了《英缅条约》,同意移交政权,承认缅甸为主权完全独立的国家。但又规定保留英国在缅甸的一些特权,缅仍留在英镑集团内,军事上承认同年8月缔结的《英缅防御协定》。该协定规定缅甸只能与英国进行军事"合作"。1948年1月4日缅甸联邦宣布脱离英联邦而正式独立。1953年1月缅甸废除了《英缅防御协定》,又取消了一些英国在缅甸的经济特权,从此,缅甸完全以新兴独立国家的面貌出现在国际舞台上。

马来亚的独立　　1945年9月英军以"受降"为名在马来亚登陆。马来亚共产党和各派抗日力量视英军为反法西斯盟友,并与之达成协议,解散抗日武装和各级人民委员会。英国则趁机恢复了殖民统治,是年10月公布了《马来亚政治改革白皮书》,准备对新加坡和9个马来土邦分而治之。1946年12月又颁布了《改制建议书》的蓝皮书,将新加坡划为直辖殖民地,并恢复原土邦各素丹的特权。

1948年2月1日由总督任高级专员的马来亚联合邦宣告成立。接着,6月18日颁布紧急法令,在全国大肆逮捕马来亚共产党员和进步人士,制造了血腥的"6·20事件"。

马来亚共产党转向农村,再次拿起武器,宣称要为建立人民民主共和国而斗争。1949年2月1日组建马来亚民族解放军,主要领导人是陈平。游击区一度扩展到全马3/4的土地,殖民当局调集大军连续围剿六七年而不能制胜。英国不得不调整殖民政策向马来亚的资产阶级让步。1955年宣布让马来亚实行"部分自治",并由联合邦政府代表与马共游击队谈判。同年4月10日马来亚最大的资产阶级民族主义政党——马来亚联盟党宣告成立,简称马华印联盟,是由马来民族统一机构(简称"巫统",纯马来人政党,1946年5月成立)、马华公会(1949年2月成立的华人组织)、印度人国大党(1946年2月成立)三党联合组成。该党在1955年7月的大选中获胜,组成以该党主席阿卜杜勒·拉赫曼为总理的政府。翌年,拉赫曼赴英谈判,要求独立。1957年8月31日马来亚联合邦宣布在英联邦内独立。9月,英马签订《防务与互助协定》,允许英国继续保持驻军和基地。

1956年3月,新加坡人民和各政党举行"独立运动周",数十万人举行签名、游行活动。以李光耀为首的人民行动党(1954年11月建立)起了重要作用。该党奉行"独立的、非共产主义、非暴力和民主社会主义"。1956—1958年李光耀代表新加坡与英国进行宪制改革谈判。1959年5月人民行动党在大选中获54%选票,成为议会中的多数党,组成了以李光耀为总理的新政府。6月3日英国被迫同意新加坡为自治邦,英国保留国防、外交、修宪等权利。新政府的成立为新加坡在1965年的独立奠定了基础。

四、西亚地区民族独立运动的成就

叙利亚、黎巴嫩、约旦的独立　帝国主义列强曾通过国联将委任统治制这一变相的殖民主义制度强加给西亚诸国。早在第二次世界大战前西亚人民就为取缔委任统治制进行了不懈的斗争,但直至战后才取得了完全的胜利。

叙利亚和黎巴嫩是法国的委任统治地。战时,英军和自由法国部队进驻这两个国家。1941年9月28日,戴高乐宣布两国为独立国。1943年12月又同意放弃委任统治。但战后他没有履行诺言,英法占领军拒不撤走,并镇压民族独立运动,迫使两国人民开展武装斗争,反对占领者。1946年2月已成为联合国会员国的叙、黎两国向国际社会求援。安理会作出了要求外国军队迅速撤离叙、黎的决议。1946年4月17日英法从叙利亚撤走最后一批殖民军。叙利亚将这一天定为独立日。12月31日英法军队撤出黎巴嫩。叙利亚和黎巴嫩的独立成为西亚民族民主运动新高潮的前奏。

约旦原为英国的委任统治地,为巴勒斯坦的一部分,1921年以约旦河为界与巴分离,建立外约旦酋长国,英国仍保留委任统治权。1946年3月22日英约签订同盟条约,废除委任统治,3月25日约旦独立,改国名为约旦哈希姆王国,但英国仍保有驻军等特权。1948年3月15日又签订为期20年的《英约同盟条约》,使约旦继续受英国控制。约旦人民的抗英运动不断高涨,1957年3月约旦政府废除该条约,7月英军被迫撤出。

以色列国的建立　中东地区委任统治地的独立运动中以巴勒斯坦地区的经历最为曲折。英国在第一次世界大战期间占领了巴勒斯坦,1922年实行委任统治。英国利用阿拉伯人与犹太人的矛盾,实行"分而治之"政策。根据1917年英国发表的支持犹太复国主义的《贝尔福宣言》,要在这里建立一个"犹太民族之家",并吸引世界各地的犹太人移居到这里。据统计,1918年巴勒斯坦的犹太人为 5.6 万,占居民总数的 7%;1922 年增为 8.4 万,占 11.1%;1939 年增加到 44.5 万,占 29.7%。委任统治当局奉行"扶犹排阿"政策,唆使犹太资本家排挤阿拉伯人的手工业和工商业,掠夺阿拉伯人的土地。1927 年犹太人占地 9 万公顷,1947 年增至 18.5 万公顷。犹太人还建立了地下武装,致使阿犹之间的流血冲突不断发生。

第二次世界大战爆发后,英国为了争取阿拉伯世界对战争的支持,1939 年发表白皮书,转而限制犹太人的移民和土地转让,并提出将让阿拉伯人政府"掌管"巴勒斯坦 10 年。战后,英国工党政府上台后更注重维护与阿拉伯人的"友谊"。这些都引起了犹太人的不满。1945 年 5 月以本-古里安为主席的"犹太建国协会执行机构"向英国提出让 10 万犹太人迁入巴勒斯坦,并建立犹太国。该建议遭到英国拒绝,于是犹太人开展了包括恐怖活动在内的各种反委任统治的斗争。

美国有 500 万犹太人,美国统治集团为了扩大它在中东的利益,需要在中东寻找支持,故积极扶植犹太复国主义者,对英国施加压力。1945 年 11 月,英国同意组成英美联合调查组解决巴勒斯坦问题。该委员会提出了 1946 年发 10 万张犹太移民证的计划,以及一个将巴勒斯坦划分为 4 个省的"分省自治计划"。这些计划都遭到阿拉伯人的反对,犹太人也表示不满。1946 年 8 月犹太建国会巴黎会议通过了"在巴勒斯坦适当地区建立有活力的犹太国"的新计划,这个犹太国拟建在从加利利和特拉维夫到阿克的沿海平原上,再加上整个内格夫沙漠,约占巴勒斯坦总面积的 65%。美国对此计划表示支持。英国提出贝文计划,因阿、犹双方反对,遂于 1947 年 2 月将此问题提交联合国处理。

1947 年 4 月联合国巴勒斯坦特别会议决定成立专门委员会进行调查,11 月 29 日第二届联大对专门委员会的报告进行表决,英国没有料到美苏立场一致,故只好投弃权票,结果大会以 33∶13 的多数票通过《巴勒斯坦将来治理(分治计划)问题的决议(第 181[二]号决议)》。决议规定 1948 年 8 月 1 日前结束英国的委任统治,建立两个国家:犹太国,面积 1.5 万平方公里,占巴勒斯坦总面积的 55%,其中犹太人 49.8 万,阿拉伯人 40.7 万;阿拉伯国,面积 1.1 万平方公里,其中阿拉伯人 72.5 万,犹太人 1 万。两国经济上实行联合,耶路撒冷及其附近郊区由联合国管理。

1948 年 5 月 14 日,大卫·本-古里安在特拉维夫现代艺术博物馆宣布了以色列国的诞生。他出任临时政府总理兼国防部长。巴勒斯坦是犹太人的故乡,从公元前 1 世纪被罗马征服后,犹太人便散居世界各地,命运多舛,历尽艰辛。两千年来,犹太民族不仅保存下来,而且能最终重建国家,这确实是历史上的奇迹。但是,也应该指出,巴勒斯坦也同样是阿拉伯人的故乡,从公元 7 世纪起,阿拉伯人就在这块土地上生活。而犹太复国主义者从立国伊始,就把自己的安全建立在扩大领土、大量吸收移民以实现"大以色列计划"这个战略目标的基础上,从而与阿拉伯国家尖锐对立,冲突迭起。仅在"分治决议"通过的半年里,犹太人恐怖组织"哈加那"、"伊尔贡"、"斯特恩帮"就向巴勒斯坦的阿拉伯人发动了无数次的袭击,造成了30多万难民无家可归。

巴勒斯坦战争　阿拉伯人一直认为"在阿拉伯区域内建立一个异教徒国家是对阿拉伯人的侵略行为"。因此,阿拉伯诸国要不惜一切,抵制以色列国的建立。1948年5月15日,即以色列建国的第二天,阿拉伯联盟宣布对以色列进行"圣战"。巴勒斯坦战争(又称第一次中东战争)爆发。宣战国有埃及、伊拉克、叙利亚、黎巴嫩和约旦。在阿拉伯联军中还有沙特、也门和巴勒斯坦人参加,总兵力共4万人,在武器装备上占有优势,而以色列军只有3万人,基本上处于被包围状态。战争一开始,埃及军队迅速控制了巴勒斯坦西南部,约旦军控制了中部,叙、伊、黎军控制了北部。5月28日耶路撒冷旧城的以军投降,以色列军被迫退到沿海一带。在这关键时刻,联合国在美国推动下,于5月29日通过停火决议,从而给以军以喘息时机。以色列从欧美大量进口武器,兵力迅速扩大到6万人。7月19日停火期满后,以军率先发起进攻,很快扭转了颓势。7月15日安理会又通过"无限期停火"决议,以色列又乘机大量吸收移民,招募外国兵。美国参加过第二次世界大战的一些老兵以志愿军的名义帮助以色列建立海、空军,兵力增至10万人。10月15日以色列撕毁停战协议,集中进攻埃军,并一度进入西奈半岛;北线以军夺取了加利利地区。在这种情况下,埃及被迫与以色列在罗得岛举行间接谈判,双方于1949年2月4日签订停战协定。接着,黎巴嫩、约旦、叙利亚也先后与以色列签订了停战协定。

这场战争的结果,以色列占领了联合国划给巴勒斯坦"阿拉伯国"的5 700多平方公里土地,又占领了耶路撒冷新城区,其实际控制面积达到20 700平方公里,占巴勒斯坦总面积的80%。约旦控制了约旦河西岸地区和耶路撒冷旧城;埃及占领了加沙地带。战争使70多万巴勒斯坦人失去家园,沦为难民。到1950年,难民已达100多万。因此,恢复巴勒斯坦人民的民族权利问题,便成为中东问题的核心。

第二节　民族独立运动高潮从亚洲到非洲的转移

一、伊朗的石油国有化运动

战后初期的伊朗石油问题　位于"世界油库"——海湾北岸的伊朗,战略地位十分重要,石油蕴藏量十分丰富,是世界上最早开发石油的国家之一,但其石油资源长期为英国所控制。1909 年成立的英伊石油公司是伊朗的"国中之国"。英国通过 1933 年的《英伊石油协定》租借伊南部 26 万平方公里的油田，期限为 60 年，由英国军警管辖，伊朗法律在此无效，伊政府每年只能收 20%的石油利润。1951 年伊朗人民为收回石油主权展开了英勇的斗争，这是战后亚非人民为掌握民族资源、发展民族经济而进行的第一次大规模的斗争。这场斗争显示了伊朗这个古老国家已经加入了现代民族主义国家的行列。

1946 年 5 月美、英、苏军撤出伊朗后，被英美扶植上台的穆罕默德·礼萨·巴列维国王曾想利用英美间的矛盾争取和扩大一些民族的权益。1947 年底，他向英国提出修改 1933 年协定的要求。1949 年 7 月 17 日与英国签订了一个 1933 年英伊协定的"补充协定"，该协定除了增加一些租让的税金外，仍保存英国原有的权利。这引起伊朗人民的不满，由此而掀起了石油国有化运动。是年 10 月 24 日，以议员摩萨台博士为首的资产阶级民族主义者组成了"民族阵线"，发表了反对英伊石油公司的声明，全国各地掀起了罢工、罢课和示威运动，要求没收英伊公司的财产和运输工具，建立伊朗自己的石油公司。1951 年 1 月 11 日伊朗议会否决了"补充协定"。3 月 7 日亲英的拉兹马拉首相被伊斯兰教殉道团成员刺死。3 月 15 日议会一致通过了石油工业国有化以及勘探、提炼与利用等业务均由政府经办的法律。

摩萨台与石油国有化运动　4 月 29 日摩萨台组阁，出任首相。5 月底有关国有化决议和石油法经国王签署而成为正式法律。6 月 20 日摩萨台政府宣布接管英伊石油公司，改名伊朗国营石油公司。这一措施得到伊朗人民的热烈拥护，伊斯兰教殉道团、霍梅尼等宗教人士也纷纷表示支持。而英国政府却发出照会，提出强烈抗议，并派军舰到波斯湾进行恫吓。英国还向海牙国际法庭投诉，并要求安理会讨论。是年 7 月，摩萨台政府拒绝海牙国际法庭对伊朗内政的干涉。美国政府为了插足中东，起初表示尊重伊朗主权，支持伊朗议会的议案，但当看到伊朗政府和人民维护民族权益的坚定态度时，它又态度犹豫，不愿得罪英国盟友，故以中立的调停者的面目出现。7 月 14 日美国总统特使哈里曼抵达伊朗，正值德黑兰举行 10 万人的大示威，群众喊出了反美的口号。在哈里曼的斡旋下，英伊代表进行会谈，但会谈没有结果。9 月 27 日伊朗军队占领了阿巴丹炼油厂，约 300 名英国技术人员因不愿为伊服务而被赶走。英国又在联合国控告伊朗。10 月 15 日摩萨台登上联合国讲坛，慷慨陈词，声泪俱下，他严正声明："伊朗的石油资源，就像它的土地、山脉和河流一样，是伊朗人民的财产"。他的斗争矛头始终指向英国，对其他大国则持争取态度。

摩萨台政府受到种种压力，英国冻结伊朗在英国银行的存款，拒绝装运伊朗石油，也阻挠别国船只运输。美国拒绝给伊朗贷款，致使伊朗的石油工业陷于瘫痪。在此情况下，伊王室和议会中的右派便进行了倒摩运动，1952 年 7 月 18 日摩萨台被迫辞职,由前首相盖凡姆取代。但由于全国掀起的群众性的支持摩萨台的示威浪潮,海牙国际法庭宣布无力解决英伊争端,这反使摩萨台声望大振,国王不得不同意摩萨台重掌政权并兼任国防大臣。10 月 22 日伊朗宣布与英断交,摩萨台以此表示他捍卫民族利益的决心。

国王因与摩萨台政见不同,宣布出国旅行,故意制造保皇派势力与摩萨台的冲突。美国对摩萨台政府谋求苏联帮助也深感不安,英美遂与国王势力串通一气,采取了美国中央情报局拟定的、旨在推翻摩萨台的"埃杰克斯计划"。1953 年 8 月 19 日右派势力发动军事政变,摩萨台的军队与之战斗 9 个多小时后失败,摩萨台被逮捕。8 月 22 日国王回国,任命亲美派萨希迪为首相。美国通过"第四点计划"立即提供 2 300 万美元的援助。

英国为了报答美国,英伊石油公司与美国新泽西美孚石油公司、莫比尔石油公司、得克萨斯石油公司等七大石油公司组成国际石油财团。1954 年 6 月 22 日该财团与伊朗政府谈判,取得了伊朗南部和西南部 20 万平方公里产油区的租借权,为期 25 年。同年 10 月伊朗议会被迫通过此法案,经国王签署生效。该石油财团的股份中,英伊公司占 40%,美国五大石油公司占 40%,其他为荷、法等国公司所有。至此,轰轰烈烈的石油国有化运动暂告失败。摩萨台虽于 1956 年出狱,但仍受软禁。伊朗人民继续为维护民族权益而斗争,至 1973 年终于实现了石油国有化的目标。

二、埃及共和国的成立与苏伊士运河战争

七月革命的胜利　　埃及具有十分重要的战略地位,特别是苏伊士运河被西方殖民主义者视为"生命线"上的咽喉,他们是不会轻易放弃埃及的。尽管早在 1922 年英国就已同意埃及王国独立,但它一刻也没有放松对埃及的控制。1936 年英国迫使法鲁克王朝与之签订《英埃 20 年同盟条约》,规定英国可以在运河区驻军,有使用埃及的基地、港口等特权。战后埃及人民为反对这一奴役性条约而掀起了群众性的抗英浪潮。1950 年 1 月华夫脱党再次执政后,明确提出废除 1936 年条约,但该内阁仅存在 1 年半就被国王解散,华夫脱党也陷入了四分五裂的状态。巴勒斯坦战争的失败充分暴露了法鲁克王朝的腐败。1952 年 1 月 26 日开罗爆发了 50 万人的反英示威,王室血腥镇压爱国群众,更暴露了它们反动性。埃及的内外矛盾日益激化。

社会的不满情绪也在埃及军队中得到反映,在青年中下级军官中形成了以"自由军官组织"为代表的一种新的民族主义力量。该组织成员大多出身于城乡中小资产阶级家庭,毕业于各级军事院校。他们怀有满腔的政治热情,反对英国殖民主义,痛恨王室的腐败无能,对华夫脱党的蜕化变质、堕落成"绅士俱乐部"也十分不满。他们要靠自己的组织拯救祖国。该组织的发起人加麦尔·阿

卜杜勒·纳赛尔,出生在亚历山大的一个邮政职员家庭。军事学院毕业后任教官。从 1944 年起他就在学员中发展秘密组织。1948 年他们参加了巴勒斯坦战争。法鲁克国王及其卖国集团将破旧武器运往前线,是导致埃军惨败的原因之一。纳赛尔对此十分气愤,这个事实使他认识到"最大的战场还是在埃及",坚定了他推翻法鲁克王朝的决心。1949 年底他和他的战友在开罗秘密成立"自由军官组织",通过了组织制度,规定一切行动绝对保密,每个成员都应掌握一支部队,每周要印发宣传品。1950 年初,纳赛尔当选为执委会主席,5 个人组成一个基层支部,每 20 个支部编为一队,形成联络网。1952 年 1 月 6 日官方组织的开罗军官俱乐部改选其管理委员会,国王试图乘机安插自己的亲信,但自由军官组织则使自己的候选人以压倒多数当选,这是他们对自己力量的一次检阅。

1952 年 2 月,"自由军官组织"准备起义。为了稳妥起见,他们于 6 月推举德高望重、同情革命的高级军官穆罕默德·纳吉布将军任执委会主席,纳赛尔任副主席兼参谋长,实际决策者仍是纳赛尔。6 月 17 日国王下令解散军官俱乐部管理委员会,并要逮捕自由军官组织的骨干。在此情况下,自由军官组织于 7 月 22 日召开紧急会议,决定立即起义。起义的计划和步骤是:(1)确保控制军队;(2)组织新的文官政府,赢得人民的支持;(3)通过不流血的方式废黜法鲁克。

7 月 22 日午夜 11 点到 23 日凌晨 2 点,自由军官领导下的部队占领了各军营,逮捕了所有高级军官,然后占领了广播电台、电报电话局、火车站,控制了首都和军队。7 月 23 日晨 7 点 30 分和次日凌晨,起义者先后播发了两个声明,向人民宣布革命的胜利,但没有阐明革命的真正目的。只是说:"我们要改革和整顿军队以及一切国家公共事业。我们要高举宪法的旗帜"。这样做主要是为了迷惑王室。25 日起义部队开到亚历山大,26 日上午包围王宫,并向国王发出最后通牒,要他退位。法鲁克浑身颤抖,在"退位诏书"上签了字。当天下午他只身乘游艇离开埃及,驶往意大利定居。起义指挥部再次发表告人民书,宣告革命成功。

七月革命后,自由军官组织执委会改为"革命指导委员会",掌握了政权,公布了纳赛尔拟定的革命"六项原则":(1)消灭殖民主义;(2)消灭封建主义;(3)消灭垄断,结束资本对政权的控制;(4)建立社会公正;(5)建立一支强大的爱国军队;(6)建立健全的民主生活。接着便开始土地改革。1953 年 6 月 18 日新政权宣布永远废除君主制,正式成立埃及共和国,纳吉布任总统兼总理,纳赛尔任副总理。由于纳吉布在社会改革问题上与纳赛尔政见分歧,并与华夫脱党势力勾结,翌年 4 月 18 日纳赛尔取代纳吉布任总理,并重任革命指导委员会主席。1956 年埃及公布新宪法,6 月 23 日纳赛尔正式当选为共和国总统。

收复苏伊士运河主权斗争的胜利　　苏伊士运河是埃及人民从 1859—1869 用了 10 年时间、牺牲了 12 万人修建成的。但运河一直被英法资本的"苏伊士运河公司"所控制,每年从运河获得巨额利润。这严重地损害了埃及的主权。1955 年运河利润为 1 亿美元,埃及只分得 300 万,仅占 3%。七月革命后,为了发展民族经济,扩大灌溉面积,增加发电量,埃及政府拟订了在尼罗河中游建造阿斯旺高坝的计划。工程需要约 10 亿美元资金。美、英和世界银行起初同意贷款,但因埃及拒绝其附加条件,他们便宣布撤回"援助"承诺。于是,埃及想利用运河的收益建坝,为此必须收回运河主权。

纳赛尔政府从 1953 年起就与英国谈判。1954 年 10 月 19 日签订了《关于苏伊士运河基地的协定》,规定英军在签约后 20 个月内分批撤出埃及领土。1956 年 6 月 12 日在夕阳残照下,最后一批英军降下了英国国旗,撤离了占领达 74 年之久的运河区。同年 7 月 26 日纳赛尔在亚历山大港庆祝革命 4 周年的群众大会上宣布将苏伊士运河公司收归国有,公司的全部财产、权利及义务均移交埃及,原管理机构解散,由埃及成立新的机构管理运河航运。埃及人民对政府果断维护独立主权的正义行动表示坚决支持,人们涌上街头欢呼胜利。

英法对埃及政府的这一行动大为恼怒,立即对埃及进行经济制裁,冻结其在英法的资产,并在地中海调兵遣将,加紧军事部署。8 月 2 日英法美三国发表联合声明,强调运河是"国际水道",应当实行"国际管理"。为此提出召开有 24 个海运国参加的伦敦会议。8 月 16—23 日英法美等国单独举行伦敦会议,讨论运河国际化计划。会后委派一个"五国委员会"与埃及谈判。埃及坚决反对任何国际管理机构来经营运河。9 月 12 日第二次伦敦会议又提出组织一个"苏伊士运河使用国协会"来管理的方案,同样遭到埃及的抵制,加之美国与英法之间钩心斗角,这个计划遂遭破产。为了摆脱被动局面,英法于 9 月 23 日将运河问题提交到联合国安理会进行讨论。10 月 13 日安理会通过了六项原则,内容包括尊重埃及主权、保证自由通航、埃及照顾使用国利益等内容。英法的"国际管理"企图再次破产。于是,它们就准备用武力来达到目的。

英法在进行政治谈判的同时就已在塞浦路斯集结军队,拟订作战计划,成立了联军总司令部。法国最先要求以色列共同参加对埃作战。从 9 月 1 日至 10 月 24 日三国经过多次密谈,最终达成协议。计划先由以色列向西奈半岛发起进攻,以吸引埃军主力,再由英法进攻运河区,切断埃军退路,全歼埃军。

1956 年 10 月 29 日下午,以军兵分三路突袭西奈半岛,从而挑起了第二次中东战争。埃及立即宣布全国总动员,驻扎在运河区的埃及装甲部队开往西奈迎战。30 日下午,英法向埃以发出最后通牒,要求双方停火,并以"保证运河的通航安全和自由"为借口,要求埃及以色列各自从运河区后退 10 公里。企图乘虚而入,占领运河区。这一无理要求立即遭到埃及政府的断然拒绝。10 月 31 日,英法出动大批轰炸机对埃及机场和基地进行轰炸,埃及损失了 200 多架飞机。无比愤怒的埃及人民立即行动起来,青年们纷纷参加民族解放军,政府将武器发给群众。纳赛尔号召人民开展游击战,坚决表示要战斗到底。11 月 3 日埃军撤出西奈半岛来保卫运河,并成功地堵塞运河以阻止敌人的入侵。6 日晨,英法陆海军和空降部队 8 万多人在塞得港登陆。塞得港人民展开了英勇的保卫战。塞得港虽然沦陷了,但保卫者没有投降,继续坚持游击战。埃及主力部队撤至伊斯梅利亚,准备打一场大规模的反击战。英法以的"速战速决"计划完全破产。

这时,全世界人民掀起了反对英法以侵略、支持埃及正义斗争的热潮。阿拉伯国家纷纷与英法断交,断绝对英法的石油供应。中国人民也给予埃及人民有力的支援。11 月 10 日中国政府将 2 000 万瑞士法郎现金无偿地送给埃及人民。苏联从 1955 年起就通过捷克斯洛伐克卖武器给埃及;后于 1958 年 6 月又表示愿意为阿斯旺高坝的建设提供资金。赫鲁晓夫声称,英法如不停火,苏将不惜对英实行核攻击。美国企图取代英法在中东的地位,为此下令全球美军进入戒备状态,并以实施经济制裁威胁英法。11 月 1 日美国在联合国带头抛出立即停火的提案,并以压倒多数票通过。

1956 年 11 月 6 日英法被迫宣布停火,12 月 3 日宣布从埃及撤军,至 22 日全部撤出。以色列军经过一番讨价还价后,于 1957 年 3 月撤离西奈退至 1949 年停火线。联合国紧急部队进驻加沙地带、沙姆谢伊赫和亚喀巴湾沿岸地区。4 月 10 日运河在埃及政府管理下全部通航。埃及人民收回运河主权的斗争取得了完全的胜利。这对亚非拉人民、特别是阿拉伯人民的反帝反殖斗争是一个巨大的鼓舞。这说明殖民主义者已不可能继续用"炮舰政策"来维护其统治了。

三、伊拉克人民共和国的成立与黎巴嫩的抗美战争

伊拉克的"7·14"革命　　伊拉克虽然在 1921 年就宣布独立,脱离了英国的委任统治,但英国通过为期 25 年的《英伊同盟条约》继续对伊拉克进行控制。1948 年 1 月又强加给伊拉克一个为期 20 年的"同盟条约"(即《朴茨茅斯条约》)。为此,伊拉克人民在这一年掀起了大规模的抗英运动,致使英国议会不敢批准这个条约,首相也被迫下台。

然而,费萨尔王朝不顾人民的反对,继续奉行依附帝国主义的政策。国内石油资源几乎全部交给英国的伊拉克石油公司控制。对内维护封建制度,地主占有国内 75% 以上的可耕地。1955 年伊拉克加入巴格达条约组织,1957 年接受艾森豪威尔主义。1958 年 2 月,当埃及和叙利亚为抵制帝国主义的压力而合并为阿拉伯联合共和国时,2 月 14 日,费萨尔国王与约旦侯赛因国王也在安曼宣布建立"阿拉伯联邦",目的是秉承西方旨意与埃叙对抗。这些政策都引起国内人民的强烈不满。

在苏伊士运河战争胜利的鼓舞下,伊拉克的阿拉伯复兴社会党、共产党、库

尔德民主党等反帝反封建政治力量迅速活跃起来,在军队中也仿效纳赛尔,建立起若干个"自由军官组织"。1957年春天,各地"自由军官组织"统一在第20旅旅长阿卜杜勒·卡里姆·卡塞姆准将的领导下,组成最高委员会。1958年7月14日爱国军人在复兴党、伊拉克共产党等党派和广大群众支持下发动起义。凌晨5点兵分三路同时向王宫、首相府和电台发起进攻。国王费萨尔二世和政界元老努里·赛义德首相及其他王室成员被愤怒的群众打死。卡塞姆宣布成立人民共和国。

新政权成立后,宣布废除封建君主制,释放政治犯,实行民主政治。对外奉行反帝反殖政策,与社会主义国家建立友好关系。7月15日宣布退出巴格达条约,接着又退出英镑区,封闭和没收巴格达条约组织在伊拉克的弹药装备,收回了英国在伊拉克的空军基地。这些措施沉重地打击了西方帝国主义。

黎巴嫩起义与美国的干涉　　美国对伊拉克革命打乱了它在中东的战略部署,十分恼火。加之当时黎巴嫩也爆发了反对亲美政权的全国性的起义。所以,在伊拉克"7·14革命"的第二天,美国悍然出兵黎巴嫩,在"保护美国侨民"、"保卫黎巴嫩主权"的借口下,派出海军陆战队1 500多人在贝鲁特以南的哈尔迪湾登陆。7月17日英国伞兵也在约旦安曼着陆。英美在波斯湾、红海集结兵力,把大批军队从欧洲空运到西亚,妄想扑灭西亚各国人民争取独立的斗争。

美国干涉黎巴嫩,还因为这里是中东的"西方堡垒",在阿拉伯国家中,只有黎巴嫩的基督教徒占人口的多数;贝鲁特集中了100多家外国银行,西方货物多是从这里转运到约旦、伊拉克等地。1952年夏蒙政府建立后奉行亲西方政策,1957年3月它第一个接受艾森豪威尔主义。5月6日,黎巴嫩民族主义领袖、《电讯报》主编马特尼被暗杀,这一事件使国内矛盾激化起来。5月9日各反对党和民族主义领袖发表声明,抗议暗杀马特尼,并号召全国总罢工、罢课、罢市。当局采取武装镇压的方针。5月10日的黎波里首先起义,12日首都贝鲁特起义,群众烧毁美国新闻处图书馆和"美孚石油公司"加油站。该城的穆斯林区还设置了路障准备长期抗战。25日在第三大城市西顿,起义人民与军警发生巷战。各地战斗持续了两个多月,波及全国3/4的地区。起义者要求夏蒙下台,要求政府实行独立自主政策,加强阿拉伯国家的团结。

美军入侵黎巴嫩后不断增兵。到8月上旬已达5 000人,占领了贝鲁特和附近山区,还占领了火车站、国际机场和港口区,控制了几条公路,但美军处处遭到起义人民的坚决反抗,到处都有游击战,甚至部分夏蒙政府军也与起义部队一起抗击侵略者。阿拉伯及世界各国人民一致谴责美国的侵略行径。1958年9月夏蒙政府垮台,10月26日美军被迫撤出黎巴嫩。新上台的卡拉米内阁宣布奉行中立政策,但黎巴嫩政局一直不稳。

四、北非各国的独立与阿尔及利亚民族解放战争

北非的独立运动高潮　　50年代上半期是北非各国民族独立运动空前高涨的年代。作为联合国托管地的利比亚，1951年12月21日根据四届联大的决议宣布独立，成立利比亚联合王国，从而成为战后非洲第一个宣布独立的国家。在埃及七月革命及其反帝斗争的影响下，北非普遍掀起激烈的反殖斗争，其中以1954年在阿尔及利亚开始的民族解放战争规模最大，持续时间最长。1956年除埃及取得收回苏伊士运河主权的胜利外，苏丹、突尼斯、摩洛哥都在这一年独立。从此，北非国家全部摆脱了殖民统治，走上了独立发展的道路。

北非各国的独立斗争都经历了曲折的过程。

苏丹独立的障碍是1899年的英埃共管苏丹协定和1936年的英埃条约。所谓"共管"，实质是英国单独管理。英国根据这两个条约驻军苏丹，控制苏丹政府。埃及七月革命后，埃及承认苏丹人民有自治权利。1953年2月12日英国被迫与埃及签订有关苏丹的协定。规定在三年的过渡时期内苏丹可建立议会和民族政府。苏丹民族解放运动随之高涨。在人民运动的压力下，1955年12月英国总督被迫辞职。苏丹议会通过建立主权共和国的决议。1956年1月1日正式宣布独立。

突尼斯是法国的保护国。1952年1月18日爆发全国性反法运动。新宪政党主席布尔吉巴和其他民族主义政党和工会领导人被捕，但反法斗争仍进一步高涨。1954年组成民族解放军，进行武装斗争。1955年6月3日法突签订了关于内政自治的协定，建立了由突尼斯人组成的政府。新宪政党成为主要的执政党。1956年3月20日布尔吉巴代表突尼斯与法国签订联合议定书，法国承认突尼斯独立。1957年1月25日制宪会议通过决议废除君主制，成立共和国。翌年法国被迫从突尼斯撤军。

摩洛哥也是法国的保护国。其北部狭长地带和南部伊夫尼地区是西班牙的"保护地"。摩洛哥素丹穆罕默德·本·优素福早在第二次世界大战期间就要求修改保护制条约，即1912年的《非斯条约》，但遭到法国的拒绝。1953年他被废黜和放逐。翌年，民族解放运动发展为武装斗争。1955年11月法国被迫同意优素福复位，1956年3月2日承认摩洛哥独立。同年4月7日西班牙也承认摩洛哥独立。素丹优素福定国名为摩洛哥王国，国王称号为穆罕默德五世。1958年摩收回了伊夫尼"保护地"，1960年收复了被国际共管的丹吉尔主权。

阿尔及利亚民族解放战争的爆发　　1954年11月1日清晨，阿尔及利亚爱国者在东北部奥雷斯山区的塔吉夫特村附近惩办了一名无恶不作的当地法国殖民机构的行政长官，从而打响了武装起义的第一枪，长达7年半的阿尔及利亚民族解放战争开始了。这是战后非洲规模最大的一场反殖民主义武装斗争，它

为所有的被压迫民族树立了一面敢于斗争、敢于胜利的旗帜。

"11·1起义"的发生不是偶然的。法国对阿尔及利亚实行极为残暴的直接统治政策。还在1945年5月8日,法国殖民当局就血腥屠杀了4.5万名要求民族独立的阿尔及利亚人。1946年4月在阿巴斯领导下成立民族主义政党——拥护阿尔及利亚宣言民主联盟,要求法国实行改革,同年又有一些激进的民族主义者成立争取民主自由胜利党,提出要求独立。1954年8月以本·贝拉为首的一批更加激进的青年党员从该党分离出来组成团结与行动革命委员会,准备发动武装起义。同年10月,为了团结更加广泛的爱国者,他们又建立了阿尔及利亚民族解放阵线,吸收上述政党和伊斯兰贤哲会等爱国组织和民主人士参加,其纲领是要建立一个以伊斯兰教为基础、实现社会民主的独立主权国家,决定建立民族解放军,等等。该组织逐渐成为民族解放战争的领导力量。

以团结与行动革命委员会为核心的3 000名民族解放军勇士决定在1954年11月1日在奥雷斯山区和卡比利亚山区30多个地方同时袭击法国殖民统治机构和法军据点。这一行动得到了广大人民的拥护,成千上万的农民、农业工人和青年学生踊跃参加民族解放军。起义者在靠近突尼斯的边界地区建立了根据地,形成东部战区,又在西部靠近摩洛哥、以特累姆森为中心建立西部战区,一年后又开辟了中部战区。1956年8月在卡比利亚根据地召开了民族解放阵线第一次代表大会,选出了全国革命委员会作为全国最高权力机构,并成立了协调与执行委员会,具体领导武装斗争。

法国殖民者从起义一开始就调集5万军队进行镇压,次年增至20万,三年后增加到50万人,另外还有20万宪警。这比它在第二次世界大战中投入的兵力还要多。美国通过北大西洋公约组织向法国提供武器,支持法国。法军的"围剿"和"扫荡"是十分残酷的,在战争开始后的四年内,阿尔及利亚的死亡人数达50万,还有10万多人被关进集中营,1 000多个村庄被毁灭。殖民者还使用毒气、细菌弹屠杀人民。

民族解放军一边抗战,一边进行解放区根据地的建设,坚持从农村到城市的持久抗战路线,实行游击战术,与群众保持密切联系。城乡居民冒着生命危险为民族解放军传递情报,掩护战士,供给粮食,运送武器药品。1957年初,民族解放军粉碎了敌人的围剿,将三个战区连成一片。10月底,民族解放军从北部沿海到南部撒哈拉石油区主动出击,重创法军。特别是11月初至12月初对油田法军的进攻,对殖民者的打击最大。这时,民族解放军已有13万人,还有数万名游击队,经常可集中5 000人以上的部队进攻法军阵地。武装斗争已扩展到全国3/4的地区,而法国在四年多的战争中伤亡10多万,平均每天耗费20亿法郎军费,士气低落,兵源枯竭,它已将绝大部分陆军、60%的空军、90%的海军投入这场殖民战争。国内的反战运动高涨,政局不稳。1958年5月戴高乐上台后不得不宣布调整对阿尔及利亚的政策。

阿尔及利亚的独立　　1958 年 9 月 19 日阿尔及利亚临时政府在开罗宣布成立。这是阿尔及利亚走向独立的一个重要步骤。该政府后设在突尼斯市，由阿巴斯任总理，在国内各解放区设有基层机构和人民议会。该政府得到 30 多个国家的正式承认。突尼斯、摩洛哥的独立为它提供了后勤基地，国际援助通过独立的北非各国运到阿尔及利亚。同年 12 月 20 日中国与阿尔及利亚建交，并提供军事援助。在 12 届联合国大会上承认阿尔及利亚独立的提案仅差一票就能达到 2/3 多数票的通过标准。这对阿民族解放阵线是个极大的鼓舞。

戴高乐政府一方面宣布在阿实现"光荣的和平"，进行政治经济改革，另一方面又想在军事上作最后的挣扎。他任命夏耳为总司令，把侵略军增至 80 万。夏耳加固了阿突边界的莫里斯防线和阿摩边界的西部防线，又在莫里斯防线东侧修建了夏耳防线。1959 年夏耳集中 10 万大军进行"重点围剿"和"分段绥靖"，但民族解放军于 8 月 3 日到 9 月 3 日通过激战，彻底粉碎了这个计划。至此，法国已无力再发动大规模的进攻。

1959 年 9 月戴高乐发表给予阿尔及利亚人民自决权的声明，提出进行"公民投票"。1960 年 6 月到 1961 年 7 月，阿法双方进行多次谈判，但无结果。1961 年 7 月，阿尔及利亚法占区各大城市爆发大规模爱国运动，反对法国拖延谈判。法国不得不与阿方秘密会谈。1962 年 3 月 18 日双方在瑞士埃维昂签订协议。根据协议，法国立即从阿撤军，承认阿尔及利亚的自决权和在对内对外政策方面享有完全的、充分的主权。阿尔及利亚承认法国有开采撒哈拉石油和使用米尔斯克比尔军事基地等权利。1962 年 7 月 1 日，阿尔及利亚人民举行全国公民自决投票。7 月 3 日，正式宣告独立。7 月 25 日定国名为阿尔及利亚民主人民共和国，11 月 1 日为国庆日。

五、撒哈拉以南非洲民族独立运动的兴起

加纳的独立　　加纳在独立前称英属黄金海岸。1957 年 3 月 6 日午夜，一面黑星三色国旗在阿克拉升起，宣告了战后黑非洲第一个民族独立国家的诞生。这是撒哈拉以南非洲民族独立运动走向高涨的起点。从此，"黑暗大陆"沸腾了，黑非洲觉醒了。

加纳独立运动的领导人是著名的泛非运动活动家克瓦米·恩克鲁玛。自从第五届泛非大会之后，他就积极投身于西非的民族独立运动。考虑到战后的国际环境、英国殖民政策的改变以及英属西非的社会实际状况，他主张"采用合乎宪法和法律的非暴力方式"，而不是以武装革命来达到独立的目的。1946 年英国在加纳进行"宪制改革"，公布了"伯恩斯宪法"。1947 年 12 月 16 日恩克鲁玛回到阿克拉，12 月 29 日黄金海岸统一大会党成立，恩克鲁玛当选为总书记，工

业家兼可可出口商乔治·格兰特任主席。该党提出争取自治或民族独立的纲领,进行组织和发动工作,开展示威游行和抵制、罢工运动。1948年2月爆发了以退伍军人为主体的大规模群众运动。恩克鲁玛等大批民族主义领导人被捕。这时,以丹夸为首的老一代民族主义者打算与殖民当局妥协,但恩克鲁玛出狱后却主张进行更坚决的斗争。1949年6月12日他在6万人参加的群众大会上宣布与丹夸派分离,建立黄金海岸人民大会党,提出要以"非暴力的积极行动""立即实现完全自治",受到广大群众的热烈拥护。绝大多数的统一大会党党员加入了新党,并通过新闻报纸、工会、青年、妇女组织动员和团结了广大群众。

针对殖民当局1949年10月公布的《库赛宪法草案》,从1950年1月8日起,人民大会党发动了全国规模的积极行动。工人总罢工,商店罢市,交通瘫痪,政府机关停止办公,到处举行示威游行,整个社会经济生活陷于停顿。殖民当局再次逮捕了恩克鲁玛和所有人民大会党领导人。接着,当局宣布在1951年2月5日举行加纳历史上的第一次大选。人民大会党获得了90%以上的选票,在立法议会规定直接选举产生的38个席位中获得35个席位。这一大选结果虽不符合当局的愿望,但在既成形势下,英总督不得不释放恩克鲁玛,并任命他为政府事务领导人,不久改任内阁总理。

恩克鲁玛进入政府后,改变原来的积极行动为策略行动。由于总督仍操实权,政府的国防、外交、财政、司法等重要部门仍控制在英国人手中。为了改变这一状况,实现人民大会党的目标,恩克鲁玛认为应该改变斗争策略,不再抵制英国的"宪法改革",不与殖民政权公开冲突,而是利用英国的让步逐步扩大人民大会党在政府中的权力。通过1954年6月和1956年6月的全国大选,人民大会党继续获胜,建立了非洲人的自治政府并击溃了国内保守的反对党,控制了议会中的多数。最后,议会授权恩克鲁玛与英国交涉加纳独立事宜。1956年9月15日英国殖民大臣代表英政府宣布同意加纳于1957年3月6日在英联邦内独立。1960年4月,全国举行公民投票,通过共和国新宪法,7月1日正式宣布成立共和国,恩克鲁玛当选为总统。

几内亚的独立　　几内亚是黑非洲第二个宣布独立的国家。它的独立对广大法属西非与赤道非洲民族独立运动的发展,起了很大的推动作用。

几内亚独立运动的特点是与工人运动紧密结合在一起。独立运动领袖塞古·杜尔就一直从事工会活动。1945年他创建了几内亚邮电工会,并在法国总工会帮助下又参与了几内亚总工会的创建,成功地领导过多次罢工。特别是1953年9—11月,要求在几内亚实行劳动法的总罢工,取得了胜利。这就大大提高了他在法属西非的声望。几内亚独立运动的另一特点是与整个法属非洲的民族独立运动联系在一起。1946年10月,在巴马科成立的非洲民主联盟是法属西非和法属赤道非洲各国共同的民主主义政治组织。1947年5月,杜尔在工人运动基础上建立几内亚民主党,但只是作为民主联盟的支部在活动。

法国政府慑于各殖民地人民的斗争,不得不改变直接统治的方式,在总督监督下设立领地议会,作为咨询机构。1955年杜尔当选为科纳克里市长,1956年当选为领地议会议员。是年法国议会通过"根本法",同意在法国继续控制实权的前提下给予各领地有限的自治权,成立"半自治政府"。为此,1957年3月几内亚举行大选,几内亚民主党获得了领地议会60个席位中的56席。结果,成立了由法国总督任主席、杜尔任副主席的政府委员会,几内亚取得法兰西联邦内的半自治共和国地位。

杜尔利用其任副主席的权力尽量改革,宣布取消酋长制,吸收非洲人参加各级政府,成立"村委员会"负责乡村行政事务,发动和组织群众为争取独立进行准备。1958年戴高乐颁布了第五共和国宪法,用法兰西共同体取代法兰西联邦,同意殖民地领地建立共同体内的自治共和国,在内政方面享有自主权,但不能独立,外交、国防大权仍由法国控制。同年8月,杜尔会见戴高乐,提出独立要求,同时也表示愿与法国保持良好关系。但戴高乐拒绝其独立要求,并以断绝一切关系相威胁。杜尔没有屈服于压力,他在群众大会上说:"宁要贫困的自由,不要富足的奴役"。1958年9月28日,几内亚按照戴高乐的要求举行公民投票,要在参加法兰西共同体和取得独立之间进行抉择。结果有113.6万人投票反对加入共同体,只有5.6万人投赞成票。戴高乐政府只得承认投票结果。1958年10月2日几内亚正式宣告独立,成立共和国,杜尔任总统。这是法属非洲第一个取得独立的国家,也是当时唯一的一个投票反对加入法兰西共同体的法属西非殖民地。

第三节　民族独立国家在亚非拉和大洋洲的普遍建立

一、"非洲年"与60年代独立的非洲国家

在加纳、几内亚独立的带动下,60年代非洲的民族独立运动风起云涌,从西非、中非向东非、南非扩展,迅速形成燎原之势。仅1960年就有17个国家宣布独立,这一年被称为"非洲年"。之后,又有15个国家相继独立,到60年代末,非洲独立国家的总数已达41个,约占非洲总面积的84%,总人口的88%。非洲的政治面貌发生了深刻的变化。

法属、西属非洲殖民地的独立　法属非洲面积约占非洲总面积的35.6%,共分15个地区。根据法兰西联邦的海外"根本法",1956年它们都获得了半自治共和国的地位。但非洲民主联盟等民族主义政党不满足于此,进一步提出独

立要求。1958年戴高乐政府颁布第五共和国宪法,宣布建立"法兰西共同体"以取代"法兰西联邦",凡加入共同体的海外领地得享有自治共和国的地位。但法属非洲人民要求彻底独立。1959年塞内加尔和马里组成马里联邦,要求立即独立。法国不得不修改宪法,同意在1960年让法属非洲各国独立。先后获得独立的国家在法属西非有达荷美(8月1日)、尼日尔(8月3日)、上沃尔特(现名布基纳法索,8月5日)、象牙海岸(现名科特迪瓦,8月7日)、塞内加尔(8月20日)、马里(9月22日)、毛里塔尼亚(11月28日);在法属赤道非洲有:乍得(8月11日)、中非(8月13日)、刚果[布](8月15日)、加蓬(8月17日);法属托管地有:喀麦隆(1月1日)、多哥(4月27日);法属东非殖民地有:马达加斯加(6月26日)。西班牙在非洲的殖民地只占总面积的1%。1968年10月2日西属几内亚独立后改称赤道几内亚。

在上述国家中,喀麦隆独立的道路最为曲折。它受法、英两国托管。工会领袖尼奥勃和穆米埃等人于1948年4月创建喀麦隆人民联盟,从发动工人运动开始进而开展民族独立运动。他们要求结束托管,统一两个托管区。1955年5月又组织了全国总罢工和城市群众的示威运动。法国殖民当局进行残酷镇压,屠杀爱国群众5 000多人。这场"五月惨案"迫使喀麦隆人民不得不拿起武器,进行武装斗争。1956年7月人民联盟在萨纳加滨海地区发动起义,迅速得到杜阿拉、雅温得等地的响应。游击战遍及全国21个省中的11个省,法国调集军队8万多人进行镇压,并在1958年收买叛徒杀害了起义领袖尼奥勃,1960年11月又命法国特务组织毒死了穆米埃,此后,武装力量陷于分裂,终于失败。

以阿赫马杜·阿希乔为首的另一派资产阶级民族主义者力图通过宪制改革谋求独立。他们借法国的领地议会选举和戴高乐的法兰西共同体的选举改革而进入各级议会和政府,并于1958年建立喀麦隆联盟,阿希乔任自治政府总理。他利用人民的武装斗争对法国施加压力,与法国进行独立谈判,同时向联合国呼吁,寻求国际社会的支持。1959年3月,联合国大会通过喀麦隆于1960年1月独立的决议,法国同意法属托管区独立。英属托管区根据联大决议,于1961年2月举行公民投票。结果南部地区赞成与喀麦隆统一,北部地区赞成与尼日利亚统一。1961年10月南喀麦隆英属托管区并入喀麦隆共和国,共同组成联邦共和国,阿希乔任总统。他致力于全国统一的事业。1966年全国各政党合并为唯一的合法政党——喀麦隆民族联盟,并着手进行各种政治经济改革,遏制部族主义,经过12年的努力,终于在1972年5月取消联邦,建立了喀麦隆联合共和国。

英属非洲的独立　　英属非洲殖民地占非洲总面积的29%,其中的英属索马里和尼日利亚在"非洲年"独立。索马里曾被英、法、意瓜分为三。战后,意属索马里成为联合国托管地,联合国决定于1960年实现其独立。英属索马里人民也要求同时独立,并实现两地区的统一。经当地民族主义组织与英国的多次谈判,英国被迫同意,1960年7月1日两地宣布合并,成立独立索马里共和国。

尼日利亚是西非的大国,它的独立道路与加纳相同。英国殖民当局在镇压战后民族独立运动的同时,又在1945年、1949年、1954年三次推行"宪法改革"。以阿齐克韦为首的尼日利亚和喀麦隆国民大会领导群众为争取独立进行了积极的斗争。他们被选入尼日利亚联邦议会,1957年议会通过要求独立的议案。1959年通过大选与北方人民大会党组建联合政府,之后便与英国谈判独立问题。英国因迫于种种压力同意尼日利亚在1960年10月1日独立,并成立联邦共和国。

接着取得独立的英属非洲国家有:塞拉利昂(1961年4月27日)、坦噶尼喀(1961年12月9日)、乌干达(1962年10月9日)、肯尼亚(1963年12月12日)、桑给巴尔(1963年12月10日)、尼亚萨兰(1964年10月24日,后改名为马拉维)、冈比亚(1965年2月18日)、贝专纳(1966年9月30日,后改名为博茨瓦纳)、巴苏陀兰(1966年10月4日,后改名为莱索托),毛里求斯(1968年3月12日)、斯威士兰(1968年9月6日)。这些国家除肯尼亚外,独立道路基本上是"加纳模式"。

肯尼亚的独立有农民武装斗争的基础。1952年曾爆发"茅茅运动",口号是:"把白人抢去的土地夺回来"。吉库尤族农民首先发难,其他各族农民和城市贫民纷纷卷入,并遍及全国,仅宣誓者就达百万人,影响很大。英国殖民当局对起义人民进行残酷镇压。截至1955年9月止,殖民当局已屠杀了9万人,监禁了8.7万人,俘获并绞死了起义军司令基马提。著名的泛非运动领袖、肯尼亚非洲人联盟主席肯雅塔因涉嫌"茅茅"而遭逮捕。1960年肯尼亚非洲人联盟改建为非洲民族联盟,提出"为争取立即独立而斗争"的口号,农民运动再度高涨。1961年7月,肯雅塔获释,不久便代表肯尼亚出席在伦敦召开的制宪会议,经过双方妥协,英国同意肯雅塔组建内部自治政府,并宣告肯尼亚独立。

1964年4月26日,独立后的坦噶尼喀和桑给巴尔组成联合政府,同年10月改名为坦桑尼亚联合共和国。坦噶尼喀是由英国托管的原德属殖民地。1954年尼雷尔领导建立坦噶尼喀非洲民族联盟,主张通过争取自治逐步取得独立,他于1955和1956年两次赴联合国要求独立,得到国内人民的拥护。1960年,他的党在立法议会选举中获胜,参加了政府。1961年联合国决定取消托管制,使坦噶尼喀独立。桑给巴尔原为英国保护国,1963年英国允许桑独立,但仍由受英国支持的封建王室和民族主义党掌握政权。1964年1月,桑给巴尔非洲—设拉子党领导人民起义,废除君主立宪制,成立人民共和国。为了巩固共和国,抵制帝国主义干涉而与坦噶尼喀共和国合并。从此,坦桑尼亚成为支持南部非洲民族解放运动的重要基地。

比属非洲的独立　　比利时在非洲的主要殖民地是比属刚果,当时称刚果

（利），这里资源丰富，面积辽阔，占非洲总面积的 7.7%，于 1960 年获得独立。此外，比利时还托管卢旺达和布隆迪，根据联合国结束托管制的决议，两国于 1972 年 7 月 1 日独立。

比利时曾以极暴虐的手段统治刚果（利）。战后，这里一直被西方称为"安定绿洲"、"沉默地带"。非洲的觉醒使刚果（利）不能再沉默了。1959 年 1 月 4 日，利奥波德维尔举行人民集会，刚刚出席全非人民大会归来的民族主义领袖卢蒙巴在会上提出了独立的要求。会议立即遭到比利时军警的镇压，发生了流血事件，随后，全国性的民族独立运动走向高潮。1960 年初，比利时政府被迫与刚果各民族主义政党举行圆桌会议谈判，同意移交政权。1960 年 6 月 30 日刚果（利）共和国宣告独立，卡萨武布任总统，卢蒙巴任总理。7 月 8 日比利时借口刚果打算驱逐比利时军官而进行武装干涉。比、英、法老牌殖民主义者还在刚果的主要工矿区加丹加（今沙巴省）支持冲伯集团叛乱，制造加丹加、开赛省与刚果（利）共和国分裂。

由于卢蒙巴向联合国求援，1960 年 7 月 14 日联合国军进驻刚果。美国妄图乘机以联合国的名义控制刚果（利）共和国，排挤比、英、法各殖民主义势力。卢蒙巴对美国干涉其内政的行为深为不满，双方矛盾迅速激化。美国遂于同年 9 月策划政变，推翻卢蒙巴政府，并假手冲伯集团于 1961 年 1 月 17 日在伊丽沙伯维尔杀害了卢蒙巴及其战友。这一事件在国内外激起了普遍的抗议浪潮。随后副总理基赞加在斯坦利维尔组建合法政府，继续卢蒙巴未竟的事业。但由于新老殖民主义者的武装干涉和政治欺骗，该政府也于 1961 年 8 月被颠覆。从 1961 年 9 月到 1963 年初，新老殖民主义者为争夺刚果发生了三次火并，最后美国占了上风。1964 年在刚果 2/5 的地区爆发了人民武装斗争，然而由于武装力量内部不团结，以及军事路线上的错误，于 1965 年下半年，武装斗争遭到失败。据估计，在独立后的 5 年中，约有 50 万人死于战乱。人民渴望和平和统一。1965 年 11 月 24 日国民军司令蒙博托宣布接管政权，为实现和平与稳定，宣布成立第二共和国。首都改名为金沙萨，国名称为刚果（金），后又改称扎伊尔。

二、非洲民族独立运动的最后胜利

葡属非洲民族解放战争的胜利　　葡属非洲占非洲总面积的 7%，包括安哥拉、几内亚比绍、莫桑比克、佛得角群岛、圣多美和普林西比岛、马德拉群岛等。葡萄牙对殖民地的统治在所有老殖民主义者中是最野蛮和残暴的。这里一直保留着强迫劳动制和奴隶制种植园。比属刚果的独立运动对葡属非洲有直接的影响，各地先后爆发武装斗争。

1961 年 2 月 4 日安哥拉的一些爱国青年为了营救被关押的爱国者，袭击了罗安达监狱、电台、警察局，从此揭开了安哥拉武装斗争的序幕。

由内图领导的安哥拉人民解放运动（简称"人运"，1956年成立）在罗安达—马兰热铁路线以北地区发动城乡居民起义。他们袭击殖民者的种植园和军事据点、组建了2万多人的游击队，并在北部和中部森林山区中建立了根据地。1962年3月，霍尔敦·罗伯特在安哥拉人民联盟（1957年成立）的基础上组建了安哥拉民族解放阵线（简称"解阵"），并建立了民族解放军，总部设在扎伊尔的金沙萨。1966年3月，以萨文比为首的争取安哥拉彻底独立全国联盟（简称"安盟"），在东南部地区开辟了根据地。60年代后期，三派武装力量都开辟新战线，控制了全国1/3的地区，解放了1/5的人口，迫使葡萄牙从北部和东部的许多据点撤退。

在几内亚比绍，1961年7月以阿朱卡尔·卡布拉尔为首的几内亚和佛得角非洲独立党（1956年9月建立）将活动重点从城市工人运动转向农村游击战。1963年1月23日，人民游击队在热巴河以南的蒂特市向葡萄牙驻军发动了有组织的进攻。一年内就在南部稻米产区和北部、东南部建立了解放区。1964年2月粉碎敌人的"扫荡"，建立了统一的指挥部。60年代末，人民军发展到1万多人，解放了2/3的土地和1/2的人口。1973年9月24日在马迪纳-博埃解放区举行全国人民议会，宣告成立共和国。

在莫桑比克，1962年6月25日各派民族主义政党组成莫桑比克解放阵线（简称"莫解阵"），同年9月在坦桑尼亚召开代表大会，选举蒙德拉纳为主席。1964年9月25日发表"武装起义宣言"。游击队在德尔加多角省的沙伊镇打响了武装斗争的第一枪。在短短的几年中，正规军便从250人发展到1万人。在北部农村建立了根据地，粉碎了敌人的"扫荡"。1972年7月莫解阵的武装力量渡过赞比西河，进入葡萄牙统治的中心地区，使其统治岌岌可危。

1969年3月葡萄牙的独裁者萨拉查被迫下台。1974年4月25日葡萄牙再次发生军事政变，新上任的斯皮诺拉政府表示要用政治方式解决殖民地问题。同年6月，葡政府与几内亚和佛得角非洲独立党代表团在阿尔及尔谈判，8月26日达成协议，9月10日在法律上承认了几内亚比绍共和国，随后葡方全部撤军。12月19日又达成承认佛得角群岛于1975年7月5日独立的协议。1974年9月7日葡萄牙与莫解阵签订卢萨卡协议，承认莫桑比克于1975年6月25日独立。1974年11月25日圣多美和普林西比解放运动与葡政府达成协议，决定于1975年7月12日独立。安哥拉的三派爱国组织在新形势下实现了联合，1975年1月15日他们与葡萄牙达成阿沃尔协议，11月10日葡当局宣布移交政权。11月11日安人运宣布成立人民共和国，内图就任总统。然而，三派武装力量的冲突却由此而起，并导致苏联、古巴的乘机介入。

最后阶段的非洲民族独立运动　葡属非洲的解放使非洲面貌发生了深刻的变化，此后，尚待解放的只剩下南部非洲被白人种族主义统治的个别地区和非洲边缘的几个小国。1975年7月6日法属海外领地科摩罗独立，1978年10月宣布成立伊斯兰联邦共和国。1977年6月27日法属索马里独立，改名吉布提。1976年6月29日塞舌尔群岛脱离英国殖民统治，成为独立共和国。这些国家都是通过非暴力的斗争方式而独立的。

白人种族主义统治下的津巴布韦和纳米比亚是通过武装斗争与和平谈判相结合的道路而独立的。津巴布韦独立前称南罗得西亚，英国在1953年将其与北罗得西亚（今赞比亚）和尼亚萨兰（今马拉维）共同组成"中非联邦"，通过由白人移民上层分子实行种族主义统治。1962年极端种族主义分子史密斯领导的罗得西亚阵线党，通过英国玩弄的"宪制改革"而上台。1963年中非联邦解散，1964年史密斯任总理，宣布紧急状态法，镇压黑人运动。1965年11月片面宣布白人种族主义统治的南罗得西亚独立。

津巴布韦的黑人民族主义者为了自身的解放进行了不懈的努力。1961年12月在恩科莫领导下，创建非洲人民联盟（简称人盟）。1963年8月8日，穆加贝等人从人民联盟中分离出来，又组建了非洲民族联盟（简称民盟），主张实现一人一票的选举制度，保证一切种族平等。但恩科莫和穆加贝等领导人都遭逮捕，两派民族主义组织被禁，迫使他们不得不进行武装反抗。1966年4月28日，民盟游击队在锡诺亚与保安队发生战斗，从而打响了武装斗争的第一枪。翌年，人盟也开始了武装斗争。1972年后在东部农村建立了根据地。1974年恩科莫和穆加贝获释，不久，两派组织联合组成爱国阵线，游击区扩大到南部和西北部，占全国总面积的4/5，不断重创敌军。1978年12月袭击首府索尔兹伯里，使史密斯集团大为恐慌。1979年9月史密斯政权不得不接受英国的建议与爱国阵线在伦敦进行有关制宪会议的谈判。双方同意"逐步实现多数人的统治"。1980年2月，全国举行大选，民盟获57席，人盟获20席，白人代表仅得20席。穆加贝于4月18日宣布成立津巴布韦共和国。

津巴布韦的斗争对纳米比亚有着直接的影响。该地原称西南非洲，联合国曾委托南非托管。但南非种族主义政权于1949年公然违反有关托管的规定，将其非法吞并。当地人民为了反对南非的种族主义统治，早在50年代就组建了许多民族主义组织。1960年4月19日萨姆·努乔马领导的民族主义组织正式定名为西南非洲人民组织，并得到占全国人口1/2以上的奥万博族的支持，成为最大的民族主义政党。1966年8月26日，该组织的游击队在北部的卡普里维地带袭击南非军队，从此开始了游击战争，并在安哥拉南部建立基地。武装力量发展到8 000人左右。1966年10月联合国通过决议，取消了南非的委任统治权，并要求南非在1969年10月4日前结束占领。但南非一直在玩弄花招，抛出一个所谓的"黑人国家"计划，处心积虑地扶植亲南非势力，妄图通过所谓的"内部解决"途径，达到继续控制纳米比亚的目的。

西南非洲人民组织的斗争得到非洲各国人民的支持。1973 年联合国承认它是纳米比亚人民唯一的合法代表。1978 年 9 月安理会通过了 435 号决议，再次要求南非从纳米比亚领土撤走，终止其非法统治，然后在联合国监督下举行公民选举，实现纳米比亚独立。1981 年初美国提出把纳米比亚独立问题与古巴从安哥拉撤军问题联系起来。经过长时间的交涉和种种曲折之后，1988 年 12 月安哥拉、南非、古巴、美国四方签署了西南部非洲和平协议。1990 年 3 月 21 日纳米比亚正式宣布独立。这标志着非洲的非殖民化历史使命的完成。

三、古巴革命的胜利及其保卫独立的斗争

"7·26 运动"与古巴的革命战争　　古巴距美国只有 90 海里，长期受美国的控制和剥削。美军一直占领着古巴的关塔那摩海军基地，古巴出口的 2/3 输往美国，全部进口的 3/4 来自美国。殖民主义统治使古巴形成以生产糖为主的单一经济。美国垄断资本掌握着古巴的经济命脉，使古巴这个"世界上最甜的国家"实际上成为"世界上最苦的国家"之一。

1952 年 3 月美国在古巴策划武装政变，扶植其忠实代理人巴蒂斯塔再次上台建立独裁统治。1953 年 7 月 26 日清晨，150 名青年在律师菲德尔·卡斯特罗率领下，武装袭击了圣地亚哥东北的军事要塞——蒙卡达兵营，目的是夺取武器，进行武装斗争，但这次起义失败了，卡斯特罗被捕。他在法庭上发表了以《历史将宣判我无罪》为题的辩护词，这成为推翻巴蒂斯塔政权、争取民主自由的革命宣言。卡斯特罗被判处 15 年徒刑，但在全国人民的抗议下，于 1955 年 5 月获释。同年 7 月，他建立了名为"7 月 26 日运动"的革命组织，准备再次起义。由于消息泄露，被迫流亡墨西哥，在那里建立了军训营地。

1956 年 11 月 25 日卡斯特罗和切·格瓦拉及劳尔·卡斯特罗等 82 名青年乘"格拉玛号"小游艇驶离图克斯潘港，经过一周艰苦的海上漂泊，于 12 月 2 日在奥连特省南部的科罗拉滩登陆。他们立即被包围，经过激烈的战斗，大部分人牺牲，只有 12 个人突围出去，潜入贫瘠荒凉的马埃斯特拉山区。他们凭着仅有的 7 枝步枪开始游击战争，在山区建立根据地，进行土地改革，把大地主的土地分给贫苦农民，为山区农民开办医院和学校，从而得到农民的积极支持。起义队伍迅速扩大，多次粉碎了政府军的包围。1957 年 5 月起义军进攻乌维罗，缴获了大批武器，名声大振。1958 年 2 月起义军解放了圣地亚哥附近的大部分地区；3 月劳尔·卡斯特罗率领的起义军穿过中央公路在克里斯托山区开辟了新的根据地。同年 5 月，巴蒂斯塔纠集了 11 000 多人的军队围剿马埃斯特拉根据地。经过 71 天激战，起义军彻底粉碎了敌人的围剿。从此，起义军从防御转入进攻阶段，从以农村为根据地的游击战转入以包围城市为重点的歼灭战。

起义军的胜利推动了全国革命运动的高涨。1957 年 3 月 13 日哈瓦那大学

生联合会主席安东尼奥·埃切维利亚率领 40 多名青年攻打总统府,失败后组建"3·13 革命指导委员会"。该组织另一领导人福雷·乔蒙组织一支远征军进入埃斯坎布拉依山区开展游击战。1958 年 3 月 17 日古巴社会党(即古共)、公民抵抗运动等 42 个群众团体发表联合宣言,要求巴蒂斯塔下台,4 月 9 日发动总罢工和起义。这一斗争虽遭镇压,但却大大动摇了巴蒂斯塔的统治。

1958 年 7 月,"7·26"运动、"3·13"革命指导委员会、公民抵抗运动等反独裁组织在委内瑞拉首都加拉加斯举行会议,建立革命民主公民阵线,签署了《加拉加斯协定》,确定了一个"以武装起义来打倒独裁制度的共同战略",并推选卡斯特罗为总司令。爱国力量统一战线的建立是革命胜利的保证。1958 年 10 月起义军进军哈瓦那省,12 月 29 日解放了圣克拉拉市,歼灭了政府军主力,从而控制了全国大部分地区。1959 年 1 月 1 日,在哈瓦那工人、学生举行总罢工和武装起义的配合下,起义军胜利进入哈瓦那,攻占了总统府,巴蒂斯塔仓皇逃往国外,美国对古巴半个多世纪的殖民统治宣告结束。

捍卫古巴共和国的斗争　　1959 年 1 月 2 日古巴建立了以"7·26"运动为核心力量的革命临时政府,卡斯特罗任总理兼武装部队总司令。起初,美国对新政权采取静观待变的态度,因为它看到巴蒂斯塔政权已十分腐朽,民愤极大,不再是合适的统治工具,于是便承认了革命临时政府。1959 年 4 月卡斯特罗还应邀赴美进行私人访问,美国妄图以此拉拢古巴新政权。但是卡斯特罗政府却继续沿着独立的革命民主主义道路前进。新政权彻底摧毁了旧的国家机器,解散了巴蒂斯塔的各级政府,改组了军队和警察,采取了一系列扩大社会民主的措施,建立了新的革命秩序。1959 年 5 月 17 日颁布新的土地改革法,废除封建大庄园制;10 月又颁布石油法和矿业法,没收美国垄断资本在古巴的工矿企业。古巴奉行独立的外交政策,也发展同社会主义国家的关系。1960 年 5 月 8 日与苏联建交。

古巴政府的上述政策遭到美国反对,美古关系迅速恶化。1960 年 5 月美国宣布停止对古的一切援助,停止从古巴进口食糖。卡斯特罗立即宣布:"如果美国一磅一磅地削减古巴食糖的进口,古巴就将一分一分地剥夺美国在古巴的投资"。1960 年 10 月 19 日,美国对古巴全面禁运,10 月 25 日古巴下令将美国在古巴的财产收归国有。同年 8 月 28 日美国策划召开美洲国家组织外长会议,通过《圣约瑟宣言》和一项决议宣告极权主义国家同本大陆制度不相调和。9 月 2 日哈瓦那举行百万人大会,针锋相对地通过《哈瓦那宣言》,谴责美国对拉美的罪恶干涉。1961 年 1 月,美国宣布与古巴断交。4 月 3 日美国务院又公布了攻击古巴革命的白皮书,4 月 16 日卡斯特罗宣称古巴革命"是一场贫苦人的、由贫苦人进行的、为了贫苦人的社会主义革命"。

1961 年 4 月 15 日,一批伪装成古巴飞机的美军 B26 飞机入侵古巴,企图一举摧毁古巴空军,但没能得逞。4 月 17 日凌晨,一支由 1 400 人组成的美国雇佣军从危地马拉出发,在美国海、空军掩护下,在古巴中部的吉隆滩(位于猪湾)和长滩等地登陆。古巴军民奋起抗击,古政府表示要"一条条街道、一幢幢房子"地为保卫祖国的每寸土地而战。仅仅用了 72 个小时,占领吉隆滩的雇佣军便被击溃,4 月 20 日,古巴宣布美国雇佣军全部被歼灭。

1961 年 5 月 1 日卡斯特罗正式宣布古巴是社会主义国家。同年 7 月,"7·26运动"、人民社会党、"3·13革命指导委员会"三个组织合并成古巴社会主义革命统一党(1965 年改名为共产党),卡斯特罗兄弟分别任第一、二书记,切·格瓦拉任书记。1962 年 2 月 4 日古巴针对美国强使美洲国家组织第八次外长会议通过的把古巴排除出"泛美体系"的决议,通过了《第二个哈瓦那宣言》,强烈谴责美国的行径。

1962 年 10 月 22 日美国借口苏联将导弹运往古巴而宣布对古实行武装封锁,还采取了包括出动飞机、舰只"加紧严密监视古巴"等七项措施,从而形成"加勒比海危机"。虽然苏联最后向美国让步,同意撤走导弹,但 11 月 1 日卡斯特罗发表电视演说,坚决拒绝联合国视察古巴领土。60 年代后期美国继续利用美洲国家组织干涉古巴;70 年代初又策划了几次小规模的雇佣军入侵古巴,但均遭失败。

古巴与拉美游击中心运动　　古巴革命的胜利对拉美各国的民族民主运动是个极大的鼓舞,特别是那些出身于小资产阶级的革命者,如激进的青年学生、职员和部分工人、农民都把古巴视为革命圣地,纷纷到古巴取经。他们中间有共产党、社会民主党左派、托洛茨基主义者及天主教左派等。古巴领导人也总结其革命经验,提出了游击中心主义理论。1960 年切·格瓦拉发表了《游击战》、《游击战:一种手段》等著作。基本观点是:"人民力量可以战胜反动军队,并不一定要等待一切革命条件都成熟;起义中心可以创造这些条件;在不发达的美洲,武装斗争的战场基本上应该是农村"。在这一理论的影响下,危地马拉、哥伦比亚、委内瑞拉、秘鲁、阿根廷等 20 多个国家出现了上百个游击中心组织,大者千人,小者几十人,武装斗争一时风靡拉美。

1965 年 4 月多米尼加的爱国军人发动反独裁起义,美国悍然出动 3 万侵略军进行武装干涉。是年 8 月,起义失败。古巴领导人根据这一情况又提出"大陆革命论"作为对"游击中心主义"的补充。他们认为,古巴革命后,美国决不会容许再有第二个古巴存在,必然全力进行武装干涉。因此,拉美革命不再可能单独在一国胜利,必须使安第斯山成为美洲的马埃斯特拉山,要在整个大陆与美帝国主义战斗。为此,1966 年 11 月格瓦拉亲赴玻利维亚进行试验,准备建立大陆游击中心组织,然后以玻为中心将武装斗争扩大到整个拉丁美洲。但是,在美国中央情报局和玻政府军的围剿下,1967 年 10 月 8 日格瓦拉在战斗中被俘,随之被杀害。游击中心运动也受到严重挫折。

1968 年后,各国游击中心组织调整了战略,由农村转向城市,进行以城市游击战为主体的反独裁政府斗争。原巴西共产党领导成员卡洛斯·马里格拉是这方面的代表人物。他写了不少文章,并于 1967 年组建"民族解放行动",开展城市游击战。他主张在城市进行袭击银行、进攻兵营、劫持飞机、惩办作恶多端者、绑架人质等恐怖主义活动,使政府处于惊慌失措和困难的状况,然后再与农村游击战结合,最后通过正规战争夺取政权。除巴西外,乌拉圭、阿根廷的城市游击主义也很活跃。由于这种活动只突出个人,脱离群众,1969 年 11 月卡洛斯牺牲。到 70 年代中期,拉美各国的城市游击活动普遍遭到失败。

四、古巴革命后拉美民族民主运动的重大胜利

巴拿马收回运河区主权的胜利　　巴拿马运河连接着大西洋和太平洋,具有重要的战略地位,也有很大的经济收益。美国通过 1903 年的美巴条约占领了运河区,将其变成巴拿马的国中之国,实行殖民统治。运河区由美国任命的总督管辖,悬挂美国国旗,施行美国法律,美国还在此建立军事基地。美国付给巴拿马的"租金"仅占其取得的运河船只通过费的 1%。

在古巴革命的影响下,1959 年巴拿马爆发了两次大规模的示威活动,要求收回运河区主权。1961 年 11 月巴拿马议会通过决议,要求签订新的美巴条约,提出收回主权,公平分配运河收入,在运河区悬挂巴拿马国旗,限期接管运河等13 项要求。虽然 1963 年 1 月美巴达成协议,美国同意在运河区悬挂两国国旗,但美国并没有认真执行。1964 年初,运河区当局连日来在各学校门前只挂美国国旗,这一行动激起了人民的义愤。1 月 9 日,一名巴拿马学生在运河区升起巴拿马国旗,当即遭到美军的枪杀,并镇压示威的学生。10 日,3 万多巴拿马人在运河区示威,他们手执红旗,高呼"美国佬滚回去"的口号,美军打死打伤 300 多群众,愤怒的群众袭击了美国大使馆及其驻巴新闻机构,形成空前规模的反美怒潮。12 日,全国 10 万多人为死难者举行送葬示威,巴政府也宣布与美断交。巴拿马的正义要求和行动得到全世界人民的同情和支持,1964 年 4 月 3 日美被迫同意就新运河条约与巴拿马举行谈判。

1968 年 10 月具有民族主义倾向的巴拿马国民警卫队司令奥马尔·托里霍斯上台,收回运河主权的斗争进入一个新阶段。1971 年 10 月再次爆发群众性的反美运动。1974 年 2 月 7 日美巴发表联合声明,公布了作为新运河条约谈判基础的 8 项原则,又经过 3 年多的谈判,1977 年 8 月 10 日美巴就新运河条约达成原则协议。9 月 7 日在华盛顿美洲国家组织总部,托里霍斯与美总统卡特签署了《巴拿马运河条约》和《关于巴拿马运河永久中立和营运条约》,1903 年的美巴条约和后来的修正条约及一切与运河有关的协定、换文等均宣布作废。新

条约规定巴拿马可以逐步参加运河管理、保护及防务工作;由美巴双方人员组成的委员会管理运河的日常营运;运河区内的海关、邮政、司法等事务由巴拿马负责等。该条约至 1999 年 12 月 31 日期满,然后运河区的主权和管辖权全部交还巴拿马。

尼加拉瓜革命的胜利　　继古巴革命之后,尼加拉瓜革命是拉美反美、反独裁斗争的又一重大事件。从 30 年代起,索摩查·加西亚靠屠杀民族英雄桑地诺、镇压起义而爬上独裁统治者的宝座。1956 年索摩查遇刺后,他的两个儿子先后继任总统。该家族占有全国耕地的 15%,拥有 100 多家公司,他们还拥有自己的银行和电台,控制着国民警卫队及内阁。对内残酷镇压人民的武装反抗,对外完全投靠美国,使尼加拉瓜的种植园、工矿业和经济命脉都掌握在美国垄断资本手中。

1961 年 7 月 23 日,以卡洛斯·丰塞卡·阿马多尔等人为首的一批革命青年在洪都拉斯首都特古西加尔巴创建了桑地诺民族解放阵线(简称桑解阵)。他们使用当年桑地诺使用过的"红与黑"旗帜,表示在反帝反独裁斗争中"不自由,毋宁死"。该组织的宗旨是通过武装斗争推翻索摩查家族的反动统治。1963 和 1967 年在博卡伊河和潘卡桑地区建立了游击战根据地。1975 年桑解阵分裂为三派(持久人民战争派、无产阶级派和第三派起义派),加之阿马多尔在1976 年阵亡,一大批游击队领导人被俘,革命处于低潮,只有第三派坚持斗争。1977 年 9 月索摩查政府取消戒严令,于是一批同情桑解阵的文教、宗教和企业界人士组成"十二人集团",发表声明反对索摩查政府,并与民主运动、民主阵线党等反索政党组成反对派广泛阵线,在全国发动总罢工、罢课、罢市。与此同时,桑解阵第三派也在全国城市发动武装袭击活动。1978 年 7 月 22 日第三派的一支突击队扣留了一批议员和政府官员作为人质,迫使政府当局释放了一批被囚的桑解阵成员。9 月 9 日又在全国发动起义,历时 13 天,波及十多个城市。

1979 年 3 月桑解阵的三派联合建立全国领导委员会,并与"十二人集团"等组成爱国阵线。同年 5 月底,桑解阵在全国发动攻势,仅十几天就攻占了 30 多个城镇。6 月 4 日又号召全国总罢工,6 月 16 日在哥斯达黎加成立民族复兴临时政府,得到巴拿马、墨西哥、委内瑞拉等拉美国家的支持。7 月 17 日独裁者安纳斯塔西奥·索摩查·德瓦伊雷被迫下台并逃亡国外(1980 年 9 月 17 日被击毙)。7 月 19 日桑解阵部队解放首都马那瓜。民族复兴政府宣布建立"有社会正义的民主国家",并要进行多元化政治和混合经济的改革。

加勒比地区各国的独立　　加勒比海被称为"美洲地中海",这里众多的岛国长期处于英、荷、法、美的殖民统治之下。60 年代前只有古巴、海地和多米尼加三国名义上是独立的国家。1958 年 1 月,英国为了维持其殖民统治,将其 10多个加勒比殖民地联合组成"西印度联邦",但当地人民的独立运动日益高涨,终于使这个联邦解体。如1961年9月牙买加举行公民投票,决定退出联邦。经谈判,英国同意牙买加于1962年8月6日独立。此后,相继独立的还有:特立尼达和多巴哥(1962.8.31)、圭亚那(1966.5.26)、巴巴多斯(1966.11.30)、巴哈马联邦(1973.7.10)、格林纳达(1974.2.7)、多米尼加联邦(1978.11.3)、圣卢西亚(1979.2.22)、圣文森特和格林纳丁斯(1979.10.27)、伯利兹(1981.9.21)、安提瓜和巴布达(1981.11.1)、圣克里斯托弗和尼维斯联邦(1983.9.19)。荷属圭亚那于1975年11月25日独立,改名苏里南。1983年3月荷兰政府与荷属安的列斯群岛政府谈判,同意其中的阿鲁巴岛将于1996年1月1日独立。此外,法属圭亚那和瓜德罗普岛等和美属波多黎各也在为争取独立而积极斗争。

五、印度支那抗美救国战争的胜利与亚太诸国的普遍独立

越南南方人民反对美国特种战争的胜利 印支三国的独立、主权和统一问题虽然在1954年的日内瓦会议上已得到国际的确认,但由于美国拒绝在日内瓦协议上签字,并从其全球战略出发,处心积虑地要取代法国在印支的地位,从而使印支三国人民在战胜法国殖民者之后又面临美国新殖民主义的侵略威胁。

1955年10月美国支持吴庭艳废黜法国傀儡保大皇帝,成立"南越共和国",并大肆迫害前抗战人员,在5年之内,约有8万多人被杀害。1958年12月的富利集中营惨案中,有1 000多革命者被用毒药杀害。1960年1月17日槟知省群众揭竿而起,捣毁乡政府,这一"崛起运动"迅速扩展到中、南部各省。12月20日南方各爱国政党、群众团体、教派和各民族的代表举行会议,成立越南南方民族解放阵线,阮友寿律师任主席,越共是该阵线中的核心力量。1961年2月15日又建立了统一的越南南方人民解放武装力量。

1961年5月15日美国总统肯尼迪下令把第一批特种部队、即所谓的"反游击战专家"派往南越,接着制定了一个以南越特别顾问的名字命名的"斯特利—泰勒计划",宣称要在18个月内用特种战争"绥靖"越南南方。所谓"特种战争",就是由美国出钱、出枪、出顾问,强化南越傀儡政权和军队,用越南人打越南人的战争。美吴合伙在南方建立了17 000多个"战略村",实际上是变相的集中营,村周围布有铁丝网和碉堡,妄图将全部农村人口囚禁其内,以隔绝游击队与群众之间的联系。但南方人民针锋相对地进行战斗,将"战略村"变为"战斗村"。1963年1月著名的美萩省丐礼县北村大捷,南方军民只用相当于敌军1/10的兵力就击落、击伤敌直升飞机15架,粉碎了敌人的扫荡。当时在敌人控制下的城镇居民也掀起了强大的反美政治运动。仅1962年7—9月,中部6省就发生了7万次示威游行,各阶层人民、包括爱国的佛教徒都参加了斗争,致使南越政权陷入危机,内讧加深。1963年11月1日美国策划政变,杀死吴庭艳和吴庭儒两兄弟。两年内共发生了八次政变,南越政权风雨飘摇,陷于一片混乱。到

1964 年初,"特种战争"宣告彻底破产。

老挝的抗美救国战争　　日内瓦会议后寮国战斗部队(巴特寮)退居桑怒、丰沙里解放区。1955 年 3 月 22 日在原印支共产党老挝支部的基础上成立了老挝人民革命党,凯山·丰威汉任总书记。1956 年 1 月 6 日召开老挝民族统一战线大会,决定将原寮国自由阵线改组为老挝爱国战线党,由苏发努冯亲王任主席。在桑怒东北万赛村设立中央委员会,1957 年 11 月 2 日该党与万象当局签订万象协议,组成了以富马亲王为首相的联合政府。但美国支持右派集团于 1958 年 8 月 18 日推翻联合政府,接着又包围了寮国战斗部队两个营,非法监禁了苏发努冯和爱国战线党在万象的领导人。驻在查尔平原的寮国战斗部队第二营几经突围才回到解放区。1960 年 5 月 23 日苏发努冯也越狱成功。他们重新举起抗美救国的旗帜,开始了新的战斗。

　　1960 年 8 月 9 日万象政府军伞兵第二营营长贡勒上尉发动军事政变,推翻了亲美的右派政府,扶持富马首相再次上台,组成老挝中立派。9 月美国支持以富米·诺萨万和文翁·占巴塞在沙湾拿吉成立非法政府,组成右派武装,12 月向万象发起进攻。中立派与爱国战线党联合进行了英勇的万象保卫战,并于 1961 年春联合发动攻势,一举解放了全国 60%的土地和 50%的人口,控制了查尔平原等战略要地,右派一败再败,岌岌可危。

　　这时,经柬埔寨国家元首西哈努克亲王的倡议,日内瓦会议两主席、苏英两国建议召开有中、苏、美、英、法等 14 国参加的第二次日内瓦会议,讨论和平解决老挝问题。从 1961 年 5 月 16 日到 1962 年 7 月 23 日,日内瓦会议经过漫长而曲折的讨论,终于通过了关于老挝中立的"宣言"和"议定书",重申了第一次日内瓦会议的原则,外国军队必须撤出老挝。与此同时,老挝三派力量也在苏黎世达成协议,同意 1962 年 6 月 23 日成立以富马亲王为首相的临时民族团结政府。

　　然而,协议的墨迹未干,美国便支持沙湾拿吉集团破坏协议。美国不仅进一步武装右派军队,而且中央情报局还直接训练特种部队,组成所谓的"苗族游击队","南部山地人武装"等。1963 年 4 月 1 日中立派领导人、外交大臣贵宁·奔舍那遇刺身亡,19 日右派再次政变,挟持富马改组政府,向爱国战线控制的解放区发起进攻,美国也出动飞机对解放区狂轰滥炸。1965 年 3 月爱国战线党与爱国中立力量联合号召人民开展持久的抗美救国战争。同年 10 月,寮国战斗部队改名为老挝人民解放军,运用灵活的战略战术,与越南人民的抗美救国战争相配合,不断取得胜利。仅 1964—1970 年爱国军民共歼敌约 114 000 人,击落敌机 1 572 架。

越南抗美救国战争的全面展开　　美国总统约翰逊上台后,妄图用"逐步升级"战略取代"特种战争"战略,以挽救败局。1964 年 8 月 2 日美国驱逐舰"马多克斯号"侵入越南民主共和国领海,从而制造了"北部湾事件"。8 月 5 日美国借口"北越鱼雷艇袭击了美舰",派飞机对北越义安、清化、鸿基等地进行连续轰炸,从而把战火扩大到越南北方,并威胁到中国的安全。8月29日毛泽东发表声明,谴责美国的侵略行径,重申中国人民是越南人民的坚强后盾。越南南方人民再次发动规模更大、时间更长的攻占敌人据点的战役。敌占区人民在美国军官大楼、大使馆等处埋设地雷,进行爆炸,搞得美军惶恐不安,于是美国决定使战争再次升级。

1965年3月7日美国海军陆战队在岘港登陆,同年年底侵越美军增至18.4万人,4月28日第七舰队以及韩国、澳、新、泰、菲等美国的同盟国参战,侵越战争扩大为局部战争或有限战争。其特点是以美军为主力,对越南实行"南打北炸"。越南人民在胡志明主席领导下,高举"决战决胜"的旗帜,保卫北方,解放南方,为统一祖国而英勇战斗。1965—1967年南方军民粉碎了敌人几次大规模的"旱季攻势",使解放区的面积扩大到占南方总面积的4/5。1968年1月30日到3月15日,南方军民向西贡、岘港、顺化等64个大中城镇进攻,奋战45昼夜,重创敌军,赢得了著名的"新春大捷",从此美军在战场上完全陷入被动防御地位。1969年6月6日越南南方共和国临时政府在解放区宣告成立。

1968年3月11日美国总统约翰逊被迫提出"部分停炸"北方的和谈方案。5月13日越美巴黎会谈开始,1969年1月又扩大为包括南方共和国临时政府和西贡政权代表的四方会谈。这时在越美军已达54.5万人,其中60%是空降部队和海军陆战队。美国企图一面"和谈",一面继续搞战争升级,但在越南军民的反击下,这些计划连遭破产。因此,美国总统尼克松上台后不得不进一步调整侵越政策。1969年6月尼克松与南越总统阮文绍在中途岛会谈,决定实行"战争越南化",美国将从越南撤军,由阮文绍维持残局。

柬埔寨的解放与印支三国抗美战争的最后胜利 美国为了使战争越南化,还准备将这个计划扩大到整个印度支那,实现其"用印支人打印支人"的阴谋。1970年3月18日,美国在柬埔寨支持朗诺—施里玛达集团,乘西哈努克亲王出国之机发动政变,使原来坚持和平中立的柬埔寨变为美国的附庸国。"3·18"事件点燃了柬埔寨抗美救国战争的烈火,波尔布特、乔森潘领导下的柬埔寨共产党(1960年9月30日成立)迅速扩大根据地和游击队,发展民族统一战线,支持西哈努克在北京发表的3月23日声明。5月3日柬民族统一阵线代表会议在北京举行,王国民族团结政府宣告成立,西哈努克任主席和国家元首,宾努亲王任首相,乔森潘任副首相兼武装力量总司令。4月24—25日印支三国四方领导人举行了印支人民最高级会议,加强了三国人民在抗美救国战争中的团结和合作。

柬人民武装力量发展很快,不断粉碎朗诺伪军和西贡伪军的扫荡,到1972年,解放区扩展到占全国总面积的85%。1973年7月在解放区举行了第一届国民大会,会后决定将民族团结政府迁回国内。1974年3月人民武装力量开始发动大规模的进攻,并掌握了战争的主动权,金边伪军节节败退。1975年4月17日解放金边。12月14日召开第三届国民大会,拟订新宪法,将国名改为民主柬埔寨。

越南、老挝人民的抗美救国战争也乘胜前进。1973年1月27日美国被迫在巴黎签订"关于在越南结束战争、恢复和平的协议"。同年2月21日,老挝各爱国力量代表和万象政府代表签订了《关于老挝恢复和平和实现民族和睦的协定》(又称《万象协定》)。成立了以富马亲王为首的临时民族联合政府和以苏发努冯亲王为主席的民族政治联合委员会,作为全国的两个中央权力机构。

1975年3月越南南方军民开展大规模的自卫反击战,解放了顺化、岘港等城市。4月26日向西贡发起猛攻,4月30日西贡人民与解放军配合全歼阮文绍伪军,迎来了解放,并以胡志明命名这座城市。1976年7月越南国会庄严宣告:越南实现了全国的统一。

与此同时,老挝人民开展了自下而上的夺权斗争。1975年5月11日万象军队起义,极右派头目仓皇外逃,5月20日人民解放军开进万象。12月1—2日召开全国人民代表大会,老挝人民民主共和国正式宣告成立,苏发努冯任主席,凯山·丰威汉任总理。至此,长达15年之久的印支三国人民的抗美救国战争宣告胜利结束。

亚太地区诸小国的独立　　印支三国人民的斗争,对于仍处于殖民主义统治下的诸小国人民是巨大的鼓舞。印支战场和南部非洲的武装斗争都牵制了新老殖民主义者的主要力量,这为太平洋诸小国争取独立的斗争创造了有利条件。在海湾和阿拉伯半岛地区,继科威特独立(1961年6月19日)之后,诸国纷纷摆脱殖民统治。最先是阿拉伯也门共和国宣告成立(1962年9月26日),随后南也门爆发反英起义,宣布成立也门民主人民共和国(1967年11月30日)。70年代初,波斯湾各酋长国终止了过去与英国签订的条约。继巴林和卡塔尔独立(1971年8月14日和1971年9月1日)后,由7个酋长国组成的阿拉伯联合酋长国宣布独立(1971年12月2日)。阿曼苏丹卡布斯摆脱了英国的控制,改国名为阿曼苏丹国(1970年8月9日),1973年英军被迫撤出阿曼。在南亚和东南亚有马尔代夫(1965年7月26日)和新加坡(1965年8月9日)两岛国独立;1971年文莱摆脱英国的"保护",享有"完全自治",后成为完全独立的君主国(1984年1月1日),改国名为文莱达鲁萨兰国。

辽阔的大洋洲除澳大利亚、新西兰之外,尚有1万多个岛屿,长期处于列强的殖民统治之下。二战后原德、日殖民地归联合国托管。六七十年代在世界民族独立运动的影响下,诸岛国人民也掀起了独立运动的高潮。联合国结束了托管制,英、美、法、澳、新被迫让步,一系列享有主权的独立岛国相继诞生,它们是:

西萨摩亚(1962年1月1日)、瑙鲁(1968年1月31日)、汤加(1970年6月4日)、斐济(1970年10月10日)、巴布亚新几内亚(1975年9月16日)、所罗门群岛(1978年7月7日)、图瓦卢(1978年10月1日)、基里巴斯(1979年7月12日)、瓦努阿图(1980年7月30日)等。众多小国的独立反映了殖民体系的最后崩溃和民族独立国家体系的最终形成。至此,世界被压迫民族争取政治独立的斗争任务基本上胜利完成了。

第六章　第三世界的崛起与两大阵营的分化

从 50 年代末期,特别是从 60 年代初期开始,一个转折点在世界历史发展轨迹线上出现。随着这个转折点,在轨迹线上首先出现的是,50 年代中后期到 70 年代初期形成的第三世界。和第三世界形成的轨迹线有联系又有区别的另一条轨迹线是第五章所叙述的亚非拉民族独立国家体系的形成。第三世界是由超越两大阵营、超越国家性质的发展中国家所组成,它成为一支影响世界政治经济发展的举足轻重的力量。同时,在历史发展图景上,还出现另外两条标志世界改组的轨迹线:60 年代后期,苏联走上了同美国争夺世界霸权的道路,社会主义阵营已不复存在;60 年代至 70 年代,欧洲、日本自主倾向进一步发展,美国、日本、欧洲之间呈现又争夺又合作的复杂局面。以上总的发展轨迹反映了世界历史由战后初期的两极世界向多极世界演变的历史趋势。

第一节　第三世界的形成与发展

一、亚非会议的召开及其历史意义

和平共处五项原则的提出　　第三世界这一概念,大约出现于 50 年代中期,60 年代以来大为流行,中国使用这一概念,指的是亚洲、非洲、拉丁美洲和其他地区的发展中国家。第三世界的崛起是当代世界历史上的头等大事,同时也是战后世界民族民主运动发展和国际关系格局演变的结果。作为国际舞台上的一种政治力量,它的形成有一个历史过程。1955 年亚非会议的召开是这一过程的开端,而和平共处五项原则的提出又是亚非会议得以召开并取得成功的政治思想基础。

从第二次世界大战后印度、缅甸、印度尼西亚等一批新兴国家诞生,到 50 年代中期,亚非地区获得独立的国家已达 30 多个。它们在独立之后都面临着巩固民族独立、发展民族经济的共同任务,都迫切需要一个和平的国际环境,需要加强国际合作、提高亚非国家的国际地位,开展平等互利的经济文化交流。为此,印度、缅甸、印尼等国都宣布奉行独立自主、和平中立、不结盟的外交政策。它们反对"冷战",不愿卷入任何大国之间的军事冲突,愿意同所有国家建立友好关系。例如印度总理尼赫鲁早在 1946 年 9 月就宣布,印度独立后将奉行不结盟的外交政策。1949 年 1 月印度倡议在德里举行保卫印度尼西亚共和国的国际会议。同年 10 至 11 月尼赫鲁访问美国,企望从美国得到借款,但却拒绝同美国缔结军事条约。12 月 30 日印度宣布承认中华人民共和国,成为最早与新中国建立外交关系的国家之一。在两大阵营对峙的国际形势下,这些行动反映了亚非民族主义国家对外政策的特点。

中国与亚非国家有着共同的历史遭遇。虽然新中国成立后加入了社会主义阵营,但中国政府和人民始终把自己也作为亚非被压迫国家和被压迫人民中的一员,积极发展与亚非国家、特别是周边国家的睦邻关系。1953 年 12 月至 1954 年 4 月,中国和印度就两国在中国西藏地方的关系问题进行谈判。周恩来总理在北京接见印度代表团时第一次提出了和平共处五项原则,即:"互相尊重领土主权、互不侵犯、互不干涉内政、平等互惠和和平共处的原则"。印度方面表示赞同,遂将上述原则写入《中印关于中国西藏地方和印度之间的通商和交通协定》的序言之中。1954 年周恩来总理应邀访问印度和缅甸,在 6 月 28 日的中印联合声明和 6 月 29 日的中缅联合声明中重申五项原则是指导两国关系的准则,并表示在他们与亚洲及世界其他国家的关系中也同样适用。声明在措词上将"平等互惠"改为"平等互利"。后来周恩来总理在亚非会议上的发言中对"互相尊重领土主权"在措词上又有一些改动,和平共处五项原则的最后表述是:"互相尊重主权和领土完整,互不侵犯,互不干涉内政,平等互利,和平共处。"它的提出被誉为"亚洲宪章",并受到国际上的普遍好评。

亚非会议的召开　　召开亚非会议的倡议首先是由印度尼西亚总理阿里·沙斯特罗阿米佐约在 1954 年 4 月底举行的科伦坡五国总理会议上提出,并得到与会的印度、巴基斯坦、缅甸、锡兰(斯里兰卡)四国总理的支持。同年 12 月五国总理在印度尼西亚茂物再次举行会议,决定由五国联合发起召开亚非会议,邀请包括中国在内的各亚非国家出席。会议的主要目的是促进亚非各国的亲善、合作,建立睦邻关系;讨论共同关心的社会、经济与文化问题;研究有关民族主权、反对种族主义和殖民主义问题;讨论亚非国家和人民的世界地位,以及它们为促进世界和平与合作所能作出的贡献。

中国人民和政府热烈支持亚非会议的召开,但某些西方国家对会议抱敌视态度,扬言"要把亚非会议变成一个午后茶会"。1955 年 4 月 11 日中国代表团部分工作人员乘坐印度航空公司的"克什米尔公主号"飞机从香港前往印尼,美台特务企图暗害周恩来总理,破坏亚非会议,预先在机上放置了定时炸弹,致使 8 名工作人员和记者以及 3 位国际友人遇难。周恩来总理因应邀先到仰光访问才幸免于难。

1955 年 4 月 18 日至 24 日亚非会议在万隆市隆重举行,有 29 个国家、340 名代表出席了会议。印度尼西亚总统苏加诺作了题为《让新亚洲和新非洲诞生吧》的长篇开幕词。他呼吁:"亚洲和非洲只有团结起来才能得到繁荣,如果没有一个团结的亚洲和非洲，甚至全世界的安全也不能得到保证。"他强调彼此谅解，"从谅解中将产生彼此间更大的尊重，从尊重中将产生集体的行动。"会议议程共有五项：经济合作、文化合作、人权和自决权、附属国问题、世界和平和合作的促进。

会议在开始的两天里，有 22 个国家的代表作了一般性发言，其中有印度总理尼赫鲁、埃及总统纳赛尔、柬埔寨国家元首西哈努克等。多数发言都围绕着会议主题，但也有少数代表受西方势力的挑拨，硬说"亚非国家面临的问题不是反对殖民主义，而是反对共产主义"。还有的代表提出讨论"颠覆活动"和"宗教信仰自由"问题，攻击中国对邻国搞"颠覆"活动。这些发言使会议气氛立即紧张起来。面对会议可能走上歧路的危险，周恩来总理当机立断，将原来准备的发言稿改用书面散发，临时起草了一个补充发言。他在 19 日的发言中明确表示："中国代表团是来求同而不是来立异的。"求同的基础，就是"亚非绝大多数国家和人民自近代以来都曾经受过、并且现在仍在受着殖民主义所造成的灾难和痛苦。"大家应"从解除殖民主义痛苦和灾难中找共同基础"。这篇仅 18 分钟的演说引起了强烈反响，连那些曾在会议上攻击共产党的人也都称赞这个演说"体现了民主精神"。各代表团都接受"求同存异"的方针，从而保证了会议的顺利进行。

会议的后半段是分政治、经济和文化三个委员会进行实质性讨论。会议通过了《关于促进世界和平和合作的宣言》，其中引申和发展了和平共处五项原则，提出了各国和平相处友好合作的十项原则，这是会议取得的一项最重大的成就。这个宣言连同其他有关经济、文化合作及人权、民族自决权等共七项决议，构成《亚非会议的最后公报》的主要内容，并经最后一次全体会议一致通过。

"万隆精神"的影响　　亚非会议的意义在于它是历史上第一次没有西方殖民国家的参加，而由亚非国家自己处理自己事务的国际会议。会议的成就表明帝国主义任意摆布亚非人民的时代已一去不复返了，亚非国家已作为一支新兴的政治力量登上了国际舞台，许多重大的国际问题、特别是直接有关亚非国家的问题，如果没有亚非有关国家参加，是不可能得到圆满解决的。

亚非会议始终高举民族独立的旗帜。它的圆满成功沉重地打击了帝国主义和殖民主义，大大地提高了被压迫民族和人民的民族自信心，对于正在蓬勃发展的民族民主运动是巨大的鼓舞，加快了亚非拉人民争取民族独立的步伐。亚非会议后在中东、非洲掀起的民族独立高潮，就是很好的证明。

亚非会议的国际意义还在于它开始了或增进了亚非国家间的交往或相互了解，找到了消除隔阂、增强团结的共同基础。会议及其决议创造了一种"万隆精神"，这就是在维护民族独立，保卫世界和平、反帝反殖的斗争中，加强亚非国家团结战斗的精神。在和平共处十项原则基础上,本着"求同存异"的方针,加强亚非国家间的友好往来和团结合作的精神。特别是会议谴责了旧的不平等的世界经济秩序、主张加强国际经济合作,更具有深远的意义。

在"万隆精神"的鼓舞下,1957年12月26日—1958年1月1日在开罗召开了第一届亚非人民团结大会,成立理事会和常设书记处,开展亚非人民团结运动。虽然由于苏联的参加使该运动后来出现了分裂,但亚非人民的团结战斗精神仍继续得到发展。"和平共处"原则不仅成为亚非国家间的关系准则,而且从1956年起也被一些社会主义国家宣布为处理社会主义国家间关系的基础。进入70年代后,一些西方资本主义大国也宣布接受和平共处五项原则,这反映了"万隆精神"具有强大的生命力。

二、不结盟运动与第三世界的形成

不结盟运动的兴起　不结盟运动是第三世界发展中的重要里程碑。"第三世界"这一概念的流行就与不结盟运动的兴起密切相关。50年代后期美苏争霸的国际格局日益明朗,"北约"、"华约"两大集团的对峙日益加剧,于是许多新兴的民族主义国家为了维护自己的主权和独立,不愿介入美苏之间的斗争,而希望能在两极化的国际关系格局中保持"积极中立"的地位,遂纷纷宣布奉行不结盟的外交政策。它们接受了"第三世界"这个概念。1973年9月不结盟国家在阿尔及尔通过的《政治宣言》中正式使用了"第三世界"这个概念。1974年毛泽东在他以往的"中间地带"和"两个中间地带"理论思想的基础上提出了划分三个世界的战略。他将发展中的社会主义国家也划归第三世界,认为第三世界是反帝、反殖、反霸的主力军,具有极为重要的意义。尽管他们在对"第三世界"概念的内涵与外延上理解不尽相同,但到70年代这一概念几乎为世界所有国家接受。

在不结盟运动的发展中,南斯拉夫及其领袖铁托起了积极作用。南斯拉夫是发展中的社会主义国家,1948年受到"情报局"不公正的对待后脱离社会主义阵营。1955年苏南关系虽有所改善,但南不愿加入"华约"集团,而是努力探索独立自主的发展道路。亚非会议的基本思想和方向对铁托有很大的启迪作用,他赞赏不结盟政策,努力从第三世界寻找朋友。1956年7月18—19日,铁托、尼赫鲁和纳赛尔三位领导人在南斯拉夫的布里俄尼岛会晤,并发表了《联合公报》,确认积极和平共处的原则,坚持民族独立、反对参加对立的军事集团。公报中使用了"不依附于集团"的字样。柬埔寨西哈努克亲王、印尼苏加诺总统也签署了这份公报。1960年9月趁参加联合国大会之便,铁托、纳赛尔、尼赫鲁、恩克鲁玛、苏加诺举行会晤,酝酿发起不结盟运动,进一步形成不结盟运动的领导核心。

1961 年 2—4 月铁托出访非洲 9 国,倡议召开不结盟国家首脑会议。6 月 5 日至 13 日,在开罗举行了有 21 个国家外长或大使参加的筹备会议。会上制定了参加不结盟国家首脑会议的五项标准:(1)该国应奉行建立在与不同政治和社会制度的国家共处以及不结盟基础上的独立政策,或倾向于赞成这一政策;(2)该国应一贯支持民族独立运动;(3)该国不应参加与大国争夺有牵连的多边军事联盟;(4)如该国与一个大国订有双边军事协定或缔结过区域性防务条约,则该协定或条约缔结的目的不应与大国争夺有任何牵连;(5)如该国已将军事基地租让给外国,则此种租让不应与大国争夺有任何牵连。筹备会将按上述要求发出邀请。

1961 年 9 月 1 日至 6 日,第一次不结盟国家和政府首脑会议在贝尔格莱德举行。出席会议的有 25 个国家,通过了《会议宣言》和《关于战争的危险和呼吁和平的声明》等文件。《宣言》宣布:不结盟国家鼓励和支持为自己的独立和平等而进行斗争的各国人民;主张立即无条件地、彻底地和最后废除殖民主义,并共同努力制止各种新殖民主义;强调"和平共处的原则,是代替'冷战'和可能发生的全面核灾祸的唯一的办法。"《宣言》提出非集团的原则,表示"不结盟国家无意组成一个新的集团而且也不能成为一个集团。"不结盟运动先后设立了四个机构:首脑会议、外长会议、协调局和协调委员会。

不结盟运动的发展与特点　　不结盟运动的兴起有重大的历史意义,它是"万隆精神"的进一步弘扬光大,是许多奉行独立自主、不结盟政策的发展中国家团结合作的结果。它标志着第三世界的形成,并逐渐成为国际舞台上一支强大的政治力量。第三世界的兴起在一定程度上是对两极对立的国际关系格局的一种冲击,客观上加速了世界帝国主义殖民体系瓦解的过程,对保卫世界和平的事业作出了贡献。

正因为不结盟运动顺应了历史发展的潮流,所以具有强大的生命力。1964 年 10 月在开罗举行第二次不结盟会议,出席的国家有 42 个,比上次会议增加了近一倍。这次会议通过了《和平和国际合作纲领》。1970 年 9 月在赞比亚首都卢萨卡举行第三次会议,有 54 个国家出席,通过了《关于和平、独立、发展、合作和国际关系民主化的卢萨卡宣言》、《关于不结盟和经济发展的宣言》等 14 个决议。1973 年 9 月在阿尔及尔举行等四次会议,有 75 个国家参加,通过了《经济合作行动纲领》、《关于民族解放斗争的宣言》等 24 个文件。1976 年 8 月在科伦坡举行第五次会议,有 86 个国家参加,通过了《经济宣言》、《不结盟国家和其他发展中国家经济合作行动纲领》等 32 项决议。第六至第九次会议分别在哈瓦那(1979 年 9 月)、新德里(1983 年 3 月)、哈拉雷(1986 年 9 月)、贝尔格莱德(1989 年 9 月)举行。

不结盟运动的特点是:(1)其队伍和影响的扩大十分迅速。从 60 年代初到

80 年代末,成员国由 25 个增加到 100 个以上;占世界国家总数的 2/3,人口总数的 1/2,包括了第三世界的绝大部分国家。不结盟国家会议成为仅次于联合国的最大的国际讲坛。(2) 随着国际形势的发展,其斗争矛头由初期指向一切新老殖民主义到 70 年代后转向集中反对美苏两个超级大国的霸权主义。正如第七次会议的政治宣言中所明确宣称的那样:"构成不结盟政策精髓的一向是反对帝国主义、殖民主义、新殖民主义、种族隔离,包括犹太复国主义在内的种族主义的斗争;反对一切形式的外国侵略、占领、统治、干涉或霸权的斗争;以及反对把世界永远分为集团的大国集团政策的斗争。"(3) 斗争从政治领域逐渐扩大和深入到经济领域。从第三次首脑会议起,每次会议都专门发表"经济宣言,提出在经济方面的斗争目标、纲领和策略。1973 年第四次会议正式把建立国际经济新秩序作为不结盟运动的行动纲领。提倡南南合作和集体自力更生,为发展民族经济,争取经济独立进行不懈的努力。(4) 不结盟运动的发展不是一帆风顺的,其内部一直存在着分歧和各种消极因素。由于各成员国处境各异,对美苏两霸威胁的感受不同,反帝反霸斗争的侧重点不完全一致;也由于经济政治和社会状况的差异,邻国间存在着历史上遗留下来的领土,民族、宗教争端,特别是由于超级大国的压力和外部势力的插手,使冲突不断发生。有的国家面对经济困难,采取了一些偏离不结盟运动宗旨的作法。这些都不利于不结盟运动的内部团结,甚至发生了严重的冲突。但是从整体来看,由于不结盟国家有着共同利益,运动仍然在曲折中向前发展。

三、第三世界成为国际舞台上一支重要的政治力量

联合国的变化与中国在联合国合法席位的恢复　　第三世界在国际事务中的作用首先在联合国中得到清楚的反映。战后初期美国曾一度操纵联合国表决机器,把自己的意志强加给联合国,后来美苏又把联合国变成他们争霸世界的工具。但是,随着第三世界的兴起,大批新兴独立国家加入联合国,使联合国的组成情况逐渐发生变化。60 年代联合国接纳的 43 个新会员国全都是第三世界国家;在 70 年代接纳的 33 个新会员国中除了两个德国以外也都是第三世界国家。联合国的会员国由最初的 51 个增至 1960 年的 96 个,1980 年的 154 个,其中78% 是第三世界国家。它们把联合国看做是"让全世界听到我们声音"的最重要的讲坛,反对把联合国作为一两个超级大国为所欲为的场所;主张联合国的事要由所有成员国共同来管。

1960 年 12 月 10 日第 15 届联合国大会以压倒多数通过了 43 个亚非国家提案的《给予殖民地国家和人民独立宣言》;1963 年 11 月 20 日联合国通过《消除一切形式种族歧视宣言》,三年后又通过了有关的国际公约;1965 年 12 月 21 日通过《关于各国内政不容干涉及其独立与主权之保护宣言》,1979 年 10 月 24 日

通过《关于各国依联合国宪章建立友好关系及合作之国际法原则之宣言》。在第三世界国家的努力下,60 年代联合国的 11 处托管地,除美国托管下的太平洋群岛外都获得了独立。

1971 年在第三世界国家的一致努力下,中华人民共和国在联合国的合法席位得到恢复,这是联合国发生变化的一个最重要的标志。中国是联合国的创始会员国,又是安理会的常任理事国。1949 年 9 月 30 日,中国人民政治协商会议通过决议,否认国民党集团的代表有出席第四届联大的资格。11 月 15 日周恩来外长致电联合国秘书长,指出中华人民共和国中央人民政府是代表中国人民的唯一合法政府,同时致电联合国所属机构和其他国际组织,要求取消国民党集团的代表资格。但美国以"时机不宜"为借口,用拖延讨论的办法,操纵表决机器,阻止把中国代表权问题列入议程。从 1961 年起,美国一方面表示"赞成讨论中国代表权问题",另一方面又把这个问题列为需 2/3 多数通过的"重要问题",继续进行阻挠。1970 年在第 25 届联大上,18 个第三世界国家两次提出恢复中国在联合国的合法席位的提案,表决结果,赞成票第一次超过了反对票,为 51∶49。形势对美国越来越不利,于是,美国改变手法,一面同日本佐藤政府向 26 届联大再次提出"重要问题"提案,一面又制造所谓"双重代表权"案,即接纳中华人民共和国的代表入联合国,也"不剥夺中华民国的代表权",企图在联合国内制造"两个中国"或"一中一台"的局面。

中国政府坚决反对美国的这一提案,1971 年 8 月 20 日就此发表了严正声明。10 月 25 日第 26 届联大以 59 票反对、55 票赞成、15 票弃权的表决结果否决了美国的所谓"重要问题"提案。接着,又以 76 票赞成、35 票反对、17 票弃权的压倒多数通过了阿尔巴尼亚、阿尔及利亚等 23 国提出的恢复中华人民共和国在联合国的一切合法权利、立即把国民党集团的代表从联合国一切机构中驱逐出去的提案。当时,联合国大厅里一片欢腾,许多亚非拉国家代表高声欢呼,甚至载歌载舞,表示庆祝。11 月 15 日,中华人民共和国代表首次出席联合国大会,受到各国代表的极其热烈的欢迎。大会主席、印度尼西亚的马利克认为"这是一个具有历史意义的时刻",第三世界国家代表认为这"似乎是国际上新的力量均衡的黎明"。中国代表在联合国的首次发言中阐述了中国一贯的和平外交政策,表示坚决与第三世界国家站在一起。这届联大还针对苏联对印巴问题的干涉,以压倒多数通过了要求印巴停火的议案。这两个压倒多数,表明两个超级大国操纵联合国的局面开始被打破。在这之后的历次联合国的重要会议上,都能听到一百多个第三世界国家的声音。

第三世界国家争取建立国际经济新秩序的斗争　　第三世界国家随着国际政治地位的提高,在国际经济领域中便提出了改变旧的不平等的国际经济关系、建立一种相互合作、平等互利的新型国际经济秩序的问题。旧的经济秩序是帝国主义、殖民主义长期统治的产物,其最基本的特征就是少数发达的资本主义国家、特别是一两个超级大国垄断着世界大部分工业、贸易、国际金融、货币、运输、保险和科学技术。第三世界国家虽有丰富的资源,但多为单一经济国家,其国民经济主要靠出口原料和初级产品,进口工业制品来维持。独立后仍继续遭受不等价贸易的剥削,企业经营管理权仍受外资控制,技术上不得不依赖西方,资金方面不得不受制于国际金融财团。由于条件苛刻,使得这些国家负债累累,特别是由于发达国家转嫁经济、货币危机,更使发展中国家难以摆脱贫穷。

建立国际经济新秩序的思想起始于 1955 年的万隆会议。1961 年第一届不结盟国家首脑会议提出,在国际经济领域中发展中国家要采取联合行动抵制不平等的国际贸易。由于第三世界国家的呼吁,1963 年第 18 届联大讨论了召开贸易和发展会议的问题。会上,75 个发展中国家发表联合宣言,从而形成"七十五国集团"。1964 年 3 月 23 日至 6 月 16 日在日内瓦举行了第一届贸易与发展会议,并决定于同年 12 月 30 日成立联合国贸发会议作为大会的常设机构,其宗旨是促进国际贸易,加速发展中国家的经济发展。在这次日内瓦会议上任会议秘书的阿根廷经济学家普雷维什根据他的"中心—外围"理论,提出了一些改变现有国际经济秩序的主张,受到与会的 75 国集团国家的赞同。他认为世界经济体系的中心是发达国家,外围是依附于中心的发展中国家。外围经济的单一化、畸形发展及贫穷落后都是由于中心经济造成的。因此,应改变国际贸易格局、缔结新的国际商品协定、实行稳定初级产品价格等措施。会上 75 国集团扩大为 77 个国家和地区,发表了《七十七国联合宣言》,谴责发达国家在国际贸易中对发展中国家自然资源的掠夺和控制,提出了建立平等互利的国际经济新秩序的要求,并决定在每次贸易会议开会前召开部长级会议,以便协调发展中国家的立场,研究应采取的对策。该集团成员国不断增加,到 1980 年已增加到 119 个,但仍沿用"七十七国集团"的名称。

为了与旧的国际经济秩序进行斗争,许多亚非拉原料出口国还联合建立国际经济组织。1960 年 9 月 14 日伊朗、伊拉克、科威特、沙特阿拉伯、委内瑞拉在巴格达举行石油生产国会议,成立了石油输出国组织(简称"欧佩克")。① 后来阿尔及利亚、印尼、尼日利亚等国加入,共有 13 个成员国。它的建立是为了与西方七大石油公司组成的世界石油卡特尔——通称"七姐妹"相对抗。在 50 年代前,"七姐妹"几乎控制了整个资本主义世界的石油产业。1961 年欧佩克在委内瑞拉首都加拉加斯通过章程,申明它的宗旨是协调和统一各成员国的石油政策,并确定以最适宜的手段来维护他们各自的和共同的利益。该组织每年举行两次会议。在它成立后的 12 年中,在原油标价、石油税率、公司股权等方面与"七姐

---

① "欧佩克"是英文缩写字 OPEC 的音译。

妹"进行了一系列斗争。

1968年1月9日,科威特、利比亚、沙特阿拉伯创建阿拉伯石油输出国组织,以后大部分有石油收入的阿拉伯国家均加入,成员国增至11个,总部设在科威特。该组织的宗旨是加强成员国在石油工业方面的合作,协调石油政策,反对国际石油垄断资本的掠夺和剥削。成员国的石油蕴藏量总和约占世界石油总蕴藏量的50%,产量约占世界的1/3。凭此优势,他们与西方石油公司展开斗争,要求提高原油标价,让出西方公司的部分股份,增收开采税等,西方公司被迫作出一些让步。1973年10月在第四次阿以战争中阿拉伯石油输出国以石油为武器与以色列及其支持者展开斗争。他们一致行动,对那些支持以色列的西方国家逐月减少石油供应5%,此外,还采取了减产、禁运、提价、国有化等措施,结果触发了第一次石油危机,使西方经济陷入混乱。美国因缺油而减少或停飞了航班,西欧、日本各国纷纷讨好阿拉伯国家,改变了态度。发展中国家从这些事实中看到了自己的力量。

阿尔及利亚总统布迈丁以第四次不结盟国家和首脑会议执行主席的名义提出召开专门研究原料与发展问题的第六届联合国特别会议的倡议,得到100多个国家的赞同。1974年4月9日至5月2日会议在纽约联合国大厦举行。在联合国的历史上,专门讨论改革国际经济关系的问题还是第一次。会上,第三世界国家的代表强烈呼吁保护民族资源、发展民族经济、建立一种主权平等、公平互利的新型国际经济关系。邓小平率领中国代表团出席会议并作了重要发言。他阐明中国关于三个世界战略的思想,重申中国"也是一个发展中国家,属于第三世界"。会议最后通过了"七十七国集团"起草的《关于建立新的国际经济秩序宣言》和《关于建立国际经济新秩序行动纲领》。同年在第29届联大上又通过了《各国经济权利和义务宪章》。这些文件正式提出了建立国际经济新秩序的口号,表达了发展中国家反对国际垄断资本控制和剥削的强烈愿望,制定了建立"新秩序"的一系列原则措施,为其奠定了法律基础。这些文件的通过显示了第三世界的力量,为它们在国际经济领域的斗争开创了新的局面。

第三世界国家为争取建立新的海洋法而斗争 殖民主义、帝国主义对亚非拉的侵略和掠夺,是从海上开始的。海洋历来是它们争夺世界霸权、相互角逐的场所。关于领海问题,国际法一直没有公认的统一规定。帝国主义者出于侵略扩张的需要,将领海范围限制在3海里或12海里以内,但它并没有为多数沿海国家所接受。各沿海国有权根据其自然条件和国家安全及发展民族经济的需要,适当确定领海的宽度,并在领海以外划定适当范围的专属经济区或专属渔业区。1947年智利和秘鲁最先宣布其领海范围为200海里,此后,厄瓜多尔、哥斯达黎加、巴西、委内瑞拉也相继采取了同样的作法。1970年5月8日,智利等8个拉美国家通过了《蒙得维的亚海洋法宣言》,同年8月,拉美21国进一步通过了《拉丁美洲国家关于海洋法的宣言》，郑重宣布各签字国在200海里海域内享有主权和专属经济区的管辖权。1971年1月，9个拉美国家举行利马会议，表示要采取共同行动，反对海洋霸权主义。1972年6月9日，9个加勒比海国家发表《圣多明各宣言》，又提出在领海以外划定一个不超过200海里的承袭海，沿海国家可对此海域内的自然资源行使主权。

美苏两个超级大国都把争夺海洋作为其全球战略的重要组成部分。它们的舰队、"渔船队"和"科研船"在各大洋横冲直撞，肆意掠夺各国近海和海底的资源。它们鼓吹"公海自由"论，极力限制各国的领海范围，极力抵制拉美国家200海里海洋权的主张。但是，拉美国家的这一主张却得到很多发展中国家的支持，并迅速发展为世界规模的反对超级大国海洋霸权的浪潮。仅1971—1973年就有10多个非洲国家宣布扩大自己的领海范围，1973年非洲统一组织通过了《关于海洋法问题的宣言》，庄严宣布非洲国家有权建立限度为200海里的专属经济区或管辖范围。亚洲的印尼、马来西亚、新加坡针对美苏企图使马六甲海峡"国际化"的阴谋，宣布三国共管此海峡。全世界共有110多个沿海国家，到1974年4月，有80多个国家发表了关于拥有200海里海洋权的声明。其中，除亚非拉国家外，还有加拿大、澳大利亚、新西兰、挪威、法国等发达资本主义国家。

在此情况下，1973年12月3日联合国在纽约总部召开第三次海洋法会议。此前，联合国曾于1958年2—4月和1960年3—4月在日内瓦举行过两次海洋法会议，由于大国的控制，把领海规定为12海里，没有反映发展中国家的愿望。所以，第三次海洋法会议举行本身，就是对海洋霸权主义者的重重的一击。与会的国家共有167个。美苏则对会议采取抵制态度。它们先以"时机不成熟"为借口进行阻挠，后又一反常态，提出海峡通行、捕鱼、科研等问题的"一揽子解决方案"，企图使会议达不成协议。但是，经过第三世界国家团结一致的努力，第三次海洋法会议历时9年，共举行了11期、16次会议，最后于1982年12月10日在牙买加的蒙特哥湾通过了《联合国海洋法公约》。公约共320条，另有9个附件。公约虽然继续规定领海为12海里，但沿海国有权建立200海里专属经济区，对大陆架的所有权可延伸到200海里，在特殊情况下可延伸到350海里，同时规定国际公海海底及其资源是人类的共同财产。该公约基本上反映了第三世界国家的要求。到1984年底，共有159个国家和地区在公约上签字，唯独美英等国拒绝签署，为公约的实施设置障碍。但是，这一完整的海洋法体系的确立毕竟是第三世界国家联合反霸斗争中的一次重大的胜利，它标志着第三世界国家在国际事务中越来越成为一支不可忽视的政治力量。

第二节　国际共产主义运动中分歧的发展和社会主义阵营的不复存在

一、中苏分歧和中苏关系的恶化

中苏两党的分歧　　新中国成立初期,中苏之间存在着友好同盟关系。但从 1956 年 2 月苏共二十大起,两党出现分歧,两国关系逐渐恶化。

中国共产党对苏共二十大总的来说是支持的。中共八大文件肯定了苏共二十大的重要性,特别指出反对个人崇拜的重大意义。但认为苏共二十大对于当代国际斗争和国际共运所提出的许多观点,是违反马列主义的,特别是借口所谓"反对个人迷信"全盘否定斯大林和通过所谓"议会道路"和平过渡到社会主义这两个问题,更是重大的原则错误。苏共二十大以后,中共领导人曾多次在与苏共内部会谈中就此提出过不同意见。1956 年 4 月 5 日和 12 月 29 日,中国共产党又发表了《关于无产阶级专政的历史经验》与《再论无产阶级专政的历史经验》两文,在驳斥帝国主义和反动派的反共谰言的同时,对于斯大林的一生作了全面分析,肯定了十月革命道路的普遍意义,总结了无产阶级专政的历史经验,委婉地然而又是十分明确地批评了苏共二十大的观点。当时,由于苏共二十大产生的严重后果,赫鲁晓夫在国内外处境困难,不能不重视同中国的关系。

1957 年 11 月,毛泽东率中共代表团参加在莫斯科举行的各国共产党和工人党会议。中国党再次以内部商谈方式向苏共提出了对苏共二十大若干问题的不同看法。最后中苏两党协调立场,互有妥协,共同提出《莫斯科宣言》草案,获得会议通过。尽管如此,中苏之间的分歧和矛盾以后还是逐步激化了。

中苏的矛盾和冲突包括两个方面:一方面是意识形态分歧,两党对于国际形势,对于国际共运的路线和策略,对于对方的国际和国内政策,存在尖锐的意见对立;另一方面是当时的苏共领导仍然以"老子党"自居,要求中国共产党跟着他们的指挥棒转,企图使中国受他们的控制,在军事和外交上服从其"苏美合作,主宰世界"的战略需要。

1958 年,苏联向中国提出要在中国领土和领海上建立中苏共有共管的长波电台和共同舰队,这种损害中国主权的要求当即遭到毛泽东和中国其他领导人的严词拒绝。同一年,赫鲁晓夫深恐中国炮击金门妨碍"苏美合作",要求中国在台湾问题上承担不使用武力的义务,中国当然也不能接受。1959 年 9 月,中印边境冲突爆发,苏联领导又不问是非曲直,发表偏袒印度的声明,把中苏分歧公之于世。

中苏两党论战　　1960 年 4 月纪念列宁诞辰 90 周年时,中国共产党发表

《列宁主义万岁》等3篇文章,不指名地批评苏共领导的某些观点。6月,罗马尼亚工人党三大期间,赫鲁晓夫策划几国共产党在布加勒斯特会晤,对中国共产党横加指责,中国共产党不向压力屈服。7月16日,苏联政府突然照会中国,片面决定立即召回在华工作的全部苏联专家,废除两国经济技术合作的各项协议。这种背信弃义的行为发生在中国正经受严重经济困难的时候,极大地损害了中苏之间的关系。

1960年10月,刘少奇率代表团去莫斯科参加各国共产党和工人党会议。经过激烈的争论和必要的妥协,会议通过了《莫斯科声明》。但在1961年苏共二十二大会上和会后,国际共运中的争论愈演愈烈。苏共领导、苏联报刊和在苏共影响下的许多国家的共产党领导纷纷发表决议、声明和文章,攻击中国共产党和支持中共观点的一些党。中国共产党则从1962年12月到1963年3月陆续发表7篇文章,答复和批评受苏共影响而指责中国的几个党。1963年7月,邓小平率中共代表团去莫斯科举行中苏会谈,没有结果。在这前后,中共中央发表了《关于国际共运总路线的建议》,苏共中央也就国际共运问题发表了《给苏联各级党组织和全体共产党员的公开信》,中苏争论进一步公开化。从1963年9月—1964年7月,中共中央以《人民日报》编辑部和《红旗》杂志编辑部的名义,相继发表9篇评论苏共中央公开信的文章,指名批判"赫鲁晓夫修正主义",并由此论述了社会主义国家"和平演变"和"资本主义复辟"的世界历史教训。这场空前规模的大论战,导致国际共运和许多国家共产党的分裂。

中苏关系的恶化和恢复 1964年10月,苏共中央撤销赫鲁晓夫领导职务,勃列日涅夫继任苏共中央第一书记。中国共产党抱着改善关系的愿望,派周恩来率团赴苏参加十月革命庆祝活动。但苏共新领导却声称,他们在对华政策上和赫鲁晓夫"甚至没有细微的差别"。1965年3月,勃列日涅夫强行召开以集体谴责中共为目标的各国共产党和工人党会议的筹备会。在被邀的26个党中,许多社会主义国家的党如中、朝、越、罗、阿5国党,以及日本共产党、印尼共产党都拒绝参加。1966年3月,苏共召开二十三大,中共决定不派代表出席,从此两党关系中断。此后,苏联向中苏边境不断增兵,并挑起边界武装冲突,而且还向蒙古派驻苏军,中苏关系长期处于对抗状态。

中苏关系恶化的历史表明:一个党评论外国党的是非,往往是根据已有的公式或某些定型的方案,这是行不通的。关于意识形态方面的问题,关键在于马克思主义的普遍原理同各国革命和建设的具体实践相结合。各国党的国内方针、路线是对还是错,只能由那里的党和人民,归根到底由他们的实践做出回答。在这方面,这时期中苏双方都处理不当。至于涉及一个党和由它领导的国家的对外政策问题,如果是干涉别国内政和侵略、颠覆别的国家,则任何党都可以发表意见,进行指责。这时期,苏联党在对外政策上奉行的是霸权主义的路线和政策,中国共产党坚决反对苏共的大党大国主义。在这方面,中国以大无畏的精神顶住巨大压力,表现了真正的马克思主义和无产阶级国际主义的原则性。

在 80 年代后期,中苏之间解决或初步解决了妨碍两国关系的几个问题以后,苏共总书记戈尔巴乔夫于 1989 年 5 月访华,破裂了 20 多年的中苏两国两党关系开始正常化。但这时恢复起来的正常关系并不是恢复到 50 年代的结盟关系,而是在和平共处五项原则基础上的睦邻友好关系。两国间这种新关系的建立对全世界也是一件大事。

1991 年,苏联各加盟共和国相继宣布独立,苏联解体。这以后,中国政府仍根据既定外交方针及和平共处五项原则,与这些新独立国家相继建立和发展友好关系。

二、1968 年苏联出兵侵捷事件

《行动纲领》和《两千字声明》　　进入 60 年代,捷克斯洛伐克的经济发展陷于停滞,社会矛盾日趋激化,捷共领导层内的意见分歧也逐渐暴露。在 1968 年 1 月捷共中央全会上,改革派占了上风,担任近 15 年党中央第一书记的诺沃提尼被解除这一职务,由杜布切克接任。3 月,诺沃提尼又被迫辞去所兼总统一职,由斯沃博达接任。4 月 5 日,举行改组后的捷共中央全会,通过了推行政治经济体制全面改革的《行动纲领》,宣布它将"创立一个新的、符合捷克斯洛伐克国情的、富有人情味的社会主义社会"。这就在捷克斯洛伐克出现了一个被人们称之为"布拉格之春"的新局面。

《行动纲领》的主要内容在政治方面提出:(1) 改革党的领导体制,实行党政分离;(2) 加强民族阵线的作用,广泛发扬民主;(3) 执行独立的对外政策。在经济方面提出:(1) 改革国家计划体制,实行有计划的市场经济;(2) 工商企业和农业合作社完全独立经营;(3) 取消外贸国家垄断。

随着改革运动的开展,5 月底捷共中央全会决定将诺沃提尼开除出党,并决定于 9 月 9 日召开捷共非常"十四大",以确认并深化这一纲领。

捷共 4 月行动纲领和"布拉格之春"改革运动,明显地表现出捷克斯洛伐克要求摆脱苏联控制和苏联模式、争取独立发展的倾向。这在国内外都引起不同反响,苏联尤为关注。4 月 12 日,苏联《真理报》在开始报导捷共中央 4 月全会时发表一篇长文,提出要警惕"修正主义"的危险。5 月 4 日,以杜布切克为首的捷党政代表团应邀访苏,同勃列日涅夫为首的苏党政代表团进行会谈,苏方对捷克斯洛伐克的形势提出了批评,捷方进行了辩解。5 月 8 日,苏、波、匈、保、民德5 国领导人在莫斯科会晤,讨论了捷克斯洛伐克的局势,苏联提出应对捷克斯洛伐克采取强硬措施。5 月 17 日,苏国防部长格列奇科率军事代表团访捷,次日苏部长会议主席柯西金也抵布拉格,他们迫使捷方同意 5 月 20—30 日在波捷边境举行一次华约国"训练参谋人员"的军事演习。

在苏军准备干预的情况下,6月27日,在布拉格几家报纸上,同时发表了由记者瓦楚利克执笔、有70位知识界知名人士签名的一份《两千字声明》。声明指责战后捷共领导的错误路线,使党变成了一个"权力组织","影响了党的性质和作风"。它呼吁人们支持捷共的"进步派"领导实现改革的行动纲领,并自行组织起来以"公开批评、作出决议、游行示威"等方式,迫使"那些滥用自己权力"的人"离职"。声明表示,坚决支持政府反对"外国势力"的干预,"直至手拿武器来支持它。"

《两千字声明》引起各方面的强烈反应和争论。捷共中央主席团当即发表声明,指责它是对捷共、民族阵线和政府的不信任,是反革命的号召。但在捷克地区各州有半数的县党代会同意《声明》的内容。7月6日,勃列日涅夫致函杜布切克,说他们根据保、匈、民德、波等党中央的"委托",建议在华沙举行6党高级会议,"以讨论目前捷克斯洛伐克所出现的情况"。7月8日,捷共中央主席团复信5党,建议改集体会谈为双边会谈。7月中旬,苏联等5国领导人在华沙会晤讨论了捷克斯洛伐克的局势,并联名写信向拒绝与会的捷共领导人发出严厉警告。信中说,"我们不能坐视敌对势力把你们的国家推离社会主义道路并且引起使捷克斯洛伐克脱离社会主义大家庭的危险。这已经不是你们一国的事情了。这是我们参加华沙条约的所有国家的共同事务"。7月18日,捷共中央主席团对此分别复信进行了反驳,认为尽管在捷"存在着企图破坏党的威信"的倾向,但没有现实的理由把捷"当前的局势叫做反革命局势",或说"存在着脱离社会主义大家庭的具体危险"。复信重申,愿与各国进行双边会谈。7月底8月初,苏捷双方在捷边境小镇切尔纳会谈,最终达成举行6党会谈的协议。8月3日,6党领导人在布拉迪斯拉发举行了联席会议,并发表了联合声明。声明强调:"不允许任何人离间社会主义国家、破坏社会主义制度的基础","保卫苏联和东欧各国的成果是所有社会主义国家的国际主义义务。"

看来,苏捷关系似乎有所缓和,捷共中央乃集中精力准备即将召开的捷共"十四大"。实际上,苏联对捷克斯洛伐克的形势仍然不满,正积极准备武装干涉。

苏军武装干涉 8月20日深夜,一架飞临布拉格上空的苏联运输机突然向布拉格机场发出信号,说飞机路过发生故障,要求准许紧急降落。机场指挥部按国际惯例准其着陆。岂料当机舱门打开后,几十名全副武装的苏联空降兵直奔指挥塔。紧接着,巨型苏联运输机一架接一架在机场降落,送来了配备轻型坦克、装甲车和反坦克炮的苏军空降部队,并立即开进布拉格控制了全市各战略要地。同时,苏、波、匈、保、民德5国部队共约50万人又从北部、东部和南部强行越过捷境,分别奔向各自预定的位置。不到24小时,捷克斯洛伐克全境已被外国军队占领。

　　苏联等华沙条约入侵国在采取这一行动时发表声明,说他们的军队"进入"捷境,是应捷克斯洛伐克"忠实于社会主义的党和国家领导人的请求",以及根据他们"在布拉迪斯拉发会议上承担的集体义务"而作出的决定。同时,苏联塔斯社公布了一份未加署名的捷部分领导人"请求"苏联干预的呼吁书。

　　面对苏联等5国大军的突然侵袭,21日,捷共中央主席团发表了《告全国人民书》,抗议5国军队"越过"捷境"违反了社会主义国家之间关系的基本原则,破坏了国际法的基本准则"。说明党和国家主要领导人事前"对此一无所知",党中央现正在开会,"以便应付业已形成的局势"。号召"全国公民保持平静,不要抵抗前进中的外国军队"。但是,捷克斯洛伐克广大群众无法平静,他们纷纷涌上街头,高呼"俄国佬滚出去"!一些群众还包围并焚烧苏军坦克。22日,提前秘密召开的捷共非常"十四大"也通过《告全国人民书》,严正抗议5国侵略,要求占领军立即撤出。23日,全捷劳动群众响应大会号召,举行了一小时抗议性总罢工。

　　苏联等5国出兵侵捷也受到国际舆论的强烈谴责。中国、南斯拉夫、阿尔巴尼亚等国以及亚洲13个共产党对此都提出了严正抗议。联合国安理会还召集紧急会议,讨论捷局势和谴责军事干涉的问题。

　　入侵苏军立即将捷共主要领导人杜布切克等挟持去苏,并企图扶植听命于苏的新政权。23日,斯沃博达飞往莫斯科与苏领导人"谈判",杜布切克等人也参加了会谈。26日发表了《苏捷会谈公报》。公报说:双方"就旨在使捷克斯洛伐克的局势尽快正常化的措施达成了协议";苏方声明,"暂时进入了捷克斯洛伐克领土的盟国军队将不干预捷克斯洛伐克的内政";捷方告知,捷克斯洛伐克已命令自己的部队"不允许发生有可能引起破坏安宁和社会秩序的事件和冲突",并要求联合国安理会"从议程上撤销"讨论捷局势问题。10月16日,苏捷双方在布拉格又签署了《关于苏联军队暂时留驻捷克斯洛伐克社会主义共和国境内的条约》。条约规定,除一部分苏军暂驻捷境内以外,其他四国的军队即将撤离。

　　在"苏军暂驻"的条件下,1969年4月17日,捷共中央全会选出了由11人组成的新主席团,胡萨克取代杜布切克当选党中央第一书记。以胡萨克为首的捷共新领导中止了"布拉格之春"实行的许多改革措施,这显示出捷克斯洛伐克的历史发展又进入了一个新时期。

三、罗苏矛盾与妥协

　　60年代的罗苏关系　　在东欧国家同苏联的关系中,罗苏关系也很引人注目。一方面,罗马尼亚始终是经互会和华沙条约组织的正式成员国;另一方面,罗马尼亚自 60 年代起明显地执行着一系列独立自主的对外政策,坚决反对外来的干涉与控制,在许多重大国际问题上采取和苏不同的立场。

罗马尼亚和多数东欧国家一样,也是苏联帮助解放的,因而战后初期,罗马尼亚在内政外交方面都紧跟苏联。但这时期在关于罗苏领土纠纷,即关于比萨拉比亚的归属问题上和关于战争赔款问题上,罗马尼亚对苏联的表现感到失望。

斯大林逝世后,由于罗马尼亚领导人适时地对国内外政策进行了一定调整,并对赫鲁晓夫在苏共"二十大"的"秘密报告"持回避态度,使来自苏联的冲击波未在罗马尼亚引起大的振荡。但 1956 年波匈事件的爆发,却使罗马尼亚对苏军驻罗境内甚感忧虑。这年 10 月 30 日,苏联发表《关于发展和进一步加强苏联同其他社会主义国家的友谊和合作的基础的宣言》,罗马尼亚乘机向苏联提出撤军要求。经罗马尼亚多方努力,终于迫使苏联于 1958 年 10 月 1 日将驻罗苏军撤出。

进入 60 年代,随着国际形势的变化,特别是中苏分歧的加剧,罗马尼亚在对外政策方面更趋于独立自主。1964 年 4 月,罗马尼亚发表《罗马尼亚工人党关于国际共产主义运动和工人运动所持立场的声明》,第一次明确地阐述了罗独立自主对外政策的基本原则,声明针对苏联的大党大国主义,强调兄弟党和兄弟国家之间独立自主和平等的原则,指出"任何党不能把它的路线和意见强加于其他党";针对苏联正准备召开一个旨在攻击中国共产党的世界各国共产党会议的筹备会议,罗马尼亚表示坚决反对,并主张这样的会议应包括所有的共产党和工人党。在经互会组织问题上,它反对建立经济联合和一体化的超国家机构;在华约组织问题上,主张取消所有军事集团,同时赞成缔结一项华约和北约之间的互不侵犯条约,以此作为达到取消一切军事集团的过渡措施。这一声明在国际上得到高度评价,被认为是战后东欧国家为摆脱苏联控制的斗争的又一次大胆行动。60 年代,围绕着该宣言阐述的基本原则问题,罗苏之间在多方面进行了较量。

在中苏大论战中,多数东欧国家追随苏联反对中国,阿尔巴尼亚由于坚决反对苏联的观点和立场,与苏公开决裂。罗马尼亚则以另一种独特的态度来对待中苏论战双方。在论战未公开之前,罗马尼亚斡旋于中苏之间。公开论战后,罗马尼亚则多次抵制和反对苏联制造并加剧分裂的错误做法。

在经互会和华约内部,罗马尼亚则为争取平等的伙伴关系向苏联的大党大国主义展开了坚决斗争。特别是 1968 年苏军侵捷事件,使罗苏之间在华约内部的斗争相当尖锐。事件发生之前,苏联曾策划召开华约缔约国会议来干预捷克斯洛伐克的国内改革,罗共同捷共一起拒绝参加。不久,齐奥塞斯库和铁托又先后访捷,以示对捷克斯洛伐克的支持。8 月 21 日,当苏军坦克开进布拉格时,齐奥塞斯库在布加勒斯特市中心广场面对 10 万群众发表演说,谴责苏联对捷克斯洛伐克主权的侵犯。

在同世界各国发展关系的问题上,罗马尼亚也坚持从本国的政治经济利益出发,而不再一味去与苏联"协调一致"。1961年1月,罗马尼亚不顾苏联和民主德国等国的反对,单独同联邦德国建交。1967年6月中东危机爆发后,苏联和其他东欧国家立即同以色列断交,而罗马尼亚外贸部长却访问了以色列,并签订了两国的贸易协定。1969年8月和1970年10月,美国总统尼克松和齐奥塞斯库进行了互访。

对罗马尼亚在对外政策方面实行完全独立自主,苏联不止一次地施加过压力,但罗马尼亚都以种种方式给予抵制。当时罗马尼亚在经济上甚少依赖苏联,加以得到中国和南斯拉夫的支持,苏联对罗马尼亚也奈何不得。

70年代以后的罗苏关系　　70年代中期以后,罗苏关系转向缓和。出现这一转机的主要原因在于经济问题。这时期罗马尼亚的石油产量逐年下降,国民经济困难较多。为了解决能源和原材料短缺的问题,罗马尼亚开始主动接近苏联。同时苏联也需进口罗马尼亚的农产品,并力图使罗马尼亚在政治上靠拢自己,也愿改善关系。1976年双方领导人互访频繁,并于11月24日发表了《关于进一步发展两党两国之间兄弟合作和友谊的联合声明》。此后,两党两国关系基本正常化。特别是,两国经济关系发展很快,换货量迅速增加,并扩大了各种形式的经济、技术合作,其中罗马尼亚还参加建设苏联境内的一些重要项目。在罗"七·五"计划期间(1981—1985年),罗苏贸易额比前5年增长17倍以上,大大超过了其他东欧国家对苏贸易额的增长速度。

这时期罗苏关系虽已得到改善,但双方依然存在不少分歧。尤其是在华约组织内部,围绕着增加军费以及军队指挥权等问题,罗马尼亚仍为维护自己的民族利益,多次与苏联激烈交锋。

在经济上成为亲密的贸易伙伴,在政治上各持不同见解,甚至互怀敌意,这是整个世界由两极向多极发展在国际关系中出现的许多新现象之一。七八十年代的罗苏关系明显地带有这一特点。

四、经互会与华沙条约组织的扩大及其内部矛盾的加深

经互会的三个时期　　经互会于1949年1月成立后,初期只是一个由苏联和东欧7国组成的区域性经济组织。1961年后,由于苏联和阿尔巴尼亚关系破裂,阿尔巴尼亚未再参加经互会活动。1962、1972和1978年,蒙古、古巴和越南相继加入,使它成了一个共有10个正式成员国、跨欧、亚、拉美三大洲的国际性经济组织。从1964年起,南斯拉夫在专门协定的基础上参加经互会一些机构的工作。中国在1956—1961年曾以观察员身份参加经互会的例行会议。后来,老挝、朝鲜、安哥拉、埃塞俄比亚、莫桑比克、也门民主人民共和国、尼加拉瓜和阿富

汗也以观察员身份参加经互会的一些会议。1988 年 6 月,经互会同欧洲经济共同体签署了联合声明,相互承认并建立正式关系。但随着东欧各国和苏联形势的变化,经其成员国达成协议,经互会于 1991 年 6 月宣告解散。

在经互会存在的 41 年中,经互会首脑会议每年至少召开一次,轮流在各成员国首都举行,由东道国主持。其总部设在莫斯科,苏联起着主导作用。经互会的经济合作活动大体经历了经济恢复、计划协调、经济一体化及科技发展等几个时期。

1949 年至 50 年代中期为第一时期。这时期主要是利用商品交换和科技资料交换及技术援助的形式,帮助解决各国恢复经济的困难。当时在东欧各国的外贸中,70%是同苏联或在相互之间进行的,而且基本上是以货易货,贸易结算通过"转账卢布"进行。

从 50 年代中期到 60 年代后期为第二时期。这时期的主要合作形式是协调国民经济计划并推行生产专业化分工和协作。到 1961 年底,各成员国已在塑料、合成橡胶、化学纤维、矿物肥料和部分机器设备等方面实现了生产专业化。

从 70 年代起进入第三时期,主要合作形式是推行"经济一体化"。1971 年经互会会议正式通过了发展经济一体化的"综合纲要",规定在 15—20 年内分阶段实现生产、科技、外贸和货币金融的"一体化"。1975 年又规定在 1976—1980 年由成员国联合投资约 90 亿卢布共同建设 10 个大型项目。此后,又相互协议建设了一些联合投资项目。为了缩短同西方国家的科技差距,1985 年 12 月经互会会议要求加强成员国之间的长期科技合作,规定在 2000 年前,各成员国要在经济电子化等最先进的科技领域取得突破性进展,使社会劳动生产率至少提高一倍。

经互会成立后,对于打破西方的经济封锁,促进各成员国的经济发展起了积极作用。据 1982 年《经互会统计年鉴》公布的材料:在 1960—1981 年间,苏联社会总产值增加 2.36 倍,保加利亚增长 3.87 倍,匈牙利增长 1.92 倍,民主德国增长 1.89 倍,波兰增长 1.64 倍,捷克斯洛伐克增长 1.63 倍,罗马尼亚增长 1.56 倍,蒙古增长 2.32 倍。到 80 年代初,经互会已成为世界上一个强大的经济集团,其人口约占世界总人口的 1/10,国民收入约占全世界国民收入的 1/4,工业总产值约占 1/3,农业总产值约占 1/5。

但是,经互会各国经济发展很不平衡,苏联的经济和技术占绝对优势。随着经互会"经济一体化"的加深,各成员国之间,特别是东欧各国与苏联之间的矛盾也在加深。其中以燃料原料的供需矛盾和外贸价格的矛盾最为突出。东欧国家缺乏能源,按经互会协议,苏联应按固定价格充分满足它们对能源的需求。但从 70 年代中期起,由于世界市场石油价格大幅度上涨,苏联为了赚取外汇等原因,压缩了对东欧国家的石油供应,并将其出口东欧的石油价格不断上调,而东欧各国向苏出口的机械及农副产品的价格则远低于世界市场。结果,使有些国家开工不足,交通运输困难,对苏贸易出现很大逆差。为此,东欧各国与苏联经常争吵。此外,在关于相互供货的质量和时间问题、共同开发和建设联合项目以及合作体制问题等方面,都存在诸多矛盾。而且,苏联还往往利用其他成员国在经济上对苏有较大的依赖性,迫使它们在政治上也向苏作出某些妥协或让步,这使各成员国更为不满。因而这时期的经互会实际上已出现松散倾向。1990 年 1 月,在第 45 次经互会会议上各成员国虽就彻底改造经互会取得了共识,并决定重新制订经互会章程,但为时已晚。

华约组织的历程　　华沙条约组织于 1955 年 5 月正式成立后,原 8 个成员国中的阿尔巴尼亚也于 1961 年 8 月起停止参加它的任何活动,并于 1968 年 9 月宣布退出。中国曾派观察员参加其政治协商会议,但从 1962 年起未再参加。从 1976 年起,蒙古、越南、老挝派出观察员参加会议。

华约组织的主要机构最初只有政治协商委员会和联合武装部队司令部。前者是最高决策机构,负责协商和决定缔约国的国防、政治、外交、经济等重大问题,由缔约国党的总书记、政府首脑、国防部长和外交部长组成。按规定它每年至少召开两次会议,并轮流在各国首都举行。实际上,会议并未定期召开,并多数在莫斯科举行。后者是军事指挥机关,设在莫斯科,其总司令始终由苏联国防部第一副部长担任。1969 年 3 月增设国防部长委员会,作为最高军事决策机构,负责协调各国的军事行动,研究共同的军事政策,以及联合武装部队的训练、演习和编制、装备等问题,由苏联国防部长担任主席。1976 年 10 月又设外交部长委员会,专门负责协调各国的外交政策。

华约组织的主要活动,是通过上述各种机构在缔约国中推行“军事一体化”。其中包括武装力量一体化、武器装备一体化、军工生产一体化和军事建设规划一体化等。

为推行武装力量一体化,华约组织特别建立了两支部队。一是联合武装部队,由各国拨出一部分军队联合组成。其中,波兰 2 个师,匈牙利 4 个师,捷克斯洛伐克 8 个师,民主德国 6 个师,保加利亚 3—4 个师,苏联若干师。这支部队在发生战争时受联合司令部指挥,平时则分别仍受本国国防部领导。二是一体化部队。这是在 70 年代再从各国拨出一部分军队组成的,无论战时或平时它都受联合司令部指挥,该部队的组成包括苏、保黑海联合舰队,苏、波、民德波罗的海联合舰队,以及苏、捷、匈、民德一体化空军等。此外,苏联还与各成员国先后签订双边或多边协定,在各国派驻大量苏军。据称,驻在民德、波、匈、捷 4 国的苏军共有 30 个陆军师和 4 个航空集团军。其陆军师均为坦克和摩托化部队,计驻民主德国 19 个师共 23 万人,驻波兰 2 个师 4 万人,驻匈牙利 4 个师 6.5 万人,驻捷克斯洛伐克 5 个师 8 万人。驻民德、波兰、匈牙利的苏军是第二次大战结束后留下的,驻捷克斯洛伐克的苏军是 1968 年侵捷事件时进驻的。苏联在保加利亚无驻军,但在保储存有大量武器装备和战略物资。华约武装力量经常在缔约国境内举行军事演习,甚至干涉各成员国内政。1968 年侵捷事件就是这类最突出的事例。

很明显,华约组织一系列机构的建立及其军事一体化的推行,不仅加强了它在与北约对峙中的军事政治实力,有利于保证苏联和东欧国家在东西方对抗中的安全和发展,而且也加强了苏联对它的控制,日益成为苏联对东欧国家施加影响的重要工具。为此,苏联与其他成员国之间既存在着一种联系日益紧密的特殊关系,同时也不断产生矛盾和分歧。例如苏联侵略捷克斯洛伐克时,罗马尼亚立即公开声明,华约组织不能以任何理由、在任何情况下和以任何形式对某一社会主义国家采取军事行动。1978 年后,罗马尼亚军队已不再参加联合军事演习。

1985 年,为期 30 年的华约期满,又续约 20 年。但随着东西方关系日趋缓和,特别是戈尔巴乔夫担任苏联新领导后推行"新思维外交",华约成员国之间的关系有了某些调整。华约组织一般不再直接干预各国内政,并允许各国在外交上有一定的独立性和灵活性。1988 年底,苏联还决定削减驻各国苏军。随着东欧各国政局的巨变,1991 年 3 月 31 日,苏、波、匈、捷、保、罗达成关于解散华约军事组织结构的协议。7 月 1 日,华约组织政治协商委员会会议签署议定书,宣布停止华约的效力。此后,苏军从原华约其他成员国分批撤出。

第三节 东西方关系的缓和与美苏争霸局面的逐步形成

一、美苏关系的缓和与争夺

赫鲁晓夫的外交战略 1953 年 3 月斯大林逝世以后,美苏双方关系开始出现了某种微妙的变化。

美国总统艾森豪威尔提出了"和平取胜战略"。他说:"随着斯大林的逝世,一个时代终止了",他要苏联新领导机构正视他们面对的"自由世界",主张通过对话谈判逐步"软化"苏联。

这时的苏联也开始逐渐改变斯大林的对外战略,实行对外政策的调整。同年 9 月,赫鲁晓夫担任苏共中央第一书记后,并提出了一套争取同美国平起平坐,实现苏美合作,共同主宰世界的基本战略目标。这一战略目标在 1956 年 2 月举行的苏共二十大上得到了确认,并从理论上加以系统化。赫鲁晓夫断言,情况已经根本改变,"今天强大的社会力量和政治力量拥有实实在在的手段,不容许帝国主义者发动战争",他提出,"和平共处是社会主义国家外交政策的总路线",同时强调,"世界上最强大的国家——苏联和美国之间建立持久的友好关系,对巩固和平将有重大的意义"。赫鲁晓夫曾经坦率地告诉美国记者:"我们都是世界上最强大的国家,如果我们为和平联合起来,那么就不会有战争。那时,如果有某个疯子想挑起战争,我们只要用手指吓唬他一下,就足以使他安静下来"。总之,赫鲁晓夫追求的目标就是和美国平起平坐,让美国承认苏联有与美国同等权利去主宰世界。

赫鲁晓夫提出这一对外战略的背景是,一方面,世界范围内国际力量对比已开始发生重大变化。民族解放运动蓬勃发展,沉重地打击了帝国主义,使美国称霸世界的计划连遭挫折,苏联正好加以利用。另一方面,苏联国民经济迅速恢复和发展,实力大为增强,有可能从实力地位出发执行新的外交政策。特别是环顾全球,当时唯苏联有资格争取与美国"平起平坐"进行谈判。1953 年 8 月,苏联氢弹爆炸成功,结束了美国核垄断地位,这也使苏联有可能就裁军、欧洲诸问题发动"和平攻势"。

但赫鲁晓夫乞求的"苏美合作",与美平起平坐,又反映了赫鲁晓夫领导集团尽管野心膨胀却自感力不从心的矛盾状况。这也反映了在苏美关系上一开始强调东西方缓和,而随着苏联实力的进一步增强和美国实力的相对削弱,苏美争夺世界霸权的斗争便愈演愈烈。

对奥地利和约的签订　　1953 年朝鲜停战和 1954 年日内瓦关于印度支那问题的决议,是东西方缓和的开始,而对奥地利和约的缔结则是一项重要的突破。

第二次世界大战结束后,奥地利及其首都维也纳,由苏、美、英、法四国分区占领。由于冷战兴起,德国分裂,西方国家有意阻挠对奥和约的签订。斯大林逝世后,1954 年初,在苏、美、英、法四国外长柏林会议上,苏联提出对奥和约的建议,并声明:支持迅速缔结对奥和约,条件是奥地利承担义务,不参加军事集团,不把它的领土提供给外国作为军事基地。美英法三国拒绝接受苏联关于对奥和约的建议。然而苏联关于对奥和约的声明,却引起了奥地利国内的积极响应。

1955 年 4 月中旬,奥地利与苏联就缔结和约举行会谈。在会谈中,奥地利接受苏联倡议,保证奥地利国家中立化。苏联则表示无偿地签订对奥和约,并从奥地利撤回苏联军队,不必等到缔结对德和约,四国占领军队就可能撤出奥地利。这就改变了斯大林时期坚持奥地利国家条约应在德国问题解决以后签订的立场。苏联在奥地利问题上的主动外交行动,受到了西方国家的欢迎。

1955 年 5 月 15 日,苏、美、英、法、奥五国外长在维也纳签订了《重建独立和民主奥地利的国家条约》,同年 7 月 27 日生效。条约规定恢复奥地利主权、独立和 1938 年 1 月的边界;禁止奥地利与德国合并或缔结任何同盟;奥地利应组成民主政府,不得拥有、制造和试验原子武器及条约中指定的其他武器,盟国对奥管制自条约生效之日起废止,驻奥盟军在条约生效后 90 天内,至迟在 1955 年 12 月 31 日撤退完毕。

1955 年 10 月 26 日,奥地利国会通过关于中立的宪法条文,自愿宣布永久中立,不参加任何军事同盟,也不允许别国在自己的领土上建立军事基地。

奥地利国家条约的签订,结束了四大国对奥地利的占领,解决了第二次世界大战的一大遗留问题,对世界局势特别是欧洲局势的缓和起了积极的作用。对奥地利而言,这是其现代史上的一大转折点,条约给它带来了持久的政治稳定和经济繁荣,对它后来的发展具有重大意义。

苏联当时期望,随着奥地利的中立,联邦德国和其他一些国家也会继而仿效,这样,欧洲的政治局势就会朝着苏联希望的方向发展。而当时,中立倾向也确实在西方阵营中一度泛起,冰岛等北大西洋公约组织成员国曾希望仿效奥地利。这必然威胁北大西洋联盟的存在。只是由于美国后来对这些国家施加了重大压力,它们的中立才没有实现。

在西方看来,对奥地利条约的签订,是苏联新领导对西方改变政策的可靠证明,是美国的实力政策开始生效的结果。杜勒斯曾把苏联必须签订奥地利国家条约作为举行东西方最高级会议的先决条件,而今面对苏联的让步,杜勒斯大呼"上当",被迫与苏联就召开美、英、法、苏四大国首脑达成协议。美国所能做到的是,抢先一步,于同年 5 月把联邦德国拉进北约组织,在最高会议面前造成既成事实。

四国首脑会议 1955 年 7 月 18 日,四国首脑会议在日内瓦开幕。这是自战后以来的第一次四国最高会议。出席四国会议的首脑是:美国总统艾森豪威尔、英国首相艾登、法国总理富尔、苏共中央第一书记赫鲁晓夫和苏联部长会议主席布尔加宁。会议的议程是:有关德国、欧洲安全、裁军和促进东西方之间的接触,等等。

会议中,双方都把德国与欧洲安全这两个问题联系在一起。苏联认为,根据德国现存的两种不同的社会制度,在实现统一以前,可以成为两个具有平等权利的国家。苏联还提出欧洲安全体系的计划,打算分两个阶段实现,第一阶段保持欧洲两大集团的存在,两个德国可以分别参加两个集团,由双方缔结条约,保证只用和平方法解决分歧和争端。第二阶段是取消两大集团,建立全欧安全体系,美国可以成为欧洲安全体系的成员国。这一方案表明,苏联放弃了统一德国的主张,转向承认两个德国。美英在会上提出"自由选举",统一德国,保障欧洲安全的主张,旨在吞并民主德国,按照联邦德国的政治制度建立起统一的德国。

在裁军问题上,艾森豪威尔别出心裁地提出"开放天空"的建议,包括美苏互换本国军事地图,允许对方飞机进行"空中摄影",从而取得国家之间的信任,作为缔结任何裁军协定的先决条件。赫鲁晓夫予以拒绝，认为这是美国针对苏联的一个间谍阴谋。四国首脑会议开到 23 日，因意见分歧而宣布在同年 10 月举行外长会议继续谈判。此外，无任何结果。10 月 27 日至 11 月 16 日，四国外长在日内瓦开会，依然未获成果。

四国首脑会议是战后东西方首脑首次坐在一起讨论问题，对缓和国际紧张局势有一定积极作用，但赫鲁晓夫大肆吹嘘会议的伟大成就，说会议"标志四大国关系的转折点"，创造了大国和平协商的所谓日内瓦精神。这纯属子虚乌有，倒是反映了苏联所追求的是苏美合作。

苏联与联邦德国建交　　1955 年 6 月 7 日，在四国首脑会议召开之前，苏联向联邦德国政府发出照会，邀请阿登纳总理访苏，以便商谈实现苏联和联邦德国之间的"关系正常化"。这个照会是苏联政府第一次直接发给联邦德国政府的照会，意味着苏联从国际法上对联邦德国政府的承认。这是苏联政府当时采取的一个引人注目的外交行动。

对于是否接受苏联的邀请，联邦德国虽表示过犹豫，特别是担心会因此而动摇西方国家对它的信任，但最后还是接受了访问邀请。这是因为，联邦德国对同苏联建立正常关系表现出强烈的兴趣。联邦德国认为：第一，苏联是当代两个无可争辩的世界大国之一。又是四个战胜国和占领国之一，它的同意与合作对德国重新统一和最后缔结和约是不可缺少的。第二，苏联还拘留着相当大数量的德国战俘、民俘以及其他被押人员。为了求得对他们的释放，也必须同这个拘留国建立直接的关系。第三，联邦德国在同其他国家关系中的政治分量，也要靠苏联的外交承认和同苏联建立直接关系来提高。特别是，当时苏联正在调整与西方国家的外交关系，美英法表现出愿意与苏联谈判，联邦德国的地位已受到某种"威胁"。联邦德国政府更不能忽视与苏联的关系。

基于上述考虑，联邦德国政府于 1955 年 6 月 30 日照会苏联，表示接受邀请。但为了使西方盟国放心，联邦德国总理阿登纳事前赴华盛顿与艾森豪威尔和杜勒斯会晤并保证说："联邦政府始终不渝地信守已订立的条约"。

1955 年 9 月 8 日，阿登纳访苏，与苏联领导人进行建交谈判。经过几天的艰苦会谈，双方终于决定建立大使级外交关系。苏联将在建交后一周开始释放战犯。9 月 13 日，联邦德国签署了关于建立外交关系的换文。联邦德国在给苏联的换文中强调指出，"两国的建交将促成整个德国问题的解决，从而有助于解决德国人民的全民族的主要问题——恢复德意志民主国家的统一。"9 月 14 日，阿登纳在回国之前，向布尔加宁发了一封信，声称德意志联邦共和国是代表全体人民的，并表示德国的东部边界不是最终的边界。联邦德国政府旋即宣布，它同苏联建交，并不意味着承认同苏联早已建立外交关系的民主德国。今后如有第三国承认民主德国，联邦德国将把这种承认看做是不友好行动，并将与该国断绝外交关系。后人将这一政策冠以最初提出这一主张的，当时联邦德国外交部国务秘书哈尔斯坦的名字，称之为"哈尔斯坦主义"。联邦德国的立场自然与当时苏联的立场是直接对立的。塔斯社于9月16日发表声明指出，苏联政府把德意志联邦共和国看作是德国的一部分，德国的另一部分是德意志民主共和国，德国的边界已由波茨坦协定解决了。联邦德国在它主权范围内的领土上执行着自己的管辖权。苏联决不同意阿登纳的联邦德国"有权代表整个德国人民发言"的主张。9月20日，即阿登纳莫斯科之行后一个礼拜，苏联就同民主德国签订了重新安排它们相互关系的《苏联和德意志民主共和国关系条约》。条约重申苏联和民主德国之间的关系是建立在"完全平等、互相尊重主权和不干涉内政的基础"之上的。这就是说，民主德国是一个主权国家。至此，苏联大体上完成了两个德国的外交部署。联邦德国与苏联的会谈，为联邦德国打开了通往东方的大门，缓和了与苏联的关系，减轻了压力，提高了国际地位。但会谈使苏联比联邦德国获得了更多的利益。首先，造成两个德国的既成事实，使西方难以回避民主德国作为一个主权国家的客观现实；其次，使苏联有可能借助联邦德国的资金、技术来改善苏联的经济状况；再次，苏联的形象在国际上得到改善，壮大了苏联"和平攻势"的声势。

第二次柏林危机　　赫鲁晓夫上台后追求的一个近期目标是访问美国，企图通过美苏首脑会晤来实现"苏美合作主宰世界"的战略目标。但是艾森豪威尔不予理睬。苏联便窥测方向，在全球尤其是在欧洲向美国发起新的外交攻势，在德国和柏林问题上向美国施加压力，从而触发了一场新的柏林危机。

柏林自1949年分成两部分之后，西柏林由于地位特殊，成了西方进行间谍活动的温床。西方和联邦德国政府为了把西柏林作为一个资本主义的橱窗，更是不惜巨额耗资，保持西柏林的繁荣，造成对民主德国经济上、政治上、心理上的威胁。苏联决心切除西柏林这个"毒瘤"。

1958年11月27日，苏联政府向西方三大国政府发出照会，要求美、英、法在6个月内撤出它们在西柏林的驻军，使柏林成为"自由城市"。否则，苏联将把进入西柏林的过境检查权转交给民主德国。苏联此举的目的是在德国达到民主统一已不可能的情况下使德国分裂固定化，迫使美国及其西方盟国承认民主德国。

美、英、法拒绝了苏联要它们从西柏林撤军的要求，并宣称苏联如果封锁进入西柏林的通道，它们将不惜诉诸武力。苏联对于以上反应立即提出了强烈抗议。战后第二次柏林危机发生。

面对西方的强硬态度，苏联放低了调子，表示6个月期限决不是最后通牒，并希望通过国家领导人互访和会谈，改善东西方关系。美国提出如果苏联撤回6个月期限的最后通牒，并和西方国家首先举行外长会议，美国将同意召开新的四国首脑会议,讨论柏林问题。苏联接受了美国的建议。

戴维营会谈　　1959 年 5 月 11 日,四大国外长会议在日内瓦开幕,民主德国和联邦德国以观察员身份出席。日内瓦四国外长会议虽未达成任何协议,但这次会议被认为是西方国家向苏联作出的妥协。然而美国有更深一层的考虑。艾森豪威尔获悉赫鲁晓夫想到美国访问,认为这是打破美苏僵局、软化苏联的好机会,他当时向国会领袖表示,他要作出一番巨大的个人努力,以便在卸任之前,把苏联领导人哪怕软化一点点。于是经过协商,美苏于 1959 年 8 月 3 日同时宣布:艾森豪威尔邀请赫鲁晓夫在同年 9 月访问美国,赫鲁晓夫邀请艾森豪威尔秋后到苏联访问。据赫鲁晓夫回忆,当收到艾森豪威尔的邀请信时,"我简直不能相信我的眼睛"。看来美国已经把苏联当作平等伙伴了,"我们最后迫使美国承认了与我们建立更密切关系的重要性"。

1959 年 9 月 15 日至 27 日,赫鲁晓夫前往美国访问。为了给他壮行,在他访美前夕,苏联发射了一颗地球卫星。在访美期间,赫鲁晓夫先到各地参观,然后在艾森豪威尔陪同下前往马里兰州的总统疗养地戴维营,与艾森豪威尔进行了两天会谈。会谈中双方就美苏关系、德国和柏林问题交换了意见,谁也不愿作出实质性让步。不过,会谈公报宣布双方在柏林问题上"恢复谈判",在国际争端中不诉诸武力,并宣布艾森豪威尔总统应邀于 1960 年春正式访苏。于是,会谈产生了"戴维营精神"式的美苏缓和。赫鲁晓夫是第一位访问美国的最高领导人,他的美国之行虽未产生什么实际成果,但他认为这本身就给人以苏美平起平坐、共同主宰世界事务的印象。

但是,战后美苏的第一次"蜜月"是十分短暂的。无论是四大国巴黎首脑会议还是艾森豪威尔访苏,都因 1960 年 5 月美国一架 U—2 间谍飞机入侵苏联领空并被苏联导弹击落而告吹。转瞬之间"戴维营精神"烟消云散,美苏关系又跌入低谷,进入新的冷战僵持时期。

二、肯尼迪、约翰逊对杜鲁门全球扩张政策的继承

肯尼迪的对外政策　　1961 年 1 月,民主党人约翰·肯尼迪在 1960 年大选中获胜,登上了白宫宝座。在竞选中,肯尼迪猛烈攻击艾森豪威尔政府的外交政策。他指责艾森豪威尔政府"遏制"共产主义不够有力,忽视第三世界,还抨击共和党政府不重视防务,使美国在战略核武器方面落后于苏联。他指责艾森豪威尔政府正在"输掉"冷战,声称必须革新美国的外交政策。为了扭转美国的颓势,他上台之后就明确提出了"一手抓箭,一手抓橄榄枝"的"和平战略"。还提出对非洲的"新非洲"政策,对拉丁美洲的"争取进步联盟",对西欧的"宏伟计划",等等。

和平战略　　所谓"和平战略",实质上是在实力地位基础上灵活运用文武

两手称霸世界的全球战略,其矛头首先对准了社会主义国家。肯尼迪及其谋士们总结了过去对社会主义国家搞"遏制"围堵无助于和平演变的教训之后,强调在和平共处、和平竞赛的口号下,通过援助、贸易、旅行、科技与文化交流,设法削弱东欧等社会主义国家"对俄国的经济和意识形态的依附状态,从出现在铁幕上的任何裂缝中培养自由的种子"。这一"和平战略"也是针对第三世界国家的,企图通过"粮食用于和平"计划,"攀亲戚"运动,派遣"和平队"等手段,争取新兴的民族独立国家,把它们纳入美国战略轨道。为了以强大的军事力量推进美国的全球扩张,肯尼迪提出了以"灵活反应战略",取代艾森豪威尔的主要运用核威慑力量与苏抗衡的大规模报复战略。即既准备打有限核战争和核大战,也准备打常规战争与特种战争。

1963 年 11 月 22 日,肯尼迪遇刺身亡后,约翰逊继任总统。他几乎完全继承了肯尼迪的外交政策,没有作出任何重大调整。无论是肯尼迪,还是约翰逊,都犯了一个通病,即他们都无视国际政治格局的变化,过高估计了美国的实力,一味试图在遏制"共产主义"中取胜,以有利于美国的全球扩张。结果在侵越战争中受到严重挫折,在疯狂的军备竞赛中削弱,使战后美国外交政策的基石——杜鲁门主义根本动摇。

入侵古巴失败　在肯尼迪任期内,美国对一些第三世界国家和地区采取了武装干涉行动。美国特别惧怕共产主义在古巴得势,其第一次干涉就是支持古巴流亡分子入侵古巴。1961 年 4 月 17 日,中央情报局装备和训练的反卡斯特罗的 1 400 多名古巴流亡分子,乘美国运输船并在中央情报局雇佣人员所驾飞机的掩护下,由古巴南海岸的猪湾(吉隆滩)登陆。结果,在短短 72 小时内全部被击溃,使美国的这场间接军事入侵遭到彻底失败。

在肯尼迪政府策动的猪湾入侵失败之后,赫鲁晓夫趁机倡议举行美、苏高级首脑会议,试图摸清肯尼迪外交政策的底牌,并向肯尼迪施加压力。肯尼迪则想利用这个机会挽回因猪湾事件失去的威望,因而接受了赫鲁晓夫的挑战。

维也纳会谈　1961 年 6 月 3 日和 4 日,肯尼迪和赫鲁晓夫在维也纳进行了两天的会谈。会谈的主要议题有双边关系、裁军、禁止核试验条约、柏林和老挝问题等。讨论的焦点集中在柏林问题上。赫鲁晓夫重新提出了 1958 年曾提出过的要求,就是使柏林成为自由城市,美国、英国和法国从西柏林撤军。如果西方国家拒绝,苏联将单独同民主德国媾和,那时西方国家进入西柏林都须得到民主德国的同意。肯尼迪断然拒绝赫鲁晓夫的要求。这次会谈结果成了一场新的柏林危机的前奏。

柏林墙事件　赫鲁晓夫重新提出柏林问题有种种目的。基本目的是迫使美国及其西方盟国承认民主德国,使德国分裂成为国际公认的既成事实。直接目的是拔掉西柏林这根肉中刺。自第二次柏林危机以来,东柏林人心惶惶,1960

年跑离民主德国的人数达创纪录的 15 万多人。据统计,从战后到 1961 年夏,离开东柏林的人超过 200 万,其中很多是技术人员。而且西柏林成了西方国家反苏、反共的宣传中心和间谍中心。

维也纳会谈结束后,赫鲁晓夫决心在西柏林问题上与肯尼迪较量一番。1961 年 7 月初,他宣布暂停苏军复员,并将苏联的军费增加 1/3。肯尼迪立即作出了强硬的反应。他认为西柏林是美苏对抗的焦点,表示决不容许西方被赶出西柏林。他要求国会追加 32.5 亿美元的国防预算,征召部分后备役人员和国民警卫队,扩大民防计划,修筑防空设施。顿时间美国和苏联剑拔弩张,持续近 3 年的柏林危机开始进入新的高潮。

1961 年 8 月 13 日,苏联和民主德国封锁东、西柏林之间的边界,并从 15 日起沿着东、西柏林的分界线,在东柏林境内修筑起一道“柏林墙”,西柏林人进出东柏林都要经过边境站的检查,还需办理入境手续。这一出其不意的行动使美国及其西方盟国措手不及,恼怒之至,但除了发出警告之外,不得不把“柏林墙”作为既成事实加以接受。柏林墙既已筑起,赫鲁晓夫便于 10 月 10 日苏共 22 大上正式取消了要求美、英、法于 1961 年 12 月底以前撤出西柏林的期限。不久,赫鲁晓夫冻结了德国和西柏林问题。美、苏关系得以再次缓和下来。柏林危机的结束,是美苏进行军事对抗后妥协的结果。但这不过是为新的危机埋下了种子。

就在柏林危机过程中,美苏双方之间核军备竞赛迅速升级。“柏林墙”筑起两个星期后,苏联撕毁美、苏两国为期三年的禁止核试验协议,恢复了一系列核试验。肯尼迪看出苏联是虚张声势,对美国不会构成任何真正威胁,但也不甘示弱,在 9 月命令恢复地下核试验。美、苏军备竞赛又进入一个高潮。

古巴导弹危机　　1961 年美国与古巴断交。苏联取得了打入美国在西半球势力范围的机会,向古巴提供经济、军事援助。美国感到不安。

1962 年 8 月底,美国 U—2 高空侦察机在古巴上空发现近程导弹发射场。肯尼迪总统立刻在 9 月 4 日对苏联发出警告。苏联予以否认。但是在 10 月 14 日后,U—2 飞机拍摄到苏联正在修建的中程与中远程导弹发射场的照片。

10 月 22 日晚,肯尼迪通过电视向全国正式通报苏联在古巴设置中程导弹的“惊人”消息,宣布对古巴实行名为“隔离”的海上封锁,以阻断正在运往古巴的武器运输线。肯尼迪声称美国的政策是把从古巴向西半球任何国家发射的核导弹视为苏联对美国的袭击,必将招致美国的全面报复。他呼吁赫鲁晓夫放弃这种“统治世界的方针”,要求苏联立即从古巴撤出所有中程导弹。

根据肯尼迪的命令,180 多艘美国军舰在加勒比海进行巡逻,形成对古巴的严密的海上封锁。美国设在古巴的关塔那摩海军基地也得到加强。载有核弹头的 B—52 轰炸机进入古巴周围的上空,美国在全世界的海、陆、空三军部队进入最高戒备状态。一场前所未有的可能触发核战争的危机笼罩着美国和全世界。肯尼迪及其政府官员紧张地等待苏联的反应。

就在肯尼迪进行战争威胁,核战争一触即发之际,赫鲁晓夫,自知苏联仍处于军事劣势,无可奈何地后退了。10月24日,数艘苏联货船或是改变航线,或是停在远离古巴的海面上,这表明美国的封锁起了作用。

自10月26日起,苏、美双方信件不断,最后,赫鲁晓夫在10月28日的复信中被迫同意从古巴撤出苏联的导弹。古巴导弹危机结束了。

古巴导弹危机是美、苏两国之间的一次核赌博。这场危机不仅对美、苏关系,而且对整个国际关系产生了深远影响。在古巴导弹危机中,美、苏把世界推到核战争的边缘,最后又不得不妥协,从而开创了美、苏关系既对抗又对话,既斗争又妥协的新阶段。但苏联在危机期间深受屈辱,决心全力发展核武器,导致两个超级大国新的激烈争夺。

美国在古巴导弹危机中占了上风,提高了自己的威望。但是,西方国家,特别是法国和西德,对于美国事先未同北约协商就采取制造危机的行动,并和苏联搞"越顶外交",感到不满和忧虑。因此,西方盟国感到必须加强独立,减少对美国的依赖。它们对美国的信任度下降,北约的作用受到削弱。后来法国更加积极地发展独立的核力量,倡导"欧洲人的欧洲"。1964年1月法国与中国建立外交关系,表明它对美国的不信任。

三、美苏的新交易和角逐

关于核武器试验条约的谈判　还在1958年10月,美国、英国和苏联就开始了关于禁止核试验条约的谈判。在解决古巴导弹危机的过程中,美、苏双方更感到维护核垄断地位的重要,为此它们进行了新的交易。危机结束后,美国和苏联加快了就禁止核试验达成协议的步伐。

1963年7月15日,美、英、苏在莫斯科恢复谈判,并很快达成协议。8月5日,三国代表在莫斯科签署《禁止在大气层、外层空间和水下进行核武器试验条约》(以下简称《部分核禁试条约》)。条约于同年10月10日生效。此后,约有100个国家加入该条约。条约规定,缔约各国保证在大气层、外层空间或水下"禁止,防止并且不进行任何核武器试验爆炸或任何其他核爆炸",还保证"不引起,鼓励或以任何方式参加"上述核武器试验爆炸或其他核试验。

美、苏签订的《部分核禁试条约》是一个意在巩固美、苏核垄断地位的条约。美、苏以此限制其他国家特别是中国研制和发展核武器。然而,美、苏垄断核武器的目的没能达到。法国拒绝在《部分核禁试条约》上签字。中国则揭露了美、苏的企图,指出正确途径应是全面禁止和彻底销毁核武器。1964年10月,中国成功地爆炸了第一颗原子弹,给美、苏核垄断与核讹诈政策以有力打击。同时中国政府郑重声明,中国在任何时候,任何情况下,都不会首先使用核武器。

1968 年美、苏又联合抛出所谓"防止核武器扩散条约"并于同年 7 月签署。这标志着美苏在核武器问题上的更大勾结。条约主要内容是:有核国家保证不直接或间接地将核武器或其他核爆炸器械转让给无核武器国家,或帮助这些国家制造核武器或其他核爆炸器械;无核武器国家保证不制造或以其他方法取得核武器或其他核爆炸器械,不从其他国家接受核武器或其他核爆炸器械,也不索取或接受这方面的援助。条约掩盖美、苏核竞赛是世界紧张局势的根源,反而归罪于"核扩散"。条约还规定国际原子能总署有权检查无核国家的核技术情况,这就为美、苏利用国际组织肆意干涉别国内政打开了大门。

葛拉斯堡会议　　1956 年英、法侵略埃及失败后,美、苏加紧了对中东,尤其是对埃及的渗透和扩张。美国提出艾森豪威尔主义,企图取代英、法,填补中东地区出现的真空。苏联则以军事、经济援助为手段,加紧向埃及、叙利亚、伊拉克等国扩展其影响。苏联的主要目的是防止埃及等国倒向美国,同时却害怕埃及同以色列真的发生军事对抗时把自己卷了进去。

美国针对苏联的行动,决定大力武装以色列,集中打击埃及,以排挤苏联。

以色列自苏伊士战争失败以来,一直耿耿于怀,便在美国的全力支持下,积极扩军备战。1967 年 6 月 5 日拂晓,以色列出动大批作战飞机对埃及进行了闪电式袭击。"六·五"战争,即第三次中东战争于是爆发。此时的埃及,由于从苏联得到关于美国确认"以色列不会发动进攻"的保证和相信苏联关于如果以色列进攻,苏联"决不坐视"的诺言,而放松了对突然袭击的警惕。战争爆发 3 小时后,埃及作战飞机 320 架,相当于全部飞机的 3/4 就被以色列空军击毁。随后,以色列又掉转头去袭击叙利亚和约旦空军。一天之内,埃及、叙利亚、约旦空军基本上被摧毁。以军在掌握制空权后,即分兵五路向加沙地带、西奈半岛、约旦河西岸、耶路撒冷旧城和戈兰高地大举进攻。

战争一开始,苏联早把"决不坐视"的诺言抛到九霄云外。战争爆发当天,柯西金即通过"热线"向美国总统约翰逊表示苏联不希望同美国在中东问题上发生战争。当战斗最激烈时,埃及要求苏联立即空运武器装备,苏联却以种种借口拖延不运。经过美苏共同策划,安理会通过了要求阿以双方立即实现停火的决议。7 日和 8 日,约旦、埃及和叙利亚先后被迫接受停火。而以色列直到 10 日攻占戈兰高地后才停止进攻。

第三次中东战争历时 6 天,以色列以死亡不足 1 000 人的微小代价而大获全胜。埃及、叙利亚、约旦三国失去 65 000 平方公里土地,数十万阿拉伯人和巴勒斯坦人离乡背井,沦为难民。

"六·五"战争结束后,6 月 23 日,柯西金和约翰逊在纽约和华盛顿之间的葛拉斯堡就"政治解决"中东问题举行秘密会谈。柯西金为了挽回在阿拉伯世界的面子,要以军撤回"六·五"战争前的停火线,遭到约翰逊的反对。此后,美、苏两国几经磋商,安理会于 11 月 22 日通过关于中东问题的"242 号决议"。决议要求以色列撤出"六·五"战争中占领的土地,结束中东一切交战状态,但未谴责以色列的侵略行径,而且把巴勒斯坦问题归结为"难民"问题。因此,阿拉伯国家拒绝接受这一决议。

"六·五"战争后,阿拉伯国家反美情绪高涨。埃及、叙利亚、伊拉克、阿尔及利亚、苏丹和也门相继同美断交。苏联为讨好阿拉伯世界,宣布与以色列断交,同时又以军事、经济、技术援助为诱饵,对阿拉伯国家加紧渗透。这时,阿拉伯国家领导人已逐渐认清苏联的真实意图。当时纳赛尔曾沉痛地表示,"我们在政治上被大国欺骗了,这是非常危险的"。

第四节 欧美矛盾与帝国主义阵营的分化

一、欧共体的形成、扩大及其意义

欧共体的成立 谋求欧洲统一有相当久远的历史渊源。然而在千余年的发展中,欧洲的政治家和统治者们虽不惜使用最强大的武力,却都失败了。经过两次世界大战的剧烈厮杀后,昔日称雄于世界的欧洲列强均已降为二等国、三等国,它们面对的是一个虚弱不堪、支离破碎的欧洲。在东方,来自苏联和东欧盟国的威胁日益严重;在西方,来自美国的经济渗透和政治控制不断加强。欧洲政治家清醒地意识到,如此下去,欧洲将不再是欧洲人的欧洲。第二次世界大战后,面对严重衰落的欧洲,欧洲政治家们又发出了新的欧洲统一的呼声。

实现欧洲统一的现实障碍是交恶百年的法德矛盾,这个矛盾在二战后主要表现为法兰西民族深深的怨德情绪和法占德国工业原料基地萨尔的归属问题。1949 年联邦德国建立后,阿登纳政府积极努力,主动表示欢迎法国向西德工业投资。1950 年 3 月法国试图先从经济上兼并萨尔,遭到西德和英、美的强烈反对。这使法国政府开始清醒看待欧洲的前途,遂于同年 5 月由外长舒曼提出建立煤钢共同市场的"舒曼计划"。1951 年 4 月,法国、联邦德国、意大利、荷兰、比利时和卢森堡六国签署了煤钢联营协定。从此以后,由于把西德重整军备的关键工业部门置于共同管理和监督之下,法国对德亦怨亦忧的情绪得到缓解,这就为欧洲统一铺平了政治道路。

西欧六国建立的煤钢共同市场开辟了由经济联合入手解决欧洲统一问题的新途径。从战后资本主义发展环境看,走此途径,也是有共同经济基础的。首先,资本主义世界经济发展不平衡及欧美市场斗争为欧洲经济联合提出了共同的尖锐的任务。第二次世界大战结束时,美国在资本主义世界经济中占有绝对优势,但在欧洲国家相继恢复和发展国民经济初见成效之后,美国却因经济危机不断冲击,实力有所下降。50 年代中期,美国与欧洲经济力量对比发生显著变化,欧洲国家随着自身实力的增强,要求改变受美元支配局面的呼声日渐高涨,美国与欧洲经济矛盾在市场斗争中形成愈演愈烈之势。在争夺欧洲市场和海外市场的斗争中,欧洲任何一国都无力单独与美国抗衡,现实的选择只有一个,即在经济上联合起来,共同保护欧洲市场,共同开发和继续占有海外市场。其次,欧洲私人垄断资本和国家垄断资本的高度发展,为实现欧洲经济联合提供了经济基础。欧洲国家私人垄断资本高度发达,在战后恢复经济过程中,垄断资本获得进一步加强和发展。同时,国家垄断资本在战后经济的特殊环境中空前发展,形成国家垄断资本体系。由于私人垄断和国家垄断资本已控制了整个国家的经济命脉,代表其利益的国家机器加强了对经济生活的干预调节,因此,当欧洲国家垄断集团之间发生矛盾时,国家出面协调或建立国家间的经济联盟都具备了雄厚的基础条件。这种跨国联合的垄断资本体系,对内加强了统治地位,对外提高了与联盟之外的国家尤其是美国的竞争力。再则,现代资本主义国家生产社会化的深入发展和生产国际分工趋势的加强,也为欧洲经济联合提供了重要保证。战后科学技术的迅猛发展,使欧洲国家加速创建和发展新兴工业,改造和革新传统工业。50 年代中后期,欧洲国家生产力迅速发展,生产社会化和国际分工趋势发展同国内市场狭小的尖锐矛盾,提出了生产、商品交流、资本和劳务突破国界,获得更广阔活动空间的要求。这种要求是共同的,在过去经济发展中已有不同程度的合作,而进一步的合作,既能促进本地区经济发展,又能联合攻关,在高、精、尖技术领域与美国竞争。共同体执委会第一任主席哈尔斯坦说:“联合意味着能够在一个比过去更大的、更广阔的规模上处理生产、劳动、资本和工业设置的问题。它意味着更多的收益来源、更大的市场、资源的集中和更合理的使用,以及更高的生产率”。

由于煤钢联营获得成功,欧洲政治家又对欧洲的政治联合提出过高的要求。1952 年 5 月 27 日,西欧六国签订“欧洲防务共同体”条约,打算建立统一武装,但由于法国议会反对,这项条约流产。1955 年,六国政府协商确定,欧洲的联合应该首先从经济入手,并成立斯巴克委员会进一步研究经济联合问题。1956 年5 月,六国外长威尼斯会议通过斯巴克委员会提交的报告,经六国政府反复讨论修改,最后形成了 1957 年 3 月 25 日在罗马签署的《罗马条约》的内容。1958 年1 月 1 日该条约生效,一个包括欧洲六国,拥有 116.8 万平方公里土地,1.6 亿人口的经济共同体正式宣告成立。《罗马条约》包括经济共同体和原子能共同体两大项,6 个部分 248 条及十多个附件。该条约的宗旨是创建共同的经济区,在各经济部门间逐步实现共同政策,为合理利用先进技术制定地区性竞争规则;内容涉及关税同盟、共同农业政策、运输和贸易政策及商品、劳务、资金的自由流通等政策。

根据《罗马条约》规定,欧共体设立四个主要机构。一是欧洲议会,负责审议提案和监督执行机构,它虽无立法权但有权弹劾欧洲执委会。议会初期由间接选举产生,任期五年,1976年实行直接普选。二是部长理事会,负责协调成员国之间的经济政策,拥有管理共同体的最高决策权。它由成员国的部长组成,理事会主席由成员国轮流担任,任期半年。理事会实行两种表决方式,一般事务需一致同意,成员国一国一票;要求特定多数表决时,各国票数不等,需70%以上票数方能有效。三是欧洲执委会,负责欧共体日常事务,负责履行欧共体条约和执行新政策,并向理事会提交决议和建议草案。现设主席1人,副主席5人,任期4年,表决方式是简单多数,但决议需经理事会批准才能生效。四是欧洲法院,负责解释共同体条约和新政策,仲裁共同体内部纠纷。成员由成员国各派一名法官组成,任期6年。欧洲法院内由理事会任命4名检察长。

七国自由贸易区 欧洲经济共同体的存在与发展是以关税同盟为主要基础的。同时,共同农业、渔业政策,共同工业、能源和运输政策,经济和货币联盟,共同教育和社会福利政策,也是欧共体发展和进一步扩大联合领域的重要条件。在经济一体化达到一定程度后,欧洲的政治家们对政治联合的热情又高涨起来,但共同体的主要内容仍然是经济方面的。

《罗马条约》第9条明确指出:"共同体应以关税同盟为基础"。欧共体各成员国商品经济发达,生产实力雄厚,对进出口贸易依赖相当大。而战后欧美市场斗争愈演愈烈,欧洲国家均无力单独抗衡美国,只有相互协调一致,共同保护市场,才可能立于不败之地。因此,欧共体当然首先高筑起关税同盟壁垒,对外限制美国货进口,对内减免关税,促进流通。从发展过程看,关税同盟的建立,对欧共体各国确实产生了显著影响。一是促进了欧共体内部和对外贸易的迅速增长,在1958—1973年的15年间内外贸易额增长了3倍。二是促进了欧共体扩大投资和扩大建设规模,对发展生产起了刺激和推动作用。三是加速了欧共体资本集中和垄断化进程,扩大了经营规模,对促进国际分工、生产专业化和资本国际化也有实效。

欧共体国家虽然都是工业发达国家,但农业仍然是各成员国国计民生的重要生产部门。在世界农产品价格经常波动和时有短缺的情况下,保证本地区农业生产的稳定和高效率,是制定共同农业政策的出发点,共同农业政策是欧共体经济一体化的重要内容。法国前总统蓬皮杜说过:"如果农业共同市场受到动摇,经济和货币同盟就没有希望,政治联盟也就不会存在"。《罗马条约》中规定的共同农业政策包括三项主要内容。一是共同农业市场政策,即欧共体部长理事会每年商议一次,确定主要农产品价格范围,并确定个别农产品的干预价格和进口农产品的"闸门价"。共同农业市场政策同时发挥两种作用,当共同市场价格高于世界市场时,实行出口补贴,若低于时则征收出口附加税。二是共同农业结构政策。这是为了防止农业生产者收入长期偏低造成农业衰退而制定的一项政策,即在增加农民收入的同时维持合理的消费价格。三是建立农业指导与保证基金,用于维护共同农业市场政策的落实和对农民的培训、宣传等。共同农业政策实施后产生了显著的效益,加速了土地集中,提高了农业生产率,稳定了内部市场价格,保证了内部农产品的充足供应。

欧共体经济和货币联盟是从 70 年代初以来逐步形成的,它的基本内容是建立商品、劳务、资本和技术自由流动的经济统一体,固定汇率和外汇储备,设立联合中央银行,逐步发行统一货币。欧洲货币体系在稳定汇率、抗衡美元等方面发挥着日益重要的作用。

欧共体拟议创建过程中,曾积极邀请英国参加,但英国从自身利益出发,倡议建立一个“大自由贸易区”来取代欧共体。欧共体成立后,英国组织了一个“小自由贸易区”,以期与欧共体抗衡。参加“小自由贸易区”的国家有英国、瑞典、丹麦、挪威、瑞士、奥地利和葡萄牙等七国,也称七国自由贸易区。这个经济集团内部只在工业产品方面互减关税,而不涉及农产品和对外经济政策的协调。在两大经济集团的抗衡发展中,七国集团显然不敌欧共体。从地理上看,七国不似欧共体六国连成一片,相互贸易联系十分紧密。从经济实力上看,七国除英国外均是小国。它们的工业生产总值在资本主义世界中的比重、出口贸易额和黄金外汇储备等方面均落后于六国。1959—1961 年间,六国工业增长 26%,出口贸易增长 42%,而七国集团仅分别为 14% 和 20%。从发展趋势看,六国内部联系紧密,对外政策协调一致,相互得到的贸易实惠显然十分可观,而七国内部贸易只占全部对外贸易额的 16%~20%,在竞争中处于不利地位。

英国坚持以七国贸易区来抗衡欧共体出于复杂的政治经济方面的考虑。虽然大英帝国已不复强盛,但英国政治家在战后坚持奉行以英美特殊关系为轴心、维持英联邦传统利益关系和利用欧洲矛盾的三环外交政策,它不情愿看到一个统一联合的欧洲出现在欧洲大陆上。在经济上,英国视英联邦国家为自己的后院,不愿与别国分享这个广阔的原料基地和商品市场。如果以七国自由贸易区形式发展,英国既可以巩固和发展它在欧洲的利益,又可以不失掉独家拥有的英联邦国家的经济利益。而加入欧共体,协调一致对外政策,就意味着英国将失去在英镑区的特权,这是英国难以面对的抉择。

但是,战后国际政治经济形势演变发展千变万化,使英国利己主义的如意算盘不断遭受挫折,形势逼迫英国必须重新考虑自己的全部政策。首先,由于英国经济在世界经济中的实力地位日趋下降,迫使英国重新考虑与欧共体建立关系对自身经济贸易发展带来的利益。到 60 年代,英国经济实力已排在美、西德、法、日之后列西方国家第五位,同时也是通货膨胀、贸易逆差、经济增长率等方面问题最严重的西方国家。其次,英国从英联邦国家经济贸易中得到的好处愈来愈少,其出口贸易额连年下降,60年代比50年代下降了3.6%,70年代初又比60年代末下降了16.7%。相比之下,英国对欧共体的出口贸易增加幅度较大,加强了英国对欧共体的依赖。即使在七国自由贸易区内,英国从中得到的贸易好处也已不能与对欧共体的贸易损失相抵消。再则,英国战后奉行的三环外交使英国在谋求自立自强、联合统一的欧洲大陆面前陷入了孤立,而这种孤立的代价是极高的。英国已经敏感地意识到,只有立足欧洲才能立足世界,所以对英美特殊关系作出了新的选择。当然,苏联推行全球霸权战略咄咄逼人,对欧洲国家企图分而治之,一面拉拢联邦德国,一面孤立英国并不断蚕食和染指英国传统的海外殖民地,这些也使英国深刻地意识到"欧洲面临着我们大家可以看到的危险,它必须联合,否则就要沦于灭亡。"

面对严峻的现实,英国政府及时作出了明智的选择,于1961年8月正式向欧共体提出申请,要求加入欧共体。七国自由贸易区成员国中的丹麦、挪威、葡萄牙也或前或后向欧共体提出了正式申请,这个举动即宣告了七国自由贸易区的解体。

英美特殊关系的解体　　欧共体理事会于1961年底开始与英国等国就加入欧共体事宜展开马拉松式的谈判,其间主要障碍集中体现在欧共体对英美特殊关系的担忧上。法国戴高乐政府认为,英国加入欧共体,会使美国通过英国控制欧共体,法国的地位也将受到挑战,因此坚决反对接纳英国,并于1963年、1967年两次运用否决权,拒绝了英国的申请。1969年,戴高乐辞职,继任者蓬皮杜总统考虑到世界局势的发展变化,认为继续把英国关在欧洲统一进程大门之外已不明智,对双方均是弊多利少,遂重新考虑英国的申请。但同时,欧共体仍然担心英国会成为它内部的"特洛伊木马"。对此,英国采取了积极态度,表示要调整外交政策,放弃英美特殊关系。1971年,英国首相希思告知美国总统尼克松说,两国的特殊关系已经消亡。随着英美特殊关系的解体,英国重新回到了欧洲,欧共体也进入了不断发展扩大的新阶段。

欧共体的扩大过程与作用　　欧共体自1958年1月成立后,经历了两次扩大并正在经历着第三次扩大。

第一次扩大从1961年英国、丹麦、爱尔兰、挪威和葡萄牙提出申请开始,历时近12年,于1973年1月完成,欧共体接纳了英国、丹麦和爱尔兰三国。挪威因国内公民投票反对而未能如期加入,葡萄牙因经济落后,与欧共体国家难以实现经济联合而被拒之门外。五个申请国中,英国的问题最为复杂,在排除了政治障碍之后,农业政策问题成为欧共体接纳英国谈判的主要内容。在农业政策方面,共同农业政策的核心是对进口征收差额税,以维持共同市场内部农产品价格高于世界市场价格从而保护农业发展,而英国的农业政策恰恰相反,实行免税进口农产品,对国内农业予以补贴。如果加入欧共体,英国必须改变农业政策,从而导致国内农产品价格上涨 18%～26%,并因此引起全国生活指数上升 40%～50%。在谈判过程中,英国工党政府主张就农业问题讨价还价,但保守党上台后,面对大形势和农业行情看涨的趋势,决定接受共同农业政策,才使谈判最终达成协议,英国等三国正式加入欧共体。英国加入欧共体后,由于石油危机、国内工潮冲击,爆发了战后最严重的经济危机,保守党内阁因此垮台。1974 年春上台的工党政府重提农业政策问题,要求重新谈判,并以退出欧共体相威胁,导致欧共体面临成立后的第二次严重危机。经过双方一年的艰苦谈判,最后互作让步,达成谅解协议。英国工党政府发表声明,表示愿意继续留在欧共体内,并建议公民支持政府。1975 年 6 月 5 日,英国举行首次公民投票,67.2% 的投票者赞成英国继续留在欧共体内,从而结束了这场危机。欧共体能顺利渡过这场危机,说明欧洲联合在欧洲人民中间有一定基础,也反映出各国求大同存小异,互惠互利、共同发展的积极愿望。到 70 年代中后期,扩大成九国的欧共体经济贸易发展势头较好,生产率已超过美国,生产总值、黄金外汇、出口贸易等也均占世界第一位。

第二次扩大从 1975 年和 1977 年希腊、葡萄牙和西班牙提出正式申请开始,于 80 年代初期和中期相继完成,使欧共体发展成拥有 12 个成员国,总面积 225.4 万平方公里,人口约 3.2 亿的经济一体化组织。过去,欧共体认为希、葡、西三国政治实力比较弱,经济发展水平低,与欧共体的联系也不紧密,故采取保持松散联系的策略。经过六七十年代的发展,三国经济发展势头一直不减,生产总值和人均收入的增长速度比之欧共体要快约两倍,其中希腊、西班牙已超过爱尔兰,接近意大利,西班牙此时已成为西方世界第八经济大国。葡萄牙在 60 年代初,人均收入仅为 303 美元,与欧共体相差 4 倍,到 70 年代中期,葡萄牙人均收入突破 1 600 美元大关,与欧共体的差距缩小到 2.8 倍。除此之外,苏联海军在地中海的出现和势力加强,迫使三国向欧共体进一步靠拢,并迫使欧共体为保护侧翼安全需要而加强同三国的政治经济联盟。因此,70 年代中后期,欧共体积极对待三国加盟的申请,推动双边经济贸易发展,为三国加入欧共体创造条件。希腊从 60 年代起即成为欧共体的联系国,已在消除关税壁垒、建立关税联盟及协调农业政策等方面做了大量工作,因此条件成熟的较早。1979 年双方达成协议,希腊于 1981 年 1 月成为欧共体第 10 个成员国。相比之下,葡、西两国与欧共体经济协调起步较晚,谈判中涉及的诸如农产品价格和保护本国工业品市场等问题也比较复杂,致使谈判几经波折,直至 1985 年春双方才达成最后协议,葡、西两国于 1986 年 1 月被正式接纳为欧共体的成员国。

第三次扩大目前正在进行之中。1994 年 1 月 1 日,欧洲经济区的诞生,是扩大过程的又一里程碑。它是一个从北极圈到爱琴海,包括 17 个国家的 3.7 亿人口的世界最大的自由贸易区。另外,一些东欧国家也要求参加欧洲联盟,其中波兰、匈牙利等国已获联系国的地位。欧共体面临着不断扩大的新前景。

不断扩大加剧了欧共体内部发展的不平衡性和协调共同政策的困难与矛盾,使欧共体面临严峻考验和挑战。西欧经济衰退和失业,隐没多年的民族主义的复兴,也给联合的前景增添重重愁云。但从全局分析,欧共体的不断扩大,对其自身和世界所产生的积极影响是十分显著的。从经济上看,扩大使欧共体的地域和人口空前增加,给它带来了内部市场的扩展和对外贸易竞争力加强的新优势,从而对促进经济发展产生积极推动作用。欧共体扩大后,内部游余资金和剩余劳动力及商品的流动有了更广阔的场所,对合理利用投资、解决失业和生产过剩,加速商品、资本及劳务的流通交换,进而刺激生产、推动经济发展均有积极意义。通过扩大,欧共体加强了与世界各地区国家的联系,巩固和加强了它的海外市场,在与美、日、苏的争夺中占据上风。由于扩大后的欧共体与发展中国家的联系更广泛、更密切,双方互惠互利、相互依赖的程度加深了,使欧共体有明确义务对发展中国家承担更多的经济援助和技术援助,这对推动这些发展中国家的经济发展具有积极意义。从政治上看,欧共体扩大后,对地缘政治形势的变化产生了深刻的影响,使之南临爱琴海、地中海,西扼直布罗陀海峡,东踞欧、亚、非交通要冲,几乎控制了整个地中海北岸。向东向南均能确保亚、非两洲的资源供应并使苏联南翼包抄夹击欧洲的战略受到挑战。这对维持欧洲均势与和平具有重要战略意义。欧共体与发展中国家建立经济关系促使双方在政治上经常联合一致,曾经形成孤立苏、美两个超级大国的局面。如在苏联出兵阿富汗、越南入侵柬埔寨和美国轰炸利比亚、国际社会制裁南非政府等问题上,欧共体都坚持独立的外交政策,这对发展中国家在政治经济上抗衡超级大国无疑是有力的支持。

二、帝国主义阵营的分化

法国戴高乐主义与独立自主的外交政策　戴高乐主义是第二次世界大战后期至法兰西第五共和国初期这段时间里逐步演变形成的,这既是法兰西民族在战败之后民族复兴呼声的体现,也是法国在处理战后国际关系问题时的基本精神和基本原则。戴高乐主义的实质内容就是坚持独立自主的外交政策,在战后复杂的国际环境中掌握自己的命运,争取和维护法国在国际事务中的大国地位,并以欧洲联合为基础抗衡美国的政治控制。

戴高乐主义的独立自主政策的根本立足点是实现欧洲联合,即努力使欧洲成为欧洲人的欧洲。在欧洲统一的问题上,戴高乐认为未来的欧洲绝不应是任何形式的超国家联合体,而是由本国历史、本国文化、不同特性的民族国家构成的,这与欧洲统一的主要倡导者让·莫内的设想截然不同,莫内代表的统一势力主张建立欧洲联邦。戴高乐的欧洲观有两个基点,一是"法国中心论",二是"法德联盟"。戴高乐多次谈到法国在欧洲统一中的作用,认为欧洲复兴必先有法国复兴,只有当一个站起来的、不受牵制的法国处在领导欧洲的地位时,欧洲才能实现真正的联合。"法德联盟"既是欧洲团结的基础,也是欧洲联合的开端,同时也是法国联合欧洲抗衡美国的关键。

戴高乐主义独立自主政策的具体体现有如下四个方面的内容。

第一,坚持发展法国独立的核力量,努力摆脱美国的核保护伞,为独立自主政策提供可靠的实力保障。戴高乐认为,当今世界,美苏两个超级大国拥有的核武器都足以毁灭对方,不到冲突的最后关头,彼此不会直接交战,而地区冲突,如发生在中欧或西欧的冲突将使这些国家为美国利益作出牺牲。因此,法国不能在美国保护下求得安全,而必须发展自己独立的核力量,才能有效地保护自己。由于法国战后经济发展较为迅速,国家经济实力空前增强,有条件集中财力和人力发展核武器。1960年2月,法国在阿尔及利亚撒哈拉沙漠地区雷甘,成功爆炸了第一颗原子弹。其后不顾非洲国家的反对和美国的掣肘,于1960年4月、12月和1961年4月接连不断地进行核试验,1962年又集中力量发展和改进运载工具,使法国的独立核力量具备了一定的规模并具有实际打击的能力。与此同时,法国坚决禁止美国核武器运入法国部署,要求美国撤走战略轰炸机。1962年12月英美拿骚会谈后,肯尼迪总统致函戴高乐总统,要求为法国提供北极星潜艇导弹,企图将法国核力量控制在美国多边核力量计划之中,遭到了法国的坚决抵制。1963年7月,美苏签订部分禁止核试验条约,戴高乐认为这个条约的实质是阻止别国发展核武器以维持超级大国的核垄断地位,因而不主张法国参加这项条约。

第二,果断退出北约军事一体化组织,积极发展独立的军事防卫体系,争取在国际事务中保持独立的发言权。戴高乐认为,在核均势时代,北约的国际保障作用已经发生变化,以美国核垄断为基础的保障机制也应该发生变化。欧洲屈从美国的时代已经过去了。因此,法国不应把自己的命运交付给不再能发挥保护作用的"保护人",而应该按照自己的意愿在欧洲和世界行动。真正要做到这一点,撤出北约组织、摆脱美国控制是不可避免的选择。早在1959年7月,法国地中海舰队就撤出了北约组织。在拥有核打击力量之后,法国开始逐渐脱离北约组织。如1963年6月,从北约撤出法国大西洋舰队;1965年5月,拒绝参加北约联合军事演习。1965年9月,戴高乐在记者招待会上讲话暗示,法国将最迟于1969年退出北约。1966年2月21日,戴高乐在记者招待会上明确宣布法国将退出北约军事一体化组织。3月10日和29日,法国外交部向北约14个成员国政府提交备忘录,要求北约指挥机构、盟国军事人员和军事设施撤离法国。29日的备忘录还规定:欧洲盟军司令部和中欧司令部的总部应在1967年4月1日前迁出法国领土;驻欧美军参谋部和美国陆军、空军各种设施的搬迁工作一般亦应在同一期限内完成。

第三，积极发展"法德联盟"，以此为基础巩固和加强欧洲经济共同体，坚决抵制英国加入欧共体，从而防止美国利用英国控制欧洲。戴高乐十分重视法德关系，认为法德和解和联盟是欧洲联合的基础，可以保障欧洲政治的独立性。同时，戴高乐对与美国保持特殊关系的英国采取了顽强的抵制政策，致使英国首相威尔逊叹道："只要戴高乐将军还在爱丽舍宫，我们之间的关系将极难恢复。"

第四，发展独立的对苏关系，用"缓和、谅解、合作"的外交政策替代冷战与对抗，增强在美苏对抗夹缝中的适应性和灵活性。50 年代末期，苏美关系出现转机，美国把美苏关系问题放在其对外政策的支配地位上。而戴高乐认为，美国不能包办欧洲对苏政策，欧洲，特别是法国，应该发挥独立作用。1960 年 3 月，戴高乐邀请赫鲁晓夫全家访法，会谈时，他提出"缓和、谅解、合作"的政策主张。这表明法国已经独立自主地改善同苏联的关系，并向西方联盟中的美国盟主地位发出挑战。戴高乐主张，在苏美接触的同时，欧洲国家应该在诸如经济、文化、技术、旅游等方面同苏联相互交流和接触，这样可以把"铁幕"一块一块地撕碎。

戴高乐主义的独立自主政策，在戴高乐之后的第五共和国历史中一直被延续发展着，这说明它的产生和发展有深刻的历史背景和社会基础。从某种意义上说，它也是战后欧美矛盾的一种体现，是帝国主义阵营分化的一种表现形式。

联邦德国的"新东方政策" 战后德国分裂，联邦德国一直不承认民主德国，视其为德国东部领土，并于 1955 年开始推行哈尔斯坦主义。1961 年，阿登纳仍声称，当德国历史性的时机到来的时候，是不会忘记德国的东部地区的。这时，联邦德国仍期望依靠美国和北约组织的支持来实现统一。但是，由于国际形势的变化，美国深陷越南及其衰退，以及联邦德国对苏联东欧的经济贸易发展的需要等问题，迫使联邦德国的政治家们重新考虑哈尔斯坦主义。从 60 年代初起，联邦德国的外交政策就出现了微妙变化，开始酝酿一个新的东方政策。

推动哈尔斯坦主义向新的东方政策转变的主要代表人物是德国社会民主党领袖维利·勃兰特，他在六七十年代曾先后出任政府外长和政府总理。勃兰特曾在柏林墙事件时任西柏林市长，他清醒地认识到对抗的严重性，所以主张用和平手段谋求德国的统一。勃兰特任外长时就表示愿意同苏联和东欧国家就互不使用武力的问题进行谈判。1968 年苏联干涉捷克斯洛伐克事件发生后，联邦德国内部就是否继续采取缓和政策发生尖锐的意见分歧。1969 年勃兰特大选获胜出任政府总理，坚持继续推行缓和政策，并最终完成了新东方政策的转变。由于德国的特殊地理位置，从俾斯麦以来，每个时期都有一个相应的东方政策，为了加以区分，人们习惯地把勃兰特的东方政策，称为"新东方政策"。

新东方政策的基础是缓和、均势与联盟。只有东西方关系出现缓和气氛，联邦德国才有可能摆脱哈尔斯坦主义，采取相对灵活和自主的外交政策，从积极主动改善同苏联和东欧国家的关系中谋求新的统一机会。由于德国分裂形成的战后东西方两大集团的对抗,这种对抗长期处在均势状况中,当谁也无法消灭对手时,均势便成为一种现实,新东方政策的出发点也是对这种现实的承认。在缓和与均势环境中推行新东方政策,需要与美国和西欧国家结成牢固的联盟关系作为后盾,失去了这个基础,新东方政策将无力贯彻推行。

勃兰特说:"我们的东方政策实际上有三重目标:改善同苏联的关系;同东欧各国关系正常化;暂时解决德国两部分的关系"。显然,其中最主要的是解决德国两部分的关系,但这必然涉及联邦德国与苏联和东欧的关系。概括说来,新东方政策是以四个重要条约为基本内容的。勃兰特上台后,坚持与苏联进行谈判,两国外长于 1970 年夏进行了 13 次谈判,终于就互不使用武力问题达成协议。同年 8 月 12 日,勃兰特总理访苏,正式签订了《莫斯科条约》。条约声明,最重要的目标是维护和平与缓和,保证不使用武力或以武力相威胁,承认欧洲疆界的不可侵犯性和四国占领柏林的权利。联邦德国与苏联的关系从此得到改善,贸易交往逐年增加,成为苏联与西方贸易的最大伙伴。1970 年 2 月,联邦德国开始与波兰谈判。12 月 7 日两国在华沙签署《关于两国相互关系正常化基础条约》。该条约重申奥得—尼斯河边界的不可侵犯性,并相互保证不使用武力。1970 年 3 月 19 日,勃兰特前往民主德国的埃尔富特,会见了民德总理斯多夫,勃兰特表示愿意改善关系,但互不视为外国。斯多夫则坚持联邦德国必须承认民主德国,互派大使,使西柏林成为"独立的政治单位。"5 月,双方总理在卡塞尔举行第二次会晤,但仍无进展,问题由此转入西柏林问题,这只能由四大国会谈解决了。从 1970 年 3 月 26 日至 1971 年 9 月 3 日,四大国就西柏林问题进行了反复交涉,最后签订了一项《四方协定》,各方都保证不在西柏林使用武力或武力威胁,并规定西柏林经过民主德国与联邦德国相通的过境通道应畅行无阻,但西柏林不再是联邦德国的组成部分。这个条约体现了双方的妥协,明显缓和了紧张局势。此后,两个德国重新开始谈判,1971 年底先就过境交通问题、双方居民访问旅行问题达成协议。1972 年 12 月 21 日,两德《关系基础条约》正式签订。次年 5 月,勃列日涅夫访问联邦德国。9 月,两德同时加入联合国。12 月,联邦德国同捷克斯洛伐克、匈牙利和保加利亚先后建交。新东方政策至此全面形成并实行。

新东方政策既反映了东西方关系的缓和与变化,也反映出战后美德关系发生了变化。联邦德国发展到 70 年代,经济上成为仅次于美国的西方经济大国,在欧共体内与法国一道起着重要作用。但这个经济大国却是"政治侏儒",这必然使联邦德国要努力改变这种状况。新东方政策虽然立足西方,但却自主地发展同苏联、东欧国家的关系,这是联邦德国在国际政治舞台上重新发挥重要作用的开端和标志。

日本反对美国控制的斗争　　旧金山单独媾和后，日本统治集团制定的国策是，经济上争取最大限度的美援，军事上依靠美国的"保护伞"，外交上采取"向美一边倒"，把国家的首要目标放在恢复和发展本国经济上。日本 1955 年的生产恢复到战前水平，1950 年至 1970 年间，日本工业生产以年均增长 14% 的高速度发展，到 1968 年国民生产总值达 1 419 亿美元，超过了英、法和西德，成为仅次于美国、苏联的世界第三经济大国，在资本主义世界中居第二位。这一年日本还从债务国变成债权国。自 60 年代起，随着美国霸权地位的衰落和日本经济的"起飞"，日本垄断资本谋求扩大商品和投资市场，要求逐步摆脱对美国的依赖，日美之间控制与反控制的斗争逐渐激化起来。

日美贸易斗争，以 1965 年为分界，这一年日本对美贸易从入超转为出超。以后日本的顺差数额直线上升，这就导致了日美贸易摩擦的连续发生。1968年，日对美贸易顺差突破 10 亿美元，引起了 1968 年至 1972 年的第一次日美贸易摩擦。此后日美经济发展不平衡更形加剧，也就不可避免地导致日美经济、政治摩擦的进一步加剧。到了 70 年代，日本已一再强调要发挥其与经济大国相称的政治作用。

美日两国的控制与反控制斗争早已显露端倪。1956 年 10 月日方不顾美国阻挠，与苏联签署联合宣言，规定两国结束战争状态，恢复外交关系。1957 年 2月，双方互派大使。美日控制与反控制的斗争更为突出地表现在修正 1951 年签订的《美日安全条约》的问题上。日本人民一直强烈反对这个条约。日本统治集团在 50 年代后半期也开始普遍对这个条约的不平等性表示不满。他们利用日本人民的反美运动，对美国施加压力，使美国最终不得不于 1960 年 1 月同日本签署了《日美共同合作安全条约》，即新日美安全条约，以代替 1951 年的旧约。新条约确认美国有权继续在日本驻军和保持军事基地，但限定双方必须就此进行协商，并删去了旧约中美军可以镇压日本国内"暴动和骚乱"的条款；此外，规定在日本管理下的领土上受到武装进攻，双方将采取行动以对付共同危险。

新日美安全条约的签订，意味着日本在依附于美国的前提下，取得了更大的自主权，加强了同美国的军事同盟关系。1969 年 11 月日美两国同意自动延长新日美安全条约并签订美国归还冲绳行政权的协定。1972 年 5 月，美国把冲绳行政权正式移交日本。至此，日美领土争执最终解决。

综上所述，到 60 年代后半期，西方帝国主义阵营已逐步分化，这归根到底是资本主义经济不平衡发展的结果。

第七章　世界科技革命的高潮及其社会影响

科学技术革命包括科学革命、技术革命和产业革命三个既有联系又有区别的过程。它们在近代以来，特别是从 20 世纪以来，逐渐联结在一起，依次而出现，又在交错中进行。

第二次世界大战以前发生过两次自然科学革命和两次技术革命。战后初期，开始了以电子计算机为代表、以信息技术为标志的第三次技术革命。这次革命在 50 年代中期到 70 年代初期达到高潮，到 80 年代以更大势头发展。

新的科技革命促进着社会政治体制、经济结构、文化教育的变革，孕育着新的思维方式和新的世界观，使人类社会生活和人的现代化向更高境界发展。它向国际政治和全球生态环境提出挑战，并在新的条件下促进了各国相互竞争又相互依存的整体化、国际化进程。作为第一生产力的科学技术，是推动现代生产力发展的最活跃的因素，并且归根结底是现代社会进步的决定性力量。

第一节　第三次技术革命的兴起和进程

一、第三次技术革命的起因

技术革命是在人类改造自然过程中关于制造和操作的系统知识的社会性根本性的变革。它的发生有社会的因素，也有科技自身的内在动因。

科学理论的准备　　科学革命是技术革命的理论基础。人类只有对自然界及其发展规律的认识有了飞跃，才有可能在能源利用和生产工具、生产工艺的变革方面有所突破。第三次技术革命的理论准备应追溯到 19 世纪末 20 世纪初的物理学革命。爱因斯坦相对论的提出和量子力学的诞生，在物质观、时空观、运动观和方法论方面改变了牛顿力学体系，从而将人们对自然界的认识从宏观世界引向微观世界。30 年代原子物理学的迅速发展揭开了核裂变的奥秘，使人工利用原子能成为可能。

第二次世界大战后，科学家们进一步探索原子核更深层次的内部结构，即构成原子核的众多基本粒子的结构及其转化规律，从而建立了高能物理学，到 70 年代，发现基本粒子数达 300 多种。美籍华人物理学家杨振宁、李政道、丁肇中在这方面的理论贡献对核技术和其他新学科的发展有重要的意义。

形成于战后初期的"三论"即控制论、信息论和系统论，也是当代技术革命的主要理论依据。"三论"各有独立性,又有内在联系。

系统论是美籍奥地利生物学家路德维格·贝塔朗菲创立的。早在二三十年代他就探讨生物机体系统。1945 年发表论文《关于一般系统论》,正式提出系统论是一门研究系统的模式、原则和规律,并对其功能进行数学描述的科学。1968年他编著了《一般系统论的基础、发展和运用》一书,全面阐述了系统论思想,引起普遍的重视。

信息论是研究信息的获取、传输、存储、处理和变换的一般规律的科学。尽管人类很早就懂得利用信息,但将其发展为一门科学是在 1948 年。当时正在美国贝尔电话研究所工作的数学家申农发表了《通讯的数学理论》一文,从理论上阐明了信源、信宿、信道、编码等有关通讯方面的基本问题,并用数理统计方法研究信息的变换和传递,进行信息的度量,分析信息的特征。60 年代后被广泛应用于各学科。

控制论是研究系统控制和调节的一般规律的科学。它的诞生经历了一个漫长的过程。美国数学家维纳于 1948 年出版他的名著《控制论》,揭示了由信息和反馈构成的系统自动控制规律,为此,他被认为是控制论的创始人。控制论提供的信息方法、黑箱系统辨识法、功能模拟法、反馈法等,有力地推动了新技术革命的发展。

技术与物质前提   科学技术的发展是有继承性和连续性的。第三次技术革命的兴起是与第二次技术革命创造的技术与物质条件分不开的。第二次世界大战前,随着电力技术、内燃机技术、冶炼、化工等技术的发展,在欧美国家兴起了电力、电通讯工业、汽车、飞机制造、石油化工、高层建筑业等一系列新型的产业部门,使社会生产力大为提高。新产业不仅为社会创造了巨大的财富,而且还给科学技术研究提供了所需要的超高压、超低压、超高温、超低温、超纯度、高真空等实验手段,使一大批精密仪器,如电子显微镜、电子示波器、质谱仪、同位素测定仪、原子光谱仪以及能获得高速质子的回旋加速器等得以在二三十年代问世。正因为有了这些先进的实验条件,才使新技术的诞生成为可能。

第二次技术革命中无线电技术的发展是电子计算机得以诞生的直接前提。30 年代无线电广播已遍布全球,1937 年英国又发明了探测飞机的军用雷达,把电子的电路和元件技术提高到新的水平。1936 年图林发表了题为《理想计算机》的论文,解决了数理逻辑和计算理论问题。到 40 年代,制造电子计算机的技术基础和理论基础已相当完备,遂使美国在 1946 年研制出世界上第一台电子计算机。

战后初期,属于第二次技术革命领域的一些尖端技术开始从军用转为民用,进一步扩大了新兴产业,推动了第三次技术革命的到来。例如,飞机制造技术在二战期间实现了从活塞式到喷气式的转化。1949 年英国德·哈威兰公司研制出第一架喷气式客机"彗星—1号",开始向民用方向发展。其飞行高度达1万米,速度超过800公里/小时,在计算和材料方面都有更高的要求。这类新产业的发展是电子计算机不断改进的动力。30年代后期,在高分子化学领域,合成橡胶、合成纤维(尼龙、涤纶)与合成塑料三大合成材料的发明被用于军事,战后转向民用。但在生产中人们难以控制和避免高温、高压、剧毒等危害,故要求研制自动控制装置和不断提高计算机的水平。同时,各种新合成材料的生产又为宇航技术的发展提供了新的材料来源。此外,战后石油开采和冶炼技术有很大的发展,石油已成为发达国家工业的主要能源。由于它大大降低了工业成本,从而使西方国家获得大量利润,这又为研制和应用新技术提供了雄厚的物质基础。

社会条件 恩格斯说过:"社会一旦有技术上的需要,则这种需要就会比十所大学更能把科学推向前进。"[1]第二次世界大战的爆发加速了第三次技术革命的到来。关于原子能的利用问题,物理学家们早在二战前就从理论上解决了。按照爱因斯坦提出的能量与质量转换关系的公式,科学家已预见到原子能会是一种能产生巨大能量的能源,但是否能人工利用,科学家则普遍持悲观态度,直至二战爆发,科学家才改变态度,相信战争的需要能创造出以往不能创造的条件。1939年8月2日,爱因斯坦致信罗斯福总统,建议试制原子弹。1941年12月美国政府作出制造原子弹的决定。为了实施"曼哈顿工程"计划,美国政府动员了50万人力,投资22亿美元,耗费了全国电力生产的1/3,才保证了试制成功。

电子计算机的诞生也是由于战争的需要。对于核裂变的计算和弹道的计算都需要有更高效率的计算机。当时,美国宾夕法尼亚大学莫尔学院电工系与阿伯丁弹道实验室协作,为陆军计算炮击表。200多名计算员用机械计算机计算一张火力表要两三个月,远远不能适应战争的需要。于是,莫希莱提出了研制电子计算机的方案,得到军方的支持。由于利用了无线电、雷达、微波和脉冲技术的新成果而最终获得成功。德国同样是出于战争的需要而在波罗的海的庇纳门德建立了火箭研究中心。在冯·布劳恩主持下,1942年10月V-2远程液体燃料火箭研制成功,为未来宇航技术的发展打下了基础。布劳恩被俘后,为美国服务,成为美国的"宇航之父"。二战后,美苏军备竞赛的加剧对科技发展起了刺激作用。例如,美国为了称霸世界,继续将大量军费用于研制尖端武器。1950—1951年度政府为原子武器的研制拨款23亿美元,比"曼哈顿计划"的全部费用还多。又如,氢弹、洲际导弹、中子弹、制导导弹、激光、遥控、深海武器系统等都是在激烈的军备竞赛中诞生的。此外,空间技术的每一步发展也都是美苏军备竞赛的结果。

---

① 《马克思恩格斯选集》第4卷,人民出版社1972年版,第505页。

战后资本主义生产关系的调整,特别是国家垄断资本主义的发展对科学技术的发展有双重的作用,一方面由于使科学服务于垄断资产阶级少数人的利益,从而阻碍了科学的发展;另一方面也有促进作用。垄断组织由于巨型化、国际化、实力大大加强。为了增强产品的竞争力,重视科学研究和不断开发新产品。国家垄断资本主义还能运用政权的力量组织规模大、耗资大、利润低而风险大的尖端科研项目以及基础研究项目,从而促进了科学事业的发展。战后西方国家普遍重视教育,特别是通过发展高等教育来大力培养科技人才。美国经济学家舒尔茨分析 1929—1957 年美国生产增长时发现,生产增长幅度远大于人力与资本投入增长的幅度。主要原因是由于教育事业的发展使劳动者的素质和技能有所提高,从而促使劳动率大大提高。美国还一贯重视用高薪和优越的生活、工作条件从国外吸引人才,这对美国的科技发展起了重要的作用。

　　战后社会主义国家有很大发展。社会主义制度本身要求重视科技事业的发展。斯大林早在 30 年代就提出过"在改造时期技术决定一切"的口号。苏联的科研人员,在十月革命前的 1914 年为 10 200 人;1940 年增至 98 300 人;1947 年为 146 000 人;1965 年增至 665 000 人。苏联高度集中的计划经济体制对国民经济的全面发展有不利的一面,但也有能集中人力、财力,发展急需的尖端科学的有利的一面。苏联能在战后很短的时期内打破美国的核垄断,与美国在许多高科技领域展开竞赛,并在空间技术、原子能和平利用等方面一度领先,这是与其社会条件分不开的。

二、第三次技术革命的主要内容

　　电子计算机的发展　　电子计算机又称电脑,是一种具有逻辑判断、存储和信息处理以及选择、记忆、反应等功能的自动机器。它是数学计算机与模拟计算机二者结合的混合型计算机。与以往的机器不同,它不只是人的四肢的延伸,而且是人脑的延伸,能代替人的部分脑力劳动。由于它的出现是人类智力解放的里程碑,故成为第三次技术革命的重要内容和主要标志之一。从第一台电子计算机问世始,到智能电子计算机制成止,代表了第三次技术革命的全过程。由于智能机至今还在研制过程中,故从这个意义上说,第三次技术革命尚未结束。

　　第一台电子计算机被命名为"电子数值积分计算机"(简称 ENIAC),1946 年 2 月 15 日在美国宾夕法尼亚大学举行竣工典礼。这是根据莫希莱方案,由一个科学家小组从 1943 年 6 月开始试制,经过两年多的努力才完成的。它使用了 18 000 个电子管和电子线路来完成算术和逻辑运算。每秒完成加法 5 000 次,比最好的机电式计算机速度快 1 000 倍。缺点是笨重,全机 30 多吨,占地 150 平方米,耗电量高达 150 千瓦,且储存量小,用"外插型"程序不够方便。为了几分钟的计算往往要准备几小时、甚至几天。与此同时,出生于匈牙利的美国数学家冯·诺伊曼设计了一个程序内存的"离散变量自动电子计算机"（简称EDVAC）方案。1949 年 5 月在英国剑桥大学数学系实验室试制成功。其运行速度每秒几万次，被称为"冯·诺伊曼机"。1952 年美国也制成这种计算机。

1947 年 6 月，美国电话电报公司的贝尔实验室的三位科学家巴丁、布拉顿和肖克利制成第一支晶体管（即半导体），开始了以晶体管代替电子管的时代。晶体管比电子管功耗小，电压低，体积小，重量轻，不仅成倍地降低了成本，缩小了体积，而且将运算速度从每秒几千次提高到几十万次。这种晶体管计算机最初用于军事，1959 年美国研制成第一台大型通用晶体管计算机，是第二代电子计算机。1964 年 4 月 7 日，美国 IBM 公司宣布制成通用的集成电路计算机，标志着第三代电子计算机的诞生。集成电路是美国工程师杰克·吉尔比在 1958 年研制出来的，他通过一定的工艺将电路中所需的晶体管、二极管、电阻、电容等制作在一小块或几小块半导体片上，再进行互连，封装成一个电子器件，计算机用此元件后线路故障率几乎可降至零。计算机的体积、重量、功耗、成本也都大为缩小或降低，而运行速度可达每秒 4 万次，从而使计算机进入普及阶段。

第四代是大规模集成电路电子计算机，约诞生于 1970 年。大规模集成电路是在几毫米的半导体片上用微米及亚微米级的刻蚀加工技术集成有 1 000 个以上的微电子器件。它的使用使电子技术进入了微电子技术时代。到 1978 年，出现了集成有 10 万以上电子元件的超大规模集成电路；到 1985 年又有集中 100 万以上电子元件的集成电路问世。大规模集成电路的应用使计算机朝着微型化和巨型化两个方向发展。微型机体积很小，功耗在 10 瓦以下，1972 年开始民用生产。巨型机一般是指每秒运算在 5 000 万次以上的计算机。1975 年美国第一台计算速度为每秒 1.5 亿次的巨型机在美国航天局开始投入使用。随着电子计算机的普及，计算机网络系统建立起来了，各种信息情报网络不仅联结国内，而且能联结世界各地，产生了巨大的效益。

随着对大规模集成电路计算机研究的深入，1981 年 10 月日本提出了研制第五代电子计算机的设想。这是一种超大规模集成电路计算机，又叫人工智能计算机，能模拟人的智能，有模式识别、数学定理论证、自然语言理解等功能。1989 年 4 月日本电器公司研制成运算速度每秒 220 亿次的超级计算机；1989 年 6 月美国库恩比公司又把运算速度提高到每秒 270 亿次。各国还加强了光电子计算机、神经网络计算机及"模糊"计算机的研制。随着计算机的普及，软件供不应求，软件工程也成为一种专门行业。

核能技术与空间技术 1942 年 12 月，在费米领导下，第一座原子反应堆在美国建成，此后 1945 年 7 月 16 日第一颗原子弹爆炸成功，标志着人类利用原子能时代的开始。过去，人类只是直接或间接地使用天然能源，而原子能是人工能源，是原子核发生裂变时释放出来的能量，它比化学能大几百万倍，具有许多优越性,是人类在能源利用方面的一次革命。但它首先被用于军事,与历史上蒸汽能、电能的发展情况截然不同。

苏联为了打破美国的核垄断,在苏联原子弹之父库尔恰托夫领导下建成了原子反应堆。1947 年在乌拉尔建立了生产铀$_{235}$和钚$_{239}$的工厂。1949 年 8 月 29 日,在哈萨克塞米巴拉金斯克成功地试爆了第一颗原子弹,代号"南瓜"。美国为了重新占有核优势,加紧研究核聚变技术,1952 年 11 月 1 日在马绍尔群岛比基尼环礁上成功地爆炸了第一颗氢弹,它是根据氢的同位素氘和氚发生聚变反应的原理而制成的,其威力比在广岛投掷的原子弹大 800 多倍。美国氢弹爆炸 9 个月后,1953 年 8 月 12 日苏联氢弹在北极圈的弗兰格尔岛爆炸成功。1954 年 6 月,苏联在奥布宁斯克建成世界第一座核电站,开始了原子能的和平利用。但当时由于军备竞赛而阻碍了原子能和平利用的发展。英国在 1952 年和 1956 年、法国在 1960 年和 1968 年分别试验成功了原子弹和氢弹。中国是世界上第 5 个拥有核武器的国家,在邓稼先等科学家领导下,1964 年 10 月 16 日中国的第一颗原子弹在罗布泊试验成功,1967 年 6 月 17 日第一颗氢弹也在这里试验成功。

从 50 年代初起,苏美都加紧研制中远程和洲际导弹。1957 年 8 月苏联向太平洋目标区发射了第一枚 SS—6 洲际弹道导弹,射程约 8 000 公里;1959 年美国的"宇宙神"洲际弹道导弹研制成功,射程超过 1 万公里。导弹的关键技术是火箭技术;火箭技术的进步为空间技术的发展创造了条件。

1957 年 10 月 4 日,苏联成功地将世界上第一颗重 83.6 公斤的人造地球卫星送上太空;1958 年 1 月 31 日美国的"探险者 1 号"人造卫星发射成功,但重量只有苏联的 1/10。1960 年美苏都掌握了卫星回收技术。1961 年 4 月 12 日苏联发射了第一颗载人飞船,宇航员加加林在太空遨游 108 分钟、绕地球一周后安全返回地面。这一创举标志着人类进入了太空时代。1961 年 5 月,美国总统肯尼迪为了缩短与苏联的"空间差距",提出 10 年内完成阿波罗登月计划。

1964 年 8 月 19 日,美国成功地发射了第一颗地球同步静止轨道通讯卫星,说明火箭—卫星技术又达到了一个新的水平。之后,全球卫星通讯事业发展迅速,1969 年 7 月 16 日,美国的阿波罗 11 号宇宙飞船从肯尼迪航天中心升空,7 月 21 日宇航员阿姆斯特朗和奥尔德林在月球上留下了人类的第一个脚印,阿姆斯特朗说:"这是人的一小步,也是人类的一大步"。他们在月球上逗留了 21 小时以上,收集了标本,拍摄了照片,装置了仪器,7 月 25 日平安返回地球。这是人类征服宇宙的又一壮举。

70—80 年代空间技术的大发展表现在各种用途的民用、军用卫星,如气象卫星、通讯卫星、资源卫星、侦察卫星、导航卫星等陆续升空,这些卫星的发射为遥感技术提供了新的平台,使遥感技术发展到航天遥感新阶段。各国利用这种新技术发射各种空间探测器。1970 年 12 月 15 日,苏联发射的"金星 7 号"在金星上软着陆;1977 年 8 月 20 日和 9 月 5 日,美国先后发射的"旅行者"1 号和 2 号,分别于 1979 年 3 月和 7 月飞过木星,1980 年 11 月和 1981 年 8 月相继飞过土星,1986 年和 1989 年又相继探测天王星和海王星,然后离开太阳系,直入无际的空间。1970 年 4 月 24 日,中国发射了第一颗人造卫星,在全世界居第 5 位。据统计,到 1982 年底,全世界已发射各种航天器 2 936 个,其中美国占 34%,苏联占 60%。

1971 年 4 月 19 日苏联发射了第一个在宇宙中从事科研工作的空间站——"礼炮 1 号";23 日实现了空间站与飞船的对接。1977 年 9 月 29 日,美国的空间实验站与苏联的"礼炮 6 号"同时发射,1980 年苏联宇航员波波夫和柳明在"礼炮 6 号"上工作了 185 天。1981 年 4 月 12 日,美国第一架航天飞机"哥伦比亚号"顺利升空,这是火箭、宇宙飞船与飞机技术相结合的一种空间运载工具,它既能在宇宙中飞行,也能在大气层中飞行和着陆,且发射程序简便、实用。"哥伦比亚号"在绕地球 36 周后安全着陆。1986 年美国"挑战者号"航天飞机爆炸后,美苏加紧研究兼有航空、航天两种特性、且不需借助火箭起飞、可自由往返于大气层内外的空天飞机。这种飞机如研制成功将会大大促进人类空间探索事业的发展。

高科技群中的其他新技术　　在第三次技术革命中,除上述三大技术外,还有许多高新技术问世,主要有:

激光技术。激光是一种具有特殊性能的光源,亮度胜过太阳光 200 亿倍,单色性、方向性强,聚能和相干性出色,要靠激光器获得。美苏物理学家于 50 年代先后发明了激光发射器原理。1960 年 7 月美国物理学家梅曼利用受激辐射放大电磁波原理制成了第一台激光器——红宝石固体激光器,并迅速应用于工农业生产,进行激光加工、育种、杀虫、激光医疗、激光测量、激光全息照相和激光通讯等,应用范围十分广泛。

光导纤维技术。光导纤维是能传输光线的纤维,用高纯度的石英玻璃管在高温下经气相沉积后拉制而成,细如发丝,从光源发出的光波输入一端后以每秒 30 万公里的速度传到另一端,每根光纤可传输上万路电话或几千路电视。1966 年英籍华裔科学家高琨从理论上提出,只要清除光导纤维中的有害物质,并将光纤制成双层结构就可大幅度提高传光能力,并可用于激光通讯。1970 年美国康宁玻璃公司研制出第一根光损耗为 20 分贝/公里的光导纤维,揭开了光导通讯的序幕,使通讯容量提高了 10 亿倍。1977 年 5 月,美国电话公司在芝加哥建立了第一条光纤通信线路,80 年代得到推广。与电缆通信比较,光纤通信具有传输信息量大、距离长、节省有色金属、体积小、重量轻、抗干扰和保密性强、成本低等优点。

海洋工程技术。人类开发海洋已有悠久的历史。但从 60 年代起,由于新技术的应用,海洋开发事业发生了战略性的转变,形成了一个包括海底石油和矿藏开采、海洋能源利用、海水资源提取、水产资源开发、海洋空间利用、海洋环境保护等内容的海洋工业体系。其中的重点油气开发在七八十年代有很大的发展。1961 年苏联在印度洋底发现锰结核矿,70 年代掀起开发热潮;1967 年法国在朗斯河口建成世界上第一座大型潮汐发电站,80 年代美国在夏威夷建成了一座 10 万千瓦的温差发电厂。在日本,海洋农牧化、海中城市建设技术都有新的进展。

新能源与新材料技术。能源是现代工业的血液,70 年代世界能源危机后,有关能源开发、利用和节能技术研究有很大发展。人们进一步开发太阳能、地热能、海洋能、生物能、风能等能源,同时加强对煤炭的液化、气化和石油综合利用等新技术的研究。

所谓新材料技术是指在现代科学基础上研制具有优异特性、特殊功能的新材料的技术。70 年代以来,每年以 5% 的速度增加新品种。1976 年,西方各国的注册材料已达 30 万种,其中最受关注的有:耐热、耐磨、耐腐蚀的精密结构陶瓷,可用于切削刀具、连续铸钢新工艺;光电能转换效应好的非晶态硅,可作为廉价太阳能电池材料;高强度、低比重、抗疲劳的纤维增强树脂复合材料,如碳纤维、芳纶等,如用于火箭发动机壳体,能增加上千公里射程,用于飞机外衣,可减轻重量 20%～30%;近年来对超导材料的研究已取得相当的进展,由于这种材料具有零电阻和抗磁性两大特点,故为输电的理想导体,但超导现象只存在于极低的温度环境,1987 年科学家寻找转变温度较高的超导材料有了突破。美国科学家获得了转变温度为 98K(绝对温度温标符号,零 K 相当于摄氏零下 273.15 度)的超导体,中国科学家又获得 100K 的超导体,于是,国际上掀起"超导热",各国科学家争相寻找更高转变温度的超导材料。

生物工程技术。系指利用生物体系,应用先进的生物学和工程技术,加工(或不加工)底物原料,以提供所需的各种产品,或达到某种目的的新型跨学科技术。形成于 70 年代初,包括基因工程、细胞工程、酶工程、发酵工程(微生物工程)四个部分。基因工程(又称遗传工程)是其中的核心技术。1953 年美国的沃森和英国的克里克建立了 DNA 的双螺旋结构模型,标志着分子生物学的诞生。DNA 即脱氧核糖核酸,是一种起遗传作用的高分子化合物。它的每一片段都储存特定的遗传信息,称作基因。60 年代,科学家又发现了构成 DNA 的 64 个遗传密码,各种生物的密码通用,只是构成数量不同。如果将 DNA 分离出来,并把它组合到另一种生物的遗传物质上去,就可改变生物的遗传特性,获得符合人类需要的新生物品种。1973 年美国分子生物学家科恩和博耶成功地进行了 DNA 重组技术的试验,他们将重组的 DNA 引入快速繁殖的大肠杆菌中,从而生产出具有某种特性的生物制品。接着,应用这种技术生产出胰岛素、生长激素和干扰素。这说明生物技术已发展到实际应用阶段。科学家们预言,21 世纪将是生物世纪,生物技术有可能成为下次技术革命的核心技术。

三、第三次技术革命的特点

第三次技术革命与前两次技术革命相比较,有许多特点,最突出的是:

技术革命群体化　这次技术革命以群体形式出现,形成一个多层次的、紧密联系的、统一整体的高技术群。前两次技术革命主要以一两种技术的突破为代表,它们的出现且是单一的。作为第一、二次技术革命标志的纺织机、蒸汽机以及发电机、内燃机的发明和使用,虽然也带动了其他技术的发展,但彼此的联系并不紧密,新技术的数量也是有限的。而第三次技术革命则不然,它是以核能、电子计算机、宇航三大技术开头,随后又有一批批新技术汇入这次革命的洪流而形成一个宏大的技术群。其数量之多,门类之广是空前的。在这一技术群中,信息技术是带头的核心技术,其中,除电子计算机之外,还包括激光技术、光纤通信、微电子技术等一切有关信息的处理、传输、变换、存取、设计、制造的技术,这些又是技术群中的技术群。信息技术的核心是信息控制,它是优化物流、节约能流、分散人流、降低财流的有效手段。它被应用到各个技术领域,成为主要的控制手段后,便使各种技术在发展中的横向关联性、综合性、交叉性极为突出,使各种技术间呈现出极强的群体性。

科技社会化和大科学时代的开始　第三次技术革命的理论与方法论的基础——控制论、系统论、信息论,所揭示的正是技术系统、生命系统与社会系统间的共同控制规律。所以,这次技术革命与社会的结合比过去两次技术革命要紧密得多。美国科学学家普赖斯于 1962 年 6 月发表了著名的以《小科学、大科学》为题的演讲。他认为二战前的科学都属于小科学,从二战时期起,进入大科学时代。所谓大科学,是指以统一的方式把相关的科学事业组织起来加以科学管理的科学。过去的小科学是分散的、个体的、随机组合的研究,现在的大科学是社会化的集体活动,其研究活动的规模越来越大,发展到企业规模、国家规模,甚至国际规模。德国 V2 火箭的研制、美国研制原子弹的"曼哈顿工程计划"被认为是大科学开始的标志,而阿波罗计划则是大科学时代的"代表作"。1961 年经美国总统任命、在副总统约翰逊直接领导下完成的阿波罗计划,共得到政府拨款 250 亿美元,共有 120 所大学、2 万多家企业、400 万人参加。由此可见,大科学的主要特征是:国家大幅度地增加对科学事业的投资并加强控制和监督。美国政府对科研事业的投资在国民生产总值中所占的比重,20—30 年代为 0.2%~0.4%,1950 年上升为 1%,1960 年猛增至 2.7%,1964 年为 3%。科研队伍不断扩大,科学研究集体化、技术专门化、管理科学化、按课题原则进行组织,体现了"三论"的准则。由于第三次技术革命中的各项技术都是知识密集、技术密集、战略性、时效性、风险性强的新技术,没有大规模、多学科的有机配合和国家的统一组织、规划和投资,是很难完成的。这就决定了这一新技术群具有很强的社会性。

发展进程高速化　　第一次技术革命从 1712 年纽可门单作用蒸汽机的发明开始,到 1784 年瓦特的可作机器动力的双作用蒸汽机的发明,前后共 72 年。第二次技术革命从 1831 年法拉第的发电机模型开始,到 1888 年美国人泰斯拉交流电动机的发明,前后共 57 年。第三次技术革命的代表电子计算机从 1946 年正式问世,仅仅 30 年就经历了 5 代,每 6 年其运转速度就提高 10 倍,存贮量增加 20 倍。如果与第一台电子计算机相比,80 年代生产的电子计算机运转速度增加 30 多万倍,体积缩小到三万分之一。

新技术从发明到应用的时间也大为缩短。例如,蒸汽机从发明到应用为 84 年(1698—1782)、电动机为 65 年(1821—1886)、无线电为 35 年(1867—1902)、雷达为 15 年(1925—1940);而第三次技术革命中的技术则多在 10 年以内,如原子能利用为 6 年(1939—1945)、电子计算机为 5 年(1946—1951)、晶体管为 4 年(1947—1951)、激光器仅为 1 年(1960—1961)。这说明科学—技术—生产的循环在加速。

正因为如此,各主要国家的科研成果和人类科学知识的总量在迅速增加。据联合国教科文组织的《世界科学情报系统》的统计,科学知识的增长率,50 年代每年增长 9.5%,60 年代为 10.6%,80 年代为 12.5%。另据英国科学家詹姆斯·马丁的推测,人类的科学知识增长一倍所用的时间,19 世纪为 50 年,20 世纪中叶为 10 年,70 年代仅为 5 年。

第二节　科技发展的社会作用与新产业革命

一、电子计算机的应用与新产业革命的开始

新产业革命的特征　　产业革命是由技术革命引起的,是指国民经济的实际产业结构发生了根本变革,使经济、社会等各方面出现了崭新的面貌。随着第三次技术革命的发展,进入 70 年代后,发达国家普遍感受到一次新的产业革命已经来临。1973 年美国社会学家丹尼尔·贝尔出版了《后工业社会的到来——社会预测的尝试》一书,认为科技发展将使社会发生巨大变化,在未来社会、知识、技能、科技人员将越来越重要,经济上以制造业为主将转变为以服务业为主。美国未来学家阿尔温·托夫勒 70 年代末写了《未来的震荡》一书,1980 年又出版了《第三次浪潮》,提出人类社会在经历了农耕社会、工业社会之后正进入信息社会的"第三次文明的浪潮"。1982 年,美国经济学家奈斯比特出版《大趋势:

改变我们生活的十个新方向》，认为美国社会正处于从工业社会向信息社会的过渡时期。同年，波兰哲学家沙夫和联邦德国经济学家京特主编了《微电子学和社会》论文集，认为电脑将从根本上改变我们的生产、生活方式。1983年日本经济学家松田米津出版《信息社会》一书，认为信息社会是以电脑为核心，以"智力工业"为主导工业。

西方和日本学者还发表了许多关于新工业革命的论述。日本学者提出以第二次世界大战前后为起点，第三次工业革命已经开始。第一次英国工业革命的特点是"机械化"，第二次工业革命的特点是"电气化和石油化"，第三次工业革命的特点是"电子化"。第三次工业革命的主要表现是"三C革命"、"四A革命"以及生物工程、宇航技术革命等。所谓"三C革命"即通讯化(Communication)、计算机化(Computerization)、自动控制化(Control)；"四A革命"是指工厂自动化(Factory automation)、办公自动化(Office automation)、家庭自动化(Home automation)和农业自动化(Agricultural automation)。

欧美学者认为新工业革命是第四次工业革命。第一次是以18世纪末冶铁和纺织机械化为代表；第二次是19世纪中叶蒸汽机、铁路和转炉炼钢的应用和普及；第三次是本世纪初电力、化学制品和汽车的发展；第四次始于50年代，以微处理机和装有微处理机的机器的应用，以及新材料、新能源为代表。1984年法国总统密特朗在工业化国家首脑会议上也曾论及第四次工业革命将会带来的社会影响。

中国学者钱学森认为，21世纪即将迎来的是由生物科学技术飞跃进步带来的、利用太阳能和生物工程发展高度知识密集型农业产业革命。他把这次革命称为第六次产业革命。前五次产业革命依次是：(1)原始社会末期火的发现与使用而形成的农林渔牧业；(2)奴隶社会末期铁器的制作与使用而出现的商品与商品交换；(3)18世纪下半期到19世纪初随着蒸汽机技术革命而出现的机器制造业；(4)19世纪末到20世纪初由物理学的革命而创立了银行、金融、贸易、交通运输等业；(5)第二次世界大战以后直到今天由于电子技术引起的信息革命而出现的科技业、咨询业和信息业。他认为，产业是指由于科技革命的推动，使得社会生产在某一方面迅速繁荣，影响到社会经济生活各方面而形成的一种企业或组织，包括工、农、林、交通运输、文化、旅游各业。

总之，对于新产业革命的内容、特点、概念、起止时间等众说纷纭，莫衷一是。但他们都一致认为，六七十年代以来由于技术革命的深入，确实发生了世界性的产业结构变化，这在发达国家中表现得尤为明显。电子计算机的应用对促进这一变化起了重要的作用，知识密集型工业的发展是这次产业革命的核心。

电子计算机与自动化生产　　历史上的几次产业革命的标志都体现在其具有代表性的生产工具或设备(主要是机床)的动力结构及控制系统发生了根本

性的变革。由于电子计算机控制的全自动化生产取代了单机和多机组合的生产，因此，它应成为新产业革命的重要标志。

全自动化生产线、车间和工厂有一个形成过程。首先是机床本身自动化，然后是机群自动化，最后是整个工厂自动化。自动控制技术是在无人直接干预的情况下，采取对控制信息进行测控、变换、传递和计算，用以达到对被控对象实现自动化的功能技术。它的基础是计算机微电子技术和自动控制理论。1952 年美国麻省理工学院运用电子计算机和自动控制技术研制出第一台三坐标数控铣床，无人操作，能按最佳控制要求加工复杂的曲面零件。1958 年美国卡尼-特雷克公司在一台数控镗铣床上增加了计算机控制的自动换刀装置，从而制成一台多刀具和多工序同时加工的"加工中心"，精度和效率都很高。程序控制机床的工作速度通常比普通机床快 10 多倍。1967 年英国莫林斯公司根据柔性生产线原理研制"系统 24"，目标是在无人监控的条件下实现昼夜 24 小时连续加工。1978 年日本法纳克公司建成无人操作的全自动化车间。1980 年又建成一座面积 2 万平方米的多品种、少批量无人化机械制造厂——富士工厂，除装配外，全部实现了自动化。

80 年代机器人的繁衍进化进一步推动了工厂自动化。机器人是具有拟人功能的机械电子装置，是电子计算机向智能模拟方向发展的产物，是微电子技术、材料技术、软件研制和精密机械等多学科技术的综合应用。1962 年美国麻省理工学院研制成世界上第一个机器人，即由计算机控制的机械手，取名"罗伯特"，1979 年起进入大规模制造和应用阶段。在此后的 5 年中，按年平均增长 30% 的速度"繁殖"。第一代机器人是操纵型机器人，模拟人手的部分功能；第二代是自动型机器人，按照已输入的程序反复作业；第三代是智能型机器人，正在研制中。机器人能代替人在高温、剧毒、严寒、高空、深水等各种危险环境中工作，通常能节省生产费用 25%，提高效率 3 倍以上。据统计，1989 年全世界有机器人 38.8 万个，其中日本的拥有量最多，约占 1/2 以上。

机器人和全自动化生产线是现代化工业生产的新模式，约在 80 年代应用于生产，据此可以得出结论，新产业革命尚处于起步阶段。

电子计算机的广泛应用　　1951 年 6 月，美国雷明顿-兰德公司生产出第一台商用的存贮程序电子计算机，1952 年底，国际商用机器公司（IBM）开始批量生产。西德于 1951 年、苏联、瑞典于 1952 年、荷兰于 1954 年、日本于 1956 年、中国于 1958 年都开始制造自己设计的电子计算机。80 年代，电子计算机的价格只相当于第一台电子计算机的万分之一。这就为计算机的普及和应用创造了条件。60 年代初，计算机的用途只有 300 多种，到 70 年代初，达 2 000 多种，80 年代初，已接近 5 000 多种。

电子计算机的应用大体分两个阶段：1945—1965 年，主要是国家将其用于军事、科研、政府机构和企业界。例如,美国制造的第一台通用电子计算机就用于全国人口普查工作;第二台用于处理 1952 年总统选举资料。美国第二代电子计算机,由 IBM 公司生产的第一批产品首先供原子能委员会使用。五六十年代,主要用于飞机制造、航空公司业务管理、火箭、卫星、飞船的设计发射等,如阿波罗计划就用了 12 000 多部计算机。

60 年代后期,特别是 1970 年后,随着第三、四代电子计算机的诞生和微电子化,真正成为电脑。它的应用也进入社会化、普及化及个人化阶段。一般的企业、商店、学校和个人都买得起电脑,它被用于财务管理、仓库保管、工资分发、人事档案管理及办公室自动化等各个方面。在工农业、交通邮电部门,它被用于生产调度和指挥、生产过程的控制、城市交通管理、集装箱运输、长期气象预报、病虫害预测等。在医疗、文教领域也广泛应用。70 年代发达国家图书馆资料检索也实现了电脑化。

60 年代后期,数据库(或信息库)的应用进一步提高了电脑的使用价值。数据库是从各种来源收集并按便于多种用户存取的方式存贮的数据集合。美国在 70 年代末有 858 个数据库,80 年代末有 15 000 个,它可以保存社会各方面的信息。例如全国驾驶员注册数据库,保存着全国每个驾驶执照持有者和驾车犯规者的姓名、执照情况,一次就可处理上百万起吊销执照的报告。1983 年美国创办第一所电脑大学——电脑学习系统公司。学生通过电脑与学校本部数据库连接,可以在自己认为合适的时间任意选读一门或数门功课。大小企业,尤其是银行、保险业都有自己的数据库,通过联机,24 小时为用户服务。一国的数据库还可通过人造卫星建立国际的网络系统和资料库。数据库的建立还推动了家庭和个人对电脑的使用。人们可通过电脑阅读最新新闻,了解市场信息、查阅飞机火车的时刻、法律条文、医疗处方等。总之,电子计算机的应用不仅使人摆脱繁重、危险的体力劳动,还能代替人的部分脑力劳动,使人有可能将智慧主要用于探索未知世界,从而走上智力解放的道路。

二、科技革命对经济发展的影响

生产力的变革与劳动生产率的显著提高　科学技术是生产力。这是马克思根据 19 世纪第一次科技革命和产业革命的实践得出的结论。第三次技术革命引起生产力各要素的变革。工具、机器设备等劳动资料随着电脑等新技术的应用,其性质、结构、功能也发生了根本变化。由于人们不再是只依靠自然资源,而是研制新型材料,并按照人的需要设计、制造具有特殊性能和结构的材料,劳动对象也发生了根本性的变化。劳动者的素质,包括文化素质和技术水平大大提高。当科技与生产力诸要素之间形成乘积效应时,整个生产力的提高要仰赖于科学技术的发展。所以,在当代,科学技术不仅是生产力,而且是第一生产力。

正因为如此,在当代,科技进步成为提高劳动生产率与整个经济增长的源泉。西方国家工业生产的年平均增长率,在两次大战之间为 1.7%,1950—1972 年猛增至 6.1%。造成增长的因素中科技进步的因素在 70 年代占 50%~70%,80 年代达 80%。美国经济学家爱德华·丹尼森在《美国经济增长核算》一书中分析 1929—1969 年促进美国劳动生产率增长的诸因素,其中知识与科技的贡献从 37.8% 上升到 71.9%。60 年代,苏联工业劳动生产率提高的诸因素中,约有 40% 是由于采用新技术,到 70 年代,这一数字上升至 66.7%。

农业是个古老的产业。二战前,欧美国家农业劳动生产率一直落后于工业。战后,通过应用电子技术、生物工程和激光技术,从育种、耕作到收成、管理实现了系统化和科学化。美国在 1800 年时,8 个农民的劳动可以提供 10 个人所需要的粮食,到 1980 年时,1 个农民可提供足够 60 人消费的粮食。60 年代"绿色革命"的普遍开展对提高世界粮食产量起了不可低估的作用。1941 年,美国农业科学家布洛格率专家组在墨西哥荒原进行育种试验,经过 10 年努力,培育出矮秆、高产、抗锈、耐肥、抗倒伏的小麦新品种,使小麦平均产量由每公顷 740 公斤提高到 2144 公斤(1965 年)。墨西哥在 1956 年达到小麦自给。60 年代联合国推广绿色革命试验后,菲律宾国际水稻研究所又选育出水稻新品种,使亚非一些国家的粮食产量成倍增长。

经济结构的变化　　第三次技术革命使整个经济结构,特别是产业结构,即国民经济中各部门的比例关系和联系发生了重大变化。表现为三种趋势的加强:

1. 产业结构的非物质化趋势。作为直接物质生产部门的第一产业(农、林、牧、渔业)和第二产业(采矿、制造、建筑业)的产值和就业人数在整个国民经济中所占的比重相对下降,而非物质生产领域的第三产业的产值和就业人数急剧上升。第三产业不仅仅是传统意义的服务业、商业、运输业、通信业以及文化教育等等,而且还包括大多数与信息工业联系在一起的部门,如软件工程、数据库等,传统的会计、统计、金融等部门也由于计算机的广泛使用而使业务范围大为扩大。据统计,1970—1979 年美国的农业人口从占人口总数的 5% 下降到 3%;从事制造业的人口从 30% 下降到 13%;从事服务和信息行业的从占人口总数的 15% 上升到 72%。1980 年在美国的国民生产总值中,服务业的总产值第一次超过产品生产总值。其他国家的情况也都相差不多。例如,1987 年英、法、日第一产业在国民经济中的比重分别为 2%、2% 和 3%;第二产业为 38%,38% 和 40%;第三产业为 60%、60%、57%。

2. 生产过程的智能化趋势。在技术革命的推动下,智能因素在生产过程中的作用越来越突出。1956 年美国从事脑力劳动的"白领"职员人数第一次超过了从事体力劳动的"蓝领"工人。产业结构中"技术密集"型企业的发展速度,远远超过传统的劳动密集型企业。前者主要包括微电子、机器人、原子能、宇航等工业以及现代通信、新能源新材料工业等。1960—1983 年美国通用计算机的装机量由 9 000 台上升到 90 万台,增长了 100 倍。1970—1985 年美国集成电路的生产由 4 亿块增至 120 亿块,日本由 1.2 亿块增至 55 亿块。人们把这些迅速崛起的新工业称为"朝阳工业",把传统的钢铁、机械、纺织业等称为"夕阳工业"。

3. 科技革命带来了各国经济布局的变化。过去的工业区常常集中在煤铁资源较丰富的地方。如美国的大湖—宾州区、苏联的乌拉尔区、顿巴斯区等。而新兴工业区则是按人才、交通、环境等条件来建设。如美国 60 年代兴起的电子工业基地——"硅谷",位于旧金山以南斯坦福大学附近,在这长 48 公里、宽 16 公里的谷地内,集中了 1700 多家电脑、半导体的生产厂家,占美国同类工业产值的 96%,其电路产品占世界产量的 1/4。美国西部、南部的人口随着新技术产业的兴起而猛增,1980 年第一次超过了原来经济先进的北部和东部,美国计划以"硅谷"为中心建立从加利福尼亚到得克萨斯、波士顿、纽约、芝加哥的技术带。

苏联在新西伯利亚建成了世界上最大的科学公园,集中各类技术人员 1.8 万名;1963 年日本政府决定在东京附近 60 公里处建立筑波科学城,有 46 所科研、教育机构集中在这里。此外,英国在苏格兰、法国在格勒诺布尔、联邦德国在慕尼黑、加拿大在渥太华西郊的卡尔顿、意大利在蒂布尔纳都设立了科学技术园区,作为电子工业基地和发展高科技的中心。

4. 科技革命引起世界经济结构的变化。由于发达国家着眼于发展"朝阳工业",于是便将一些耗能大、费原料、污染严重的劳动密集型产业,如钢铁、一般化工、机械制造等转让给发展中国家,从而减轻了发达国家对发展中国家原料、能源的依赖,有些发展中国家因此而进入工业化阶段。国际贸易中的商品结构也发生了根本性的变化。电脑、软件等知识密集型产品比重上升,矿物、天然橡胶等初级产品及钢铁、铜等商品的比重不断下降。据统计,1964—1970 年间世界科技成果贸易平均以 16.5% 的速度增长。正因为如此,发达国家的投资方向发生重大变化。投资重点从采矿、机械、铁路转向尖端技术工业。发达国家之间的相互投资有很大增长。如以 1977 年与 1946 年相比,美国对欧洲的投资增长 60.6 倍,而同一时期对亚非拉的投资只增长 35 倍。这是因为,只有投资于高科技的新兴产业部门才能获取高利润,而这些产业所需要的先进设备、文化水平较高的劳动力、高消费水平的市场,只有发达国家才具备。在 1980 年的国际资本流动总量中,3/4 以上是在发达国家间进行。为建设大型工程项目,它们之间还展开了广泛的国际合作,进行高层次的国际分工,从而使经济进一步国际化。

管理的现代化　　所谓管理,是指管理者为了一定的目的,在所管辖的范围内对管理对象实施一系列的控制,如计划、组织指挥、调节监督等。它一方面具有合理组织生产力的职能,另一方面也有维护和完善生产关系的职能。它与科技发展一起被看做是推动经济发展的"两个轮子"。传统的管理是建立在经验的基础上。第一次技术革命后开始探索科学管理问题。第二次技术革命后,工业规模扩大,美国工程师泰罗对生产的动作和时间进行定量分析,1911年出版《科学管理原理》一书,奠定了科学管理的理论基础,他也被誉为"科学管理之父"。第三次技术革命以其丰富的内容使管理发展为一门真正的科学,并实现了现代化。这一方面是由于系统科学引起了管理思想的变化,另一方面是计算机的应用导致管理手段的更新。新的管理要求提高人的素质,在管理工作中注重人的因素,于是,研究职工行为规律的行为科学成为现代管理科学中的主要内容。为了解决调动职工积极性的问题,50年代马斯洛提出"需要层次论",赫兹伯格提出"双因素理论";为了解决领导与被领导的关系问题,60年代又相继提出了X理论、Y理论和Z理论。

在现代管理学中,与行为科学派相平行的还有现代管理科学学派,其代表人物是美国卡内基-梅隆大学计算机科学与心理学教授、1958年诺贝尔经济学奖获得者赫伯特·西蒙,他认为管理的全过程就是决策过程,管理者就是决策者。决策是现代管理的核心。1959年、1960年,他先后出版《经济学和行为科学中的决策理论》、《管理决策新科学》两本著作。现代管理学派认为,科学的决策应该是:由个人决策向群体决策发展;由单项目标决策向多目标结合决策发展;战略决策向更远的未来和向国际型发展;由定性决策向定性与定量相结合的发展。为了使决策科学化,70年代又兴起了软科学。这是自然科学、社会科学、工程技术多学科交叉的综合性学科。它被用来解决社会经济、科技发展中的战略预测、规划、评估等问题,并将科学化管理推向新的水平。

三、科技革命与社会生活和人的现代化

劳动方式与生活方式的变革　　产业结构的变化必然带来广大劳动者就业与劳动方式的变化。首先是从事农牧渔业的农村人口急剧减少,从事工业、建筑和第三产业的人口迅速增加。二战前西方国家农业人口在全国人口中的比重,美国为30%,西欧、日本均在40%以上。随着科技革命的深入,1977年美国降至3.6%,1975年西欧、日本降至10%左右。工业、建筑等物质部门由于采用新技术、新设备,可以做到减员不减产,他们要求非物质部门为其提供更多的服务。结果,在非物质部门工作的人数迅速增加。

随着工厂的自动化、电脑的普及、知识密集型产业的发展,工人的文化水平也不断提高,劳动方式也随之变化。例如,1960—1978年美国脑力劳动者与体力劳动者的百分比由40.1∶54.6变为47.8∶49.3。日本由28.2∶71.8变为41.9∶58;西德由30.1∶65.7(1961年)变为45∶53(1975年)。在新企业中,工程技术人员和管理、财会人员常占雇佣人数的一半以上。

科技的发展还促进了消费结构的变化,直接影响人们的生活。第二次技术革命带来的是标准化、单一化的大工业生产,其产品特点是"重、厚、长、大",而第三次技术革命提供的新材料、新工艺、新能源,使生产多样化、小批量、节约化。产品特点是"轻、薄、短、小"。电脑的使用缩短了设计的时间,通讯的发达加快了销售的过程,因此,产品更新换代快,淘汰率高。衣食住行向着多样化和高级化的方向发展。

电子技术的发展使家用电器种类繁多,迅速普及。如电视机、录像机、摄像机、高级音响、激光唱盘、自动洗衣机、电子游戏机、微波炉等等。1946 年美国全国只有 10 个电视台,1958 年建立电视广播系统,1969 年增加到 673 个。日本从 1958 年起才开始使用黑白电视机,1963 年普及率已达 84.4%,1960 年才生产彩色电视机,1975 年普及率已达 92.6%。由于家用电器的普及,使耐用消费品的支出在个人消费中所占的比重加大,美国 1940 年耐用消费品支出占个人消费的 10.9%,70 年代上升为 14.7%,非耐用品的消费从 53% 下降到 41.2%,这是消费结构变化的有力证明。

新技术革命使世界的交通面貌大为改观。60 年代美制波音—727、苏制图—104、英制三叉戟等亚音速喷气式客机以及苏制图—144、英法合制的"协和号"超音速飞机相继问世。它们飞行速度快、运输量大、经济效益好,在民用航空中很快占据主导地位,把航空运输提高到新的水平。在汽车制造业方面,由于自动化生产线的建立、机器人、新材料的使用,使生产能力大为提高。1950 年美国注册的小汽车为 4 900 万辆,1970 年增至 8 924 万辆,1988 年增至 1.47 亿辆,平均每户 1.8 辆,成为每个家庭不可缺少的交通工具。在发达国家,汽车的作用已经赶上甚至超过火车,成为交通运输业中的主力。80 年代,由于电脑已进入千家万户,使得个人和家庭消费结构中用于文化娱乐、学习、运动、旅游等非物质消费的支出呈上升趋势,而用于衣食住等物质消费的支出则有所下降。

人的现代化问题　　科学技术的发展不仅带来物的现代化,也造就了一代新人与之适应。德国社会学家马克斯·韦伯在 19 世纪末 20 世纪初就根据第一、二次技术革命引起的工业化后果提出了这一问题。第三次技术革命使这一问题更为突出,因为以发展智能产业为特征的新技术革命要求进一步提高人的素质,包括思想道德、文化水平、身体素质等。五六十年代,西方社会学家、经济学家再次呼吁要重视人的现代化问题。1962—1964 年,美国社会学家英克尔斯组织一批社会学家对阿根廷、智利、印度、以色列、尼日利亚、巴基斯坦六国进行调查,访问 6000 余人,出版了《走向现代化》、《探讨个人现代化》等著作。他提出"人的现代化是国家现代化必不可少的因素"。只有有了现代化的人,才能有现代化的制度和经济。他还提出现代化的 12 个特点,主要有三个方面:(1)开放性,乐于接受新事物;(2)自主性,进取心和创造性;(3)对社会有信任感,能正确对待别人和自己。

由于各国社会制度、文化传统和发展水平的差异,对现代化的人的要求虽各不相同,但科学技术是没有阶级性的,为适应科学技术的飞速发展,他们应具有以下的共性:首先是观念和思维方式的现代化。重视价值观念、法制观念、信息观念和人才观念;在思维方式方面重视系统性、精确性、敏捷性、创造性和预测性,并以此与传统思维方式相区别。

其次,人的行为方式的现代化。作为现代人在社会实践活动中所采取的形式、方法和程序,普遍应具有自主性、创造性、高效性以及竞争与协作精神。应将参与竞争、迎接挑战、争取合作三者协调起来。

第三,人的生活方式的现代化。科学技术的发展,要求人们有更高的道德水平和更文明的生活方式。1978 年 7 月 25 日,世界上第一个试管女婴露易·布朗在英国诞生,这是体外受精产生的婴儿。1984 年 1 月,一名美国妇女顺利生出世界上第一个异体胚胎移植的男婴。此后,试管婴儿在许多国家相继出现,"精子贮存库"也普遍建立。这一科学技术成就虽有利于解决人类优生的难题,但也给人的伦理道德、婚姻家庭带来新的问题。这就要求现代人用新的道德标准去对待。生活方式包括物质、精神两个方面,物质生活丰富,精神生活更充实,应该成为现代人的追求。

如何实现人的现代化?60 年代以来国际科学界一致认为教育现代化是实现人的现代化的关键。60 年代,美国经济学家舒尔茨、丹尼森创立的教育经济学具体论证了教育与现代化的关系。在国际上,"终身教育"的思想已被越来越多的国家所认识和接受。1965 年在联合国教科文组织任职的法国学者保罗·朗格正式提出报告,阐述终身教育的意义。1968 年,联合国教科文组织将 1970 年定为国际教育年,以推动国际教育事业的发展。70 年代,瑞典、美、法等国相继立法,保障公民通过"回归"教育、继续教育等形式接受终身教育的权利。

第三节　迎接科技革命挑战与维护全球生态环境

一、各国的科技政策及其竞争

第三次技术革命的深入和新产业革命的兴起,对世界各国来说,既是挑战,又是机遇。为了顺应潮流,推动社会经济进步,各国不断调整科技政策,为实现自己的目标,对科技发展的战略、社会功能、内部结构、投资方向、管理原则、人才培养等采取新的措施。

美国的科技政策 美国政府一向把科技发展看成是保持经济增长和未来经济繁荣的关键。美国对发展科技的投资绝对值一直居世界首位。1950 年全国科研与发展经费 52 亿美元,1960 年为 135 亿美元,1970 年为 261 亿美元,1983 年为 865 亿美元,1989 年达到 1323.5 亿美元,超过英、法、日、西德四国的总和。

1957 年苏联人造卫星上天被美国人看成是"技术上的珍珠港事件"。美国以此为契机,调整了科研发展战略,研究重点由原子能转向空间技术。60 年代末到 70 年代,受经济危机、环境污染和能源危机的影响,科技发展重点又转向解决国内社会和生活质量问题。1976 年国会颁布《国家科学技术政策、组织和优先顺序法令》,规定在优先发展尖端科技的前提下,对医疗保健、能源、环保等事业给以足够的重视。1981 年里根政府上台后,鉴于美国在科技领域全面领先的地位已经动摇,声明要强有力地支持科学技术,并再次调整了科技工作的重点,实行高技术发展战略。1983 年 3 月 23 日,里根在电视讲话中提出了"战略防御倡议"(简称 SDI),号召美国科学家和工程师研制出用于国土防御的反弹道导弹系统,在空间拦截和摧毁进攻美国的战略弹道武器和航天武器,彻底消除战略核导弹的威胁。美国人借用一科幻影片名将此"倡议"称为"星球大战计划"。这将是一个跨世纪的大工程,计划用 25 年,耗资 1 万亿美元完成。尽管国内对该计划存在意见分歧,但里根政府以及继任的布什政府仍坚决付诸实施。

美国一向实行多元化的科技体制,全国不设统管所有研究开发工作的主管机构,也没有一个统一的科技政策。政府主要通过各种合同,如研究合同、采购合同组织各大学、工业公司和政府研究单位来完成科技计划、贯彻政府的科技政策。美国的科技政策有以下几个特点:

(1)重视国防研究和基础研究。二战以来,国防研究预算在研究开发总预算中通常要占 70%,1988 年占 65%。政府投资主要集中于长期性、风险大的项目,特别是基础理论研究。1975—1987 年基础理论研究经费平均每年增长 10% 左右,里根时期,基础研究经费在政府民用研究开发经费中占 40%。

(2)注重对大学教育和研究的投资。大学既出成果,又出人才,美国政府历来认为对大学的投资就是对未来的投资。大学科研经费的 70% 来自政府资助。政府通过国家科学基金会资助数万名博士、硕士研究生和青年研究人员。

(3)促进政府研究中心、工业公司与大学间的合作,促进科研成果的商品化。政府还通过专利、税收、知识产权保护政策,以及技术转让法、反垄断法等立法调动工业企业对研究开发投资的积极性,使工业公司把与大学合作看成是最有利的机会,以便主动将大学研究成果直接转化为商品。为此,政府注意及时解密,鼓励将军事技术转为民用,并推动军事技术不断创新。

(4)扩大国际科技合作与交流,重视技术人才引进。美国一直在航天站、超级超导对撞机、绘制人体基因图等领域寻求广泛的国际合作。战后,平均每年引进的科学家、工程师等各类人才 6000~11 500 人,70%来自亚洲国家和地区。据统计,1982 年全美 69 万科研人员中,1/3 是从国外引进的。据苏联 1977 年估计,1952—1975 年由于引进外国专家为美国节约教育经费达 150~200 亿美元。

进入 80 年代后,尽管美国在半导体、集成电路、机器人、光导纤维、办公设备等技术方面落后,但其整体科技水平仍居世界首位。1988 年,美国科学家在世界主要科技文献上发表的论文占总数的 37%,英国占 8.7%,日本占 6.3%。1945 年以来全世界有 200 多人获诺贝尔奖,其中,美国人占 60%。美国科技政策存在的问题主要是科技军事化倾向比较严重,对与国防、军事相关的科技投资比例过大。

苏联的科技体制与政策   苏联实行科学、技术、生产单环体制,这是在战前特定的历史条件下形成的。领导系统可分为三级:第一级是部长会议;第二级是国家科委、计委、标准委员会、发明委员会等科技管理部门;第三级为科研机构。科研机构中又分为三大系统:科学院、部门研究机构、高等院校。有关科学研究的方向、计划、经费等问题,均由国家科委协助部长会议审查、批准和发布。各级按指令性计划完成任务。这种高度集中、计划性很强的管理体制曾有力地保证了一些高技术项目研制成功。但它的弊端是科研与生产脱节,新技术成果难以投入生产,更难以转化为商品。此外,靠发布行政命令和指令性计划进行管理,使科研工作缺乏内在的激励机制,微观科技活动效率低下。

苏联科技政策的特点是始终把发展科技、特别是发展与军事有关的高科技置于十分重要的地位。斯大林执政时期,面对冷战格局,为了与美国对抗,加紧发展原子能技术,取得了举世公认的成就。斯大林也曾对科技发展进行过错误的政治干预。例如,对西方学者提出的科技革命的论断持批判态度,支持苏联生物学家李森科对美国生物学家摩尔根遗传学说的批判等等。

赫鲁晓夫执政后开始纠正斯大林的错误,强调科技革命在当代历史上的重要性。对发展核武器、空间技术、东部开发等重点项目,采取打破部门、地区和行业界限,组织各方面的力量联合攻关的办法。结果,发展速度比西方国家同类项目要快。但他仍然靠着投放大量人力、物力、财力的"粗放经营"的方式,而不是靠发挥科技优势来发展经济。结果,1954—1962 年,苏联工业劳动生产率仅及美国的 1/2,农业生产率仅及美国的 1/5。

勃列日涅夫执政后,为了谋求对美国的战略优势地位,更加重视高科技的发展,并对科技管理体制进行改革,着重解决长期存在的科研与生产相脱节的问题。在科技部门推行经济核算制,为鼓励企业开展技术革新而设置基金,同时在冶金、石油、化工、食品等部门搞自动化生产线,建立科研、生产综合体,以实现"科学—技术—生产—消费"一体化。但所有这些改革都是局部性、试验性的,整个经济体制没有根本性的变化。企业缺乏使用新技术的内部动力,因为企业的利润只取决于对上级计划指标的完成情况,不愿因采用新技术而打乱原生产安排。

安德罗波夫、戈尔巴乔夫相继上台后,进一步深化科技体制改革,强调发展高新技术。1983 年颁布了《关于加快国民经济科技进步措施的决定》,1985 年召开有关科技进步问题的专门会议,1988 年部长会议又通过国家科学技术纲要,要求超前发展知识密集型产品,重点发展信息技术,以完成经济由粗放发展向集约化发展的转变。

在上述方针指导下,苏联的科研经费逐年增加。1940 年科研经费为 3 亿卢布,占当年国民收入的 0.9%。以后,这两个数字分别为:1950 年 10 亿卢布,占 1.9%;1960 年,39 亿卢布,占 2.7%;1975 年 174 亿卢布,占 4.7%;1982 年 246 亿卢布,占 4.8%。苏联教育经费 1970 年占国民生产总值的 6.8%,1977 年上升为 8.7%。中等义务教育的普及率已创世界纪录,高等院校在校学生人数居世界第二位。苏联科技队伍迅速壮大。1965 年科技工作者人数为 66.5 万人,1982 年增加到 143.17 万人,居世界第一位。苏联还拥有世界上最庞大的科研机构,各种科研组织约 10 万个。正因为如此,苏联才能在宇宙开发、地球学、固体物理、核动力学、激光光谱学、量子电子学等领域在世界上居于领先地位。

苏联科技政策方面存在的主要问题是过分偏重发展军事科学,致使整个科技事业发展极不平衡。同时,受高度集中的经济体制的制约,科学技术与生产脱节,不能及时转化为生产力;斯大林时期政治上错误地干扰学术和科技发展的问题也没有得到真正的解决。例如,当李森科的理论已被世界科学界证明为伪科学时,赫鲁晓夫仍对他加以庇护,致使苏联在遗传学领域长期落后。

日本的科技政策　　日本的科研机构分属于企业、大学和国家研究机关,通常称"产、学、官"。国家按"官民分立"、"部门分割"体制进行管理。民间企业及其研究机构的经费自理,政府只对其进行政策引导和协助。

战后,日本科技政策的发展大体可分为两个阶段。50—70 年代实行"加工贸易立国"的发展战略,积极引进外国的先进技术和成果,加以改造,加速本国工业的发展。1955 年前,主要引进电力、钢铁、煤炭等方面的技术,1955—1965 年间主要引进机械、石油等技术。1965—1975 年,主要引进电子计算机、原子能、宇航和海洋工程等尖端技术。在 1950—1975 的 25 年间,日本通过购买技术专利共引进 25777 项技术,既节约外汇,又促进了本国技术潜力的开发。

1980 年 3 月,日本"咨询—产业结构审议会"发表了一份报告,提出"科学技术立国"的口号。日本政府采纳和使用这一口号,并对科技政策作了相应的改变。对先进的技术不仅仅只是"模仿和追随",而是要"首创和领先"。1981 年,政府科学技术厅制定了《推进创造性科学技术的制度》的规划、通产省制定了《研究下一代产业基础技术制度》的规划,提出了重点研究的项目。1982 年通产省组织 8 家电器公司,建立统一机构,研制第五代电子计算机。1983 年,日本已拥有商用机器人 11 万名,被誉为"机器人王国"。同年 4 月,国会通过《促进开发高度技术工业地区法》计划,首批建立 14 个"技术城市",其特点是"产"(尖端产业)、"学"(掌握尖端技术的工科大学和研究所)、"住"(职工住宅、文化娱乐场所)三位一体。建设"技术城"是为了更好地适应科技革命的需要。

美国提出"星球大战"计划后,日本政界、科技界深感有必要对科技政策再作调整。1984 年 11 月 27 日,科学技术会议向政府递交了《关于适应新的形势变化、立足于长期展望的、振兴科学技术的综合基本对策》的报告。这份振兴科技的政策大纲提出的战略目标是:在 1985—1995 年间,要使日本进入世界科技最先进行列。为此,要优先发展微电子、新材料、生命科学、地球物理、海洋、空间技术等项目。日本科技发展中的主要问题是基础研究比较薄弱,用于基础研究的经费只及美国的 1/3,这与日本的科技政策不无关系,也不能不影响其"科技立国"目标的实现。

西欧各国的科技政策　　西欧曾是世界上科学技术最先进的地区。战后,世界科技中心虽然转移到美国,但英国的科技发明在一段时期内仍居西方世界第二位。英国的科研传统是重视基础科学,轻视工程技术。英国直到 1967 年才创建工业大学。虽然第一代电子计算机中的存贮程序计算机制成于英国,但由于计算机更新换代很快,英国不久就落后了。直到 80 年代初才采取措施,发展高科技。

联邦德国,1949—1955 年是恢复与重建科研机构时期;1956—1965 年是以美国为模式振兴科技时期;1966—1971 年是科技政策调整时期。1972 年政府的科研报告首次强调"科技政策是国家总政策的一个组成部分"。强调科学研究要为提高人民的生活质量服务,着重发展环境保护、生物、医学等部门。80 年代又提出了加强国际合作、攻克关键技术、赶上美日的目标。

法国在战后建立了统一的科学研究与管理机构,到 1958 年形成完整体系。戴高乐时期(1958—1967 年)大幅度增加科研经费,使之在国民生产总值中的比重由 1.3% 提到 2.2%,在此期间,法国成为第三个空间大国。此后,因经费不足,科研事业发展缓慢,被人称之为退到"铁器时代"。1981 年密特朗组阁后提出"发展科技、振兴法国"的方针,1982 年通过第一部科技指导规划法。

美国的"星球大战"计划在欧洲引起强烈反响。法国与西德秘密磋商后一致认为,西欧有 10 个高技术领域落后于美、日,"欧洲必须团结在一项伟大工程周围",才能得到拯救。1985 年 4 月,法国政府提出尽快建立一个"技术欧洲"的主张。法国具体建议,欧共体及其他欧洲国家在与开发空间技术有密切联系的 6 个领域进行合作研究:光电子学、新型材料、大型电子计算机、高功率激光和粒子束、人工智能、高速微电子学。同年 7 月,欧共体 12 国与奥地利、芬兰、挪威、瑞典、瑞士在巴黎举行部长级会议,宣布"尤里卡计划"诞生。① "尤里卡计划"不仅是对"星球大战"计划的直接回答,而且显示了西欧在尖端技术和政治上争取对美独立地位的意图,也是西欧联合起来改变西欧高科技相对落后于美、日的重大步骤。"尤里卡计划"同军用技术特别是太空军事手段的关系尤为密切,实质上是一项同未来防务相关联的泛欧高科技合作研究计划。

"尤里卡计划"诞生五周年之际,成员国已增至 19 个,研究项目共达 500 多个,总投资约 800 亿法郎。

二、科技发展与全球问题的日益严重化

全球问题的提出   全球问题系指关系全人类利益、涉及全球范围,需要世界各国协同一致行动才能解决的一些"人类困境"问题。例如,世界人口剧增、生态环境恶化等问题。这些问题的出现有多方面的原因。首先同科技与工业的发展有关。科技进步引起的产业革命,一方面造福人类,另一方面也带来废气、废水、废渣,污染了环境,使人畜受害。特别是当人们尚无生态、环境意识时,他们利用现代技术对森林、土地等自然资源肆意掠夺和挥霍,破坏了生态平衡,导致了土地沙漠化、水源短缺等一系列问题。各种不合理的生产方式与社会制度的存在是造成全球问题加剧的社会因素。例如,频繁的战争使生态环境遭到严重破坏、不合理的国际经济秩序迫使穷国以出口自然资源为生,或不得不接受富国已淘汰的、污染严重的产业,而又缺乏治理能力,从而使全球问题日趋严重。

所谓全球问题是因人与自然的矛盾而产生的危机。其实它早已存在,只不过过去只是局部的危机,从 60 年代起逐渐发展成全球性危机。从 30 年代至 70 年代,相继发生了震惊世界的八大公害事件,向全球敲响了环境问题的警钟。1930 年 12 月,比利时的马斯河谷烟雾事件、1948 年 10 月美国多诺拉烟雾事件、1952 年 12 月 5—8 日伦敦烟雾事件,都是由于工业中含二氧化硫的烟尘排出后遇到异常气候不能扩散,致使居民中毒患了呼吸系统疾病。伦敦在 4 天内死亡4 000 人,事件后两个月内,又有 8 000 人死亡。1955 年 8 月末美国洛杉矶光化学烟雾事件是由于汽车排放的废气在阳光照射下发生光化学反应,生成烟雾,损害动植物,使 400 老人因此而死亡。1955 年发生的日本富山骨痛病事件是因当地工厂将含镉废水排入河中,用河水灌溉,使稻谷含镉,人食用后患骨痛病,致使许多人在痛苦中死去。同期,日本还发生水俣事件。水俣湾附近的工厂将含汞废渣排入海水,使鱼中毒,人、猫吃了毒鱼后全身麻木、神经失常,这种怪病被称

---

① 尤里卡(EURECA)是"欧洲研究协调机构"(European Research Coordination Agency)的英文缩写,与希腊文 Eureka 发音相近。古希腊科学家阿基米德发现浮力定律时,曾脱口说出"尤里卡"这句话,意为"我知道了",或"有办法了"。

为"水俣病"。1961 年起,在四日市连续 10 年发生因当地石油化工废气污染而造成的气喘病中毒事件。1968 年在日本的九洲、四国等地发生米糠油事件,因油厂管理不善,油中含有毒物质,造成人畜中毒。据统计,仅 1970 年,日本受理的公害诉讼案件就达 6 万多起。

1962 年,美国女作家雷切尔·卡尔森出版了《寂静的春天》一书,指出了农药污染造成的生态危机,从此引起了一场对使用杀虫剂的争论。这场争论唤醒了欧美各国公众对环境问题的警觉。1968 年 4 月 30 日建立的罗马俱乐部提出了一系列全球性问题,引起全世界的关注。该俱乐部是一个国际性的民间学术团体,由意大利工业家、社会活动家奥雷利奥·佩切伊创办。最初的 30 多位参加者是来自 10 个国家的科学家、社会学家、经济学家和未来学家等一流专家,他们讨论世界的现状和未来,讨论现代化给人类带来的种种棘手的难题。1972 年美国学者米都斯等人受俱乐部委托,发表了《增长的极限》的研究报告,列出导致"人类困境"的全球问题是:人口增长、粮食供应、资本投资、环境污染和资源耗竭。该报告在西方国家引起强烈反响,发行 600 多万份。尽管它对人类的未来持悲观态度,但它使世界人民认识到全球问题的严重性,这一点还是很有意义的。

世界人口问题　　50 年代以后,世界人口进入了有史以来的第三次加快增长时期。第一次是在新石器时代,年平均增长率约为 0.03%;第二次是在 19 世纪上半叶,年平均增长率约为 0.5%。据联合国统计,1960—1965 年世界人口年平均增长率为 1.99%。据美国人口普查局公布的材料,1965—1970 年,年平均增长率达 2.11%,比第二个加快增长时期快 5 倍。世界人口在 1800 年时约有 10 亿人,经过 130 年,到 1930 年时增加了 10 亿人,又经过 30 年,到 1960 年,又增加了 10 亿人口。此后,增加 10 亿人口所需的时间越来越短,1960—1975 年,1976—1987 年分别只经过 15 年和 12 年就又各增加 10 亿人。到 1987 年,世界人口达到 50 亿。1990 年 5 月又进而达到 53 亿,平均每天增加 25 万人。据日本厚生省人口问题研究所的计算,1987 年 7 月 11 日 18 点 23 分 46 秒出生的婴儿是第 50 亿个人。南斯拉夫萨格勒布市彼特瓦洛医院诞生的一个男婴是世界上的第 50 亿个公民。联合国秘书长德奎利亚尔专程前去祝贺。他说:"世界第 50 亿个人的出生既使人高兴,又使人担忧,这也是一种警告:世界人口达到 50 亿,毕竟太多了。"

当代世界人口激增的特点是发展中国家人口增长的速度快于发达国家。1950—1975 年,世界人口增长了 15 亿,其中 12 亿在发展中国家。这与发展中国家新独立后政治、经济、社会条件的改善、医疗水平的提高有关,同时,传统习俗、文化水平也有很大影响。据统计,1980 年发展中国家少年人口在总人口中的比重是 40%,老年人口仅占 3.8%;发达国家则相反,少年人口占 23%,老年人口占 11.4%,尤其在英、西德、瑞典等欧洲国家,65 岁以上老年人的比例高达 15%~16%。人口老化造成劳动力紧张。领取退休金的人口增多,从而加重了社会的负担。发展中国家少年人口增长过快,造成供养人口比例过大,造成教育、医疗、住房、就业紧张,特别是粮食问题成为发展中国家沉重的负担。

粮食、能源、自然资源问题 人口的激增、工业化、城市化的加速,造成对自然资源和能源的过度消耗,加上气候的影响,首先使土地退化现象日益严重。世界耕地面积共有 14.75 亿公顷,仅占世界土地总面积的 11%,人均耕地呈逐渐减少的趋势。1950 年,世界人均耕地 8.4 亩,1960 年减至 7 亩,1966 年为 6.4 亩,1974 年 5.5 亩,1980 年 4.6 亩。耕地减少,一则因为人口增长,一则因为沙漠化、盐渍化和水土流失。据联合国估计,自 70 年代以来,世界上有 2/3 的国家直接处于沙化威胁之下,沙漠已吞没了 40% 的耕地,每年沙化土地达 9 000 万亩。土地的退化首先是由于人类的过度使用。联合国估计,90 年代初,约有12.3亿公顷土地(占农用土地的 26%)的退化与人类的活动有关。

土地的退化降低了粮食生产能力。尽管人们千方百计提高粮食产量,但人均粮食占有量的增长幅度仍在逐年递减。1950—1960 年,人均粮食占有量增加 34 公斤,1970—1980 年增加 15 公斤。尤其是亚非拉发展中国家,粮食生产远不能满足日益增长的需要。70 年代后,多次出现粮食大歉收,使经常挨饿的人数达 9 000 万人。

人口激增、工业发展、城市化过速还引起水资源短缺的问题。人类可利用的淡水资源本来并不丰富,全球总储水量中只有 6% 是淡水,而淡水的 99% 存于冰川和地下,人类可利用的淡水只占淡水总资源的 0.4%,占地球总储水量的 0.0091%。淡水分布极不平衡,除近两极的地区水源较丰富外,多数地区淡水十分缺乏。而淡水的需求量不断增大,1950—1970 年的用水量比 1900—1950 年增加 2 倍。据统计,1950 年世界用水量为 13.6 亿立方米,1990 年增加到 41.3 亿立方米,预计到 2000 年将增加到 51.9 亿立方米。其中工业用水增长最快,1900—1975 年增长 19 倍,农业用水量增长 6 倍。发达国家的用水量远远高于发展中国家,美国人均生活用水为加纳的 70 多倍。如果按目前每年以 4%~5% 的速度增加用水量,而不改变用水制度,到 2000 年,许多国家会出现极度缺水的局面,到 22 世纪末,地球上的江河将可能干涸。

1973 年的能源危机在人类历史上是第一次。尽管它是由政治问题引起的,但也足以引起人们对全世界能源危机的思考。当时,石油和天然气的消费在世界能源消费结构中占 64.5%。地球的石油、天然气储量是有限的,按当时的开采水平推算,约 30 年就可采尽。世界的能源供应迟早会由于石油短缺而出现缺口,而且缺口会越来越大。人类只有设法节约能源,才能解救危机。另据统计,一个欧洲人每天的耗油量相当于 150 个印度人一天的耗油量。发达国家人口虽然只占世界人口的 1/4，但消耗的能源却占世界能源消耗的 3/4。所以，在解救人类能源危机方面，发达国家应负主要责任。

三、保护地球环境的努力

地球生态环境的危机　　在众多的全球问题中最严重的是环境危机问题。首先使人们感到不安的是大气的污染。50 年代初，瑞典、比利时、荷兰等气象学家最先发现酸雨，这是现代工业、交通排入大气的硫和氮的氧化物与大气中的氧、水蒸汽结合而产生的稀硫酸、稀硝酸，随雨、雪、雹、雾落到地面。当其酸碱度（pH 值）低于 5.65 时，具有很大的腐蚀性，能使湖泊丧失生机，森林枯萎，土壤酸化，如被人吸收，可以致癌。在北美、欧洲，约 35% 的森林已经受害，水源也已受到污染，使水生物受到影响。六七十年代，世界各地都发现了酸雨，人们称其为"空中死神"。另一个环境危机是温室效应全球气候变暖问题。近百年来，特别是二战后，由于大量燃烧石油、天然气等矿物燃料，加上森林遭破坏，使大气中的二氧化碳、氧化氮、甲烷等温室气体大幅度增加，使本已存在的温室效应加重，从而严重地破坏了地球气候系统的热量平衡。研究表明，在过去 100 年内，大气中二氧化碳的浓度已增加了 25%，平均气温升高了 0.3~0.6 摄氏度。特别是 80 年代以来，气温持续上升，1988、1990、1991 年为本世纪全球平均气温最高的三年。如不减少温室气体的排放，下个世纪内，全球气温可能上升 1.5℃—4.5℃（每 10 年升高 0.3℃），这将导致气候带分别向两极移动数百公里，将对陆地生态系统产生严重后果。农作物、森林、草场会退化，有些地区的气候会变得非常干旱，还有些地区会暴雨成灾。海水的热膨胀和极地冰雪的融化会使海平面上升，使一些岛屿和大陆沿海低地被侵蚀、淹没。

臭氧层变薄是另一个令人担忧的环境问题。臭氧层是在地球上方 25—40 公里之间的平流层。臭氧好比是一个自然过滤器，吸收和阻挡了对生命有害的太阳短波紫外辐射。但自 60 年代以来，由于人为地向大气排放的氯化物急剧增多，臭氧层正在遭到破坏。1984 年南极一监测站发现该站上空的臭氧总量水平只有 60 年代初的 60%。据估计，全球上空平流层的臭氧量减少 1%，则到达地面的紫外辐射量约增加 2%。紫外辐射强度的加大，会引起皮肤癌和白内障，抑制人的免疫系统，损害植物和海洋浮游生物，强化大气的温室效应。破坏臭氧层的氯化物（氯氟烃）主要来源于喷雾剂的气溶液、空调设备和冰箱的制冷剂和塑料产品的发泡剂。

70 年代后，一系列地区性的恶性环境污染事件的发生，更引起世界人民对环境的关注。美国联合碳化物公司将一座农药厂设在印度中央邦的博帕文市。1984 年 12 月 3 日凌晨，制杀虫剂的原料、有剧毒的异氢酸甲脂随着储罐温度上升而泄漏，汽化后形成蘑菇状毒雾，随风扩散到居民区，不少人在睡梦中中毒而死,到了白天,约15万人赴医院治疗,死亡3 000人,伤残者约20万人,其中5万人双眼失明。大批牲畜也中毒而死,由于水源等还在继续受污染,印度政府要求该公司赔偿30亿美元。

核污染事件、核泄漏事故的频频发生,更加重了世界性的环境危机。且不论核武器的巨大杀伤力对人类的危害,仅核试验一项就给人类环境带来严重的破坏。据统计,1945—1987年,全球核试验已超过1 500次,仅美国在1945—1988年间就进行了910次,这使大气层中的放射性物质含量大大增加。1963年核试验虽转入地下,但并不能完全排除核污染,尤其是核废料的处理更成为一个严重问题。七八十年代,由于能源危机,核电站得到迅速发展,到1986年底,全世界已有366座核电站在运行,140座在建设中。核能当然是一种经济、干净的能源,但随着核电站的迅速发展,也造成了一些危害环境的问题。1979年3月28日,美国哈里斯堡附近的三里岛核电站2号反应堆发生辐射溢出事故,为防止"氢气泡"爆炸,数十万人被迫撤离。1986年4月26日,乌克兰基辅地区的切尔诺贝利核电站4号反应堆由于违反操作规程发生爆炸,造成大量放射性物质泄漏,直接导致31人死亡,周围30公里的10多万居民疏散,西欧和世界许多地方都能检测出这次泄漏的放射性物质。4年后的调查得知,有1 720人因辐射致癌,各种辐射病患者的数字不断上升。

环境危机还表现在森林破坏,物种减少方面。地球上原有76亿公顷森林,到本世纪70年代,减少到36.25亿公顷,90年代初,又进一步下降到26.4亿公顷。除了森林火灾造成损耗外,人类盲目扩大耕地、过度采伐,是森林面积减少的主要原因。欧、美、日的木材消耗占世界总消耗量的90%,日本公司与巴西合作,大规模采伐亚马逊原始森林——这是世界最大的热带林区,有"供氧的超级肺"之称。仅1969—1975年就毁掉1 100多万公顷森林。巴西蕴藏着世界木材总量的45%,巴西森林的破坏对世界环境有直接影响。

热带雨林的砍伐、生物环境的改变、空气和水的污染以及无节制地海洋捕捞和陆地猎获等原因,使地球上的生物物种在减少。全球生物物种约在500万至3 000万之间,已被人类认识的有140万种。长期以来,物种的灭绝速度和形成速度基本相等。但进入20世纪后,每年灭绝一种;到80年代,每天至少灭绝一个物种,照此下去,过不了几年,很可能每小时就会灭绝一个物种。据估计,今后二三十年内将有1/4生物物种灭绝,5%~15%濒临灭绝,这将破坏生态平衡,对人类未来有严重的影响。

环境科学的兴起与保护环境的国际合作　从19世纪下半叶起,环境问题已经引起一些有识之士的重视,出版过一些生态学方面的著作。1954年美国一些科学家、工程师和教育家鉴于宇航的需要成立了"环境科学学会",出版了《环境科学》杂志及有关专著。但"环境科学"一词很快被赋予新的概念和内容,迅速发展为一门研究环境的质量及其保护和改善的新兴综合性学科。1968年国际科学联合理事会设立了环境科学委员会,1972年由美国经济学家B·沃德和医学家R·杜博斯主编《只有一个地球——对一个小小行星的关怀和维护》一书,是奠定环境科学基础的一部重要著作。该学科发展十分迅速,除基础理论学科外,还形成许多分支学科,如环境法学、环境经济学、环境工程学、环境医学、环境化学、环境生物学等。

从60年代起,发达国家纷纷掀起环境保护运动,建立了一些有关的政治组织。各国政府也建立了有关的机构,并颁布了一系列有关法律。如1967年瑞典最先成立环境保护厅,1969年美国颁布《国家环境政策法案》,1970年日本成立环境厅。以环境保护为主要目标的绿党和绿色组织在西欧各国纷纷建立。1980年联邦德国建立绿党,当年就在联邦议院选举中获1.5%的选票。1984年西欧绿党在比利时召开第一次代表大会,他们作为一种新兴的政治力量正在崛起。

环境问题是全球问题,它的解决需要国际性的合作。联合国从建立起就把自然保护问题列入自己的工作范围。1949年在美国累克－塞克塞斯市召开了联合国国际自然保护科学技术会议。1958年起,在日内瓦召开世界海洋法会议,对保护海洋资源问题进行过多次协商。60年代,联合国开始将自然保护活动与经济发展联系起来。1961年经社理事会在810号决议中强调要建立禁猎区和类似的自然保护区网。1968年在巴黎召开了关于合理利用和保护生物圈的专家会议。1970年教科文组织制订了人与生物圈计划(MAB),这是一个多学科的国际性计划。为了总结经验和开辟新的领域,1972年6月在斯德哥尔摩召开了人类环境会议,通过了《人类环境宣言》,呼吁各国政府和人民为了全人类和子孙后代的利益,为了维护地球环境而共同努力。1973年1月成立了联合国环境规划署。此后,国际环境立法达到了前所未有的规模,由过去的10多项立法增加到100多项。1982年5月,联合国环境规划署在内罗毕举行特别会议,审查了自1972年斯德哥尔摩人类环境会议以来国际社会在环境保护方面取得的成就和存在的问题,并通过了《内罗毕宣言》,强调在科研和环境管理方面加强国际合作。1987年联合国制订了《关于消耗臭氧层物质的蒙特利尔议定书》,1988年第43届联大决定成立一个政府间气候变化委员会,专门研究温室效应、全球增温问题。"警惕全球变暖"被定为1989年"世界环境日"的主题。是年3月,123个国家在伦敦举行"挽救臭氧层会议",各种层次、主题的环境会议十分活跃。

1992年6月3—14日,联合国在里约热内卢隆重举行了环境与发展大会,118个国家的领导人出席了会议,170多个国家派代表团参加。会议通过了《里约环境与发展宣言》(又称《地球宪章》)等文件。150个国家签署了《气候变化框架公约》和《保护生物多样性公约》。这次历史上空前规模的盛会体现了世界各国携手保护"生命之船"——地球的共同愿望和决心。

第八章　从经济繁荣到经济滞胀的资本主义各国的社会与文化

在世界编年史上,划分历史,恰好以十年为期,虽然略显牵强,但历史无非是世代的更替。在第二次世界大战后的半个多世纪的资本主义各国经济史上,显示了大体上十年左右就出现一个变化的五个周期阶段。

这五个变化周期阶段是:(1)40年代末到整个50年代的十多年间,是经济上的恢复重建;(2)60年代到70年代的十年间,是经济的繁荣发展;(3)70年代是又一个转折的十年,资本主义经济由危机走向特有的"滞胀";(4)80年代的资本主义经济缓慢回升,经历了一个相对平静的阶段;(5)在跨入90年代门槛之际,第五个变化周期的特征,已表现为以经济实力为主的经济安全理论的被认同,它将是一个比起维持现状更强调革新和变革的大变化阶段。

伴随着经济和社会的变化,西方文化在强调人的主题前提下,协调物质奇迹与人性精神,同东方文化交往融汇,向交叉、多元化发展。

第一节　60—80年代末期的美国社会

一、肯尼迪的"新边疆"和约翰逊的"伟大社会"

"新边疆"政策的背景和内容　　新政式的国家垄断资本主义虽然为艾森豪威尔政府所继续,但共和党政府的中间道路,毕竟使其受到一定程度的抑制。在经历了50年代前期的经济繁荣之后,自中期开始,美国社会经济形势终于走向恶化。经济增长速度明显降低,黄金外流日趋严重,失业增加,物价上涨,科技发展受到苏联的挑战,贫困问题尤其是黑人贫困和遭受种族歧视问题日益突出,民权问题成为美国亟待解决的头号社会问题。

1961年民主党参议员约翰·F.肯尼迪在大选中战胜共和党候选人理查德·尼克松之后担任总统。他当时说,他"是在七个月的经济衰退,三年半的经济萧条,七年的经济增长速度减缓,以及九年的农场收入下降之后就职的"。从另方面看,美国也存在机遇,第三次科技革命正方兴未艾。肯尼迪抓住这点,指出:"我们希望,自动化并不是我们的敌人。……自动化能够提供一些新的就业机会,但是……这将需要劳资双方以及我们这些在政府中工作的人好好地开动脑筋。"于是,肯尼迪这位美国历史上最年轻的当选总统,进一步明确提出了他1960年7月竞选时就已提出的"新边疆"的纲领性口号。他说,"我们今天是站在一个新边疆——60年代的边疆——这是一个存在着尚未知道的幸运和危险的边疆,一个充满着从未实现过的希望和威胁的边疆。"就其实质而言,肯尼迪的"新边疆"口号是试图利用美国先进的科学技术和经济实力,解决60年代美国社会所面临的问题,为美国在全球争霸乃至向宇宙空间扩张鸣锣开道。

"新边疆"的对内政策包括一系列社会经济改革方案,如减税,增加失业津贴和社会保险金,提高最低工资标准,对房屋建筑和清除贫民窟提供经费和重新开发萧条地区,联邦援助教育和农场主,消除种族歧视,抑制经济衰退,发展空间技术等。肯尼迪的"新边疆"政策取得了某些成就,特别是在通过减税以刺激消费和企业投资方面。肯尼迪政府意识到,美国不仅在经济衰退时,而且在经济繁荣时都存在购买力不足,开始把以减税为主的赤字政策当作推动和维持经济复兴的重要手段并产生了积极的效果,国民生产总值年平均增长率超过了肯尼迪竞选演说时许诺的5%的指标而达到5.6%,通货膨胀率和失业率则有所下降。这种由国家垄断资本主义进一步干预经济生活的赤字预算政策为以后的历届政府所继承。肯尼迪的改革似乎也应验了他的哲学:"如果自由社会不能帮助众多的穷人,就不能保全少数富人。"据统计,减税后年收入100万美元的巨富,收入将增加134%,而年收入4 000美元的工人,收入仅增加5.6%。原来,"帮助"穷人主要是手段,目的在于"保全"富人。

鉴于黑人等争取民权的运动风起云涌,肯尼迪政府于1963年6月提出了第一个比较彻底的取消种族隔离的民权立法,虽未获通过,却为约翰逊任内的民权立法奠定了基础。

肯尼迪的"新边疆"国内改革从总体上看,只取得了为数不多的成就,许多提案因受到国会保守派联盟的反对而被否决。1963年11月肯尼迪遇刺身亡,遗留下了众多亟待解决的问题。肯尼迪的"新边疆"政策只不过是其后继者约翰逊"伟大社会"的前奏。

"伟大社会"的主要内容及评价　　约翰逊一上台就宣布要完成"新边疆"的未竟事业。1964年5月22日约翰逊在密西根大学发表演说,声称当前有条件使美国走向"一个伟大社会",从此"伟大社会"成了约翰逊对内政策的标志。

约翰逊利用肯尼迪死后的声望和他本人多年来在国会的关系网,在1964年大选前,使肯尼迪遗留的52项立法提案的大部分(45项)在国会通过。其中重要的是赤字减税计划。1964年2月,国会通过减税法,降低了公司税和个人所得税,由于减税对大公司和高收入阶层更为有利,约翰逊的民主党政府得到垄断资产阶级前所未有的支持。1965年1月他又在国情咨文中提出了"伟大社会"立法计划,要求国会在教育、医疗、环境保护、住房、反贫困和民权等领域采取广泛的立法行动并付诸实施。

"向贫困宣战"是"伟大社会"的重要组成部分。内容包括儿童与青年教育计划,职业训练计划,社区行动计划与改善落后地区状况计划。在扩大社会福利方面,政府提出支持各级教育和卫生的法案。1965 年通过"中小学教育法",这是美国历史上第一个对中小学实行普遍援助的法案;同年通过的"高等教育法",是美国第一个向贫困大学生提供联邦奖学金和低利贷款的法案。在教育方面先后通过 60 多项法案,促进了美国教育事业的发展。在医疗卫生领域,1965 年国会通过的医疗照顾法,给予符合条件的老年人以医疗保险,同时规定对接受社会保障和抚养儿童的低收入家庭及无力承担医疗费用的家庭提供医疗补助。此外,还制订城市和环境保护立法。依据 1965 年"住房和都市发展法",由联邦政府拨款 75 亿美元用于城市改造。1965 年至 1967 年制定了三个控制水质和空气污染的法案。

在保障黑人平等权利方面,通过了三个民权立法。1964 年 6 月通过的民权法,基本上是肯尼迪政府遗留下来的,主要内容是禁止在公共场所实行种族隔离制度;1965 年民权法,又称选举权法,禁止在选民登记时采取文化测验和其他歧视性措施;1968 年民权法,又称开放住房法,禁止在出租和出售住房时实行种族歧视。

"伟大社会"计划是美国统治阶级所推行的自"新政"以来最雄心勃勃的社会改革计划,并且在立法上取得了成功。约翰逊任内,国会共通过 435 项立法,基本实现了"伟大社会"的主要目标。政府的减税措施,扩大了私人企业内部资金的来源,刺激了经济增长。1965 年至 1970 年期间,国民生产总值由 6 850 亿美元增至 9 770 亿美元。同期,社会福利预算也有所增加。约翰逊任内,生活在官方编制的"贫困线"以下的人数也由 1964 年的 3 610 万人降至 2 410 万人,占美国全部人口的比例从 19% 降至 12%。但是,"伟大社会"的改革在"人人受惠"的背后隐藏着服务于垄断资产阶级的根本动因。它企图在使企业界感到满意的条件下,在某种程度上改善穷人和少数民族状况,以缓和阶级矛盾,转移以民权运动为主的群众斗争方向;同时通过职业培训计划等使依赖政府救济的穷人获得就业机会,由"食税者"转变为"纳税者",提高他们的购买力。正由于此,它根本不在于也不可能改变资本主义的财富分配关系。约翰逊任内,美国利润有大幅度的增长,仅从 1963 年到 1968 年,美国制造业利润额就从 349 亿美元增至 554 亿美元,大大超过制造业的工资增长率,而从 1947 年至 1969 年,国民收入分配的比例依然如故。60 年代末,在美国社会底层仍存在着众多贫困现象。约翰逊政府的所谓"消灭贫困",成了一句空话。特别是随着美国在侵越战争的泥潭中愈陷愈深,"伟大社会"的"既要大炮,又要黄油"的政策不可避免地最终导致改革的消逝。

二、以黑人斗争为主体的群众运动

黑人民权运动的空前高涨　　富裕社会中的贫困,成为 60 年代美国社会不满的一个重要根源。而在穷人中最多的是黑人。他们的贫困更被各种种族歧视所加深。正如马丁·路德·金在 1963 年黑奴《解放宣言》发表 100 周年时所指出的:100 年前,"签署了解放宣言","但是,100 年后,黑人依然没有获得自由。100 年后,黑人在种族隔离的镣铐锒铛声中,在种族歧视锁链的束缚之下,依旧过着悲惨的生活。100 年后,黑人依然呻吟在美国社会的底层……"。这不能不促使黑人群众在 60 年代掀起更大的斗争浪潮。

　　1960 年 1 月 31 日,北卡罗来纳农业和技术学院的四名黑人大学生在一家餐馆就餐遭到拒绝,他们每天在餐馆静候要求接待。这一斗争方式很快传到南方许多城市。黑人们以在饮食业、影剧院、公共图书馆等公共场合"静坐"斗争的办法,向种族隔离制发动了猛烈冲击,从而越出了 50 年代蒙哥马利市抵制斗争的范围。1961 年 5 月,出现了"自由乘客"运动。黑人在白人同情者的支持下,在长途汽车上有意实行黑白混坐,展开州际旅行。尽管在阿拉巴马州遭暴徒袭击,汽车被焚毁,乘客被打得遍体鳞伤,但他们以百折不回的毅力坚持斗争,终于迫使当局于当年 9 月宣布取消州际汽车上的种族隔离。黑人民权运动在 1963 年达到高潮。这一年,在南部 11 个州的 115 个城市,发生 930 起抗议示威,迫使肯尼迪不得不改变对民权问题的消极态度并于同年 6 月呼吁国会通过新的民权法。8 月 28 日,25 万黑人和白人在华盛顿林肯纪念堂集会。马丁·路德·金在会上发表了题为《我有一个梦想》的演说,指出"除非黑人获得公民权利,否则美国就不会有安宁或平静"。这次和平集会和示威标志着争取民权的运动日趋壮大。

　　1964 年以后,黑人斗争逐步走上了武装抗暴斗争的道路。该年 7 月,纽约哈莱姆区爆发了黑人骚乱。接着,美国大中城市抗暴事件迭起。1967 年美国发生了 128 起种族骚乱。种族主义者加紧了反扑。1965 年 2 月,主张"流血的战斗"的杰出的黑人民族主义者马尔科姆·爱克斯遇害。马丁·路德·金坚持非暴力斗争,但这位著名黑人民权运动领袖也于 1968 年 4 月 4 日被种族主义分子杀害。这一事件导致 36 个州的 138 个城市爆发了规模空前的黑人抗暴斗争。约翰逊政府竟动员正规军近 7 万人镇压黑人。

　　美国统治阶级在采取镇压手段的同时,被迫对黑人作了一些让步。如改善一些黑人区的生活条件,宣布取消种族隔离等,同时注意吸收黑人上层分子进入议会、警察局等部门,还通过所谓"黑人资本主义"来培植少数黑人资本家充当垄断资产阶级代言人。但黑人资本主义只不过是一种点缀。多数黑人仍处在贫困之中。

"新左派"运动、反战运动和妇女运动的发展　　黑人争取平等权利的斗争还极大地促进了 60 年代"新左派"运动、反战运动和妇女运动的高涨。

"新左派"运动,确切地说,始于 1960 年 2 月北卡罗来纳学院四名黑人学生的午餐静坐示威。它基本上是以出身中产阶级的大学生为主体的学生运动。据《幸福》杂志 1960 年统计,全国 670 万年龄在 18—24 岁之间的大学生中,有 75 万自称是"新左派"。他们积极参与民权运动,反对侵越战争,反对陈旧的教育制度,同时还参加妇女运动和环境保护运动等。到后来,30 岁以下的年轻人几乎在不同程度上都卷入了这类社会浪潮。"新左派"对政治、社会问题的关心达到了前所未有的程度。他们特别要求改善美国社会中诸如黑人、波多黎各人、墨西哥人、美洲印第安人学生和妇女等地位低下的社会各阶层的生存条件。目的在于唤起社会上大众文学、新闻报道、广播、电影、电视等乃至学术界对上述问题的关切,因而出现了从"下层"看社会的趋向。到了 60 年代中期,许多人参加了进步的青年组织,如"争取民主社会学生组织"等。"新左派"反对美国侵越战争的持续不断的斗争吸引了成千上万的青年学生,全国各地的大学校园里几乎都掀起抗议浪潮。他们的认识从一般的反战,逐渐上升到指出这场战争是"美帝国主义的必然产物"。反战运动终于唤起美国公众舆论在 1968 年暮春断然采取了反对美国参加越南战争的立场。"新左派"的斗争迫使美国统治阶级不得不对低下的社会各阶层的处境表示"关注",同时几乎所有可能被提名为总统候选人的人都许诺说,如果自己当选,就将使美国摆脱"越战"。

"新左派"运动常常被认为是一个没有明确政治纲领的造反行动,内部思想和主张也纷繁不一,并往往带有无政府主义倾向,而且到 70 年代初随着侵越战争的结束,也就逐渐销声匿迹了。但这场运动却反映出这些青年在科学技术飞速发展和国家垄断资本主义不断加强的情况下,对于社会不公而产生的"压抑"感,以及对于一个充满资产阶级偏见,特别是种族歧视的社会的"异化"感。旷日持久的美国侵越战争更使他们增加了"对美国政府的信用和动机的怀疑"。这说明美国这样的社会制度不可避免地蕴藏着人们要求变革的种子。

在黑人民权运动和"新左派"运动的影响下,60 年代还蓬勃兴起了美国女权运动。妇女们从黑人争取民权斗争中认识到妇女地位同黑人的处境有类似之处,她们还从民权运动中学到了进行政治活动的能力。女权运动按其主张和活动方式分为温和派和激进派。温和派女权主义者主张在现存体制内通过改良来实现妇女的经济和社会目标。1967 年,全国妇女组织第一次全国代表大会通过的权利法案,集中反映了她们的要求,即迅速通过平等权利宪法修正案,保证所有妇女获得平等就业的机会;妇女产后有恢复工作的权利并享有产假等。她们主要以新闻揭露、法院诉讼和国会立法等手段展开斗争。激进派主体是一批青年妇女。她们当中许多人在 60 年代初期参加过民权运动、反战运动和"新左派"组织。她们认为妇女是一个被压迫阶级。她们作为性对象、生育者、家仆和廉价劳动力而受到剥削。其中有少数人意识到妇女受压迫的根源是资本主义制度,社会主义才是妇女解放的出路。她们往往采取民权运动和反战运动使用过的游行示威、抗议活动的斗争方式。女权运动使社会对妇女的基本要求给予更多重视并迫使当局作出让步。1967年,约翰逊总统签署行政命令,禁止在与联邦有关的就业范围内实行性别歧视。

60年代美国群众运动的高涨,打破了保守沉闷的政治局面,暴露了美国社会的弊端,使美国垄断资产阶级的统治和对外扩张的霸权主义受到沉重的打击。

三、尼克松的经济政策和水门事件

"新经济政策"和"新联邦主义"　　尼克松在1968年11月总统竞选中,以微弱多数击败民主党候选人汉弗来,当选为美国第37任总统。他就任时,美国的经济、政治和外交都处在一个严重的转折时期。特别是经济上,美国国家垄断资本主义发展的黄金时代已告结束。战后美国以联邦政府干预、调节为主要特点,以赤字财政和通货膨胀为主要手段的国家垄断资本主义,开始出现新的危机,凯恩斯主义开始失灵。加上美国统治者坚持奉行侵略政策,不断扩大侵越战争,造成了严重的财政赤字和通货膨胀。1968年财政赤字高达252亿美元。通货膨胀随之严重,消费物价指数在1965年以后的4年里每年平均上涨3.8%,比60年代前期高出3倍。对外贸易状况也显露出由盛到衰的迹象。60年代前半期每年平均还有54亿美元的顺差,1968年对外贸易顺差仅8.37亿美元。在尼克松就职之后,1971年,美国出现了自上个世纪末以来的第一次外贸逆差。许多美国人在1968年就已意识到这种变化的趋势。《时代》杂志主编黑德利·多诺万则在1969年初的公开演说中宣告"美国世纪"的衰落。

尼克松上台时,美国经济迫在眉睫的问题是通货膨胀。他的经济顾问认为这是由"伟大社会"的庞大开支造成的。于是尼克松政府最初采取了共和党传统的保守措施,诸如削减联邦开支,紧缩货币和信贷。但结果却造成急剧的经济下降,失业人数继续增长,对于克服通货膨胀则完全无济于事,而且出现了史无前例的通货膨胀和经济衰退两症并发的"滞胀"现象。为摆脱困境,尼克松决定改弦易辙。1971年1月尼克松宣布,他要用赤字财政政策来实现充分就业,并宣称"我现在也是一个凯恩斯主义者"。显然,他被迫放弃了限制经济增长的政策,而且要像他的前任民主党总统一样,采取赤字开支战略,以刺激经济增长。同时他又把通货膨胀的原因归咎于工人工资过高,使资方不得不把成本增加转移到价格上去。于是,尼克松决定采取刺激经济的非常措施。1971年8月15日尼克松向全国宣布实行新经济政策。其主要内容为:冻结工资、物价、房租和红利90天,要求国会削减联邦开支,停止外国中央银行用美元向美国兑换黄金,对进口商品增收 10% 的附加税。新经济政策曾一度对急剧发展的通货膨胀产生了抑制作用,但从总体上看,未能为解决滞胀问题找到出路。加上 1973 年中东战争爆发,阿拉伯产油国对美国等西方国家进行石油禁运,导致石油价格猛涨。到 1974 年 4 月新经济政策宣告收场时,美国通货膨胀率已猛升到 12.2%,突破两位数大关。美国经济再次陷入滞胀困境。尼克松不得不承认,"后果是很不愉快的"。

尼克松还把美国社会面临的危机归咎于过去 1/3 世纪中,权力和责任集中于华盛顿,造成了一个运转不灵、效率低下的庞大官僚机构。于是提出了"还权于州","还政于民"的口号,主张实行"新联邦主义"。主要措施是税收分享。1972 年 10 月,尼克松签署了国会通过的"分享岁入法",计划在五年期间由联邦政府与州政府及地方政府共同分享 301 亿美元的联邦岁入,其目的是扩大州和地方政府的职权和它们干预经济的作用,减少联邦政府对经济生活的干预,减少或消除联邦政府的财政赤字,借以克服"滞胀"型危机。从实施效果看,以税收分享形式发放给州和地方政府的岁入,只相当于同期内州和地方政府开支的 5%,可说是杯水车薪。在解决新政式国家垄断资本主义的发展带来的政府间关系失调的问题上,未取得多大进展。

"水门事件"和尼克松的下台 在 1972 年大选中,尼克松在 50 个州中的 49 个州获胜,连任总统。正当他踌躇满志时,导致他下台的"水门事件"丑闻被揭发出来了。

还在 1972 年 6 月 17 日,以尼克松竞选班子的首席安全问题顾问詹姆斯·麦科德为首的 5 人闯入华盛顿水门大厦民主党全国委员会办公室安装窃听器时,当场被捕。[①] 这一事件曾一度被尼克松竭力掩盖开脱,但在对这一案情的继续调查中,1973 年 3 月取得突破性进展,尼克松政府班子里的许多人都被揭发出来,并涉及尼克松本人。尽管他竭力向新闻界表白"我不是一个无赖",但形势对尼克松越来越不利。1973 年 10 月 23 日,众议院决定由该院司法委员会负责搜集、调查尼克松的罪证,准备对他进行弹劾。1974 年 7 月底,该委员会通过了弹劾尼克松的三项条款。尼克松于万般无奈之际,为避免因弹劾而彻底身败名裂,于 8 月 8 日正式宣布辞职。曾经一心要名垂史册的尼克松成了美国历史上第一个被迫辞职的总统。

副总统福特接替尼克松任总统。福特接任总统后,又任命纳尔逊·洛克菲勒为副总统。由于福特本人是在 1973 年 10 月副总统阿格纽因被控偷税和受贿

---

① 后据争取总统连任委员会副主任马格鲁德称,窃听的具体目的是想弄明白民主党全国委员会主席劳伦斯·奥布赖恩是否知道尼克松从企业巨头霍德华·休斯那里接受了一笔 10 万美元的现金赠款,因为此事如果传开,将使尼克松难堪。

而辞职后由尼克松挑选为副总统的,而洛克菲勒又是福特任命的,所以这一届的正副总统在美国历史上第一次都未经民选产生。

福特是个保守分子,拿不出解决危机的有力措施。他上台后一个月就宣布赦免尼克松任职期间的"一切罪行",从而使他的威望和政治信誉迅速下降。"水门事件"使美国人对美国的所谓民主制度感到沮丧、幻灭和失望。

四、卡特中间道路的经济政策和"新保守主义"的"里根革命"

卡特的中间道路的经济政策及其后果 1976年11月总统竞选中,民主党人吉米·卡特击败福特,当选为美国第39任总统。卡特面临的最严重问题是滞胀危机和能源问题。1977年2月2日,卡特在首次炉边谈话中宣称,他是"在近40年来最严重的经济下降中上台的",表示要努力从衰退中恢复过来。但是卡特并没有提出什么对付滞胀的有效措施。他一面继续使用自由主义措施,一面又试图从保守主义中找办法,在政策上表现出左右摇摆的中间道路特征。

卡特执政初期,致力于刺激经济和实现充分就业。1977年1月31日,卡特向国会提出"一揽子刺激经济计划",包括"回扣"方案。它规定给每个纳税者退税50美元,总额为114亿美元;此外,包括减税和用于公共工程和综合就业训练的联邦开支计划。这是一个沿袭战后美国凯恩斯主义者刺激经济复苏的方案。这些措施确曾对经济复苏和增加就业起到一定作用。1977年和1978年美国经济曾有所增长,失业率有所降低。但是,这一政策的后果是加剧了通货膨胀。1978年,通货膨胀率上升到9.6%,1980年初,物价上涨年率猛升到18%。卡特政府被迫对通货膨胀采取比较有力的行动,包括削减联邦预算、控制信贷、节约能源等。但控制信贷的结果,立即使利率腾飞,扼杀了住房建筑、汽车购买和其他产业的供血来源。加上石油价格持续上涨,美国的购买力元气大伤,终于导致1980年上半年的衰退,战后美国第7次经济危机降临。卡特在医治70年代的滞胀方面未获成功。卡特政府政策的左右摇摆,忽而侧重刺激生产,忽而又转向平抑物价,固然表现其指挥失当,但从根本上说,反映了新政式国家垄断资本主义由盛到衰时,无论凯恩斯主义抑或是传统的共和党政策都难以开出有效医治美国经济的药方。而卡特的中间道路政策只是表现得更被动、更摇摆,以致陷入捉襟见肘的地步。

"里根革命"的内容及其后果 1980年总统竞选中,共和党候选人罗纳德·里根以巨大优势击败卡特,成为合众国第40任总统。里根上台后实行"新保守主义"。所谓"保守"是宣扬建国时期,尤其是体现在宪法中的传统的自由主义,主张联邦政府不干预人民、地方和州权限内的社会和经济事务。"政府不解决问题,问题就在政府自己"的说法就是里根提出的。里根1981年2月18日向国会提出的"经济复兴计划"有四根支柱,这就是大幅度减税,削减联邦政府开支,减少政府对经济的干预,取消不利于工商业发展的规章约束和严格控制通货流量。它兼采供应学派和货币学派的主张,被人们称之为"里根经济学",有人称之为"里根革命"。供应学派和货币学派的政策主张并不相同。但它们的经济哲学是一脉相通的。供应学派主张从需求决定供给转到供应创造需求;强调只要把高额累进所得税的税率降低,资本家就愿意投资,工人就愿意工作,消费者就愿意储蓄,经济自然就会高涨,赤字自然就会缩小甚至消灭。货币学派主张紧缩货币供应量,认为这是能够制止通货膨胀和导致繁荣的唯一办法。其共同点是尽量减少政府干预,创造一种良好的客观环境,让企业家自由发展。

"里根革命"的理论和实践在一开始就存在很多不协调。在减税中给企业主和富人以更多的好处,被公认为"劫贫济富"计划。各种投资优惠和加速折旧措施,都没有跳出"掮客国家"对特殊利益集团的优惠待遇。为对付 1981 年 7 月至 1982 年的严重衰退和工业生产的下降,1982 年 6 月,国会又通过增税法案。这些措施的确成为 1983—1984 年强劲复苏的重要推动力量。这两年美国国民生产总值年增长率分别为 3.5% 和 6.8%,通货膨胀得到暂时控制,失业率有所下降,企业固定资本投资在 1984 年增长率高达 15%。美国经济走出"滞胀"困境,实现了在低通货膨胀条件下经济持续增长的目标。

但是,"里根革命"也给美国留下巨大隐患。美国经济陷入"三高一低",即财政赤字高,外贸逆差高,内外债务高和美元比值降低的严峻局面。里根执政 8 年累计财政赤字为 1.5 万亿美元,比以前历届总统在 204 年中累计的财政赤字总和还多。里根任期内,外贸连年出现逆差,从 1981 年到 1987 年,美国外贸逆差总额达 8 615 亿美元。1986 年,西德已取代美国成为世界最大出口国。这反映了美国商品竞争力的下降。外贸逆差使美国的国际收支地位发生了根本性变化。1985 年,美国从 1914 年以来首次沦为净债务国,而且是由世界最大的债权国沦为最大债务国。在"三高"的情况下,美元不能不步步贬值。面对上述问题,美国政府始终拿不出有效的措施。

从 1989 年起,担任总统的前副总统共和党人布什,继续推行实行了八年之久的"里根经济学",经济上无所建树。从 1990 年第二季度起,美国经济步入了战后第九次衰退。在这次战后最长的衰退中,新兴工业所提供的就业机会未能补上制造业工厂关闭所造成的失业,这在美国历史上还是第一次。自 30 年代大危机以来,美国人的工资水平头一次出现下降。全国平均失业率居高不下,失业人数近 1 000 万,每 10 个美国人就有一个是靠政府救济度日的。这时,"里根经济学"的后遗症也开始发作。里根时代积累的庞大国债限制了布什政府和联邦储备委员会调节经济的能力。经济衰退使得其他社会问题显得更加突出,医疗体制的缺陷,教育质量的下降,城建设施和住房衰败,瘾君子和无家可归者有增无已,种族冲突加剧……无一不令人沮丧,多数美国人对现状越来越不满意。

上述情况说明,保守主义政策对解决美国问题亦无能为力。美国人民不能容忍这种状况继续下去。正是在这种背景下,参加1992年总统竞选的民主党候选人克林顿抓住经济问题要害不放并高举起"变革"的旗号,终于以压倒性胜利战胜布什而当选为美国第42任第54届总统。

美国的社会问题 随着战后美国经济繁荣和国家垄断资本主义的发展,社会问题日益严重。富裕中的贫困、无家可归者、毒品泛滥、赌博、强奸与凶杀、青少年犯罪、同性恋和艾滋病等,使美国内部的问题变得日益突出。

上述问题的出现可追溯到美国典型的资本主义和由此产生的价值观。正如有的美国学者所说,美国经济本身就表现为一种"严厉的个人主义",在文化上则表现为"无约束的自我"。在美国建国初期,由于清教主义的约束和生产的限制,人们比较强调工作、清醒、俭省、节欲和严肃的人生态度。但是随着资本主义的发展,特别是二战以后,美国为着全球扩张与冷战的需要,竭力鼓吹极端个人主义哲学以与社会主义相对抗,结果使个人主义和美国传统价值观中其他消极的东西恶性发展,造成了今日许多方面严重的社会问题,出现了被称之为"美国病"的社会综合征。

作为世界最富有国家之一的美国,其贫困问题却名列工业国的榜首。80年代美国贫困率是英、法、西德、瑞士、荷兰等国的2倍。1983年生活在贫困线以下的美国人为3 530万。90年代靠施舍过活的人已达4 300万(占美国人口17.2%)。此外,还有300万~400万露宿街头的无家可归者。可是,按照美国资产阶级多少代人鼓吹的个人主义价值观和当局的传统观点,贫困是人们个人的事,与政权无关,"有些人受苦是活该的,谁叫他们自己能力不足?""贫穷往往是由于个人的无能和懒惰造成的。"这种掩盖阶级压迫实质的道德观,在1929年大危机中曾受到一次冲击,但今日仍然是根深蒂固。这恰恰适应了垄断资产阶级维持统治的需要。

美国还有其他一些严重问题在世界处于领先地位。少女怀孕是当今美国一大社会问题,并居发达国家之首。青少年吸毒、贩毒是另一严重问题,而问题的形成自然是由成人带动的。美国是世界上最大的毒品市场,发达国家中吸毒率最高者,大麻已成为美国第三大农作物,每年收益超过100亿美元。美国有2 000万人吸食大麻,600万人吸可卡因。

由吸毒及其他原因又诱发出严重犯罪行为。在工业发达国家中,美国的犯罪问题是最严重的。美国每10万人犯杀人罪的比例比西欧高4~5倍,强奸罪高7倍,抢劫罪高4~5倍。美国是目前世界上按人口计算监禁犯人最多的国家,比这方面居世界第二位的南非高46%。

犯罪活动又与私人拥有枪支的数量有关。据统计,美国现今拥有1.2亿支枪。结果,一些地区成了"死亡地带",如佛罗里达。美国一家杂志1991年指出,在美国,每 19 秒钟就发生一起暴力犯罪活动,每 24 分钟就有一人被杀,每 6 分钟就有一人被强奸,每 55 分钟就有一人遭抢劫,每 33 秒钟就有一人遭到袭击。人们指出,"美国正迅速地变成这样一个国家:人们生活在重门复锁之中并且在屋子里藏着自卫手枪"。

此外,在美国大量合法存在的同性恋及异性生活上的杂乱现象成了艾滋病传播的重要渠道,结果是艾滋病的传播在美国愈演愈烈,尤其是青年人所受的危害更为严重,并成为孕妇死亡的重要原因。母亲患有艾滋病的新生儿中,大约有 1/3 也感染上了艾滋病。

一位美国人感叹道:"要摧毁一个民族,最厉害的办法莫过于腐化它的青年。现在光是艾滋病和吸毒两项就足够让人感到美国是在走向末日啊!"人们公正地指出"在艾滋病阴影笼罩下,他们亲自感受到过度自由的恐惧"。但这种"过度自由"又来自何方?从根本上说,来自资产阶级稳固统治的需要。封建统治者为了钳制人民的思想,曾力图用封建的宗法道德观念,把人们的思想禁锢起来。资产阶级统治者则更多地借助于宣传"不受束缚的自我"的价值观,把人们引向自私自利、唯我主义、享乐主义。当然,资产阶级也害怕过多的社会问题对其稳定社会秩序和追逐社会利润将带来威胁。但是,由他们自己打开的"潘多拉之盒"所造成的灾祸却难以收回。这不能不使美国社会由此陷入一种难以解脱的矛盾之中。

第二节　繁荣与滞胀的西欧经济与政治

一、西欧经济的变化

60 年代的经济繁荣　西欧经济经过 50 年代的持续稳定增长,进入 60 年代,在继续稳定发展的基础上,普遍加快了增长速度,使 50 年代开始的经济繁荣进入鼎盛时期,亦被称之为"黄金时代"。

1960 年至 1970 年的十年间,西欧 16 国中除联邦德国和奥地利的国民生产总值增长率由 50 年代的 7.8% 和 5.8% 分别降至 4.8% 和 4.7% 外,其余各国均有显著增长。其中比利时、爱尔兰、西班牙和葡萄牙增长最快,分别由 50 年代的 2.9%、1.7%、5.2% 和 3.9% 增长至 4.9%、3.9%、7.5% 和 6.2%。西欧国民生产总值的平均增长率由 50 年代的 4.4% 增至 60 年代的 5.2%,这两个数字在西欧经济发展史上均是极少见的。近代后期以来,西欧资本主义发展有过两次较快的增长,一次是 19 世纪末至 20 世纪初的第二次科技革命时代,英、德、法、意四国的国民生产总值平均增长率分别为 1.5%、3.9%、2.2%、2.2%;另一次是两次世界大战之间危机时代和战争时期的特殊环境中的增长,上述四国平均增长率分别是 1.5%、2.1%、0.4%、1.8%。但在 50 年代，四国年平均增长率分别为 2.7%、7.8%、4.6%、5.8%，60 年代分别为 2.8%、4.8%、5.8%、5.7%，平均数比历史上两次较快增长时期均高出许多。60 年代西欧经济增长速度仅次于日本而高于美国。

持续稳定的高速增长，使西欧经济出现了历史上罕见的繁荣，这个繁荣首先表现在投资繁荣上。从 50 年代起，旺盛的社会需求刺激生产不断扩大规模，这个趋势使投资所承担的风险已小于不投资的损失，因而投资率不断稳步爬升，维持在一个较高的水平上。1950—1970 年间，西欧大环境内没有出现严重经济衰退和价格危机，因此保障了投资的高效益，进而巩固了投资繁荣。1920—1938 年间，西欧不包括住宅的固定投资总额平均占国民总产值的 9.6%，1950—1960 年间为 15.4%，1960—1970 年间已达到 18.1%，几乎是二三十年代的一倍了。经济繁荣的另一个表现是劳动力的充分就业和国民人均收入显著增长。在生产增长、投资繁荣的另一面，就是社会对劳动力的需求旺盛。解决失业问题，曾是西欧各国面临的最严重的社会问题之一，1920—1938 年的平均失业率为 5.4%，而在 30 年代，这个数字是 7.5%。1950 年以后，西欧失业率逐年下降，50 年代失业率为 2.9%，60 年代则为 1.5%。其中西德和意大利已经消灭了结构性失业，瑞士完全消灭了失业。从劳动力供应的角度分析，五六十年代从业人员增长率也明显高于本世纪前 50 年。如果考虑到农业人口、移民人口和外来劳动力等因素的发展，考虑到它们向传统劳动力市场的冲击，那么，西欧失业率持续下降和部分国家消灭失业所反映出来的经济增长与经济繁荣就更不难理解了。随着经济稳步增长，西欧人均收入也显著增加，尤其是欧共体成员国的人均收入绝对数增长很快，居于世界前列。人均收入的增长，提高了社会消费水平，扩大了中产阶级人数，使社会财富受益者日益增多，经济繁荣深入发展。

西欧持续发展的经济繁荣，使其经济实力和经济结构都发生了较大改观。1950 年以前，西欧外汇储备不足 100 亿美元，但到 1970 年，外汇储备已增至 470 亿美元，美国同期的外汇储备却从 230 亿美元降至 140 亿美元。1948 年，西欧黄金储备将近枯竭，仅占资本主义世界黄金储备的 7.4%，但到 1970 年，这个比例上升到 37%以上。在世界贸易方面，西欧借助于欧共体和自由贸易区的关税政策优势，逐渐超过美国，60 年代末时，仅欧共体六国在世界贸易总额中所占比例就超过了 39%，而美国同期已从 1957 年的 20.9%下降到 15.1%。在世界工业生产中，西欧所占比例大幅度上升，1951 年至 1970 年，这个比例由 20.8%升至 28.6%，而美国同期则由 48.6%降至 37.8%。战后国际投资市场长期为美国所垄断，1961 年以后，随着西欧经济实力增强，西欧资本输出迅速发展，到 1970 年，仅英、法、西德三国的资本输出已达 975 亿美元，在资本主义世界对外投资总额中占 32.5%，并开始进入美国投资市场，形成挑战。西欧的发展和日本的崛起,对战后世界经济格局产生了巨大的影响,打破了美国独家垄断的局面,形成资本主义世界的三个经济中心,促进了经济多元化发展。

战后西欧经济由严重衰落几近崩溃发展到 60 年代重又与美国分庭抗礼,其原因从战后资本主义世界发展的大环境来看,有三个方面。一是酝酿已久的第三次科技革命在战后勃然兴起,为生产力的革命性突飞猛进提供了动力和方向,把生产力推进到一个崭新的层次上。这场新技术革命,使资本主义传统的产业部类得到调整从而焕发出生机,使一大批新的工业部门应运而生,从而为资本主义的发展开辟了新的道路。第三次科技革命不仅使矛盾重重的资本主义世界绝路逢生,而且使资本积累规模迅速扩大,劳动生产率迅速提高,也使居民消费水平迅速增长,导致了社会、政治、经济、文化等一系列重大变革。二是战后资本主义生产关系有了较大的适应性调整,为生产力的发展提供了广阔领域。战前垄断资本尽管已出现了国家垄断性质的趋势,但私人垄断仍在经济活动中占据主导地位。在经济危机和战争的强有力促进下,战后欧美各国的垄断资本大规模转化为国家垄断资本,使国家对经济的干预和调节的能力空前增强,实际干预和调节的范围和深刻程度都空前发展,证明资本主义生产关系发生了较大的调整。三是在生产力飞跃发展和国家垄断资本形成体系的基础上,生产社会化与国际分工日益深入,生产和资本的国际化趋势不断加强,国际经济联系空前紧密,世界市场迅速扩大。

就西欧自身环境而论,战后初期西欧虽然惨遭破坏,经济凋敝,但西欧的传统产业布局和劳动力素质的基础仍然优势明显,为迅速恢复经济提供了重要保证。西欧国家垄断资本在维持社会稳定、缓和社会矛盾,促进经济发展方面有显著影响。国家垄断资本的国际联合为欧洲的国际竞争创造了有利条件,缓和了西欧国家市场狭小和生产力发达的矛盾,为西欧经济充分发展开辟了新的道路。西欧经济繁荣在很大程度上依赖于廉价的工业原料和能源资源,而其主要来源是对发展中国家的掠夺,是国际经济秩序不合理的一种体现。这个容易被忽视的因素在 70 年代以后,通过石油危机的形式爆发出来,震惊了世界。

70 年代的经济危机与黄金时代的结束　　经过战后长期经济高速增长之后,资本主义世界的危机征兆渐露端倪。1969—1972 年间,西方各国先后发生了非同期性和短时期的工业生产轻度下降和部分停滞,通货膨胀和物价上涨出现加剧势头,但由于 1972 年下半年至 1973 年底,经济形势有所回升,因此西方各国普遍对随之到来的严重经济危机缺乏足够的心理准备。

从 1973 年第四季度开始,一场始发于英国而扩展至美国、日本、联邦德国和法国等国的同期性世界经济危机爆发了。这次危机是在发达资本主义国家财政状况日益恶化、物价涨幅过高、以美元为支柱的资本主义国际货币体系濒于瓦解,同时伴之于石油危机的条件下爆发的,成为战后至 70 年代间最为严重的一次经济危机。这次危机使发达资本主义国家的工业生产普遍大幅度下降,整个西方国家的工业生产下降 8.1%,钢产量下降 14.5%,小汽车减产 18.6%。英、法、西德、意四国工业生产下降幅度均高于世界平均数,分别达到 11.2%、16.3%、12.3% 和 19.3%。工业生产下降致使企业破产倒闭严重,股票行情大幅度下跌,联邦德国破产公司数 1975 年比 1973 年超出 66.8%,英国股票市场的价格指数,1974 年 12 月 12 日比 1972 年 5 月的最高点下跌了 72%,超过了 30 年代大危机时代的跌幅。危机使失业人数急剧增加,并创下战后失业率的最高纪录。据国际劳工组织材料统计,1973 年发达资本主义国家失业人数的月平均数为 823 万人,1974 年增加到 945 万人,1975 年上半年已达到 1 448 万人,1975 年底达到 1 850 万人,比 1973 年上涨了 2.24 倍。这次危机导致物价普遍上涨,消费指数直线上升。50、60 年代西欧消费物价上涨的年平均率以法国的 3.4% 为最高,以联邦德国的 1.9% 为最低,但 1975 年时,西欧平均上涨率已接近 10%,而英国达到 24.2%。同时,通货膨胀和国际贸易也在危机作用下出现急剧恶化趋势,出现了国际信用危机和货币危机。

造成这次严重经济危机的原因主要有两点,一是资本主义世界经济发展周期性规律的必然表现,二是石油危机的冲击。如果说前者是经济危机发生的内在因素的话,那么后者则是使这场危机不断升级的主要作用力。经济危机是资本主义制度的必然产物,基本特征是生产过剩,其根源在于生产的社会性和生产成果的资本主义占有形式之间的矛盾。这个基本矛盾呈周期发生状,使经济危机循周期性规律表现。战后资本主义经济危机较之战前又有许多新特点,主要是危机周期过程中的萧条阶段和复苏阶段的界限不明显,使通常所表现的危机四个阶段即危机、萧条、复苏、繁荣变为危机、回升和高涨三个阶段。和战前历次危机相比,战后危机的表现形式是比较缓和的,而危机期间的物价仍然趋涨,这与战前危机物价暴跌的形式也不相同。1973 年,以美元为中心的资本主义货币体系即布雷顿森林体系因固定汇率不复存在而崩溃,各资本主义国家在财政及贸易方面的矛盾愈演愈烈,危机已露出端倪。这时震惊世界的第四次中东战争爆发了,中东产油国家运用石油武器,一方面提高石油价格,把每桶标价由 3.01 美元提高到 11.56 美元,另一方面对支持以色列的国家实行分等级的石油禁运,造成了世界性的石油危机,促进了西方经济危机的发生发展。

1973—1975 年的经济危机,结束了战后持续高速增长的历史,使西方资本主义国家的经济发展速度普遍缓慢下来,并由此进入一个长期低速增长或称之为"滞胀"的发展时期。从 70 年代中期至 90 年代初,西方发达资本主义国家的经济增长速度始终低于五六十年代;西欧国家矛盾更为突出。其间国内生产总值年平均增长率为 1.5% 左右,不仅大大低于五六十年代的水平,而且比美国、日本同期的年平均增长率 2.4% 和 3.9% 都低。由此可见,西方资本主义国家依靠战后特殊的条件发展经济的黄金时代已宣告终结,这种低速增长或滞胀的经济发展格局仍会在相当长的一段时间里影响资本主义世界的经济形势。

经济滞胀的表现和原因　　经济低速增长及高失业率与通货膨胀并存发展、相互纠结的现象被称之为"滞胀"。这是资本主义经济发展史上仅限于第二次世界大战后才有的一种罕见的经济现象。通常出现的经济危机,是由于生产过剩引发的,它导致价格下跌,企业破产倒闭,资金周转不畅,信贷萎缩。但滞胀时期却出现物价持续上涨,信贷不断扩张的新特点。历史上的资本主义经济危机,大致的发展周期表现为危机—萧条—复苏—繁荣四个周而复始的阶段,但滞胀时期却是在复苏之后进入持续的生产停滞和持续的通货膨胀。这个问题已成为困扰资本主义经济发展的顽症。

"滞胀"在西欧、美国和日本的表现程度有较明显的差异,尤以西欧的问题最为严重,归结起来,具体表现在生产停滞、通货膨胀、物价上涨、失业严重、外贸增长趋缓等方面。

"滞胀"时期,生产停滞和通货膨胀并存的现象是普遍的,但在不同地区和年份里,具体表现各异。1973—1979 年,欧共体九国内生产总值年平均增长率为 2.5%,1979 年至 80 年代中期则为 0.9%,这个数字比美国和日本都低。1976—1982 年间,欧共体十国的通货膨胀率即消费物价上涨率平均为 9.5%,而美国和日本同期分别为 7.8% 和 4.4%。西欧各国的情况也不一致,一般来讲,英国问题和矛盾最突出,联邦德国较好一点,法国和意大利在有些方面差有些方面又好一点。1971—1980 年间,英国工业产值年增长率为 1%,联邦德国为 2.3%,法国和意大利分别为 2.9% 和 3.5%。1973—1983 年间,消费物价年平均上涨率,意大利为 17.4%,英国为 14.3%,法国为 10.8%,联邦德国仅为 4.3%。60 年代,西欧失业率不到 3%,1973—1975 年经济危机时上升为 4.5%,随后逐年上升,至 1982 年,失业率已高达 11.5%,失业人数约为 1 160 万人。其间,比利时失业率最高,为 14.9%,联邦德国最低,为 7.7%、法国为 9.5%、意大利为 11.2%、荷兰为 11.4%、英国为 11.9%。西欧失业率比美国的 10.7% 和日本的 2.5% 都高,说明"滞胀"的深度比美国和日本更为严重。战后经济发展中,西欧各国对外贸易量的直线增长,成为推动经济增长的重要因素之一。1951—1973 年,联邦德国出口贸易年平均增长率为 11.6%,法国为 8.4%,意大利为11.9%,英国为 3.9%。但经济危机后的滞胀阶段里,西欧各国出口贸易增长率均有大幅度下跌,80 年代初,联邦德国年平均出口贸易增长率为 4.5%,法国和意大利分别为 5.2% 和 5.5%,英国仅为 3.6%。从欧共体整体实力看,它在世界出口贸易总额中所占比例也由危机前的 33% 下降到 1983 年的 31.4%。

80 年代中后期,资本主义世界的经济滞胀较之 70 年代中后期至 80 年代前期有所缓解,主要是"胀"得到一定程度缓和,西欧各国通货膨胀率呈下降趋势。

但在"滞"的方面,即生产低速增长方面、失业率高方面,矛盾仍很突出,1986年,欧共体12国平均失业率高达11.5%,这些因素使"滞胀"难以在短期内消除。

除去产生经济滞胀的国际性、共同性诸因素之外,西欧"滞胀"尤为严重,是有其深刻的内部原因的。国营经济成分比重大、生产效率低、亏损严重和社会福利制度开支大,政府财政负担重等因素,是西欧通货膨胀持续发展的主要原因。战后建立起来的国有化企业和社会福利制度,在经济繁荣发展时,就已暴露出许多矛盾和问题,但国家财力发展快,尚能弥补和负担,随着经济增长速度减缓,政府财力下降,这些矛盾和问题便日渐尖锐。政府采取增税和举债等手段维持平衡,必然导致通货膨胀迅速发展,这个经济"怪圈"在西欧比在美国和日本表现得更为复杂。西欧国家对石油等能源的进口依赖很大,除英国以外,西欧国家3/4以上的石油来自海外。在石油危机之前,石油价格极为低廉,每桶原油仅3.01美元。1973年10月和12月,中东产油国两次提高原油价格,使之增加到11.56美元一桶。这个价格变化结束了西方廉价用油的历史,使石油消费开支急剧增加。1970—1980年,联邦德国进口石油费用在国民生产总值中的比例由0.9%上升到4.2%,法国由1.3%上升到4.8%,意大利由1.4%上升至5.9%。这无疑加剧了西欧国家收支不平衡的矛盾,推动物价波动,刺激通货膨胀,对西欧经济产生了消极影响。70年代中后期以来,西欧经济发展所严重依赖的对外贸易,面对美国和日本以及一些新崛起的国家的强有力竞争,逐渐收缩。这主要是它的产品成本高竞争能力下降造成的,同时也有西欧包括欧共体内在贸易问题上的贸易摩擦日益加剧等因素的作用。

从根本上分析,资本主义世界出现的经济滞胀,是资本主义经济危机的一种表现形式,它仍然是资本主义基本矛盾的反映,是经济危机周期性规律的特殊体现。毫无疑问,滞胀这个出现于战后的西方经济病的新形式,将会长期困扰资本主义经济的发展,恰如周期性规律的作用一样。

二、西欧的政局和社会

60年代以来的西欧政局 进入60年代,西欧政坛依然笼罩着社会改良的氛围,工党政府、社会党政府在经济发展的前提下,政治前景似乎都比较乐观。但是,随着经济发展速度渐缓和各种矛盾日益尖锐起来,工党及社会党政府迎来了风雨飘摇的70年代。从1973年开始,瑞典、英国、联邦德国、荷兰、丹麦、冰岛和挪威等国曾长期执政的工党或社会党政府相继遇到严重困难,纷纷倒阁下野。从此,西欧政局更加复杂多变,英国工党政府东山再起,联邦德国社会民主党与自由民主党联合执政,只是缓解了两党的矛盾,仍然无法从根本上解决深刻的危机。70年代末至80年代初,英国、联邦德国的保守派势力相继登台组阁,并形成长期执政的局面。与此相反,法国、意大利、西班牙和希腊等国的社会党在80

年代纷纷在大选中获胜入主内阁,把中左政府格局持续下来。战后西欧政局的发展,反映了资本主义在国家垄断条件下和科技革命时代的矛盾与发展,反映了各种政治势力之间激烈的政治斗争,因此,既具有不断改良的总趋势,也表现出错综复杂和变幻莫测的特点。

法国政局在戴高乐执政后期,因为经济失调、社会危机严重、执政党内部出现分裂等原因,再度呈现出尖锐矛盾。1968 年 5 月爆发了大规模学生示威运动,并由此引发了一场全面的社会危机和政治危机。尽管戴高乐采用解散国民议会、改组政府等措施暂时控制了局势,并在同年 6 月的议会选举中再度获胜,但是,法国的社会政治经济矛盾并未因此得到根本缓解,人民群众的不满与执政党内部的反改革情绪相结合,致使戴高乐在 1969 年 4 月 27 日举行的关于政区改革和改组参议院的公民投票中失去民众支持,戴高乐翌日宣布辞职引退。

戴高乐派政治家蓬皮杜在同年 6 月 15 日的总统选举中获胜,他在坚持戴高乐主义的同时,采取了一些灵活政策,如对内减少国家控制经济,对外同意英国加入欧共体等,以适应变化了的国内国际形势,一度出现了较为稳定的政治局面。但在 1973 年开始的经济危机冲击下,戴高乐派内部矛盾分化进一步加剧,社会动荡再起。1974 年 4 月 2 日蓬皮杜总统逝世,在 5 月选举中,自由中间派人士吉斯卡尔·德斯坦获胜。

德斯坦总统主张实行中左开放的社会改革,颁布了避孕自由、堕胎合法等法令,却与戴高乐派政府总理希拉克之间的矛盾难以调和,希拉克 1976 年 8 月 25 日辞职,由此结束了戴高乐派执政的历史。德斯坦总统起用经济学家巴尔担任政府总理,以图解决法国面临的严重经济困境。结果,巴尔政府的"紧缩通货"等政策一方面促进了外贸发展,出现顺差,稳定了法郎的地位,一方面又使经济增长率不断滑坡,失业率和通货膨胀率均创下战后最高纪录,激化了原已紧张的社会矛盾,使法国民众对战后执政达 23 年之久的保守势力各派失去了信心。

1981 年 5 月 10 日,法国社会党领袖密特朗在总统选举中获胜,他是在社会党和共产党结成"左翼联盟"的基础上获胜的,因此组成了包括法国共产党参加的左翼联合政府。社会党执政后采取的一系列社会改革措施不仅没有缓解原有的矛盾,反而加剧了国内经济危机,结果被迫放弃既定方针,使左翼联盟解体,法共退出政府。1984 年 7 月,密特朗改组政府,加快了工业改造步伐,适逢国际经济形势好转,石油等能源、原料价格下跌,法国经济形势终于出现增长趋势。1986 年 3 月的国民议会选举,使右翼势力的保卫共和联盟和法国民主联盟成为议会多数派,组成右翼政府,形成左翼总统与右翼政府的政治局面,法国政局更加复杂了。1988 年总统选举,密特朗获胜连任,社会党执政的局面得到维护,但国内政治和经济矛盾仍然危机重重,难以从根本上得到解决。

英国工党政府于 1964 年 10 月上台后,在社会改革方面颁布了诸如《种族关系法》、《房租法》、《科技法》、《超时工资法》、《交通法》等一系列新法规,对推动社会进步产生了积极影响。但因经济危机冲击,劳资矛盾十分尖锐,1970年6月工党失去议会多数,保守党组成了以希思为首相的新内阁。希思内阁以强硬的态度处理与工会之间的矛盾,结果几经较量,政府失败倒阁,1974年2月,工党领袖威尔逊第四次当选首相,入主唐宁街十号。摆在工党政府面前最严峻的问题仍然是生产增长缓慢、通货膨胀以及沉重的社会福利财政负担等。由于几度执政,工党政府均未能有效解决上述问题,英国民众对工党的社会改良政策渐渐失去信心,保守主义抬头,以撒切尔夫人为代表的保守党在1979年5月赢得大选,从而结束了战后工党和保守党均长期奉行的温和的、改良的政策路线的历史。撒切尔夫人一改战后英国的凯恩斯主义经济政策,采取货币主义经济政策,并大胆向社会福利制度开刀,强行降低通货膨胀率,使英国经济在80年代初重又出现生机,开始以3%的速度增长,1985年的增长率达3.5%,超过联邦德国、法国和意大利同期速度。撒切尔夫人的内外政策取得了某种程度的成效,故能执政长达11年之久。但在撒切尔夫人执政后期,保守党内在经济政策(如征收人头税)和对外政策(如与欧共体的关系)等方面出现严重分歧,加之日益恶化的国内社会与经济矛盾,撒切尔夫人威信下降,终于被迫辞职,于1990年底为保守党温和派人物梅杰所取代。

80年代以来,西欧政局出现了两种发展趋势,一是以英国保守党、联邦德国基民盟等为代表的新保守主义深入发展,取得了一些实效,从而加强了保守势力的社会基础。另一趋势是以法国、意大利、瑞典等国为代表的社会党政府所推行的社会改良主义政策也有深入发展,加强了这些国家内部的民主改革基础。

西欧各国的社会阶级结构　　战后西欧政治经济方面的巨大发展变化,促进了西欧社会阶级结构发生明显的变化。虽然传统意义上的资产阶级和无产阶级队伍的主体仍然存在,但它们的成分和集团外延已在很大程度上不同于战前。这种新的组合因素使西欧阶级状况变得更为复杂,阶级界限在某些方面已容易被忽视,所以,重新认识和分析西欧各国社会阶级结构的变化及其特点,是具有特殊意义的。

战后西欧资产阶级和无产阶级的主要变化体现在成分的复杂化和数量模糊化两个方面。过去,资产阶级的概念主要指企业主、商人、银行家等,但在战后,高级管理人员、知识分子上层和许多官僚也跻身其中,而后者的阶层划分常常因其标准的不定量化而变得复杂和模糊了。工人阶级的概念也从产业工人发展到雇佣劳动者这样一个笼统的概念,它不仅包括产业工人、农业劳动者,而且包括了第三产业中的雇员和各类技术人员等。据国际劳工组织资料统计,西欧国家社会阶层中雇佣劳动者在成年居民中所占比例,从50年代至70年代中后期,一直呈上升趋势,例如英、法、西德、意四国分别由92.5%、66%、70.8%、61.2%上升到 92.6%、82.1%、86.2%和73.7%,这说明劳动者的队伍扩大了,也说明这个队伍的概念更宽泛了。

战后西欧社会另一个引人注目的变化,是中产阶级的人数大量增加,成为社会阶级结构中的一个重要阶层。从成分构成上看,大多数知识分子属于这个阶层,中高级管理人员、中级官吏、小业主等也被看做是中产阶级的组成部分。西欧大学生数量由50年代的近百万人增至70年代的500万,一方面缓解了适龄青年加入就业大军的冲击力,另一方面,这个数量可观的学生群体,在各种社会条件和社会思潮的影响和作用下,形成西欧战后社会中的一个特殊阶层。从主流上看,它不可避免要分化,溶进各个阶层中去,但它的人数也是个常量,内部状态很活跃,使社会难以捉摸,可以说,它是一个"问题阶层。"

欧洲共产主义　　欧洲共产主义是20世纪70年代中期于西欧发达资本主义国家中形成的一种新的社会主义思潮和运动。已故意共领袖贝林格说:"所谓欧洲共产主义就是从欧洲资本主义的特殊条件出发,寻取社会主义道路。它不同于欧洲社会民主党走过的道路,也不同于苏联东欧已有的模式。"

欧洲共产主义是特殊历史环境的产物,它是欧洲战后历史发展现实的反映,也是一种对苏联东欧式社会主义理论与实践的逆反。它在理论上仍自信坚持了马克思主义,认为资本主义必然灭亡,社会主义必然胜利是其基本信念。在革命的道路问题上,欧洲共产主义既反对十月革命武装起义道路,又反对社会民主党的社会改良道路,声称要走第三条道路,即"独特民主道路"。这条道路是主张通过民主斗争的方式和平过渡到社会主义。在政权问题上,欧洲共产主义主张以无产阶级领导权代替无产阶级专政,因为专政一词同暴力、独裁等概念相近,易产生歧义。在建党问题上,它主张建立有广泛群众基础的群众性政党,不主张列宁主义的建党原则。既在党内坚持民主集中制,也允许党内有不同思想观点。在政党问题上,欧洲共产主义还主张多党制和轮流执政,认为无产阶级政党执政后,应实行混合型经济体制并逐渐将垄断资本转变为社会所有,最终消灭私有制。在国际问题上,它主张以"新国际主义"代替无产阶级国际主义,这一点主要是针对苏联的外交政策。

欧洲共产主义形成以来,经历了严峻的发展考验,也曾风靡一时,也曾陷于低潮,尤其是80年代以来,在与社会民主党的竞争中处于劣势。尽管它面临着许多困难和危机,但仍是欧洲政治生活中不容忽视的一支力量,目前,它仍拥有上千万张选票和300余万党员,在各国议会中或多或少拥有一些席位,并在欧洲议会中拥有几十个席位。

由于欧洲共产主义既是一种思潮,也是一种运动,所以,当它尚未在实践中取得政权作出证明时,它的理论的科学性、成熟性或可行性就仍然是个未知数。因此,欧洲共产主义只能在欧洲的政治实践中为自己写出是与非的最终答卷。

第三节　日本和太平洋地区发达
资本主义国家

一、日本的经济飞跃与社会问题

日本成为世界经济大国　　从 50 年代中期开始,日本进入战后经济持续高速增长时期。日本之所以能较快摆脱战败经济困境,恢复经济并进入高速发展时代,除了民主改革、朝鲜战争及日本原有的经济基础、人才储备较好等诸多因素之外,也是与当时的国际环境与国内政治状况相关的。50 年代中后期,国际关系由东西方两大集团的冷战对峙开始向缓和、竞争方面转化,苏联与日本于 1956 年恢复了外交关系,日本还于当年加入了联合国。这说明,日本已经在国际社会中取得了平等参与的资格,国际贸易环境恢复正常,这对日本这样的岛国来说是至关重要的。1955 年前后,日本已经获准加入国际货币基金组织、国际复兴开发银行、亚洲和远东经济委员会及关贸总协定等国际经济组织。利用与发达资本主义国家的多边贸易关系,日本在科技革命中采取实用主义、拿来主义等策略,使其经济发展投资效益高,促进了经济高速增长。50 年代中期以后,日本政治主要体现的是政党政治相对稳定,为经济发展提供了良好的政治环境。自民党成立后,尽管党内派系斗争激烈复杂,内阁更迭频繁,但其一党执政的局面持续近 40 年,而且仍未见有被替代的明显趋势。执政党政策的长期稳定,为日本经济发展提供了基本保障,这是不容忽视的。

为了迎接和引导经济发展的高潮,日本政府积极制定了一系列经济计划,其根本目标是促进经济结构的高级化,实现重工业和化学工业化,实现经济高速增长,增强国际竞争能力并加速资本积累。具有代表性的计划是《经济自立五年计划》、《新长期经济计划》等。前者是鸠山内阁 1955 年制定的,后者是岸信介内阁 1957 年制定的。《经济自立五年计划》的目标是实现经济自立和充分就业,具有从恢复经济时期的经济计划向高速增长时期的经济计划转变的性质和作用,因此不免保守性。该计划规定的各项指标,多数只用两年时间便实现了。计划原定年增长率为 5%,而实际增长率为 9.1%。为了促进经济高速增长,日本政府制定了《新长期经济计划》,提出并规定了更高的政策目标。它的特点一是提出的重点课题都是经济高速增长时期所必需的,二是把高速发展与稳定提高国民生活水平结合起来,标榜"福利社会",三是分层执行,即要求政府经济部门和民间企业在执行计划时区别对待,对民间企业实行引导或诱导的方法。该计划尽管规定了 6.5% 的高增长率,但仍被超过,1958 年后便出现了 15.6% 的年增长率。

高速增长使日本政府和经济学界就如何估价经济发展形势等问题发生了论战。至《新长期经济计划》时，日本多数经济学家都主张"稳定增长"，如著名经济学家后藤誉之助、大来佐武郎、并本信义、金森久雄等，都是稳定增长论者。但崇尚凯恩斯主义的下村治却提出，"日本经济今后10年中不是增加1倍，而是增加到2.5倍乃至3倍，"他认为日本经济处在历史勃兴期，必将有更高的发展速度。这个理论当时受到普遍非议，但经济发展的历史结论却证明下村治是有远见的。在岸信介内阁制定并推行《新长期经济计划》时，自民党内另一位政治家池田勇人召集了一批经济学家，以下村治的理论为中心，研究新的经济政策。1960年池田勇人上台组阁，即推出新的经济计划《国民收入倍增计划》。该计划实施第一年，就实现设备投资原定10年计划的目标，国民生产总值增长也超出计划，表明下村治的理论是有根据的。

《倍增计划》的政策目标是"极大地提高国民生活水准和达到充分就业。"计划规定用10年时间，即从1961年至1970年，使国民生产总值翻番，日本国民收入接近联邦德国和法国，超过意大利。《倍增计划》有四个显著特点。一是既有明确的长期目标，也有具体目标和措施；二是进一步明确地把计划分为政府部门计划和民间企业计划两大类，政府部门重点在国家基础设施建设方面，民间企业则有较大的灵活性；三是既着眼于经济增长的宏观控制，也重视有关地区差别、工农差别等问题，谋求社会关系的系统调整和经济社会均衡发展；四是重视人才培养，把它纳入经济计划，当作发展经济的重要环节。

《倍增计划》的实施有力地推动了日本经济的高速发展。到1970年，国民生产总值翻了1.4番，私人投资超过计划40%，国民生产总值年增长率10年平均达11.6%，人均个人收入和个人消费的年平均增长率分别是10.4%和9.4%，也实现了翻番。由于长期持续的高速增长；使日本的经济实力急剧增长，不断赶上和超过昔日西方工业大国，在资本主义世界中的地位也不断上升，成为名符其实的经济大国。1955年，日本工业生产在资本主义世界中所占比例为2.2%，到1970年上升为9%。1950年，日本国民生产总值在资本主义世界中占1.5%，1970年上升到6.5%。日本的造船、电视机、半导体收音机、卡车等行业超过美国，位居世界第一。在钢铁业方面，日本拥有世界最尖端的生产技术和设备，在国际竞争中居压倒优势。以国家经济实力而论，1950年日本排名世界第7位，1960年上升到第5位，1968年以后跃居世界第2位，仅次于美国，并在企业经营规模、劳动生产率和资本装备率方面日渐迫近美国的水平。在贸易方面，1970年比1965年增加两倍以上，并从国际贸易逆差转为顺差，成为欧洲工业国家和美国、加拿大等国的强有力的竞争对手。

日本经济高速增长的原因　　日本战后的经济高速增长，是诸多因素共同作用的结果，其中既有历史的、经济的、技术的、文化社会的种种背景条件，也有日本民族意识、政府独具一格的宏观政策调节等内在因素发挥的作用。具体分析，可以从以下五个方面考察日本战后经济"奇迹"的奥秘。

第一，战争对日本社会经济产生了深刻影响，战后的民主改革既改革了社会经济结构，也对社会生产关系作了局部调整，这成为日本战后经济发展的前提条件。社会进步，经济发展，归根结底，取决于生产力与生产关系的适应程度，而这种适应性是通过人民群众的生产积极性、主动性的发挥程度体现的。战前，日本是一个军事封建帝国主义国家，社会经济结构严重扭曲，国民生产积极性、主动性受到极大的束缚和压制。长期的对外侵略战争和悲惨的战败困境，加速了日本社会矛盾的演变，使之在外力作用下被迫进行大规模调整，如五大改革、解散财阀、农地改革等一系列民主改革措施，推动日本社会经济结构发生较大变革，也局部调整了社会生产关系，从而将国民中蕴藏的劳动智慧和创造力激发释放出来，成为推动社会经济高速发展的基础动力。

第二，朝鲜战争的特需订货以及由此而迅速发展起来的日美垄断资本的结合，为战后日本摆脱经济困境、迅速恢复经济并实现高速增长的起步提供了关键的推动力。战后初期，美国对日基本策略是彻底击垮对手，消除隐患，拟以波茨坦宣言等有关文件精神将日本的军需企业予以彻底摧毁、拆除。这些军需企业包括飞机制造业、军火业、造船业等基础工业，是战后日本经济发展必不可少的设备基础。但在 1947 年以后，美国考虑到战后国际关系的基本格局，对日政策逐渐转变，以至发展成加强日本经济，扶植日本垄断资本的新策略。朝鲜战争中，日本得到不少于 36 亿美元的直接或间接的特需订货，使日本经济迅速摆脱困境并空前活跃起来。1952 年，美国将战后没收的 850 家军需企业归还给日本政府，并不断向日本提供贷款和"援助"，1954—1958 年，美国政府对日贷款和"援助"达 4.66 亿美元。此外，美国私人资本大规模涌入日本，1949—1970 年间，日本吸收外资约 139 亿美元，其中大部分是美国私人资本。通过引进资本，日本也大量吸收了美国先进的科学技术，使日本能用廉价的新技术迅速更新设备、革新工艺、提高生产率从而促进经济不断高速增长。

第三，长期坚持推行高积累、高投资和强化资本积累的政策，实现低成本高效益的运行机制，这是日本战后经济长期高速增长的主要措施。一般说来，资本积累规模越大、速度越快，生产增长的规模和速度就越大越快。战后日本政府和垄断资本家利用战败的特殊环境，竭尽全力积累和扩大资本，并有效用之于更新设备、利用新技术和扩大再生产方面。1956、1961、1968 年，日本出现过三次投资高潮，投资额占国民总支出的比例分别是 24.2%、35.5%、39.4%。1970 年这个数字达到 42%，仅设备投资中的私人投资额一项，1970 年即比 1947 年增长多达150 倍。战后西方国家投资增长率以日本为最高，如果以 1955—1960 年美国的投资增长率为基数计算，英国的增长率是 102%，法国为 111%，联邦德国为

152%,意大利为 142%,日本却高达 360%。日本的巨额投资一部分来自外援和商业利润,另一部分主要来自内部强化资本积累。这一点是通过包括长期维持低工资水平在内的低成本和提高劳动生产率、增强经济效益来实现的。日本同西方国家相比,虽然已是经济大国,但工人工资是最低的,整个国家的国民消费水平与国家经济实力相比也是发达资本主义国家中最低的。

第四,采用现代科学技术对国民经济进行全面革新和改造,重视和推动生产技术、经营管理方式和职工文化知识三方面的革新和改造同步进行,是战后日本经济高速增长的可靠技术保障。50 年代中后期,日本政府规定产业部门实行特别折旧,促使设备更新速度明显加快,进而带动了新产品、新工艺和新材料的不断发展。60 年代末,日本已淘汰了 40%的传统工业产品。经营管理方式的革新改造,主要体现在用现代企业管理方式如董事会制度、长期经营计划制度、人员培训制度、目标管理制度等替代日本传统的家长制管理制度,并在管理中广泛使用电子计算机,加强情报收集和市场预测等,为经济高效运行提供保障。日本的职工培训、国民基础教育等独具特色,长期坚持智力高投资,并不断改革教育体制。既保证学校教育正常开展,又大规模发展职工教育,采取各种措施对在职职工进行科学技术和经营管理知识的再教育,用现代科学文化知识更新过时的知识。这方面,日本取得了巨大成功,也是公认的促进经济高速发展的重要因素之一。

第五,确定"贸易立国"思想,积极有效地开拓国际市场,扩大进出口贸易,加强资本输出,是日本经济高速增长的有效途径。日本国土狭小,资源贫乏,工业生产原料基本依赖进口,失去这个条件,日本经济将难以自立。日本工业生产能力已远远超过国民消费水平,只有不断扩大出口贸易,才能确保工业生产长期增长。因此,战后日本经济发展从某种意义上讲,也是日本对外贸易和资本输出的发展。1955 年,日本出口额为 20.11 亿美元,进口额为 24.71 亿美元,进出口总额不过 45 亿美元。1960 年,进出口总额达 84.56 亿美元,其中出口额为40.55亿美元。1965 年,进出口总额达 166.21 亿美元,出口额达 84.52 亿美元,出现了顺差。1970 年,进出口总额为 381.99 亿美元,贸易顺差 4.37 亿美元。1951 年起,日本私人资本向海外直接投资,到 1969 年,对外投资累计达 26.83 亿美元,加上政府对外贷款等,资本输出到 1970 年已累计达 67.9 亿美元。巨额出口贸易和资本输出的利润,一部分被投入生产领域,刺激了经济发展,另一部分作为外汇储备积存起来,使日本的国际支付能力不断加深,提高了国际竞争能力,使对外贸易和资本输出道路更宽阔,无疑促进了国内生产的不断增长。

日本从经济大国向政治大国的发展　70 年代以来,日本经济虽然已不再高速增长,但经济仍然稳步发展。日本人均收入 1972 年是 1 709 美元,1980 年增至 7 868 美元,1988 年已高达 1.9 万美元。同年美国人均收入为 1.8 万美元。

50 年代初,日本国民生产总值为 110 亿美元,1970 年为 2 000 亿美元,1979 年突破万亿美元大关,1987 年已发展为 2.3 万亿美元。在世界总产值中所占比例,1950 年日本仅为 1.5%,1975 年升到 8.3%,1982 年已增至 13.6%。日本的黄金储备 1986 年已达到 421 亿美元,仅次于联邦德国的 516 亿美元居世界第二。外汇储备于 1987 年超过联邦德国居世界首位,1988 年日本外汇储备发展到 834 亿美元。据美国《商业周报》1988 年 7 月统计,世界排名前 30 位的大公司,日本拥有 22 家,美国只有 5 家,而排名首位的日本电话电报公司,市场价值是 2 956 亿美元,排名第三的美国国际商用机器公司的市场价值仅为 674.7 亿美元。

日本拥有巨大的经济实力,但战后至 70 年代初,一直采取追随美国的外交政策,在世界事务中几乎没有什么发言权。这种软弱的政治地位使日本在世界性事件冲击下极难适应。例如 1971 年 7 月,美国国务卿基辛格已与中国总理周恩来举行了秘密会谈,而日本在 9 月仍鼓吹"两个中国"论。尼克松政府对华政策的变化使日本佐藤内阁十分被动,其反华政策陷入了孤立的绝境,成了"赶不上公共汽车的亚洲孤儿。"再例如,1973 年 10 月中东战争爆发后,由于石油输出国组织实行石油禁运和部分禁运,使西方国家面临严重的石油危机。在石油危机冲击面前,日本被迫采取"新中东政策",即支持阿拉伯国家,要求以色列撤出被占领土。日本从这些事件中清醒认识到,在不断变化发展的国际格局中,继续追随美国,甘当"政治侏儒"已万难立足,因此从 70 年代中后期开始谋求政治大国地位。

1978 年,大平正芳组阁,他提出"环太平洋连带构想"和"综合安全保障战略";1982 年上台的中曾根康弘,多次明确表示,日本不能只满足于做经济大国,还应谋求政治大国,要承担更大的国际责任,在国际事务中加强日本的发言权。1983 年中曾根内阁的政府预算,在防卫预算费上比上年度增加 6.5%,是多年来少有的。在政治家的带动下,日本新闻舆论也纷纷就此大做文章,鼓动日本向政治大国发展,为日本成为政治大国进行社会心理准备。1988 年元旦,日本《产经新闻》撰文写道:"世界将由某一个国家取代美国而负起牵引世界经济的责任。在这个新的主角亮相之前,世界经济将继续发生混乱。"文章认为,这个新主角有可能由日本和联邦德国充当,"但目前在世界上靠得住的只有日本。日本有责任应该主动地为世界经济的持续稳定增长而发挥最大的力量。"

日本谋求政治大国的过程是渐进的,但目标明确,部署全面,不断前进。首先,在构成日本对外政策基轴的日美关系中,日本要求增强自主性,谋求发挥更大的积极作用。1981 年铃木首相访美,在日美首脑会谈后的新闻公报中首次宣布,日美关系是同盟关系,两国将分担适当的责任。其次,在国家安全保障方面,日本为承担更多的防卫责任,逐步有限度的加强防卫力量,并试图突破占国民生产总值 1% 的军费预算限制。1985 年,日本防务费用达 0.997%,而且突破 1% 的趋向已十分明确。日本以积极参与亚太地区经济合作为条件，来提高自身政治地位，特别注重发展与东盟国家关系。再次，日本不放过任何机会，如 1990 年 8 月至 1991 年 1 月海湾危机期间，海部首相提出《联合国和平合作法案》，企图向海外派遣自卫队。虽然因各方面反对而被国会作废弃案处理，但这表明了日本抓紧行动，推行其政治大国的目标的实现。最后，日本一直不懈努力，谋求扩大在国际组织中的发言权。从 70 年代起，日本实际上已争取到不少与西方大国平起平坐的权利，成为西方七国首脑会议的出席者。但日本认为，联合国安理会五个常任理事国及否决权制度，是第二次世界大战结束时的产物，对日本已不再公平。为此谋求日本成为联合国第六个常任理事国。

日本的社会问题与人民运动　　战后日本经济飞速发展的同时，社会和文化传统受到诸多因素冲击，产生了许多新的社会问题。

环境污染即公害问题从 50 年代便不断发生。如 1953—1959 年日本熊本县水俣市海岸居民四肢麻痹、语言迟钝、耳聋、神经异常等现象突然增多，并因此而导致死亡。经调查，是肥料工厂排入海中的废水含有汞，致使海鱼中毒，人食鱼后被传染中毒而造成公害，被称为"水俣病"。70 年代，日本公害事件频仍，以至酿成东京杉并区立正高中学生光化学烟污染中毒事件。1973 年，水俣病、四日市哮喘病、骨疼病、阿贺野川水俣病"四大公害"案在法院胜诉。日本政府采取了一些保护环境、防止公害对策，然而企业界为利润而推卸责任，因而公害问题并没有因公害法颁布而获得解决。

"老年人自杀、中年人'蒸发'、青年人犯罪"，这是日本当代社会问题的形象概括。50 年代中期以后，青年自立后脱离家庭，不愿赡养老人，社会又采取低福利政策，致使老年人的生活和心理压力急剧增加和恶化，自杀率上升。离家出走的中年人比青年人更多。这是因为快节奏工作的压力下，中年人常用突然离家出走方式逃避生活负担，犹如水遇热蒸发一样消失。1963—1969 年间，职员阶层"蒸发"率增长了近 100%。青少年的犯罪比例，超过成人犯罪，引起社会担忧。

《旧金山和约》把冲绳从日本分离出去，处于美军占领之下，但冲绳人民奋起反抗，于 1951 年兴起归还冲绳运动。当年 8 月的签名者即达 19 万余人。1968 年 12 月，152 个冲绳团体组成"保卫生存县民共斗会议"，把 1969 年 4 月 28 日定为"冲绳日"，每年是日全国集会游行抗议。在此日益高涨的民众压力下，1969 年 11 月 21 日，日本首相佐藤荣作与美国总统尼克松发表联合声明，定于 1972 年归还冲绳。1972 年 5 月 15 日，冲绳正式回归日本。这是战后日本人民较早取得胜利的人民运动。

同年 9 月，要求恢复日中邦交、促进日中友好的人民运动也取得了历史性胜利。这场运动经历了三个阶段。首先是 1949 年至 60 年代初的民间交流、友好往来阶段。新中国成立后,日本各界友好人士为争取日中友好、加强两国文化交流、促进两国贸易关系的发展,成立了"日中友好协会"。1952年,第一个战后日中民间贸易协定在京签署。其次是60年代中期开始的恢复日中邦交运动。1964年,佐藤荣作执政后,日本政府推行"两个中国"的政策,遭到国民普遍反对。日本各界有识之士纷纷发表意见,并不顾政府阻挠,前来中国访问,谋求新的交流与发展。1970—1971年,公明党发起组织"日中邦交正常化国民协议会",其他一些组织如"恢复日中邦交国民会议"、"促进恢复日中邦交议员联盟"等纷纷成立。1972年4月,社会党、公明党、民社党、工会、友好团体的主要负责人和著名人士发起组织"促进恢复日中邦交联络会议",使日本恢复日中友好的人民运动达到高潮。日中建交后,日中人民友好运动进入第三个阶段,目标是尽快缔结日中和平友好条约。1974年12月,日本各界代表在东京集会,要求早日缔结日中友好条约;1975年3月,日本30多个组织的代表在东京开会,宣布成立"要求立即缔结日中和平友好条约东京实行委员会"。此后,群众签名运动和新的组织不断开展和建立,敦促日本政府采取实际行动。1978年8月,日中和平友好条约在京举行签字仪式,标志着日中人民友好运动的圆满胜利并进入新的历史时期。

中日关系正常化　　战后中日关系受国际大格局的影响,主要是中美关系的制约,在相当长一段时间里处于非正常状态中。这种局面,主要是由于日本政府追随美国外交政策,对新中国采取顽固的敌对政策造成的。1952年4月28日,日本政府和台湾当局签订了"和约",并于同年8月建立了"外交关系"。1956年日本加入联合国,在对新中国的态度上积极配合美国的外交政策,长期坚持鼓吹"两个中国"的论调,使中日两国的对立无法得到缓解。

日本政府敌视中国的政策在日本国内也不得人心,并对两国经济贸易发展造成严重的阻碍。从50年代初开始,日本民间友好人士就冲破重重阻挠,积极开拓对华贸易渠道,促进中日两国的经济贸易往来和发展两国人民间的友好关系。1952年春天,日本众议员帆足计、参议员高良富等人绕道莫斯科来华访问,并与中国签订了战后第一个民间贸易协定。此后,中日民间经济、科技、文化等往来交流活动日渐活跃。1954年10月,以李德全为团长、廖承志为副团长的中国红十字会代表团应邀访日。双方在侨民返国、日方送还中国"战争劳工"死难者遗骸等方面积极配合,推动了中日关系的发展。1957年2月,岸信介上台,加强了阻挠中日民间交往的政策,使中日民间交往跌入低谷。1960年,池田勇人出任首相后,中国与日本的关系出现松动,民间交往再次形成高潮。1962年11月9日,双方签订了《关于日中综合贸易的备忘录》,使中日关系进入半官半民、亦官亦民的新阶段,这对中日两国人民来说,都是具有积极意义的进步。

70年代初,国际形势发生了巨大变化,中美关系已出现松动的种种迹象,但日本佐藤内阁仍于1971年9月6日通知美国驻日大使,在联合国中国代表权问题上,日本支持"双重代表制"议案,即继续坚持"两个中国"的立场。佐藤内阁的顽固立场受到国内朝野上下普遍反对和指责,参众两院对外相福田赳夫提出不信任案。1972年上半年的舆论调查结果表明,对佐藤内阁的支持率是战后历届内阁的最低点,而国民关注的焦点是中日关系问题。佐藤内阁因此被迫于1972年6月17日宣布辞职。

在首相继任问题上,田中角荣把握准中日关系正常化的大趋势,允诺将恢复中日邦交,所以击败强劲对手福田赳夫而登上首相宝座。1972年9月25日,田中首相率团访华,于29日签订了《日本国政府和中华人民共和国政府联合声明》,正式宣布建立外交关系,从此结束了两国间的长期对立的局面。《联合声明》中,中国宣布放弃对日战争索赔要求,日本承认中华人民共和国是中国的唯一合法政府。1978年8月12日,中日两国缔结了和平友好条约,使恢复邦交后的中日关系发展到一个新阶段。

二、澳大利亚的政治经济与对外政策

政党和政府　　战后活跃于澳大利亚政治舞台上的政党主要有工党、自由党和国家乡村党。自由党1944年由原澳大利亚联合党发展而成,主张自由贸易,发展私人企业,反对国有化,代表着国内工业和金融业垄断资本集团的利益。国家乡村党主要代表大地主、牧场主利益,始建于1918年,当时称国家党或乡村党,1982年定名为国家乡村党。该党主张发展制造业,保护国内初级产品市场和价格,旨在维护乡村社团利益。自由党和国家乡村党长期合作,联合执政,从1949年至1972年,连续在澳执政,1972年12月被工党击败下台,但1975年东山再起,至1983年又执政约8年,1983年3月才被工党再次击败下野。工党创建于1891年,主张民主社会主义和国有化,并主张限制进口,保护本国工业,限制垄断,保障充分就业。工党执政从1941年到1949年,此后直到1972年才再次在大选中获胜,组成了以爱德华·惠特拉姆为总理的工党政府。1975年12月,总督约翰·克尔撤销了惠特拉姆的总理职务,自由党和国家乡村党在大选中获胜上台。1983年3月,工党赢得大选,组织了霍克政府,1984年,霍克在提前举行的大选中获胜,连任总理。

澳大利亚政府长期坚持与美国结盟,在政治、军事和外交方面积极追随美国。1951年,澳大利亚与美国、新西兰共签"澳新美安全条约",结成三国军事同盟,并派兵直接参加侵朝战争。1954年,澳大利亚加入美国支持的"东南亚防务条约",60年代还同意美国在澳建立军事设施,并派兵参加了侵越战争。70年代,澳大利亚亲美的联盟政策受到国内各种势力的批评,工党也宣称要改变澳美关系,使联盟变为"联系"。这种变化,反映了国际形势变化对澳大利亚产生的影响,是澳大利亚要求自主参与国际事务,寻求在保持对美结盟关系条件下的平等与灵活自主的一种反映。

经济和外交 　　第二次世界大战前,澳大利亚在经济上仍严重依赖英国,基本上是英国的原料基地和商品市场。战争期间,英澳联系受阻,澳大利亚本国工业迅速发展,逐步建立起比较完备的工业体系。50 年代,澳大利亚出现经济稳定发展的"羊毛景气",国民生产总值年平均增长率稳定在 4% 以上。60 年代,国民生产总值的增长率达 5.5%,进一步加强了国家经济实力,并出现"矿业景气",工矿业生产总值超过了农牧业生产总值。这个发展,使素有"骑在羊背上的国家"之称的澳大利亚变为"坐在矿车上的国家",并于 60 年代跻身发达资本主义国家行列。据联合国统计,1969 年,澳大利亚国民生产总值已列世界第 10位,人均工业产值已接近英国。1970 年有绵羊 1.8 亿只,占世界产毛羊总数的1/6 和羊毛产量的 1/3。1990 年,开发了阳光能变成电能效率达 23% 的太阳电池,效率为世界之最。工农牧业的发展,促进了对外贸易迅速增长,使澳大利亚成为世界主要贸易国之一。据统计,1970 年进出口贸易额最大的 32 个国家中,澳大利亚排在第 13 位。

以科学技术立国为目标的澳大利亚,重视把科研成果转化给企业。80 年代至 90 年代,许多大学都成立了转化成果的研究中心。1992 年,在政府主持下,成立了推进新技术转换成产品的公司,并且向国外转让新技术。澳大利亚的基础医学研究领域中,曾出现了 3 位诺贝尔奖金获得者。在这个领域中,也开发有独创产品,并出口国外。存在的主要问题是企业的研究开发力量薄弱。

澳大利亚在六七十年代,形成了 4 大财团约 20 家垄断组织。它们控制着国家主要经济部门。国家垄断资本主义发展速度较快,国家通过国营企业、国家投资、国家订货及财政税收等手段干预经济。第二次世界大战后,外国资本的大量涌入,促进了经济发展,但对长远发展造成不良影响。80 年代初出现了罕见的经济衰退,导致了自由党和国家乡村党政府的垮台。

澳大利亚一直把维护本国安全视为对外政策的准则,因此奉行联盟美国为中心的外交政策。凡遇重大国际问题均追随美国,并积极利用美国在印度洋的存在保障本国安全。澳大利亚战后一直重视发展同亚太地区国家的联系,注重改善同第三世界国家的关系。1972 年工党领袖惠特拉姆执政后立即承认中华人民共和国,并出访亚洲各国。在国际事务方面,澳大利亚主张改革旧的国际经济秩序,倡议建立南太平洋无核区和印度洋和平区。在中东问题上,既承认以色列也承认巴勒斯坦人民应享有自决权;主张外国军队撤出黎巴嫩,实现黎巴嫩国内和平与和解。澳大利亚与苏联于 1943 年建交,但关系一直较为冷淡疏远,苏联入侵阿富汗后,澳大利亚对苏实行制裁和禁运,强烈谴责苏联,要求苏联无条件撤军。80 年代中期的工党政府,对苏关系较为缓和,宣布两国关系已正常化。

三、新西兰的政治和经济

新西兰为英联邦成员，政府为议会制。主要政党为新西兰工党和新西兰国民党。

新西兰工党成立于 1916 年，由统一工党、社会民主党和工会团体合并而成。工会会员、自由职业者和小农是它的社会基础。1935 年，它以 53 席的议会多数获胜，组成了第一届工党政府。当时，国内失业问题严重，工党的迈克尔·萨维奇政府在 1935—1938 年制定了一系列社会改革法令，如储备银行国有化法、国家按保证价格收购农产品的原始产品销售法、工业调整与仲裁修正法等。同时，工党政府还增加农场主收入和工人工资、缩短工时、兴建公共工程与住宅，提供就业机会，并采取了扩大退休金制度等社会福利措施。工党执政一直到 1949 年。1940 年弗雷泽任工党政府总理，继续颁布福利立法。1945 年实行新西兰银行国有化、国家航空公司法案及广播事业国有化等"社会主义化"措施。新西兰工党加入社会党国际。它 1957—1960 年、1972—1975 年两次执政，在 1972 年 12 月 22 日与中国建交，比澳大利亚仅晚了一天。1984 年工党在大选中获胜后，组成了第四届政府。戴维·朗伊内阁实行"和解、复苏、改革"的内政总方针，进行各阶层民主协商、协调劳资关系和经济改革。

新西兰国民党成立于 1936 年（由非工会组织以及统一党和改良党合并），其社会基础为大农牧场主和大资产阶级。它于 1949—1957 年、1960—1972 年、1975—1984 年三次作为执政党出现在新西兰政坛上。在它执政期间，由依靠英国转而依靠美国，1951 年缔结了澳大利亚、新西兰、美国条约，把这个联盟当作新西兰安全的基础。1954 年，新西兰参加了东南亚条约组织，参加美国侵略越南战争。在内政上，国民党鼓励发展工商业和农牧业，削减政府开支，提高所得税率，维持福利制度。在它执政的最后一届（1975—1984 年）期间，新西兰社会和经济问题丛生、通货膨胀、失业严重，民族关系和同美国的关系均出现紧张。因此新西兰经济虽然繁荣但并不稳定。

新西兰经济比较发达。1972—1980 年农业产值占总产值的 12.5%，制造加工业占总产值的 22.7% 和 22.9%，贸易占 22%。新西兰经济的特点是以农业、小规模工业和服务业为主。它的农场经营高度科学化。80 年代初，羊肉和未脱脂羊毛产量分别超过 60 万吨和 40 万吨，羊肉、羊毛、黄油、乳酪大部分出口。和澳大利亚相似，养羊业在农业中占有主要地位。林业是新西兰外汇收入的重要来源之一，年产圆木约 900 万立方米，雇用林业工人 4 万余名。其他重要行业为渔业，年捕捞量在 10 万吨以上。它的工业主要面向国内市场。在贸易的进出口国家中，主要为澳大利亚、美国、日本、英国。

第四节　当代西方文化思潮的新发展

一、西方哲学新流派

西方文化思潮的主要趋势　　第二次世界大战,使西方社会经历了前所未有的强烈冲击和空前的灾难。战后,面对废墟和混乱,西方传统的思想文化面临崩溃和严峻挑战,在反思、探索的氛围中,西方文化思潮出现了一次较大的发展和演变。这个时期,社会文化思潮的最主要的趋势就是力图在痛苦的反思中,批判过去的价值观、人生观和社会观等,寻求使西方社会摆脱精神苦闷的新价值观、新人生观、新社会观等。所以,新思潮在哲学、经济学、历史学、文学、社会学、政治学、教育学、心理学、民族学、语言学、科学学、情报学、未来学、管理学等领域中层出不穷。这个时期,新思潮既成为社会发展的必然产物,也成为社会大众的精神新寄托和渴望,同时,也是思想家、历史学家、艺术家以及经济学家的时尚。

客观上看,新的文化思潮恰好是当代西方社会发展的真实反映,尽管也存在着变形的反映,但不是它的主流特征。

存在主义　　存在主义是 20 世纪 20 年代最早在德国出现而于第二次世界大战后在法国盛行并传播和影响到整个西方世界的一个重要哲学流派。其主要代表人物有德国哲学家海德格尔、雅斯贝尔斯和法国哲学家萨特,但海德格尔和雅斯贝尔斯两人并不同意使用"存在主义"这个词,所以,存在主义更多的是与萨特的名字联系在一起的。存在主义是从人的存在的前提出发,揭示和探寻主观与客观即人与环境的矛盾以及在这种矛盾中的人的自由本质属性。萨特认为,"人是被判了自由的徒刑","人没有不自由的自由"。存在主义是一个相对独立和相对完整的哲学体系,它包括"存在本体论"、"情感认识论"、"人学辩证法"、"个体伦理学"、"行动历史观"等理论内容。当代的存在主义哲学由于萨特等一批代表人物相继去世,实际上已经衰落了,虽然存在主义的哲学仍有相当大的影响,但作为一个独立的哲学流派,已基本解体了。

结构主义　　与存在主义不同,结构主义不是一个统一的哲学流派,它是一种包括语言学、历史学、社会学和文学理论等在内的思潮,基本特征是用结构主义这样一种方法论来表述不同领域内的问题。所以,结构主义哲学常常是通过一门具体学科的理论表述反映出来的,不如存在主义哲学那样体系明确。结构主义认为,语言是一个体系,也就是一种结构,语言的特点由语音和意义之间的关系构成,这个关系构成语言体系,就是语言结构。这个哲学思潮于 60 年代开始在法国流行,开始时先在不同学科中广泛发展,出现了"结构主义人类学"、"结构主义精神分析学"、"结构主义文学批评"、"结构主义历史哲学"、"结构主义的马克思主义"等各种专科流行理论,形成一个新思潮。70 年代后期,结构主义从分科发展到综合,法国的福柯、巴尔特等人通过历史、文艺各方面广泛的综合研究,提出系统的结构主义理论,使其哲学性突出出来。

从存在主义和结构主义发展演变的历史环境看,这两种哲学思潮是相互对立的,兴衰的命运也紧密相连。结构主义作为一个思潮,已和存在主义一样,渐渐消沉下去。但作为专业学科的方法论,结构主义仍然有自己的影响,当代西方文学批评、历史哲学研究中,结构主义作为一种方法被继续使用。

法兰克福学派　　法兰克福学派最早出现于 30 年代,盛行于 60 年代,70年代之后开始走向衰落,得名于德国法兰克福市的社会研究所,代表人物早期有霍克海默、阿多尔诺、马尔库塞等,后期有哈贝马斯、施密特等。法兰克福学派属于西方马克思主义思潮中一个独立的哲学派别,着重研究和分析现实的社会以及个人问题,批判资本主义。该学派第二代代表人物哈贝马斯把法兰克福学派理论研究领域扩展到语言分析、解释学等方面,使走向衰落的法兰克福学派在一定范围内仍有较大的影响。

西方马克思主义　　西方马克思主义不是一个统一的哲学思想流派,而是一个较为宽泛的思潮概念。20 年代在西欧国家中,一些马克思主义者试图重新阐释马克思主义,寻求新的发展道路,以求有别于苏联,并能适应西欧的具体环境,因而形成西方马克思主义思潮,当时的代表人物主要有卢卡奇、科尔施、葛兰西、布洛赫等人。经过三个阶段的发展,当代西方马克思主义的主要代表人物有萨特、阿尔都塞、德拉沃尔佩等,而西方马克思主义也以"存在主义的马克思主义"、"结构主义的马克思主义"、"新实证主义的马克思主义"为标志,内容上发生了较大的变化。西方马克思主义不同阶段的不同理论色彩是它的一个重要特征,但不管它怎么发展变化,有几个基本点是较为一致的。这就是反对苏联模式的马克思主义,重新解释和"完善"马克思主义,强调马克思主义早期与晚期的相互矛盾,强调马克思与恩格斯以及列宁之间的矛盾,特别重视阐述异化学说和人道主义,认为这才是马克思主义的真谛,并对无产阶级的历史作用等持怀疑或否定的立场观点。当代西方马克思主义者多是学者或教授,主要从事纯理论研究,与政治实践有较大的距离。

二、西方经济学新流派

在摆脱第二次世界大战造成的经济困境之后,西方各国在 50 年代初相继走上持续高速发展道路,进入了经济发展的黄金时代,伴随而来的是一场大规模的科技革命浪潮,促进了传统经济部类和产业结构的深刻变化,从而极大地改变了经济面貌和变革了经济学观念。新的形势已经向传统的经济学派如凯恩斯主义等提出了严峻的挑战,一批新的经济学理论和流派应运而生。现代货币主义、供应学派、新凯恩斯学派和现代制度主义是纷繁复杂的诸多经济学流派中最具代表性和最具影响力的派别,基本上反映了当代西方经济思潮的主流。

现代货币主义　　现代货币主义也称现代货币数量论或货币学派,它是50年代中期,首先由美国芝加哥大学教授弗里德曼提出的。随着60年代后期西方国家经济危机和财政金融危机的恶化,特别是70年代西方经济受到滞胀的困扰以后,弗里德曼的学说逐渐受到政府重视,在美、英等主要西方国家付诸实践,他因此获得1976年的诺贝尔经济学奖。从1975年开始,西方七大工业国中有五个国家公开实行货币供应增长目标。现代货币主义的中心思想就是"货币最重要",反对凯恩斯主义的通货膨胀理论,提倡实行"稳定的货币供应量增长"的政策。现代货币主义是当代西方自由主义思潮中最重要的经济学派,它的产生与发展被认为是一场对凯恩斯主义的革命。但是,现代货币主义在一定程度上缓解了西方经济矛盾之后,渐渐在失业率、高利率、增长缓慢等方面暴露出新的矛盾。例如,美国采用现代货币主义政策,把通货膨胀率从1980年的13%降至1982年的约4%,其结果却创下了战后历史上最严重的经济衰退纪录和高利率纪录。

供应学派　　供应学派(也译供给学派)是20世纪70年代以后才在美国出现的经济学派别,但这个学派发展很快,到80年代初已开始成为发挥政治影响和提供决策理论依据的学派,这一点在历史上是罕见的。其主要代表人物有费尔德斯坦、罗伯茨、拉弗等。所谓供应学派,是和凯恩斯的合理需求理论相对立的,是强调经济结构中供给方面的重要性,并从中寻求对策的理论。供应学派主张大幅度降低税率,提高企业投资能力和积极性,取消国家干预,控制货币增长,渐趋预算平衡,削减社会福利等。这些理论被里根政府采纳,并吸取供应学派一些观点,构成经济复兴计划的理论基础,被称作"里根经济学"。80年代中期,该派自称"新古典宏观经济学",但罗伯茨1984年的新著仍名为《供应学派革命》,因此,该学派仍以供应学派著称于世。

新凯恩斯主义　　在经济形势发生巨大变化和新的经济学派不断出现的挑战面前,凯恩斯学派面临着强大的压力和严峻的挑战。凯恩斯主义的继承者们面对挑战和压力,对其理论和政策主张进行补充和发展,意欲使其适应历史变化,由此产生了新凯恩斯主义,或称后凯恩斯经济学派。该学派又分为两派,一是美国的"新古典综合派",代表人物是缪尔森,一是英国的"新剑桥学派",代表人物是罗宾逊。两派均提出新的理论来完善凯恩斯主义,如采用各种"经济波动论"、"经济增长论"来发展凯恩斯的"短期静态均衡"的方法。两派在一些基础理论方面如凯恩斯的有效需求理论、国家干预调节等理论方面并无相悖,但却在资本理论、收入分配理论、经济增长理论和一些政策措施等问题上争论激烈,恰好反映出英国和美国的不同之处。

现代货币主义、供应学派和新凯恩斯主义三者之间的关系是较为复杂的。从基本出发点看,前两者与后者的分歧点是要国家干预还是要市场机制孰为主的问题,主要是两种意见。但在具体政策方面,三者之间各执一端,存在着明显分歧,也存在着错综复杂的交叉。凯恩斯学派着眼于干预需求,供应学派着眼于干预供给,现代货币主义着眼于控制需求。从 80 年代里根政府的实践看,现代货币主义和供应学派的互补性要多一些,里根经济政策中既有用现代货币主义政策控制需求的一面,也有用供应学派政策实行减税的一面。

新制度学派 现代以美国经济学家加尔布雷斯、博尔丁和瑞典经济学家密达尔等人为代表的新制度学派,是相对于 19 世纪末 20 世纪初美国制度学派而得名的。制度学派认为,经济活动并不受经济规律支配,而经济结构和经济制度却发挥着重要作用,所以特别重视和强调对制度因素的研究,重视制度制约经济的诸种因素。新制度学派基本继承了制度学派的理论,用以分析当代资本主义,揭露并抨击它的弊端,对主流经济学持批评态度,其中不乏合理之处,成为西方最具批评色彩的经济学派。

除了上述较大的经济学派之外,西方经济学中还有许多纷繁的派别或理论,如熊彼特的创新理论、罗斯托的经济成长阶段论等等,它们在某些方面或某些问题上的影响和作用也不容低估。又如发展经济学,这是西方国家经济学家专门研究发展中国家经济落后原因并提出相应对策的一种经济学派或理论现象,它是战后世界经济形势发生巨大变化,发达国家与发展中国家经济格局、经济联系出现新情况的客观反应和产物,也有较大的影响。

三、西方史学新流派

当代西方新史学概貌 当代西方新史学,发轫于 20 世纪初,而从 50 年代中后期开始,以摆脱传统史学束缚的姿态,在吸取现代科学、现代哲学和现代意识的基础上迅速发展起来。西方新史学被称之为"社会科学史学",它把人类学、社会学、经济学、心理学、数学、系统论等学科的理论和方法,运用于历史研究,进行跨学科的、"科学式"的或"法则归纳式"的研究。在方法论上,开创了计量史学、比较史学、心理史学、口述史学等新的史学研究方法;在学科上,开展或发展了新社会史学、新政治史学、新人口史学、新家庭史学、新经济史学、新心智史学等新学科领域。在学派上,出现了许多有影响的学派,如法国的年鉴学派等。

西方新史学流派林立,分支繁杂,但大多史学家处于中产阶级地位,同情下层人民,在学术上富于探索精神。他们的开拓变革努力,既提高了研究层次,也拓宽了诸如家庭史、人口史、妇女史、社区史、社会生活史等研究领域,密切了史学研究与社会发展的关系,提高了史学的影响。这些进步不但比 19 世纪史学具有崭新的面貌,而且也促进了历史学从"人文学"向"历史科学"方向迈进,虽然它有自己的局限和困难。

新社会史学派　　新社会史是 60 年代末在美国出现的史学流派,它与新经济史学派、新政治史学派同为战后美国出现的新史学派分支。60 年代末至 70 年代初,新社会史学派在美国史学研究中占据了主导地位,其间发表的论著约占新史学论著的半数。1976 年美国成立社会科学史学协会,1977 年纽约州立大学成立布罗代尔中心。而到 70 年代末,美国哈佛、耶鲁等 8 所著名大学开设的新社会史学课程已多达 95 种,美国社会史研究在世界上名列前茅。该派主要代表人物和代表作有哈佛大学塞恩斯特鲁姆教授,著有《贫穷与进步》,这部书被认为是该学派的开山之作,以及迪莫斯的《小联邦》、格雷文的《四代人》、洛克里奇的《一个新英格兰村镇》、朱克曼的《安宁的王国》、查尔斯·蒂利的《社会学与历史学的结合》、沃勒斯坦的《现代世界体系》等等。这些著作的共同特点和方法是用社会科学概念和计量方法,把社会作为历史研究的基本对象并以此为研究的组织原则。格雷文认为,新社会史派是"通过仔细而详尽地考察特定地区的个人、家庭和团体经历,来探索社会的基本结构和特征"。新社会史派在经历了 20 余年的鼎盛期后,80 年代中期后已渐渐失去原有势头,批评它的议论也日渐增多,认为该派缺乏完整的方法论,对社会案例的研究只见树木不见森林等等。

年鉴派史学　　年鉴学派在法国有深厚的历史渊源,但当代发展成具有国际影响的年鉴学派,是指二三十年代吕西安·费弗尔和马克·布洛赫开创、战后由费尔南·布罗代尔、夏尔·莫拉泽等人全面发展的法国史学派别。该派因费弗尔等人于 1929 年创办《经济与社会史年鉴》杂志得名,1946 年该杂志易名为《经济、社会和文明年鉴》。1968 年法国五月风暴之后,年鉴学派的新一代代表打出"新史学"的旗帜,故又从此被称作"年鉴—新史学派"。年鉴学派的理论与方法是多方面和多元化的,主要如布洛赫的比较历史方法和回溯复原方法、费弗尔的心理或精神研究法、布罗代尔的三时段理论等。费弗尔的心理研究法在六七十年代被芒德鲁、伏费尔等人进一步发展成精神状态史研究,也构成年鉴学派的重要内容。"年鉴—新史学派"的代表作有勒高夫和诺拉合编的《创造历史》、勒高夫等人编的《新史学》等。这个阶段的年鉴学派进一步拓宽了研究领域,广泛开展对"日常生活"的研究,翻新了研究方法,但也使人感到它缺乏统一精神,似乎不是一个统一的学派。由此可见,年鉴学派的发展和变化仍将是复杂难测的。

计量史学　　计量史学作为一种研究历史的方法,可以追溯到古代中国的《史记》,也可在近代西方找到应用的实例,但它真正作为一门现代史学派别发挥影响,应首先归功于欧美史学家把现代计量手段和方法与历史研究相结合。正是由于有了战后西方世界的科技革命和经济繁荣,才为欧美史学家既提供了计量工具又提供了使用这些工具的环境。计量史学应用的领域极其广泛,当代不同的史学流派大都在不同程度上使用了这种研究方法,如新经济史派、新政治史派、新社会史派及英国史学流派、苏联东欧史学界等。计量史学作为一种研究方法,大致包括三种功效,一是制作反映计量模型,即用模拟的历史现象和过程来揭示历史进程的规律性;二是制作反事实模型,即制作没有发生过但有可能发生的历史进程模型,用以探寻历史进程的多变性;三是广泛使用计量分析方法,如平均数、相关和回归分析、趋势计算、随机变量和概率论等等,其目的是求得历史结论的科学化、精密化,抑或是一种简明的量化。60 至 80 年代,欧美史学界采用计量史学方法所出的成果明显成为史学研究成果的多数和主流。计量史学作为一种方法,促进了史学研究精密化,改变了许多传统观点,弥补了定性抽象分析的不足,拓展了研究领域、深化了研究层次,简化了手工繁重劳动,有利于集体协作项目的开展和完成等。由此可见,它的积极意义是不容忽视的。但是,计量史学并不是万能的,许多错误的使用这种方法进行研究的史家和成果不免贻笑大方,这应值得我们认真借鉴。

当代西方史学流派中的多数是源于本国传统史学派别的,有些虽然换了名称,但内容与理论方法仍是一脉相承,有些可谓脱胎换骨,自立门户了,但是渊源关系仍十分显见。在方法论上,多种流派共同采用几种方法也是常见的,如心理分析法、计量方法等。

四、西方文学新流派

文学中的叛逆精神　　20 世纪头 50 年中发生了两次世界大战,它给人类带来的心灵创伤和震撼丝毫不亚于战争造成的生命、物质损失。战后,西方经济、科学技术迅速发展,社会政治生活动荡不已,它与战争的创伤一起猛烈地冲击着文学家,使他们在传统文学与现实面前显得无所寄托。正是这股巨大的历史冲击波把文学家们推进了五花八门的探索世界,由此而诞生了一代新人,创立了纷繁的当代文学流派。如果说,当代西方哲学、经济学和历史学诸多思潮是对社会变化的理性反映,是社会需要呼唤出来的新思潮的话,当代西方文学流派则是对社会变化作出的感情反映,它大多是社会压抑的情感和思想的爆发。因此,与哲学等相比较而言,文学的特有精神即叛逆精神表现得淋漓尽致。这一点,在当代西方主要文学流派如后现代派文学、存在主义文学、新小说派、荒诞派戏剧、黑色幽默派,以及美国"垮掉的一代"和英国"愤怒的青年"等派中几乎都有所反映。

后现代派文学　　后现代派文学是个很宽泛的概念,英美评论界常常把战后西方文坛新出现的流派都纳入它的范畴。事实上,后现代派文学思潮遍及小说、诗歌、戏剧、电影、音乐、绘画、舞蹈及建筑诸多方面,是战后文学艺术领域内出现的新流派的抽象代表,具有综合性思潮的特征,而又不能完全取代或等同于某一具体流派。后现代主义是对现代主义的扬弃,他们自称自己的哲学—美学立场是极端客观性,也就是要探寻事物的某种尚未表露出来的本原。后现代主义最基本的艺术特征是,以艺术的无意义论和创作的无动机论作为主要的艺术观。具体讲,就是把作品看成是作者意识的自由表露,它不受传统理论如结构形式、选材角度、人物关系和道德规范的束缚,完全听命于写作的自然节奏或作家的随心所欲。后现代主义是一种极为复杂的艺术现象,它的出现反映了西方社会思维观念和思维层次的复杂变化,也反映了西方世界"人"的复杂和矛盾,"人"的挣扎和异化。由此不免带有主观主义、非理性主义、虚无主义甚至是颓废主义的浓重色彩。对后现代主义的认识,有赖于对当代西方文坛众多新流派的分析认识,唯此才可能较客观地认识战后西方文学新流派的基本面貌和本质内容。

存在主义文学　　存在主义文学是存在主义哲学在文学上的直接表现,被称为"哲学的文学"。它的特点是源于新的哲学思潮,并与哲学思潮相辅相成。存在主义文学的创始人萨特也具有哲学家和文学家双重身份,他的文学作品《墙》、《可尊敬的妓女》是存在主义文学的代表作。存在主义文学的思想特征在于把文学作为哲学的"展示"和思想的"号召",因而主张文学干预或介入生活。在存在主义作家面前,世界没有意义,自由是世界的本质,而存在的世界是一个荒诞、丑恶、没有前途、使人厌恶、痛苦和迷惘的世界。萨特说:"我们出生是荒诞,我们死亡也是荒诞",面对荒诞的世界,人便产生恶心感。所以,萨特另一部著名小说即名为《恶心》,它是存在主义文学的开山之作。从艺术特征上看,存在主义力图处处阐述存在主义哲学,力求打破传统手法,在艺术上创造了"环境剧",不讲究剧情的曲折复杂,不突出或匠心设计人物性格,把人物性格在哲理辩论中展开,并有许多隐喻、寓意等自然主义笔法。除萨特之外,存在主义文学的代表人物还有法国作家加缪、波伏瓦等人,加缪的代表作是中篇小说《局外人》,波伏瓦的代表作是长篇小说《女宾》。

新小说派文学　　新小说派是第二次世界大战后在法国兴起的著名文学流派,该派因宣称要与19世纪中后期以来的现实主义文学传统决裂而得名。这一流派的产生,既是对以巴尔扎克为代表的"人本主义"文学的挑战,也是对萨特代表的"存在主义文学"的否定。它主张客观世界是独立存在的,并不受人的支配,而人在"世界"面前常常处在无能为力的境地,不是人决定一切,而是"世界"决定内心、内在和自我。在艺术手法上,新小说派追求"创作与毁灭并举的叙事法",摒弃顺叙、倒叙等传统手法,而采用所谓的交叉式、重叠式、循环式、预见式的叙述方法,因而复杂难懂,有评论家批评它荒诞、古怪、晦涩难懂。事实上,新小说派作家之间甚至一个作家的两部作品之间,创作方法都有许多不同,因而它的艺术特征也是难以捕捉的。该派主要代表人物和代表作有，罗布-格里耶的长篇小说《橡皮》、《窥视者》，娜塔丽·萨罗特和小说《金果》，米歇尔·比托尔和《变化》，克洛德·西蒙和《弗德公路》等。

荒诞派文学 比新小说派兴起稍晚，但与存在主义文学和新小说派一起被称为法国当代文学史上三大流派之一的荒诞派，主要作品是舞台剧，因而习惯称之为荒诞派戏剧。该派代表人物主要有欧仁·尤奈斯库和塞缪尔·贝克特，代表作分别为《椅子》和《等待戈多》。开始时，荒诞派戏剧仅有实无名，虽然一批内容和创作手法相类似的荒诞剧在继续登上舞台，但剧作家们并没有打出旗号或创办刊物，直到60年代初，英国戏剧评论家马丁·艾斯林第一次使用"荒诞派"这个词来评论这类作品，荒诞派戏剧才真正有名有实，得到社会承认。荒诞派戏剧的产生，是西方知识界对战后世界认识的一种悲观反映，反映出缺乏安全感、惶惑和悲观失望的心态。1969年，贝克特获诺贝尔文学奖，授奖仪式上把他的戏剧与希腊悲剧相提并论，1970年尤奈斯库当选为法兰西学院院士。美国出版的《20世纪世界文学百科全书》也认为，荒诞派符合现代悲剧特征，是绝望的悲剧，作者是以严肃态度面对严峻现实的。它的思想特征与存在主义哲学有直接的联系，都认为人生是荒诞的，现实是令人恶心的等等。无情节或情节荒诞，是荒诞派戏剧的典型艺术特征，荒诞的舞台形象、语无伦次的语言或干脆就是哑语等艺术手法，也是荒诞派的重要艺术形式。

黑色幽默派和"垮掉的一代" 这两派都是战后出现于美国文坛的新流派，它们的最突出的共同点就是对美国社会的失望、讽刺和背叛。黑色幽默以弗里德曼编辑的小说集《黑色幽默》得名，它是一种绝望的幽默，既是一种文学现象，也是一种社会心态。它的思想基础和现代反理性主义的哲学思潮和社会思潮有联系，如弗洛伊德主义、柏格森直觉主义、存在主义等。"垮掉的一代"是因肯尼斯·雷克思罗斯的《离异：垮掉的一代的艺术》而得名，它也与上述思潮有关联，所不同的是，它对现实与传统的否定是更加彻底、更加绝望的，从而表现出来的社会行为是否定一切的"垮掉"。"垮掉的一代"把酗酒、吸毒、疯癫和当众裸体视为一种对社会的反抗手段，因此而产生的嬉皮士给美国社会带来了新的问题。在艺术手法上，两派都力求摆脱模式的束缚，黑色幽默派多采用寓言式的夸张和哈哈镜式的描述，"垮掉的一代"则一概不讲究情节或结构，有的甚至连作品中的人物姓名也不作交代，近乎意识流的随意性和跳跃性。黑色幽默派最著名的代表人物和代表作是，约瑟夫·海勒和《第二十二条军规》，库特·冯尼格和《第五号屠场》。"垮掉的一代"的代表人物有杰克·克茹亚克和阿仑·金斯堡，前者的代表作是小说《在路上》，后者是垮掉派诗人，代表作是《呼号及其他》。

"愤怒的青年" 战后英国文坛远不及法国和美国活跃，传统的东西较少被突破,只有昙花一现的文学流派"愤怒的青年"曾一度给英国文坛带来了一些生机。50 年代,一群出身微贱、前途渺茫的青年作家,因苦闷、压抑、彷徨而发展成一种对社会的"愤怒",他们的作品抱着一种冷淡、愤懑、反抗、批判和敌视的态度大量问世,其代表作《愤怒的青年》一书使该派的文学旗号得到确定和社会承认,剧本《愤怒的回顾》推动了这个文学流派发展到黄金时代,而阿伦·保罗和约翰·奥斯本两人也成了著名的代表人物。"愤怒的青年"在艺术上追求一种简明或平淡的风格,不搞情节起伏和矛盾冲突,但对人内心世界开拓较深,也颇耐人寻味,因为愤怒青年派作家大都成了名,有了社会地位,他们用"愤怒"换来了"桂冠",因而不再"愤怒",所以这个文学流派也渐渐消亡了。

第九章　社会主义国家的政治经济改革和发展变化

　　现代化的政治经济体制改革,从全世界范围看,是第二次世界大战后整体化过程加剧的普遍趋势。虽然两极化世界对立格局严重地影响着它的发展速度,但这个趋势时隐时现,并愈来愈形成为发展的潮流。以苏联而论,30 年代所建立起来的高度集权的政治经济体制,随着战后初期的经济恢复而日渐暴露出其弊端。早在 40 年代末期,一些有识之士便有改革之举。50 年代到 60 年代的调整标志着改革的开始。从 70 年代以来,社会主义国家无一例外地被卷入改革大潮之中。社会主义现代化改革是一场崭新、复杂而又艰巨的历史任务。影响它的进程的有国内外诸多因素。但是,主要由于指导思想与路线的不同,苏联和东欧的改革相继失败,而中国的改革却沿着邓小平建设有中国特色的社会主义道路稳步发展。在世界政治风云急剧变化的严峻挑战面前,社会主义中国经受住了考验,显示了勃勃生机和强大的生命力。

第一节　苏联的改革和苏联的解体

一、1957 年的"反党集团"事件与赫鲁晓夫的改革

　　"反党集团"事件　　苏共二十大以后,报刊上出现了批判个人崇拜的高潮。1956 年 6 月 30 日,苏共中央发表了《关于克服个人崇拜及其后果》的决议。随之,在全苏各个领域展开了批判斯大林的大规模运动。同时,大张旗鼓地对冤假错案进行平反工作,解散了大批集中营。据粗略统计,1956—1957 年间,大约有 700 万—800 万人被释放,500 万—600 万人死后得到昭雪。苏联政府还为在卫国战争期间受迫害的车臣、印古什、卡拉恰耶夫、巴尔卡尔、卡尔梅克等少数民族恢复名誉,允许他们从被流放的东部地区返回故乡居住,重建他们的自治共和国或自治州。在经济方面,也加紧改革和调整。1956 年春,决定对 1935 年制定的《农业劳动组合章程》的部分条款进行修改和补充,在集体农庄改行按月预付一部分现金报酬,并按不同标准付给超额完成计划附加报酬的制度。1957 年春,进一步改组工业和建筑业的管理体制,由部门管理改为地区管理。据此,撤销了有关的 10 个全联盟部,15 个联盟兼加盟共和国部,以及 113 个加盟共和国部,将全国划分为 105 个新经济行政区,每区设一国民经济委员会,代替原主管部对工业和建筑业实施具体领导。这次工业改组后,中央只保留了与国防关系

较大的几个工业部门。

　　苏共二十大及其后对斯大林的批判,在国内外引起强烈反响。在国内,一部分人热烈拥护,一部分人激烈反对。在国际上,帝国主义者和各国反动派借此掀起一股反苏、反共、反社会主义的浪潮。资本主义各国共产党人不知所措,不少人"失望"退党。东欧社会主义国家动荡不安,1956 年 6 月发生了"波兹南事件",10 月爆发了"匈牙利事件"。在苏共最高领导层内,一些人对此甚感忧虑,并对赫鲁晓夫的内外政策及其言行日益不满。在这一背景下,1957 年发生了"反党集团"事件。

　　1957 年 6 月 18 日,由莫洛托夫主持召开了苏共中央主席团一次特别会议。会上,马林科夫、卡冈诺维奇、莫洛托夫等人指责赫鲁晓夫独断专行,"秘密报告"后果严重,其政策是"托洛茨基主义和机会主义的",垦荒计划具有"冒险性",农业政策是"右倾的农民路线"等。赫鲁晓夫极力为自己辩解,他得到米高扬、苏斯洛夫等人的支持。经过 3 天争论,主席团最后以 7∶4 通过由谢皮洛夫受托起草的决议,撤销赫鲁晓夫第一书记职务,改组中央书记处。赫鲁晓夫拒绝服从这一决议,声称只有选他担任此职的中央全会才能将他罢免,要求召开中央全会再行表决。新任国防部长朱可夫动用军用飞机把多数中央委员接来莫斯科。6 月 22 日,中央全会召开,会议由苏斯洛夫主持。赫鲁晓夫在会上作了《关于党内形势》的报告,指责莫洛托夫等人反对改革,并要他们对 30 年代的大清洗负责。莫洛托夫在会上作了《关于苏联的国际地位》的报告,也历数赫鲁晓夫的错误。赫鲁晓夫的报告得到与会者多数的支持,全会于 29 日通过了《关于马林科夫、卡冈诺维奇和莫洛托夫反党集团的决议》。决议指责他们在苏共中央主席团内形成"反党集团",在一切重大问题上反对苏共二十大规定的路线,决定撤销他们三人的中央主席团委员和中央委员的资格,同时解除了谢皮洛夫的中央书记等职务。接着,苏联最高苏维埃也作出决定,解除马林科夫、卡冈诺维奇和莫洛托夫在苏联部长会议中担任的职务。

　　1958 年 3 月底,苏联最高苏维埃又举行会议,以布尔加宁曾与"反党集团"一起活动为由,决定免去他的部长会议主席职务,由赫鲁晓夫接任。这样,苏联党政大权就集中于赫鲁晓夫一人之手。

　　农业的调整　　此后,赫鲁晓夫更积极地推进其经济、政治改革,并提出一些惊人的口号和目标。在庆祝十月革命 40 周年的大会上,他正式提出要通过"和平竞赛",在按人均产品产量方面"今后 15 年内不仅赶上并且超过美国"。在 1959 年 1 月苏共二十一大上,他宣布"社会主义在我国已经取得了完全彻底的胜利",苏维埃国家已进入了"大规模展开共产主义社会建设的时期"。同时,决定终止已执行 3 年的"六·五"计划,制定了新的规模更为宏大的"七年发展计划"。1961 年 10 月,在苏共二十二大通过的新的《苏共纲领》和《苏共章程》

中,又声称苏联将在"20年内基本建成共产主义社会"。这次大会被称为共产主义建设者的大会。

在这种急速建设共产主义的思想指导下,这时期在农业的调整改革和发展上,一方面进一步扩大垦荒和玉米的种植,一方面又采取了一系列新措施。垦荒规模到60年代初已达4 200万公顷,约占全苏耕地的1/5。玉米种植面积到1962年已达3 700万公顷,比1953年增加10倍以上。但玉米不宜种植于苏联许多地区,"玉米运动"很快以失败告终。从1958年起,陆续出台的农业新措施主要有:(1)取消农产品的义务交售制,改行统一的农产品收购办法,即改由国家通过计划以公顷计算收购量,按各地区分别规定的统一价格收购一部分农产品,其余农产品可在市场上自由出售。(2)将机器拖拉机站改组为技术修理站,把拖拉机等农业机械卖给集体农庄。(3)在加速发展国营农场、扩大集体农庄规模和收缩个人副业经济的基础上,推行农业小组承包制。

赫鲁晓夫在农业方面进行的调整与改革,改变了苏联农业长期停滞不前的状态。在1953—1964年期间,谷物总产量年均达到1.175亿吨,比1945—1953年间的年均产量增长62%。在农业技术改造方面,到1960年初,耕地与谷物的播种和收获已实现全面机械化。农民的生活水平也有较大的提高。但是,苏联农业落后的问题没有得到根本的解决。这时期农业的发展主要是靠垦荒等粗放经营的方式扩大生产,劳动生产率仍很低,而且受气候影响,产量波动很大。如1956、1958和1962年风调雨顺,粮食丰收,粮食产量分别达到1.25亿吨、1.34亿吨和1.402亿吨,但在1957、1959和1963年,却分别陡降2 240万吨、1 520万吨和3 670万吨。赫鲁晓夫的农业政策还缺乏科学性、一贯性,使其改革效果在前期比较明显,而后期大为减弱。如1953—1958年间,粮食产量年均增长率达到11.8%,而1958—1964年间年均增长率仅为3.2%。特别是1963年粮食大幅度减产迫使他恢复了粮食定量配给制,并开始动用黄金储备从国外购进大批粮食。

工业的调整　　这时期在工业的调整、改革方面,主要是针对1957年工业改组引起地方主义泛滥和国民经济混乱等问题,采取一些补救措施。如将105个经济行政区调整合并为47个,并设立最高国民经济委员会重新实行中央统一领导等。从1962年起,又开始摸索经济管理方面的新形式,支持关于"利别尔曼建议"的讨论和试点。1962年9月9日,哈尔科夫经济学院教授利别尔曼在《真理报》发表了《计划、利润、奖金》一文。文章建议利用利润、奖金等经济手段推动企业的生产发展;国家下达企业的生产计划只限于产品数量和交货期限两个指标,其余完全由企业自定。他还主张把盈利作为衡量企业好坏和规定奖金多少的标准。经过一年多的讨论和试点,政府着手起草并制订新的企业条例等改革文件,酝酿一场新的改革。

赫鲁晓夫的工业体制改革进展不大,"七年计划"也远未完成,但他执政时期注意推行"物质利益原则",增加了资金和劳动力的投入,工业仍有明显增长。1953—1963年,苏联工业总产值增加1.7倍,年增长率为10.5%,比美国快1倍,特别是与军事有关的尖端技术发展很快。1953年8月,苏联在美国之后不到一年爆炸了自己的氢弹;1954年6月,建立起世界第一座原子能发电站;1957年8月,发射世界第一颗人造地球卫星;1961年4月,尤里·加加林乘世界第一艘载人宇宙飞船"东方一号"成功起飞。这时期,苏联工人的生活也得到改善,平均月工资从1955年的76.2卢布上升到1965年的104.2卢布。

赫鲁晓夫被迫退休　　1961年10月召开苏共二十二大,通过赫鲁晓夫主持起草的《苏联共产党纲领》。它宣称,"无产阶级专政在苏联已经不再是必要了",苏联"已变为全民的国家",苏共"成了全体人民的党"。在这次大会上,赫鲁晓夫又在"反对个人崇拜"的口号下,再次掀起批判斯大林的新高潮。同时,进一步揭发批判马林科夫、莫洛托夫等"反党集团"成员,并点名批判"反党集团"其他成员布尔加宁、伏罗希洛夫。随后,又将他们撤职并开除出党。在改革干部制度上,规定了干部任期,一定程度上限制了干部特权。但赫鲁晓夫在任后半期,独断专行,夸大他个人的作用。

1962年11月,以"生产原则"为基础,赫鲁晓夫对党政领导体制进行了一次重大改组,将州和边疆区的党组织和党委会划分为两个独立的系统,即工业党组织和农业党组织。随之,对苏维埃、工会和共青团组织也进行了相应的改组。这次改组造成机构重叠、政令不一、指挥失灵等恶果。

在对外关系方面,1958年苏共批判南共联盟纲领是"现代修正主义"。1959年9月9日,塔斯社发表关于中印边境事件的声明,偏袒印度扩张主义,公开中苏分歧。不久,中苏两国关系破裂。1959年9月中旬,赫鲁晓夫访美,与美国总统举行戴维营会谈,他鼓吹这是国际关系的"新纪元"。1962年,苏联把导弹秘密运进古巴,但又在美国威胁和监视下很快将导弹撤出,这使苏联大为丢脸。

1964年10月14日,举行苏共中央全会,苏斯洛夫代表中央作了关于撤销赫鲁晓夫职务及其原因的长篇报告。报告列数赫鲁晓夫的主要问题有:个人集权,随心所欲,自我吹嘘,任人唯亲,管理混乱,外事不慎等。全会发表公报宣布,全会"满足"赫鲁晓夫本人的"请求","解除他苏共中央第一书记、苏共中央主席团委员和苏联部长会议主席的职务";同时,选举勃列日涅夫为苏共中央第一书记。第二天,苏联最高苏维埃举行会议,任命柯西金为部长会议主席。此后,赫鲁晓夫退休领取特种养老金。他于1971年9月11日病逝,终年77岁。

二、60—80年代中期的苏联

勃列日涅夫的内政与外交　　1964年10月勃列日涅夫上台后,苏联进入一个新的历史时期。勃列日涅夫一上台即宣称,要继续执行苏共二十大、二十一大和二十二大的路线,说这一路线是列宁主义的路线。但另一方面,他又不指名地批判赫鲁晓夫搞"个人崇拜"和"唯意志论",并逐步对赫鲁晓夫时期导致混乱的一些政策进行调整。

在政治方面,他采取了"稳定政局"的方针,并趋于基本恢复赫鲁晓夫改组以前那种高度集中的党政领导体制。1964 年 11 月,苏共中央全会通过《关于把州、边疆区工业党组织和农业党组织合并的决议》,恢复了 1962 年前各州、边疆区统一的党委会和统一的苏维埃、工会和共青团等组织。1965 年 12 月,由波德戈尔内接替米高扬任最高苏维埃主席团主席。此后一段时间里,最高领导核心为勃列日涅夫、柯西金和波德戈尔内 3 人,形成所谓"三驾马车"的集体领导体制。1966 年 3 月,苏共二十三大召开,将党中央主席团改回称中央政治局,并重设中央总书记取代第一书记。同时,取消赫鲁晓夫时期实行的"干部更新制度",避免大批干部轮换,保持干部队伍基本稳定。1966 年成立社会治安部,1968 年改名为内务部,专门负责社会治安。同时动员社会力量参加治安工作,广泛建立社会治安站、同志审判会、人民纠察队等。此外,还在国家安全委员会内增设相应机构,处理持不同政见者运动,对之采取有限的打击政策。1977 年10 月,苏联最高苏维埃通过《苏维埃社会主义共和国宪法(根本法)》,这是继1924 年和 1936 年之后的苏联第三部宪法。它以专门条款全面阐明苏联共产党在苏联社会中的领导地位,和在苏联社会政治体制以及所有国家机关与社会团体中的核心地位。

在理论和意识形态方面,这时期历次党代表大会都强调加强马列主义的研究和宣传,并同帝国主义意识形态作斗争;加强对人民群众的爱国主义和共产主义教育,反对文学艺术的"无党性"和"绝对创作自由"。在关于苏联社会当前所处的发展阶段等理论问题上,勃列日涅夫收起了赫鲁晓夫提出的"到 1980 年基本建成共产主义"的口号,代之以建成"发达社会主义"的提法。1967 年 11 月,他正式宣布,苏联已"建成发达的社会主义"。1977 年,他进一步阐述说,"成熟的发达社会主义阶段,是从资本主义走向共产主义道路上一个相当长的发展阶段"。

在斯大林问题上,部分地恢复了斯大林的名誉。在斯大林诞辰 90 周年之际,以 1956 年 6 月 30 日苏共中央决议为依据,评述了斯大林的功与过两个方面,并发表一批肯定斯大林领导反法西斯战争取得胜利的文章和回忆录。1969年在斯大林墓前树立了半身像。

勃列日涅夫执政初期,强调并实行了集体领导。但随着政局的稳定及其领导地位的巩固,他个人集权和新的个人崇拜倾向日益明显。从 70 年代起,他逐步把自己的亲信提拔上来,并经常直接插手政府内外事务。1976 年,勃列日涅夫获苏联元帅衔。1977年,他兼任最高苏维埃主席团主席和国防会议主席,成为苏联党、政、军的最高首脑。这时期,他7次获得列宁勋章,3次获得英雄金质奖章,他的名字、照片、语录充斥苏维埃各种书报刊物,在各种场合引述他的讲话和著作已成惯例,对他的个人颂扬越来越频繁。与此相随,理论和体制陷于僵化,官僚主义滋长,营私舞弊现象增多,不正之风日盛,社会政治经济生活陷于停滞。

在外交方面,勃列日涅夫奉行霸权主义,提出了"有限主权论"。在他执政期间,苏联对外进行了一系列侵略扩张活动。1968年8月,出兵入侵捷克斯洛伐克。1969年3月和8月,侵犯我国东北领土珍宝岛和新疆的铁列提克地区。1978年12月,支持越南侵略柬埔寨。1979年12月,出兵入侵阿富汗。这些行动,受到国际舆论的严厉谴责。在苏联和西方的关系方面,勃列日涅夫执政前期,注意和西方搞缓和,并发展了同西方国家的经贸关系。70年代中期,苏联随着自己经济军事实力的增强,转而推行进攻性的国际战略,加紧苏美争夺。

经济方面,在勃列日涅夫领导下,先后实施了"八·五"、"九·五"、"十·五"三个五年计划(1966—1980年),并在工业部门推行了新经济体制,在农业部门也进行了一些改革。

新经济体制的实施　　新经济体制的实施可分为三个阶段。

第一阶段:60年代中期到70年代初期。1965年9月,苏共中央全会通过了《关于改进工业管理,完善工业生产的计划工作和加强对工业生产的经济刺激的决议》。这是开始实施新经济体制的主要文件,比较集中地反映了新经济体制的基本原则。据此,这阶段改革的主要内容是:(1)恢复集中领导的部门管理制,并兼顾地区管理的原则。到1980年,由中央直接管理和由各加盟共和国及地方管理的工业企业产值分别为工业总产值的54%和46%。(2)在坚持集中计划的前提下,扩大企业的某些自主权。如将国家下达企业的计划指标由20多项减为9项;企业的利润留成由6%提高到17%;企业有权自行出售按调拨单销售不出去的产品;企业经理获得确定本企业机构设置和人员编制的权力等。(3)以利润留成设置企业经济刺激基金。刺激基金包括3项:物质鼓励基金、发展生产基金、社会文化措施及住宅建设基金。(4)利用价格、信贷、奖金等经济杠杆刺激企业改善管理。如1967年在零售价格不变的情况下,全面调整了工业品批发价格;开始发放基本建设长期贷款,并实行择优贷款原则;把奖金与企业最终效益挂钩等。

这一阶段的改革对于整顿并搞活经济有一定意义,使"八·五"计划比较顺利地实现,工业年均增长率为8.4%,与前5年相比基本持平。但改革措施局限性大,而且未完全贯彻执行。

第二阶段:70年代初期到末期。主要内容是,进一步改组工业管理机构,成立各种联合公司,开始推行以集约化经营为核心的经济发展战略。

1973 年 3 月,苏共中央和部长会议通过了《关于进一步完善工业管理的若干规定》的决议。此后,联合公司在苏联普遍建立起来。到 1979 年,联合公司达 3 947 个,参加的企业共有 17 516 个,联合公司的产品占工业产品总销售额的 47.1%,从业人员占工业生产人员总数的 48.4%。

联合公司作为一种生产组织形式,适合现代生产力的发展。它有利于开展生产专业化和协作,有利于科技进步并简化管理环节。然而在成立联合公司的过程中,由于高度集中的旧体制框架基本未变,行政命令方法导致形式主义的联合等,影响了联合公司发挥应有的作用。而且 60 年代至 70 年代,发达资本主义国家都在掀起新技术革命的浪潮,苏联却仍拘于把增加传统重工业产品的产量作为赶超西方国家的战略目标。同时,勃列日涅夫基于奉行霸权主义的需要,又加紧同美国进行军备竞赛。因而在这一阶段,尽管苏联还能继续保持一定的经济增长率,并在若干重工业产品产量方面,如钢铁、石油、煤、水泥、化肥、拖拉机、金属切削机床等占据世界首位,在常规武器、核武器以及航天技术方面可以同美国抗衡,其经济和军事实力都明显增强,但是在轻工产品和新兴产业方面,尤其是微电子技术、新材料、生物工程等方面,却明显地落后于资本主义发达国家。其经济结构也不适应现代化要求,第三产业比重很小,生活服务很差,而且基本上是封闭性经济。这些情况严重阻碍了科技进步和经济发展,使经济增长率日趋停滞和下降。1971—1975 年,工业总产值年增长率为 7.1%,比前 5 年下降1.3%,其后 5 年又下降 2.6%。"九·五"、"十·五"计划均未完成。

第三阶段:从 70 年代末到 80 年代初。主要内容是,就第一阶段工业管理体制改革中的若干方面又提出一些新措施。1979 年 7 月,苏共中央和部长会议通过了《关于改进计划工作和加强经济机制对提高生产效率和工作质量的作用》的决议。决议规定:建立长、中、短期相结合的计划体系,并以 5 年累计完成计划情况作为评价企业的依据,使企业的经营活动有较大的余地;严格控制新上基建项目,将基建投资首先用于现有企业的技术改造,并在建筑业中推广施工队包工制;把企业物质鼓励基金的形成指标,由产品销售额改为定额净产值,由新产品销售额改为优质产品产量增长额;将科技人员的物质利益与科技进步的经济效益挂钩等。

这一阶段的改革虽然对促进集约化经营和提高生产效益有一定作用,但它仍然是在坚持国家高度集中管理体制的前提下所采取的一些修补措施。而对如何真正调动企业和劳动群众的生产积极性问题并未解决,对利用价值规律、发挥市场机制的作用基本上仍取排斥态度。苏联僵化的理论和体制使问题越积越多,进入 80 年代经济继续滑坡。1982 年,工业总产值仅增 2.8%,又低于 70 年代后期的增长水平,产品质量长期低下的状况也未得到多大改善。

农业改革措施　勃列日涅夫时期在改革农业管理体制和发展农业方面也采取了一系列措施,并于 1969 年制定了新的《集体农庄示范章程》。其主要措施是:(1)改进农产品收购制度,提高收购价格。从 1965 年起,国家实行"固定收购,超售奖励"的办法。收购计划一定 5 年不变,超计划交售加价 50%。同时,大范围地提高收购价格。1965—1979 年,共提价 7 次,价格指数提高 60% 以上。(2)对庄员实行有保障的劳动报酬制度。即参照当地国营农场的劳动定额和工资标准,先由集体农庄每月向庄员支付一定货币报酬,并在产品收获期发实物报酬,年终最后结算。1980 年,庄员的劳动报酬比 1965 年提高 1.3 倍。(3)支持发展个人副业。如为此发放银行贷款,减少税收,放宽私有牲畜头数,扩大拥有宅旁园地的居民范围,放松农庄市场价格等。(4)推行农业集约化方针。其主要措施是,大量增加农业投资,用以解决农业机械化、化学化、电气化、水利化和土壤改良等。同时,注意建设农产品商品基地,加强农业技术人才的培养和农业科学技术的推广。1965—1982 年,农业投资总额达 4 708 亿卢布,比 1950—1963 年提高 7 倍,每年对农业的投资占国民经济投资总额的 27% 左右。(5)进行农工综合体试验。这是一种跨单位的企业或联合公司,主要经营建筑、建材生产、农畜产品生产及加工、社会服务业等。它有利于农业资金、人才和技术的集中使用。

上述措施取得了一定效果,特别是在初期,农业发展很快。1966—1970 年的农业总产值年增长率达 4.2%,较 1961—1965 年提高 1.9%。1976—1980 年间,谷物年均产量达 20 500 万吨,较 1961—1965 年增加 57%。1978 年产量最高时达 23 700 万吨。1981 年,苏联的小麦、甜菜、土豆、牛奶等产量已居世界第一位,棉花、肉、蛋的产量居第二位,谷物产量居第三位。但是,苏联农业落后问题也未根本解决。它的农业底子较薄,自然条件较差,改革步子不大,国家统得仍然过多,"吃大锅饭"问题仍然存在,加上经营管理不善等诸多因素的影响,进入 70 年代,农业增长率也不断滑坡,农业产量经常大幅度波动。1971—1975 年,农业总产值增长率仅为 0.8%,1976—1980 年为 1.9%,1982 年为 1%。而且,在农业人均产量和农业劳动生产率方面,也远低于西方发达国家。

安德罗波夫和契尔年科时期的苏联　1982 年 11 月 10 日,勃列日涅夫病逝,终年 76 岁。11 月 12 日,苏共中央全会选举安德罗波夫继任党中央总书记,兼苏联国防会议主席。1983 年 6 月,安德罗波夫当选苏联最高苏维埃主席团主席。

安德罗波夫上台时 68 岁,带病工作,执政仅 14 个月。但他在理论上有新提法,在实践上有新措施。还在勃列日涅夫病重由他主持苏共中央日常工作期间,1982 年 4 月他就将勃列日涅夫提出的"发达社会主义建成论"开始改为"起点论"。他提出,苏联社会"正处在发达社会主义漫长的历史阶段的起点上。这一历史阶段本身也将分为若干发展时期和阶段"。1983 年 2 月,他撰文重申了这一论点。

他执政期间的主要措施是:(1)整顿劳动纪律,打击违法乱纪行为。1983年内,仅中央部长和州委第一书记中因严重官僚主义和违法乱纪而被撤职的就有 70 多人。(2)推进经济体制改革。如进一步减少下达企业的计划指标,扩大企业自主权;在集体农庄和国营农场广泛推行集体承包制等。1983 年,苏联在各方面稍有起色。

1984 年 2 月 9 日,安德罗波夫病逝。2 月 13 日,苏共中央全会选举契尔年科继任党中央总书记。4 月 11 日,他当选最高苏维埃主席团主席。契尔年科强调遵循安德罗波夫时期的理论和政策。但他执政时间更短,仅 13 个月即病逝,终年 74 岁。

从 1982 年 11 月到 1985 年 3 月两年多时间里,苏联三位年迈的最高领导人相继病故,这在苏联和全世界都引起注目。

三、从戈尔巴乔夫改革到苏联解体

加速国家社会经济发展战略 1985 年 3 月 11 日,苏共中央全会选举戈尔巴乔夫为新一代的党中央总书记,苏联历史开始了一个新时期。

4 月举行的苏共全会认为,"国家已处在濒临危机的状态","必须进行根本性的变革和改造"。同时,提出了"加速国家社会经济发展的战略方针"。全会增选利加乔夫等三人为政治局委员。会后进行了重大人事调整。7 月葛罗米柯当选苏联最高苏维埃主席,谢瓦尔德纳泽担任外交部长,9 月雷日科夫出任部长会议主席,12 月叶利钦调任莫斯科市委第一书记。

戈尔巴乔夫上台后,在社会改造方面的第一个较大举动,是从 4 月起在全国大张旗鼓地、严厉地开展反酗酒斗争,要求将这种丑恶现象从苏联社会中消除掉。但它操之过急,副作用大,很快作罢。

1986 年 2 月 25 日—3 月 6 日,苏共召开了"二十七大"。戈尔巴乔夫在报告中提出,苏共当前的基本任务是,"发展和巩固社会主义,有计划地和全面地完善社会主义"。在经济方面,提出实现加速战略的"主要手段是科技进步和对社会生产力进行根本改革",并要求在 15 年内使国民收入和工业总产值翻一番。在政治方面,提出"进一步民主化"并"扩大公开性"。在对外政策方面,提出要广泛进行国际合作,"来建立一个无所不包的国际安全体系",并"解决全人类和全球的问题"。大会通过了《苏共纲领新修订本》,它在保留原党纲中的基本理论和原则的同时,强调"社会主义世界的多样性"。大会确认了"加速战略",并将其具体化。大会选举了新一届中央委员会,勃列日涅夫时期党的领导成员绝大多数退出了政治舞台。

代表大会后,苏联公布了关于政治、经济改革,特别是关于经济体制改革的一系列决定,要求改进经营管理机制,扩大企业自主权。还颁布了《个体劳动法》及《合资企业法》,从法律上打破了单一的公有制。1987 年 6 月又公布《根本改革经济体制的基本原则》,明确要求国家对经济的管理从主要依靠行政方法转向依靠经济方法。随后通过《国营企业(联合公司)法》,规定"企业是社会主义商品生产者",应转向全面经济核算,实行自负盈亏、自筹资金和自主经营。为此又相继通过有关计划、科技、物资供应、财政、价格、银行等方面进行改革的决定,并要求在两年内全部企业按新原则办事,向新体制过渡。与此同时,苏联领导人通过各种舆论工具、接见各界人士等方式,呼吁人们"改变旧观念",积极参加改革。

但是,"加速战略"仓促上马,阻力较大,对长期形成的畸形经济结构的调整和对农业体制的深入改革未予重视,对企业改革的宏观决策缺乏具体可行的配套措施,以致各项改革效果不佳。1986—1988 年,国民收入增长率仅为 2.8%,尚低于改革之前,财政赤字上升。

政治体制改革和"新思维"外交　　在经济改革出师不利的情况下,苏联领导人的改革指导思想明显地发生了变化,其重点转向政治改革,政治思想向民主社会主义倾斜。1987 年 11 月,戈尔巴乔夫在国内外同时发行其《改革与新思维》一书。书中强调,"改革的最终目标"就是要"最充分地展现出我们制度的人道主义性质"。认为"改革的实质恰恰就在于,它把社会主义和民主结合起来"。并说"新思维的核心就是承认全人类的价值观的优先地位",即"承认人类的生存"。

1988 年 6 月 28 日—7 月 1 日,举行了苏共第十九次代表会议。会议中心议题是讨论政治体制改革。戈尔巴乔夫在报告中首次完整地提出"人道的、民主的社会主义"的概念,并把"社会主义多元论"、"民主化"和"公开性"作为三大"革命性倡议"。会议通过了相应的决议,决定把一切权力归还苏维埃,并成立由全民直接选举产生的国家最高权力机构——人民代表大会,再由它选举组成最高苏维埃作为人代会的常设机关。这次会议与以往的党代会不同,各种政治观点和对改革的不同看法在会上进行了激烈的交锋,并明显地形成了三大派,即以叶利钦为代表的"民主激进派",以利加乔夫为代表坚持党领导的"传统派",和以戈尔巴乔夫为代表的新思维"主流派"。

1989 年 5 月 25 日—6 月 9 日,第一次苏联人民代表大会在莫斯科举行。大会从 2 210 名代表中选出 542 名组成了新的最高苏维埃。戈尔巴乔夫当选这个最高苏维埃的第一任主席。1990 年 3 月召开的第三次人代会决定,修改宪法,取消苏共的法定领导地位,实行多党制和总统制。戈尔巴乔夫在会上当选为苏联首任总统,卢基扬诺夫当选为最高苏维埃主席。会后,成立了负责决策的总统委员会,其成员有雅科夫列夫、谢瓦尔德纳泽和沙塔林等。

1990年7月2—13日,苏共举行了"二十八大"。会上提出了分别代表三个派别的纲领,即《苏共中央纲领》、《马克思主义纲领》和《民主纲领》。大会通过了中央提出的《走向人道的民主的社会主义》的纲领和"向市场经济过渡"的方针。大会期间,已任俄罗斯最高苏维埃主席的叶利钦等人宣布退党,利加乔夫落选后退休。

同年12月举行第四次人代会,大会就国名问题进行了表决,通过保留原国名。同时,通过了按"主权共和国联盟的原则"签订新联盟条约的总构想,并决定实行总统直接领导下的内阁制和设副总统职位。亚纳耶夫当选副总统。

然而,伴随政治体制"根本改革",政局失控状况日趋严重。在"公开性"、"民主化"和"政治多元化"的口号下,无政府状态在全国迅速蔓延,社会日益动荡。罢工浪潮此起彼伏,经济和刑事犯罪率猛增,反对党派纷纷成立。据报道,新成立的非正式组织有6万多个,共和国级的政党有500多个,全国性的政党约20个。其中有的组织,如支持叶利钦的"民主俄罗斯"颇有影响。这些党派大多公开声明反共反社会主义。反共势力则以此形形色色的党派为依托,策划组织了一系列大规模反共游行和集会,夺取苏共在一些地区和加盟共和国的政权。苏共党内的思想十分混乱,自由化思潮严重泛滥,从全盘否定斯大林发展到彻底否定十月革命和苏联70多年的历史,反对列宁主义和马克思主义,反对共产党和社会主义制度。广大党员对形势的变化迷惑不解,相当多的人对政治冷漠和厌倦,不少人因失望而脱党、退党。从1988年下半年到1991年夏天,苏共党员已由1 900万下降到1 500万。苏共分裂的趋势日益严重,一些共和国的党已分裂。领导层内的斗争不断加剧,人事变动频繁,党组织和国家政权陷于半瘫痪状态。

与政治体制改革同步,苏联领导人还开展"新思维外交",大幅度调整对外政策。如为缓和国际紧张局势和改善苏联的国际环境,苏联主动提出裁军,甚至单方面裁军,并和美国签署消除部署在欧洲的中程导弹条约;积极开展"富国外交",多方争取经济合作及援助;宣布不再干涉东欧各国事务,并开始主动从东欧撤军;减少对亚、非、拉一些国家的经济和军事援助,停止对一些国家的渗透、颠覆活动;开始逐步消除同中国关系正常化的三大障碍——苏联从阿富汗撤军、从蒙古撤军和削减中苏边境地区驻军、停止支持越南侵略柬埔寨,于1989年在和平共处五项原则基础上恢复苏中关系正常化等。但是,"新思维外交"过分热衷于追求苏美合作和所谓"欧洲大厦",依赖和幻想西方大量经济援助,不顾一切实行妥协和退让。戈尔巴乔夫甚至在西方领导人、尤其是在美国总统布什面前唯唯诺诺。这些作为使苏联的国际地位和影响大大下降,激起苏联所有爱国者,包括一些领导人的强烈不满。同时,"新思维外交"也强调东欧国家根本变革的必要性,积极评价它们的"自由化"改革,并为西方干预这些国家开绿灯,从而催化了东欧各国的剧变,并导致华沙条约的崩溃和经互会的瓦解。这一事态的发展也使苏联人民感到极大的困惑,并在苏共内部引起思想混乱和争论。

民族分离运动的兴起 在政治、外交改革过热和社会动荡不安的形势下,经济改革实际陷于停滞,经济发展速度接连下滑。1989 年国民收入增长率降为2.4%,1990 年比上年又降 4% 而出现负增长,开创了苏联战后经济严重滑坡的先例。消费品市场的供应由长期失衡发展到全面短缺,国营商店抢购成风,黑市交易和投机倒把盛行。财政赤字和货币发行失控。1989 年通货膨胀率比上年增加 56%,1990 年又比上年增 70%,外债达 700 亿美元。人民生活水平不断下降,广大群众怨声载道。

影响尤为严重和深远的是,戈尔巴乔夫提出的"公开性"、"民主化"和"政治多元化"口号,揭开了苏联各民族之间旧时积怨的伤疤,煽起了民族主义情绪,使本已错综复杂的民族矛盾和冲突迅速趋于尖锐和激化。民族之间由群殴、械斗,发展到武装冲突。居民 80% 为亚美尼亚人的纳戈尔诺—卡拉巴赫地区的武斗,从 1987 年开始到 1990 年在全苏蔓延着的民族冲突,已造成不少人伤亡,几十万人无家可归。同时,民族分离主义势力乘机崛起,一些共和国的共产党或被民族主义组织取代,或自身已变成民族主义政党,使联盟体制面临崩溃的危机。1989 年 8 月,在波罗的海沿岸三国,民族主义组织"人民阵线"在国外反苏势力支持下,策划组织了上百万人参加的跨界人链活动,抗议导致三国并入苏联的1939 年苏德条约,并公开提出了"脱离苏联"的口号。1990 年 3 月,立陶宛率先宣布独立。接着,拉脱维亚、爱沙尼亚、格鲁吉亚、亚美尼亚和摩尔多瓦的议会也要求退出苏联。6 月 12 日,俄罗斯人代会又带头发表主权宣言,声称本共和国的法律"至高无上"。随后。一批加盟共和国和自治共和国也相继发表主权宣言。有的甚至更改国名、国旗和国徽,组建起本民族的军队和警察,设立边防和海关等。一些共和国还不断进行横向串联,就政治、经济、文化等问题相互签约,联合对抗中央。另一方面,各共和国之间的"主权战"、"法律战"和"贸易战"等又层出不穷,使联盟内部的裂痕越来越大,国家传统的经济联系和财政体系遭到破坏。

面对联盟濒临解体的危机,为了遏制民族分裂势头,戈尔巴乔夫和中央政府曾对之软硬兼施,如 1990 年 4 月制定《加盟共和国退出苏联程序法》和《紧急状态法》,对率先宣布独立的立陶宛实行经济制裁,甚至动用军队等。但在国内外敌对势力的压力下,最后都以妥协退让而告终。

1991 年 3 月,就保留联盟问题举行了苏联历史上首次全民公决。有 80% 的公民参加投票,其中赞成保留联盟的占 76.4%。但在草拟新联盟条约的过程中几经周折,并在中央作出重大原则让步后才得以定稿。新条约定于1991年8月20日开始签署,它把国名改为"苏维埃主权共和国联盟",强调各共和国的"主权",删去了"社会主义"。如签约成功,苏联就将是一个"自由的、松散的联邦"。

1991年6月,俄罗斯举行全民投票直接选举首任俄罗斯总统,叶利钦获57.3%的选票当选。他当选后立即访美要求支持,并表示俄罗斯要加速私有化、市场化和自由化。访美归来他发布俄罗斯"第一号总统令",实行俄罗斯国家机关"非党化"。7月中旬,戈尔巴乔夫赴伦敦向西方7国要求经援,也就苏联的私有化、削弱联盟中央权力和军事力量等问题做出承诺。7月底布什访苏,进一步插手苏联内政。

"8·19"事变及其后果　　在苏联加速演变和新联盟条约即将签署的形势下,8月19—21日,发生了戈尔巴乔夫被停止履行总统职责而又复出的重大事件。

8月19日清晨,苏联电台播发《苏联领导的声明》,宣布"鉴于戈尔巴乔夫由于健康状况不可能履行苏联总统职责和根据苏联宪法",苏联总统全权移交给副总统亚纳耶夫,由亚纳耶夫等8人组成"国家紧急状态委员会"管理国家,并在一些地方实行为期6个月的紧急状态。声明确定,"苏联宪法及法律在苏全境具有绝对至高无上的效力"。同时,"紧急状态委员会"发表《告苏联人民书》说国家"面临致命的危险",由戈尔巴乔夫发起并开始的改革政策"已走入死胡同"。它"决心采取重大措施,使国家和社会尽快摆脱危机",呼吁全苏公民大力支持。在这之前,即18日傍晚,戈尔巴乔夫在克里米亚黑海休养地已被软禁。

但是,情况很快又发生变化。19日中午,叶利钦等人在俄罗斯议会大厦发表《告俄罗斯公民书》,宣称这是一次"反宪法的反动政变"。号召俄罗斯公民反击,举行"无限期总罢工"。同时,美国等西方国家陆续宣布中止对苏联的援助,要求恢复戈尔巴乔夫的权力。次日,莫斯科、列宁格勒和一些共和国的领导人分别发表声明,拒绝支持"紧急状态委员会"。上街游行和聚集在俄罗斯议会大厦旁支持叶利钦的群众已达数万人。受命攻占该大厦的部队拒绝执行命令,一部分戒严部队也倒戈,戒严已失控。21日凌晨,叶利钦的支持者和莫斯科戒严部队发生冲突,伤亡数人。下午,国防部下令撤军,事变领导人放弃了他们已经开始的行动。同时,叶利钦主持俄罗斯最高苏维埃会议,决定派代表去克里米亚将戈尔巴乔夫接回。当晚,戈尔巴乔夫发表声明,"他已完全控制了局势"。22日,他回到莫斯科,赞扬叶利钦在反事变过程中"起了卓越作用"。"紧急状态委员会"起事失败,其成员有的"自杀",多数被捕,曾支持它的一批党政军高级干部也被捕或被撤职。

"8·19"事变给苏联带来严重后果,对国际共运也带来巨大的消极影响。苏共被反对派赶下政治舞台,国内掀起反共浪潮,各共和国的独立步伐加快,苏联迅速陷于解体。

8月23日,叶利钦下令"中止"俄罗斯共产党活动。第二天,戈尔巴乔夫宣布辞去苏共中央总书记职务并要求苏共中央自行解散。29日,苏联最高苏维埃决定,"暂停苏共在苏全境的活动"并对苏共领导机关进行审查。各共和国的共产党继俄罗斯之后有的也被中止活动,有的被宣布为非法,有的则宣布脱离苏共并更换党名。苏共处于分崩离析状态。叶利钦威信倍增,掌握中央机构大权。其他共和国对急剧膨胀的大俄罗斯主义感到强烈不安,加快了它们的独立步伐。至10月底,除俄罗斯和哈萨克外全都宣布了独立。9月6日,联盟中央决定,承认波罗的海三国独立。一些共和国也相互承认对方的独立,但各共和国之间的政治、经济矛盾愈演愈烈。

面对全国工农业生产进一步大幅度下降和通货恶性膨胀等问题,10月1日,苏联12个加盟共和国领导人会谈,确认必须在联盟范围内立即缔结主权国家经济共同体条约。但这时是否仍签署新联盟条约,已成了矛盾的焦点。戈尔巴乔夫、俄罗斯联邦和中亚5个共和国各自出于不同的考虑,仍主张在各共和国之上保留某种形式的统一国家。以克拉夫丘克为首的乌克兰对此坚决反对,并于12月1日以其全民公决的方式宣布完全脱离苏联。这对戈尔巴乔夫和新联盟条约的签署是致命一击。

12月7—8日,俄罗斯联邦、乌克兰和白俄罗斯三国领导人就苏联的前途问题在明斯克秘密会晤,并签署了《明斯克协定》。协定宣布三国组成"独立国家联合体",并称"苏联作为国际法主体和地缘政治实体将停止存在"。12月21日,除格鲁吉亚外的苏联11个加盟共和国在阿拉木图又签署了《关于建立独立国家联合体协议议定书》,并发表了《阿拉木图宣言》。宣言再次宣布,"随着独立国家联合体的成立,苏联将停止存在"。

1991年12月25日,苏联第八任、也是最后一任领导人戈尔巴乔夫不得不发表全国电视讲话,宣布辞去苏联总统职务,并当场把核武器控制权亲手交给了叶利钦。同时,苏联的镰刀锤子红旗从克里姆林宫上空降下,升起了白、红、蓝三色俄罗斯国旗。12月26日,苏联最高苏维埃举行最后一次会议,通过宣言正式宣布苏联停止存在。至此,于1917年十月革命后建立的苏维埃社会主义共和国联盟(1922年12月30日建立)的历史告终。

由列宁创建的、拥有1 900万成员的苏联共产党毁于一旦,作为世界上第一个社会主义国家和超级大国之一的苏联的瓦解,这一现实令世界瞩目和震惊,并引起世人的议论和深思。

四、当代苏联文化

教育　斯大林逝世后,随着苏联政治经济的改革和社会的发展、变化,苏联的文化事业包括国民教育、图书出版、哲学社会科学、文学艺术等方面也有发展和变化。几十年来,苏联文化领域既取得了很大成就,也出现过严重危机。

教育方面,苏联在二三十年代对沙俄旧教育制度进行改造以后,形成了一种高度集中统一的社会主义教育制度。战后,苏联国民教育在医治战争创伤、恢复战前水平的基础上发展较快。1952 年和 1975 年,先后基本实现了七年制和十年制普及义务教育。同时,高等教育也得到较快发展。到 80 年代初,高等院校已从 50 年代的 660 所发展到 883 所,在校大学生由 220 万增加到 500 多万。培养副博士、博士的高校和科研单位共约 1 400 个,在学研究生共约 10 万人,比 1950 年增加近 3 倍。在苏联高校中,还有来自 120 个国家的留学生,其中主要来自社会主义国家和发展中国家。这时,全苏具有高等及中等文化程度的人数已占总人口的 54%,大学生在全国人口中的比重已超过英、法、日等资本主义发达国家。

50 年代中期以后,随着历届领导人的更迭和政治经济的曲折改革,教育也进行了相应的改革。在赫鲁晓夫和勃列日涅夫时期,苏联教育虽几经改革,但教育思想和体制仍偏于僵化,并仍存在教材和学科陈旧、教学设备落后、教育方式单一等问题。戈尔巴乔夫上台以后,强调对教育也用"新思维"进行"根本性改革"。提出学校教育"民主化"、"人道化",变"群体教育"为"个性教育";并使教材和学制多样化,学校管理和经费来源"社会化"等。但领导层对此分歧很大,争论不休,学校无所适从,各行其是,加之社会动荡,人心不稳,使学校秩序和师生政治思想陷于混乱。

图书出版　　苏联是个读书风气很盛的国家。1980 年共出版图书 8 万多种,发行量 17.6 亿册,人均 6.63 册,比 1960 年的发行量增加 40% 以上。其中 62 种是苏联各民族的文字版,57 种是外文版和世界语版。这一年,出版的刊物 5 200 多种,报纸 8 000 多种。随着图书出版事业的发展,1980 年已有各类图书馆 33 万座,藏书 4.7 亿册,为 50 年代图书馆的 10 倍,藏书的 4 倍。这时,有名的莫斯科列宁图书馆的藏书达 3 000 万册以上,版本包括世界上 247 种语言。

哲学社会科学　　在哲学社会科学方面,60 年代至 80 年代上半期,出版了不少集体编写的大型著作。这类著作中有六卷本的《哲学史》、十卷本的《世界通史》、《远古以来的苏联史》、《世界各族人民》民族学丛书、六卷本的《苏联伟大卫国战争史(1941—1945 年)》、《苏联共产党历史》等;同时开始出版大部头的《第二次世界大战史》等。这些著作对于繁荣当代苏联文化和世界文化有积极意义,但受政治气候影响,书中有的论述不尽符合实际,且有大国沙文主义的倾向。

50 年代后期的文学　　斯大林逝世和苏共二十大对苏联国内外各方面都产生了很大影响,自然也影响到文学艺术创作。在赫鲁晓夫时期,文学界提出了

"写真实"、"积极干预生活"、"一切为了人、为了人的幸福"等口号。文坛的局面是既生动活泼,又相当混乱;既有人在文艺理论上作认真的探索并取得进展,也有人盲从、照搬甚至热衷于西方的文艺理论或观点。一方面出现了许多形式各异、题材广泛、真实反映现实和历史而获好评的作品,一方面也发表了一些片面反映甚至丑化现实和历史而引起争论或批评的作品;一方面为过去肃反扩大化和被批判的不少作家恢复了名誉,并有一批青年作家崭露头角,一方面也有一些作家走入歧途,并出现少数"持不同政见者"。

1954—1956 年,爱伦堡的两部集小说《解冻》问世,这是文学界出现新局面的标志之一。它写的是 1953 年冬到 1955 年一个工厂发生的变化,触及了不少尖锐问题,诸如社会主义社会应发扬民主、关心人以及文艺界要敢于揭露阴暗面等。该书反响很大,引出一批文学作品,形成一股文学思潮。西方学者把它当作划时代的标志,称这一时期的苏联文学为"解冻文学"。苏联国内不承认这一提法,而用"转折时期文学"这个名词来概括这时期新文学思潮的特点,并认为"转折时期文学"是由如下三部作品开始的,即奥维奇金的农村工作特写集《区里的日常生活》(1952—1956)、肖洛霍夫的卫国战争题材短篇小说《一个人的遭遇》(1957)、列昂诺夫的哲理小说《俄罗斯森林》(1953)。此外,这时期还有一批获得好评的重要作品,如特罗耶波尔斯基的《一个农艺师的札记》、柯热夫尼科夫的工程建设题材小说《这位是巴鲁耶夫》、巴克兰诺夫的卫国战争题材小说《一寸土》等。

这时期在有争论的作品中,较突出的有杜金采夫的"反官僚主义"题材小说《不是单靠面包》(1956)。1958 年又发生了《日瓦戈医生》事件。帕斯捷尔纳克这本小说的主人公开头是个"憧憬革命"的"高尚青年",但十月革命后他哀叹"整个人类的生活方式遭到了破坏和毁灭"。他备尝艰辛,最后倒毙街头。该书在国内未能发表,1957 年在意大利出版,资本主义国家竞相印行。它被西方利用来攻击十月革命和社会主义制度,作者还被授予 1958 年诺贝尔文学奖金。苏联对此反应强烈,作家协会将他开除,只是在他作了检讨并拒往受奖之后才恢复其会籍。

60—80 年代的文坛变迁　苏共二十二大后,出现了一些完全否定斯大林及其领导下的苏联社会的作品。其中突出的有索尔仁尼琴的小说《伊凡·杰尼索维奇的一天》(1962),和特瓦尔多夫斯基的长诗《焦尔金游地府》(1963)等。前一本书写主人公在劳改营一天的恶劣生活,而劳改营的犯人都是无辜受害者。它由赫鲁晓夫亲自批准发表,引出了一批所谓"集中营文学"作品。后一本长诗把斯大林时期的苏联社会比作"阴曹地府",它也受到赫鲁晓夫的推荐和赞赏。

这个时期也有一些作家不赞成全盘否定斯大林。代表人物是柯切托夫。他于 1958 年发表了长篇小说《叶尔绍夫兄弟》,描写一个被诬为"现代官僚主义者"、"因循守旧"的老厂长实际上是正确的,而所谓的"发明家"和"革新者"其实是野心家和骗子手。1961年他又发表长篇小说《州委书记》,描写一些干部对揭露"个人崇拜"虽然表示拥护,但又有"因为批判斯大林而引起的痛苦"心情,并对文艺界的资产阶级思潮表示忧虑。

于是,在60年代前期的文坛上,逐渐形成了以特瓦尔多夫斯基为代表的《新世界》杂志为一方,和以柯切托夫为代表的《十月》杂志为另一方的对峙局面。前者指责后者"粉饰"现实,后者批评前者给现实"抹黑"。

1964年秋勃列日涅夫上台后,苏联在文艺政策上力求平息争论,加强领导和控制,提出了"反对两个极端"和"写正面人物"的方针。即既反对粉饰现实,又反对给现实抹黑,并要求表现生活中的美,塑造"当代英雄"形象。对于"坚持反苏立场"和"持不同政见"的作家则给予严惩,从而促使文艺思潮日趋平稳,纷争逐渐止息。在文艺理论方面,比较通行的主张是所谓"社会主义现实主义开放体系",其影响是使文学创作在内容上较过去严肃深刻,在形式和风格上更为丰富多采。到70年代末80年代初,一批知名的老作家相继去世,文坛骨干换了整整一代新人。

这个时期在文学创作中,"规模宏大的概括形式"的长篇小说和诗歌比较繁荣。苏联评论界认为,这些长篇具有"全景性"和"史诗性"。代表作有西蒙诺夫这时期完成的反映卫国战争期间重大战役、重大历史事件和各阶层社会生活的三部曲小说:《生者与死者》、《军人不是天生的》、《最后的夏天》(1957—1971),恰科夫斯基描写列宁格勒保卫战的五卷本小说《围困》(1965—1975)等。在这些作品中出现的斯大林形象,较之赫鲁晓夫时期有所肯定。

同时,道德理想问题的探索在文学创作中占有突出地位,这种题材的小说获列宁或国家文艺奖金的就有十余部。如邦达列夫的《岸》和《选择》,拉斯普金的《活下去,并且要记住》,艾特玛托夫的《白轮船》和《一日长于百年》,顿巴泽的《永恒的规律》,阿斯塔耶夫的《鱼王》,冈察尔的《你的朝霞》等。

在塑造正面人物的作品中,其人物多是读者所熟悉或理想的,具有较强的感染力。如利帕托夫的小说《普隆恰托夫经理的故事》,最早描写出一个在"新经济体制"下的"实干家"形象。又如柯列斯尼科夫的三部曲:《供阿尔图宁用的同位素》、《阿尔图宁作出决定》和《培养部长的学校》。小说中的阿尔图宁是由工人成长起来的副部长,他不仅具有父辈的优良传统,且有科技革命时代的管理才能。

这时期也有揭露讽刺现实生活中的弊端、反映各种社会问题的作品。引人注目的有特里丰诺夫的小说《滨河街公寓》和利帕托夫的小说《伊戈尔·萨沃维奇》等。前者刻画了一个在三四十年代成长起来,靠善于钻营而飞黄腾达的学术界头面人物。后者描写了一个在当今靠父母权势而官运亨通的低能儿。但是,对于那种全面否定斯大林和尖锐揭露这时期停滞生活的作品,是不准发表的。

从80年代后半期开始,随着戈尔巴乔夫的"民主化"和"公开性"政策的推行,苏联文化艺术部门纷纷改组领导班子,文艺作品审查制度逐步被打破。长期以来被禁的作品陆续出世,揭露和批判性文学成为时髦。有人把这一时期的文学现象叫做"发掘热"或"反思热"。

1987年是"被禁文学"最昌盛的一年。这一年发表的这类作品数量多、比重大、反响强烈。其中有:布尔加科夫1925年创作的《狗心》、普拉东诺夫1930年创作的《地基坑》、伊萨科夫斯基40年代创作的长诗《关心真理的童话》、雷巴科夫1983年完成的《阿尔巴特街的孩子们》以及阿赫玛托娃的《安魂曲》、帕斯捷尔纳克的《日瓦戈医生》、索尔仁尼琴的《古拉格群岛》等。

戈尔巴乔夫时期经济严重衰退和向市场经济过渡以及伴随的"自由化"思潮,也严重冲击着文化领域。"金钱至上"和"票房价值"成了不少文化人的信条,在文学创作中反映色情暴力等刺激性题材应运而生,黄色书刊迅速泛滥。

当代苏联艺术　　当代苏联艺术,包括戏剧、电影、音乐、舞蹈、绘画、雕塑等,也有新的发展和变化。在戏剧、电影方面,战后苏联剧作家创作的优秀作品和由国内外古今文学名著改编的剧本,大部分被搬上了苏联舞台和银幕。有些剧目和电影上演时还曾轰动一时,影响较大的有"列宁剧"《悲壮的颂歌》和《红茵蓝马》、"现实剧"《人事档案》、《炼钢工人》等。文学名著优秀影片有《哈姆雷特》、《奥赛罗》、《苦难的历程》、《战争与和平》、《静静的顿河》、《安娜·卡列尼娜》等。以卫国战争为题材的著名影片有《这里的黎明静悄悄》、《热的雪》和五集文献故事片《解放》等。反映当代社会道德风貌的著名影片有《莫斯科不相信眼泪》、《湖畔》和《红莓》等。生产题材的著名影片有《最热的一个月》、《奖金》等。

在音乐舞蹈方面,苏联的音乐自成一派而闻名于世。当代苏联最著名的作曲家是肖斯塔科维奇。他的创作以交响乐为主,被誉为20世纪音乐高峰之一。苏联舞蹈除了民间舞获得广泛发展以外,芭蕾舞也自成一派并长期保持着举世闻名的水平。最著名的芭蕾舞蹈家是乌兰诺娃,稍后是普莉谢茨卡娅。

在绘画和雕塑方面,五六十年代,风俗画和风景画取得不小成就。著名的油画有涅普林采夫的《战斗后的休息》、雅勃伦斯卡娅的《粮食》等。优秀的风景画有格拉西莫夫的《冬》、《秋》、《水流过去了》以及罗曼金的《伏尔加—俄罗斯的河流》、《被淹没的森林》等。60年代以后,苏联绘画的领域更加宽广,如发展了镶嵌、壁画、玻璃画等,并出现了与建筑艺术相结合的综合形式。苏联雕塑艺术的发展是从实行列宁提出的"纪念碑宣传计划"开始的。战后建造了一批以卫国战争期间重大事件为题材的大型雕塑作品。如伊萨耶娃和塔乌立特在列宁格勒彼斯卡廖夫公墓建造的纪念群像,由乌切吉奇领导在伏尔加格勒建造的斯大林格勒大会战英雄纪念碑等。此外,还为俄国和苏联的著名科学家、文学艺术家、社会活动家和革命英雄人物竖立了纪念碑和纪念像。著名的作品有克里姆林宫内的列宁雕像纪念碑、列宁格勒的普希金纪念像等。

戈尔巴乔夫上台以后,在艺术部门也出现了"反思热"和"黄色热"。仅1987年就有几十部被禁影片上演。影响较大的有《政委》、《悔悟》等。同时,国产色情暴力影片以及西方戏剧、电影、音乐、摇摆舞等走红苏联舞台和银幕,并笼罩着苏联电视台。

苏联社会抱怨这时期的文化作品低下平庸,风向不正,"正在毒害一代人"。而文化界认为,困难重重,危及生存,无可奈何。显然,文学艺术界这一股"反思热"和"黄色热",对于苏联社会动荡和联盟解体起到了推波助澜的作用。

第二节　东欧各国的改革与各国剧变

一、南斯拉夫自治制度的试验和联邦的分裂及内战

自治制度发展的三阶段　　南斯拉夫是最早抛弃苏联模式实行社会主义经济政治体制改革的国家。当时它作出这一选择,与苏南关系破裂和南共遭情报局谴责后的困难处境直接相关。南斯拉夫的改革主要是实行社会主义自治制度,其建立和发展可分为三个阶段。

第一阶段(1950—1963年):工人自治时期。1950年6月,颁布《关于劳动集体管理国营经济企业和高级经济联合组织基本法》,通称《工人自治法》。法令规定,"工厂、矿场、交通、贸易、农业、林业、公用事业和其他国营企业,作为全民的财产,由工人集体代替整个社会在国家范围内加以管理"。工人集体主要是通过选举产生的工人委员会和管理委员会以及国家任命的经理(后改为招聘),来实现对企业的管理。这一法令标志着自治制度的建立,也被认为是由国家所有制开始转变为所谓社会所有制。1951年12月,开始改变国家计划,实行社会计划。国家不再下达指令性指标,只规定生产、投资和分配的基本比例,企业可按国家计划的要求自订计划、自由经营、自负盈亏。1953年12月,废除由国家确定积累和基金比率的办法,代之以"利润分红制",企业一般将所得利润的2/3上交国家,其余留归自己处理。

在农业方面,1953年3月颁布法令,允许解散农业生产合作社和农民自由退社。其后又允许土地自由买卖,但限制农民最多拥有10至15公顷土地。到年底,大部分农业社已解散。同时,逐步取消了农产品的义务征购制。

在政治体制方面,1951年春开始大规模改组和精减国家管理机关。经过这

次改组和精减,联邦机构及管理人员减少约50%。1952年11月南共召开"十大",将南共改名为"南斯拉夫共产主义联盟",并决定"把南共联盟的工作中心从通过国家机关直接领导改为在工人阶级中实行思想政治领导",实行党政分开,并在基层不设党的脱产干部。1953年1月通过新宪法,决定在联邦及共和国两级议会中增设生产者院,由劳动者选出的代表组成。

在对外关系方面,1950年南斯拉夫开始同西方国家发展经济合作。1950—1954年,美国援助南斯拉夫约4.6亿美元,英、法援助0.7亿美元。1955年5月赫鲁晓夫访南和1956年6月铁托访苏后,苏南两党两国恢复了关系。在铁托参加发起下,1961年9月在贝尔格莱德召开了第一次不结盟国家和政府首脑会议,正式形成了不结盟运动。

南斯拉夫自治制度建立初期,其经济发展较快。1952—1961年间,工业产值年均增长率达13.4%,农业产值年均增长率为6.1%。这种增长幅度在欧洲国家中名列前茅,但这时期职工个人收入的增长率超过了劳动生产率的增长率,企业的积累率下降,外贸赤字增加。

第二阶段(1963—1970年):社会自治时期。1963年4月通过第三部宪法,决定所有国家机关和事业单位也实行自治原则(党和军队除外),即由工人自治扩展到社会自治。这部宪法及其后的几次修正案还从多方面缩小联邦权限,扩大共和国和自治省权限。在经济方面,从1965年7月起,扩大企业对扩大再生产资金的支配权,企业不再向国家交纳投资基金税,国家原掌握的投资基金转归银行管理。同时调整并放开物价,实行外贸自由,外商投资自由和劳务出口自由。

这时期的改革,原设想通过联邦权力下放和在社会自治条件下实行市场经济,可充分发挥各共和国、企业及劳动群众的积极性,并适应世界经济的发展。但联邦权力"分散化"以后,在市场自发势力冲击下,社会计划宏观失控,国民经济比例严重失调,通货膨胀加剧,失业人员增多,生产增长速度减缓。而且,地方主义、民族主义、自由主义抬头,各共和国及自治省之间的矛盾加深,罢工罢课日趋频繁。1971年春,克罗地亚地区的民族分裂主义还引起社会动乱,被铁托采取果断措施予以制止。

第三阶段(从1971年开始):联合劳动自治时期。这时期在经济方面主要是实行联合劳动原则,加强契约协调。在政治方面主要实行"国家集体元首制"和"议会代表团制"。

1971年通过宪法修正案,要求各经济部门按联合劳动原则进行改组。联合劳动组织分为三级:(1)联合劳动基层组织。它是基本核算单位,独立经营,自负盈亏;(2)联合劳动组织。它由若干基层组织联合而成,负责协调所属基层组织的发展计划和相互关系;(3)联合劳动复合组织。它由若干联合劳动组织联合而成,其任务是协调所属联合劳动组织的产、供、销以及投资分配等活动,并负责协调同政府机构的关系。联合劳动原则也应用于非生产部门,如科学、文教、卫生、集体福利事业等单位。即由生产部门提供经费、非生产部门提供劳务,二者联合建立自治共同体。共同体的管理机构由供求双方选派代表组成。对有关共同利益的问题,按平等互利原则协商解决。

为控制市场自发作用的盲目发展,1976年颁布新的"社会计划法",强调市场经济与社会计划相结合。它规定由联合劳动组织、自治利益共同体、议会以及其他自治单位自下而上地制订本单位、本地区以及共和国的发展计划,并共同协商签订自治协议和社会契约,最后在国家指导下制订中长期的社会计划,进行宏观控制。

联邦体制和议会改革　　为维护民族团结,1970年9月铁托提出改革联邦体制,在各共和国对等原则的基础上实行"国家集体元首制"。1971年6月宪法修正案规定设立联邦主席团作为"国家集体元首"。主席团由23人组成,其中除总统铁托外,6个共和国各选派3人,2个自治省各选派2人。主席团主席由铁托兼任,副主席由各共和国和自治省的代表轮流担任,一切重大问题实行协商一致的原则。1974年新宪法肯定了这一体制,但把联邦主席团成员精减为9人,由南共中央主席以及各共和国、自治省各派1人组成。同年5月,联邦议会选举82岁高龄的铁托为"终身总统",南共联盟"十大"确定铁托为"终身主席"。

1980年5月4日铁托逝世后,南斯拉夫出现群龙无首的局面。铁托逝世当天,联邦主席团会议决定,不再设总统一职,联邦主席团成员任期4年,主席职务实行一年一轮换。1981年宪法修正案对整个干部制度作了相应改变,规定国家及社会政治团体的一切领导机构都实行主要负责人任期一年制。

1974年宪法还确定实行议会代表团制。每个基层自治组织中的公民选出自己的代表团,再从代表团成员中选出代表参加各级议会和其他社会管理机构的工作。代表团成员任期4年,可连选连任一次。当年进行了第一次代表团选举,平均每10个或5个职工有1人当选参加各种代表团。

经过70年代的调整,南斯拉夫的政治形势一度趋于稳定,经济增长率有所回升。1971—1980年间社会产品年均增长率为5.7%,1982年人均产值达2 800美元。但各共和国的独立性增强,契约协调方式效率较差,宏观经济失控局面难以扭转。在当时世界能源危机冲击下,工业生产波动很大,农业发展滞缓。1982年外债增至193亿美元,居东欧第二位,仅次于波兰。80年代中期,社会产值更逐年下降,通货膨胀率高达250%,罢工闹事增多,民族矛盾激化。南共联盟内部在如何处理社会经济危机以及有关自身改革等问题上也意见分歧。斯洛文尼亚和克罗地亚的持不同政见者还于1989年下半年率先成立反对党。

南斯拉夫的分裂和内战　　随着东欧各国剧变,1990年1月南共联盟召开

"十四大"。经过激烈辩论,最终通过决议宣布,南共联盟"放弃它受宪法保证的社会领导作用",并将向议会建议"通过一项实行多党制在内的政治多元化法律"。接着,由于斯洛文尼亚代表要求把南共联盟改组为各自独立的共和国共盟组成的联盟被否决而退出大会,大会宣布无限期休会。此后,党中央领导机构瘫痪,南共联盟四分五裂,各种反对党纷纷建立。1990年正式登记的各种政党超过250个,其中大多是由单一民族参加的民族主义政党。

在1990年各共和国举行多党制选举后,"斯洛文尼亚民主反对派"和"克罗地亚民主共同体"先后在斯洛文尼亚、克罗地亚两共和国获胜;民族主义政党分别在波黑和马其顿两共和国获胜;而塞尔维亚和黑山两共和国继续由原共盟(后改称"塞尔维亚社会党"和"黑山社会民主党")的领导人执政。在西方国家支持下,斯洛文尼亚、克罗地亚两个共和国于1991年6月25日同时自行宣布独立,并为此先后与南联邦人民军发生了武装冲突。穆斯林族和克罗地亚族占多数的波黑议会,不顾塞族代表的反对,也于10月15日通过了《波黑主权问题备忘录》。不久,欧共体承认其独立。但在是否独立问题上的严重分歧,引发了波黑境内3个民族之间的大规模内战。1991年11月20日,马其顿也宣布独立。1992年4月27日,塞尔维亚和黑山两个共和国宣布组成新的南斯拉夫联盟共和国,从而确定了原南斯拉夫目前分裂成为5个独立国家的格局。但是,正在进行的波黑内战是一场第二次世界大战后欧洲规模最大、最残酷的战争,冲突各方都得到了国外的支持;前南斯拉夫其他一些共和国内部也存在着强烈的分裂主义倾向。今后,究竟将如何重新组合?最终将分成几个国家?这一事态尚在发展之中。

二、波兰改革的三起三落和团结工会的上台

哥穆尔卡的改革和"12月事件" 哥穆尔卡复出担任波兰统一工人党第一书记后,他重新提出"波兰的社会主义道路",积极领导改革。1956年11月19日颁布工人委员会法。工人委员会的职权包括:制定企业生产计划,规定劳动定额、工资等级和奖惩办法,监督企业行政等。随后,国家机关实行改组,由原来38个部减为25个部,取消介于部与企业之间的管理局,代以实行经济核算的联合公司。联合公司和企业的领导权下放给地方。企业实行三自原则,即自主、自治和自负盈亏。同时也改革农业政策,减少农产品交售定额,提高农产品收购价格,允许农民退出农业合作社和买卖土地,实行农村自治。1957年1月举行第二届议会选举,统一工人党加强了与统一农民党、民主党以及天主教进步组织的合作,实行差额选举制。7月12日,议会批准"一·五计划"(1956—1960年),规定其首要任务是,"在现有条件下,尽最大的可能改善居民的物质状况"。哥穆尔卡执政初期,经济发展较为顺利。"一·五计划"期间,工业增产59.6%,农

业增产 20%,职工实际工资增长 23%。

但是,随着国际共运中开展对"现代修正主义"的批判,1959 年 3 月,统一工人党"三大"决议也认为,"在目前阶段,修正主义是党的主要危险"。从此,哥穆尔卡逐渐停止了改革,并日益脱离实际,实行个人集权和专断。同年 6 月,党中央决定建立拥有农业基金和农业机器的农业小组,企图通过它再把农民组织起来。到 1968 年,在 87% 的村建立起农业小组,约 54% 的农民参加。同时,在企业中恢复、扩大了党政领导的权限,缩小工人委员会的作用,使后者变为生产咨询机构。"二·五计划"和"三·五计划"仍然要求高速优先发展重工业,使国民收入中的积累比重由 1960 年的 24.2% 上升到 1969 年的 29.7%。在这两个五年计划期间,工业生产年均增长率为 8.5%,但轻工业和农业发展缓慢,市场供应紧张,实际工资增长年均不足 2%,脑力劳动者的工资甚至下降。各阶层对哥穆尔卡日益失望。在处理宗教和文化问题上,1966 年波兰政府拒绝以罗马教皇为首的各国红衣大主教和朝圣者来波参加"千年祭"活动,加剧了当局与教会的紧张关系,招致占全国人口绝大多数的教徒群众的不满。1968 年 1 月,华沙民族剧院重新上演 19 世纪爱国诗人密茨凯维支的反俄诗剧《先人祭》,轰动一时。3 月初政府下令禁演,引起一部分知识分子和大学生的抗议。8 月 20 日晚,波兰追随苏联出兵侵捷,群众更为不满。此后,终因物价问题引发了 1970 年 12 月事件。

长期以来,国家为了保证物价稳定,不得不对农畜产品的销售进行大量补贴,财政负担很重。面对 1969 年和 1970 年因农业歉收造成的严重经济困难,1970 年 12 月 12 日,政府决定从 13 日起提高 46 种食品和日用工业品的价格。如肉提高 17.6%,面粉提高 16%,牛奶提高 8%。14 日,格但斯克列宁造船厂数千工人上街抗议提价。罢工迅速扩展到沿海各个城市。17 日夜,苏联驻波使馆还发生爆炸事件。动乱延续到 22 日,被政府派出的部队平息。在事件冲突中,有 40 多人死亡,1 000 多人受伤,大量物资损失。为了缓和群众的情绪,政府撤销了提价决定。12 月 20 日,统一工人党中央全会解除哥穆尔卡第一书记职务,由盖莱克接任。

盖莱克的高速发展战略　盖莱克上台后,1971 年 12 月统一工人党"六大"通过"高速发展战略",提出借助外资和西方技术,实行高速度、高积累、高福利政策,"再建一个新波兰"。当时,西方国家经济不景气,向西方借贷的条件比较优惠,国际市场上的石油和原料价格也较低,这对波兰实行"高速发展战略"确是比较有利的外部条件。同时在国内实行冻结物价和迅速提高工资的政策,对于提高职工的生产积极性也有一定刺激作用。70 年代前半期又多遇风调雨顺,农业丰收。"四·五计划"(1971—1975 年)执行结果超额完成,5 年里工业增产 73%,农业增产 33%,国民收入增加 62%,职工实际工资增加 40.9%。1975

年国民收入人均达 3 000 美元,肉、奶、蛋的消费量达历史最高水平。

1975 年 12 月统一工人党"七大"通过"五·五计划",决定继续推行"高速发展战略"。但是,这一战略超出了波兰的国力。而且从 1973 年起,在国际市场上由于阿拉伯产油国开展反帝石油斗争,石油和原料价格猛涨,贷款利率激增,西方各国实行保护关税政策,使波兰出口商品滞销,国际收支状况日益恶化。从 1975 年起,由于气候干旱,农业连年歉收,食品供应又趋紧张。于是,政府又决定从 1976 年 6 月 26 日起提高食品价格 50%。这又遭群众反对,迫使政府收回成命,并从 7 月起改行凭票供应制度。但商品匮乏越来越严重,投机倒把和黑市日益猖獗,干部贪污受贿不时被揭露。在沉重的经济压力下,政府不顾群众反对,于 1980 年 7 月 1 日再次宣布提高肉类价格 40%~60%,从而触发了战后波兰规模最大的、持续时间最久的罢工浪潮。在这次工潮中,原来的工会陷于瓦解,并成立起新的"团结工会",它宣布独立自治,成了公开的政治反对派。9 月初,盖莱克被解除统一工人党第一书记职务,由卡尼亚接任。

团结工会上台 团结工会成立后,在格但斯克建立了全国委员会,莱赫·瓦文萨被选为委员会主席。它在各行各业迅速建立起基层组织,1980 年底其会员人数多达 1 000 万。1981 年 9—10 月,团结工会召开第一次代表大会,提出建立"政治多元化"的"自治共和国"纲领。12 月,它决定举行全国总罢工,建立武装的"工人卫队",并准备举行全国公民投票,由它接管政权。

在这种情况下,12 月 13 日波兰宣布全国进入战时状态,成立以统一工人党新任第一书记雅鲁泽尔斯基为首的全国军事委员会,对全国实行军管。随后,团结工会被宣布为非法,其领导人大部分被捕。

1982 年 1 月,波兰开始实施经济改革新方案,提出改变"指令—配给制度",实行"中央计划的、具有市场体制广泛活动范围的社会主义经济"体制。方案规定,生产资料公有制是波兰社会主义的基础,国营企业重新实行"三自"原则,允许多种经济成分并存,逐年改善价格体系。1983 年,国民经济开始扭转衰退趋势,重建工会和民族统一战线的工作也取得一定成效,剧烈的社会动荡基本结束。7 月 22 日,宣布取消战时状态,结束军管,实行大赦。经过 1983—1985 年实施恢复国民经济的三年计划,工业生产恢复到 1980 年危机前的水平。但长期积累的经济困难无法一下解决,1987 年人均国民生产总值仅为 1 800 美元。1989 年外债增至 395 亿美元,相当于当年国民收入的 40%。这两年,通货膨胀由 26% 增至 100%。

随着经济形势的恶化,1988 年四五月之交和八九月之交又接连爆发了两次工潮,团结工会势力重新抬头。6 月,统一工人党中央倡议举行圆桌会议,开始改变对团结工会的政策。1989 年 1 月 18 日,统一工人党十中全会又通过决议,确定实行"政治多元化"和"工会多元化"。圆桌会议自 2 月 6 日开始至 4 月 5

日结束,达成了关于团结工会合法化、改行总统制和增设参议院、实行议会民主等协议,并确定提前于当年 6 月举行议会大选。选举结果是团结工会获胜,组成了以它为主体的"广泛联合政府"。

团结工会政府组成后立即提出一份经济纲领。它要求从 1990 年起对波经济进行彻底改造,实行市场经济,全面放开物价,增加税收,使货币实现国际可兑换性,取消国家补贴,出售国家资产,实行股份制和私有化,允许企业破产和工人失业。一些经济学家称波兰这种经济纲领是"电休克疗法",或说波兰是第一个从"社会主义指令式经济"直接过渡到"纯粹资本主义"的国家。尝到该纲领所引起的恶性通货膨胀和生产下降等后果的波兰群众,则称它为"粗暴的资本主义"。

团结工会上台,标志着波兰的社会政治经济制度发生了剧烈变化。1990 年 1 月,统一工人党举行"十一大",通过了《关于波兰统一工人党停止活动的决议》。随后,多数代表决定成立社会民主党,少数代表决定成立社会民主联盟。两党均为在野党。

三、匈牙利改革的成败和反对派掌权

重建国家政治经济秩序　　1956 年 10 月事件结束后,匈牙利面临重建国家政治经济秩序的紧迫任务。在政治方面,以卡达尔为首的匈牙利社会主义工人党认真吸取历史教训,首先注意改善党的领导,执行联盟政策。1956 年 12 月,临时党中央通过决议宣布,"党将创造性地运用马克思列宁主义,按照匈牙利本国的特点和当前历史要求来建设社会主义"。1957 年 6 月,召开全国党代表会议,结束了党的临时状态。这时,重建的党已有 35 万名党员。党中央提出革新干部制度,规定党政领导干部必须具备 3 个条件:忠于社会主义、通晓业务并有领导才干。要求党政机关严格遵循民主集中制,树立求实、谨慎、廉洁的工作作风。在这方面,卡达尔本人很注意表率作用。

社会主义工人党还注意广泛团结各阶层爱国民主人士。1961 年 12 月,卡达尔在爱国人民阵线一次会议上,针对拉科西时期提出的"谁不和我们在一起,谁就是我们的敌人"这一宗派主义口号,提出了"谁不反对我们,谁就是同我们在一起"的著名口号。1962 年 8 月,党中央通过《关于结束个人迷信年代违法案件的决议》,正式开始对这一时期的冤假错案进行全面复查和平反。同时进行司法改革,加强法制建设。1962 年 11 月匈党召开"八大",卡达尔宣布,"大规模的阶级冲突时期在我国已经结束","党的工作重心转入经济建设"。并提出党应就社会主义建设的各种问题,在各个级别同"爱国阵线中的盟友",包括宗教界人士进行协商;党外人士也可担任各级政府和各种社会组织的领导职务。对待知识分子也采取信任态度,提出不再划分"新"、"旧"知识分子,学生也不再按家庭出身分类,并允许发表除敌对性宣传之外的任何不同意见。党重视工会及合作社全国理事会的作用,政府在制订国民经济发展计划或采取重大经济措施时,都必须听取他们的意见或建议。企业中的工会对生产经营、工资福利和企业领导人的任免拥有建议、监督和否决权。经过几年努力,在匈牙利形成了政治团结、社会安定的新局面。

在经济方面,卡达尔采取了循序发展、小步前进的方针,并从农业抓起。1957年6、7月份,召开全国农业代表会议,制订了农业发展纲要。纲要认为,"发展农业生产和社会主义改造是统一的、不可分割的任务"。决定在政府的人力物力支持下,坚持自愿互利和示范说服的原则,重新开展农业合作化运动。到1961年,90%以上的农户再次参加了生产合作社。与此同时,对农业合作社的其他政策也作了较大调整,如支付土地补贴,稳定自留地经济,对社员实行退休金和老年补贴制度,积极团结中农,经过社员讨论同意富农也可入社,甚至担任领导职务,社领导人必须具备专业才能并由社员选举产生,取消农产品义务交售制,改用合同收购制,大幅度提高农产品收购价格,允许合作社自订生产计划并决定产品销售,开放农贸市场,鼓励合作社与国营农场协作或联合组成农工综合体等。这些措施促进了农业的较快发展。50年代匈牙利粮食不能自给,到60年代中期已自给有余,肉、奶、蛋、糖、蔬菜、水果等农副产品也很充足,并大量出口。

在工业方面,卡达尔上台最初几年,主要是调整工业结构,强调优先发展适合本国国情的化工、机械、制铝和日用轻工产品等。1964年成立经济体制改革委员会,吸收约250名各类专家组成十几个专门小组,从理论到政策,准备全面改革。1966年5月,党中央扩大全会通过了《关于经济体制改革的决议》,确定了改革的指导原则是,"在生产资料社会主义所有制的基础上,把国民经济按计划发展的中央管理和商品关系、市场的积极作用有机地结合起来"。其后两年,选择了一批企业进行改革试点并培训了一批干部。1968年元旦开始,在全国全面推行新经济体制。

新经济体制改革　　新经济体制的主要内容是:(1)改革计划管理体制。国家计划只确定国民经济各部门发展的主要比例,取消下达企业的指令性指标,但国防工业等重点工业部门除外;将国家投资预算拨款改为银行贷款,但规定信贷总限额。(2)改革价格和工资制度。实行三种价格,即固定价格、浮动价格和自由价格。直接涉及国计民生的产品价格由国家严格掌握。强调物价改革与工资、补贴和税收改革同步进行,并允许企业根据自身经营的优劣实行部分工资浮动。(3)允许雇工五人以内的私人小企业发展。

1968—1973年改革比较顺利,是匈牙利的黄金时期,被赞为稳健改革的"匈牙利模式"。这时期,国民收入年递增率为6%,人民消费水平也以5%~6%的速度提高,外贸平衡并略有盈余,经济各个领域都呈现一定活跃状态,广大群众情绪也较好。不过,多重价格体制也带来一些新的矛盾,大型企业经济效益不高,农民的生活水平比产业工人提高更快,国内外一些人对改革有所指责。特别是,从1973年底开始,国际上能源和原材料价格猛涨,农产品和工业成品价格下跌,这给动力和资源短缺、产品一半靠出口的匈牙利经济打击很大。这些因素导致70年代中期经济停滞。

于是,从1979年起又扩大改革范围,以刺激经济回升。新措施主要是:(1)普遍采用自由价格,让国内市场与国际市场挂钩,推动企业改善经营,提高产品竞争力。(2)进一步扩大企业自主权。企业除向国家纳税外,主管部门不再干预企业的资金使用;一般企业的厂长(经理)均由职工选举产生或进行公开招聘。(3)放宽私人经济,把亏损的国营小型工商企业改由职工承包或租给私人经营,对雇工的限额放宽到30人;允许国家职工业余从事"第二职业";1982年后还允许将小型国营农场也租给私人经营;从1985年起,还实行向职工发放企业债券等。

这些措施取得了一定成效。城市职工一部分人收入增加,农业持续发展,1984年粮食人均产量达1500公斤,居世界前5名。但匈牙利领导对国际经济形势的恶化估计不足,又受制于经互会的"一体化"体制,既未能及时重新调整经济结构,又未把发展的规模和速度减下来,而是以大量外债和补贴来维持危机行业和居高不下的人民消费水平。结果,外债负担越来越重,到1988年初已达160亿美元,人均外债1500美元,居东欧国家之首。同时,财政赤字剧增,通货膨胀严重,物价不断上涨,人民生活水平下降。

匈牙利政局的变化 改革陷入困境,引起不少社会政治问题。人民不满情绪增长,党内外人心思变。领导层对造成经济困难的原因,今后的出路和干部人事安排等问题意见分歧。苏联戈尔巴乔夫的"新思维"和西方国家的"自由、民主、人权"等煽动性口号,以及其附加各种条件的"经济援助"的诱惑,又对匈牙利起着复杂的、多方面的影响。这些国内外因素交织一起,终于导致匈牙利政局的急剧变化。

1988年5月,社会主义工人党召开全国代表会议,对党的核心班子进行了大改组,以卡达尔为首的元老全部退出政治局,波日高伊、涅尔什等"彻底改革派"进入政治局,格罗斯继任党的总书记。卡达尔改任新设的荣誉职务党主席并于次年病逝。这次代表会议提出了加速政治、经济改革的方针,并提出了在政治体制方面实行社会主义多元化。随之,社会上各种政治思潮急速涌现,各种政治组织纷纷成立。1989年2月,社会主义工人党中央全会发表公报宣布,放弃执政党地位,实行多党制。6月,决定重新安葬纳吉并为其彻底平反。10月,社会主义工人党召开"十四大",改名为社会党,提出要在匈牙利建立"民主社会主义",涅尔什当选党的主席。接着国会通过决议,将匈牙利人民共和国改名为匈牙利共和国。这使党内矛盾进一步激化并陷于分裂。12月,格罗斯等人重新召开社会主义工人党"十四大",提出重新建党,反对资本主义复辟。

1990年3月和4月,匈牙利分两轮进行了多党制的首次国会大选。当时登记注册的政党达52个。结果,以民主论坛为首的反对党联盟获胜组阁,原来执政而后分裂成立的社会党和社会主义工人党都在大选中失败,变成了在野党。关于匈牙利社会主义工人党的失败,该党前总书记格罗斯认为,它"不是从外部,而是从内部被攻破的"。

四、捷克斯洛伐克的"布拉格之春"和联邦一分为二

诺沃提尼时期的政治经济状况 1953年3月捷共中央主席兼共和国总统哥特瓦尔德去世后,诺沃提尼当选捷共第一书记,萨波托斯基当选总统。1957年11月萨波托斯基去世后,诺沃提尼又兼任总统。诺沃提尼主张把捷克斯洛伐克的经济与苏联经济更紧密地结合在一起。1955—1959年间,捷克斯洛伐克将占全国土地56%的私有土地个体农户实现了集体化。1960年,基本完成优先发展重工业的"二·五计划",并开始实施"建设发达的社会主义和准备向共产主义过渡"的"三·五计划"。同年10月,国民议会将国名由"捷克斯洛伐克共和国"改为"捷克斯洛伐克社会主义共和国"。

在苏共"二十大"影响下,捷在50年代下半期也进行了一些初步的政治、经济改革。如平反了部分冤案,减少了工业管理层次,给企业一些自主权,增加物质刺激等。这几年政治经济形势见好。但到60年代初期,由于计划冒进,农业在实现集体化过程中问题较多,国际形势趋于紧张导致外贸额下降等,国民经济出现困难。1962年12月捷共召开"十二大",认为经济困难源于改革不当,决定中止改革。然而生产继续滑坡,改革呼声再起。从1963年底成立全国经济改革委员会到1966年5月捷共"十三大",捷共中央又拟订并公布了几个关于改革经济管理体制的文件。但在完善管理体制原则的过程中,在党政领导机构和经济理论界都出现了严重意见分歧,改革未取得实质性进展。

经济停滞促使社会矛盾和政治斗争趋于激化。捷共"十三大"后,在报刊上不断出现批评党和政府工作失误的文章。特别是科学院28名专家发表题为《处在十字路口的文明》的综合性研究报告,指责领导工作"保守",要求实行"彻底的"经济、政治改革,影响颇大。捷共领导人认为,这是一种对社会主义现实的"片面、不客观和否定的观点"。1967年6月召开全国作家第四次代表大会,部分作家又指责捷共领导人"极端缺乏民主","压制自由",要求"文学脱离政治"并修改宪法,甚至要求取消共产党。捷共中央认为,这次大会是"试图公开建立修正主义的、反党反社会主义方针的行动大会",并将几名作家开除出党。

在同年 10 月党中央全会上,捷共中央主席团委员、斯洛伐克党中央第一书记杜布切克等人,也指责诺沃提尼在经济上改革不力,在政治上不民主,在民族关系中对斯洛伐克人不平等,并要求捷克斯洛伐克摆脱苏联的控制,发展"自己类型的社会主义"。10 月 31 日,布拉格高等院校学生为抗议经常断水停电举行示威游行,遭到了镇压。社会上和捷共领导层内要求诺沃提尼辞职的呼声日高。

"布拉格之春"改革运动　　1968 年 1 月,捷共中央全会决定,把共和国总统和捷共中央第一书记的职务分开,解除诺沃提尼中央第一书记的职务,选举杜布切克接任。3 月,诺沃提尼被迫又辞去所兼总统一职,由斯沃博达接任。4 月 5 日,改组后的捷共中央举行全会,通过了推行政治经济体制全面改革的《行动纲领》,宣布捷"将进行试验,给予社会主义发展以新的形式"。由此,捷克斯洛伐克出现了一个被人们称为"布拉格之春"的改革新局面。

《行动纲领》在政治方面提出,"必须改造整个政治制度"。其主要内容是:(1)改变党的领导体制,实行党政分离。它强调党"不是通过统治社会的方式,而是通过最忠诚地为社会自由、逐步的发展而服务的行动来实现自己的领导作用"。认为国家机关、经济机构和群众团体的活动应"独立自主",党只是通过自己的党员在其中起作用。(2)将国家体制由集中的共和国制改为捷克和斯洛伐克两个共和国的联邦制。(3)主张民族阵线内各政党和团体"都参与国家政策的制订",实行政治协商和联合执政。(4)主张法律必须保证公民有言论、出版、集会、结社、迁徙和出国的自由,并为过去"所有无辜受害者"恢复名誉。(5)主张工会独立于国家政权,其中心任务在于捍卫工人的就业和劳动利益。(6)执行独立的外交政策。宣称捷克斯洛伐克将"根据国际力量的实际对比"来制订自己对于世界政治基本问题的政策。捷克斯洛伐克"在互相尊重、主权、平等和国际主义团结的基础上",进一步发展同苏联和其他社会主义国家的"联系和合作"的同时,并愿"发展同一切国家的互利关系"。

在经济方面,纲领提出实行有计划的市场经济。其主要内容是:(1)改革计划体制。主张国家计划主要制订长远发展战略,确定重大比例关系,并对特别重要部门规定指令性指标。此外,一切经济活动都应利用税收、利润、价格等经济手段,通过市场机制进行调节。(2)规定工商企业和农业合作社都有独立自主权,包括自聘自选领导人、自主经营、自由竞争、自愿联合等。(3)成立工厂委员会。它有权决定厂长的任免、利润的分配和职工的福利待遇等。(4)取消外贸垄断,企业有权独立进行外贸活动,国家只根据市场情况采取调节措施。

捷共当时的领导认为,他们主张的这种社会主义是"民主的社会主义","具有充满活力的经济体制的社会主义"。

4 月行动纲领和"布拉格之春"改革运动在国内外都引起不同反响,苏联尤为关注。苏《真理报》多次发表文章,警告要警惕"修正主义"的危险和"反社会主义分子的活动"。苏共领导更多次提出尖锐批评,声言不能坐视捷克斯洛伐克"脱离社会主义大家庭的危险"。它甚至不顾捷共中央和广大群众的强烈反对,不顾国际法的基本准则,纠集波、匈、保、民德几个华约国,于8月20日深夜突然出兵侵捷。随后,逼捷签署了《苏捷会谈公报》和《苏军暂驻捷境条约》,将捷实际置于苏军监视之下。

捷克斯洛伐克的剧变   1968年10月27日,捷克斯洛伐克议会通过法律规定,捷克斯洛伐克为联邦制国家,由享有平等地位的捷克社会主义共和国和斯洛伐克社会主义共和国组成。1969年4月,捷共中央全会改选胡萨克取代杜布切克为党中央第一书记。5月,中央全会通过新的施政方针:恢复捷共的领导作用;巩固同苏联及其他社会主义国家的联盟;稳定经济,改善人民生活。捷共领导还决定,对党、国家和社会生活进行清理和整顿。1970年6月,杜布切克被开除出党。在此前后,还有1/3以上共约50万名捷共党员被清洗,占全国人口约1/7的200多万人受到不同程度的惩处和歧视。12月,捷共中央全会通过《从捷共十三大以后党内和社会危机发展中吸取的教训》的决议。决议批评了诺沃提尼的政策,更全面否定了"布拉格之春"。

1971年5月,捷共重新召开"十四大",提出在捷克斯洛伐克建设"发达社会主义"的总路线。它强调重视马列主义关于阶级和阶级斗争的学说,决定加强民族阵线、革命工会、青年联盟以及各级人民委员会在社会和经济发展中的作用,要求在向集约化过渡的基础上发展国民经济。此后几年,经济发展形势稍好,人民生活有所提高。1975年5月,联邦议会选举胡萨克为总统。

但是,随着70年代中后期国际市场形势的恶化,捷克斯洛伐克的经济又不断出现新的困难和问题。80年代虽也几度提出一些"完善国民经济管理体制"的措施,但收效不大,群众日益不满。特别是,社会上各种反对苏军入侵、要求为"布拉格之春"平反的力量,在1977年1月成立起"七七宪章民权运动",正式形成了捷共政治上的反对派。80年代后半期,随着苏联贯彻戈尔巴乔夫的"新思维"外交,提出应重新评价1968年事件,捷共领导与反对派之间的斗争日趋激烈,捷共领导层内部也出现分歧。1987年12月,雅克什取代胡萨克出任捷共中央总书记,他表示要完善政治体制,扩大社会主义民主,但仍拒绝重评1968年问题。

进入1989年,捷克斯洛伐克政局严重动荡。各种政治力量围绕如何评价1968年事件,斗争激烈,出现了不利于捷共当局的急剧转折。1月和11月,布拉格连续爆发数万至数十万人参加的反政府示威游行。当局拘捕了示威发起者之一、"七七宪章"发言人、"独立作家协会"主席哈维尔等数百人。但捷反对派不仅得到美、英、法等西方国家的大力支持,而且得到波、匈当局的公开支持。在11月政治风暴中,"七七宪章"等十几个反对派组织宣布联合成立"公民论坛",

在斯洛伐克也成立起反政府的"公众反暴力组织"。它们与此后陆续成立的其他反对派组织形成了反对捷共的联合阵线。11月26日,捷共中央非常全会经过激烈争论,改选与1968年事件无甚牵连的乌尔班内克为总书记。12月1日,捷共中央主席团宣布,1968年苏联等华约5国出兵捷克斯洛伐克是错误的。12月4日,在莫斯科会晤的苏、波、保、匈、民德5国领导人也宣布,他们国家的军队"1968年进入捷克斯洛伐克是对主权的捷克斯洛伐克国家内政的干涉,应当受到谴责。"至此,1968年事件彻底翻案。

1989年11月29日,联邦议会通过宪法修正案,取消了关于捷共在社会和国家中的领导作用等条款。12月,联邦议会选举杜布切克为议会主席,选举哈维尔为共和国总统。1990年2月,哈维尔访苏,两国商定,驻捷的7.35万名苏军于1991年7月1日前分三阶段全部撤离。3月29日,捷联邦议会决定将国名由"捷克斯洛伐克社会主义共和国"改为"捷克斯洛伐克联邦共和国。4月20日,又改名为"捷克和斯洛伐克联邦共和国",仍简称捷克斯洛伐克。

失去领导地位的捷共于1989年12月又举行非常代表大会,选举阿达麦茨为党的主席,莫霍里塔为中央第一书记。大会通过了《在捷克斯洛伐克实现民主社会主义》的行动纲领,以求在多党制议会民主中发挥一个"左翼"政党的作用。

1990年6月,捷进行首次多党制议会选举,"公民论坛"获胜执政,共产党被排除在外。但"公民论坛"本为松散组织,执政后内部分歧扩大。特别是,1991年1月联邦政府推出激进的经济改革措施,对经济较为落后的斯洛伐克地区的冲击更大,其失业率比捷克地区高出一倍多,促使民族矛盾激化。1992年6月举行新一届大选后,新获胜的执政联盟两大党——捷公民民主党和争取民主斯洛伐克运动就联邦组阁问题举行了几轮谈判,均无结果。6月20日,两党领导人同意捷克和斯洛伐克一分为二。7月17日,斯洛伐克民族议会宣布了《主权宣言》。同日,联邦总统哈维尔辞职。11月25日,联邦议会以一票的优势通过了《捷克和斯洛伐克联邦共和国终止法》。据此,1993年1月1日,捷克和斯洛伐克联邦共和国正式分成为捷克共和国和斯洛伐克共和国两个独立的主权国家。这样,捷克斯洛伐克47年的社会主义事业和74年的统一事业也出现了历史的大曲折。

五、民主德国的发展和德国的统一

民德发展经济的措施　　民主德国50年代至60年代顺利地进行了党和国家领导人的更替。1960年9月皮克总统逝世后,改设国务委员会,由统一社会党中央第一书记乌布利希兼任国务委员会主席。1964年9月部长会议主席格罗提渥逝世后,由斯多夫继任。1971年5月,乌布利希改任新设党中央主席的职务(1973 年逝世),昂纳克当选党中央第一书记,1976 年改称党中央总书记,同年他开始兼任国务委员会主席。

在苏联、东欧各国改革浪潮影响下,民德在 50—60 年代也逐步推行了局部放权的"新经济体制",取得一定成绩,但又出现了新的比例失调问题。1971 年5 月,公布了国民经济平衡法,重新加强了中央集中管理,但在价格、税收等方面仍保留了一些行之有效的改革措施。同时,决定推行发展经济同改善人民生活相统一的方针,并把生产集约化作为经济发展的主要途径。1978 年 5 月,开始在高度专业化基础上建立托拉斯式的大型工业联合企业。联合企业有一定经营自主权。在农业生产组织方面,也倡导建立这种大型企业和农工协作团体,同时仍鼓励发展自留地经济和家庭副业。70 年代至 80 年代中期,民德的经济稳步增长。到 1988 年,人均国民收入达 8 500 美元,人均住房 26 平方米,家庭普遍实现电器化,每百户居民有小轿车 53 辆,全国粮食能自给。这时期,其经济发展水平居东欧国家之首。

开放"柏林墙"和两德边界　　但是,民德在建国后长期处于东西方和两个德国的对立之中,其处境十分艰难。一方面,它受苏联控制较深,其领导人的思想又日趋僵化,难有更大作为。另一方面,它与联邦德国相较,经济实力悬殊,难以与之抗衡。而且,在柏林一分为二后,民德公民还利用西柏林为桥梁不断流往联邦德国,对其发展也产生不利影响。为了制止公民出走及其他非法活动,在苏联支持下,民德于 1961 年 8 月沿西柏林边界修筑起总长 165 公里的隔离设施"柏林墙"。1963 年,民德领导人还完全改变了他们过去关于争取德国统一的主张,明确宣布,德国统一是不现实的。1972 年 12 月,民德与联邦德国首次缔结了双边"基本条约",规定双方相互承认为主权国家,互不干涉内政并友好合作。1973 年 9 月,两个德国同时被接纳为联合国成员。但联邦德国这时虽然承认了两个德国的现实,却一直未放弃谋求统一的立场。

1989 年中期,在苏联推行"新思维"政策和东欧各国形势相继剧变的影响下,民德政局也开始急剧动荡和变化。大批公民通过第三国逃往联邦德国,国内反政府示威游行迭起。10 月 18 日,举行党中央全会,昂纳克被迫辞职,由克伦茨接任总书记。11 月 9 日,政府被迫宣布开放柏林墙和两德边界。12 月初,人民议院通过宪法修正案,删去了关于工人阶级及其马列主义政党领导国家生活的内容;昂纳克、斯多夫等 12 名前领导人被开除出党;国家党政领导机构连续变动。12 月 8 日和 16 日,德国统一社会党举行特别代表大会,决定将党的名称改为"德国统一社会党—民主社会主义党",居西当选为党的主席。1990 年 2 月 4 日,党名又改为"民主社会主义党",以示与过去决裂。

民德开放柏林墙和两德边界,诱发了两德立即实现统一的强烈愿望,旋即使这一问题成为世界关注的焦点。联邦德国总理科尔抓住这一历史性时机,于 11

月 28 日提出了关于德国统一的十点计划。苏联在此问题上的立场开始时较为强硬,而后节节后退,最终同意两德统一。但是,在两德之间,苏、美、英、法四个原占领国之间,以及它们相互之间,对于如何解决德国统一的内部和外部条件问题存在着分歧。其他有些国家对德国的统一则不免疑虑。两德之间的分歧主要集中于统一是两个主权德意志国家的对等联合,还是民德根据联邦德国《基本法》并入联邦德国。四大国之间的分歧主要集中在统一后德国的联盟归属和外国驻军问题上。西方三国主张未来的德国应是北约的完全成员国,苏联主张德国中立不结盟。联邦德国基本上赞同西方三国的主张,民德支持苏联的立场。

德国的统一　　1990 年 3 月,根据民德政府和各反对派组织在这年 1 月圆桌会议的商定,民德议会进行了首次多党制的自由选举。参加竞选的有 24 个党派,参加投票的选民近 1 200 万,占全国有选民资格人数的 93.3%。受到联邦德国执政党大力支持的民德基督教民主联盟在选举中夺魁,得票率为 40.91%。以它为首的“德国联盟”(其中还包括德国社会联盟和民主觉醒两个党派)共得选票的 48.15%,社会民主党得 21.84%,民主社会主义党仅得 16.33%。随后组成了以基民盟主席德梅齐埃为总理的新的联合政府,民主社会主义党丧失执政党地位。

民德新政府同意尽快按联邦德国基本法实现两德统一,并于 5 月 8 日在波恩正式签署了建立两德货币、经济和社会联盟的“国家条约”。条约规定,从 7 月 1 日起,联邦马克取代民德马克成为民德的法定货币。8 月 30 日,两德政府又签订了一项双边“统一条约”,确定民主德国采用联邦德国宪法,于 10 月 3 日加入联邦德国,统一的德国首都定在柏林。

为解决德国统一的外部问题,从 5 月到 9 月,历经 4 轮“2+4”会谈终于达成协议,签订了“最终解决德国问题的条约”。条约说明:苏联同意统一的德国可自主决定联盟的归属,并将在 1994 年底以前分批撤回驻民德的全部苏军共 36 万人;与会国一致确认,目前的奥得—尼斯河边界为德国永久边界;从德国实现统一之日起,四大国取消作为占领国对整个德国和柏林的权利和职责,恢复德国在外交和内政方面的完全主权。

1990 年 10 月 3 日,按照联邦德国基本法,即以民主德国并入联邦德国的方式实现了两德的统一。从此,德意志民主共和国的历史告终,德意志联邦共和国的国土增加 50%,人口增加 1/4,德国东部地区进入一个全面按西部模式转轨的时期。然而,严酷的现实是,这种体制转换的代价和步履是异常沉重的。

六、保加利亚、罗马尼亚和阿尔巴尼亚的变化

动荡的保加利亚政局　　在保加利亚,从 1954 年日夫科夫继契尔文科开始担任党和国家最高领导人到 1989 年,政局长期比较稳定。日夫科夫强调同苏联

"全面接近"，紧跟苏联，同时也提出"在运用苏联经验时要考虑到保加利亚的条件"。保加利亚的工业基础薄弱，资源贫乏，但发展农业的自然条件良好。据此，它在实行优先发展重工业的同时，还较重视加工工业和农业的发展。70年代初，保加利亚提出在农村普遍建立"农工综合体"，以便在加工工业的基础上实现农业的集中化和向专业化发展。继之，又积极推行农业承包奖励制。这些措施使保加利亚的农业一度兴旺，并在苏联和东欧国家中受到赞赏和仿效。然而，保加利亚的"农工综合体"实质上是要"加速实现国家所有制和合作社所有制的接近和融合"，使之成为"统一的全民所有制"，从而有损农民长期经营的积极性。进入80年代，又遇上气候恶劣，致使农业生产连年徘徊，甜菜、水果、牛羊肉等重要农副产品产量下降，工业发展速度减缓，市场供应日趋紧张。1986年保共"十三大"通过的"九·五计划"指标又层层加码，甚至提出了要将国民收入翻两番的口号。实际上，该计划的执行是靠通货膨胀和大举外债来维持，这几年外债已增至100亿美元。

在政治上，日夫科夫长期集保共中央总书记和国务委员会主席之权于一身，独断专行，任用亲信，竭力树立个人威信，又制造了不少新的冤案。而且，他提出建立"单一民族国家"的目标，并从1984年起对占全国约1/10人口的土耳其族居民施行强制同化政策，引起一些地方武装冲突和大量土耳其族居民外迁。这一切使保加利亚表面平静的政坛潜伏着各种危机，并随着苏联东欧各国形势的发展变化而不断加剧。各种反共势力则伺机而动，致使一次"生态公开性"的请愿活动竟成了政局剧变的导火线。

1989年10月，由部分社会名流组成的"生态公开性"组织借欧洲35国在索非亚召开国际环保会议之机，连续举行各种集会，要求讨论环保问题并扩大民主与公开性，向官方施加压力。11月3日，他们又举行有数千人参加的示威游行，并向国民议会递交了一份上万人签名的请愿书，影响甚广。其后，有10多个反对派组织联合成立了"民主力量联盟"，并进一步组织大规模的反政府集会和游行，社会动乱日益加剧。在反对派的压力下，11月10日保共举行中央全会，执政35年的日夫科夫被迫辞职，由姆拉德诺夫继任。接着党政领导机构大幅度改组，日夫科夫被指控和监禁。1990年1—2月，保共召开"十四大"，通过宣言和新党章，决定把保共建成"新型的政党——保加利亚民主社会主义党"，在保实行多党制和市场经济。大会还决定建立保共最高委员会取代原中央委员会，利洛夫当选最高委员会主席。4月3日，保共易名为社会党。

1990年6月18日，保加利亚自由大选揭晓，在参加竞选的40多个党派中，社会党取胜，获211席，占总议席的52.75%。民主力量联盟获144席，占总议席的36%。7月10日，组成了由社会党领导的新政府。8月1日，经各派妥协，新议会选举民主力量联盟主席热烈夫为总统。但此后各派政治力量之间的斗争仍然激烈,社会继续动荡,经济形势继续恶化。

走向自由市场经济之路的罗马尼亚　　在罗马尼亚,1965年3月党和国家最高领导人乔治乌-德治逝世后,由齐奥塞斯库接任罗共中央第一书记。1967年12月起齐奥塞斯库又兼任国务委员会主席,1973年3月,他当选罗马尼亚首任总统。齐奥塞斯库在位共24年,他积极支持并继承了乔治乌-德治时期为争取和维护国家独立自主的基本路线,这是他能上台并长期在位的一个重要原因。他执政初期,也曾注意实行集体领导,平反一些冤假错案。但在苏联出兵侵捷后,他在积极捍卫罗马尼亚主权的同时,却进一步强化国内控制,并开始排斥异己,培植亲信。当上总统后更是大权独揽,其夫人及其他亲属也纷纷进入高层领导岗位,掌握了许多要害部门。

经济方面,1965年7月举行的罗共"九大"提出了一个庞大计划,要求在短期内建立起完整的工业体系,到1985年进入中等发达国家水平,到1990年或2000年建成"全面发展的社会主义"国家。为此,罗马尼亚长期将国民收入的1/3左右用于积累并继续优先发展重工业。这使罗马尼亚在1965—1980年的工业增长率达到11.4%,人均国民收入从1960年的250美元上升到1980年的1 500美元,但人民的实际消费水平增长缓慢。在60年代后期至80年代前期,罗共也曾多次通过"完善"经济体制的决议,提出一些改革措施,但传统的集中计划体制并未被触动,领导人对经济工作又任意指挥,各项改革决议并未认真执行。进入80年代,人民生活必需品如食品、煤气及供电、供暖等都很紧张,群众罢工、游行示威等事件日渐增多。

1989年席卷东欧的政治风暴在罗马尼亚表现得最为强烈。这年12月16日发生的蒂米什瓦拉市事件成了罗政局瞬变的先导。当晚,该市几百名市民为反对地方当局强制一名持不同政见的匈族新教牧师迁居,不少群众在牧师所在教堂四周拉成人链进行抗议。次日,抗议活动开始发展成数万人的反政府示威游行,并冲击党政机关与军警冲突,造成人员伤亡。国内外一些新闻媒介对此进行煽动性报道。20日,齐奥塞斯库中止对伊朗的访问,回国发表电视讲话,谴责国内外反动势力企图搅乱罗马尼亚的政局和经济,并宣布该市处于紧急状态。21日中午,首都也爆发了反政府示威游行,规模逐渐扩大至10万人以上,与军警冲突造成人员伤亡。示威活动向全国各地蔓延。22日中午,齐奥塞斯库宣布全国进入紧急状态,但国防部领导拒绝执行命令。首都示威群众随即冲进罗共中央和政府大厦,齐奥塞斯库夫妇乘直升机离去。在首都中心地区,支持齐奥塞斯库的安全部队与支持示威群众的国防部队战斗激烈。外地一些城市也发生交火。当天下午,在距首都约70公里的特尔维什泰附近齐奥塞斯库夫妇被捕,并于25日经特别军事法庭秘密审判后被处决。

22日深夜,成立起以前罗共中央书记杨·伊利埃斯库为首的"救国阵线委员会"。它宣布接管政府一切权力,实行多党制和经济改革。24日,国防部队控制了局势。28日,救国阵线委员会宣布将罗马尼亚社会主义共和国改名为罗马尼亚。

罗马尼亚宣布实行多党制后,各式各样的新党派迅速成立并进行新的较量,原拥有380万成员的罗共则停止了一切活动。1990年5月20日,罗马尼亚举行首次自由大选,73个党派角逐结果,拥有160万成员的救国阵线以2/3的多数票取得胜利,伊利埃斯库当选为总统。但是,主要反对党——国家农民党和国家自由党对这次大选不满,他们在西方国家支持下又以"反共产主义"为名,于5月24日在首都开始掀起反对伊利埃斯库的大规模动乱。至6月中旬,在罗马尼亚军队的干预下,局势才日渐缓和。现在罗马尼亚正冒着通货膨胀和大量失业的危险,逐步走上通往自由市场经济的道路。

未建立新结构前就破坏了旧结构的阿尔巴尼亚　　在阿尔巴尼亚,从1954年霍查将自己兼任的部长会议主席一职交由谢胡接任以后,到1981年一直是他们二人分别担任党政最高领导人。阿尔巴尼亚国小力弱,外界环境又多不利因素。霍查坚持传统路线,强调"以阶级斗争为主要动力"。60年代发动"思想文化革命",加强了国内控制。他还好走极端,刚愎自用,欣赏个人崇拜。阿尔巴尼亚劳动党内的斗争长期激烈,高层领导屡遭清洗;接二连三地揪出一个个"反党集团",而在群众中引起紧张和不安。1981年12月18日甚至宣布谢胡于当天"自杀"身亡。在对外关系中,阿尔巴尼亚与南斯拉夫之间早就失和,1961年又同赫鲁晓夫公开冲突,阿苏关系破裂。随之,东欧其他国家与阿尔巴尼亚关系降格,阿退出华约和经互会。在经济上,60年代初起,阿尔巴尼亚得到中国大量援助,经济发展较快,其"四·五"、"五·五"计划期间(1965—1975)工业年均增长率为13.4%和11.2%,食品及其他生活必需品基本自给。1976年后,阿中关系趋于恶化。1978年中国停止援阿后,阿经济发展速度急剧下降。这时,阿尔巴尼亚领导人自称阿尔巴尼亚是"世界上唯一的真正的社会主义国家"。阿尔巴尼亚理论僵化,闭关自守。不断增加国防开支,也造成经济发展缓慢。

1985年4月霍查逝世后,阿利雅接任劳动党中央第一书记,阿尔巴尼亚逐渐发生一些变化。1987年阿开始提"实践是检验真理的唯一标准"。次年,在政治经济领域进行局部改革试点。同时,在外交上趋于灵活,改善了与邻国关系和阿中关系,对东欧国家的关系有所松动,并与西欧国家开始往来。这几年阿政局还较平稳,但经济日益困难。1989年东欧政治风云突变,尤其是罗马尼亚齐奥塞斯库的垮台,给阿尔巴尼亚带来很大冲击。进入1990年,各地骚乱迭起,外逃人员猛增。由于政局动荡引发的"难民潮"还直接冲击着邻近的意大利。11月,阿利雅在党中央全会上首次承认过去犯了政治错误,并宣布对国家宪法要进行重大修改,解除对宗教的禁令,接受外国贷款和投资,允许私人创办小企业,扩大自留地经济。同时声称愿同美苏重建外交关系。12 月,党中央全会决定实行国家"政治多元化",允许反对派政党存在。1991 年 3 月,阿尔巴尼亚举行首次自由选举,劳动党获 2/3 的议会多数席位。4 月 26 日,议会决定将国名"阿尔巴尼亚社会主义人民共和国"改为"阿尔巴尼亚共和国"。5 月,阿利雅就任共和国总统并组织联合政府。6 月,劳动党"十大"将党名改为"社会党",纳诺当选为社会党主席。

但是,阿尔巴尼亚的政治经济危机继续发展,受西方国家支持的最大反对党——民主党在 1991 年 12 月退出了联合政府,独立工会不断掀起罢工浪潮,农业合作社纷纷瓦解。1991 年工业生产下降 50% ~ 60%,70% 的人失业,商店货架空空。社会党束手无策,被迫与各党派协商,决定于 1992 年 3 月提前举行第二次议会大选。选举结果,民主党获票最多,约占 2/3。4 月,阿利雅被迫退休,民主党首领贝里沙当选为新总统,阿尔巴尼亚的一个历史时代告终。由于阿在尚未建立新结构之前就破坏了旧结构,这种真空给国家的下一步发展带来了新的困难。

第三节　中国社会主义建设在探索中曲折发展

一、最初十年探索中的两个发展趋向和建设成就

建设中的两个发展趋向　　1956 年社会主义改造基本完成以后,中国人民在中国共产党领导下开始了全面的、大规模的社会主义建设,积极探索适合中国国情的社会主义建设道路。在 1956 到 1966 年"文化大革命"前夕这十年的最初探索中,由于全党全国人民发挥了高度的积极性和创造性,也由于全党全国人民对于如何在中国建设社会主义缺乏足够的思想和理论准备,以及党在指导方针上存在着正确的、比较正确的和错误的两个趋向,社会主义建设一开始就经历着曲折的发展过程。一方面,这个时期党和国家的指导方针在大部分时间里基本上是正确的,社会主义建设取得很大成就并积累了重要的经验,这是主要的;另一方面,从 1957 年起,"左"倾错误日益发展,社会主义建设呈现出反复和徘徊的局面。

1957 年的经济工作,由于认真执行了中共"八大"的正确方针,是新中国成立以来效果最好的年份之一。这一年,为发扬社会主义民主,在全党开展了整风运动,发动群众向党提出批评建议。但是,在整风过程中必要进行的反右派斗争被严重地扩大化了,把一批知识分子、爱国人士和党内干部错划为"右派分子",造成了不幸的后果。

1958 年 5 月,中共"八大"二次会议通过了"鼓足干劲,力争上游,多快好省

地建设社会主义"的总路线。这条总路线的提出,反映了广大人民群众迫切要求改变中国经济文化落后状况的普遍愿望,然而它忽视了客观的经济规律,急于求成,夸大了主观意志和主观努力的作用。于是,在这条总路线提出后轻率地发动了"大跃进"运动和农村人民公社化运动,使得以高指标、瞎指挥、浮夸风和"共产风"为主要标志的"左"倾错误严重泛滥开来。从 1958 年底到 1959 年 7 月中共中央政治局庐山会议前期,毛泽东和中共中央曾经努力领导全党纠正已经觉察到的错误。但是,庐山会议后期,毛泽东错误地发动了对彭德怀的批判,进而在全党错误地开展了"反右倾"斗争。这场斗争在政治上使党内从中央到基层的民主生活遭到严重损害,在经济上打断了纠正"左"倾错误的进程,使错误延长了更长时间。主要由于"大跃进"和"反右倾"的错误,加上当时的自然灾害和苏联政府背信弃义地撕毁合同,中国国民经济在 1959 年到 1961 年发生严重困难,国家和人民遭到重大损失。

1960 年冬,中共中央和毛泽东开始纠正农村工作中的"左"倾错误,并且决定对国民经济实行"调整、巩固、充实、提高"的方针,随即在刘少奇、周恩来、陈云、邓小平等人主持下,制定和执行了一系列正确的政策和果断的措施,这是这个历史时期中的重要转变。1962 年 1 月召开有 7 000 人参加的中央工作会议,初步总结了"大跃进"中的经验教训,开展了批评与自我批评。会议前后又为"反右倾"运动中被错误批判的大多数党员进行了甄别平反。此外,还给被划为"右派分子"的大多数人摘掉了"右派分子"帽子。由于这些经济和政治措施,从 1962 年起,社会主义建设重新出现欣欣向荣的景象。这几年,党和人民团结一致,同甘共苦,对内克服了自己的困难,对外顶住了苏联领导集团的压力,还清了欠苏联的全部债款(主要是抗美援朝中的军火债款),并且大力支援了许多国家人民的革命斗争和建设事业。

但是,"左"倾错误在经济工作的指导思想上并未得到彻底纠正,而在政治和思想文化方面还有发展。在 1962 年 9 月党的八届十中全会上,毛泽东把社会主义社会中一定范围内存在的阶级斗争扩大化和绝对化,发展了他在 1957 年"反右派"斗争以后提出的无产阶级同资产阶级的矛盾仍然是中国社会的主要矛盾的观点,进一步断言,在整个社会主义历史阶段资产阶级都将存在和企图复辟,并成为党内产生修正主义的根源。1963 年至 1965 年间,在部分农村和少数城市基层开展了社会主义教育运动,这对于解决干部作风和经济管理等方面的问题起了一定作用,但由于把这些不同性质的问题都认为是阶级斗争或者是阶级斗争在党内的反映,在 1964 年下半年使不少基层干部受到不应有的打击,在1965 年初又错误地提出了运动的重点是整所谓"党内走资本主义道路的当权派"。在意识形态领域,也对一些文艺作品、学术观点和文艺界、学术界的一些代表人物进行了错误的、过火的政治批判,在对待知识分子问题、教育科学文化问题上,发生了愈来愈严重的"左"的偏差,并在后来发展成为"文化大革命"的导火线。不过,这些错误在当时还没有达到支配全局的程度。

建设的成果 中国在开始全面大规模建设社会主义这十年里,虽然有过严重失误和挫折,但由于全国各族人民同心同德、艰苦奋斗,而且从 1960 年以后主要注意力一直是在贯彻执行调整经济的正确方针,仍然取得了很大成就,国家经济面貌发生了很大变化。以 1957 年为基期,在 1958 年到 1965 年的八年中,基本建设投资完成 938 亿元,建成大中型项目 531 个。工农业总产值增长59.9%,其中农业总产值增长 9.9%,工业总产值增长 90.1%。工业主要产品中,钢增长 1.3 倍,达到 1 223 万吨;原煤增长 77%,达到 2.32 亿吨;发电量增长 2.5倍,达到 676 亿度;原油增长 6.75 倍,达到 1 131 万吨,已实现全部自给。农业主要产品中,棉花达到 209.8 万吨,增长 27.9%;粮食达到 3 891 亿斤,接近 1957 年的水平。十年中,全国工业固定资产按原价计算,增长了三倍。电子工业、原子能工业、航天工业、石油化工等一批新兴工业部门建设起来。工业布局有了改善,原有的沿海工业基地得到加强,广大内地和边疆省区形成了不少新的工业中心。新建铁路近 8 000 公里,交通运输、邮电事业有了长足发展。农田水利基本建设和技术改造开始大规模地展开,并逐渐收到成效,全国农用拖拉机和化肥用量都增长 6 倍以上。高等学校毕业生近 140 万人,为前 7 年的 4.9 倍,教育质量也有较大提高。科学技术有比较突出的成果,1964 年 10 月 16 日成功地爆炸了中国第一颗原子弹,有力地打破了超级大国的核垄断和核讹诈。中国现在赖以进行现代化建设的物质技术基础,很大一部分是在这个期间建设起来的,全国经济文化建设等方面的骨干力量和他们的工作经验,大部分也是在这个期间培养和积累起来的。这些成就,是这一时期的主导方面。

二、"文化大革命"的十年动乱

全国范围的大动乱 1966 年 5 月,中国发生了"文化大革命"。"文化大革命"是当时的叫法,实际上它是一场由领导者错误发动,被反革命集团利用,给中国共产党、整个国家和全国各族人民带来严重灾难的内乱,这场内乱持续十年之久。

这场"文化大革命"是由毛泽东发动和领导的。他发动这场"大革命"的主要论点是:一大批资产阶级的代表人物、反革命的修正主义分子,已经混进党里、政府里、军队里和文化领域的各界里,相当大的一个多数的单位的领导权已经不在马克思主义者和人民群众手里。党内走资本主义道路的当权派在中央形成了一个资产阶级司令部,它有一条修正主义的政治路线和组织路线,在各省、市、自治区和中央各部门都有代理人。过去的各种斗争形式都不能解决问题,只有实行文化大革命,公开地、全面地、自下而上地发动广大群众来揭发上述的黑暗面,才能把被走资派篡夺的权力重新夺回来。这实质上是一个阶级推翻一个阶级的政治大革命,以后还要进行多次。这些论点主要出现在作为"文化大革命"纲领性文件的《五·一六通知》和中共"九大"政治报告中,并曾被概括成为所谓"无产阶级专政下继续革命的理论",从而使"无产阶级专政下继续革命"一语有了特定的含义。

毛泽东发动"文化大革命"的这些"左"倾论点,对当时中国阶级形势以及党和国家政治状况的估计是错误的,脱离了作为马克思列宁主义普遍原理和中国革命具体实践相结合的毛泽东思想的轨道。这就为他当时所重用的林彪、江青等野心人物的活动造成了机会。林彪、江青等人组成两个阴谋夺取最高权力的反革命集团,凭借其已取得的党中央的一部分权力,利用毛泽东的错误,打着最"革命"的旗号,进行了大量祸国殃民的罪恶活动,并把"左"倾错误推到极端,造成全国范围的大动乱,使中国的社会主义事业遭到新中国成立以来最严重的挫折和损失。

这场"大革命"之所以冠以"文化"二字,是因为它是由文化领域的"批判"开始的。1965年11月10日,上海《文汇报》经毛泽东批准,发表了姚文元在江青和张春桥合谋指使下执笔写成的《评新编历史剧〈海瑞罢官〉》一文,点名批判《海瑞罢官》的作者、著名历史学家、原北京市副市长吴晗,揭开了"文化大革命"的序幕。

"文化大革命"从发动到结束,历时十年之久。1976年9月9日毛泽东逝世,江青反革命集团加紧了夺取党和国家最高领导权的阴谋活动。同年10月上旬,中共中央政治局实现全党全国人民的意愿,毅然粉碎了"四人帮"①,结束了"文化大革命"。

严重的后果　　"文化大革命"的长期动乱,使整个中国陷入浩劫。中共党组织和国家政权受到极大削弱,大批干部和群众遭到残酷迫害,民主和法制被肆意践踏,文化教育事业受到严重摧残,科学技术水平同世界先进国家的差距拉得更大,历史文化遗产遭到巨大破坏,优良传统和道德风尚在相当程度上被毁弃。十年间国民收入损失约5 000亿元,人民生活水平下降,整个国民经济濒于崩溃的边缘。

中共广大党员、干部和广大人民群众在"文化大革命"期间,对"左"倾错误和林彪、江青两个反革命集团的斗争尽管十分艰难曲折,但一直没有停止过。正是由于党内外广大干部和群众的抵制和努力,"文化大革命"的破坏在一定程度上受到了限制,并使国民经济在某些方面取得了进展。粮食生产保持了比较稳定的增长,1976年达到5 726亿斤,比1965年增加1 835亿斤。原油产量比

---

① 指王洪文、江青、张春桥、姚文元四人在"文化大革命"中结成的反革命集团。

1965 年增加 5.7 倍,达 7 000 多万吨。一些工程艰巨的新铁路和宏伟的南京长江大桥建成通车。核技术、人造卫星、运载火箭等尖端科学技术的研究工作也取得重要成就。在国家动乱的情况下,人民解放军仍然英勇地保卫着国家的安全。外交工作打开了新局面。1971 年 10 月,中国恢复在联合国的合法席位并成为安理会的常任理事国之一。1972 年 2 月,在上海发表《中美联合公报》,中美关系开始走向正常化。同年 9 月,中日建交。仅 1972 年,中国即同 28 个国家建交。

中国"文化大革命"之所以会发生并持续十年之久,有着复杂的国内社会历史原因和国际原因,而直接原因是毛泽东领导思想上的严重"左"倾错误。但毛泽东的错误终究是一个伟大的无产阶级革命家所犯的错误。他发动"文化大革命",自以为是开辟一条反修防修、建设社会主义的新道路,他在犯严重错误的时候,还始终认为自己的理论和实践是马克思主义的,是为巩固无产阶级专政所必需的,这是他的悲剧所在。

"文化大革命"是在探求中国自己的社会主义道路的努力走入歧途的结果。它以尖锐的形式,暴露出中国共产党和国家的工作和体制等方面存在的严重缺陷,并提供了深刻的教训。

三、开创社会主义现代化建设的新局面

拨乱反正　　1976 年 10 月粉碎"四人帮"的胜利,从危难中挽救了党和国家。但此后两年,由于"文化大革命"遗留下来的政治、思想、组织和经济上的混乱还很严重,国家处于徘徊发展状态。

1978 年 12 月召开党的十一届三中全会,形成了以邓小平为核心的中央领导集体,承担起摆脱困境、打开局面的艰巨任务,实现了新中国成立以来重大的历史性转折,开创了中国社会主义事业发展的新时期。

在十一届三中全会前后,党领导和支持了关于实践是检验真理唯一标准的大讨论。这场讨论冲破个人崇拜的束缚,重新确立了解放思想、实事求是的思想路线。这是思想路线上的拨乱反正。

党在十一届三中全会上毅然抛弃了"以阶级斗争为纲"这个不适用于社会主义社会的"左"的错误方针,把党和国家的工作中心转移到经济建设上来。这是政治路线的拨乱反正。与此同时,还作出了实行改革开放的重大决策,并针对拨乱反正过程中出现的错误思潮,旗帜鲜明地强调必须坚持社会主义道路、坚持无产阶级专政即人民民主专政、坚持中国共产党的领导,坚持马克思列宁主义毛泽东思想。从而开始形成"一个中心、两个基本点"(即"以经济建设为中心,坚持四项基本原则,坚持改革开放")的思想,奠定了新时期党的基本路线的基础。

党强调必须以正确的组织路线来保证正确的思想路线的实现。根据历史转

折的新要求,加强了党的组织建设,逐步调整和充实了各级领导班子,提出了干部队伍革命化、年轻化、知识化、专业化的方针,废除干部领导职务实际存在的终身制,实行新老干部的合作与交替。

中国共产党对重大历史是非还作了认真的清理。采取了一系列措施,平反冤假错案,落实了有利于增强党的团结和调动一切积极因素的各项政策。1981年6月中共十一届六中全会还专门通过《关于建国以来党的若干历史问题的决议》,根本否定了"文化大革命"和"无产阶级专政下继续革命"的理论,同时坚决顶住了否定毛泽东和毛泽东思想的错误思潮,维护了毛泽东的历史地位,肯定了毛泽东思想的指导作用。随着国内局势的发展和国际局势的变化,越来越显示出中国共产党作出这些重大决策的勇气和远见。

改革开放的新时期　　在拨乱反正基本完成的基础上,1982年9月召开了中共"十二大"。在这次大会上,邓小平提出"把马克思主义的普遍真理同我国的具体实际结合起来,走自己的路,建设有中国特色的社会主义"的思想。这是整个新的历史时期进行社会主义现代化建设的指导思想。大会据此确定分两步走在20世纪末实现国民生产总值翻两番的目标。随后,党又提出第三步到21世纪中叶基本实现社会主义现代化的战略,从而举起了一面引导全国各族人民迈向21世纪的伟大旗帜。

新时期最鲜明的特点是改革开放。改革开放从十一届三中全会起步,"十二大"以后全面展开。它经历了从农村改革到城市改革,从经济体制的改革到各方面体制的改革,从对内搞活到对外开放的波澜壮阔的历史进程。

改革从农村开始,这是符合中国国情的战略决策。农村体制改革主要是实行农民创造的家庭联产承包制。中共中央尊重群众的愿望,积极支持试验,几年功夫在全国推开。实行家庭联产承包为主、统分结合、双层经营,既废除了人民公社,又不走土地私有化道路,解决了中国社会主义农村体制的重大问题。8亿农民获得对土地的经营自主权,加上基本取消农产品的统购派购,放开大部分农产品价格,从而使农业生产摆脱了长期停滞的困境,农业经济向着专业化、商品化、社会化迅速发展,广大城乡人民得到显著实惠,带动了整个改革和建设事业。同时,乡镇企业异军突起,这是中国农民的又一个伟大创造。它为农村剩余劳动力从土地上转移出来,为农村致富和逐步实现现代化,为促进工业和整个经济的改革和发展开辟了一条新路。

为适应改革从农村向城市发展的新形势,1984年10月党的十二届三中全会通过了关于经济体制改革的决定。这个决定提出中国社会主义经济是公有制基础上的有计划商品经济,突破了把计划经济同商品经济对立起来的传统观念。这是对马克思主义政治经济学的新发展,为全面经济体制改革提供了新的理论指导。接着,党相继决定对科技体制和教育体制进行改革,并进一步提出政治体制改革的目标和任务。

在对外开放方面，第一个重大步骤是兴办深圳、珠海、汕头、厦门四个经济特区。这是利用国外资金、技术、管理经验来发展社会主义经济的崭新试验，取得了很大成就。实践证明，经济特区姓"社"不姓"资"。此后又相继开放沿海十几个城市，在长江三角洲、珠江三角洲、闽东南地区、环渤海地区开辟经济开放区，批准海南建省并成为经济特区。对外开放不断扩大，两亿人口的沿海地带迅速发展，有力地推动了全国的改革开放和经济建设。

为在思想和政治上有力地保证改革和建设的顺利进行，中国共产党提出了一系列"两手抓"的战略方针，强调一手抓改革开放，一手抓打击犯罪；一手抓经济建设，一手抓民主法制；一手抓物质文明，一手抓精神文明。1986年9月党的十二届六中全会作出决议，指出以马克思主义为指导的精神文明是社会主义社会的重要特征。全会强调在整个社会主义现代化建设进程中都要进行反对资产阶级自由化的教育和斗争。

1987年10月召开党的"十三大"。这次大会的主要历史功绩，是比较系统地论述了中国社会主义初级阶段的理论，明确概括和全面阐发了党的"一个中心、两个基本点"的基本路线。大会高度评价了十一届三中全会以来开始找到建设有中国特色社会主义道路的伟大意义，强调指出，这是马克思主义与中国实践相结合过程中，继找到中国新民主主义革命道路、实现第一次历史性飞跃之后的第二次历史性飞跃。

从1984到1988年，中国经济经历了一个快速发展的时期，展现出农业和工业、农村和城市、改革和发展相互促进的生动局面，整个国民经济提高到一个新的水平。同时在前进中也出现了一些问题，主要是物价波动大了一点，重复建设比较严重。中国共产党决定用一段时间治理经济环境、整顿经济秩序，以利于更好地推进改革和建设。但1989年春夏之交发生了一场政治风波，党和政府依靠人民，旗帜鲜明地反对动乱，平息了在北京发生的反革命暴乱，捍卫了社会主义国家政权，维护了人民的根本利益，保证了改革开放和现代化建设继续前进。同年6月下旬党的十三届四中全会选出新的中央领导集体。党中央全面坚持党的基本路线，继续抓住经济建设这个中心，努力纠正"一手比较硬、一手比较软"的现象，加强了思想政治工作和党的建设工作。在国际局势剧变的情况下，它按照冷静观察、沉着应付的方针，坚持把注意力集中在办好中国自己的事情上，相继作出关于加强廉政建设的决定，关于进一步治理整顿、深化改革的决定，关于加强党同人民群众联系的决定，关于上海浦东开放的决策，关于国民经济和社会发展十年规划和"八五"计划的建议，关于搞好国营大中型企业的决定，关于进一步加强农业和农村工作的决定。几年来，中国共产党团结和领导全国各族人民，克服种种困难，实现了社会稳定、政治稳定和经济发展。这表明，党在国际国内复杂艰难的历史关键时刻作出的一系列重大决策,是完全正确的。

1992年初,邓小平视察南方发表重要谈话,精辟地分析了当前国际国内形势,明确回答了这些年来经常困扰人们思想的许多重大认识问题。谈话强调基本路线要管一百年,动摇不得,要求大家思想更解放一点,改革开放的胆子更大一点,建设的步子更快一点,千万不可丧失时机。3月中共中央政治局召开全体会议,完全赞同邓小平的重要谈话,认为谈话不仅对当前的改革和建设具有十分重要的指导作用,而且对整个社会主义现代化建设事业具有重大而深远的意义。接着,党中央和国务院作出关于加快改革开放和经济发展的一系列决定。以邓小平的这次谈话和3月中央政治局全体会议为标志,中国的改革开放和现代化建设事业进入了一个新的阶段。

历史性的巨变　　1992年10月中共召开"十四大"。这次大会全面总结了十一届三中全会以来14年的基本实践和基本经验,确定了90年代加快改革开放和现代化建设步伐的战略部署,选出了以江泽民为核心的承前启后新的中央领导机构。

"十四大"最大的成就,在于对邓小平提出的建设有中国特色的社会主义理论作了新的概括,第一次比较系统地回答了中国这样的经济文化比较落后的国家如何建设、巩固和发展社会主义等一系列重大问题,这是对马列主义毛泽东思想的继承和发展,是当代中国的马克思主义,也是全党全国人民集体智慧的结晶。大会还明确提出建立社会主义市场经济体制,这是在社会主义经济理论上的重大突破,是中国共产党在建设有中国特色社会主义理论上的一个伟大创造,也是对马克思主义的重大发展。

1993年3月,第八届全国人大一次会议通过宪法修正案。它突出了建设有中国特色的社会主义理论和党的基本路线,并把建立社会主义市场经济体制作为国家经济体制改革的目标模式以根本大法的形式确定下来。

新时期十几年来,中国在建设社会主义进程中虽也发生过失误和偏差,现在也还面临很多困难和问题,人民群众还有不少意见和一些不满意的地方,但总起来说,这十几年来,中国共产党和中国人民锐意改革,努力奋斗,使整个国家焕发出勃勃生机,中华大地发生了历史性的巨大变化,安定团结的政治局面不断巩固,社会主义生产力获得新的解放和发展。以1990年同1978年相比,国民生产总值增长1.74倍(1980年至1990年间,平均每年增长9%,是80年代世界经济平均增长速度的3倍);工业总产值增长2.89倍,其中钢产量增长1.1倍,原油产量增长32.7%,发电量增长1.4倍,工业的现代化水平得到大幅度提高;农业总产值增长1.03倍;科技、文教事业进一步发展;国防实力进一步增强;全国11亿人民的温饱问题已基本解决,并正在向小康迈进。综合国力上了一个大台阶。在世界风云急剧变幻的情况下,中国的社会主义制度经受住严峻的考验,显示了强大的生命力。

　　这时期,中国对外工作也取得重大成就。中国同周边国家的睦邻友好关系处于新中国成立以来的最好时期,同广大发展中国家的团结合作进一步巩固和加强,同世界各国包括西方发达国家的关系在和平友好五项原则基础上得到了改善和发展。中国的国际影响不断扩大,国际地位不断提高。在 80 年代,中国还按照"和平统一、一国两制"的方针,通过与英国和葡萄牙分别谈判,解决了香港在 1997 年和澳门在 1999 年回归祖国的问题。它还将按此方针,争取实现香港和澳门政权的顺利交接与平稳过渡,并使台湾问题早日解决,以完成国家的统一大业。

　　当前,中国人民在中国共产党领导下,正继续高举建设中国特色社会主义的旗帜,朝着实现社会主义现代化的宏伟目标前进。

第十章　发展中的民族独立国家
在曲折的道路上前进

　　亚非拉发展中的民族独立国家在国情上千差万别,政治体制、发展道路、历史传统、文化和民族各不相同。同时,又面临着国内的动荡与分裂、国家之间的频繁冲突、严重的经济困难、贫富悬殊、吸毒和贩毒蔓延等挑战。但是,维护和巩固已获得的政治独立、振兴和发展民族经济,却是这些国家的共同任务。为完成此任务,必须进行现代化改革。自从独立后,广大发展中国家,在总结和研究自己的经济建设实践的基础上,不断进行了战略性、结构性改革的内外政策调整。在民主化建设上加强法制、实行民主选举、鼓励舆论监督。在经济调整上,对财政金融政策、经济结构、国营与私营经济的比例等方面,作了变动。在外交政策上,向多元化、全方位方向发展。尽管今后经济发展的道路是曲折的,但只要从实际国情出发,不断进行调整,在世界改革大潮中一定会取得成效。

第一节　亚洲各国独立后的政治与经济

一、印度独立后的政局演变与经济发展

　　尼赫鲁执政时期　　独立初期的印度未能完全摆脱英国的控制。殖民时期的总督、文官制度以及军队继续保留,英国人在政治、经济、军事和外交方面仍掌握部分权力。但这种状况毕竟是暂时的。1949 年 11 月 26 日印度通过新宪法,1950 年 1 月 26 日正式宣布为"独立自主的民主共和国",实行具有单一制特征的联邦制,强调中央集权,极力消除英国"分而治之"政策造成的后果,通过合并土邦、按语种分邦等改革措施,使中央与地方的矛盾以及民族之间的矛盾得到部分解决。联邦政府实行西方的议会民主制和以国大党为主体的政党制。国会是联邦的最高立法机构,设联邦院(上院)和人民院(下院),总理为首的部长会议是最高行政机构。国大党主要代表资产阶级的利益,在国会中占绝对优势。尼赫鲁任总理,是实际的执政者,总统只是名义上的国家元首,议会中的其他反对党,如共产党、人民党等都处于非常微弱的地位。50 年代中后期尼赫鲁政府实行"印度人化"政策,培养各种新的文职人员,进一步完善文官制度,保持了政府工作的稳定性,基本不受政党政治的干扰。

　　国大党重视发展民族经济,1947 年 11 月 17 日成立了以尼赫鲁为首的经济规划委员会。尼赫鲁早年曾是一个费边主义者。费边主义加上甘地主义的社会

平等观,又借鉴了苏联计划经济和中国农村合作化的一些经验,就形成了印度经济发展战略的理论基础。1952年公布了第一个五年计划(1951—1956),任务是恢复经济,"最大限度的生产,充分就业",实施的结果是成功的。其间,工业生产增长25%,农业生产增长22.2%,粮食短缺和通货膨胀现象得到缓解。"一·五"期间开始土地改革,1951年北方邦率先颁布了取消柴明达尔大土地所有制法案,有代价地将土地分给耕种者。从1953年起,各邦又通过租佃改革法案,规定地租数额、不准地主驱逐佃户、允许佃农购买土地等。结果,在取消中间人地主方面取得一些成效,约40%的耕地转移到中小地主和富裕农民手中,但租佃改革中的土地持有最高限额法没有真正实行,合作耕种也没有什么进展。

尼赫鲁主张在印度建立"混合经济",即使公营经济和私营经济并行发展,并给其资产阶级的民族主义罩上"社会主义"的政治外衣。在1955年1月举行的国大党阿瓦迪年会上,通过了建立"社会主义类型社会"的决议。尼赫鲁解释说,印度的社会主义既不同于共产党国家所奉行的社会主义,也不同于西方的资本主义,而是要通过民主手段建立一个"福利国家",追求社会公正和自力更生,实行计划经济,加强国家在经济发展中的作用。因此"二·五"(1956—1961)和"三·五"(1962—1966)计划提出的主要任务是实现工业化,大力发展国营重工业和基础工业,建立包括电力、采矿、冶金、采矿设备、机器制造、采油、石油化工、化肥等工业在内的一套完整的工业体系,同时对帝国银行和保险等行业实行国有化,加强国家在金融贸易中的地位。结果,10年间,公营经济确实有了长足的发展,而私营经济,包括私人垄断资本、中小私人资产、个体经济、外国私人资本也并未受到削弱。最大的五家财团在政府的扶植下,其资产总值从1958年的45.44亿卢比增至1965年的131.94亿卢比。与此同时,两极分化和工农业比例失调也日益严重。例如,"二·五"、"三·五"期间,工业产值增长1倍,而农业产值只增长14%,而且很不稳定,几乎每隔二三年就出现一次大减产,结果造成粮食恐慌、通货膨胀和外汇短缺。

尼赫鲁作为一个民族资产阶级的政治家,其扩张主义的本性也时有表现。1962年10月,挑起了中印边界战争,遭到惨败,尼赫鲁于1964年5月27日在忧郁中病逝。继任总理夏斯特里仍奉行原政策,1965年9月又挑起第二次印巴战争。这使国内经济危机更加严重。1966年初,夏斯特里突然病逝。于是,全面调整印度经济的重任便落在尼赫鲁的女儿、新任总理英迪拉·甘地的肩上了。

英·甘地与拉·甘地执政时期 1966年1月24日,英·甘地就任总理。她在继承和发展其父的基本战略的前提下,积极进行经济调整。首先实行农业发展新战略。早在1965年1月,农粮部长苏布拉马尼亚姆就根据专家们的建议,向国会提出了一个题为《农业发展:问题和前景》的报告。主张以技术改革为中心、发展现代化农业、开展"绿色革命",得到英·甘地的支持,在取得国外大量贷款后付诸实施。"绿色革命"的具体内容是:引进、培育和推广高产良种,改良耕作技术,提高机械化程度,大量使用化肥,进行农田水利建设,扩大灌溉面积,同时发展农业科研教育事业。"绿色革命"的效果是显著的,农业生产率迅速提高,1965年前农业产量年增长率仅为1.7%,而1965—1979年平均为2.6%,粮食产量1950—1951年度仅为0.5亿吨,而1978—1979年度增至1.3亿吨,印度由一个"饥荒之国"变为"余粮之国"。在此过程中,政府向富裕农户提供大量财政补贴和信贷,鼓励他们采用新技术。结果,促进了一批新富农和农业资本家的产生,而许多无地少地的农民更加贫困,只得沦为出卖劳力的农业工人。

为了避免农民进一步两极分化,1967年6月国大党全国委员会通过了"民主社会主义政策"的决议,又称"十点纲领"。它强调国有化和建立粮食平价分配系统,在全国设立30多万家"平价店"掌握生活用品的零售,以制止垄断和权力集中。1975年7月又颁布了"二十点经济纲领",提出加速土改,对采煤、炼油和石油销售业实行国有化等一系列更为激进的政策。英·甘地主持制订的"四·五"(1969—1974)、"五·五"(1974—1979)计划,主要目标是优先发展和促进出口、取代进口的工业,扩大政府对进出口贸易的控制,使公营经济在整个国民经济中占主导地位。

英·甘地的激进政策遭到国大党内的保守势力和议会中反对派的攻击。1969年6月她宣布将控制全国贷款56%的14家私营银行收归国有,并解除反对派领袖莫拉吉·德赛的副总理兼财政部长职务。国大党由此于11月正式分裂,形成了英迪拉派和组织派,英迪拉派后又两次分裂,使实力锐减。在1977年3月的大选中,组织派联合人民同盟、印度人民党、社会党等组成人民党,集中攻击英·甘地政治上的专断行为,结果,在选举中获胜,组织政府。但该党因内部斗争和行政管理不善,仅仅执政29个月便下台了。1980年1月英·甘地通过选举再次执政。她终止了人民党的经济"滚动计划",制订了"六·五"(1980—1985)计划,重点发展农业、轻工业和小工业,在继续加强公营经济的同时,放宽对私营经济的管制。但是,由于教派斗争的尖锐化,1984年6月发生了印度军队占领金庙事件,伤害了锡克教徒的民族感情,10月31日,英·甘地遭锡克教卫兵暗杀身亡。

英·甘地对印度的发展是有贡献的。她刚执政时,工业年增长率仅为0.3%,"四·五"期间回升到4.7%,"五·五"期间又达5.9%。工业结构也发生了显著的变化:重工业、机械制造业的比重大大增加,工业品的自给能力明显提高。特别是科学技术发展迅速,科技队伍已由1950年的18.8万人增长到1979年的232万人。印度已能自造飞机导弹和建设原子能发电站。1974年爆炸了第一枚核装置,1980年成功地发射了本国研制的多用途卫星,使印度成为世界上第六个拥有发射人造卫星能力的国家。印度的混合制经济体制在英·甘地时期得到加强,国家资本主义性质的公营经济已在国民经济中起主导作用。她对私营经济实行表面限制、实则鼓励的政策。塔塔、比尔拉等 20 家大财团的资产从 1966 年的 233.5 亿卢比增长到 1980 年的 761.3 亿卢比。外国资本在全印经济中的比重虽有所下降,但绝对数字却在增长,1982 年达 250 亿卢比,比独立时增长了 10 倍。

英·甘地的政绩和威望使她的儿子拉吉夫·甘地在 1985 年 1 月顺利地就任总理。然而,从他外祖父时代起积累下来的大量问题也一并留给了他。这些问题主要有:农轻重比例失调,经济发展速度缓慢,落后于其他许多发展中国家,两极分化严重,财富集中在占人口 10% 的富人手中;贫困、失业问题严重;地区发展越来越不平衡;民族矛盾、教派斗争日益尖锐化;人口、环境问题已经影响了国家的发展,1985 年人口已达 7.6 亿,比 1947 年增长一倍。此外,与邻国关系也不正常。拉·甘地一方面在外交上努力开创新局面,一方面制订"七·五"计划,力图在国内"消除贫困、建设一个强大的和自力更生的经济。"虽然国民经济的发展速度加快了,但他却没有成功。由于卷入了斯里兰卡的民族冲突,他遭到泰米尔极端分子的仇恨,1991 年 5 月 21 日在泰米尔纳德邦遇刺身亡。

二、印度尼西亚共和国的政治与经济

苏加诺执政时期　　印度尼西亚虽早在 1945 年八月革命之初就宣布了独立,但进行经济和政权建设却是在 1950 年统一的印度尼西亚共和国成立之后才开始的。根据 1950 年 8 月 15 日颁布的临时宪法,内阁由国会中几个主要党派联合组成。总统为国家元首和海陆空军统帅,总统与副总统不参加任何政党。建国后,政坛上一直存在着左、中、右三派,并进行激烈的争夺。左派代表是印度尼西亚共产党,在艾地领导下,该党从 1951 年起走出地下,公开活动;中派代表是苏加诺创建的以民族资产阶级为主导的国民党(又译民族党),右派代表是马斯友美党、社会党和一些地方武装集团,主要代表大地主和买办资产阶级的利益。1955 年 9 月举行了印度尼西亚历史上的第一次大选,国民党、马斯友美党、伊斯兰教师联合会、印度尼西亚共产党成为获票最多的四大党。国民党人阿里·沙斯特罗阿米佐约组织内阁,得到左派的支持。1956 年 4 月 29 日新政府宣布废除圆桌会议协定,高举反帝反殖和不结盟的旗帜,在对内对外政策上采取了一系列进步措施。

1956 年 9 月到 1958 年 6 月,右翼政治势力及其盟友、地方右派军人集团在国际帝国主义的策动下,在苏门答腊、苏拉威西等地先后发动武装叛乱,建立非法政权。叛乱平息后,苏加诺进行政治改革,1959 年 7 月 5 日宣布恢复 1945 年宪法,实行"有领导的民主",建立总统制内阁,自兼总理并由他选任内阁成员。

他成立临时人民协商会议作为最高权力机关,原国会改名"合作国会",国会无权干涉内阁。苏加诺还兼任最高评议院主席、战时最高掌权者、国防委员会、参谋长联席会议主席等职。他按照1957年2月21日宣布的"纳沙贡"思想组建新政府,即建立民族主义、宗教、共产主义三种思潮代表人物参加的合作政府。1960年11月,人民协商会议通过了反映"纳沙贡"思想的"政治宣言",只有10个政党被承认,马斯友美党、社会党等被取缔。

苏加诺在实行"有领导的民主"的同时,还实行"有领导的经济"方针和"印度尼西亚式的社会主义",通过了"八年全面建设计划",加紧实行国有化,将大部分荷兰企业收归国有。1960年11月又宣布石油、天然气的开采由国家控制。民族资本得到迅速发展,使其在国民经济中占主导地位,使外国资本控制印度尼西亚经济命脉的局面得到改变。与此同时,在农村实行"产品分成法"和"土地基本法令",规定地租不得超过收成的一半,还规定了地主的土地占有限额。这些对于缓和农村矛盾、促进农业生产有一定的作用。但从总体来看,苏加诺执政时期在发展经济方面建树不多,许多经济问题没有得到妥善处理。国有化后又出现了排斥一切外资的极端化倾向。许多国营企业管理不善,有些甚至成为军人官僚的发财工具。加之平息叛乱、为收复西伊里安又花费了大量的财力,到60年代中期,财政连年赤字、通货膨胀率达650%,比10年前上涨65倍。生产下降,粮食缺乏,外汇储备枯竭,债台高筑,国民经济陷于严重困难之中。

苏哈托执政时期　　印度尼西亚军队组建于独立初期。当时形势复杂,而中央文官政府又比较软弱,军队常常各自为政,掌握地方的政治、经济实权,形成一支独立的社会政治力量。平叛后极右翼军人集团虽被粉碎,但军队的整体实力反而更为加强。他们利用总统对军队的依赖进入中央和地方各级政权,并趁国有化之机,占有国营企业,渗入经济领域。他们轻视文官政府,不满文官至上的体制,要求军人执政。军队中派系林立,社会矛盾常常在军队系统内表现出来。

1965年9月30日夜,总统警卫团三营营长翁东率部属及从中爪哇、东爪哇调来首都参加检阅的第454、530营发动了"9·30运动"。他们处决了"将领委员会"的六名成员,其中总参谋长纳苏蒂安逃跑而未被捕。他们还占领了独立广场、电讯大楼和电台等要地。次日晨发表公报,声明"9·30运动"是"陆军内部的运动",谴责"将领委员会"有政变阴谋。苏加诺没有立即对"9·30运动"正式表态,只命令陆军负责恢复治安工作。陆军战备战区司令部第一副司令苏哈托在10月1日进行了紧急联络部署,招降了第530、454营,于同日晚向"9·30运动"的哈林基地发起进攻,夺回了电台等要地,控制了雅加达。接着,又镇压了三宝垄、日惹、梭罗等地的"9·30运动"支持者,翁东被捕,并被处决。

印度尼西亚共产党被指控为"9·30运动"的后台,在全国掀起了反共高潮。

在连续数月的恐怖和混乱日子里,艾地等印度尼西亚共产党领导人全部被害,苏班德里约等文职官员也被逮捕。从中央到地方各级政权都被军队掌握,内阁和临时人民协商会议被改组,苏加诺逐步失去总统的权力。1966 年 3 月苏哈托出任副总理兼国防与安全部长、陆军司令、最高行动指挥部参谋长,后又任内阁主席团主席,从而掌握了国家实权。1967 年 3 月他被临时人协推举为代总统,翌年 3 月 27 日正式就任总统,从此,确立了以军人政治为特征的"新体制"。未被完全取缔的政党均合并为"建设团结党"和"印度尼西亚民主党"两个系列,活动受到限制。

苏哈托执政时期,政局基本上是稳定的。针对苏加诺因忽视经济而造成的危机,他的政府把主要工作放在发展经济上。苏哈托任用了一批毕业于美国加州伯克利大学的经济学博士擘划经济。他们先用三年计划恢复和稳定国民经济。从 1969 年 4 月开始实行第一个五年计划,此后又连续实行了四个五年计划。其经济发展战略的特点是首先实行对外开放,大力引进外资。1967 年 1 月和 1977 年 2 月先后颁布提供优惠条件的《外国投资法》。1977 年批准的外国投资已达 68 亿美元,1985 年又增至 152.6 亿美元。其次,大力开发油气资源,发挥资源优势,带动经济的全面发展。1966—1977 年原油产量由 1.46 亿桶增至 6.15 亿桶。财政总收入的 52.7% 来自石油收入。此外,逐步调整经济结构,由"进口替代"改为重点"面向出口",积极发展电子工业等高技术产品。

70 年代世界油价的提高使印尼得到巨额外汇收入,1966 年仅有 2.03 亿美元,1980 年增至 128.58 亿美元。前三个五年计划的年平均增长率都在 6.5% 以上,人民生活随之也有改善,1965 年前的人均收入只有 90 美元,1980 年增至 360 美元。1967 年每 10 个人中有 9 个生活在贫困线下,10 年后减至 3 人。不过,经济的迅速发展也带来不少问题。依靠外国贷款引起外债增加,过旺的需求使通货膨胀率上升;人口增加,每年新增加的 200 万劳力使失业问题更加严重。"新体制"有利于少数人发财,多数人没有或很少得到实惠。社会贫富差距拉大,各种社会不稳定因素仍在发展。

三、"亚洲四小龙"的经济起飞

从 60 年代起,特别是在 70 年代,新加坡、韩国和中国的台湾、香港地区经济高速发展,引起世界瞩目。过去,韩国和中国台湾地区的经济都是以落后的农业经济为主;新加坡和中国香港地区只是从事转口贸易的港口城市。但在 60 年代,它们抓住西方发达国家因产业结构调整而向发展中国家转移劳动密集型产业的机遇,适时地调整经济发展战略,其经济以年均 10% 的速度猛增。这些国家和地区的经济结构有明显的变化,外贸出口能力增强,成为美、日、西欧的竞争对手,并拥有巨额外汇储备,人均收入与其他发展中国家和地区相比,名列前茅,故被西方经济学家称为"70年代的奇迹",与50年代的西德、60年代的日本相提并论。由于这四个国家和地区历史上都接受"龙的文化",在现代化过程中又都以"新儒学"为指导思想,故被称为"亚洲四小龙"。下面,重点叙述新加坡和韩国的发展情况。

新加坡独立后的经济发展　　1958年8月1日,英国核准"新加坡自治方案",翌年5月30日,新加坡举行了自治后的第一次大选。创建于1954年的人民行动党在大选中获得议会51个议席中的43席,上台执政。该党秘书长李光耀组建第一届自治政府,任总理。为了有利于继续争取独立,新加坡与马来西亚合并,1963年9月16日宣布作为马来西亚联邦的一个州。但由于双方的发展路线不同,1965年8月9日分离,新加坡宣告成立独立的共和国,人民行动党在以后的大选中多次获得国会的全部席位,李光耀蝉联总理。李光耀是华人后裔,深受儒学文化的影响,后赴英留学,加入工党,接受了民主社会主义的思想,回国后从事律师和工会的工作。他十分重视法制建设,强调民族和解,善于处理劳资矛盾。他领导下的政府机构比较精干,严格要求公职人员廉洁奉公,实行高工资,保证效率,以此来维护社会的稳定。

新加坡面积小,人口多,资源匮乏。独立初期,国家面临着经济衰退、失业率高、通货膨胀严重的困难局面。新政府把发展经济摆在首位,制定了一个以发展工业为中心的国民经济多元化的经济发展战略。1959—1967年底为经济发展初期阶段。主要任务是恢复经济和优先发展劳动密集型的"进口替代"工业。在此期间,先后制订和实施了两个五年计划,颁布了《新兴工业法令》、《土地扩展法》(1959)、《经济扩展奖励法》(1967)等法令,减免所得税,从而为吸引外资创造了良好的条件。1961年在一片野草丛生的沼泽地带兴建了裕廊工业区,此后不断增建开发区。与此同时,大力进行交通、邮电、公用事业等基础设施,发展旅游、金融、外贸等事业。

1968—1979年为第二发展阶段,实行由进口替代转向适应外部需求为主的"出口主导型"经济发展战略,大力发展外向型经济。新加坡最先建成了亚洲最大的集装箱码头和最大的樟宜飞机场。1979年新加坡成为仅次于鹿特丹的世界第二大商港。至此,失业问题不仅已基本解决,甚至还出现了劳动力短缺的情况。

1979年进入经济发展的第三阶段。新政府为适应世界高技术迅猛发展的形势,适时地提出进行"第二次工业革命",实行工业技术升级,发展资本和技术密集型产业,建立高技术、高工艺、高增值、有出口竞争能力的新兴工业企业。1985年8月,政府又提出实施"第三次经济发展战略转变",逐渐将重点转向优先发展国际通讯、金融和咨询等服务业。新政府重视发展教育和智力投资,制订了中、长期教育和训练计划,开展职业技术教育,在青年农民中推行强制性教育,中学入学率达到 83%。全面提高国民的文化素质的结果,使它的高技术产业以年均 30% 的速度发展,高科技队伍 20 年内增长了 12 倍,成为东南亚的"硅谷"。著名的"肯特岗科技园"从 1984 年起启用。80 年代,新加坡的制造业已形成以炼油、造船、电子电气等三大行业为核心的多部门综合体系,成为世界第三大炼油中心,第二大海上钻油台输出国,以及世界重要的电气电子产品出口国。黄金外汇储备 1963 年仅有 4.3 亿美元,1980 年增至 65.7 亿,1988 年又猛增至 171 亿。贸易出口总额 1960 年为 11.36 亿美元,1988 年增至 401.37 亿美元。1990 年新加坡外汇市场交易额居亚洲第二位,成为世界第五大外汇交易市场。新加坡港吞吐量达 5.37 亿登记吨,远远超过鹿特丹(3.39 亿吨)而居世界第一。

90 年代新加坡进入稳定成长阶段,1991 年 10 月政府制定了《经济策略计划书》,继续调整产业结构,加强国际经济联系,保持每年 4%～6% 的经济增长速度,使新加坡成为东南亚科技、通信、金融、运输、设计和服务中心,人均国民收入提高到 1.7 万美元。1991 年来新加坡的旅游者达 541.4 万人,旅游业带动了建筑业的发展,整个岛屿已变成绿色的"花园城市"。政府在解决住房问题方面取得了突出成就,基本实现"居者有其屋"。大部分居民住进政府建造的设备齐全、价格低廉的公共套房,人均住房面积 15 平方米,居亚洲之首。

虽然新加坡的经济发展有着对外资过分依赖的弱点,但它的成就却是主要的。新加坡政府正确地处理了经济建设与政治改革、计划经济与市场经济、传统与现代化以及本国与邻国等关系。它强调政治稳定要靠经济建设的成果来保障;不放松政府对企业自由发展的宏观导向;在现代化中仍要保留民族的优良文化传统;不向邻国炫耀财富,谨慎地处理与邻国的互助合作关系,从而为其经济发展争取到了和平的安定环境。

韩国的经济发展与民主运动　　朝鲜战争后的韩国由于美国的控制和李承晚政府的腐败而社会混乱,经济困难,到 1958 年经济尚未恢复到 1940 年的水平。这里本是粮仓,历来出口大米,但这时却要从美国进口大批粮食。国际收支逆差巨大,通货膨胀严重,从而触发了 1960 年的"4·16 运动"。这次由汉城开始、后来形成全国规模的群众性运动终于迫使李承晚下台。

1961 年 5 月 16 日,以朴正熙为首的一伙少壮派军人集团在美国支持下发动政变,推翻了李承晚政府的继承者张勉政权。1963 年 10 月,朴正熙正式就任总统,先后颁布《反共法》、《国家保安法》,建立庞大的宪兵、特务组织和"五户联保组织",实行军事独裁统治。但他注重发展经济,认为这是"至上课题",并准备用"胜共统一"取代李承晚的"北进统一"政策。他说过:"胜共统一的成败决定于经济建设","民族的活路在于经济现代化"。他上台后不久就成立了由副总理主持的经济计划院等机构,以加强政府对经济建设的干预,建立"由政府指导的资本主义体制"。1961 年 8 月颁布了第一个经济开发五年计划(1962—

1966），目标是发展进口替代工业，以奠定"经济自主"的基础。从此开始了韩国的经济起飞时期。为了解决资金问题，朴正熙政府扩大了与美、日政府的合作，进行日韩关系正常化的会谈，从而引起了国内民主力量的激烈反对。1964年爆发了"6·3"人民运动，1965年6月22日《韩日基本关系条约》签订后又爆发了百万人的抗议运动，当局以暴力手段进行镇压，逮捕了大批青年学生和民主人士。

　　1964年，当局调整经济发展战略，由"进口替代"转变为"出口主导型经济开发战略"，提出"出口第一主义"、"贸易立国"等口号，大力引进外国资本和技术设备，利用本国廉价劳动力开办工厂，加工进口原材料，然后将大部分产品出口，以此推动工业化的进程。政府实行"不均衡增长"战略，在一定时期进行"倾斜式"投资，在发展中求均衡。具体做法是："先工业化，后农业现代化"；"优先发展出口工业，内需服从于出口"，"重点支持大型企业"，"首先发展首都圈和东海岸地区，以先进工业区带动其他地区"。1964年9月14日公布《出口产业基地开发建设法》，建起了包括蔚山工业区在内的27个出口工业区作为"高速发展的旗手"。政府投资的60%集中在电力、公路、铁路、港口、通讯等"社会间接资本"方面。这一开发战略的实施取得了显著效果。"一·五"期间国民生产总产值年平均增长率为7.7%，"二·五"（1967—1971）为10.5%。"三·五"（1972—1976）为11%，"四·五"（1977—1981）的第四年（1980）高达11.6%。1960年的人均国民生产总值仅为82美元，到1980年猛增至1 508美元；是年钢产量为860.6万吨，造船52.2万吨，汽车产量12万辆，被国外报刊称为"亚洲的又一个日本"。

　　80年代，韩国进入经济政策调整和结构转型的阶段，主要针对经济起飞阶段出现的弊端进行调整。过去，重点发展劳动密集型轻纺工业和资金技术密集型重化工业，这时则积极推进向技术和知识密集型产业转变。大量引进技术，实行"引进技术自由化"政策，放宽限制，简化审批手续，整个国民经济由高速增长时期转入中速增长时期。

　　70年代末80年代初，由于出现经济衰退，反独裁的民主运动再度高涨。1979年9—10月，爆发了学生、市民砸道府大楼、烧警车的暴力示威运动。10月26日朴正熙被情报部长金载圭击毙，负责处理此案的陆军保安司令全斗焕于12月12日发动军事政变，夺取政权，发布了"非常戒严令"，大肆逮捕金大中等民主人士和群众。1980年3—5月，反独裁的学生运动更加高涨，并吸收各阶层人民参加，最后发展为光州起义。20万光州人民夺取了武器库，赶走了官员，打退了军警的进攻，占领城市达9天之久。同时江原道舍北煤矿工人占领舍北4天。5月27日，全斗焕调重兵围攻镇压，致使300多人死亡，数千人受伤，成为韩国现代史上的重大事件。

1986—1988 年,在调整的基础上,利用国际上低利率、低汇率、低油价等有利条件,韩国经济出现连续 3 年的高涨。人均国民生产总值 1986 年为 2 370 美元,1990 年增至 5 659 美元。造船业仅次于日本,成为世界第二大船舶生产国。电子工业成为主导产业,汽车产量居世界第 9 位,它已步入新兴工业化国家的行列。

韩国经济发展的弱点是过度地依赖国际市场,依赖进口能源和原材料。债务负担沉重,深受国际市场波动和美、日贸易保护主义之苦,由于"不均衡增长"策略的实施使粮食依赖进口,中小企业发展缓慢。通货膨胀、分配不公日益加剧。"军人政治"与控制经济活动 70% 的"财阀经济"相结合,限制了市场机制,造成许多弊端,结果导致经济衰退和民心浮动。

1987 年 12 月,全斗焕迫于民主势力的压力,同意大选后和平移交权力。翌年 2 月,卢泰愚当选总统,他许诺促进"民族和解、逐步实现民主化"。由于民主派追究全斗焕贪赃枉法、违反人权的行为,迫使他声明认罪,隐居山村。

90 年代的韩国经济一方面朝着发达国家的目标前进,另一方面又面临着衰退。在 1992 年世界银行的年报中将其从"亚洲四小龙"的名单中剔除,因为它的年均国民收入不足另外"三小"的 1/2。是年 12 月,民主派人士金泳三当选总统,不得不进行新的改革。

四、亚洲国家区域经济合作的发展

东南亚国家联盟　　独立后的东南亚诸国在发展民族经济的同时,积极谋求相互间的合作。长期的殖民统治使他们的经济结构和发展情况有许多共同的特点。为了克服独立后所面临的经济困难,1961 年 7 月 31 日,马来亚、菲律宾、泰国在曼谷组建东南亚联盟。之后,马、菲与印尼又组建另一联盟。

1963 年 9 月 16 日马来西亚联邦宣告成立,新加坡、沙捞越、沙巴并入。菲、马在沙巴问题上发生领土纠纷,当时印尼总统苏加诺又对马来西亚联邦持反对态度,遂使 1963 年 8 月 5 日刚刚建立的菲、马、印尼联盟陷于瘫痪。1965 年,印度尼西亚政局发生重大变化。新加坡宣布退出马来西亚。费迪南德·马科斯当选菲律宾总统,建立集权统治。加之,印度支那战争进一步扩大,所有这些因素都促使东南亚国家再次酝酿联合问题。1967 年 8 月 6—8 日,印度尼西亚、泰国、菲律宾、新加坡、马来西亚 5 国外长在曼谷举行会议,正式成立东南亚国家联盟(简称东盟),发表《东南亚国家联盟成立宣言》(即《曼谷宣言》)。宣称联盟的宗旨是:本着平等和合作的精神,加速地区的经济增长、社会进步和文化发展,促进地区的和平与稳定。

联盟成立初期,因内部分歧,成就不大。但随着美国从亚洲收缩力量,英国从苏伊士运河以东撤军,苏美加紧在东南亚争夺,东盟加强了政治、经济、军事方面的协调与合作。为了保障自身的安全,1971年11月27日,东盟外长在吉隆坡举行特别会议,发表《东南亚中立化宣言》,宣布建立不受外部强国干涉的"和平、自由和中立区"。东盟建立了制定和协调区域经济合作政策的20个常设委员会,探索彼此合作的途径,但由于菲律宾与马来西亚、马来西亚与新加坡、印度尼西亚与新加坡之间仍有矛盾,影响许多合作项目的开展。

1975年印支战争的结束和西方世界的经济危机,迫使东盟国家加快合作进程。1976年2月23—24日,东盟第一次首脑会议在印尼的巴厘举行,会议通过了《东南亚和睦合作条约》、《东南亚国家联盟协调一致宣言》(又称《巴厘宣言》),这标志着东盟的区域经济合作进入了一个新的发展阶段。翌年又举行了第二次首脑会议,菲律宾宣布放弃对沙巴的领土要求,马来西亚宣布不再支持反菲政府的摩洛民族解放阵线,从而解决了两国长达14年的争端。越南侵柬战争爆发后,东盟国家协调立场,支持民主柬埔寨,大大提高了东盟的国际威望。在经济方面,彼此扩大特惠贸易,1978—1984年,特惠商品从71项增加到18 431项。同时,还加强金融、财政合作,兴建合资企业,推行工业互补计划,协调对外立场,共同对付超级大国。东盟每年举行一次部长会议,除各种常设委员会外,还设有银行金融、木材生产、天然橡胶、石油、航运等经济合作机构,以协调彼此的利益。1984年文莱独立后加入东盟,巴布亚新几内亚为观察员。1987年第三次东盟首脑会议确定经济一体化为努力方向,1992年1月第四次首脑会议又决定在15年内建立东盟自由贸易区,呼吁与印支国家建立密切关系。

东盟的经济政治合作对成员国的发展起了积极作用。1970—1980年,东盟成员的国内生产总值的年增长率平均为7.8%,超过了发达国家的增长速度。如果用1985年的国内生产总值与1960年比较,泰国由25.5亿美元增至382.4亿美元;马来西亚由22.9亿美元增至312.7亿美元;菲律宾由69.6亿美元增至325.9亿美元。各国的经济结构也发生了巨大的变化,成为新兴的工业化国家。90年代,东盟经济保持着强劲的增长势头,泰、马、印(尼)、菲的经济增长率超过了"亚洲四小龙",被誉为"新四小龙"。

南亚区域合作联盟　　东盟各国卓有成效的合作对南亚国家有很大的影响。南亚国家的经济普遍落后,在世界国民生产总值中仅占2%,人口却占世界人口的1/5,它们希望通过区域合作发展经济。特别是1979年苏联推行"南下战略",入侵阿富汗,又援越侵柬,与美国展开激烈的竞争,使南亚地区的安全两面受到威胁。1980年5月,孟加拉国总统齐亚·拉赫曼发出倡议书,建议开展区域合作。从1981年4月至1985年7月,孟加拉、印度、巴基斯坦、尼泊尔、斯里兰卡、不丹、马尔代夫7国先后举行了5次外交秘书会议,3次外长会议,讨论区域合作的基本原则和领域,为建立联盟进行筹备。1985年12月7—8日,在达卡举行7国首脑的首次会议,宣布成立"南亚区域合作联盟",通过宪章、并发表《达卡宣言》,声明联盟的宗旨是促进成员国在经济、社会、文化和科学技术领域的积极协作和互助。该联盟的性质是非政治性集团组织。联盟在农业、科技、灌溉、文教、卫生、旅游等11个方面制定了合作计划。1987年签署了南亚粮食储备协议以20万吨粮食援救了受灾的孟加拉,发挥了联盟的作用。经济方面的合作,特别是地区内各国之间的贸易开展得不够理想,主要是由于南亚各国的出口商品多数都是相同的(如茶叶、黄麻、轻纺品等),缺乏互补性。加之,印度与邻国间存在领土争端和其他矛盾,给区域合作带来困难。但是,要求"集体自力更生、促进共同繁荣",仍然是南亚各国人民的强烈愿望。

第二节 中东石油经济的发展与政局的动荡

一、阿以冲突迭起

苏伊士运河战争后,中东地区日益成为国际斗争中的热点。随着石油和天然气在世界能源消费结构中超过煤炭成为主要能源,中东的地位就更为重要了。美、苏乘英、法势力被赶出中东之机,加紧在该地区进行争夺。1957年美国抛出了艾森豪威尔主义,企图"填补中东真空",又给以色列大量援助,发展"特殊关系"。苏联也加紧向埃及渗透,它援建的阿斯旺高坝第一期工程于1964年竣工。1966年,苏联从埃及获得在地中海和红海的海空军基地,同时还向叙利亚、伊拉克、南也门等国提供经援和武器、派遣军事顾问等。美、苏的插手使阿以争端愈演愈烈。

"六·五"战争 1959年亚西尔·阿拉法特与加沙地带的一些巴勒斯坦青年秘密组成"巴勒斯坦民族解放运动",简称"法塔赫"①,主张通过武装斗争在全巴勒斯坦建立一个不分宗教信仰和排除种族歧视的民主国家。1964年5月28日至6月4日,根据阿拉伯联盟的决定,在耶路撒冷东城区举行巴勒斯坦国民大会,通过《巴勒斯坦国民宪章》,成立了巴勒斯坦解放组织。这标志着巴勒斯坦人民争取恢复民族权利的斗争已经进入了有组织、有领导的阶段。1965年1月1日,"法塔赫"的"暴风"突击队在加利利山区打响了武装斗争的第一枪。

以色列为了阻止阿拉伯国家对巴勒斯坦武装力量的支持,借口埃及与叙利亚、约旦签订了共同防御协定,采取"先发制人"战略,不断在边境进行挑衅,制造事端。

---

① "法塔赫"是阿拉伯文"巴勒斯坦"、"解放"、"运动"三个词的字首发音。

1967年4月7日,以色列飞机在大马士革上空盘旋;它还故意透露将于5月17日进攻叙利亚的假情报,苏联截获后立即通知埃及。5月15日,埃及宣布全国进入最高戒备状态,并向西奈前线增兵。19日,埃及部队接管了联合国紧急部队在加沙地带和亚喀巴湾沿岸的阵地。22日又宣布封锁亚喀巴湾和蒂朗海峡。埃及试图以此威慑行动钳制以色列的侵叙计划,以色列反而据此宣布总动员,声称要用武力解除对蒂朗海峡的封锁,双方剑拔弩张,战争一触即发。在此关键时刻,苏联驻埃及大使于27日半夜敲开纳赛尔总统的宫门。由于苏联害怕卷入与美国的对抗而要求埃及"不要首先开枪",又说,已从美国得到保证,以色列不会发动进攻。埃及信以为真,遂即解除了西奈埃军的戒备状态。6月1日,以色列的强硬派摩西·达杨出任国防部长,提出了加紧发动战争的方案。4日,以内阁听取了驻美大使的汇报,在摸清了美国将坚决支持以色列的态度后,一致赞成发动闪电战,第三次中东战争(又称"六天战争")随即爆发。

1967年6月5日清晨,以色列出动全部作战飞机对埃、叙、约的空军、导弹基地发动突然袭击。埃及的430架军用飞机中有320架被毁,空军立即陷于瘫痪。以色列掌握了制空权后,立即出动装甲部队分三路向加沙地带、西奈半岛推进,直达苏伊士运河东岸,还全部占领了约旦河西岸和耶路撒冷旧城。埃及、约旦军队虽奋起抵抗,但因指挥失灵,各自为战,缺乏配合而难以抵挡以军的凌厉攻势。8、9日,约旦、埃及先后被迫宣布停火。9日,以色列佯称停火,实际上集中兵力占领了戈兰高地,控制了通往大马士革的公路和通往黎巴嫩的输油管道。11日,叙利亚也被迫宣布停火。

在这场"六天战争"中,阿拉伯国家损失惨重,埃及、叙利亚、约旦死伤约5万人,又有6.5万平方公里土地被以色列占领,相当于以领土面积的3倍。同时造成100万阿拉伯人和巴勒斯坦人离乡背井,沦为难民。1967年11月22日,联合国安理会通过"242号决议",要求终止战争状态,"以色列军队撤离其于最近冲突中所占领的领土",但以色列拒绝执行。

十月战争   阿拉伯人把"六·五"战争的失败视为莫大的耻辱。1967年9月1日于喀土穆召开的第四次阿拉伯国家首脑会议,一致决议采取共同的政治和军事行动,收复被占领土,还主张拿起石油武器。巴勒斯坦武装力量开始大发展。1968年3月21日,击溃了以军对约旦河东岸卡拉玛难民营法塔赫指挥部的包围,法塔赫从此壮大为巴解的主流派,阿拉法特当选为巴解执委会主席。

以色列在苏伊士运河东岸建立起长约160公里的"巴列夫防线",埃及在距运河西岸30公里处建立了80个防空导弹基地。苏联派来4 000名专家顾问和15 000人的导弹部队,负责埃军的装备和训练。

苏、美为了各自的利益都极力在中东维持一种"不战不和"的局面。这种局面不仅使埃、叙无法收复失地,也使埃及不得不承受因关闭运河而造成的经济损失。1970年10月,萨达特继任埃及总统,决定打破这种僵局。1972年7月18日,萨达特宣布结束苏联军事顾问在埃及的使命,从而为埃及独立行动扫除了障碍。他制定了代号为"巴德尔行动"的作战计划。1973年1月,经与叙利亚多次秘密磋商,组成武装部队联合司令部。

1973年10月6日,埃、叙军队向以色列发起进攻,第四次中东战争爆发。这一天是犹太人的赎罪日,又是伊斯兰教的斋月,有出其不意、攻其不备的效果,所以这场战争也被称为"斋月战争"或"赎罪日之战"。埃军集中8万兵力、4 000门大炮、250架飞机猛袭以军指挥所、机场和炮兵阵地。8 000名突击队员渡过运河用高压水龙在东岸沙堤上冲开通道,铺设浮桥,埃军仅用10小时就突破了以色列的"巴列夫防线"。10月9日,埃军控制了运河东岸10~15公里的狭长地带。与此同时,叙军在戈兰高地全线突破以军阵地,收复了大部分失地。

10月10日,以军在美国"空中桥梁"运输线的帮助下开始反攻。首先击退叙军,又进一步占领了叙700多平方公里的土地。10月14日,埃以双方2 000多辆坦克在西奈沙漠中激战,埃军损失264辆坦克后被迫撤退。16日,以装甲部队渡过运河,占领西岸1 000多平方公里的土地,使埃军第三军团给养中断,情况危急。10月22日,联合国安理会通过338号决议,要求双方当天停火,埃以都表示接受。25日,安理会又通过监督中东停火的决议,埃叙以遂正式停火。此后两年内,经过一系列脱离军事接触的谈判,达成协议:埃及收复运河东岸的狭长地带,叙利亚收复包括首府库奈特拉在内的戈兰高地的部分地区。

十月战争开始后,阿拉伯诸国纷纷运用石油武器支持埃及、叙利亚,1968年成立的阿拉伯石油输出国组织于1973年10月17日和11月4日举行两次会议,决定通过石油提价、减产、禁运、国有化等措施打击支持以色列的美国和其他西方国家,从而导致了西方的石油危机。

十月战争后,埃及与苏联的关系急剧恶化,美国便积极充当阿以间的调停人,从中斡旋。国务卿基辛格在双方进行"穿梭外交"。1977年11月,萨达特出访以色列,开始了埃以直接的和平谈判。1978年9月,双方在美国斡旋下,签订了"戴维营协议"。1979年3月26日,萨达特与以总理贝京在白宫正式签署了埃以和平条约,宣布结束战争状态,以色列答应归还埃及的全部被占领土。1980年2月24日实现了两国关系正常化。这引起了阿拉伯联盟内部的分歧,多数成员主张批评或制裁埃及。所以,阿以之间的矛盾并没有解决。

黎巴嫩战争　　黎巴嫩是由信仰伊斯兰教和基督教的居民组成的阿拉伯国家,穆斯林占人口的60%,基督徒占40%,伊斯兰教内又分什叶派、逊尼派和德鲁兹派;基督教内又分马龙派、东正教派等,各派均有自己的政党和民兵武装,政府是建立在教派结构基础之上的。

70年代初,巴勒斯坦武装力量的基地从约旦转移到黎巴嫩,并从黎南部袭击以色列境内目标。对此,穆斯林教派表示支持,基督教派表示反对。1975 年 4 月 13 日,基督教长枪党民兵在天主教区打死 10 多名巴勒斯坦穆斯林,从此导致两大教派间的全面内战。1976 年 5 月,叙利亚以调解为名派军队进驻黎巴嫩,10 月 18 日在沙特、科威特等国调停下,达成了停止内战的协议。叙军作为阿拉伯维持和平部队长期驻黎。

以色列认为叙军驻黎对其构成威胁,为了摧毁巴解组织领导机构和军事基地,以色列决定对黎巴嫩发动战争。1982 年 6 月 4 日,以色列以其驻英大使被恐怖分子杀害为由,出动空军轰炸在黎的巴解基地。6 日出动 2 万军队在海空军配合下向黎南部发起全面进攻,摧毁了巴解组织的大部分基地,并直抵贝鲁特,占领了黎巴嫩 1/4 的领土。6 月 14 日,以出动数百辆坦克、大炮围攻贝鲁特西区的巴解总部,进行狂轰滥炸,一万多名巴解战士殊死抵抗,损失惨重。8 月 6 日美国总统特使哈比卜进行斡旋,19 日黎、巴、以达成了停火、巴解武装力量撤出黎巴嫩和部署多国部队的协议。12 000 名巴解武装力量分批撤出贝鲁特,前往 8 个阿拉伯国家。9 月 1 日,阿拉法特随最后一批人员乘船到突尼斯,并在那里建立总部。

在此期间,以军还同驻扎在贝卡谷地的叙军发生激战,以军将不少黎巴嫩城镇夷为平地,袭击许多巴勒斯坦难民营。在联合国主持下,1983 年开始撤军谈判,直到 1985 年 6 月以军才撤离黎巴嫩。但它又借口保卫其北部安全,仍在黎南部保留 850 平方公里的"安全区",不时派兵北犯。

巴勒斯坦人民的抗暴斗争　　巴解组织在遭到严重挫折之后,将工作重点转向被占领区的约旦河西岸和加沙地带,法塔赫领导人阿布·杰哈德直接领导建立地下基层组织网的工作。以色列当局推行被占领土"非阿拉伯化"政策,没收了约旦河西岸 53.6%、加沙地带 43.3% 的土地,建立 200 多个定居点,从苏联移入数十万犹太人在此定居,企图达到永久占领巴勒斯坦的目的。1987 年 12 月 8 日,以色列军车在公路上蓄意将载有巴勒斯坦工人的车辆摧毁,致使 10 多人伤亡。此事引发了加沙和西岸巴勒斯坦人的起义。示威群众以石块作武器,袭击以色列占领军,抗暴斗争持续不断,得到国际社会的广泛同情。

1988 年 7 月 31 日,约旦国王侯赛因决定断绝同约旦河西岸地区的法律、行政联系,由巴解组织担负起对该地区的责任。11 月 15 日,巴勒斯坦全委会在阿尔及尔召开第 19 次特别会议,通过了《独立宣言》和《政治声明》,阿拉法特正式宣告巴勒斯坦国成立。它将位于西岸和加沙地带,首都耶路撒冷。《声明》确认巴解接受 1947 年联合国的 181 号决议,表示愿在安理会 242 号和 338 号决议的基础上,在国际会议的范畴内同以色列谈判。有 100 多个国家宣布承认巴勒斯坦国。

是年 12 月 16 日,美巴开始对话。在美苏的斡旋下,1991 年 10 月 30 日,巴勒斯坦代表和叙利亚、约旦、黎巴嫩、埃及代表一起与以色列代表在马德里举行中东和平会议。这是40多年来阿以首次面对面坐在一起,通过谈判解决争端。阿方提出"以土地换和平"的原则,要求以色列撤出1967年以来占领的土地,而以色列则提出"不撤离、不停止犹太人定居点建设、不同巴解谈判"的"三不"原则。但在新的国际形势的促使下,巴以为摆脱各自的困境,1993年9月10日签署了相互承认协议,13日又签署关于加沙与杰里科首先实行自治的协议。1994年5月开始实施,7月5日巴勒斯坦临时政府在杰里科宣誓就职,12日阿拉法特回加沙定居。从此,巴以和解步入新的里程。

二、海湾国家的经济腾飞与社会变迁

伊朗的白色革命与伊斯兰革命 自从伊朗50年代的石油国有化运动失败后,国内政局一直不稳,经济发展缓慢。国王穆罕默德·礼萨·巴列维从1962年起就着手进行社会改革,声称要"消灭封建主义的原则和地主与佃农的关系",实行"进口替代"的工业化方针。1963年1月26日进行"公民投票",制定了六项自上而下的改革计划。1967年又增加六点新计划,1975年国王又补充了五点原则,后陆续增加到19点。其主要内容是:(1)实行土地改革,从1962—1975年,政府分阶段向地主赎买其多余的土地,然后以现款或分期付款形式出售给无地农户。(2)实行森林、牧场、水力、石油、矿产资源国有化;(3)大力开采石油、天然气,1973年7月31日宣布从西方石油财团手中收回石油资源主权和阿巴丹炼油厂的管理权,实现了国有化,同时积极发展石油化工、冶金、机械等多种工业;(4)出售国营企业股票,劳资分享企业利润;(5)修改选举法,实行普选,妇女享有选举权;(6)兴办教育,建立农村扫盲队、医疗队,提高全民文化水平。因为这是一场"不流血的革命",故称"白色革命"或"国王与人民革命"。

巴列维的改革确实推动了经济的发展。土地改革在一定程度上促进了农业资本主义的发展,70%的农户成为小土地所有者。世界石油危机给伊朗带来巨额的石油收入,1972年石油产量2.47亿吨,收入24亿美元,1974年产量约3亿吨,收入猛增至210亿美元,伊朗从债务国一跃而为债权国。政府大量投资于炼油、石油化工、钢铁等重工业部门,加紧进行港口、道路、电力等基础建设。1968—1978年国民经济年均增长速度为16%~17%,工业平均每年增长20%。1960—1961年度人均国民生产总值为160美元,1972—1973年度增至510美元,1977—1978年增至2 250美元,巴列维雄心勃勃地希望伊朗一步就跨入现代化工业国的行列,并要成为"世界上第五大军事强国"。

但巴列维这种"疯狂的现代化",把经济建设摊子铺得过大,也带来了许多问题,首先是国民经济比例失调,重工轻农,偏重石油工业,而农业投资却很少。土改本来就极不彻底,得到土地的农民因得不到贷款,无力经营而纷纷破产,大量流入城市,扩大了失业队伍。政府不得不每年从国外大量进口粮食。通货膨胀严重,失去控制,尽管国家财富猛增,但分配不合理,贫富悬殊。以国王为首的2 000家豪门巨富,其中包括王室成员、高级官员和将军、大资本家、大地主拥有全国80%的财富。他们巧取豪夺,贪污腐化,挥金如土,激起人民的极大不满。于是,国王便强化专制统治,他依靠军队、秘密警察对人民群众进行严密监视,逮捕甚至杀害。1975年宣布取消一切政党,实行独裁,这又促使了反对派的联合。

在反对派中势力最大、威望最高的是以霍梅尼为首的毛拉集团,毛拉是对伊斯兰学者的尊称。霍梅尼在库姆的经学院执教40年,对伊斯兰神学和法学造诣很深。由于伊朗98%的居民是什叶派穆斯林,因此宗教领袖的社会地位很高。毛拉们早就与巴列维王室有矛盾。"白色革命"削减各清真寺的土地,触犯了他们的经济利益;巴列维的现代化所带来的西方生活方式和价值观又与伊斯兰的道德观发生冲突。霍梅尼早在1963年就公开抵制"白色革命",1964年11月他为此而被流放到土耳其,后到伊拉克,他写了一本小册子,题为《伊斯兰政府》,宣传"一切权力归于真主",指责一切世俗政权都是非法的,必须建立一个伊斯兰政权。像他这样的先知才是真主在人间的代表,应该是国家的元首和统帅,各级政权均应由毛拉掌握。霍梅尼发表了一整套原教旨主义的理论,呼吁保证伊斯兰原始教义的纯洁性,要求恢复穆罕默德时代的思想和行为准则,依此来"拯救伊斯兰",复兴伊斯兰社会。

1977年12月,霍梅尼向国内的学生和信徒发出反对国王的"圣战"的指示,号召神职人员掌握伊斯兰革命的领导权,要求国王离境。1978年1月9日库姆的反政府抗议斗争遭到军警镇压,死亡70人,致使反政府的群众斗争席卷全国。示威群众高举霍梅尼的画像,高呼"打倒国王"的口号。9月8日,国王下令对德黑兰等12个城市实行军管,致使示威、罢工运动的规模越来越大,特别是石油工人的罢工和军队的宣布中立,是对国王的沉重打击。霍梅尼从伊拉克流亡到巴黎,通过录音带指导国内运动。1979年1月11日,巴列维携眷出逃,1月16日,消息披露后,群情振奋。2月1日,霍梅尼在群众的欢呼声中回到德黑兰,组建了临时革命政府,任命老资格的民族主义者巴尔扎甘为总理,以此笼络革命阵线中的世俗民族主义组织。

1979年4月1日霍梅尼宣布成立伊斯兰共和国,实行三权分立制,同时规定教长是国家至高无上的领袖。他组建了"伊斯兰革命卫队",用以"保卫伊斯兰革命成果,消灭反对派"。《古兰经》和《圣训》是指导人们思想和行为的准则,要求全面恢复伊斯兰传统,妇女必须戴面纱。霍梅尼宣称,伊斯兰革命是穷人反对富人、弱者反对强者的革命,采取了提高工人的最低工资、降低总理、部长的工资等措施。他自己则不住国王的豪华宫殿,而是回到库姆的一所破旧的清真寺中。在对外政策方面,他奉行先打击美国,后惩罚苏联的政策,主张伊斯兰革命是世界革命,输出革命是其外交政策的基石。

海湾诸国的"石油繁荣"   1960 年 9 月 14 日,石油输出国组织(简称欧佩克)在巴格达宣告成立。这是第三世界主要石油生产国为反对国际石油垄断资本的控制、维护成员国利益而建立的国际性组织。它的成立意味着自 19 世纪末以来被西方称为"七姐妹"的七大石油公司垄断世界石油产业和石油贸易的局面开始被打破了。欧佩克的石油减产、提价政策,左右着世界石油的供应情况。1973—1980 年,国际油价上涨了 20 倍,国际石油市场处于卖方市场的态势持续了七八年之久,为海湾诸国石油经济的发展创造了有利条件,并使他们从落后贫穷的游牧业国家一跃而成为现代化的富国。

沙特阿拉伯是海湾地区大国,石油储量居世界首位,阿拉伯-美国石油公司在该国 1/2 的土地上拥有开采权。60 年代以前工农业都十分落后,财政支出要靠朝觐税来维持,可耕地只占全国总面积的 0.2%,粮食产量只能满足本国需要的 1/10。1962 年大臣会议主席费萨尔王储宣布了进行改革的"十大纲领",内容有:有计划的资源开发、改善交通运输、解决水源问题、绝对禁止奴隶制、用发展石油出口与石油加工业带动整个国民经济的发展等。1972 年 10 月沙特政府采纳石油大臣亚马尼的主张,付给阿拉伯-美国石油公司 5.1 亿美元的赔偿费,取得 25% 的参股,以后逐年增加,到 1980 年共付 45 亿美元,全部完成了对阿拉伯-美国石油公司资产的赎买,实现了国有化。

70 年代,沙特的石油产量迅猛增长,1970 年石油出口量为 378.6 万桶/日,1980 年高达 922.3 万桶/日;石油收入 1976 年为 335 亿美元,1980 年增至 1 042 亿美元。沙特政府把部分资金存放国外银行或投放股市,每年获利 100 多亿美元,仅次于其石油收入。从 70 年代末起,沙特的石油发展战略从单纯增加原油产量转变为控制原油产量,着重发展石油、天然气加工工业和石油化学工业,同时努力使经济多样化,由政府投资兴建钢铁、海水淡化、发电、建筑材料工业及各种轻工业。1960 年全国还只有 877 家企业和作坊,工人只有 5 527 人。但 20 年后,在吉达、达曼、利雅德已集中了数千家新型制造业工厂,仅吸收的外籍劳工就多达 210 万人,在朱拜勒和延布又兴建了两个新工业区,生产面向国际市场的产品。政府在第二、第三个五年计划(1975—1979、1980—1984)中,大力发展农业,兴建水库和排灌工程。仅用了 10 年时间,耕地面积就扩大了 14 倍,到 1985 年,粮食自给有余,尚可出口。

科威特的石油蕴藏量仅次于沙特阿拉伯。它的人口仅有 23 万(1961 年统计),国土面积不及沙特的 1%。1961 年独立后,萨巴赫埃米尔继续管理国家,该家族统治科威特已有 200 多年了。1962 年埃米尔颁布新宪法,建立国民议会,进行政治改革,同时积极发展石油工业。1975 年收回外国石油公司的所有租借地和股权,1972 年石油产量为 12.01 亿桶,1981 年增至 40.8 亿桶,石油收入

1961 年为 4.67 亿美元,1971 年为 9.64 亿美元,1980 年猛增至 190 亿美元,20 年内增长 40 多倍。由于国内只能吸收 1/3 的石油收入,故大量资金投向国外,1977 年科威特的累计国外资产为 210 亿美元,1981 年增至 760 亿美元,成为金融大国,在海外证券市场上也是一支实力雄厚的力量。

1971 年巴林、卡塔尔、阿拉伯联合酋长国相继独立,石油出口使他们在短短几年内就获得了惊人的财富,国民生产总值年均增长率高达 25%,1980 年阿联酋的人均收入达 26 000 美元,创造了世界最高纪录。1981 年卡塔尔的人均国内生产总值为 27 720 美元,居世界首位。巴林独立后实行外汇管制、免征银行税收、鼓励外资开办银行、利用石油收入发展航运和通讯事业等政策,从而迅速成为中东和海湾地区的金融中心之一。

阿曼的变化更为惊人。70 年代前,它还处于中世纪状态。1970 年 7 月 23 日,卡布斯废黜父王就任素丹,实行社会经济改革和以出口石油带动国民经济发展的战略。过去,阿曼没有航空港,没有工业,全国 150 万人口只有 3 所小学、12 张病床和 10 公里公路。仅仅经过了两个五年计划,其国民生产总值就由 3 亿美元猛增至 33 亿美元,建设了数千公里长的现代化公路、国际机场、港口及电视台。约有数百座工厂、学校拔地而起。1982 年人均国民收入达到 6 090 美元,成为富有的发展中国家。

阿拉伯世界经济不平衡发展的加剧　　1983 年国际石油价格下跌,尤其是 1986 年的石油大跌价结束了海湾诸国的"石油繁荣"。这种繁荣使阿拉伯世界的经济发展出现了严重的不平衡。首先是非石油生产国与石油生产国的差距越来越大。据统计,到 1982 年,海湾诸国的外汇储备(不包括黄金储备),沙特有 295 亿美元,科威特有 59 亿美元,阿联酋有 32 亿美元,而一些非石油生产国却负债累累。例如,1981 年黎巴嫩负债 9.6 亿美元,1983 年苏丹外债 80 亿美元,突尼斯 45 亿美元,约旦 23 亿美元。70 年代海湾诸国的国内生产总值都增长了十多倍,而以农牧业为主的约旦、叙利亚、黎巴嫩、北也门等国只增长了 2 倍左右。80 年代初,沙特、科威特的年人均收入为 1.2 万~1.4 万美元,而同期南也门仅 254 美元,埃及 400 美元,叙利亚 1 324 美元,约旦 1 425 美元。

海湾诸国用石油收入实行一整套福利国家措施,如免费医疗、免费教育、免交个人所得税、廉价提供住房、解决淡水和用电问题等。再加上就业机会多,从而吸引了大批非石油生产国的劳动力和科技人员。据统计,1981 年海湾诸国的外籍劳工和科技人员共 350 万人,其中埃及人 150 万、北也门人 100 万、叙利亚人 30 万。尽管劳务输出可为本国赚取外汇,但科技人员的流失影响了非产油国的经济发展。北也门的在外劳工占本国劳动力的 61%,这给北也门的发展造成了很大的困难。

经济发展不平衡还表现在石油生产国之间。伊朗、伊拉克虽是石油生产大国,但因他们人口多,消耗大,人均收入远远低于其他海湾国家,例如伊拉克只及科威特的1/3。阿拉伯人都接受伊斯兰教"均贫富、等贵贱"的观念。在他们看来,石油财富是真主赐予全体穆斯林的财富,而它被少数国家、少数人独占享用,这是不能容忍的。为了石油利益,各国间存在着尖锐的矛盾。

三、海湾地区的冲突和战争

两伊战争　　伊拉克和伊朗之间早就存在边界争端、民族纠纷和教派矛盾。70年代以来,随着石油经济的发展和两国政局的变化,矛盾进一步尖锐化,终于导致了一场持续8年之久的边界战争。

伊朗属于伊斯兰国家,但不属于阿拉伯世界。它的主要民族是波斯人,多数是什叶派教徒。伊拉克以阿拉伯人为主体,虽然什叶派教徒占人口半数以上,但掌权者历来都是逊尼派教徒。历史上两伊夙怨很深。两国共同边界1 280公里,南段以阿拉伯河为界,两岸蕴藏着丰富的石油资源,两国的重要石油基地和油港都集中于此。阿拉伯河是伊拉克的唯一出海口,也是伊朗油船的通道。长期以来,两国一直在争夺这一水道。在阿拉伯河伊朗一侧的胡齐斯坦省居住着200多万阿拉伯人,他们争取民族平等和自治的斗争受到伊拉克的支持。而在伊拉克一侧与伊朗交界的各省聚居着什叶派穆斯林,他们又受到伊朗的支持。在北部地区,两伊境内都有库尔德人,他们的反政府活动又分别受到对方政府的支持,这也加剧了两伊的对立。

1968年伊拉克的阿拉伯复兴社会党通过"7·17革命"掌握了政权。萨达姆协助贝克尔执政。1975年贝克尔身体欠佳,萨达姆便集党、政、军大权于一身。他奉行泛阿拉伯主义,企图取代埃及成为阿拉伯世界的盟主。在经济方面,1973—1975年伊拉克完成了石油国有化,急需发展石油工业,为此必须解决阿拉伯河道的争端问题。1975年3月6日,在阿尔及利亚布迈丁总统的斡旋下,萨达姆与巴列维国王达成了重新划定边界的阿尔及尔协议。规定两国在阿拉伯河的边界全部按主航道中心线划定。同时,伊朗许诺停止支持库尔德人武装威胁伊拉克北部油田的活动。

70年代后期,伊拉克石油经济高速发展,1975年产油量11 310万吨,1979年增至17 500万吨,石油收入从75亿美元增至199亿美元。萨达姆从苏联、西欧购置了大量现代化武器,建立起一支强大的军事力量。霍梅尼伊斯兰革命的胜利不仅阻碍了他的地区霸权主义计划的实施,而且霍梅尼的"革命输出"方针还对伊拉克造成了威胁。1978年霍梅尼在流放伊拉克的危难之际,曾被萨达姆驱逐出境,原因是他公开支持伊拉克的什叶派反对萨达姆。这些旧仇新怨使两伊关系急剧恶化。1980年9月17日,伊拉克议会通过了废除阿尔及尔协议的决定。还规定一切通过阿拉伯河的船必须悬挂伊拉克国旗,向伊交纳通行费。

伊朗认为此举是对它的宣战,立即进行战备动员。

1980年9月22日,伊拉克出动大批飞机突然袭击德黑兰、设拉子等15个城市,23日凌晨出动5个师、1 000余辆坦克分三路越过边境、占领了伊朗2万平方公里的土地。伊朗仓促应战,损失严重,但在阿瓦士、阿巴丹等城镇抵挡住了对方的攻势。1982年3月,伊朗发动了代号为"胜利行动"的大反攻,收复了大部分失地。7月13日又发起了代号为"斋月行动"的强大攻势,越过边境进攻巴士拉,从此主战场转入伊拉克。双方相互袭击对方的石油基地、中心城市和油船,进行了"袭城战"、"袭船战"等,战争中还使用了化学武器,伤亡惨重。战争长期处于僵持状态,双方经济都陷入困境。战争中,叙利亚、利比亚支持伊朗;埃及、约旦、科威特、沙特等支持伊拉克,阿拉伯世界再次面临分裂。

1987年7月20日,联合国通过了要求两伊停火的598号决议。伊拉克表示接受,伊朗则坚持要在惩办战争祸首、推翻萨达姆之后才停火。1988年春,伊拉克向伊朗发射了大量苏制"飞毛腿"导弹,并准确地打到德黑兰,对伊朗威胁很大。同年4月又发动"斋月行动"攻势,收复法奥失地。7月12日再次攻入伊朗,占领了1 000多平方公里土地。7月16日主动撤军,萨达姆提出了关于结束战争的五项原则。18日,伊朗也改变了强硬立场,宣布接受598号决议。在联合国秘书长调解下,8月20日正式停战。据估计,在这场战争中双方死亡约100万人,伤150万人,超过了朝鲜战争;经济损失高达9 000亿美元,超过了越南战争。

伊拉克、科威特冲突与海湾战争　　两伊战争结束后仅一年零十个月,伊拉克又与盟友科威特反目,发生武装冲突,海湾地区再次出现危机,并终于发展成二战后规模最大的一次局部战争。

伊拉克、科威特争端由来已久。伊拉克认为科威特本是奥斯曼帝国巴士拉省的一个县,摆脱英国统治后应归属伊拉克。早在1961年科威特宣布独立时,伊拉克就曾打算对其诉诸武力,在阿盟的调解下,1963年伊拉克才被迫承认科威特独立。70年代石油经济的发展使伊科矛盾尖锐化。首先是边界油田之争,鲁迈拉油田横穿两国120公里的边界,油田呈锅底状地层结构,"锅底"在科境内,故伊的采油量总是低于科,为此,双方不断发生争执。其次是出海口之争。伊拉克希望在面向波斯湾的开阔水面建港,以输出石油,向科威特提出割让沃尔拜岛、租借半个布比延岛的要求,答应以供给阿拉伯河的淡水为代价进行交换,但遭到科的拒绝。伊对此十分不满。两伊战争使伊拉克损失了2 000亿美元,欠外债700多亿美元,其中欠科威特150亿美元,国库空虚,经济陷入困境。萨达姆的如意算盘是,如果伊拉克与科威特合并,伊拉克不仅可凭借科的财富缓解经济困难,而且可拥有世界石油总储量的20%,在欧佩克内就可据举足轻重的地位,甚至有可能掌握国际油价的控制权。如果油价能上调,就可增加伊拉克的石油收入,增强称霸海湾的实力。1990 年 7 月伊拉克、科威特就争议问题在吉达进行谈判,8 月 1 日谈判破裂。

1990 年 8 月 2 日凌晨,当科威特人还在沉睡时,伊拉克出动 10 万大军、350 辆坦克对科威特发动突然袭击。仅用 9 个小时就占领了科王宫,2 万科军被击溃。法赫德亲王在保卫王宫的战斗中身亡,埃米尔及王室成员逃往沙特。8 月 8 日,伊拉克宣布与科威特"合并"。国际社会普遍谴责伊拉克的侵略行径,要求伊拉克无条件撤军。联合国接二连三通过制裁伊拉克的决议。

伊拉克的地区霸权主义行为是对美国"建立世界新秩序"的大国霸权主义计划的挑战。美国为了它在海湾的石油利益和战略地位,为了维护西方的经济命脉以及显示它在世界上的领导作用,布什政府对伊拉克侵略科威特的行动立即作出反应。8 月 7 日,美国实施"沙漠盾牌"计划,在海湾地区部署军队,并以联合国的名义,组织并部署了一支由英国、法国、加拿大、澳大利亚等国组成的多国部队,以阻止伊拉克袭击沙特阿拉伯。经过 160 天的调兵遣将,多国部队在海湾的总兵力已达 70 万,战舰 400 艘,作战飞机 2 000 架,坦克 4 300 辆,大炮 2 300 门,还配备有"爱国者"式和"毒刺"式导弹、F—117 隐形轰炸机、B—52 远程战略轰炸机、MIAI 主战坦克等先进武器。在此期间,联合国秘书长和各国代表为和平解决海湾危机而进行了穿梭外交。美国、伊拉克代表也在日内瓦进行了直接会谈。1991 年 1 月 5 日,布什向萨达姆发出最后通牒:如果伊拉克在 1 月 15 日不从科威特撤军,它将面临可怕的后果,但遭到萨达姆的断然拒绝。伊拉克在科威特构筑了坚固的防御工事。伊拉克共有 120 万军队,驻前线总兵力达 55 万人,拥有坦克 5 600 辆、飞机 774 架、舰艇 60 艘。

1991 年 1 月 17 日晨,多国部队以其空中优势对巴格达进行大规模持续的空袭。布什发表电视讲话,宣布解放科威特的"沙漠风暴"行动开始了。整个战争以空袭、反空袭的方式进行。多国部队每天出动 2 000—3 000 架次飞机,发射各种导弹,轰炸伊拉克的通信枢纽、指挥中心、情报系统、机场桥梁、核、化武器基地以及伊军主力共和国卫队。连续 30 天"地毯式"的超饱和轰炸,切断了前线伊拉克军队与后方的联系。伊拉克军队虽向沙特、以色列发射了"飞毛腿"导弹,但大都被美制"爱国者"导弹拦截。

2 月 24 日凌晨,多国部队发起代号为"沙漠军刀"的地面进攻,从三个方向、兵分四路占领伊拉克南部地区,切断伊拉克军队供给线和所有的退路。仅用 100 个小时,伊拉克军队便溃不成军。27 日,伊拉克宣布无条件接受安理会关于伊拉克的决议。28 日零时,多国部队停止一切进攻,战争基本结束。

海湾战争是一场高技术战争,电子战自始至终发挥了重要作用。据美方宣布,伊拉克军队死伤 10 多万人,被俘 17.5 万人,而多国部队伤亡、失踪共 600 余人,其中美国军队死亡 79 人。大部分中东国家卷入了这次战争。埃及、叙利亚、沙特阿拉伯等多数国家支持并参加多国部队,只有约旦、也门、巴勒斯坦等少数国家支持伊拉克,阿拉伯世界再次陷入分裂,大国的插手使中东地区危机四伏,形势更加复杂。

第三节　非洲国家独立后的发展

一、非洲民族经济的发展及其困难

不同的发展道路　　战后非洲独立运动的特点之一是首先取得国家的政治独立,然后再争取经济独立。独立后初期,国家的经济命脉,如银行、金融、保险、外贸、工矿业、交通、种植园等仍由外国垄断资本控制。所以,1961 年 3 月在开罗举行的第三届全非人民大会通过决议,强调"享有完全政治独立的国家,必须以获得经济独立来保卫和巩固它"。

由于各国赢得独立的主客观条件不同,因而发展民族经济的道路也各不相同。归纳起来,大致有三类:一类是通过发展"自由经济"建立"自由企业制度",走资本主义发展道路。这类国家一般注重与原宗主国继续保持密切的经济合作关系,对原殖民主义经济结构的改造采取温和措施,鼓励私人资本主义的发展。如科特迪瓦(原名象牙海岸)、利比里亚等。这类国家在非洲新独立的国家中占多数。

第二类是宣布走非洲社会主义道路的国家。他们自认为这是在战后资本主义与社会主义两座大山中间的山谷中开辟出来的一条新路。非洲社会主义不同于苏联东欧的社会主义,埃及的纳赛尔、加纳的恩克鲁玛、几内亚的塞古·杜尔最先宣布走这条道路。60 年代初和 70 年代中,出现过两次高潮,先后有 23 个国家宣布走这条道路。非洲社会主义又可分为四派:(1)阿拉伯社会主义。北非诸国主张社会主义要与阿拉伯民族特点和伊斯兰传统相结合;(2)村社社会主义,以恩克鲁玛、杜尔为代表,主张在非洲农村原有的"大家庭制"基础上搞社会主义,例如尼雷尔在坦桑尼亚搞的"乌贾马"①社会主义的试验;(3)民主社会主义,突尼斯的布尔吉巴、塞内加尔的桑戈尔等接受西欧社会党国际的影响而提出这一政治主张;(4)非洲科学社会主义。安哥拉、莫桑比克、贝宁、埃塞俄比亚等国在 70 年代提出,以"马列主义"为指导思想,80 年代后期又先后宣布放弃。

第三类是有计划的自由主义。如喀麦隆的阿希乔、马拉维的班达都声明走"不左不右"、"既不是资本主义、也不是社会主义"的"中间道路"。进入 80 年代后,宣布走这条道路的国家越来越多。

---

① "乌贾马"是斯瓦希利语 Ujamma 的音译,意为大家族集体式的村社。

发展民族经济的成就　　尽管非洲各国宣称自己的发展道路各不相同,但在振兴民族经济方面却是一致的。各国独立后都进行过土地改革或实施过土地调整计划;实行国有化或非洲化、本地化措施;实行五年计划或其他发展计划;建设较大型的水利、交通工程或进口替代工业。差别主要表现在有的措施比较激进,有的则比较稳健;有的比较切合本国实际,有的是照搬别国经验;有的主要接受苏、中等社会主义国家的援助,有的主要接受西方援助……但不管怎样,这些措施的实行都为非洲各国民族经济的建立奠定了基础。不论是走哪条道路的国家在独立后都有过5—10年的经济高速发展时期,有的还更长一些。

60年代和70年代前期,非洲经济发展迅速。60年代全非洲的国内生产总值年平均增长率为4.7%,1960—1975年工农业生产总值大约增长了一倍。例如,加纳是黑非洲第一个独立的国家,殖民时期40%以上的人口靠可可业为生,但可可的收购和粮食日用品贸易长期由英国公司垄断。1957年独立后成立了加纳可可销售局,限制外国垄断公司的剥削,可可经济达到历史上的最高水平,1950年的产量为24万吨,1964年增至57万吨。独立前的黑非洲几乎没有现代工业,如在坦桑尼亚,只有卷烟厂、罐头、啤酒厂各一家和屈指可数的纺织厂和糖厂,铁路破旧不堪。独立后十几年内就建起了1 200多家工厂,1970—1975年中国援建了1 860多公里长的坦赞铁路。

有些石油生产国的经济发展变化更为显著。尼日利亚从1958年开始商业性石油开采,到1974年就成长为"非洲的石油巨人"。1960年独立时,政府的财政收入仅1.73亿奈拉,1982年增至116.3亿奈拉。政府用石油收入兴建了炼油、钢铁等工业以及港口、高速公路,国家面貌发生很大变化。利比亚从1967年起大量采油,1980年人均收入达到10 309美元,比独立时增长了300倍。阿尔及利亚用石油收入建立了重工业体系,1978年工业产值在国内生产总值中的比重已上升到56%。科特迪瓦虽没有有利的资源条件,只是生产传统的经济作物咖啡、油棕等,但由于政策正确,措施得当,国民经济年平均增长速度达到12%,人均国民生产总值从1960年的153美元增加到1979年的1 169美元,一度被誉为"西非经济的橱窗"。

经济的困难与调整　　从70年代中期起,非洲经济转入停滞和低潮时期。80年代被称为"失去发展的10年"。非洲国内生产总值年平均增长率从60年代的4.7%下降到70年代的2.7%,80年代又下降到1.4%,1990年回升到3.2%,1991年、1992年又分别下降到1.9%和1.6%。许多内陆国家还长期出现负增长的情况。

造成非洲经济衰退的原因是多方面的,有内因也有外因,有主观因素也有客观因素。主要原因是,西方由于经济滞胀和危机压低了非洲农矿产品的价格,抬高了工业品的价格;1974年、1977年、1982年、1992年在非洲大陆发生严重旱灾;人口增长过快,1967年全非人口2.56亿,1985年猛增至5.31亿,人口增长率为3%,而经济增长率仅为0.2%;在国有化、工业化、合作化过程中,许多国家的政策失误,忽视粮食生产,挫伤了私营工商业者和个体生产者的积极性;最后,政局长期不稳定严重地影响了经济的发展。

非洲经济困难的最突出表现是粮食危机,80%的国家出现粮荒。80年代,饥饿人口达1.5亿,每年有500万儿童饿死。其次是债台高筑。据世界银行统计,非洲外债总额,1970年为132亿美元,1980年增至1 269亿美元,1990年又进而增至2 720亿美元,相当于非洲国家国民生产总值的90%。许多国家将其全部的贸易、劳务出口的收入加在一起,也抵偿不了外债。联合国统计的世界上最不发达国家,1977年非洲有17个,1991年增至32个,占全球最不发达国家总数的70%。但非洲国家的经济发展是不平衡的。毛里求斯、博茨瓦纳、喀麦隆、津巴布韦等国的情况始终比较好。

非洲各国政府和国际社会为了遏制经济下滑都纷纷采取措施,制定非洲的经济发展战略。1980年4月非洲统一组织召开经济特别会议,通过了"拉各斯行动计划",强调用"集体自力更生"的精神发展经济。1981年10月,世界银行发表了《加速撒哈拉以南非洲发展行动备忘录》(即《伯格报告》),建议非洲国家进行经济体制改革,加强市场调节。80年代中期起,非洲国家全面进行经济调整,采取了诸如改变重工轻农的战略,实行不同程度的私有化,促进非洲区域性的经济合作等措施。1990年7月,非统组织通过了《关于非洲政治、经济、社会形势和世界发生根本变化宣言》,强调改革要根据非洲自身的特点来进行。在1991年的非统会议上,各国领导人签署了《建立非洲经济共同体条约》,为非洲的经济合作指明了方向。

二、非洲国家政局的长期动荡

频繁的军事政变　　非洲国家独立后,政局普遍不稳,政权更迭频繁,政变层出不穷,军政权大量出现已成为非洲政治的一个特点。据不完全统计,1952—1985年共发生250次军事政变,50年代3次,60年代79次,70年代96次,80年代前期62次。共有70多次政变获得成功。有40多个国家发生过政变,占独立国家的82%。其中苏丹发生过20多次,加纳、刚果、贝宁、乍得、埃塞俄比亚等都发生过10次左右。

政变频繁的原因是多方面的。各部族之间的矛盾、外部势力的插手,是最为常见的。独立前的非洲国家大多数还没有形成统一的民族国家,每个国家都有几十个、甚至上百个民族或部族,由于殖民者实行分而治之的政策,使他们积怨很深。独立后,各派政治力量和政党常常是以部族为基础,独立方式多是原宗主国移交政权,故政权基础比较脆弱,于是当权者便以迅速发展军队来加强统治。

结果,军队便在国家中享有特殊地位,政变也就常常由军队发动和完成。

非洲政变的性质或原因有多种。有的纯属派系间的争权夺利,如 1966 年 2 月加纳政变,是因为恩克鲁玛要加强对军队的控制,成立总统守卫旅,强迫高级军官退休,从而造成与正规军的对立而发生政变。有的则是因为外部势力的挑动,如原法属西非国家的政变都与法国的插手有关。苏联为了在东北非进行扩张,1971 年曾支持苏丹共产党发动政变推翻尼迈里政权。有些政变具有民主革命的性质,如 1969 年 9 月利比亚的卡扎菲领导"自由军官组织",推翻伊德里斯王朝;又如 1974 年 9 月埃塞俄比亚的门格斯图领导青年军官政变,废黜了塞拉西一世皇帝等。有的政变是一些具有务实精神的军人为了反对腐败政治而发动的,如 1979 年加纳空军上尉罗林斯发动的政变,处决了贪污腐化的高级官员,然后把政权交给民选的文人政府。但该政府同样腐化,1981 年罗林斯再次发动政变夺权,着手进行社会改革和经济调整,并取得了一定成就。还有一些政变纯属历史的倒退,如中非共和国参谋长博卡萨政变后,1977 年实行帝制,自称皇帝,竟然屠杀儿童,受到国际舆论的指责。

内战、边界战争频仍　　帝国主义对非洲的瓜分造成非洲国家的边界划分极不合理,一个民族常常被划分在几个国家之内。当殖民主义者退出时,又蓄谋在边界、民族、宗教等问题上制造混乱与不和,给独立后的非洲国家留下许多隐患。每当新兴的非洲国家遇到经济困难或政治危机时,每当外部势力干涉非洲国家内部事务时,这些历史遗留问题就成为导火线,引发一系列的内战或地区冲突。从 50 年代后期起,这种内战和地区冲突连绵不断,影响较大的有:

1955 年苏丹独立后,南方黑人各族掀起反对北方阿拉伯人政府的内战,持续了 17 年,1972 年暂时平息,1983 年战火再起,又持续了 10 年。1962 年埃塞俄比亚宣布合并厄立特里亚,厄人民解放阵线联合其他反对派开始了武装斗争,直到 1991 年 5 月推翻门格斯图政权,1993 年 5 月 24 日宣布厄立特里亚独立。1963—1982 年阿尔及利亚与摩洛哥发生边界武装冲突。1966 年乍得内战爆发,法国和利比亚插手,致使战争已进行了 27 年还未停息。1967—1970 年尼日利亚的豪萨—富拉尼族与伊博族、约鲁巴族为争夺石油利益而爆发内战,伊博族建立了比夫拉共和国,故这次内战又称比夫拉战争,有 200 万人死于战祸。1971—1981 年乌干达与坦桑尼亚爆发边界战争。1975 年安哥拉内战爆发,美国和南非支持的"安盟"反对苏联、古巴支持的"人运"政府,1989 年虽达成和平协议,但1991 年大选后战火再起。与此同时,莫桑比克也爆发了全国抵抗运动游击队反对政府军的长期内战。1976 年围绕着西撒哈拉独立问题,摩洛哥与毛里塔尼亚、阿尔及利亚支持下的西撒人民解放阵线开始了长期的武装冲突。1977—1978 年,索马里与埃塞俄比亚为争夺欧加登地区而发生长期的武装冲突。1989 年 12 月利比里亚内战开始,1990 年 9 月反政府的爱国阵线虽取得胜利,但内部又按部族划分派别,发生分裂,使内战更加复杂化。索马里的三派反政府武装也各以部族为背景。1990 年 10 月在推翻了仅依靠马列汉族的西亚德政府后,三派立即分裂,使索马里陷入内战,造成上万人丧生,90 万人挨饿。

从一党制到多党制的民主浪潮　　非洲国家在独立初期除经过武装斗争取得独立的国家外,都承袭了殖民地时期的一套行政制度。就政体而论,多数都建立了民主共和国,只有摩洛哥、莱索托、斯威士兰三国是君主立宪制或君主专制政体。此外还有个别国家建立了过渡性的军政权。同是共和政体的国家,有的实行一党制,有的实行多党制,还有的是无党制;有的是总统集权制,有的是内阁总理负责制。

随着非洲政局的动荡,有些政党被合并或被取缔,绝大多数国家确立了一党制或"有限制的多党制",这种政体的特点是以军权为核心的集中管理体制。作为"政治精英"的党的领袖,既任总统、总理或国王、首相,又兼任武装部队总司令或国防部长,用军权来保证他们对党政财文大权的控制。

这种政治体制的形成与非洲资产阶级力量的弱小不无关系。他们只有通过加强集权来保证社会经济的发展和政局的稳定。但这种体制缺乏监督、竞争机制,不能有效地克服腐败和官僚主义。

90 年代初,非洲掀起了"多党民主"浪潮,几乎所有国家都被卷入,形成一场政治大变革运动。80 年代非洲经济恶化,政治腐败,人民生活困苦,社会动荡不安,民怨沸腾,人心思变。加之,苏联东欧剧变以及美英等国将实行"多党制"作为提供援助的条件,这些都起了推波助澜的作用。

1990 年 2 月,贝宁率先放弃一党制,开放党禁,宣布召开多党参加的全国代表会议。同年,有 20 多个国家在群众性的反政府运动压力下宣布以多党制代替一党制,以民选的文官政府代替军政府。津巴布韦放弃了将多党制改为一党制的打算;肯尼亚一直实行一党制,1991 年底宣布实行多党制;在坦桑尼亚,尽管80% 的人主张保留一党制,但领导核心考虑到国内外的形势仍决定改行多党制。总之,两年多来,共有 40 多个国家宣布实行多党制,一批新的年轻的领导人也随之活跃于非洲的政治舞台。各国实行的多党制基本上是照搬西方模式,能否适用于非洲、给非洲政局带来稳定,给经济带来繁荣,还有待于实践的检验。

三、南非的发达经济与种族隔离制的危机

位于非洲最南端的南非联邦是一个特殊的非洲国家。它经济发达,其工业产值占非洲工业总产值的 40%,接近发达国家的水平,但其境内的黑人区却十分贫穷落后,与发展中国家的状况无异。南非是白人种族主义的顽固堡垒,种族隔离制是帝国主义殖民制度的延续,但它作为英国的自治领又与宗主国的殖民主义有矛盾,直至 1961 年 5 月 31 日才脱离英联邦,改南非联邦为南非共和国。

种族隔离制的强化　　南非的种族隔离制由来已久,从南非联邦成立之日起,就被列入宪法。但把种族隔离制度化、系统化则是从 1948 年以马兰为首的国民党政府上台后才开始的。"种族隔离"(Apartheid)一词也是从这时起才正式使用,在阿非里卡语中是"分开"的意思,即不同的种族必须在指定的地区内分别存在、各自发展。

南非的工业在第二次世界大战中得到很大发展,黑人工人的队伍迅速壮大。在世界民族民主运动高潮影响下,南非的工人运动和民主运动也蓬勃地开展起来,这引起了白人种族主义统治者的恐惧,遂用强化种族隔离制的办法来维护其既得利益。马兰政府打着"维护白种人的纯洁性"的旗号,首先从禁止不同种族之间的通婚开始,建立起不可逾越的肤色壁垒。1950 年颁布《人口登记法》,将全体居民按肤色划分为白人、黑人、有色人、印度人四种身份,1951 年又实施《集团住区法》,规定城市中一个住区只能居住一种民族,禁止不同种族的人混杂居住。1953 年又通过了《公共场所隔离保留法》,规定不同肤色的人只能进入不同的公共场所,必须使用不同的公用设施。以上这三大法律再加上 1913 年颁布的《土地法》,构成了种族隔离制的四大支柱。此外,1950 年的《镇压共产主义条例》、1952 年的《土著人(城市地区)法修正案》和《通行证法》等多如牛毛的种族隔离法令详细地规定了不同种族人的不同待遇。总之,在这个社会里,人们的社会地位、居住地点、从事的职业、所受的教育、个人的前途等都由肤色来决定。白人社会的奢华富裕与黑人社会的贫穷落后形成了鲜明的对比。

为使隔离制度永久化,南非当局从 1959 年起又炮制了所谓的"黑人家园计划",又称"班图斯坦计划"。颁布了"促进班图自治政府法",强行把黑人按部族划分为 10 个"独立国家",仅占南非土地的 12.7%,然后,将占总人口 73% 的黑人集中到这里,剥夺他们的南非国籍和受南非法律保护的权利。1960—1980 年,约有 200 多万黑人被赶出"白人区",1976 年在特兰斯凯宣布成立第一个"黑人家园",到 1981 年共成立 4 个这种"家园"。

反种族主义斗争　　南非人民为了争取生存权利,在非洲人国民大会的领导下,通过非暴力的不合作运动,抵制运动,罢工行动,不断进行反种族主义的斗争。1952 年 4 月,非国大与印度人大会联合发动了蔑视不公正法令运动。1955 年 6 月 26 日,两组织又与有色人种大会、民主人士大会和南非工会大会一起在约翰内斯堡联合举行南非人民大会,来自全国的 3 000 名代表和 2 万多名群众参加,大会通过了《自由宪章》,明确提出"南非属于在南非居住的全体人民,黑人和白人",这成为南非人民的斗争纲领。

1959 年 4 月,部分非国大成员另建"阿扎尼亚泛非主义者大会",主张通过暴力斗争建立非洲人统治的南非共和国,该组织成为南非黑人民族主义的第二大政党。1960 年该党组织了全国范围的反通行证法运动。3 月 21 日,约翰内斯堡附近的沙佩维尔数万群众集会,焚毁通行证,警察向示威者开枪,打死 70 人,伤 240 人,数千人被捕,制造了震惊世界的沙佩维尔惨案。这一事件激起了全国性的抗议浪潮。面对当局的野蛮镇压,非国大也改变了非暴力斗争路线,1967年 11 月,成立了"民族之矛"武装组织,由纳尔逊·曼德拉任总司令,在 12 月 26日的"丁干日"发动首次袭击活动。泛非主义者大会组织了名为"波戈"(意为"非洲至上")的武装力量。这两个武装组织在一年多的时间里进行了 200 多起武装袭击和爆炸活动,使白人统治当局异常恐惧。1962 年 8 月 5 日曼德拉因被人告密而被捕,并被判终身监禁。各解放组织被迫撤退到边境地区或邻国,建立训练基地,坚持游击斗争。

反种族主义斗争经过一段低潮后,70 年代中期,针对班图斯坦计划的推行,再掀高潮。1976 年 7 月 16 日,在约翰内斯堡郊区的黑人聚居区索韦托,学生游行抗议当局强制黑人学校用南非荷兰语讲课,军警当场打死 170 余人,伤 1 000多人。这一惨案激起了以学生为主力的黑人觉醒运动的高涨。纳塔尔大学学生斯蒂夫·比科是这一运动的第一任领导人。他于 1977 年被捕,后惨死狱中,这在国内外都引起人们的极大愤怒。80 年代中期,黑人觉醒运动在深度和广度上都达到空前规模。南非当局宣布全国进入紧急状态,并大肆搜捕,非国大主席坦博提出在劳工运动、群众运动和武装斗争三条战线进行斗争的方针。新一代的黑人不惜一切代价来争取自己的正当权利。

南非人民的正义斗争得到国际社会的广泛同情与支持。1960 年联合国大会通过了第一个制裁南非的决议。1962 年联合国成立了"反对种族隔离特别委员会",此后历届联大都通过经济制裁南非以及对其实行武器禁运的决议。联合国把 1982 年定为"动员制裁南非种族主义国际年",翌年又宣布了"反对种族主义和种族歧视的 10 年行动计划"。正是这种反种族主义的正义斗争使南非的种族隔离制陷入严重的危机。

南非民主化的曲折进程　　60—70 年代南非的社会经济结构发生了很大的变化,以农牧业、矿业为主体的经济转变为以制造业为主体的经济结构。1961—1977 年制造业增长率为 5.7%,而农业、矿业仅分别为 2.5% 和 3%。制造业的发展要求社会提供有一定技术的劳动力,种族隔离制不能满足这一社会要求。统治阶级为了自身的利益开始改善黑人的教育状况。黑人工人、特别是技术工人的数量进一步增加,并在大城市周围出现了若干像索韦托一样的黑人聚居的城镇。1975 年后受西方经济危机的影响,南非经济也开始衰退。70 年代的国民生产总值的增长率为 4%,80 年代为 2%,1990 年为 0.9%。外国在南非的投资因国际制裁而下降,外汇短缺、通货膨胀严重。1986—1989 年有 550 家外国公司撤出南非。这一切都迫使南非当局不得不进行政治改革。

1978 年博塔上台后开始对种族隔离制作了些局部修改,1979 年公布了《工业调解法修正案》,第一次承认非洲人组织工会的权利。1986 年取消了《通行证法》,80 年代,"班图斯坦计划"也难以推行;1989 年德克勒克当选总统后加快了政治改革的步伐。1990 年 2 月 2 日,他宣布非国大、泛非主义者大会和南非共产党为合法政党,2 月 11 日释放了被监禁了 27 年的曼德拉,5 月 16 日起陆续废除作为种族隔离制四大支柱的有关法令,到 1991 年 6 月 30 日,宣布种族隔离制正式终结。12 月 20 日,德克勒克政府与以非国大为首的 19 个党派团体在约翰内斯堡举行"民主南非大会",发表了《意向宣言》,这标志着南非民主化进程迈入了制宪谈判的实质性阶段。1992 年 3 月 1 日,68.6% 的白人公民投票支持德克勒克的改革。

但是,制宪谈判的进程是艰难的。极右势力不断制造流血惨案,黑人内部的暴力冲突也干扰民主化进程。非国大与国民党改革派一再努力,1993 年制宪谈判决定举行一人一票的选举,并通过分享权力的临时宪法。翌年 4 月 27 日隆重举行多种族大选。非国大获票 62.7%,曼德拉就任总统,宣告了新南非的诞生。

第四节　拉丁美洲的现代化与政局的变化

一、拉丁美洲的现代化、一体化进程

经济发展战略的演变　　拉丁美洲各主要国家独立较早,最先发展民族资本主义经济。30 年代的世界经济大危机和第二次世界大战促使这些国家开始向工业化和现代化迈进。50 年代到 70 年代,一方面是一些拉美中小国家为独立而斗争,另一方面,墨西哥、阿根廷等大国的民族经济迅速发展,社会发生了急剧变化。

1948 年 6 月成立的联合国拉丁美洲经济委员会及其执行书记、阿根廷经济学家劳尔·普雷维什的"发展主义"理论,对拉美地区的经济发展有指导意义。1949 年他发表《拉丁美洲的发展及其主要问题》一文,对拉美的社会经济现状和发展进行了分析,提出了一整套实现拉美现代化的主张。普雷维什认为,近代国际贸易已使世界形成"中心—外围"的国际经济结构,作为"外围"的不发达国家是从属于"中心",即西方工业大国而运转的,只有打破这种不合理的国际经济秩序,拉美国家才能发展。实现工业化是摆脱"外围"地位的唯一途径。首先要发展"进口替代"工业,进而实行"出口替代"战略及实现地区经济一体化,可以在维护本国自主权的前提下积极利用外资。

从 50 年代开始到 60 年代中期,拉美各国不再是零星、局部地,而是普遍、有计划地采用高度保护民族工业的进口替代战略。1950 年 10 月,阿根廷总统庇隆在"政治主权、经济独立、社会正义"的口号下,从与美、苏保持等距离的"第三立场"出发,加强国家资本,优先发展使用本国原料,满足国内消费为主的工业,用大量的本国消费品取代原需进口的商品。庇隆主义又称正义主义,对拉美国家颇有影响。与此同时,墨西哥在结束了大规模的社会革命之后,实行"稳定发展"战略,进一步推进进口替代工业、实现农业现代化、稳定物价和财政金融政策。这一时期,许多中等国家,如哥伦比亚、智利、秘鲁的进口替代也取得了明显的进展,它们在完成一般消费品的进口替代后,转入对化工、石油、冶金等中间产品和资本货物的"进口替代"。

60 年代中期到 70 年代后期,拉美各国为了克服进口替代所带来的消极作用,如外贸和国际收支逆差加大、产品缺乏竞争力等问题,纷纷向促进出口的战略转化,将出口多样化政策与进口替代方针相结合。1964 年巴西军政府奉行"高增长战略",大量引进外资,发展进出口贸易,建立"出口供应走廊"。1968 年 10 月—1975 年 8 月,秘鲁的贝拉斯科军政府也实行类似的政策。1970 年埃切维利亚在墨西哥执政后,提出了"分享发展"战略,调整工业内部结构,重点发展钢铁、石油、化工、机器制造等工业,使对外经济关系多元化。1966 年圭亚那独立,在伯纳姆领导下实行"合作社会主义",通过国有化、合作社制度发展多样化的经济,坚持对外开放,同世界各国开展广泛的经济合作。

70 年代后期,特别是进入 80 年代后,拉美各国再次调整经济发展战略。由于受西方经济危机的影响,拉美经济出现严重困难,它们不得不根据本国情况进行各种形式的经济调整。1976 年洛佩斯·波蒂略在墨西哥执政,实行以石油为动力、推动经济全面发展的新战略。1977 年 2 月,秘鲁的莫拉莱斯政府颁布了"图帕克·阿马鲁计划",改变了贝拉斯科的"秘鲁模式",在进口替代战略的基础上,又采取了类似货币主义的经济政策。1982 年哥伦比亚的贝坦库尔政府则是放弃上届政府的货币主义政策,加强国家对经济的调节作用,推行"全国均衡发展计划"。普罗维什在 80 年代也修正了他的发展主义理论,提出"改造外围资本主义"认为最终的出路是"社会主义与自由主义的结合"的主张,为拉美的发展进行新的探索。

经济一体化的发展　　一体化的思想在拉美由来已久。19 世纪时,玻利瓦尔就曾主张拉美国家要在政治上联盟、经济上合作。但后来美国接过"一体化"思想,将其歪曲成"泛美主义"。"进口替代"战略实行 10 年之后,拉美各国普遍遇到国内市场狭小的问题,这成为工业化的障碍。于是,普罗维什等积极呼吁实现地区经济一体化,主张联合为一个广阔市场,用集体的力量与"中心"国家抗衡。实现一体化后,不仅可以促进互惠贸易,还可以通过专业分工使各国的工业化政策更加合理。

1960 年 2 月,阿根廷、巴西、墨西哥等 11 国在蒙得维的亚成立了拉丁美洲自由贸易协会,同年 12 月,危地马拉等 5 国成立中美洲共同市场,从此揭开了经济一体化的序幕。接着建立的地区一体化组织有:1969年4月阿根廷等国建立的拉普拉塔河流域组织,同年5月秘鲁等国组建的安第斯条约组织,1973年7月圭亚那等国组建的加勒比共同体和共同市场,1975年10月墨西哥、委内瑞拉等23个拉美国家在巴拿马宣布建立的"拉丁美洲经济体系",1978年7月巴西等8国成立的亚马逊合作条约组织等。这些组织逐步取消了成员国间的关税壁垒,对促进地区贸易起了积极的作用。然后,又加强了能源、自然资源、金融和科技方面的合作。但是,由于国际垄断资本的插手、破坏,一体化组织内部管理体制上的弱点,以及因历史遗留问题而造成的国家间的分歧,一体化运动遇到许多困难,甚至出现停滞。

1980年8月拉美自由贸易协会改组为拉美一体化协会,这是该组织为摆脱困境而进行的调整。1982年1月,哥斯达黎加、洪都拉斯、萨尔瓦多建立了中美洲民主共同体;1984年6月,巴西、墨西哥等11国为解决债务问题而组建卡塔赫纳集团。1986年12月,孔塔多拉集团(由巴拿马、墨西哥等国组成)与利马集团(由秘鲁、阿根廷等国组成),在里约热内卢共同组成8国集团,建立了一个有广泛代表性的高级磋商协调机构,以解决本地区的问题。这反映了拉美一体化从单纯的经济一体化向政治一体化和多层次方向的发展。

经济发展的成就和问题　　上述经济发展战略和一体化措施的实行使拉美经济获得了空前的发展。国民生产总值的年平均增长率,50—60年代为5.4%,70年代前期为7.2%;人均国民生产总值1960年为340美元,1979年增长到1 500多美元,还出现了巴西、墨西哥等国的"经济奇迹"。民族经济的发展和工业化的实现使拉美国家的社会经济结构发生了深刻的变化,改变了过去以农矿业初级产品出口为基础的单一制经济结构。1960—1980年工业总产值增长3倍多,钢产量1950年仅为130万吨,1980年增长到2 900万吨;制造业在全拉美生产总值中所占的比重,1939年为16.5%,1950年为19%,1975年上升为25.1%,而农业产值的比重则由1950年的21.2%下降到1975年的13.3%。拉美各主要国家实现了工业化,基本上建起了一个以金属制品、化工、电子、机械、纺织、食品等行业为主体的、门类比较齐全的工业生产体系。60年代解决了基本消费品的自给问题,70年代中期一般生产资料也已自给有余,能出口各种类型的汽车、电动机械、电气器材、电子通讯设备等制造业产品。钢的出口量1984年达到880万吨。1960年美国总产值比拉美大7.7倍,到1980年只大3.9倍,反映了拉美经济实力的增强。拉美已成为发展中国家中最先进的地区。

拉美各国经济的发展是不平衡的。巴西、墨西哥、阿根廷三国集中了全拉美地区国内生产总值的2/3,其余1/3主要集中于委内瑞拉、哥伦比亚、秘鲁和智利4国。巴西是拉美最大的国家,从瓦加斯执政时期(1930—1945)起就开始进行工业化。40年代起,其经济年平均增长率为5%～6%;1968—1974年更达到

10.1%，被誉为"经济奇迹"。过去，巴西依靠咖啡出口维持经济，1952年咖啡在出口总值中占73.7%，工业品出口仅占1.2%，到1983年前者降至9.5%，后者上升为59.7%，成为新兴的工业—农业国家。城市化进程也很快，1980年，城市人口已占全国人口的63%，其经济实力已接近发达国家的水平。墨西哥的经济发展水平和实力仅次于巴西，从80年代中期起，经济稳步增长，创造了"墨西哥奇迹"。国内生产总值从1950年的47亿美元上升到1980年的1 670亿美元，成为新兴的工业化国家，接近发达国家的水平。

1975年后，特别是进入80年代，拉美经济连年恶化，人民收入和生活水平下降，这一方面是受西方经济危机的冲击，另一方面是由于拉美国家在处理投资规模、发展速度、工农业比例等问题上政策失误所致。经济恶化的最突出的表现之一是债务问题日益严重。1982年墨西哥首先爆发债务危机，接着，波及全拉美。1971年，拉美外债总额250亿美元，1980年增至2 071亿美元。1986年增至3 820亿美元。在发展中国家中，有17个负债大国，其中12个在拉美。其外债总额占发展中国家全部外债的1/2。拉美国家惊奇地看到他们的外汇又转移到歧视他们的"中心"去了。此外，通货膨胀、贸易逆差、贫富两极分化等问题也困扰着拉美国家的经济发展。

二、60 年代后拉丁美洲政治的新特点

政治民主化趋势　　军人干预政治、军事政变频仍、长期保持着军政权，这些是拉美政治的一贯特点。从1945年到80年代，在19个拉美国家中发生过约100次军事政变。约有半数的拉美国家军人执政在11年以上，其中，巴西军人执政达25年，阿根廷军人执政22年。60年代先后有13个国家通过政变建立了新的军人政权。由于历史条件的变化，新的军政权与旧式军政权有许多不同之处。例如，1964年3月巴西军政权建立后，对内实行独裁统治，但却重用技术专家，财政、计划部长均由著名经济学家担任，故能制定出符合巴西实际的经济发展战略。人们称这样的政府为"军方监督下的专家政府"。1968年秘鲁贝拉斯科军政府建立后，实行土地改革、国有化等一系列社会经济改革措施，他的"秘鲁模式"具有一定程度的反帝反封建性质。

多数军政府或军队干预政治的后果是不好的。军政权不仅不善于管理经济，而且对反对派和人民群众实行高压政策，因而不得人心。例如，智利在60年代社会矛盾尖锐，政府常动用军队镇压群众，使军队警察化，传统的代议制民主政治制度遭到破坏。1970年由社会党、共产党等六党组成的人民联盟在大选中获胜，组成了以社会党人阿连德为首的政府。他进行了一系列改革，将美国资本控制的铜矿收归国有，实行土改，实施福利政策等，从而触犯了国内大资产阶级和大地主的利益。1973年9月保守的军人集团在美国中央情报局支持下发动

政变,阿连德以身殉职,陆军司令皮诺切特建立起军人政权,军政府在经济上实行自由主义,政治上实行极权主义,先后有一万多人被驱逐出国,引起人民强烈不满。1980年军政府被迫制定新宪法,恢复宪制。1983年5月爆发了要求恢复民主制的全国抗议运动。1988年10月5日,智利人民在公民投票中否决了皮诺切特连任总统,从而结束了长达15年的军人统治。

80年代,拉美加速了政治民主化的进程。随着资本主义经济的发展,民族资产阶级的力量有所壮大,军队内部也发生分化,一些有民主意识的军人集团取代了保守的旧军人集团,积极奉行"民主开放"和"还政于民"的政策。1977年秘鲁军政府宣布了"还政于民"的政治计划,1980年举行大选,建立了具有"广泛基础的政府"。1982年9月,玻利维亚掀起了规模空前的群众运动,要求军人"立即回军营去"。9月17日当局被迫宣布"还政于民",恢复议会。1983年10月阿根廷举行大选,次年1月军政府向民选政府交权;1984年乌拉圭军政府与各政党达成"还政于民"的协议。1985年1月巴西举行总统选举,民主联盟候选人当选总统,军人政权宣告结束。1986年2月,海地人民反对杜瓦利埃家族独裁统治的斗争取得胜利,杜瓦利埃逃亡国外。以上事实都反映了拉美政治民主化已成为历史的潮流。

自主外交与马岛战争　　60年代以来,不论是民选政府还是军政府,在对外关系方面都具有民族主义倾向,这与民族经济的发展是相适应的。他们都要求进一步摆脱美国的控制,奉行多边外交和独立自主的对外政策,积极发展与其他发展中国家的关系,加强拉美国家间的团结,力图用"一个声音"与大国对话。1969年5月,21个拉美国家的外交、财政部长在智利的比尼亚德尔马市召开排除美国参加的拉美特别协调委员会会议,主张"以拉丁美洲的观点、方式、特点和力量来解决拉丁美洲自身的问题"。这次会议反映了拉美国家奉行独立自主对外政策的愿望和决心。1967年拉美14国签署的《拉丁美洲禁止核武器条约》,具有积极的反霸意义。

1982年的马岛战争使拉美国家的独立外交进一步得到加强。马岛即马尔维纳斯群岛(英国称福克兰群岛),阿根廷与英国长期为其归属问题发生争执。70年代在马岛附近海域发现石油和天然气资源后,双方争执更为激烈,英阿在国际社会斡旋下举行谈判,阿根廷要求英国承认它对该岛的主权,英国则借口岛上居民多数是英国移民后裔,不经岛民同意不能改变该岛现状而加以拒绝,谈判陷入僵局。1982年4月2日凌晨,阿根廷军政府派军占领马岛,宣布该岛及其附属岛为阿第23省,4月5日英国撒切尔政府派特混舰队用武力收回。从4月24日到6月14日,英阿在马岛及其周围海域打了一场大规模的海空战争。英军使用了导弹和电子系统,在军事实力上占优势,战争最后以英军攻占马岛首府阿根廷港以及一万余名阿守军投降而告结束,但马岛争端仍未解决。

在战争期间,全体拉美国家和绝大多数第三世界国家给予阿根廷以各种形式的支持和援助。美洲国家组织两次通过决议,支持阿根廷拥有马岛主权的正当要求。美国最初表示"中立",后则公开站在英国方面对阿进行经济制裁,这使拉美国家感到愤慨,坚决要求将美洲国家组织总部迁离华盛顿,开除美国,成立不包括美国在内的美洲国家组织。马岛战争失败的教训使他们认识到拉美的防务和安全不能再依赖别国,只有发扬"大陆团结一致的精神"才能成为一支强大的经济、政治和文化力量。

第十一章　由两极走向多极化、合作、竞争和变革的世界

20世纪70—90年代初期,是旧的两极化世界由动摇走向解体、新的多极化世界初露端倪的交替时期。导致世界格局变化的根本原因是经济因素,同时也有政治等方面因素。美苏两个超级大国轮番升级的军备竞赛和全球争霸直接导致两国国力的相对衰落。第三世界反对霸权主义的斗争和西欧、日本力量的崛起,有力地牵制和冲击着美苏两霸的势力。西方国家的和平演变政策和苏联的"新思维"成为推动苏联社会质变的催化剂。1991年底苏联解体,两极格局最终瓦解。代之而起的是世界经济、政治日益走向多极化。

在这新旧格局的交替时期,存在着缓和、和平与紧张、动荡并存的两种基本趋势。科技、经济因素与价值观、信仰因素在决定国家安全和未来方面,日益具有举足轻重的地位。中国正面临着新的机遇与挑战。

第一节　旧国际格局的动摇与美苏争霸态势的演变

一、国际政治力量的消长与美苏战略地位的变化

美国地位下降　60年代末70年代初,国际舞台上各种力量的对比关系已显著不同于战后初期。

作为超级大国之一的美国,由于二战后长期推行全球扩张政策,特别是深陷侵越战争而不能自拔,其国力的鼎盛时期到60年代末终于告一段落。巨额的战争费用,使财政赤字逐年扩大,到1968年已累计达605亿美元。对外贸易状况也开始显露出由盛而衰的迹象。西欧、日本商品大量涌入美国,美国对日本、西德、加拿大的贸易已由出超转为入超。美元危机频频发生,地位一落千丈。

西方阵营中原来依赖美国援助和扶持的法国、西德、日本等国,经济发展速度均高于美国。到1970年共同市场6国国民生产总值已超过苏联,进而追赶美国。60年代下半期的日本正处在以急剧扩大商品和资本输出为特征的阶段。相比之下,美国在资本主义世界工业生产总值中所占比重则由1948年的54.6%降为1970年的37.8%,下降了16.8个百分点,在资本主义世界逐渐形成美国、西欧、日本三个中心。西欧、日本与美国展开了日益剧烈的贸易战和货币战,政治方面的独立自主性日益增强。

苏联地位上升　　在美国国力相对削弱的过程中,苏联加紧发展自己的实力。苏联的经济力量,由1950年相当于美国的30%上升到1970年的60%左右。在军事方面,美苏力量对比开始出现明显变化。1969年年中,苏联洲际导弹增至1 060枚,赶上了美国。苏联还在60年代末开始发展和部署反弹道导弹系统,走到了美国前面。长期处于核优势的美国第一次面临美苏战略力量接近均衡的局面。不仅如此,到60年代末70年代初,苏联已建成了一支能对美国造成威胁的远洋海军。这一切,使美国日益感到苏联已成为"非常强大有力和咄咄逼人的竞争者"。美国遇到了连做梦也没有想到的那种挑战。

　　第三世界影响加强　　与此同时,包括中国在内的100多个亚、非、拉地区的发展中国家,组成了占世界人口近3/4,占世界面积近2/3的第三世界。这些国家拥有丰富的战略资源,控制着战略要地,占据着联合国3/4的席位。他们对国际事务发挥着越来越积极的影响,并成为反对帝国主义和霸权主义的主力军。

　　面对整个国际格局及美苏争霸战略地位前所未有的变化,各大国都在调整自己的对外政策。

二、尼克松主义的提出

　　尼克松主义的内容　　1969年1月尼克松入主白宫,鉴于国际形势的变化和美国霸权地位的相对衰落,为了保住霸权地位,提出了一整套新的对外政策方针。

　　1969年7月25日,尼克松在出访亚洲途中,在关岛谈到了美国对亚洲和太平洋地区的政策。他说:"在我们同所有亚洲友邦的关系方面,现在是着重强调下列两点的时候了:第一,我们将恪守我们的条约义务……第二,在国内安全问题上,在军事防务问题上,除非受到一个大国的带有核武器的威胁以外,美国将鼓励并有权期望逐渐由亚洲国家本身来处理,逐渐由亚洲国家本身来负责"。

　　这就是尼克松的"新亚洲政策",后来很快被称为"关岛主义"或"尼克松主义"。

　　为了进一步澄清尼克松主义的含义,1970年2月18日,尼克松向国会提出了题为《70年代的美国对外政策:争取和平新战略》的长篇报告,进一步扩充了"尼克松主义"的内容。他还提出"伙伴关系、实力和谈判"作为"新的和平战略"的三大支柱,使"尼克松主义"不仅成为规定美国的海外义务及其与盟友的关系,而且成为规定对苏对华政策的指导原则。1971年7月6日,尼克松又在堪萨斯发表讲话,承认国际战略格局已发生变化,不再仅仅有两个超级大国,而是有美国、西欧、苏联、中国和日本五大力量中心。美国的地位与第二次世界大战结束的初期相比,已不再处于十分突出或完全占支配的地位。美国要在国际事务中保持"领导地位",就必须对对外政策作出重大调整。

尼克松主义修改了核优势军事战略,提出"现实威慑战略"。这一战略的实质是,调整全球军事部署,收缩亚洲兵力,加强欧洲战略重点和作为欧洲侧翼的中东地区,集中力量制止苏联扩张,争取改变被动局面。这一战略的特点是以"一个半战争"的设想替代"两个半战争"的设想(即由在欧亚两洲各打一场大战,在其他地区打一场小规模战争,变为只在欧洲或亚洲打一场大战,同时在其他地区打一场小规模战争);同时主要准备打常规战争。

尼克松主义无疑是美国对外政策的一次重大调整。它不仅在尼克松任内成为对外政策的指南,而且对以后历届政府的对外政策产生了重要影响。

尼克松主义的推行　　根据尼克松主义的战略构想,尼克松政府首先急于在保全美国面子的情况下从越南脱身。在利用越南人打越南人的"越南化"计划失败后,终于在 1973 年 1 月 27 日同越南民主共和国签订了《关于在越南结束战争,恢复和平的协定》。同年 3 月 19 日,美军全部撤出越南。其次,主动采取行动,谋求同中国对话,以同中国接近这张牌压莫斯科,并使中苏都不得不向美国作出让步与妥协。第三,对苏推行"缓和"外交。在保持同苏联激烈争夺的同时,采取较为灵活的态度谋求与苏"对话",试图用军控协议限制苏联扩充军备,用满足苏联某些要求的经济协议,换取苏联克制扩张行动。第四,重新调整与西欧、日本的关系。1974 年 6 月,同北约盟国共同发表《北大西洋关系宣言》,强调经济合作和美国不再对西欧"共同市场"抱反对态度,强调西方防务不可分割,美国也不再反对英、法独立的核力量,使美欧关系得到一定程度的改善。对日本,则于 1969 年 11 月签订美日《归还冲绳协定》,从而开始了尼克松所吹嘘的美日关系的"新纪元"。

三、苏联的全球积极进攻战略

积极进攻战略的两根支柱　　在美国对外战略态势由攻转守的同时,苏联则恰恰相反,由守势转为攻势。1964 年上台执政的勃列日涅夫的主要战略目标,已不再是赫鲁晓夫所追求的美苏合作主宰世界,而是逐渐形成为与美国争夺世界霸权的积极进攻战略。

勃列日涅夫在 1976 年 2 月召开的苏共 25 大政治报告中说:"现在我们在制定对外政策的时候,也许地球上没有哪一个角落的情况不是以某种方式加以考虑的"。

勃列日涅夫的积极进攻战略有两根支柱:一是力争军事优势的军事战略,二是麻痹西方的缓和战略。

在军事战略方面,其指导思想是,既准备打核战争,也准备打常规战争。既准备打有限核战争,也准备打局部常规战争。强调"进攻性"和"先发制人","突然打击"。苏联的战略导弹至 1975 年已达 2 402 枚,超过美国 40%。苏联还大大增强了坦克、火炮、装甲车等常规力量,并迅速建立起一支进攻性的远洋海军。苏联进一步加强全球性军事部署,强化华约组织。在勃列日涅夫时期,苏联在亚、非、拉共攫取 20 多个海空军基地的使用权。

在推行"缓和战略"方面,勃列日涅夫比赫鲁晓夫有过之无不及。1971 年,他在苏共第 24 次代表大会上,正式提出了以缓和为中心的六点"和平纲领",宣称要把缓和放在 70 年代苏联外交政策的首位。他大搞首脑外交,发动和平攻势,竭力以此麻痹西方,调动和扩大美国与西欧的矛盾,最后把美国势力排挤出西欧;同时通过缓和,争取西方对战后东欧现状的承认。此外,利用缓和,引进西方资金技术,获取经济实惠。但勃列日涅夫明确宣布,这种"缓和"不能妨碍苏联进行"国际阶级斗争"和推行"苏联模式"的世界革命。

加快向南扩张步伐　　70 年代,苏联加快了向外扩张的步伐。由于西线欧洲处于一时难以有重大改变的对峙状态,东线押在越南身上的赌注一时也难以收效,苏联把更多的力量放在南线,特别是以"欧洲的软腹部"中东和非洲地区作为主要扩张方向,同时进一步打入连接东西两个地区的中心环节——南亚次大陆,控制南下印度洋的战略通道。先是重点经营埃及,1971 年 5 月签订苏埃友好合作条约,①提供 50 亿美元的经济、军事援助,派遣军事专家顾问达 18 000 多人。继而又把叙利亚选作立足点。在南亚地区,把阿富汗和印度作为其亚太战略和南下战略的两根支柱。1979 年入侵阿富汗。1965 年印度和巴基斯坦冲突激化后,苏乘机加紧向印输出军火,至 1980 年,苏联提供的武器已占印进口武器的 66%。在非洲地区,70 年代中后期,在安哥拉民族解放组织间制造分裂,支持"人运"以反对"安盟"和"解阵",并把大量古巴军队运进安哥拉,扩大安哥拉内战。在非洲之角,大力支持埃塞俄比亚,1978 年两国签订友好合作条约,苏在埃的军事专家顾问达 2 000 多人。及至 70 年代末,以苏联出兵阿富汗及支持越南侵柬为标志,苏联的霸权主义政策发展到了顶峰。而这恰恰成了苏联进一步陷入内外困境的标志。

四、70 年代东西方关系的缓和与欧安会的召开

东西方关系的第一次缓和　　由于美国的尼克松及其后继者和苏联的勃列日涅夫都在寻求缓和,这就导致了 60 年代末到 70 年代东西方关系缓和局面的出现。这种缓和早在 60 年代末勃兰特提出新东方政策时便已揭开了序幕。而美苏首脑会谈、欧安会和中欧裁军谈判,则使缓和达到高潮。到 1979 年,苏联入侵阿富汗告一段落。这在美苏关系史上被称为"第一次缓和"。

从 1969 年 11 月起,美苏开始就限制战略武器问题进行会谈。1972 年 5 月,

---

① 1976 年 3 月埃及宣布废约。

尼克松到苏联进行正式访问。这是战后第一个美国总统对苏联的访问。双方签署了《美苏相互关系原则》等九个文件。双方保证尽力避免军事冲突,防止核战争,用和平手段解决争端。会谈中,双方最关心的是限制战略核武器问题。最后签订了《美苏关于限制反弹道导弹防卫系统协定》和《美苏关于限制进攻性战略武器的某些措施的临时协定》。同年10月,美苏签订了贸易协定。

尼克松和勃列日涅夫这次会谈,标志着东西方关系进入缓和高潮。此后,勃列日涅夫同尼克松于1973年6月和1974年6月两次会谈,虽也取得某种进展,但都没能就限制战略核武器问题达成长期协定。

1974年8月福特上台担任总统,仍把"缓和"作为对苏政策的首要问题。美国试图通过"缓和"刺激美苏贸易,为美国工农业产品寻找一个更大的市场。但同时,又时时不忘在其中贯彻"和平演变"的策略。

1974年11月,福特在海参崴与勃列日涅夫进行"工作会谈"。双方发表了美苏限制进攻性战略武器共同宣言。1975年,美苏就苏联购买美国谷物的交易达成协议。第二年又达成美国从苏进口石油协议,美苏"缓和"的经济色彩逐渐加强。据统计,1969—1976年美苏贸易额增加了10倍。

1977年卡特执政后,对苏联推行的仍是"缓和战略",但其策略又有所发展变化。他认为基辛格等人的外交缺乏道德感。结果是"我们丧失了抵御极权主义思想意识的威胁以及鼓舞我国人民士气的一项最有效的手段"。他上台伊始,在就职演说中就为人权外交定下了基调。他曾多次提出"人权已经成为我国外交政策的中心主题","尊重人权是自由民主国家在为扩大影响而进行的和平斗争中最重要的优势"。可见,他是企图在遵循缓和路线的同时给这种外交添加上"人权"这一带有理想主义色彩的新成分,由被动转为主动。

欧安会和中欧裁军会议　　早在1954年11月,苏联外长莫洛托夫就曾提出召开欧洲安全会议,但被西方国家拒绝。60年代中期,苏联再次提议召开欧洲安全会议。事实上,勃列日涅夫的"缓和战略"就是围绕策划召开欧安会展开的。苏联积极策划欧安会,主要目的是通过会议确认战后欧洲国家边界有利于自己的现状,使目前东欧地位合法化;分化西欧国家同美国的关系,排挤美国在欧洲的势力,并利用缓和的有利条件,发展同西方的经贸关系。美国从反对到同意召开欧安会,原因之一是担心被置身于全欧会议之外;二是想通过会议,否认"有限主权论",削弱苏联对东欧的控制,实现东西方人员和思想的"自由交流",向苏联、东欧国家进行思想文化渗透,以促其"和平演变"。

1972年5月尼克松访苏期间,双方就召开"欧洲安全与合作会议"和"中欧裁军会议"达成协议。同年11月,33个欧洲国家以及美国、加拿大的大使在赫尔辛基开始举行"欧安会"筹备会,以后又开了多次会议,最后于1975年7月3日—8月1日,35国首脑在赫尔辛基举行正式会议,签署了《最后文件》,又称

《赫尔辛基宣言》，其中包括《指导与会国之间关系原则的宣言》、《关于建立信任的措施和安全与裁军的某些文件》、《人道主义和其他方面合作》、《经济科学技术和环境方面的合作)等。在固定欧洲边界现状方面，《最后文件》特别提出了"边界的不可侵犯性"，"禁止使用武力或以武力相威胁"；但又写上了"边界可以根据国际法，以和平手段和通过协议加以改变"。在信任措施方面，提出了与会国在距离同其他与会国共有的边界 250 公里以内地区内举行 25 000 人以上的军事演习，应以自愿为基础在 3 周前通知与会国家，并邀请他们派观察员观看演习。在贸易和人员往来方面，希望与会注意彼此给予最惠国待遇，并"促进各国人员、机构和组织之间更自由地往来和接触"等。

中欧裁军会议第一次筹备会议，于 1973 年 1 月 31 日在维也纳召开，北约 13 国（法国拒绝参加、冰岛未参加）和华约 7 国代表参加。经过 4 个多月的争吵，才于 6 月 2 日商定了正式会议名称和参加国范围。会议定名为"关于在中欧共同减少部队和军备以及有关措施的谈判"。同年 10 月 30 日，谈判开始。截至 1983 年 11 月，谈判进行了 31 轮，355 次。北约主张"均衡裁军"，华约主张"对等裁军"。虽然 1979 年后双方军力各有削减，但各方都想利用谈判，夺取在中欧的军事优势，限制削弱对方，因而没有取得任何实质性进展。

五、从僵硬对抗到第二次缓和

里根的新遏制政策　　1981 年里根担任美国总统，执政到 1988 年。他上台后，对美国的政策作了重大调整。在整顿国内经济的同时，在对外政策方面提出了一套新的"遏制"政策。其基本方针是，以抗击苏联扩张为中心，重振国威，奉行"以实力求和平"的战略，"造成一种足以在必要时去取胜的力量"。从其前后两任来看，第一任主要表现为与苏联的强硬对抗；第二任时，美国更多地运用软的一手，利用"缓和"局面，促进苏联自身的变化。

里根上台之后就一再强调，面对苏联"实现统治世界"的战略目标，"西方文明"进入了"最危险的十年"，美国在抵御苏联扩张方面是"唯一能够担任领导的国家"。因此要进一步增加军事开支，大力加强国防。里根提出了"新灵活反应战略"。其实质是，同时发展核和常规力量，全面增强军事实力，重新夺取军事优势，使美国具备同苏联打各种形式和各种规模战争的能力。1983 年 3 月他提出了"战略防御计划"(SDI)即所谓星球大战计划，企图凭借美国强大的经济和科技实力，通过这一计划，既大大提高核威慑力量，又带动美国科技经济的发展，还可造成对苏联的技术和经济上的压力，从而拖垮苏联。

除军事实力外，里根的"以实力求和平"的战略还包括政治、外交、经济和情报等各种手段的应用。特别是美国经济自 1982 年第四季度起开始摆脱最近一次严重经济危机后，连年持续增长，为与苏联争霸提供了物质基础。里根当局还特别强调对外政策中的意识形态因素。1982年6月,里根在美国国会发表演说称,"我现在要叙述的长期计划和希望——自由和民主的前进,将使马克思—列宁主义弃置在历史的灰烬之中,正如它曾将其他压抑人民自由、禁止人民表现自我的暴政弃置一样"。里根发表演说后,美国国务院举行了一次所谓研讨共产党国家民主化运动的会议。公开把希望寄托在苏联等"共产国家内"的"和平演变"上。

第二次缓和的背景和具体表现　　如果说里根的第一届任期,是美苏关系20年来的谷底,那么,及至1985年里根第二任期开始,特别是1987年以后,美苏关系则似乎有了很大改善,被认为进入了一个新的即第二次缓和时期。美苏关系由以军事竞赛和对抗为主进入了以综合国力较量和对话为主的新时期。

美苏关系的这一调整有其深刻的经济背景,也有其政治背景。

苏联由于与美国的全球争霸,背上了沉重的包袱。自70年代中期起,经济增长速度明显放慢和陷于停滞,在经济实力和科技水平上,同美国的差距出现重新拉大的趋势。特别是,苏联在效率、质量和一系列科学领域都大大落后于美国、日本等西方国家。按国民生产总值计算,落后于日本而位居世界第三。

面对严峻的现实,1985年3月上台的苏共中央书记戈尔巴乔夫提出了以军控为中心的全球缓和战略。这一战略的主旨是要为苏联的"加速发展战略"创造和保持一个宽松的外部环境,主要内容体现在他的对外战略的"新思维"上。

戈尔巴乔夫指导思想的立足点是对核时代的分析。他强调在核对抗时代"人类生存高于一切",核战争"不会有胜者"。他还主张"和平共处在今后,特别是在核时代,已经成为全人类生存的条件","不把任何一个国家和任何一国人民当作敌人来对待"等等。他的思想恰恰迎合了美国等西方国家的需要。

从美国方面来说,80年代大规模的扩充军备,使它背上了庞大军费开支的沉重包袱。从1981年到1987年的7年里,美国共花去军费2万亿美元,联邦政府的财政收支连年出现巨额赤字。从1985年起,美国成为世界上最大债务国,美国经济遇到西欧、日本日益剧烈的竞争。要继续同苏联对抗和扩充军备,显得力不从心。

正是在上述背景下,戈尔巴乔夫的全球缓和战略和"新思维"与美国的需要一拍即合。

美苏关系的新的缓和时期具体表现是:第一,1987年以后,美国不再强调拖垮苏联及其"加速发展战略"。明确表示支持戈尔巴乔夫进行改革。第二,由不愿同苏联达成重大裁军协议,不给苏联喘息时机,变为愿意作重大裁军交易。1985年11月和1986年10月,里根和戈尔巴乔夫先后在日内瓦和冰岛的雷克雅未克就军备控制问题举行了两次会晤。1987年12月,里根和戈尔巴乔夫于华盛顿举行第三次会谈,并于8日在美国白宫东厅签署了全部销毁两国中程和短程核导弹条约即"中导条约"。尽管这个经过两国 6 年多艰难谈判而签署的条约,只涉及美苏两家核武库的 4%左右,但它终究是自出现核武器以来达成的第一个削减核军备的协议,并且是美苏之间第一次就消除整个一种类型的导弹达成的协议,因而受到国际社会的普遍关注和积极评价。两国还就战略核武器削减 50%举行了多次会谈。第三,美国改变了用阿富汗和柬埔寨两场战争消耗孤立苏联的做法,不断声称:美国无意将苏联拖在阿富汗,愿意与苏联寻找"共同点",政治解决阿、柬这两个"热点"问题。在这种情况下,从 1985 年到 1988 年,美苏两国在扩大双边接触、交流与合作方面取得了进展,签订了 43 个双边协议。总之,1987 年以来,美苏关系以中导协议为契机,进入一个有限缓和的时期。

美国和西方国家利用"缓和"也加强了"和平"与"人权"攻势。1986 年 3 月,里根在对外政策咨文中露骨地表示,美国要对全世界"进行强有力的领导"。美国的目标是"促进世界的民主革命","按照美国的理想去影响事态的发展。"1987 年美国等西方"七国首脑会议"发表《关于东西方关系》的声明,强调"我们有义务探索一个更加自由、更加民主和更加尊重人权的社会"。大批美国和西欧的政客文人则大肆宣扬资产阶级价值观,预示 1999 年资本主义的"不战而胜",还向美国当局献计献策,鼓吹美国要利用缓和的条件,抓住机会影响社会主义国家的政策。

第二节　美、日、西欧三足鼎立局面的形成

一、西欧独立自主倾向的日益加强

欧共体成为多极世界中的一极　西欧 6 国共同体的出现顺应了历史发展的潮流,并日益发展成为一个强大的政治经济实体,对西欧其他国家具有很大的吸引力,越来越多的国家要求加入进来。1973 年 1 月 1 日英国、爱尔兰、丹麦正式成为共同体的新成员国。这是以共同体为主的西欧国家联合趋势的重大发展。接着,1981 年 1 月 1 日,希腊正式成为其第 10 个成员国;1986 年 1 月 1 日西班牙和葡萄牙加入共同体。至此,共同体增至 12 国,拥有 260 万平方公里土地和 3 亿以上的人口。1986 年共同体的年国民生产总值高达 2.6 万亿美元,占世界国民生产总值的 1/4,几乎与美国相等,大大超过苏联和日本。对外贸易占世界总贸易的 40%左右,每年出口总值约 6 350 亿美元,进口总值年约 6 730 亿美元,均为美国的 3 倍多,成为世界最大的贸易实体。

欧洲共同体在实施经济一体化方面逐步取得成果。继 1968 年 7 月全部取消关税和贸易限额,对外实行共同关税率之后,1971 年 2 月制订了 10 年内分三阶段建立欧洲经济与货币联盟计划。1979 年 3 月创建了包括"欧洲货币单位"

和"欧洲货币基金"的"欧洲货币体系"。1985年,由法国提出的西欧联合发展,包括空间技术在内的尖端技术的"尤里卡计划"即"欧洲技术共同体设想"正式诞生。1987年7月1日,共同体制订的《欧洲一体化文件》正式生效,该文件计划在1992年将建成一个没有边界、没有关税贸易壁垒的"统一大市场"。这标志着共同体"欧洲建设"事业进入了新阶段。尽管在推行过程中还会遇到许多困难,但共同体各国都意识到,在日本、美国、亚太地区经济发展的严重挑战下,谁也不能单独地应付,只有联合才是出路。

70年代,共同体在政治合作方面取得了较大进展。为了使西欧在国际舞台上"用一个声音说话",1974年12月,9国首脑会议决定,将首脑会议定期化,后命名为"欧洲理事会",作为共同体的最高决策机构,每年举行三次。1976年9月,共同体国家通过公民直接投票选举,产生了"欧洲议会"。1983年6月共同体首脑会议通过《关于欧洲联盟的庄严宣言》,表示将加强外交政策合作,在外交政策上力争用一个声音说话。宣言表示要继续为建立一个"欧洲联盟"而努力。

越来越多的欧洲人已经明白,欧洲已不再只是一个单纯的地理概念。欧洲共同体代表西欧,已成为西方世界美、欧、日三足鼎立中的一足,并有希望发展为多极世界中的重要一极,在国际上具有举足轻重的地位。

依赖与竞争并存的对美关系   在维护美欧联盟的前提下,增强西欧的独立自主,是西欧对美国政策的基本出发点。通过北约,通过美国在西欧的驻军和核武器来"保护"西欧安全,40多年来成为西欧根深蒂固的安全观念。在这方面,西欧十分不愿意看到欧美"脱钩"局面的出现。1974年6月26日由共同体8国(爱尔兰除外)和美国在内北约15国首脑签署了《北大西洋关系宣言》。在美国重申对保卫北大西洋地区的义务外,宣言强调了"友好平等和团结的精神"以及"保持密切磋商,合作和相互信任"。这是共同体国家同美国开始建立"平等伙伴关系"的主要标志。在经济领域,双方既相互依存又激烈竞争;而且后者变得越来越突出。1973年9月,由美国总统尼克松发起在东京开始的关税贸易总协定第七次关税减让谈判(又称"尼克松回合"或"东京回合"),由于各方分歧很大,到1979年4月方才达成协议。1987年《欧洲一体化文件》正式生效后,美国明确表示这对美国构成了威胁,认为这将"是一座拒美国商品于国门之外的欧洲堡垒"。目前欧洲一些人士已在谈论战后美欧关系正出现新的局面。这不仅可能加剧美欧之间由来已久的贸易摩擦,甚至可能对美欧之间的政治和战略关系产生某种影响。

有别于美国的对苏东政策   共同体在处理与苏联和东欧各国的关系上有别于美国。西欧坚持认为,同苏联相处,不能长期依靠军事力量进行对抗,而要发挥西欧技术资金的优势,通过政治、经济、文化和人员交流维持和平局面,减少战争危险。此外,西欧企图通过与苏联关系的改善,追求自身的经济利益。他们从 70 年代"缓和"政策中尝到了甜头。对苏联、东欧国家的出口,占西欧全部出口的 7%,而美国只占 2%,西欧有 200 多万个工作岗位与对苏联、东欧的出口有关。西欧对苏战略,一句话,就是"防务加缓和(包括经济合作)",而更侧重缓和。当然,西欧由于与美国在社会制度、意识形态,价值标准等方面基本一致,它们还有联合对付苏联、特别是对苏联东欧各国施加压力、影响的共同需要。西德外长根舍 1982 年说,西欧的长期目标"旨在促进东欧和苏联的(和平)演变"。这是西欧一贯坚持的两手战略。1988 年 6 月,当欧共体与经互会建立起正式关系后,西欧一些国家在对外贸易关系上更出现了一股向苏联东欧"进军"的热潮,除向苏东提供贷款、洽谈开办合资企业事宜外,还看准了苏联等国的改革"符合西欧的利益"。希望改革继续朝着有利于西欧的方向发展。

发展同第三世界的经济政治关系　　早在 60 年代,共同体就利用非洲国家的经济脆弱地位,先后同 22 个黑非洲国家签订了《雅温得协定》和《阿鲁沙协定》,建立了联系国制度。其主要内容是双方逐步取消关税,共同体国家享有投资、利用资源和劳动力的权利,给予联系国一些经济援助,联系国也可享受共同体国家的贸易和优惠待遇。由于西欧与非洲经济水平悬殊,从互惠原则中获得好处的主要是西欧国家。在《雅温德协定》和《阿鲁沙协定》期满后,欧洲共同体与非洲、加勒比和太平洋地区 46 个发展中国家(其中有 37 个撒哈拉以南的非洲国家),于 1975 年 2 月在多哥的首都洛美签订了为期 5 年的经济、贸易协定,即《洛美协定》。这是西欧推行"对话与合作"政策的一个"典型"。洛美协定规定:共同体在不要求互惠的条件下,允许 46 国的全部工业品和 94%农产品免税和不限量地进入共同市场;共同体提供一笔基金,用以补偿这些发展中国家因原料价格下跌或自然灾害而遭受的损失,5 年内共同体向上述国家提供 39.9 亿欧洲计算单位的经济援助,其中赠予的比重有所增加。1979 年和 1984 年共同体又同非、加、太地区国家签订了第二个、第三个《洛美协定》。

《洛美协定》是世界上范围最广泛的多边经济的贸易协定。从本质上看,西欧同第三世界的关系中依然存在着剥削和不平等现象,但这种合作对双方无疑都还是有益的,在第三世界看来,美国是个称霸的超级大国,日本是个只图赚钱的经济大国。同它们比较起来,欧洲共同体算得上是个比较开明的富国集团。面对美、日在科技、经济方面的挑战,第三世界对西欧来说,具有特殊的意义。

二、从经济大国走向政治大国的日本外交

大国外交　　日本经过 60 年代的高速发展,到 70 年代初,已一跃而为仅次于美苏的世界第三经济大国。进入 80 年代,整个国家的发展又进入一个新的时期。1986 年日本国民生产总值达 19 585 亿美元,海外净资产达 1 804 亿美元,

成为世界头号债权国。1987年,世界最大股票市场也由纽约转移到东京。到1983年,日本的汽车、造船、电子计算机、机器人等产品量均居世界第一位。

随着经济力量和国力的增强,日本对外政策思想也发生变化。它把从"经济大国"迈向"政治大国"视为其基本方针,一步步走向大国外交。

1972年尼克松访华对日本搞越顶外交,成了日本外交发生转变的直接导火线。7月田中角荣出任日本首相,改变了一贯唯美国马首是瞻的日本外交政策,提出了在国际格局出现多极化的情况下,采取"多边自主外交"的方针。除了同美国继续保持密切关系外,还主张同世界上其他战略力量和中、苏等进行符合日本国家利益的交往。1972年9月,田中角荣访华,实现了日中邦交正常化。同年10月,日本和苏联开始谈判缔结和约问题,但由于北方四岛领土的争端和苏联对日本的军事压力,双方难以取得突破性进展。

日本资源奇缺,严重依赖第三世界的能源和原料供应,因此十分重视发展同第三世界的关系。重点在亚洲,东盟则为重中之重。1977年8月,日本首相福田赳夫访问东盟五国和缅甸,提出了发展与东南亚国家关系的"福田主义"。表示要同东南亚各国建立"心心相印"的关系,为东南亚和世界的和平与繁荣作出贡献,以此为80年代日本对东盟国家大量增加投资开辟道路。

综合安全保障战略　　自80年代初开始,战后日本外交发生了转折性变化。这一转折的总方针体现在1979年大平首相提出的"综合安全保障战略"之中。根据这一战略,日本在80年代提出了三个口号。第一是"科技立国"和"文化立国"。不仅把技术作为确立政治大国的手段,而且利用技术作为运用外交策略的手段。同时通过传播日本文化,扩大日本的影响。第二是"战后政治总决算"。其基本思想是要创造一个"日本模式"的发达资本主义社会。鼓吹民族自豪感,使日本"堂堂正正"地走向国际社会。第三是"国际国家"。1983年5月,中曾根首相把"政治大国"改称"国际国家",是"政治大国"的换一种说法。其实质仍是推行"综合战略",在全球确立"与经济实力相应的国际地位"。

80年代以来,日美经济摩擦加剧,进入"综合摩擦"时期。由于日本大量购买美国资产,到80年代末,日美商品性对抗在美国上升为国民感情上的对抗和日美国家之争。1989年代表日本统治阶层中"鹰派"观点的《日本可以说"不"——新日美关系的对策》一书出版,书中竟把战后美国在日本的存在形容为"看家狗简直变成了疯狗"。美国大多数人则认为"日本的经济力量比苏联的军事力量对美国的安全更有威胁"。有的甚至说"对美国资本主义的唯一最大的威胁来自另一个资本主义社会,即日本"。当然,由于日美经济又有相互渗透、相互依赖的一面,双方在战略上也有共同利益,因之整个80年代两国在摩擦中也有协调,"日美同盟"关系依然是日本对外政策的基轴。

"环太平洋构想"　　为了推行"综合安全保障战略",日本进一步加强了同第三世界的合作,主要精力则放在亚太地区,搞经济扩张和政治渗透。1980 年 1 月,大平首相在访问澳大利亚时,正式提出了"环太平洋构想"。1982 年 6 月铃木首相提出了"环太平洋合作构想"五原则,主张太平洋应成为"和平之海"、"自由之海"、"多样之海"、"互惠之海"、"开放之海"。

日本提出这一构想,是同这个地区经济的增长、贸易往来的扩大,相互依赖的加深分不开的,也同日本谋求"政治大国"的战略目标密切相关。尽管 80 年代这一构想的推行取得了一些成果,但东盟各国和其他国家始终担心"大东亚共荣圈"借尸还魂,担心再受支配和控制。况且日本日益增长的大国主义情绪和经济政策上的"本国中心主义",均为亚太其他国家所反感。日本"环太平洋合作构想"的推行,不可能一帆风顺。

三、美元霸权地位的丧失与布雷顿森林国际货币体系的瓦解

尼克松的新经济政策　　战后初期建立的由美国领导的布雷顿森林体系是以当时美国的绝对优势的经济地位为基础,同时也是因为美国愿意并且能够向其他大国提供经济发展所需要的国际条件和体制。这些条件和体制包括:稳定的美元和国际货币制度,美国为此提供黄金储备保证;开放的美国市场和国际贸易制度;保障廉价的石油供应。

但是到 70 年代初美国经济实力的相对削弱已经成为明显事实。在这种情况下,美国不愿意也无力继续履行它原先在货币、贸易方面承诺的义务,拒绝承担稳定美元的责任并带头实行贸易保护主义。尼克松政府为了改善美国国际收支逆差,刺激美国产品出口,1971 年 8 月宣布全国实施新经济政策,其中包括停止外国中央银行用美元向美国兑换黄金,对进口商品增收 10%的附加税。1971 年 12 月与 1973 年 2 月,美国政府被迫两次宣布美元贬值。资本主义世界各国纷纷采用浮动汇率,不再承担维持本国货币与美元固定汇率的义务。自此,战后形成的以美元为中心的资本主义世界国际货币体系,终于瓦解。这是美国经济霸权急剧衰落的重要标志。在这种情况下,西欧、日本不能不各行其是,更加依靠自身力量和主动性来对付动荡的世界经济和保护自己的利益,资本主义世界不可避免地逐渐形成美国、西欧、日本三个中心。

美国、西欧、日本三足鼎立　　进入 80 年代,美国经济实力的相对衰落趋向仍然十分明显。决定美国国际权力中心盛衰的三项关键性经济实力——科技实力、金融实力和市场控制能力,在 80 年代都发生了对美国极为不利的变化。80 年代美国丧失了在高科技领域无可争辩的优势地位。在 80 年代初以前,美国技术产品贸易年年都有巨额顺差,但 1986 年美国第一年出现逆差。80 年代美国金融实力最引人注目的变化,是它自 1914 年以来在 1985 年首次沦为净债务国,而且是由世界最大的债权国沦为最大的债务国。80 年代,美国的市场控制能力

也在迅速缩小。美国的世界最大的制成品出口地位已被西德所取代。

上述事实都说明美国在资本主义世界的霸权地位已进入一个难以逆转的衰落时期。世界经济权力结构已由美国独霸局面向美国、西欧、日本三极相互抗争局面转移。

当然,美国仍是经济、军事实力最强的国家。例如,1986 年美国国民生产总值为 42 061 亿美元,为日本的 2.5 倍,联邦德国的 4.5 倍;人均国民生产总值在资本主义各大国中仍然名列前茅。美国还集中了世界上最多的科学技术人才,而且,美国采取一系列对策,千方百计地遏止相对衰落的趋势,并力争保持领导地位。1983 年美国提出"高边疆"政策和"星球大战计划",把新技术革命推向高潮,将新技术革命的主要成果——电子计算机技术由过去主要用于军事,推广到应用于社会经济的一系列领域和部门。这越来越成为国家政策和国家战略的最重要内容,不能不深刻影响到美国的国力和外交。

总之,由 70 年代初开始逐渐形成的美国、西欧、日本三足鼎立的资本主义世界格局是资本主义发展不平衡的产物,并将在一个相当长的时期内保持下去。

第三节　南北关系和南南合作

一、苏联在亚非的攻势和失败

苏联、越南侵略柬埔寨　　苏联自 1964 年勃列日涅夫上台后,为同美国在全球展开争夺,一再自称是"亚太地区的头号强国之一",提出建立亚洲安全体系的构想,力图打入亚太地区。1975 年印度支那三国人民获得抗美救国斗争的最后胜利。当时的越南领导人趁机推行地区霸权主义。苏联由此而把越南作为其在东南亚地区扩张侵略的工具和伙伴。1978 年 11 月,苏越签订了为期 25 年的具有军事同盟性质的"苏越友好合作条约",把越南纳入苏联的战略轨道。1979 年苏联获得了越南金兰湾、岘港等海空军基地的使用权。越南成了苏联推行南下战略的前哨基地。

在苏联的支持下,越南领导集团一方面公然背弃中越两国传统友谊,不断在中越边界制造事端,无理提出领土要求;另一方面则梦想建立印度支那联邦,统治老挝、柬埔寨。苏越条约签订刚刚一个月,1978 年 12 月 3 日,越南一手策划成立了"柬埔寨救国民族团结阵线"。12 月 25 日,越南出动 20 多万大军入侵柬埔寨,并于 1979 年 1 月 7 日占领了金边,建立了伪政权。

面对越南侵略者的疯狂进攻,柬埔寨人民同仇敌忾,投入抗越救国的正义战争。1982 年 7 月 9 日,民主柬埔寨、西哈努克亲王领导的"柬埔寨民族解放运动"和宋双为首的"高棉人民解放全国阵线"三支主要抗越力量组成了以西哈努克亲王为主席的民主柬埔寨联合政府,使柬埔寨人民的抗越斗争进入一个新的阶段。1987年,民柬三方抗越武装已有7万多人。他们采取灵活机动的游击战,迫使越军分散兵力,拉长战线,陷入一场"没有攻击目标"的战争。西方报纸认为,越南军队在柬埔寨的处境,"类似美国军队在越南的经历"。

柬埔寨人民的斗争得到世界各国,特别是第三世界国家的广泛支持和援助。自1979年起,每届联合国大会讨论柬埔寨问题,均以绝对多数通过决议,要求一切外国军队从柬埔寨撤走。东盟国家不仅在政治上、道义上给予柬埔寨抗越力量以有力的声援,还增加武器和物资援助。1986年6月,东盟外长会议表示支持民柬联合政府当年3月提出的关于政治解决柬埔寨问题的八点建议。东盟还严厉谴责越南多次入侵泰国的侵略行径。越南内外交困,处境空前孤立。在这种情况下,越南自80年代后半期起,不得不在对外政策上作出某种调整。在继续依靠苏联的同时,承认柬埔寨问题只能采用政治解决办法,同意在柬埔寨成立四方联合政府,建立一个中立、独立、不结盟的柬埔寨。但同时企图加速推行"越南化"计划,在柬建立一个以金边政权为主体的亲越政府,长期控制柬埔寨。

越南依靠苏联的大力支持,欺凌弱小邻国,这是典型的强权政治。越南的失败,实际也使苏联控制东亚的战略意图化为泡影。这是柬埔寨人民的胜利,也是东南亚人民的胜利。

苏联侵略阿富汗战争　　苏联除在东南亚选择侵略印度支那作为突破口,在南亚则把印度和阿富汗作为其南下战略和亚太战略的两根主要支柱。苏联于1971年8月同印度签订了带军事性质的"印苏和平友好条约",接着便于11月21日支持印度军队向东巴发动全面进攻,迫使在东巴的巴基斯坦军队投降。1972年1月正式成立孟加拉人民共和国。苏联在赢得这一胜利之后,又把矛头对准了阿富汗。

阿富汗是一个内陆山国,部族在国家生活中占有重要地位,同时,98%的人信奉伊斯兰教。阿富汗地处战略要冲,19世纪就是英俄角逐的场所。长期以来,阿奉行中立和不结盟政策。1973年7月17日,前首相达乌德联系一批受苏联影响的军官发动政变,推翻了查希尔王朝,建立了阿富汗共和国。但达乌德上台后,不愿完全听从苏联摆布,并公开宣称阿美关系是头等重要的。1978年4月27日,亲苏的阿富汗人民民主党发动政变,杀死了达乌德,所谓"四月革命"宣告成功。

新政权成立后,大批苏联军政人员以"顾问"名义控制阿富汗政府机关、企业和军队。同年12月阿苏两国签订了为期20年的"友好睦邻合作条约",规定双方将加强"军事领域内的合作",并主张"建立有效的亚洲安全体系"。阿富汗当局的内政措施也基本上是在苏联的指导、帮助下进行,以苏联的模式为发展方向。这种做法从根本上说是企图变阿富汗为苏联的"卫星国",不能不激起阿富汗人民的愤怒反抗。

1978年6月,东部阿富汗巴基斯坦边境首先爆发反政府武装起义,同年冬,全国28个省的大多数均已出现武装抵抗活动。1979年3月,一场大规模的起义在阿富汗的三大城市之一的赫拉特爆发,并促使国内反政府武装斗争进一步蓬勃发展。在这种情况下,苏联当局为了保住他们对这个经营多年的国家的控制权,决定直接出兵干涉。

1979年12月27日晚,苏联在经过精心策划之后,采取突然袭击的方式,空运大批军队完全控制了首都喀布尔。随后,早已部署在苏阿边境的苏军长驱直入,占领了阿富汗的主要城市和交通干线。这时,在阿富汗的苏军人数已达8.5万人。在苏军保护下,人民民主党"旗帜派"头目卡尔迈勒从国外回到喀布尔,出任人民民主党总书记和革命委员会主席兼总理。

苏联入侵阿富汗是它战后几十年来第一次直接出兵占领一个第三世界主权国家,标志着70年代苏联对外扩张的顶点。

但是,与苏联的主观设想相反,一如当年美国在越南那样,苏联陷入了一个难以自拔的泥沼。尽管苏联现代化装备的军队到1985年增加到15万人,却丝毫看不到取胜的前景。阿富汗人民不畏强暴,奋起抵抗,大大小小各种抵抗组织多达数百个。1985年由七大派抵抗组织建立了"阿富汗圣战者伊斯兰联盟"的统一战线,在战场上协同作战。苏军侵阿8年多,伤亡达3.5万人,耗资多达400亿美元,背上了沉重包袱而狼狈不堪。同时,国际舆论强烈谴责苏联侵略行动。1980年1月,联合国全体紧急特别会议通过要求苏军从阿撤军的协议。在内外交困的情况下,苏联经过反复权衡利弊之后,终于作出撤军的"政治决定"。1988年5月,苏联根据由联合国主持,由巴基斯坦、喀布尔政权、苏联和美国四方达成的日内瓦协议,开始撤军。1989年2月15日,驻阿苏军总司令罗莫夫最后一个跨过苏阿界河。苏联结束了长达9年多的阿富汗战争。这是阿富汗人民在国际反霸正义力量支持下取得的一次重大胜利。

苏美对非洲的争夺和非洲人民的反霸斗争　　为了争夺世界霸权的战略需要,苏联在勃列日涅夫上台以后加紧对非洲的扩张,主要通过军事渗透和军事援助扩大它在非洲的侵略势力,甚至进行直接军事干预。同时,勃列日涅夫集团也继承了赫鲁晓夫在非洲进行意识形态渗透的衣钵,鼓吹在非洲建立"要求向社会主义过渡"和可能转变为马列主义政党的"革命民主党"或"先锋党",并把一些非洲国家册封为"以社会主义为发展方向"的国家,以此笼络非洲国家,为它的全球战略服务。

苏联在非洲的扩张,自60年代起与同样加紧在非洲进行渗透和侵略活动的美国进行激烈的对抗。这不能不激起非洲国家和人民的强烈不满和反抗。

埃及在苏伊士运河国有化斗争中曾争取苏联的支持。苏联以"援助"为名,不断加强其在埃及的势力,企图控制这个中东战略要地。1971年5月苏埃签订"友好合作条约",埃及接受苏联大量军事援助,但也因此而吃尽了苏联霸权主义的苦头。苏联派遣大批军事人员进入埃及,向埃及要求各种特权和占用军事基地,干涉埃及内政。苏联专家直接控制了埃及的军事、尤其是导弹防空系统。苏联还对埃及加紧逼债。苏联的这种霸权主义行径引起了埃及政府和人民的强烈不满。1972年7月,埃及萨达特总统宣布结束苏联军事顾问在埃及的"使命",苏联在埃及领土上的一切设施和军事装备成为埃及财产,下令在埃及的两万名苏联军事人员限期撤走。1976年3月,埃及宣布废除埃苏"友好合作条约",取消苏联军舰使用亚历山大等港口的便利,给苏联霸权主义以沉重的打击。

长期以来,苏联极为重视控制非洲之角,企图实现其南下波斯湾,扩张印度洋,控制红海口的侵略计划。

早在1967年"六·五战争"后,苏联便乘苏丹因中东战争而与美国断交之机,加紧对苏丹渗透。1971年和1976年,苏联在苏丹两次策动政变,均遭失败。苏丹政府为了维护国家主权和反对苏联的颠覆渗透活动,于1977年5月宣布驱逐全部在苏丹的90名苏联军事专家和部分外交官员。

1974年9月,埃塞俄比亚发生军事政变。不久,海尔·塞拉西一世皇帝被废黜。苏联趁机通过"军援",将势力渗入埃塞俄比亚。当时埃塞俄比亚和邻国索马里正为埃塞俄比亚东南部欧加登地区的归属问题激烈争执。苏联支持埃塞俄比亚反对索马里的领土要求。美国因反对埃新政权而支持索马里。两个超级大国竞相插手非洲之角。特别是苏联,在1977年7月的埃索战争中直接援埃,甚至出动大批飞机,为埃塞俄比亚空运武器和古巴军事人员。11月,索马里宣布废除《索苏友好合作条约》,驱逐全部苏联军事顾问和文职专家。埃塞俄比亚在苏、古武器、军人支持下,自1978年1月起在欧加登地区反攻得手,使索马里军队遭到惨败。苏联在非洲之角的大规模卷入招致了非洲和世界各国主持正义舆论的强烈谴责。他们要求苏、古军队撤走,让非洲人自己解决自己的问题。

1975年苏联对安哥拉进行赤裸裸的武装干涉,使苏联对非洲的侵略扩张和苏、美在非洲的争夺进入一个新的阶段。安哥拉原属葡萄牙殖民地。50—60年代安哥拉人民在争取解放斗争的过程中先后成立了三个民族解放组织—安哥拉人民解放运动、安哥拉人民联盟和安哥拉民族解放阵线。三派尽管有不和和冲突,但都坚持进行争取民族独立的武装斗争。然而,苏联却趁着葡萄牙殖民统治宣告瓦解、安哥拉即将独立之际,开动宣传机器,把三个解放组织人为地分为"革命的"、"爱国力量"和"反动的"、"右派势力",挑起三派之间的冲突。苏联开始采取由古巴出人,自己出钱出枪的手法进行代理人战争。1976年初,苏联支持的"人运"击溃了"解阵"部队,并将"安盟"部队赶出城市。此后,苏、古军队仍赖在安哥拉不走,并通过一系列条约和协定,乘机打入安哥拉各要害部门。

苏联在干涉安哥拉暂时得手之后,又在 1977 年 3 月和 1978 年 5 月两次策动前加丹加宪兵组成的雇佣军队从安哥拉对扎伊尔沙巴省的武装入侵。扎伊尔蒙博托总统召回驻苏大使,以示抗议。在第二次入侵沙巴事件时,摩洛哥、塞内加尔、象牙海岸、多哥、加蓬、中非、埃及 7 国共同出兵,组成支援扎伊尔的联合部队。西方法美比等一些国家为了抵制苏联在中非的扩张,维护自身的利益,也向扎伊尔提供了多种形式的支援。这样,苏联对扎伊尔的扩张不得不暂时却步。

在西撒哈拉、乍得、厄立特里亚等其他非洲地区燃起的战火,也有苏联直接间接的插手。

苏联对非洲的侵略扩张,是它同美国争夺世界霸权的全球战略的一个重要组成部分。苏联的行动败坏了社会主义在非洲的声誉,同时也削弱了自己。

二、西方大国的经济霸权主义与南北对话

经济霸权主义是新殖民主义的表现　　第三世界国家在政治上取得独立以后,在国际经济关系中仍然处于不平等的依附地位。50 年代后期以来,西方大国尽管迫于形势而承认被压迫民族享有民族自决权利,但仍变换手法,主要通过经济手段来加强对发展中国家的渗透和控制,以实现不带政治"兼并"的经济"兼并",实行被称之为新型的殖民主义政策,或经济霸权主义政策。西方国家的政府,特别是迅速发展的跨国公司,成了西方垄断资本推行经济霸权主义的主要工具。西方发达资本主义国家通过资本输出、国际信贷、国际贸易、技术转让等各种途径对发展中国家进行剥削和支配,在国际范围内进行不利于发展中国家的收入再分配,给发展中国家的发展造成严重困难。据统计,70 年代初,西方发达国家仅从投资、外债和对外贸易三方面对发展中国家的年剥削量,就在 240 亿美元左右。及至 80 年代后期,每年榨取的垄断利润至少为 2 500—3 000 亿美元,几乎相等于全部发展中国家国内生产总值的 1/10 左右。正是这一源源不断增加的海外利润,支撑了战后西方发达国家的经济增长和技术进步,保持了这些国家近几十年的社会稳定。而发展中国家的经济发展却受到了严重挫折。特别是 80 年代以后,多数国家经济陷入严重困境。据联合国有关材料,1981 年,发展中国家的出口为 6 207 亿美元,1986 年下降到 4 975 亿美元,减少了 20%,直到 1988 年才有所回升。与此同时,西方发达国家的出口,由 1981 年的 11 982 亿美元,增至 1988 年的 19 283 亿美元,增加了 61%。从 1980 年到 1988 年,发展中国家的外债从 6 300 亿美元增至 12 397 亿美元,增加了近 1 倍。这 9 年期间,发展中国家支付的外债利息即达 5 500 多亿美元。由此而使得大部分发展中国家自 80 年代以后陷入深重的经济危机之中。1981—1988 年,整个发展中国家的年平均经济增长率(不计中国)仅为 1.9%,不仅低于西方发达国家(2.5%),也远

低于这一时期发展中国家的人口增长速度。除亚洲地区情况稍好(5.5%)外,其他地区都出现了严重倒退情况。这些固然与广大发展中国家由于经验不足,在经济发展中存在严重失误有关,但不公平的旧的国际经济秩序却起着关键作用。

南北对话的历史进程与曲折　　第三世界国家在经济领域内的反霸斗争,集中在要求改革旧的不公平、不合理的国际经济秩序,建立新的国际经济秩序上。自60年代中期以来发展中国家即采取联合行动,要求同西方发达国家对话("南北对话")。1964年,召开了第一届联合国贸易和发展会议。会上,第三世界国家团结一致,揭露和控诉西方大国对它们的控制和剥削,提出了国际经济贸易关系的一系列原则主张和具体要求。会议结束时,77个发展中国家和地区发表了《七十七国联合宣言》,成立了七十七国集团。其后,发展中国家所提出的要求范围不断扩大,并且制订共同纲领和各个领域的具体斗争纲领。1974年4月,应第三世界国家的要求,联合国召开了研究原料和发展问题的第六届特别会议。会议通过了七十七国集团起草的《关于建立新的国际经济秩序的宣言》和《行动纲领》。《宣言》指出,国际经济新秩序是"建立在所有国家的公正、主权、平等、互相依靠、共同利益和合作基础上"的各国间的经济关系体系。"这种秩序将纠正不平等的现存的非正义、并且使发达国家与发展中国家间日益扩大的鸿沟有可能消除……"。《宣言》提出了建立国际经济新秩序的基本原则,《行动纲领》则确定了新的国际经济秩序的基本目标。它们主要包括:各国都有权对其自然资源和国内经济活动行使永久主权;打破国际商品市场的垄断,确保和稳定初级产品的出口价格;反对发达国家推行贸易保护主义;加强发展中国家经济、贸易、财政和技术方面的合作,改革现有的国际货币制度,改变发展中国家和发达国家商品交换方面的不合理关系等等。同年12月,第29届联大通过了《各国经济权利和义务宪章》,至此,建立国际经济新秩序的斗争发展到了一个新的阶段。

但是,这场国际经济关系中"破旧立新"的斗争,触及发达资本主义国家的根本利益,必然会受到它们的阻挠、反对和抵制。1975年12月,19个发展中国家同7个发达国家及欧共体在巴黎召开的南北对话的"国际经济合作会议",一开始就成为"聋子的对话"。对话持续两年之久,因分歧太大而成果甚为有限。后来南北双方又进行了多次谈判,虽在一些具体问题上取得了某些成就,但在涉及建立国际经济新秩序问题上,始终存在巨大分歧。为了打破僵局,发展中国家于1979年在联大提出举行全球谈判的建议,把原料、贸易、发展、能源和货币金融五个领域的问题联系起来讨论,联大为此通过了决议。但是由于南北的分歧而难以实现。进入80年代以后,由于发达国家对发展中国家原材料的依赖相对减弱,而发展中国家却在资金、市场、技术等方面更有求于发达国家,发达国家利用这一形势,力图置发展中国家于十分不利的地位。特别是美国,为维护其霸权地位和既得利益,始终对南北对话采取僵硬态度,而且美国只知道透过东西方关系的棱镜来看待南北关系,全不把发展中国家的需要和贫穷国家的困境放在心上。美国的这种政策阻碍了南北问题的解决,损害了发展中国家的经济发展,也不利于发达国家的经济发展。西欧、日本的政策与美国不完全相同。它们既想维持现行国际经济体系,保持既得利益,又想在一定程度上改善南北关系,使自身在争夺第三世界资源、市场和投资场所方面居于有利地位。由于南北双方相互依赖的日益加深是一个越来越不容忽视的事实,发达国家中一些有识之士逐渐懂得,第三世界发展中国家的贫穷落后状况,最终也将给发达国家的经济发展带来严重影响。

事实证明,第三世界改革旧的国际经济秩序,建立新的国际经济秩序的斗争,同过去砸碎殖民主义枷锁、争取政治独立一样,将是一个长期、激烈、艰苦的斗争过程。

三、南南合作的发展

南南合作的会议和纲领　　第三世界国家为了促进本身经济的发展,增强团结斗争的力量,提高在南北谈判中的地位,在开展争取建立国际经济新秩序斗争的同时,越来越认识到加强彼此间合作即南南合作的重要性和紧迫性。

发展中国家之间团结合作的历史由来已久。1955 年万隆会议开创了发展中国家独立自主、团结合作的新纪元。60 年代兴起的不结盟运动及其以后在联合国形成的七十七国集团,为发展中国家的团结合作奠定了基础。60 年代下半期和 70 年代,随着发展中国家经济的迅速发展和为建立国际经济新秩序斗争的展开,南南合作也有了长足的进展。1974 年,联合国第六届特别大会通过的《关于建立新的国际经济秩序宣言》明确指出,国际经济新秩序的基本原则之一,是"通过单独的和集体的行动,加强发展中国家之间主要在优惠基础上进行的经济、贸易、财政和技术方面的相互合作"。为了促进南南合作的进一步发展,发展中国家召开了一系列会议,制定了许多纲领和措施。重要的如 1979 年 2 月,七十七国集团在坦桑尼亚阿鲁沙举行部长会议,通过了《阿鲁沙自力更生纲领和谈判纲领》;1981 年 5 月,七十七国集团高级会议通过了《发展中国家经济合作的行动纲领》(《加拉加斯纲领》);1983 年 3 月第七届不结盟国家首脑会议通过了《经济合作行动纲领》和《集体自力更生宣言》等等,这些纲领和宣言都一致强调要促进南南合作,加强发展中国家独立的和集体的经济力量,以推动南北谈判,实现国际经济新秩序的目标。到 80 年代,南南合作已成为一股强大的历史潮流,对世界经济的发展起到巨大的影响。

合作的领域　　几十年来,南南合作关系,遍及贸易、金融、技术、能源、交通运输、工农业等各个领域。在贸易领域,南南贸易不断扩大。过去发展中国家的对外贸易是以发达国家为主要对象,发展中国家之间的贸易不占重要地位,这种情况在 70 年代以后开始变化。据统计,1970—1988 年间,发展中国家间的出口额在它们出口总额中的比重由 20.3% 增加到 27.4%。过去,发展中国家一向只是接受发达国家的开发援助,而它们之间的互相援助在 70 年代之前几乎没有。1973 年石油大幅度涨价之后,石油输出国积累了巨额石油资金,它们把这笔资金的一部分用来对非产油国的发展中国家进行援助。1975 年,石油输出国组织成员国对发展中国家提供的官方开发援助共计 62.39 亿美元,1981 年增加到 84.66 亿美元,占捐助国当年国民生产总值的 1.93%。远远超过联合国第二个十年国际发展战略所规定的、对发展中国家的官方开发援助应占捐助国当年国民生产总值 0.7% 的指标。此外,发展中国家也改变了过去只是接受发达资本主义国家直接投资的历史,自 70 年代以后,它们自己对外直接投资逐渐增加,据估计,到 1980 年,累计已达 50 亿~100 亿美元。这些投资主要来自亚洲新兴工业化国家和地区。

发展中国家之间区域、跨区域的经济合作和一体化取得了新的进展。拉丁美洲是发展中国家区域合作的先驱,走在经济一体化运动的前列。1973 年成立的加勒比共同体和共同市场,标志着加勒比地区经济一体化的全面展开。据统计,自 60 年代以来,发展中国家先后已有十几个地区性经济合作组织成立,参加到一个或几个地区组织中的国家约有八九十个。成效显著的有东南亚国家联盟(1967 年)、西非经济共同体(1974 年),西非国家经济共同体(1975 年),南部非洲发展协调会议(1980 年),中非国家经济共同体(1983 年),中美洲共同市场(1962 年),安第斯条约组织(1969 年),加勒比共同体和共同市场(1973 年)、拉丁美洲经济体系(1975 年),拉美一体化协会(1981 年),以及跨地区经济合作组织非洲加勒比和太平洋地区国家集团(1975 年)等。

除区域性合作外,早在 1979 年,七十七国集团第四次部长级会议就提出了在发展中国家建立全球贸易优惠制的建议。1986 年 5 月在巴西利亚签订了关于全球贸易制度总协定,有 51 个发展中国家参加。

为了打破垄断资本对世界资源的控制,促进初级产品的生产和出口,发展中国家在资源领域进行合作。从 60 年代以来,陆续成立了一系列原料生产国和出口国组织。这类组织目前已有 30 个,参加国总共近 90 个。

此外,为了加强在金融领域中的合作,发展中国家还建立了许多地区性金融组织。据联合国统计,目前有 5 个货币联盟,8 个清算协定,5 个信贷协定等等。1984 年 8 月七十七国集团高级政府专家会议通过了《南方银行纲要》,筹备成立发展中国家银行(南方银行)。

合作的困难和阻力　　南南合作,作为发展中国家摆脱外来控制,实现民族经济独立和发展斗争的产物,有着广阔的发展前景并已显示出勃勃生机。当然,在南南合作的道路上,还有许多困难和阻力,例如,许多发展中国家经济技术力量薄弱,又与原宗主国和其他发达国家有着千丝万缕的联系,很难摆脱依附状态;一些国家参加南南合作,不免从民族利己主义立场出发,想从中得到更多的利益,却又恐怕主权受损;此外,政治、历史、民族、宗教等方面的差异或纠纷,都在影响着南南合作的进展。尽管如此,加强发展中国家之间的合作,仍是当代历史的潮流。只要发展中国家坚持其已确定的发展方向和政策,遵循互相支持、互通有无和平等互利的原则,在已经积累的经验的基础上,必将克服困难,使南南合作得到进一步的发展。

第四节　新旧格局交替时期的国际关系

一、两极格局瓦解对世界的影响

战后形成两极对峙的世界格局,苏联是一个决定性因素。1991 年 12 月下旬苏联的骤然消失,两极中的一极自行坍塌,终于导致支配战后世界国际关系40 多年的两极格局的最后崩溃。这是第二次世界大战后甚至 20 世纪最重大的事变之一。这一事件造成的冲击波不仅震撼着欧洲,而且对世界形势和国际关系产生了难以估量的影响。

缓和与紧张并存　　两极格局解体后,国际形势的发展明显地呈现出缓和与和平,紧张与动荡并存的两种趋势。由于战后 40 多年两个超级大国、两大军事集团对抗局面的终止,新的世界大战可以避免和世界和平得以维护的可能性增长了。和平与发展更突出地成为时代的两大主题。但是,建立在东西方力量平衡之上的世界旧格局一旦瓦解,国际关系中一系列新的失衡、紊乱、矛盾和冲突便出现了。苏联的版图上先后出现了 15 个主权独立国家;南斯拉夫一再分裂,捷克和斯洛伐克一分为二。东欧一些地区政治、经济危机深重,民族分裂,领土争端加剧,武装冲突迭起,难民潮涌现,人民生命财产损失惨重。欧洲的安全、稳定和发展受到威胁。从巴尔干半岛到高加索山脉,直至中亚地区,形成了一条危险的"地震带"。一些地区的人民再次生活在战乱之中。在这些传统多民族混居的地区,长期积累的矛盾在新的条件下爆发出来,并和侵略扩张欲望、领土争端、政治经济利益、宗教纷争相互交织。海湾战争和南斯拉夫内战就突出地说明了这一点。

可见,两极格局瓦解后,天下仍不太平。只是在可预见的将来,这些动荡和冲突尚属局部性质,不会导致国际局势的全面紧张,不会引发世界大战。

经济安全的重要性　　两极格局瓦解后,大国的安全概念发生了变化。由于苏联解体,美、苏核大战的噩梦已不复存在,西方阵营各国因核战争的威胁的消失而对美国的依赖减少,加之90年代初以来的经济衰退和由此引起的政治、社会动荡,使美国等大国都把经济安全置于国家安全的首位,更加重视发展经济,增强经济竞争能力。

经济利益与经济"冷战"　　两极格局瓦解也使国际上的矛盾发生重大变化。以美、欧、日三极为主体的西方国家间的矛盾随之突出起来。这种矛盾主要表现在经济领域。共同对手的消失,也动摇了西方政治联盟的基础,昔日的盟友,变成了在经济竞争和主导权争夺上的主要对手。1992年以来,这些国家的经济摩擦和贸易战日趋激烈,以致有人认为东西方冷战已为西方经济冷战所代替。

当然,西方国家间除了矛盾和斗争的一面,还有协调与合作的一面。但无论如何,两极格局瓦解后西方国家间的矛盾已成为影响国际关系的一个主要因素。美国《华盛顿邮报》不无悲观地写道:"美国与其盟国正进入一个永久关系紧张的时代"。

东西方力量失衡　　东欧剧变,苏联解体,确实使东方即社会主义力量遭到重大挫折,并经受着第二次世界大战以来最严峻的考验。力量对比变化有利于西方。西方国家正进一步介入原苏联和东欧的内部事务,希图使那里的演变变得不可"逆转"。美国和其他一些西方国家对继续坚持社会主义的国家则正在加强压力,公然以是否接受西方的价值观,以"推进民主化"、"尊重人权"作为附加条件,竭力干涉这些国家内政,强制改变他们的社会性质。

但是,不管道路多么曲折,社会主义的重新走向高潮并最终在全世界取代资本主义是历史的必然规律,只是时间的迟早问题。事实上,东欧不少人已开始体会到资本主义是一场灾难。美国《华尔街日报》1991年9月18日以"罢工、衰退和弊端使许多人重新考虑资本主义道路"为题,报道了波兰工人对过去的怀念。1993年10月22日该报再次以"帮助推翻共产主义的人们面临着高物价和失业"为题报道说,许多人已意识到"迄今为止,这场革命(指1989年东欧剧变——引者)只是为占人口10%的人们搞的"。

南方战略地位的暂时下降　　两极格局结束之后,广大发展中国家作为美苏两个超级大国争夺的"中间地带"的地位已不复存在,而变成了与西方直接对阵。第三世界已无东西方矛盾可以利用。苏联为扩大自己的影响,曾向一些第三世界国家提供各种经济优惠。苏联解体后,不仅不再提供这类援助,独联体和东欧各国反而同第三世界国家争要西方的资金和技术。与此同时,发达国家在新形势下推行强权政治和经济霸权,把"政治民主化"、"人权"作为经济合作的前提条件,引起或加剧了一些国家的动乱。在这种情况下,南北差距扩大的趋势有增无已。世界最不发达国家的数目也由70年代的36个增至1992年的46个。

但是,第三世界在逆境中团结自强的意识不断提高,更加重视南南合作,反对强权政治和不合理的经贸关系。在亚太地区的发展中国家以比世界平均增长水平高出一倍的速度向前发展,给整个第三世界以鼓舞。那种认为随着两极格局的结束,第三世界也不复存在的观点,是根本站不住脚的。第三世界仍然是维护和平和促进发展的主力军。

二、世界多极化与全球经济一体化趋势的加强

多极化与区域集团化　　世界经济权力结构的多极化主要体现在由美国独霸局面向美国、西欧、日本三极相互抗争局面的转移。这是美国所不愿看到的。它力图利用军事实力的优势来弥补经济实力的不足,以便继续维持和加强它的霸权地位,阻止多极化的进程。他们散布这样一种看法:鉴于苏联的衰落和海湾战争的结果,美国已成为唯一的超级大国,未来的国际秩序应由美国领导,建立"美国统治下的和平"。但是美国的这种论调被许多国家学者看做是"不可思议"的。一方面是因为美国自身亦处于相对衰落之中;另一方面在苏联瓦解、对西方军事威胁逐渐减弱的情况下,美国更难用军事保护来换取他国的经济让步;而且军事实力的基础是经济实力,依靠前者来补后者之不足,其结果必然使美国继续承担比西欧、日本更为沉重的军费负担,从而加速其经济实力的衰落和促进多极化趋势的进一步发展。

世界经济权力结构的多极化与区域集团化,既是互有区别的两种世界经济特征,又是互有联系的两种国际经济关系现象。自 80 年代后期以来,由于美国实力及其相应的对世界经济和国际经济关系控制能力的削弱,区域集团化的势头有了迅猛的发展,与过去相比发生了某些带有转折性质的重大变化。它由低层次转向高层次,从局部性转向全球性,特别是进入 90 年代以后,人们普遍承认它将成为世纪之交的世界经济中一种不可逆转的潮流。

区域集团化的特点　　这一时期世界经济区域集团化趋势的主要特点是:

(1)欧洲共同体正谋求建立一个前所未有的高度统一化组织。

1991 年 12 月上旬,欧共体 12 国在荷兰马斯特里赫特市举行的首脑会议上通过了《马斯特里赫特条约》(简称《马约》),决定在 12 国范围内实现经济货币联盟和政治联盟,即建立所谓"欧洲联盟"。《马约》原定生效日期为 1993 年 1 月 1 日。后由于一些成员国延缓批准条约,致使生效日期推迟到 1993 年 11 月 1 日。一个囊括欧共体 12 国、人口逾 3.4 亿的欧洲联盟宣告诞生。

(2)美国也着手建立区域集团化组织。

这是一个具有深远影响的转变。作为倡导与坚持全球性国际经济体制的美国,自 80 年代后期以来加快了同加拿大、墨西哥建立自由贸易区的谈判步伐,以作为抗衡欧共体 1992 年底统一大市场建成的重要手段。美、加、墨三国政府首

脑于 1992 年 12 月签署了北美自由贸易协定,从而形成了拥有 3.6 亿消费者,区内生产总值超过 6 万亿美元的北美自由贸易区。美国的进一步目标体现在布什总统 1990 年 6 月发出的"开创美洲事业倡议"中,意在实现美洲自由贸易区的长期计划。

(3) 亚太地区集团化动向更加活跃。

亚洲是最富经济发展活力的地区。面对欧洲、北美区域集团化的迅猛发展,日本对亚太地区经济合作表现出日益浓厚的兴趣。80 年代后期以来东亚地区经济合作最突出的变化是本地区的相互经济关系在发展速度上超过了该地区与美国的经济关系。现在日本在该地区的援助、投资、贸易等都占据着主导地位。1989 年日本对亚洲国家的经济援助达 44 亿美元,等于美国对这一地区非军事援助的 31.6 倍。近几年日本与东亚地区贸易的增长速度远远超过它与美国贸易的增长速度。日本与东亚地区的贸易额和东亚地区内部贸易额都已分别超过它们与美国的贸易额。日本正以积极而又慎重的态度编织无形的"东亚经济圈"。由此而引起的日本外交的进一步变化是"脱美入亚"的趋势开始抬头。

亚太地区发展中国家和地区为了联合自强,也在加强各种共同体和一体化组织。1991 年 11 月,中国、中国台北和香港参加了亚太经济合作会并加入了这个组织,标志着这个地区经济合作将有进一步的加强和扩大。

目前,世界上虽然有许多不同层次的集团化经济,但是具有全球性影响的只有美、欧、日三家,它们占世界国民生产总值的 70%。① 这些集团化经济本质上是国家垄断资本国际结合的一种形式,反映着各成员国垄断资本的国际竞争和联合的利益和要求。它是现阶段垄断资本争夺和分割世界市场的一种重要手段。发展中国家的经济一体化组织是另一种性质的国际经济联合体。其基本职能是加强成员国的集体自力更生能力。由于力量悬殊,它们不可能同大国及其主导下的集团相抗衡,有些组织还不能不具有一定的依附性。

经济全球化　与集团化加强的同时,经济全球化也在迅速发展。世界经济已越来越成为一个整体,所有集团虽有一定的保护倾向,但都不是缩小而是不断扩大同其他集团的经济联系,加深着集团间的犬牙交错关系和相互渗透。集团间的贸易呈现进一步增长的势头,资金流动更是主要在美欧日之间进行。西方国家生产资本输出逐渐取得了在资本输出中的决定性地位,且把重点转移到发达国家,这是第二次世界大战后资本国际化的独特现象。为了扩大市场占有额,美日欧发达国家抓紧了对外直接投资。它们不但大力增加集团区域内的投

---

① 据英国《独立报》1993 年 5 月 15 日报道,国际货币基金组织按照同样数量的钱在不同国家所能购买的商品和服务来计算各国的产值在世界总产值中所占的比例,则工业化国家的产值在世界总产值中所占比例为 54.4%,明显低于过去一般的估算。但美、欧、日三家仍是世界最具影响的经济实体。

资,也更加重视到对方国家或集团进行投资,以便所出产品能够在对方自由流通并享受各项优惠。80年代末全球对外直接投资比80年代初增加2倍,其中80%集中在美欧日,只有18%在发展中国家。在这方面,跨国公司起着主要作用。跨国公司不仅跨国,而且跨集团,力图在全球范围开展业务。它们控制着国际直接投资的90%,世界生产的40%,出口总额的2/3和技术转让的1/3。现在它们已越来越重视就地生产和销售。全世界生产和销售有20%是在国外进行的。

三、中国面临的机遇和挑战

在世界新旧格局交替时期,中国所面临的外部形势是机遇与挑战并存。

中国对国际战略平衡影响的增强　从机遇方面看:(1)两极格局瓦解,美俄缓和,中国与美、俄、日关系正常化,从根本上改善了中国的国际环境;苏联解体,从战略安全角度看,相当程度上解除了来自北方的对中国的威胁,也有利于中国与其他周边国家关系的调整。(2)两极格局瓦解,世界走向多极化,美苏两霸,一个已经解体,一个相对衰落,而其他力量中心的力量却在上升。这就增加了中国外交的回旋余地。在这种情况下,中国的地位和作用比过去更大了。在多极格局中,谁也不能无视中国的存在。11亿多人口的中国对国际战略平衡的影响,已比过去增强。特别是在亚太地区,中国的地位正在提高,要在亚太地区建立新的政治、经济合作体系和战略平衡,没有中国的参与是不可能实现的。外国一些投资战略家指出,一个迅速工业化的中国将决定亚洲的命运,并将在世界今后20年中出现的最大规模蓬勃发展中居领先地位。

中国面临的挑战　从挑战方面看:(1)随着世界经济区域集团化,保护主义盛行,中国对外经济关系面临着激烈的竞争;(2)当前日益明显的世界经济国际化趋势,世界各国尤其是发达资本主义国家的发展变化,与中国的发展密切相关,它既提供了良好的机遇又有不利的制约。在这种情况下,通过调查研究,不失时机地实事求是地了解和掌握现代资本主义世界的情况,就显得更为重要和迫切。具体地说,既不能借口资本主义的发展变化,否定马克思主义关于资本主义的基本原理,盲目崇拜西方,迷信私有制,放弃社会主义方向;又不能看不到资本主义虽然本性未改,却面目已非,不能仍然停留在某些传统观念上。要结合中国国情,去认真地有分析地吸收和借鉴资本主义国家的经验,更不用说去尊重那些在国际交往中被多数国家和地区所接受的国际惯例,以利于中国的对外开放。(3)东欧剧变、苏联解体后,一种新的强权政治正在抬头。它们把矛头针对第三世界坚持独立自主的国家和中国等社会主义国家,企图压它们放弃社会主义。早在1989年11月邓小平就尖锐地指出:"可能是一个冷战结束了,另外两个冷战又已经开始。一个是针对整个南方、第三世界的,另一个是针对社会主义的。

西方国家正在打一场没有硝烟的第三次世界大战"。① 这些论断正在被近年来的实际所一再证实。

社会主义中国的发展 今天,中国面对国际上新的机遇与挑战,再次表现出巨大的理论勇气和生机勃勃的创造精神。1992 年 10 月召开的中国共产党第十四次全国代表大会强调,要用邓小平关于建设有中国特色社会主义的理论武装全党;指出除非发生大规模外敌入侵,无论在什么情况下都不能动摇经济建设这个中心;要进一步加快改革开放的步伐,千万不可丧失时机。大会同时提出要建立和完善社会主义市场经济体制。1993 年 11 月召开的党的十四届三中全会通过的《决定》,把党的十四大所确立的建立社会主义市场经济体制的改革目标和基本原则具体化和系统化,成为指导中国 90 年代经济体制改革的纲领性文件。尽管这是一项前无古人的艰巨复杂的社会系统工程,但社会主义条件下的市场经济,经过一段时间后完全可能比资本主义条件下的市场经济运转得更好。

这些年来中国在经济改革和经济发展中取得了举世瞩目的成绩。1993 年 4 月,各国公认的世界经济论坛与瑞士洛桑国际管理发展学院公布了有关国家国际竞争力的题为《新出现的市场经济》的排序报告,中国的排序位居印度、俄罗斯等 20 个转轨大国之首,这不仅表明中国经济市场化程度和经济发展水平超出其他转轨国家,而且表明中国的国际地位也有所提高,引起了世界各有关方面的广泛关注。联合国经社信息和政策分析部发表的 1993 年世界经济展望报告指出,中国的经济发展强劲有力。它在积极转向市场经济之时,并没有把国有资产私有化。中国的经验与俄国和东欧国家面临的经济困难形成了鲜明的对照。

当然,同其他改革一样,对外开放中存在着尖锐的斗争。西方资产阶级乘中国对外开放的机会,妄图从政治、经济、文化思想等各个方面腐蚀社会主义机体,国内也有人反对或者破坏社会主义,拜金主义的腐败社会风气有所滋长,资产阶级自由化观念也在乘虚而入,这些不仅成为制约中国经济发展的严重障碍,而且起着腐蚀社会主义的作用,是必需认真对待并予以克服的。

目前,全体中国人民正在邓小平关于建设有中国特色社会主义理论的指引下,坚持"一个中心,两个基本点"的基本路线,并遵循"两手抓,两手都要硬"的基本方针,团结一致,扎实工作。社会主义的中国正展现其无限生机。

---

① 《邓小平文选》第 3 卷,人民出版社 1993 年版,第 344 页。

后　记

本卷编写分工如下（以章节先后为序）：

第一章至第十一章绪言 ……………………………………………… 彭树智

第一章 …………………………………………………………………… 张　象

第二章 …………………………………………………………………… 张宏毅

第三章 …………………………………………………………………… 卢文璞

第四章第一、第二、第四节 …………………………………………… 延艺云

　　　　第三节 …………………………………………………………… 张宏毅

第五章 …………………………………………………………………… 张　象

第六章第一节 …………………………………………………………… 张　象

　　　　第二节 …………………………………………………………… 卢文璞

　　　　第三节 …………………………………………………………… 张宏毅

　　　　第四节 ………………………………………… 延艺云　张宏毅

第七章 …………………………………………………………………… 张　象

第八章第一节 …………………………………………………………… 张宏毅

　　　　第二节至第四节 ………………………………… 延艺云　彭树智

第九章 …………………………………………………………………… 卢文璞

第十章 …………………………………………………………………… 张　象

第十一章 ………………………………………………………………… 张宏毅